本课题研究得到以下项目支持：

复旦大学“985工程”三期人文学科整体推进重大项目

“中古中国的知识、信仰与制度的整合研究”

蒙古帝国视野下的
元史与东西文化交流

邱轶皓 著

Studies on the History of Yuan Dynasty and Trans-eurasian Culture Exchanges from the Perspective of Mongol World Empire

Qiu Yihao

上海古籍出版社

中古中国知识·信仰·制度研究书系
编辑委员会

主　　编
余　欣

编　　委
（以姓氏拼音为序）
邓　菲（复旦大学文史研究院）
冯培红（浙江大学历史学系）
姜　鹏（复旦大学历史学系）
马孟龙（复旦大学历史学系）
仇鹿鸣（复旦大学历史学系）
任小波（复旦大学历史地理研究中心）
孙英刚（浙江大学历史学系）
唐　雯（复旦大学中文系）
温海清（复旦大学历史学系）
徐　冲（复旦大学历史学系）
游自勇（首都师范大学历史学院）
余　蔚（复旦大学历史学系）
余　欣（复旦大学历史学系）
张金耀（复旦大学中文系）
张小艳（复旦大学出土文献与古文字研究中心）
朱　溢（复旦大学文史研究院）
朱玉麒（北京大学中国古代史研究中心）

书系缘起

余　欣

在学术出版过度繁荣的当下，各种"大典"、"巨制"俯拾皆是，"标志性成果"风起云涌，我们推出这套丛刊，究竟意义何在？我不断扪心自问。

我总想起，当初激励我投身"不古不今之学"的唐代大史学家刘知幾的一段话。子玄撰成《史通》后，惧其不传于世，喟曰："夫以《史通》方诸《太玄》，今之君山，即徐、朱等数君是也。后来张、陆，则未之知耳。嗟乎！傥使平子不出，公纪不生，将恐此书与粪土同捐，烟烬俱灭，后之识者，无得而观。此予所以抚卷涟洏，泪尽而继之以血也。"是知古人不轻言著述，凡有所作，必殚精竭虑，巧构精思，冀藏之名山，垂为后世之轨则。非我辈后生，斐然狂狷，读书未遍，率尔操觚可比。

我又记起，在京都大学人文科学研究所访学之时，高田时雄教授跟我讲过一则轶事：第一任所长狩野直喜先生认为，初学者理当埋头读书，而不应急于发表成果。因此，当时有一条不成文的规矩，新进研究者三年内不许写论文。我深深地为这个故事所蕴含的学问之真精神所感动。在量化原则下，今之学者沦为计件民工，每日为炮制"速朽之作"，完成指标而苦斗。若有人天真地提起"千秋事业"之说，恐怕会沦为同行笑柄。然而，我们真的要沿着这条道路一直走下去吗？我常常寻思，一个真正的学者，起点和终极到底在何方？也许有人会讲，既是"无涯之旅"，则无所谓起止。那么，立场呢？学者治学的基本立场在哪里？古人曰"文章千古事"，今人云"在学术上应该发扬比慢的精神"，我们是否仍可作为信念而坚守？在"美丽人生"与"追求学术之彻底性"之间，我们应该如何抉择？

这些纠结，想必也是我的这些志同道合的学侣们的忧思。于是我们向往建立一个乌托邦，期盼在这个“艰难时世”努力生存的同时，有一泓荒漠甘泉，可以给我们枯槁的心灵带来慰藉；有一方文明的沃土，可以让思想的芽草惬意地生长；有一片无垠的天地，可以让我们信马由缰。由此，有了“中古中国共同研究班”的成立。

所谓的研究班，只是一个没有建制的民间同仁团体，却代表了我们的学术理想。两年前，一群研究中古时代历史、语言、文学与艺术的年轻人聚集在一起，商讨在学术日益泡沫化的今天，我们如何安身立命，是否能为中国学术做点什么。随后研究班悄然成立，致力于在互相砥砺中提升自我学术境界，并探索共同研究模式在中国学术生态中生发的可能性。研究班是一个开放的学术共同体，而不是党同伐异的山头。核心成员来自复旦历史系、文史研究院、汉唐文献工作室、出土文献与古文字研究中心、中文系等五个单位，共十二位学者。此外，还有许多研究生、访问学者、校外和海外研究者，作为“观察员”和通讯成员加入。每两周组织一次workshop，主要安排为新作发表与讨论、史料会读、学术信息交流与评论，至今已连续举行36次。如切如磋，如琢如磨的氛围，让我们怡然自得，乐以忘忧。理解当今学术生态下“青椒”处境的贤达，想必不难体会，这样完全依赖学问自身魅力而运作的“非营利性社团”，坚持到今日，是多么的不易！

我们的活动，逐渐引起相关院系和学校的关注，对我们深表“同情的了解”，施予各种援手，鼓励我们将实验继续下去，并从“211三期”和“985三期”项目中拨给专项经费予以资助，希望能将我们的苦心孤诣，呈现在世人面前。因之，我受命策划这套丛书，作为见证梦想与现实张力之间的“试金石”。虽然不免有些俗套，我们仍想借此对所有给予包容和支持的人们，尤其是章清教授、金光耀教授、邹振环教授、杨志刚教授、葛兆光教授和陈尚君教授，表达由衷感激之情。

书系以“中古中国知识·信仰·制度”为名，收录研究班主要成员的作品，表明了我们共同研究旨趣之所在。第一辑付梓的，除了我自己的那本不过是往日杂稿的拼盘，其余大都是博士论文经数年打磨而写定的心力交“萃”之佳作。第二辑将要刊行的，则是研究班成立后历次往复匡谬正俗之结晶。尽管立意和方法不尽相同，但都代表了新一代学人对“基底性命题”的求索与回应。古人有云：“登山始见天高，临壑方觉地厚。不闻先圣之道，无以知学者之大。”况乃天道幽邃，安可斐然。同道乐学，博采经纬（研究班集体会读之《天地瑞祥志》，中多祯祥灾异、纬候星占之言），思接千载（诸君治学范围，上启秦汉，下探宋元，绵历千年），今略有所成，裒为一编。虽不敢“期以述者以自命”，然吾深信，绝不至于“粪土同捐，烟烬俱灭”。

在一次讲演中，我曾吟咏艾略特（Thomas Stearns Eliot）的《烧毁的诺顿》（*Burnt Norton*，中译参汤永宽译本，略有改动），以表达对人类历史之深邃与荒诞的敬畏和感动。现在，我想再度征引这首诗，作为对我们研究班的祝福，也作为这篇缘起的“论曰”：

Time present and time past	现在的时间和过去的时间
Are both perhaps present in time future,	也许都存在于未来的时间，
And time future contained in time past.	而未来的时间又包容于过去的时间。
If all time is eternally present	假若全部时间永远存在
All time is unredeemable.	全部时间就再也都无法挽回。
What might have been is an abstraction	过去可能存在的是一种抽象
Remaining a perpetual possibility	只是在一个猜测的世界中
Only in a world of speculation.	保持着一种恒久的可能性。
What might have been and what has been	过去可能存在和已经存在的
Point to one end, which is always present.	都指向一个始终存在的终点。
Footfalls echo in the memory	足音在记忆中回响
Down the passage which we did not take	沿着那条我们未曾走过的甬道
Towards the door we never opened	飘向那重我们从未开启的门
Into the rose-garden. My words echo	进入玫瑰园。我的话就这样

Thus, in your mind.
But to what purpose
Disturbing the dust on a bowl of rose-leaves
I do not know.
Other echoes
Inhabit the garden. Shall we follow?

在你的心中回响。
但是为了什么
更在一钵玫瑰花瓣上搅起尘埃
我却不知道。
还有一些回声
栖身在花园里。我们要不要去追寻?

2011 年 12 月 19 日

目　录

书系缘起 …… 1

导论 …… 1

一、选题意义与方法 …… 1

二、史料概说 …… 8

三、篇章结构 …… 15

第一章　"蒙古斯坦"的形成与草原领地的分封 …… 19

一、导言 …… 19

二、"蒙古斯坦"与成吉思汗的遗产 …… 22

1. "蒙古斯坦"的本义 …… 22

2. 关于"中央兀鲁思"的分封 …… 34

3. 关于拖雷以幼子所得产 …… 40

4. 窝阔台即位风波与哈剌和林的登场 …… 49

第二章　草原政治中心的西移与哈剌和林之成立 …… 62

一、窝阔台家族统治时期的新、旧政治中心 …… 62

二、东、西蒙古的统合与政治重心之西移 …… 69

三、作为"公共领地"的哈剌和林地区 …… 82

四、小结：草原分封的基本原则 …… 90

第三章　草原分封制度的延伸及调整
——以大蒙古国政治背景下的山西地区为中心 …… 93
一、导言 …… 93
二、窝阔台合罕时期的分封情势 …… 97
1. 窝阔台时期的汉地、河中、东部波斯地区 …… 97
2. 窝阔台家族的山西分地 …… 101
三、贵由至蒙哥：蒙古帝国东西疆域的再分配 …… 106
1. 贵由时期对蒙古帝国东西疆域的再分配 …… 106
2. 蒙哥即位后对蒙古帝国东西境分地的再分配 …… 110
四、拖雷家族之山西分地考述 …… 113
1. 山西南部的拖雷家族分地 …… 113
2. 忽必烈之泽州分地 …… 115
3. 山西赵城・浮山・洪洞地区 …… 119
4. 潞州分地 …… 123
五、小结：大蒙古国时期的分封原则及特点 …… 126

第四章　蒙古草原传统之移入及其转型
——基于对诸蒙古汗国制度比较的一个考察 …… 131
一、导言 …… 131
二、西方蒙古汗国的"二元"构造 …… 135
1. 金帐汗国 …… 135
2. 伊利汗国 …… 142
三、元代政治的内在结构 …… 161
1. 制度的溯源 …… 161

2. 兀鲁思异密、四怯薛、丞相 …………………………… 166
3. “权相”与“相权” …………………………………… 172
四、小结 …………………………………………………… 175

第五章 伊利汗国的成立
——异密・部族・集团(旭烈兀—阿合马时期)………… 177
一、前言 …………………………………………………… 177
二、《五族谱・旭烈兀的异密名录》的分析 ………………… 181
1. 旭烈兀异密名录 ………………………………………… 181
2. 《五族谱》的提要性质 ………………………………… 187
3. 穆思妥菲《武功纪》中所见旭烈兀异密名录 ………… 189
4. 旭烈兀时期伊利汗国构造上的延续性 ………………… 193
三、《五族谱・阿八哈汗异密名录》的分析 ……………… 203
1. 阿八哈的异密名录 …………………………………… 203
2. 《异密名录》和阿八哈汗时期主要史事 ……………… 210
3. 穆思妥菲《武功纪》中所见旭烈兀异密名录 ………… 211
四、《五族谱・阿合马异密名录》的分析 ………………… 217
1. 阿合马的异密名录 …………………………………… 217
2. 《异密名录》和阿合马时期主要史事 ………………… 221
五、怯薛——《五族谱》的制度切面 ……………………… 224

第六章 14 世纪初斡儿答兀鲁思的汗位继承危机 ………… 229
一、前言 …………………………………………………… 229
二、斡儿答世系与兀鲁思汗位传承特征 ………………… 230
三、斡儿答兀鲁思外交政策上的独立性 ………………… 234
四、斡儿答兀鲁思汗位危机的再考订 …………………… 242

五、结语 ………………………………………………………… 253

第七章　大德二年(1298)伊利汗国遣使元朝考
——法合鲁丁·阿合马·惕必的出使及其背景 ……………… 255
一、前言 ………………………………………………………… 255
二、惕必家族的兴起 …………………………………………… 259
三、法合鲁丁出使行实再考 …………………………………… 267
1. 法合鲁丁之东来 …………………………………………… 267
2. 法合鲁丁与杨枢的海上行程 ……………………………… 273
3. 法合鲁丁在元朝境内的活动 ……………………………… 277
4. “中卖宝货”的场合 ………………………………………… 284
5. 法合鲁丁的返程及其结局 ………………………………… 291
四、结语 ………………………………………………………… 296

第八章　“骨咄”新考
——对内陆亚洲物质交流的一个考察 ……………………… 304
一、引言 ………………………………………………………… 304
二、东西方文献中关于“骨咄”的记载 ………………………… 306
三、骨咄作为贡礼在内亚外交活动中的涵义 ………………… 321
四、结语: ……………………………………………………… 328

第九章　艅(Jūng)船考:
——13至15世纪西方文献中所见之“Jūng” ………………… 331
一、导言 ………………………………………………………… 331
二、关于Jūng(艅)的词源 ……………………………………… 332
三、结论 ………………………………………………………… 340

第十章 《桃里寺文献集珍》(*Safina-yi Tabrīz*)所载世界地图考 …… 342
一、文献背景 …… 342
二、《诸域图纪》：蒙古帝国的世界地图及其意义 …… 343
三、海图西来：回回图子与蒙古时代 …… 346
四、疆理混一：《诸域图志》所见地名考释 …… 351
五、结语 …… 360

第十一章 14世纪马穆鲁克商人所述哈剌和林情报考
——兼论马可·波罗同时代的阿拉伯远洋商人 …… 364
一、序说 …… 364
二、基本史料的文献学研究 …… 365
1. 译文 …… 366
2. 注释 …… 367
3. 小结 …… 373
三、历史学的考察 …… 374
1. 麦术丁和马可·波罗 …… 374
2. 马穆鲁克与元朝的商业往来 …… 376
四、结论 …… 380

第十二章 《五族谱》研究导论
——研究史·文献特征·史料价值 …… 382
一、《五族谱》的发现及其研究 …… 382
二、《五族谱》的文献特征 …… 387
三、在伊利汗国史学编纂传统中看《五族谱》的史料价值 …… 396

四、《五族谱》在“后蒙古”（*Post-Mongol*）时期历史编纂中的影响 …… 404

第十三章　吾道：三教背景下的金代儒学 …… 407

一、前言 …… 407

二、金代思想的展开：宋室南迁后的北方精英层及其思想 …… 409

三、两个“道学”：金代的三教论 …… 415

四、吾道：儒学话语下的文化认同 …… 423

五、“道统”之移入及其回应：以郝经为中心 …… 438

六、余韵 …… 444

参考书目 …… 448

索引 …… 489

导　　论

一、选题意义与方法

在欧亚草原的腹地，总是保存着足以干扰并改变周边农耕地区历史进程的力量，它表现为一系列由游牧人群所建立的帝国。而从内陆欧亚历史的维度来看，13世纪初蒙古帝国的兴起，更是一个具有特殊意义的时间节点。正如拉施都丁在《史集》起首处所宣告的那样："还有什么事比成吉思汗国家的建立更值得一提的呢？它被认为开启了一个新的纪元。"①蒙古帝国既代表了长期以来游牧政治文化传统演进的最高成就，同时也宣告了内亚"古典"时期的终结②。在游牧文化占据主导地位的地区，源自"黄金家族"的政治合法性、突厥—蒙古式的社会组织，以及突厥化的伊斯兰僧侣阶层，直至近代一直是构筑内亚政权的基本要素。因此巴托尔德在其名著《蒙古入侵时期的突厥斯坦》初稿结尾处，提出了这样一个问题："蒙古帝国的组织如何影响中亚的历史发展，帝国的机构在帝国的诸继承国中有着哪些遗存？"③如果把视角从巴托尔德本人所关注的中亚地区，移

---

① Rashīd al-Dīn, *Jāmi' al-tavārīkh*, ed. by Muḥammad Rawšan, Tehran: Nashr-i Alburz, 1994, v.1, p.32.《史集》，余大钧、周建奇译，北京：商务印书馆，1998年，第一卷，第1分册，第112页。汉译本此句作："自从成吉思汗的国家开创以来，究竟有哪些最伟大的事件，可以据以创造一部确定的历史？"

② 这可以参看符拉基米尔佐夫（Б. Я. Владимирцов）在其《蒙古社会制度史》中提出的观点，他认为成吉思汗国家的建立，意味着古代蒙古人从瓦解的氏族社会向新的社会形态的过渡。《蒙古社会制度史》，刘荣焌汉译，北京：中国社会科学出版社，1980年，第194页。

③ 巴托尔德：《蒙古入侵时期的突厥斯坦》，张锡彤、张广达译，上海：上海古籍出版社，2008年，下册，第462页。

向蒙古国统治下更为广阔的疆域的话，我们会发现，蒙古人的征服活动和伴随着世界帝国建立而到来的“和平”（Pax Mongolica），对其周边的诸多定居文化（汉地、波斯及俄罗斯）至少也造成了同样巨大的影响。

就游牧社会的传统而言，蒙古人很大程度上延续了早期为欧亚草原上各色游牧政权所确立的制度与观念。如十进制的军事组织，掌握在君主手中的私属卫队，以及如何通过战争与贸易手段的交替使用，与周边定居社会建立起固定的联系等。有鉴于此，符拉基米尔佐夫甚至认为：“成吉思汗不过是把社会关系的发展过程中，早已形成的东西加以巩固和组织而已”；“成吉思汗通常没有建立什么新的制度”①。在政治观念和政治术语方面，突厥人是蒙古人最直接的导师，这从相当一批蒙古行政术语借用自突厥语，或拥有突厥语的对应词就可以看出。而在借用汉地与中亚的社会精英方面，回鹘人、哈剌契丹人提供了足够的经验。至少在征服的最初阶段，蒙古人还曾刻意将其所继承的“游牧式”国家结构和社会组织整个地覆盖到新征服区域中②。在华北，为世侯所控制的旧金领下的州郡单元和千户之间存在着一定的对应关系③。而在俄罗斯，除了诺夫哥罗德地区和东正教会拥有的人户，余下的人口被按万户至十户的顺序组织起来。源自“万户”（*tüman*）一词的俄语借词“杜马”（tm'a，复数：t'my），成为基本的行政区划与税收单元④。从草原制度中负责裁断“盗窃”等民事案件、掌管利益分配的“札鲁忽赤”（*Jarγuči*）一职演化而来的断事官制度，也成为了派出在外的最高行政长官⑤。更早一些时候的游牧帝国往往同化于为其所征服的定居社会文化，与此不同的是，这一过程在蒙古帝国发

① 《蒙古社会制度史》，第154、173页。

② H. F. Schurmann, "Mongolian Tributary Practices of the Thirteenth Century", *Harvard Journal of Asiatic Studies*, 1956, 19: 3/4, p.305.

③ 温海清：《金元之际的华北地方行政建置：〈元史·地理志〉腹里部分研究》，上海古籍出版社，2012年，第131—186页。

④ George Varnadsky, *The Mongols and Russia*, New Haven: Yale University Press, 1953, pp.125, 217-218.

⑤ 田村実造：《元朝札鲁忽赤考》，见氏著：《中国征服王朝の研究》，中册，京都：东洋史研究会，1971年，第444—463页，四日市康博：《ジャルグチ考：モンゴル帝国の重层的国家构造および分配システムとの関わりから》，《史学杂志》114：4，2005，第1—30页。

生得相对迟滞。而蒙古人的征服行动本身，又使之较其前辈更为深刻地介入到定居世界中。所以在这个新的帝国中，作为征服对象的定居社会所需要面对的，并不仅仅是一个新兴的游牧政权，而是其背后所隐含的、作为其根基的整个欧亚游牧文化的传统。

随着蒙古帝国东西部各自地方化程度的深入，在这些地方蒙古人的统治开始与本地的官僚群体合作，其管理手法也向着本地政治文化传统靠拢。但这是经历了一个较长历史阶段之后的结果。对当时的蒙古人来说，国家的构造只是部落结构的放大，统治者所遵循的政治智慧深植于游牧社会的传统，而其权力核心的构成也只是建筑在部落社会原有的社会关系之上。如果我们尝试考察蒙古帝国的权力结构的话，就无法回避其背后具有更长时间维度和更广阔幅度，且通常被遮蔽在文献之下的欧亚草原历史传统的影响。因为蒙古人自己只留下了很少的文献资料，而更多数的史料是由游牧传统之外的定居社会的史家所记载或编纂的。它们往往受到本地历史书写传统的支配，或者出于各种目的对作为统治者的蒙古人进行了修饰或歪曲。所以对这些史料的解读，无法离开一个“来自游牧者本身”的视角。

1. 游牧传统与游牧帝国

汤因比把游牧社会看作是一种“停滞的文明”。由于受到外部严酷环境的限制，游牧经济很难通过自身的增殖而积累大量的财富，在这种社会中富人和贫民的区分也要较定居社会要小得多，造成游牧人群内部阶级分化的迟缓。而傅礼初(Flecher)很早就指出，逐水草而居的生活习性赋予游牧社会独特的文化和社会动力。他们卓越的移动性、组织能力和适应性，使之在军事行动中能更胜一筹①。这一切都使得在游牧社会中，那种超越单纯部落形式的政治形态，并不是为了适应经济生产的规模而自发地产生的，相反，它的形成更多是为了外交与军事的目的②。游牧人被

① Joseph Fletch, “The Mongols: Ecological and Social Perspectives”, *Harvard Journal of Asiatic Studies*, 1986, 46: 1, pp. 11 - 50.

② 拉铁摩尔(Lattimore):《中国的亚洲内陆边疆》，唐晓峰译，南京：江苏人民出版社，2005 年，第 47、第 333—335 页。

组织起来,以面对其周边强大的定居社会,并在贸易和军事活动中获取更多的份额。军事化的训练充斥在游牧民的日常生活中,所以对于游牧国家而言,军事性格甚至是首要的①。由此则导致了这样一些特征:从外部来看,游牧帝国是一系列松散而短暂的军事—政治联盟,它的存在取决于其外部环境而非自身意愿。而在基层,部落制外壳下的血缘共同体具有更为持久的生命力。而对于部落首领来说,他与受其统治的普通部民之间的经济差异通常也不像在定居社会那么悬殊。他的权力的根源来自其领导与组织的才能,以及建立在这种才能之上的,对其本人及其家族"个人魅力"的世袭特权的承认。狄宇宙(Di Cosmo)讨论了"选汗"在游牧国家结构中的重要意义。大汗的选立导致了社会与经济关系的变革、新的行政机构的产生②。而当汗权以及对于大汗家族的忠诚意识被塑造出来后,游牧国家内部关系就迅速地从各不统属的、半平等的关系,转变为由超越部落结构的大汗和拥戴并受其支配的各部族所共同组成的等级关系。可以说在游牧政治中,汗位与汗权是根本性的因素。

与汗权相匹配的,则是家产制国家性格的扩张。正如巴托尔德所概括的:他们将"族产观念从私法领域带入了公法领域"③。国家被看成是皇室成员和以各种私人关系纽带(婚姻、身份依附)与之相联的贵族成员所共享的财产。其具体表现为分封制度的广泛推行。而即使在蒙古帝国地方化过程大体完成之后,无论在元朝还是伊利汗国,维系国家事务正常运行的官僚队伍,也较少依赖精心设计的选拔体系,权力始终掌握在世袭的贵显家族,以及借由婚姻、隶属关系结合进权力核心的那一部分人手中。汗位的继承也是推动游牧政治的重要因素。围绕着继承权发生的冲突甚至战争都导致对既有权力结构的重新组合。汗位的继承法则通常是模糊不定的,它同时受到两或三种因素的影响。首先是"个人魅力"型政治所要求的,领导者的个人经验与才能。一般来说,长子在年龄与阅历方

---

① Jürgen Paul, "The State and the Military: a Nomadic Perspective", Seminar "Statehood and the Military", in Halle, April 29 - 30, 2002.

② 狄宇宙(Nicola Di Cosmo):《古代中国与其强邻:东亚历史上游牧力量的兴起》,贺严译,北京:中国社会科学出版社,2010 年,第 15 页。

③ 巴托尔德:《蒙古入侵时期的突厥斯坦》上册,第 310 页。

面的优势，使其较能胜任此项角色。但对这点有着严重干扰作用的因素，则来自游牧人分割家产的习惯。幼子守产，即能获得父母家产中最多的一份的习惯，普遍流行于突厥、蒙古人社会中。在蒙古帝国中，拖雷对成吉思汗遗留下来的大部分千户所拥有的权力，对窝阔台的顺利即位造成了很大压力。拖雷本人死后，其家族在帝国的政治事务方面，仍然保持着仅次于大汗的影响力。作为家产制国家"权威共享"的一个方面，那些非大汗家族出生、来自各个部落的领袖，对新汗的选立也有着自己的权力。蒙古的忽邻勒台制度要求新汗的即位，必须在得到全体宗亲、贵族的同意后方始生效。可以说大汗同时也是部落贵族利益的代表。在元代忽必烈继承大统和伊利汗国中阿鲁浑汗、合赞汗的即位过程中，诸蒙古贵族起到了比宗王更关键的作用。

2. 循环与对称

和游牧社会发育迟缓相关联，在游牧人的历史中，被世代沿袭的传统、习惯起到了比外在的政治制度更为重要的作用。我们经常能看到古老的政治观念、手法，在不同的历史时期，总是以相同的方式影响着统治者的决策与行为。所以哈赞诺夫指出"游牧社会的历史是循环而非线性的"①。此种历史的循环丝毫也未受到蒙古帝国地方化进程的影响。相反，它一再地出现在蒙古帝国的不同发展阶段。甚至在成吉思汗所建立的游牧政权尚未发育为成熟的国家制度以前，预示着其后政治运行轨迹的事件已经开始上演了。通过类比蒙古帝国史前期、中期，某些政治举措并不是少数宗室、贵族的野心结果，而是蒙古帝国所继承的政治传统的一部分。例如大汗遗孀对朝政的干预和对下一任大汗的选立，似乎是一项被认可的权力：从窝阔台时期的脱列哥那(乃马真后)称制并成功地将贵由扶上汗位，到真金遗孀阔阔真在成宗铁穆耳即位过程中所起的作用②，以及成宗皇后卜鲁罕在德寿太子早死的情况下，试图以扶立诸王阿难答为条件，与其共同执政。

---

① Anatoli M. Khazanov, *Nomads and Outside World*, Madison: The University of Wisconsin Press, 1994, p.238.

② 《史集》第二卷，第375页。

而作为一个版图横跨欧亚的巨大帝国，蒙古帝国历史的另一个重要特征，则是其历史事件和制度的对称性。通常在帝国东部地区发生的事件，都会在帝国西部找到相似的版本。而在东部以蒙古语记录的制度术语，在西部也多能够找到完全对应的突厥语词汇。又因为蒙古帝国向东西两翼的扩张、征服过程中，是将一个大致相似的“旧制”原型分别推行到对东部华北汉地与西部波斯地区的管理实践中去，因此在这两个地区，本土传统与蒙古制度的复合、互动的过程，呈现出更多的相似性。我们可以通过对比双方（汉文、波斯文）的记载，来观察其政治行为和统治手法中所体现出的共通性，并加深对蒙古制度本身的理解。蒙古帝国高层的政治变动，其影响会同时向东、西方辐射很远。活动于某个行政区域的政治集团，能够在离开很远的帝国的另一侧，找到与之共命运者。而保存在不同语言史料中孤立的、互不联系的地方性事件，只有被放置到整个蒙古帝国的背景下，才能观察到其背后更为复杂而密切的关联性。而这一切的核心动力，往往来自黄金家族内部权力分配的变化。

基于上述原因，本书上编尝试将考察的视角聚焦于蒙古帝国的权力核心——黄金家族和对其有依附关系的婚姻贵族集团上，分别从草原—定居社会分封制度的演化、婚姻集团的构成以及二元官僚制的形成等三个侧面，来考察蒙古帝国权力体系的构成与变化；并进而讨论黄金家族内部政治权力的分配，以及分析这种分配模式与其稍后在各定居社会所实行的制度之间的关联性。之所以选择这个课题，主要是考虑到这几点代表了游牧政治中的典型要素，它们不只是在一段时间内中断并干扰了定居社会的政治传统，而是移入、并渗透进稍后发生地方化转变的各蒙古汗国的国家机器中，扮演了一种支配性的力量。所以作者试图从追溯形成于草原深处的蒙古旧制本身出发，来观察元代政治中的某些制度性因素。

在研究方法上，作者尝试对读汉文与非汉文史料（主要是波斯文史料），在综合双方记载的基础上展开分析。这是因为，相对于蒙古帝国兴起这样一个急剧动荡、纷乱的时代，文字记述的滞后，历史记忆的重叠，以及当事人见闻的局限，均表现得相当明显。本文作者所使用的历史文献，主要集中在蒙元时期的汉文史料和编纂于 13—14 世纪的波斯文文献，因为在所有与蒙古帝国史相关的文献中，由这两种文字写成的史料占据了最大比重。其中汉文史料在准确性和系统性方面，显示出较大的优势。但缺点也很明显，那就是汉语史家对草原民族的特性较为隔膜，同时又受到汉语历史传统的影响，往往详于典章制度的记载，而不太注意保存诸如部族、婚姻等信息。波斯史料则正相反，其中很少能见到对历史背景、政治制度的宏观叙述，在传抄过程中又会产生大量的文字脱讹。但由于波斯史家长期以来为各种出身游牧部族的统治者效力，所以对游牧社会的文化传统和政治模式较为谙熟，且其史学传统多以渲染英雄事迹为主，故对许多历史事件的描述反较汉文史料更富于细节。所以只有兼采两者的长处，才能充分发挥不同史料间各自的优势。

还有一点需要强调的是，自伯希和以来，欧洲的东方学者就注重通过对汉文、穆斯林文献的比对与考证，来研究蒙古帝国的诸多问题。由此"审音与勘同"成为在蒙元史领域应用最为广泛的研究手法。所谓审音与勘同，即借助历史语言学和比较语言学的成果，对史料中出现的，记录名物制度的外来语词汇进行还原，并在此基础上再与他种史料中的记载对勘与比较。运用此种手法，学者们在蒙元史研究方面，取得了丰富的成果。但我们也要看到，"审音与勘同"的对象，往往是孤立的名物制度本身，而无法展现出具体制度在运作过程中的动态表现。本书则希望能在此基础上，比较不同文献中关于某一同源制度在各个汗国中的发展演变的轨迹。通过对制度的比较，将研究的对象从点扩张到面。

由于受到史料本身的限制，作者暂时将考察的中心侧重于蒙古帝国的前半部分，即从成吉思汗的兴起到忽必烈即位之间。这是因为在这段时间里，大蒙古国尚被看作是一个整体，东西方史料中对于帝国另一端所发生的事件记录较多。这也就为相互比较提供了较大的空间。而稍后在元朝或者伊利汗国所实行的各项制度，大抵也是在这段时间内被确立成型的。当然，历史的演进有其自身规律，无法被硬行截断。尤其是官僚体制的运作，通常需要进行前后纵观地观察，所以在"二元官僚制的形成"部分，也会较多地涉及忽必烈时期，甚至元成宗、武宗时期的历史，以期能提供一个较为完整的画面。

二、史料概说

关于元史研究的基本史料的情况，前贤论著已极其详赡。李治安教授等编写的《元史学概说》、白寿彝先生主编的《中国通史·元史卷》以及陈得芝先生的《蒙元史研究导论》等书对元代汉文基本史料及其整理出版情况均有详细介绍①。而《中国通史·元史卷》还辟出专章介绍了与元史研究有关的非汉语史料，因此这里就不再复述了。

作者想稍稍强调一下的是近年来对石刻史料研究方面的开拓。杉山正明是较早关注和系统研究元代石刻文献的学者。在其论文集的第四部分，专门辟出一章叫做《蒙古时代文献学研究的方法》②。围绕《草堂寺阔端太子令旨碑》、《八不沙令旨碑》等元代碑刻的拓片图录，杉山讨论了元代命令文书的格式、体例，碑文的刊刻等问题，以及从碑刻中透露出来的关于元代的历史信息。由于杉山的倡导，日本学界随后兴起了一股搜集、整理、研究元代碑刻的风潮。其主要领导人为大阪大学的松田孝一和奈良大学的森田宪司。他们于 2002 年分别出版了《基于碑刻等史料的综合性分析对蒙古帝国和元朝的政治和经济组织进行的基础性研究》③和《据石刻资料对元代汉人知识人社会的研究》④等书，公布了日本学者近年来对元代碑刻研究的阶段性成果。而由森田宪司主持的《13、14 世纪东亚史料通信》，也已经连续出版 10 余期，其内容绝大部分也是关于石刻史料的整理、编目与研究，其中颇有一些此前未曾为历代金石书目或地方志所著录的重要碑刻。

---

① 李治安：《元史学概说》，天津：天津教育出版社，1989 年；白寿彝主编：《中国通史》第十三卷，上海：上海人民出版社，1999 年；陈得芝：《蒙元史研究导论》，南京：南京大学出版社，2012 年。

② 杉山正明：《モンゴル帝国と大元ウルス》，京都：京都大学学术出版会，2004 年，第 372—456 页。

③ 松田孝一編：《碑刻等史料の総合的分析によるモンゴル帝国・元朝の政治・経済システムの基盤的研究》，大阪：大阪国際大学经营情报学部松田研究室，2002 年。

④ 森田宪司：《石刻資料による元代漢人知識人社会の研究》，平成 10—13 年度科学研究費補助金基盤研究(C)2 研究成果報告書(研究課題番号：10610364)，2002 年。

相对于传世的文献史料，石刻史料由于一经刊布就无法改动(除非将原石击毁)，因此在保存文献的原始面貌方面反而有着优于传世文献(史书、文集)的地方，而在一些因为政治斗争而需要避讳的场合，石刻文献往往能保留下未经篡改的历史信息。同时蒙元大汗、诸王习惯在自己的投下分地发布圣旨、令旨，宣布对其势力范围内宗教寺产、文化精英的优遇。而地位较为次要的诸王分地分布情况通常为史书所忽略，我们可以通过对石刻文献的解读进行复原。因此作者在论文写作过程中，也较为注重对石刻史料的搜集。如近年来由文物出版社整理出版的"新中国出土墓志"丛书，集中公布了大批以前散见于各考古报告中的墓志文献。台湾新文丰出版社出版之《石刻史料新编》(一至三辑)，皇皇一百册，几乎集中了近代以前的金石学专著和各方志中较具规模的金石志。而各个地方古籍整理单位近年来印行的石刻史料丛书，也极为便利我们的研究。这方面，较具规模的有：由三晋文化研究会主持整理出版的多卷本《三晋石刻总目》、三秦出版社出版的陕西省碑刻分卷本，以及王树新编《高平金石志》，王汝雕、王汝山编《临汾历代碑刻文选》，李国富、王汝雕等编《洪洞金石录》等①。

作者所倚重的另一组史料，则是写成于蒙古帝国西部的波斯语史书。这应该是目前已知的，在数量和重要程度上仅次于汉文的蒙古史料了。本书所引征的主要波斯语史书有(具体出版信息具见参考书目，兹不复赘)：

1. 志费尼(Juvaynī)所著《世界征服者史》(*Tārīkh-i jahāngūshā'ī*)是写成较早也最为重要的史料之一。志费尼家族长期供职于花剌子模，任财政部大臣。在归降蒙古后，志费尼本人作为阿母河行尚书省长官阿鲁浑·阿合的僚属，先后为蒙哥、旭烈兀等人服务。所以他的史书作为当时人记录当时事，基本源自作者的亲身经历，而较少穆斯林史书中辗转抄袭的弊病。此书虽然已有英国伊朗学家波义勒(Boyle)的全文英译本(汉译本据英译本转译)，但如果我们如果直接将原文和汉文史料进行对读的

① 出版信息均见书后《参考书目》。

话，仍然可发现不少在迻译过程中被忽略的历史信息。

2. 合赞汗时期宰相拉施都丁（Rashīd al-Dīn）奉敕编纂《史集》一书。此书的《蒙古史》（一作《合赞汗吉祥史》，*Tārīkh-i Mubārak Ghāzānī*）部分，包括了部族志、成吉思汗纪、成吉思汗继承者的历史和诸伊利汗史。其部族志部分保存了较多不见于其他史料的，关于早期蒙古历史的记载。而作者以部族—家族为纲领，系统介绍了为黄金家族服务的各蒙古贵族的世系、婚姻情况，为我们解读蒙古帝国权力构成提供了一把钥匙。而土耳其学者托干（Togan）于1927年在伊斯坦布尔老王宫图书馆发现的一部蒙古诸汗和列国君王世系的抄本（后被命名为《五世系》，*Shu'ab-i Panjgāna*），则与拉施都丁《史集》有着极为密切的史源关系。其中所保存的蒙古黄金家族世系、婚姻的信息，多有溢出《史集》和《元史》"后妃"、"诸王"、"公主"三表之外者。而《五世系》抄写者在以波斯文转写蒙古人名的同时，也保留了回鹘式蒙古语的写法，为我们校勘、复原、比定蒙古人名提供了方便。写成于帖木儿后王沙哈鲁时期的《贵显世系》（*Mu'izz al-ansāb*）则被看作是《五世系》的续补之作。它对察合台一支的记载尤为详细，此外它也补充了从完者都到不赛因最后两代伊利汗的后妃、子嗣、诸异密的情况。此书的影印本及俄译本已由哈萨克斯坦社会科学院整理出版，其中涉及蒙古人名复原的地方，由于缺少汉文史料的佐证，尚存在不少错误。

《史集》的版本情况比较复杂：苏联学者虽仅完成了《部族志》、《窝阔台汗本纪》以及《诸伊利汗纪》的集校本，但质量较高；而伊朗蒙古史学者卡里弥（Karīmī）和罗珊（Rawshān）分别完成了全书的排印、校勘，唯校勘质量不及前者精审。此外，土耳其伊斯坦布尔老皇宫（Topkapı Sarayı）图书馆藏抄本被认为是内容最完整、抄写质量较佳者（本文所引用者，为南京大学陈得芝先生惠赐胶片打印本）。鉴于上述情况，文中凡需要检核原文处，皆优先使用苏联学者校勘本，次则引伊朗本，仍无法定夺者再参考伊斯坦布尔本，最后引录汉译本（据俄译本转译）相参照。汉译文无误者，则仅引汉译本页码。

3.《史集》记事截止于合赞汗朝，哈山尼（Qāshānī）所著《完者都史》

(*Tārīkh-i Ūljāytū*)对研究伊利汗完者都一朝的史事价值极高。全书按年排比史事,共计十三年。作者似乎是直接从档案中整段抄录其所需要的资料的,因此全书文体并不统一。有的地方,作者也按照穆斯林史家的写作习惯,会插入诗歌片断和阿拉伯语圣训以资点缀,但更多的地方则使用了类似于《史集》那样朴实的文笔。而本书缺少裁剪之功还体现为:在叙事过程中,作者会突然转入对另一件毫无关系的事件的描写,似乎是原始资料的简单拼凑。此书有伊朗学者韩百莉(Hamblī)的整理本。

4.《瓦萨甫史》(*Tarikh-i Vaṣṣāf*),原名《地域之分割与岁月之推移》(*Tajẓiyat al-amṣār va tazjiyat al-a ʿsār*)。作者瓦萨甫(全名:Shihāb al-Dīn ʿAbd Allāh b. Fażl Allāh Sharaf Shīrāzī)曾任伊利汗国税务官,并得到宰相拉施都丁的赏识和庇护。此书为续志费尼的《世界征服者史》而作。第一卷述蒙哥之死,元世祖、元成宗两朝暨旭烈兀、阿八哈、帖古迭儿三代伊利汗时代史事;第二卷述伊利汗阿鲁浑时代暨法儿思、罗耳阿塔毕史;第三卷述伊利汗海合都至合赞时代暨起儿漫、德里算端史;第四卷述元成宗之死,武宗、仁宗暨伊利汗合赞后期和完者都汗时代史事,并于卷末采志费尼书简略补叙成吉思汗至蒙哥前四汗史。1328 年,又续编成第五卷,述伊利汗完者都后期、不赛因汗时代(迄于 1328 年)。此书现有 1959 年德黑兰重印的孟买石印本,2009 年德黑兰出版拉施都丁私人收藏第四卷写本,2009 年德黑兰大学出版第四卷校订本。奥地利科学院从 2010 年起重版并新整理了哈默尔·普尔格施塔勒于 19 世纪完成的《瓦萨甫史》德译本,至今前四卷已出版。

5.《纳昔里史话》(*Ṭabaqāt-i nāṣirī*),作者术札尼(Minhāj Sirāj Jūzjānī, 1193—?)。此书中关于蒙古入侵阿富汗地区的记述最为详细,此外也记录了蒙古和德里算端国之间的战事和外交关系,多有不见于他书的资料。此书有李斯 W. N. Lees 整理的关于古儿、哈剌契丹和蒙古部分的节刊本(出版于 1864 年);另有阿富汗学者哈比比(ʿAbd al-Ḥayy Ḥabībī)的全文整理版(1963—1964 年出版于喀布尔)。此书虽然有英国学者雷沃蒂(H. G. Raverty)的英文全译本(1881 年出版于加尔各答),但译文质量不高,曾遭到俄国东方学者巴托尔德的批评。因此有必要选择史料价值较高的段落，加以重译。

6.《忽忒卜皮箧中的蒙古纪事》(*Akhbār-i mughūlān dar anbāna'-i Quṭb*)。这是由 Quṭb al-Dīn Shīrāzī(1236—1311)抄录的一部独立的蒙古史，作者存疑。该书第一章简介成吉思汗的兴起、诸子和其后的三任蒙古汗。随后记述自旭烈兀西征直到阿合马算端被处死期间的伊利汗国史事。书中包含了一些不见于其他史籍的记载，例如：别儿哥对伊朗北部地区权益的主张；阿合马处死企图谋叛的蒙古异密时引用的成吉思汗训言等。此书校勘本于 2009 年于库姆出版。

7.《世系汇编》(*Mujma' al-ansāb*)，作者为伊利汗国后期的诗人、史家沙班合剌伊(Muḥammad b. 'Alī Shabānkāra'ī)。初稿写成后毁于动乱，现存版本为第二版，写成于 1337—1338 年。此书分两部：第一部为概述，介绍天地万物自然属性、世界七大气候带、各地地理民族情况；第二部分为通史，介绍自始祖阿丹至 1335 年(伊利汗不赛因)时期的史事。此书有价值的地方在于分述了伊利汗统治下伊朗各地方政权的历史及其与蒙古人的关系。此书的校勘本于 1984 年在德黑兰出版。

8.《选史》(*Tārīkh-i guzīda*)，作者为伊利汗国历史学家可疾维尼(Ḥamd Allāh Mustwfī Qazvīnī)。此书完成于 1334 年，记述了直到 1330 年的伊斯兰各王朝的历史。第四章第 12 节为“突厥与蒙古的历史”，因作者为当代人，记录当时史事，较有参考价值。该书校勘本于 1960 年出版，同时也有英国学者布朗(E. G. Browne)的英文节译本。

9.《班纳卡提史》(*Tārīkh-i Banākatī*)，作者是有“诗圣”之名的班纳卡提(Fakhr al-Dīn Abū Sulaymān Dawud b. Abī al-Fażl Muḥammad Banākatī)。全书共分九章，分别记述：1) 先知，2) 波斯古代君王，3) 哈里发，4) 阿拔思同时代的波斯王朝，5) 犹太史，6) 基督教和法兰克人史，7) 印度史，8) 中国史，9) 蒙古史。此书大部分内容引自《史集》，仅第九部分中记述 1304—1317 年间史事部分，具有史料价值。该书有 1970 年德黑兰出版的整理本。

10.《谢赫·兀外思史》(*Tārīkh-i Shaykh Uvays*)，作者为 14 世纪前阿塞拜疆人胡特比·阿哈里(Abū Bakr al-Quṭbī al-Aharī)。此书为题献

给札剌亦儿朝算端兀外思的通史著作，对伊利汗国北部的政治情况记载较详，也附录历代金帐汗国统治者世系。此书有房龙（J. B. Van Loon）的英译本（1954年出版于海牙）；2010年又在大不里士出版了新的影印加整理本。

11.《木因历史选》（*Muntakhab al-tavārīkh Muʿīnī*），作者为木因丁·纳坦齐（Muʿīn al-Dīn Natanzī）。此书完成于1412年，收录了伊朗各地区政权的历史、除元朝外三汗国史和帖木儿史。其中察合台汗国和金帐汗国的记载，作者增补了不少独特内容。此书有1957年德黑兰出版的校勘本。

12.《史集续编》（*Zayl-i Jāmiʿ al-tavārikh-i Rashīdī*），作者为哈菲兹·阿不鲁（Ḥāfiẓ-i Abrū）。此书是《哈菲兹·阿不鲁全集》（*Majmūʿa-yi Ḥāfiẓ-i Abrū*）之一种，完成于1417—1418年。《拉施特史集续编》是在拉施特《史集》的基础上对后续史实的增补，包括从703/1304年①开始完者都和卜赛因时期的情况，时间下限至795/1393年沙哈鲁当政时期。从史料学看，《史集续编》使用了大量可疾维尼的《武功纪》、哈山尼的《完者都史》、哈剌维的《也里史志》等史志；同时，通过对《史集续编》的考察，也可以研究伊利汗史学对帖木儿文化的影响。此书有1938年德黑兰出版的校勘本和1972年的修订版，另有法文节译本。

此外，在蒙古统治下的波斯，还有诸多地方政权通过向伊利汗效忠，同时以承担赋税和兵源征发为条件，换取自治或半自治的权力。托庇于这些地方政权的文人，往往会编纂以称颂这些地方政权功业和治绩为目的的史书，用来博取声誉和赏赐。由于这些地方政权大多卷入了伊利汗国甚至蒙古帝国的政治事件，因此关于其历史的地方史志也成了蒙古帝国史料的重要部分，提供了和编纂于伊利汗宫廷的官方史书不一样的信息和视角。这批地方史志中比较重要的作品有：

1.《也里史志》（*Tārīkh-nāma-yi Harāt*），作者为哈剌维（Sayf b. Muḥammad b. Yaʿqub al-Haravī，1282—?）。该书为一部蒙古统治下也

① 703/1304：“/”前面的“703”指伊斯兰历703年，“/”后面的1304指公元1304年，下同。

里地方政权迦儿惕家族的历史，纪事年代为 1221—1321 年。书中所记蒙古人在也里及呼罗珊地区的活动，多有未见于《世界征服者史》和《史集》者。该书有 1944 年印度加尔各答出版校勘本。

2.《昔思田史》(*Tārīkh-i Sīstān*)，作者佚名。本书记载 1045 年至 1325 年间昔思田(Sīstān，今译锡斯坦，在伊朗东部与阿富汗接壤处)的历史，但今存各本均非全帙，纪事止于伊利汗阿合马时期。该书中最有价值的部分就是保存了蒙古人第一次西征时期在昔思田的活动以及窝阔台在位初期，向昔思田各地区征收赋税的情况。该书有德黑兰 2010 年重印的整理本。

3.《至尊者的高贵珠链》(*Ṣimt al-ʿulā lil-hadrat al-ʿulyā*)，作者为纳希儿丁·克尔曼尼(Nāṣir-ad-Dīn Kirmānī)。本书是一部以统治乞儿漫(Kerman，今译克尔曼)地方哈剌契丹王朝为记述对象，涵盖自成吉思汗入侵花剌子模起，直至完者都时代为止的乞儿漫地方史。其中关于伊利汗国和察合台汗国之间政治纷争及“哈剌兀纳思”(Qaraūnas)军队活动的记载有很高价值。1949 年德黑兰出版了此书的校勘本。

4.《哈剌契丹诸王史》(*Tārīkh-i shāhī-yi Qarākhitāyān*)，作者佚名。此书也是乞儿漫哈剌契丹王朝的历史。今本并非完帙，纪事仅至 1270 年乞儿漫算端跟随阿八哈汗反击察合台汗八剌入侵为止。此书中关于察合台军队入侵波斯南部的记载最有价值，其纪事亦较《至尊者的高贵珠链》详细。校勘本于 1977 年在德黑兰出版。

5.《泄剌失志》(*Shīrāz-nāma*)，作者为伊本·查古布(Ibn Zarkūb Shīrāzī，？—1387/1388)。此书是关于蒙古统治下泄剌失(今伊朗设拉子)地区的历史，纪事起自前伊斯兰时期，止于 1344 年因朱(Injuids)王朝时期。其中关于蒙古军队侵入泄剌失的事件以及蒙古官员对当地进行管理的记载较为重要，可与《史集》、《瓦萨甫史》相互参证。1971 年德黑兰出版了该书整理本。

除上述两类史料外，比较重要的波斯语文献还有纳黑失赤瓦尼(Muḥammad b. Hindūshāh Nakhchivānī)所编的《书记规范》(*Dastūr al-kātib fī taʿyin al-marātib*)。作者效力于继伊利汗国而起的札剌亦儿王朝

(Jalayirid)。他收集了大量伊利汗国官方文书，用以编纂指导书记官起草公文的参考书。此书完成于 1366 年，并由作者呈献于札剌亦儿朝算端兀外思(Uvays)。除序言、结语外，分两部，第一部为书简，第二部为任命文书范例。其中收录的蒙古长官、宰相及财政长官、伊斯兰圣职者三类任命书，是研究伊利汗国制度史的第一手资料。此书有 1964—1976 年间在莫斯科出版的影印本，2017 年德黑兰出版了该书的校订本。

三、篇 章 结 构

本书按主题分为上、下两部分。上编共六章，集中在对蒙古帝国及元朝时期的政治制度以及政治结构进行考察，而考察的重点则聚焦于蒙古政治制度中和草原旧制——即和欧亚世界政治传统联系密切的几个方面，如汗位继承制度中的结构性冲突引起的政治动荡、草原分封制度在定居社会的移入以及游牧社会政治中身份依附关系和二元官僚制度之间的关联和相互影响等。作者研究的基本思路，则是希望能广泛地比较、综合蒙古时代遗留的汉语、非汉语历史记载，对上述问题提供一个较为全面的考察；同时又不仅仅将研究视野局限于元朝，而是将具体专题的研究放置在整个蒙古帝国的背景下进行考察。此外，作者也将上述思考延伸至对元朝以外的蒙古汗国历史的考察中，希望能够通过对蒙古制度传统地方化过程的平行比较，展示出元史和其他蒙古汗国历史进程所具有的种种共性。

第一章 “蒙古斯坦”的形成与草原领地的分封。本章主要是通过综合比勘汉文、穆斯林史料原始文本，考察成吉思汗兴起前后，通过对蒙古高原西侧的游牧部族的征服，而导致蒙古部族活动范围的扩大。但在全部的草原游牧部族逐渐被覆盖在“蒙古人”概念之下的同时，成吉思汗所倚靠的部族势力(诸千户)的重心，仍然偏重于东部。而当其中绝大部分千户被当作成吉思汗的遗产，由拖雷代为掌管之后，拖雷和拖雷家族在草原东部获得了远超过其诸位兄长的影响力。这甚至对窝阔台的顺利即位形成了很大干扰。为了避开拖雷家族对汗权的潜在威胁，窝阔台在即位后即把其经营的重心移向更偏西部的哈剌和林地区。哈剌和林也从此前诸蒙古语部族活动范围的边缘,一跃成为蒙古帝国的中心。

第二章 草原政治中心的西移与哈剌和林之成立。在本章中,作者首先考察了窝阔台到贵由汗时期东西蒙古的分离,认为正是窝阔台家族对蒙古各部传统的政治中心——位于三河之源地区的大斡耳朵的疏远,才导致了其与东道诸王、诸部族关系的疏离与紧张。而在蒙哥夺取汗位之后,原本大汗与幼子家族之间因为权力分配而造成的对立实际上已不存在,蒙古高原东西两侧复合为一,哈剌和林成为唯一的政治中心。而在广义的哈剌和林地区,除了大汗本人拥有特权的地区,还分布着许多旁支宗王的分地。而哈剌和林作为"公共领地",在游牧国家的政治生活中也发挥着特殊的作用。

第三章 草原分封制度的延伸及调整:以大蒙古国政治背景下的山西地区为中心。本章所讨论的,实为上章草原分封模式在被推入定居社会之后的延续与变化。作者以大蒙古国时期的山西地区为例,指出蒙古人在定居社会中的分封形态与其对外征服的行动密切相关。某位宗王亲自参与了征服某一地区的战事,就有权在战后获取相应的分地。而从宏观上来看,北部中国分封形势的变化,也与整个大蒙古国内部不同派系势力的消长息息相关。同时,"投下分封"传统向定居社会的延伸,具有其特殊性格。在汉地分封中对固有行政区划的割裂,反映出草原传统下分封以"人口"而非"行政区划"为标准的事实。

第四章 蒙古草原传统旧制的移入及其转型——基于对诸蒙古汗国制度比较的一个因素。在本章中,作者横向比较了金帐汗国、伊利汗国和元代制度中,由四位与怯薛集团有关,并代表了部落组织与游牧政治传统的"核心官员"掌握军队与国家核心权力的特殊制度。认为这是早期蒙古制度在已经实现了地方化转型的各蒙古汗国制度中的遗存。通过对西方汗国"兀鲁思异密"制度的理解,我们可以区分出元代中枢机构两种不同身份的官僚类型,他们分别由来自游牧国家军事组织的蒙古重臣和吸收自定居社会的技术官僚组成。虽然在同一部门共事,但他们却代表了截然不同的权力基础与政治角色。

第五章 伊利汗国的成立：异密·部族·集团（旭烈兀—阿合马时期）。本章以《五族谱》所载蒙古异密名录为视角，讨论伊利汗国的成立及其政治结构。通过分析伊利汗国中特定异密家族的部族背景和子嗣地位的升降变化，来考察政治过程和异密家族之间的联系；考察旭烈兀西征之前蒙古在河中、波斯地区的镇戍军集团在伊利汗国建立过程中和建立后各重大政治事件中扮演的角色。作者认为：伊利汗国建立在对原有蒙古镇戍军集团的吸收和改造基础上，同时，后者也奠定了汗国的基本构造。

第六章 14 世纪初斡儿答兀鲁思的汗位继承危机。作为术赤兀鲁思的左翼，14 世纪初斡儿答兀鲁思的汗位危机将四个蒙古汗国（元、金帐汗国、察合台—窝阔台汗国、伊利汗国）先后卷入其中，它最终超越其发生的地域而成为影响蒙古帝国政治进程的一个重要事件。记述这一事件的史料较为零碎，且散见于伊利汗国的波斯语史书和用阿拉伯语编纂的马木鲁克编年史中。故本文通过对比、分析相关穆斯林文献，对该历史事件的过程进行梳理和还原。并且从斡儿答汗位传承特征和外交上的独立性两方面对斡儿答兀鲁思汗位危机发生的原因进行了讨论。

而本书的下编，则试图在政治史维度外，横向考察蒙古统治下亚洲东西部分之间的人员、物质、知识的接触与交流，同时也希望将传统的文化交流史放置在具体的历史场景下进行讨论。下编共分为七部分。

第七章 大德二年（1298）伊利汗国遣使元朝考。本章考察了 1298 年伊利汗国君主合赞汗派往元朝的使团及其经历。笔者利用了近年在伊朗出版的几种较重要的《瓦萨甫史》影印、整理本和德黑兰大学、伊朗议会图书馆所藏的几个早期的《瓦萨甫史》手稿，提供了关于此次出使活动的一个较为完整的译本。同时，笔者也考察了以法合鲁丁·阿合马·惕必家族为代表的波斯海商家族。笔者认为，法合鲁丁出使元朝并非一孤立事件，而是 1304 年蒙古诸汗国约和背景下，重启跨蒙古帝国商业网络的一个尝试。

第八章 骨咄新考：对内陆亚洲物质交流的一个考察。骨咄是中古时期在阿拉伯—波斯和汉语文献中被广泛记载的一种具有解毒功能的骨质珍宝，先后受到突厥、契丹、女真等内亚民族的珍视。本文在劳费尔、伯希和研究的基础上，系统梳理、比勘了9至14世纪的阿拉伯、波斯、突厥和汉文文献中关于骨咄的记载，考察了东、西亚文献中对于骨咄产地、特性等知识的积累、变迁和交流的过程；梳理了有关骨咄知识的传播路线，以及“骨咄”在中古时期内亚外交活动中所扮演的角色。

第九章　艐(Jūng)船考：13至15世纪西方文献中所见之“Jūng”。笔者在本章中，主要利用13至14世纪波斯语史料，讨论了在同一时期被借入波斯语、阿拉伯语的，用来描写中国式远洋帆船的术语Jūng，并认为其词源自中古汉语俗词“艐”。

第十章　《桃里寺文献集珍》(*Safina-yi Tabrīz*)所载世界地图考。本章研究了在伊朗发现的一副绘制于伊利汗时期的世界地图。笔者认为该地图反映了相当典型的“蒙古时代”的地理学知识变化，同时也是13至14世纪东西方地理学知识交流的一个例证。通过对地图中所记录的地名进行考订、梳理，讨论元代统治者的世界观念，以及伊斯兰地理学知识在中国的传播及其局限。

第十一章　14世纪马穆鲁克商人所述哈剌和林情报考。本章主要考察了14世纪马穆鲁克历史学家尤你尼在其编年史《时间之镜补遗》中收录的关于哈剌和林的一则记载。通过和同时代汉语、波斯语文献的比勘，笔者肯定了阿拉伯史书中对哈剌和林记述的可靠性。同时，笔者也讨论了阿拉伯远洋商人在来华远洋贸易活动中所起的作用。

第十二章　《五族谱》研究导论。本章尝试在综述前人关于《五族谱》的研究成果后，从《五族谱》的文献特征、史料价值和《五族谱》编纂模式对于“后蒙古”时期波斯语史书和谱系编纂的影响三方面作一次较为全面的把握。

第十三章　吾道：三教背景下的金代儒学。本章尝试从思想史的角度对金元之际北中国的思想转型作出论述。和以往的学者多强调南宋理学对金代士人的影响不同，笔者从金代士人思想发展的内在理路上对此问题加以考察。笔者认为因为金代新道教的兴起，使得本地的儒学人士转而倾向于和佛教合作，并在三教之间的相互折冲抗衡之后，逐渐建立起以儒家学说为本的文化认同。

第一章 “蒙古斯坦”的形成与草原领地的分封

一、导　　言

作为蒙古帝国的都城所在，哈剌和林城市宏伟的规模、不同文化的交汇令经历此地的使臣、旅行者印象深刻，并促使其在随后的著作中不吝惜笔墨加以描述与赞颂。又因其在当日蒙古人心目中无可比拟的政治地位，它也一再成为试图挑战大汗权威的“西北叛王”与元朝军队争夺的目标。游牧都市、多元文化、战争焦点，这都使得哈剌和林成为帝国的重要象征。

也正因如此，人们很容易就把它与黄金家族血统、“世界征服者”的形象联系在一起，看作是成吉思汗个人传奇的一部分。至少在 14 世纪中后期的东西方史家笔下，“太祖定都和林”就已经成为比较有代表性的看法①。这点甚至也影响到伯希和，他既表示同意“哈剌和林自 1220 年起即已经被蒙古人定为首府了”，又谨慎地表示“成吉思汗的哈剌和林”与窝阔台筑城之地“并不在一处”②。同时，他也深为以下事实所迷惑：保存了最

---

① 王恽：《秋涧集》卷四三《总管范君和林远行图诗序》：“和林乃国家兴王地，有峻岭曰杭海答班，大川曰也可莫澜。”台北：新文丰出版社，1985 年，《元人文集珍本丛刊》，第二册，第 21 页。许有壬：《敕赐兴元阁碑》：“太祖圣武皇帝之十五年，岁在庚辰，定都和林。”《全元文》，南京：凤凰出版社，2004 年，第 38 册，第 320 页。

《元史》卷五八《地理志》：“和宁路，始名和林，以西有哈剌和林河，因以名城。太祖十五年，定河北诸郡，建都于此。”北京：中华书局，1976 年，第 1382 页。

同样，谷儿只史家 Thamar 的《编年史》中也提到：“铁木真的国土在名为哈剌和林(Qaraqouroum)的地方。” Marie-Félicité Brosset, *Histoire de la Géorgie depuis l'Antiquité jusqu'au XIXe siècle*, Saint-Pétersbourg: Académie impériale des Sciences de Russie, 1849, p.485.

② Paul Pelliot(伯希和)：《哈剌和林札记》，米济生汉译，载《蒙古史研究参考资料》第 26、27 期，呼和浩特，1983 年，第 108 页。

多早期蒙古部落活动信息的《蒙古秘史》中，为何“哈剌和林”（作：“中合舌剌中豁舌鲁麻”）之名要迟至第 273 节（1232 年）方才出现[1]？

尽管从之前的历史来看，哈剌和林所在的地区自突厥时代以来就是一系列强大草原政权的都城所在。而出于试图同时控制蒙古高原东西两侧的军事考虑，其地也确实处在一个“中心”位置。但我们相信：在历史叙述中被认为受到自然条件和文化传统所支配的某种“必然性”，也必须通过具体而曲折的政治过程方能实现。因此对 13 世纪初开始兴起的成吉思汗家族来说，哈剌和林的重要性还要在很长的一段历史时期以后才逐渐凸显。另外，促成其性格的另一个层面，则是蒙古汗位继承的竞争与冲突，尤其是窝阔台、拖雷系统势力的交替。至于分布于其境内的各支蒙古宗王势力，既共享了作为“黄金家族”公共领地的权益，却也纷纷被挟裹入政治斗争的旋涡。某种程度上可以说，哈剌和林政治中心地位成立的过程，贯穿了蒙古帝国前期全部的历史。

检阅前辈学者的相关成果，可以发现他们的研究几乎已涵盖了与此课题相关的文献、考古和历史事件研究等各个方面[2]，这使得作者展开进

---

① 《元朝秘史》续集卷二，上海：上海古籍出版社，2004 年，第 290 页下。这也是《秘史》中唯一一次提到哈剌和林之名，其时为壬辰年（1232）九月，窝阔台还在讨伐金国的前线。参《元史》卷二《太宗本纪》，第 32 页。

② 文献研究有：陈得芝：《元岭北行省建置考》（上、中、下），载《蒙元史研究丛稿》，北京：人民出版社，2005 年，第 113—200 页；Paul Pelliot, *Notes on Marco Polo*, Paris: Imprimerie Nationale, 1959, v. 1, p. 167, “Caracorom”; J. A. Boyle, “The seasonal Residences of the Great Khan Ögdei”, *The Mongol World Empire 1206 - 1370*, London: Variorum Reprints, 1977, pp. 145 - 151; Ho, Kai Lung（何启龙）, *Power, Economy, and Culture on the Mongol Steppe in the Yuan Era: The Case of Qara Qorum*, Hong Kong: Hong Kong University of Science and Technology, 2004, Thesis requirements for the Degree of Master of Philosophy; 王颋：《大蒙古国的斡耳朵》，载《龙庭崇汉：元代政治史研究》，海口：南方出版社，2002 年，第 111—132 页；李治安：《中国行政区划通史：元代卷》，上海：复旦大学出版社，2009 年，第 62—64 页。考古学研究成果有：白石典之：《チンギス＝カンの考古学》，东京：同成社，2001 年；白石典之：《モンゴル帝国史の考古学的研究》，东京：同成社，2002 年。白石典之：《モンゴル帝国における都市の形成と交通：カラゴルム首都圏を中心に》，載天也哲也、池田榮史、臼杵勳編：《中世東アジアの周邊世界》，东京：同成社，2010 年，第 11—22 页。林梅村：《成吉思汗史迹调查》，《考古》2008 年第 9 期，北京，第 74—92 页。关于哈剌和林地区内的蒙古宗王领地的研究可参看：松田孝一：《トゥルイ家のハンガイ游牧地》，原载《立命馆文学》，1994 年；此文有乌日娜汉译：《拖雷家族之杭爱山领地》，载《蒙古学信息》1996 年第 1 期，呼和浩特，第 8—16 页；李治安：《元世祖忽必烈草原领地考》，《史学集刊》2005 年第 3 期，第 75—81 页。

一步更加综合的研究成为可能。所以本文试图将与哈剌和林相关的史事，放置于早期蒙古帝国的政治环境中来加以考察，力图展现出其“如何成为蒙古帝国的中心”的具体历史过程；并试图借此揭示，在政治中心移动的这一表象之下，它所折射出的是蒙古帝国政治结构内部隐藏着的某种制度冲突及其解决。

同时，东西方文献中对哈剌和林史事的记载虽可称丰富，不过也充斥着矛盾、含混的过程。这是因为，相对于蒙古帝国兴起这样一个急剧动荡、纷乱的时代，文字记述的滞后、历史记忆的重叠以及当事人见闻的局限，均表现得相当明显。本文作者所使用的历史文献，主要集中在蒙元时期的汉文史料和编纂于13—14世纪的波斯文文献。这是因为在所有与蒙古帝国史相关的文献中，由这两种文字写成的史料占据了最大比重。其中汉文史料在准确性和系统性方面，显示出较大的优势。但缺点也很明显，那就是汉语史家对草原民族的特性较为隔膜，又受到汉语历史传统的影响，往往详于典章制度的记载，而不太注意保存诸如部族、婚姻等信息。波斯史料则正相反，其中很少能见到对历史背景、政治制度的宏观叙述，在传抄过程中又会产生大量的文字脱讹。但由于波斯史家长期以来为各种出身游牧部族的统治者效力，所以对游牧社会的文化传统和政治模式较为谙熟，且其史学传统多以渲染英雄事迹为主，故对许多历史事件的描述反较汉文史料更富于细节。所以作者希望在综合比勘汉文、穆斯林史料原始文本的基础上，再辅以其他语言的史料，以期能充分发挥不同史料间各自的优势，并尝试对此一历史过程进行动态地考察①。

---

① 对研究早期蒙古帝国史最为重要的波斯文史籍——拉施都丁(Rāshīd al-Dīn)的《史集》(*Jāmi' al-tavārīkh*)——版本情况比较复杂：前苏联学者虽仅完成了《部族志》、《窝阔台汗本纪》以及《诸伊利汗纪》的集校本，但质量较高。而伊朗蒙古史学者卡弥里(Kamīl)和罗珊(Rawshān)分别完成了全书的排印、校勘本，惟校勘质量不及前者精审。此外作者也引用了伦敦图书馆藏《史集》抄本(编号：BL. Add. 7628。此本为南京大学陈得芝先生惠赐胶片打印本)。鉴于上述情况，文中凡需要检核原文处，皆优先使用苏联学者校勘本，次则引伊朗本，仍无法定夺者再参考伦敦本，最后引录汉译本(据俄译本转译)相参照。汉译文无误者，则仅引汉译本页码。

二、“蒙古斯坦”与成吉思汗的遗产

1. “蒙古斯坦”的本义

“蒙古斯坦”（*Vilāyat-i Mughūlistān*），顾名思义，就是“蒙古人的地方”的意思①。在《史集》等波斯语史书中它往往与“突厥斯坦”对举，被用来指称诸多蒙古语部落活动的地区。但如果我们循其名而叩其实的话，就会发现包含在“蒙古斯坦”名义下的地理疆域在 13 世纪上半叶，发生过一次较大的变化。

追溯蒙古帝国兴起之前的历史，可以发现漠北草原从来就不是铁板一块的政治实体，而是诸多种族—文化集团相互交错重叠的存在，它们或以部族为单位进一步联合成更大的集团，或分裂为较小的组织形态参与到别的部落中去。唐开成二年（840），占据漠北中心的回鹘汗国被北方的黠戛斯部击溃而解体。随着残存的回鹘人向西迁移，被他们抛在身后的大片领土遂成为了新崛起的部落首领互争雄长的疆场。由于漠北地区很长一段时间里，未曾再出现强大而有力的游牧政权，因此原本受阻于回鹘而活动于贝加尔湖西南、薛灵哥河中游以北、阔阔桑沽儿河以东地区的各支原蒙古语部落（也就是汉文史料中的阻卜—达达部落）纷纷南下②。

而在随后数个世纪中，先后控制北部中国的契丹和女真王朝虽然也

---

① 在蒙元时期的汉文史料中，我们无法找到一个能与“蒙古斯坦”指称范围完全契合的汉语词汇。陶宗仪：《南村辍耕录》卷十《锁阳》条有所谓的“韃靼田地”之名，北京：中华书局，1997 年，第 127 页。这应该来自对蒙古语的硬译（此则承中国社会科学院民族所刘正寅老师告知）。而对一般人而言，他们对漠北的概念是相当模糊的。通常只是笼统地用蒙古高原中部的戈壁沙漠概称之，更遑论对杭爱山以西地区的了解了。史料中将整个蒙古高原称为“岭北”，或与元代岭北行省之成立有关。与此相关的例证有：彭大雅著，徐霆疏：《黑韃事略》则称：“黑韃之国，号大蒙古。沙漠之地，有蒙古山。”又尹志平：《葆光集》卷中《临江仙 · 序》云：“袁夫人住沙漠十年，后出家回都，作词以赠之。”其时袁氏当随金公主皇后居住于鄂尔浑河畔斡耳朵中。
刘晓：《成吉思汗公主皇后杂考》，原刊《民大史学》第 5 辑，北京：民族出版社，2004 年，引自网络：http://www.eurasianhistory.com/data/articles/d01/349.html（检索日期：2011/12/25）。

② 白玉冬：《8～10 世纪における三十姓タタル＝室韦史研究：モンゴル民族勃兴前史として》，大阪：大阪大学博士学位论文，2010 年，第 78 页。

因为和阻卜—鞑靼发生冲突，有过几次大规模进军漠北的举动，并在克鲁伦河地区修筑城墙，留下军队戍守。但大部分时候，它们更愿意停留在草地边缘，充当一个从外部来保持草原各部族力量平衡的干预者，以羁縻的方式维持着其在漠北高原的政治存在，而并不直接插手各草原部落的内部事务。正因为如此，在缺少强有力的核心支配力量的情况下，一波接一波草原英雄竞相登场，投身于愈演愈烈的部族混战中去。正如《秘史》中的一段韵文所描述的：

星空团团旋转，各部纷纷作乱。
谁能在床铺上安睡！都去劫掠财源。
大地滚滚翻腾，天下到处作乱。
谁能在被窝里安睡！人们自相杀残①。

但无论如何，从北方林木地带分批移出的各色蒙古语部落逐渐填满了东部的蒙古草原。遂正式开启了由《史集·部族志》所展示在我们面前的 11—12 世纪漠北草原历史的图景。

根据陈得芝先生和涂逸珊(Togan)教授的看法，克烈部属于九姓鞑靼中较早南移的部族。他们于 11 世纪时已经是活动于鄂儿浑—土剌河地区，拥有二十余万民众的强大的蒙古语部落了②。势力稍逊于克烈，且随着形势变化与前者维持着时战时和关系的其他蒙古语部落，还有居住于薛灵哥河下游一带的蔑儿乞部，沿鄂嫩河分布的泰赤乌部，原居于不儿罕山地区的兀良合惕部，以及在克鲁伦河下游接近汉地边境的塔塔儿部。

而成吉思汗的先祖，出自较晚从额尔古纳河、大兴安岭一侧“林木地区”向外迁移的尼鲁温蒙古乞颜部落。他们大概在 10 世纪初，最早移至三河(鄂嫩—土拉—克鲁伦)之源的不儿罕山地方。并在随后的几代首领

---

① 《元朝秘史》续集卷一，第 254 节，第 263 页上。案，此处所引为亦邻真先生的译文，其文辞是诸家译本中最为整饬优美的。亦邻真：《成吉思汗与蒙古民族共同体的形成》，载《亦邻真蒙古学论文集》，呼和浩特：内蒙古人民出版社，2001 年，第 406 页。

② İsenbıke Togan, *Flexibility and Limitation in Steppe Formations: The Kerait Khanate and Chinggis Khan*, New York: Leiden, 1998, p.68.

带领下，渐渐从鄂嫩河中游向克鲁伦河流域扩张。至成吉思汗四世祖合不勒汗时期，乞颜部所控制的范围进一步扩大，延伸至克鲁伦河地方。在北方，蒙古人“以薛灵哥河为界”划分了与蔑儿乞部落的势力范围①。穆斯林和亚美尼亚文献中也保存了当日的蒙古人对此地的历史记忆：如朮札尼报道称“成吉思汗最早活动于克鲁连(Kalurān)地区”②，海屯(Het'um)则称“鞑靼人最初的居住地位于‘大不鲁罕山’(the Great Belgean Mountain)的远程，[此地]在亚力山大的历史中曾提到过”③。

这些蒙古语部落在草原政治中的作用日渐突出，使得西方的穆斯林史家把他们活动的区域称作“蒙古斯坦”。《史集·部族志·序言》中是这么解释“蒙古斯坦”一词的：“住在名为蒙古斯坦，属于克烈亦惕部族人所有，并有着许多的夏营地与冬营地的地区。”(*va mauẓa'-i yāīlāq va qishlāq bisyār kī ma 'rūfiyyat ba-Mughūlistān va mansūb bā qaum-i Kirāyat ...*)④而在另一处，他又提到：“(也儿的石河)和乞儿吉思地区之间的群山，一直延伸到蒙古斯坦地区，到王汗所住的地区。”(*va ba-ḥudūd-i ān vilāyat paiwasta tā mawāẓa' zamīn-hā'ī-yi Mughūlstān va vilāyat'ī ki Ūngkhān ānjā mī nishasta*.)⑤拉施都丁两次将“蒙古斯坦”一词和克烈部(王汗)相提并论，这是因为当时克烈部是所有蒙古语部落中最为

---

① 志费尼('Alā al-Dīn 'Ata Malik Juvaynī)：《世界征服者史》(Boyle 英译，何高济汉译，翁独健校订，呼和浩特：内蒙古人民出版社，上册，第 23 页)提到蒙古人最初的活动范围在北方以薛灵哥河为界。而拉施特《史集》(罗马斯凯维奇俄译，余大钧汉译，北京：商务印书馆，第一卷，第 2 分册，第 49 页)则记载了合丹—太师的话：“只要他们(蔑儿乞)从他们的营地哈剌—薛灵哥来到我们的营地哈剌—斡难。”

② Nasirī, Abu-'Umar Minhaj al-Jūzjānī, *Tabakat-I-Nasirī: A general history of the Muhammadan Dynasties of Asia: including Hindustan, from A.H. 194 (810 A.D.) to A.H. 658 (1260 A.D.) and the irruption of the infidel Mughals into Islam*, trans. by Major H.G. Raverty, London: Gilbert & Rivington, 1881, v.2, p.937.

③ Het'um, *History of the Tartars: The Flower of Histories of the East*《鞑靼人史：东方历史菁华》, Chapter 16, "The Land Where the Tartars First Lived", trans. by Robert Bedrosian, Long Branch: New Jersey, 2004. 引自：http://rbedrosian.com/hetum3.htm(检索日期：2011/12/25)。

④ *Джāми' ат-Тавāрӣх*, ed. by Ализеде, Москва: Наука, 1965, Том Ⅰ, Часть1, p.74 《史集》第一卷，第 1 分册，第 122 页。

⑤ *Джāми' ат-Тавāрӣх*, Том Ⅰ, Часть1, pp.292 - 293;《史集》第一卷，第 1 分册，第 224 页。

强大的一支，为成吉思汗、札木合等草原英雄所共同推戴，也由此《史集》作者把它看成诸蒙古语部落的代表。所以此处“蒙古斯坦”所指称的，是较为贴近 12—13 世纪现状的用法，也就是“斡难、怯绿怜［流域］蒙古人的土地”①。南宋人笔记中对“鞑靼”疆界的记载亦与之完全契合，其略云：“而鞑靼之境，东接临潢府，西与夏国为邻，南距静州，北抵大人国。”②其中，除了静州一带原为汪古部（即原文所称“白鞑靼”）游牧地外，四至所及，基本上就是《蒙古秘史》、《史集》等书中所见诸蒙古语部落的活动范围。

综上所述，可以得出如下结论：在史料中出现的“蒙古斯坦”的本义，仅指上揭《史集》中所谓“斡难［河］、怯绿连［河］，答兰—巴勒渚思、不儿罕—合勒敦（不儿罕山）等处直到长城（指金界壕）”之间的区域，也就是蒙古高原东部。而乃蛮和汪古部的领地则不包括在其中。

《史集》又曾提到：“在蒙古斯坦地区中央的豁儿豁纳黑·主不儿（Qorquna'a Jubur）地方。”（*dar mauẓa'-i Qūrqunāq Jūbūr ka mīyāna-yi vilāyat-i Mughūlistān ast*.）③案，“豁儿豁纳黑·主不儿”一名又见诸《蒙古秘史》，其方位大致在蒙古高原东部，斡难河中游，大小巴托尔山一带，一度曾是泰赤兀部驻地④。为何拉施都丁又称其“在蒙古斯坦中央”呢？如果我们同意他在此处使用的是蒙古斯坦的本义的话，就很容易理解了：对于成吉思汗统一漠北前的蒙古人来说，“豁儿豁纳黑·主不儿”草原既是其祖先忽图剌汗取得重要胜利的地方，又恰好处于诸蒙古语部族活动

---

① 《史集》第一卷，第 1 分册，第 207 页。

② 李心传：《建炎以来朝野杂记》乙集卷十九《鞑靼款塞》，徐规点校，北京：中华书局，2000 年，下册，第 849 页。

③ Rashīd al-Dīn, *Jāmi' al-tawārīkh*, ed. by Muḥammad Rawshan, Tehran: Mīrās Maktūb, 1994, v.2, p.848. 此句又见《史集》第二卷，第 265 页。案，波斯语中 mīyāna 一词为“中心，中央”（middle; center）的意思。汉译本作“在蒙古地区中部的豁儿豁纳黑·主不儿”，本处引文据波斯语直译，故略有不同。

④ 罗依果（I. de Rachewiltz）认为其地在今蒙古国肯特（Khentei）山脉东段，为斡难河畔的一片森林地区。*The Secret History of The Mongols: a Mongolian Epic Chronicle of the Thirteenth Century*, Boston: Brill, 2006 v.1, p.314. 此处引述陈得芝先生新作中观点，见《成吉思汗墓葬所在和蒙古早期历史地理》，《中华文史论丛》2010 年第 1 期，上海：上海古籍出版社，第 28 页。

范围的中心。而铁木真早年和札木合在一处扎营，互结为“安答”的地方也在豁儿豁纳黑·主不儿①，其地与成吉思汗一生中的重要发展阶段相关。因此直至拉施都丁编纂《史集》的年代，它仍然是成吉思汗后代子孙记忆中特殊的“纪念地”。

虽然哈剌和林所在的地区在此前一直是漠北草原上一系列游牧帝国的王庭所在。但直到 13 世纪 30 年代窝阔台兴建和林城以前，此地的面貌正如志费尼所记录的，“除了一堵叫做斡耳朵八里的颓垣外，该地从前没有城镇和村落”，又说当日的蒙古人称其为“卯危八里”(Ma’u Bālīgh)，意为“歹城”②。是可知虽然在 12 世纪后半叶，自蒙古高原东南部迅速扩张的克烈部，在脱斡邻汗(To’oril Qan，即《秘史》中之“王汗”)的率领下，曾一度将其疆界的最前沿，推进到哈剌和林附近③。但在《秘史》所记述的大部分时间里，哈剌和林及其周边地区已经淡出了人们的视野，不再是诸蒙古语部落争夺的焦点。

相反，哈剌和林地区与占据蒙古高原西北部，属于突厥文化的乃蛮部落联系更为密切。尽管拥有一个蒙古语的名称(Naiman，意为“八”)，但乃蛮的族属却很可能源自突厥，或者是被深刻突厥化了的原蒙古部落④。如《史集》曾记载：哈剌和林及其迤西，包括斡儿浑河、阿勒台山、也儿的石

---

① 《元朝秘史》卷三，第 115、116 节，第 63 页下—64 页上。

② 《世界征服者史》上册，第 56、260 页。

③ 如陈得芝先生所指出的：克烈部在王汗最强盛时期，其冬营地已经驻帐于哈剌和林以南的汪吉沐涟(Öngin Mören)—月帖古忽兰(Ötegü Qulan)地方。见陈得芝《十三世纪以前的克烈王国》，《蒙元史研究丛稿》，第 201—232 页。这可能给西方使臣留下了错误的印象，如鲁不鲁克(Rubruck)曾报告说：“(王汗)是一座叫做哈剌和林的小城的主人。”《鲁不鲁克东行纪》，W. W. Rockhill 注释，何高济汉译，北京：中华书局，2002 年，第 235 页。如伯希和就据以认为：“以前那里(哈剌和林)很可能有乃蛮人相当重要的驻地，可能某一时期亦有克烈人的驻地。”伯希和：《哈剌和林札记》，米济生汉译，载《蒙古史研究参考资料》1983 年第 26、27 期，第 108 页。

④ 《元史》卷六三《地理志·西北地附录》载：“(乃蛮)俗与诸国异。其语言则与畏吾儿同。”第 1574 页。另参考《剑桥辽西夏金元史》，第 375 页。Igor de Rachewiltz，*The Secret History of The Mongols*，v.1，p.518. 也有学者认为 Naiman 来自其突厥语本名“Säkiz Oghuz”的蒙古语对译，其源属九姓乌古斯部的一支。Paul Pelliot，“Une Tribu Méconnue des Naiman：Les Bätäkin”，*T’oung Pao*，XXXVII，I. 2，Paris：1943，pp. 35–36；Paul Ratchnevsky，*Genghis Khan: His Life and Legacy*，trans. by Thomas Nivison Haining，Oxford：Blackwell，1992，p. 1.

河之间的一大片地区，都被称为“乃蛮地区”。正如普兰·迦宾尼坚持使用“鞑靼”和“乃蛮”来指称不同的区域：“鞑靼地域位于东方与北方的交界部分……东面是契丹人和肃良合人的土地……西为乃蛮地区。”①同样，亚美尼亚史家乞剌可思记道：海屯一世（He'tum I）“先进入乃蛮国土”，再“入塔塔儿地（Tatarstan）”②。这都反映出，迟至窝阔台、蒙哥时期，西方旅行者仍然对“鞑靼国土”和“乃蛮国土”加以仔细区分，后者是一个外在于“蒙古斯坦”的地区。

而从乃蛮更西面的，被认为是出自乌古思（Ughūz）后裔的众多突厥部落（如康里、钦察等）看来，哈剌和林所在的地区则是乌古思所统辖的最远处。《史集·乌古思史》称：“他所占有的地区和属民一直到位于国家边界上的极远处的哈剌和林。”（*vilāyat va ūlūs-i īshān tā aqṣā'ī Qarāqurūm dar howzi-yi mamlakat va qabża-yi taṣarruf girift*）③而那些被他打败并驱赶走（*riḥlat*）的亲戚部落，大多数就留驻（*iqāmat*）于此地④。《史集》正是把所有蒙古人的族源都追溯到这些被赶到东方的乌古思的叔父、兄弟和子侄身上⑤。虽然这只是拉施都丁试图把蒙古人的历史迭加入突厥世系的一种人为加工，但是我们仍然能得出如下结论：在《史集》编纂的时代，人们仍然模模糊糊地具有此种意识——即把哈剌和林所在地区看成是突厥/蒙古两个族群的边界。

和上文所考述的政治疆域的分野相呼应，在文化心理的投射对象上，漠北高原的东西两侧也表现出各自特异的性格，史籍中所留下的有关“圣

① 普兰·迦宾尼：《蒙古人的历史》，马列英俄译，沙斯契娜注，余大钧汉译，载《北方民族史与蒙古史译文集》，昆明：云南人民出版社，2003年，第348页。

② 乞剌可思·甘札克（Kirakos Ganjakeci）：《海屯行纪》，布莱特施奈德（Bretschneider）英译，何高济汉译，北京：中华书局，2002年，第15页。

③ Rashīd al-Dīn Fażl Allāh Hamidānī, *Jāmi' al-tavārīkh: tārīkh-i Ughūz*, ed. by Muḥammad Rawshān, Tehran: Miras-i Maktūb, 2005, p.5.

④ 原文作：“乌古思把他们[一直]驱赶到哈剌和林。”（*Ughūz īšān rā tā Qarāqurūm barānad*.）*Tārīkh-i Ughūz*, p.5.需要说明的一点是，《史集》第一卷，第1分册，第132页，把与乌古思历史相关的“Qarāqurūm”，解释成位于锡尔河某处的一个地名（见原注）。但《乌古思史》交代的非常清楚，此地在“土兀剌河畔”（*bar kanār-i āb-i Tūghulā*），因此不需要另加引申。

⑤ 《史集》第一卷，第1分册，第135页。

山”的记载恰是此种性格的一个具体例证。我们知道，北亚游牧民族中普遍有崇拜山神的习惯。而圣山所在的地区，通常也是与本部族历史有着长久渊源的地方。据研究过突厥人的“圣山崇拜”的山田信夫所言，这是因为古代突厥人与赋予其政治、经济生活最为优良的条件，也是诸多河流的源头的巍峨群山朝夕相对，而产生莫名的敬畏之情，是此种“圣山崇拜”产生的心理基础①。

突厥—回鹘文化中的“圣山”，无疑就是一再出现于古突厥语(*Runic*)碑铭中的，位于鄂儿浑河畔、杭爱山山脉中的“于都斤山”(Ötükän)②。在突厥—回鹘时代，人们相信“没有比于都斤山[林](Ötükän yïshda)再好的地方，统治国家的地方是于都斤山”③。而回纥第二代可汗(磨延啜可汗，747—759)所立《磨延啜碑》(Shine-Usu)中也有“他在于都斤[山]及Ögräsi[山]之间即位，其河流是薛灵哥河”(*Ötükän eli Ögräsi ekin ara olurmïs, subi Säläŋä ärmis*)④。同时他也提到了回鹘可汗在于都斤山中的“圣峰”(ïduq bash)驻夏，并在其西侧祭天⑤。

降至蒙—元时期，在回鹘人的口传历史中，有关此神圣之地的记忆依然清晰。志费尼书中关于“亦都护和畏吾儿地的起源”一章中追述了西迁以前畏吾儿(回鹘)人的历史⑥。而《史集》中也提到了“畏兀儿斯坦地区有两座非常大的山：一座名 Būqrātū-būzlūq，另一座名 Ūshqūnluq-tankrīm，哈剌和林山也位于两山之间”，可以与上揭《磨延啜碑》中的“两山”勘同。

① 山田信夫：《テュルクの圣地ウトュケン山：ウトュケン山に关する觉书》，载氏著：《北アジア游牧民族史研究》，东京：东京大学出版社，1989 年，第 65—66 页。

② 于都斤山，汉文文献中又写作“郁都军”、“乌德犍”。

③ 同样的话一再见于碑铭中，成为惯例。耿世民译：《阙特勤碑》，载耿世民：《古代突厥文碑铭研究》，北京：中央民族大学出版社，2005 年，第 117 页；《毗伽可汗碑》，第 168 页。原文于都斤后有“林(yïš)”字，此处据补入。

④ 耿世民先生的《磨延啜碑》译文作“他在于都斤(山林)及其附近之间(建国)即位”，《古代突厥文碑铭研究》，第 194 页。但据最近由森安孝夫、铃木宏节等人共同发表的《シネウス碑文訳注》一文，认为“附近”(tägräsi)一词为 Ögräsi 的误读。而于都斤与 Ögräsi，就是《大慈恩寺三藏法师传》中所谓的回纥王庭“在两山间”的山名。载《内陆アジア言语の研究》2009 年第 24 期，大阪大学，第 43—44 页。

⑤ 《古代突厥文碑铭研究》，第 198 页。

⑥ 《世界征服者史》上册，第 57—62 页。

而拉施都丁书中还提到“两山之旁另有一座名为 Qut-Taq 的山”①，Qut-Taq 就是汉文史料中所载的“胡力答哈”，意为“福山”②，应与《磨延啜碑》中的“圣峰”有关。同时《史集》也详细罗列了发源自这两座山脉的十九条河流的名称③。

引起我们注意的地方是，尽管《秘史》基本上可以看作是一部记载蒙古孛儿只斤氏族兴起始末的口传史诗，作者总是不放过任何在他看来可以昭示成吉思汗家族受到“天命所钟”的神异事件，并总是用富于感情色彩的笔调加以铺叙。但《秘史》中并没有与杭爱山脉中诸山峰有关的神话，甚至在唯一一次提到“哈剌和林”的时候，也只是简单地交代说“[窝阔台合罕]平安回着岭北（哈剌·豁鲁麻）行，下了”④，和前引突厥文碑铭中不厌其烦地反复称颂适形成鲜明的对比。不过于 1221 年跟随长春真人丘处机西行朝觐成吉思汗，并穿越漠北高原全境的李志常却在其游记中记录：当其一行人进入杭爱山脉时，“傍大山西行”，“李家奴，镇海从者也，因曰：‘前此山下精截我脑后发，我甚恐。’镇海亦云：‘乃满（Naiman）国王亦曾在此为山精所惑，食以佳馔。’”⑤这显然是辗转听自被征服的乃蛮民众那里的传说。

《秘史》告诉我们，在成吉思汗与乃蛮塔阳汗进行最后决战的前夜，塔

① 《史集》第一卷，第 1 分册，第 239—240 页。

② 虞集：《道园类稿》卷三九《高昌王世勋碑》，王颋点校：《虞集全集》，天津：天津古籍出版社，2008 年，下册，第 1016 页。“胡力答哈”或可比定为“Qutliq Taq”，*Qutliq*（有福的）是 *Qut*（福运）的形容词态。

③ 《史集》在此章所载“十条河”与“九条河”在可以比定为回鹘文史料中的“八色楞格河”（*säkiz Säŋlä*）和“九土剌河”（*tokuz Togla*）。该文献已先后由吐古舍娃（Tuguševa）和笠井幸代释读。见笠井幸代：《卜古可汗（Bokug Kagan）传说题记》，陆烨汉译，《元史及民族与边疆研究》第十八辑，上海：上海古籍出版社，2006 年，第 190 页。顺便可以提及的是：《史集》提及的称为“温·斡儿罕”的十条河中有一条名叫 Qamlabkhū，其名字同样也见诸上揭回鹘文残卷，正确的拼写当作“忽木阑朮”（Kamlančuin），波斯文中的 -b；-kh 分别是-n；-č 因音点误置造成的错误。《史集》第一卷，第 1 分册，第 240 页，注 10。

④ 《元朝秘史》续集卷二，第 290 页下。

⑤ 李志常：《长春真人西游记》卷上，收入王国维校注：《蒙古史料四种》，台北：正中书局，1975 年，第 287 页。

阳汗正在"康孩(杭爱)地方的合池儿水边"驻营①。而此前《秘史》作者又曾借朵歹·扯儿必(Dodai Čerbi)之口说:"[乃蛮]其主软弱,不曾出外。"②是则说明塔阳汗此时留驻的杭爱山区,是其传统的游牧地,这与以前回鹘汗国的王庭所在相近。而乃蛮部与回鹘的渊源不止于此点,《史集》又称,古代的某个乃蛮君主拥有"亦难赤·必勒格·不古汗"(*Īnānj-Bilga-Būgū Khān*)的尊号③,这明显是借用自回鹘人的历史传统的称号。"亦难赤[察]"(Īnānj)来自突厥语官称 inanču④,Bilga 令人联想到著名的"毗伽可汗"(Bilgä Qaɣan),不古汗(Būgū Khān)则直接上承回鹘人的祖先传说⑤。我们可以认为由于乃蛮部落占据了原来回鹘人所居住草原,所以不可避免地受到前者的文化传统的熏染。相信杭爱山中有山精惑人,正是突厥—回鹘的"圣山"记忆通过乃蛮人之口,在蒙古时代留下的一点印迹罢了。

而对于生活在东部草原的蒙古人来说,他们的信仰同样也与本地的山川紧密相连。最早报道蒙古西征的穆斯林史家伊本·阿昔儿(Ibn al-Athīr)就提到"鞑靼人……居住在中国一侧的桃花石(Tamghāj)的群山中,和伊斯兰世界相隔了超过 6 个月的路程"⑥,这指的正是不儿罕山(在今蒙古国肯特山脉中某处)。《秘史》一开始便说:"上天处命有的'孛儿帖·赤那和豁埃·马阑勒'斡难河的源行,不峏罕·合勒敦行营盘做着。"⑦虽然此处所述之事已经掺杂了不少传说成分,但我们仍可以据此确认,自从成吉思汗的始祖迁出森林,其首先来到的地方就是三河之源的不

---

① 《元朝秘史》卷七,第 194 节,第 167 页上。《史集》,第一卷,第 2 分册,第 203 页。

② 同上注,又《元朝秘史》卷七,第 195 节,载塔阳汗子屈出律语:"我父塔阳,于孕妇更衣处,牛犊吃草处都不曾到。"第 169 页下。

③ 《史集》第一卷,第 1 分册,第 227 页。"亦难赤·必勒格·不古汗"在《秘史》中作"亦难察·罕",第 151 节。

④ 亦难赤,来自突厥语"信仰、宗教"一词,转义为"信仰上取得权威者"。见《突厥语方言词典》,第一卷,p. 1440,"інанч";pp. 1362–1363,"ынанч"条。转引自额尔登泰等:《〈蒙古秘史〉词汇选释》,第 107 页。

⑤ 参看笠井幸代上揭文。

⑥ Ibn al-Athīr, *The Chronicle of Ibn al-Athīr for the Crusading Period from al-Kāmil fi'l-ta'rīkh*, trans. by D. S. Richards, Part. 3, Burlington: Ashgate, 2007, p. 204.

⑦ 《元朝秘史》卷一,第 1 节,第 11 页上。

儿罕山。不儿罕山前（南）“古连勒古”地方丰茂草原更是被此后的蒙古人看作蒙古乞颜部和成吉思汗家族的始兴福地①。而且“不儿罕山”（Burqan，佛陀之山，即“圣山”）的名字本身也透露出其不平凡的地位，虽然对这点成吉思汗时代的蒙古人也许并不了解②。

据长期在蒙古国从事考古研究的白石典之介绍，不儿罕山所在的肯特山脉由玄武岩构成，其上覆盖有万年不化的积雪③。从茫茫草原上看过去，更是显得雄伟而神圣。和于都斤山所在的杭爱山脉是多条水系的源头一样，斡难—怯鲁连—土兀剌这三条河，都发源于不儿罕山④。合丹太师对前来下战书的蔑儿乞部信使说道：“我的左翼有[我的]英勇长兄忽图剌（Qūtulā-Qā'ān），他出自魔鬼所住的‘忽鲁忽—塔失’（Ghūruqū-Tās）地方……他攻击的猛烈可使三河（*āb-i sih*）的水翻腾起来。”⑤这段话虽富于神话色彩，但其中提到的却无不与蒙古部族早期活动区域有关。“三河”地方一直被看作是蒙古部族活动的中心，“忽鲁忽—塔失”之地则令人联想到著名的“大禁地”（Yeke Quruq）⑥，而强调其为“魔鬼所住”的地方，则更是与《西游记》描写的杭爱山中的“山精”相类似。这皆反映出此地在蒙古部落心目中具有特殊地位。

在《秘史》中不儿罕山是一个经常出现的地名。年少的铁木真从泰赤兀人那里逃出，与其母、弟重新团聚后，“又去不儿罕山前……有个青海子

---

① 陈得芝：《成吉思汗墓葬所在与蒙古早期历史地理》，第12、33页。

② N. N. Poppe, "On Some Geographic Names in The *Jami' al-Tawarix*", *Harvard Journal of Asiatic Studies* (*HJAS*), 1956: 1–2, p. 34. Burqan（佛陀）来自回鹘语，但我们知道成吉思汗时代及其之前的蒙古人是不信佛教的。

③ 白石典之《チンギス＝カンの考古学》，第113页。

④ 《史集》第一卷，第2分册，第8页。甚至当成吉思汗为王汗击败，落魄远遁之际，还对背弃他而去的阿勒坛、忽察儿二人说：“你那三河源头守得好着，休教别人做营盘。”《元朝秘史》卷六，第179节，第146页上。

⑤ Rashīd al-Dīn/Rawshān, *Jāmi' al-Tawārīkh*, Tehrān: Nashr-i Alburz, 1994, vol. 1, p. 257；《史集》第一卷，第2分册，第48页；伦敦本无此节。

⑥ 案，今检Ghūruqū-Tās中之Ghūruqū应出自*Qoriγ-*“禁止、封锁”一词，查《蒙英字典》、《蒙汉字典》均收有Qoriqu一词，为*Qoriγ-*的动名词形式，意为“封闭”。Tās或为Tāš（突厥语“石头，岩石”）；或Tākh（突厥语“山”）之讹，因此“忽鲁忽—塔失”或与“禁山，圣山”一类观念有关。

做营盘”①。而当蔑儿乞人为报其父辈夺妻之仇，发兵前来攻打。“铁木真弟兄每，随即上马。到不儿罕山上去了”，借助山间道路泥泞、林木茂密，追兵无法进入。“那军自铁木真后袭着，绕不儿罕山三遍，拿不得”，一众人方能脱险②。事后铁木真才下山来，捶胸说：

> 不峏罕・合勒敦保全了我，我这微如虱子的性命。
> ……
> 合勒敦・不峏罕山庇护了我，我这小如燕禽的性命。
> 我惊惧惶恐已极！
> 对不峏罕・合勒敦山，
> 每天早晨要祭祀，每天都要祝祷。
> 我的子子孙孙，都要铭记不忘。
> 说罢，面向太阳，把腰带挂在颈上，
> 把帽子托在手里，用[另一]手捶胸，
> 面对太阳跪拜九次，洒奠而祝祷③。

《秘史》作者在此不惜以较长篇幅的韵文，来描写成吉思汗对得到不儿罕山庇护的感恩之情④。联系到此节所列举的种种祭祀仪式，可以把它看作是一篇奉献给山神(spirit of the sacred mountain)的祝词⑤。而亚美尼亚史书中更是具体提到了居于不儿罕山中的神灵：

---

① 《元朝秘史》卷二，第 89 节，第 39 页下。

② 《元朝秘史》卷二，第 100 节，第 48 页上。

③ 《元朝秘史》卷二，第 103 节，第 51 页上。此诗为明人译本所略，故参考余大钧先生译文，但“小如燕禽的性命”，余译作“蝼蚁之命”。余大钧译：《蒙古秘史》，第 111—112 页。但根据村上正二的释读，原文 Qarča，当解作“燕儿”，故此处有所改动。村上正二译注：《モンゴル秘史：チンギス・カン物語》，东京：平凡社，1970 年，第一册，第 171 页。

④ 成吉思汗凭借不儿罕山保护得以逃出性命一事，在他从蔑儿乞部中夺回妻子时以及最终击溃蔑儿乞部时，又被提到了几次。《元朝秘史》卷二，第 106—107 节，第 55—56 页；卷八，第 199 节，第 184 页下。

⑤ 此处参考罗依果(Rachewiltz)的注释。罗氏注释中也提到了这些动作、仪式本身具有祭祀的特征。Rachewiltz, *The Secret History of the Mongols*, vol. 1, pp. 406 - 407.

> 当成吉思汗将不儿罕山(*Belgean Mountain*)附近的所有部族和地区都置于其统治之下后，一天晚上他见到了别样的幻像。白衣武士不止一次现身并对他说：“成吉思汗，这是长生天(*Immortal God*)的意志，你必须越过不鲁罕山前往西方，征服那些王国、地区和领土，统治无数民众。要相信这些话反映了长生天的意志，起来，随着你的民众登上不儿罕山吧，直到为大海所限定的地方。你必须屈尊面向东方行九次跪礼(*nine genuflections*)，以答谢长生天。全能的神灵会亲自谕示你穿越[不儿罕]山的路径。”①

因为当时的亚美尼亚王国曾先后称臣于贵由、蒙哥和伊利汗国诸汗，和蒙古统治者保持着较为密切的宗藩关系，所以他们有条件从熟悉历史的蒙古大臣那里，打听到关于早期蒙古的信息。海屯虽然将事件发生的年代后推至成吉思汗统一蒙古各部之后，并把躲避敌方追捕的情节改饰成受到山神的启示，但我们仍然可以分辨出后者所提到的“面向东方的九次跪拜”与上揭《秘史》中“面对太阳跪拜九次”所指当为同一件事。至于“白衣武士”则应该是不太了解草原生活的亚美尼亚史家，对北亚游牧民族的“山神”所作的人格化描写。甚至成吉思汗生前还专门留下训言，要将此地作为自己的葬地。据上揭诸点，我们可以确信降至蒙古帝国时期，蒙古人心目中的圣山是同样矗立于东部草原的不儿罕山；相反，突厥—回鹘传统中神圣的于都斤山则嗣响于较西面的、受突厥—回鹘文化熏染更深的乃蛮人观念里。

我们在此作简单的归纳：“蒙古斯坦”一名，在成吉思汗兴起前夜，仅仅包括东部诸蒙古语部族的活动区域。而随着草原向西部伸展，占据主导地位的部族也逐渐过渡为诸突厥语部族。部落之间的战争与结盟，也许能暂时地改变某块草原上活动的人群的族属构成②，但大体上，漠北草

---

① Het'um, *History of the Tatars: The Flower of Histories of the East*, compiled by Het'um the Armenian of the Praemonstratensian Order Robert Bedrosian(tr.), New Jersy: Long Branch. 2004. http://archive.org.

② 同时，《蒙古秘史》载，成吉思汗与王汗曾深入阿勒台山地区追击乃蛮部；而乃蛮部反攻时亦迫使“帝(成吉思汗)与汪罕移军入塞(指金边墙)”，《元史》卷一《太祖本纪》，第8页。

原的东西(蒙古/突厥)两部分维持着相对的稳定与独立。两者之间在政治、文化甚至心理上皆不相领属①。至于哈剌和林所在的地区,虽然正处在两个单元的分际线上,但在这个历史阶段中,还只有透过倥偬戎马背后扬起的烟尘,才能被依稀辨认出来。

2. 关于“中央兀鲁思”的分封

直到12世纪下半叶,在经历了部落间长时间的混战之后,蒙古草原东部原有的部落及其所拥有的游牧区域发生了极大的改变。势力较小的部落被迫依附于强盛者求得庇护,以免在残酷的部落战争中被人吞并。同时他们也随时寻找机会,改变其效忠的对象,投奔更为宽仁、慷慨的领袖,为本部落的生存谋求更大的利益。

铁木真深谙此中的道理,作为蒙古孛儿只斤氏部的没落贵族,他最初只是依附于克烈部王汗的一个部落小首领。但在其早年羽翼未丰的时候,他就随时留心笼络各部。例如,他曾下令对偶然合牧于一处的泰赤兀属部照烈部施以恩惠:“明再合围,上宾之。使驱兽近彼陈,让多获以厌其心。”②因此与之结盟的部落也越来越多,“若札剌儿、忙兀诸部,皆慕义来降”③。但其部落长期活动的范围,仍然局限于鄂嫩河(斡难河)、怯鲁连河流域至肯特山之间,并未超出其父祖辈最强盛时期所能够控制的地域。

这是因为游牧活动受到其身处的自然环境(草场、水源、地形等)的严格制约,生存、生产的经验也仅仅凭借世代间的口耳相传而继承。故某一部落的活动范围往往是相对固定的,并表现出较强的延续性④,铁木真所率领的蒙古部落也不例外。

经过长期的苦心经营,铁木真逐一消灭了与其敌对且更为强大的各个部落。如果我们按照年份来复核其征服路线的话,就可以看出他很大

① 参考《元朝秘史》卷七,第189节,第161页上。乃蛮部塔阳汗之母古儿别速的话:“那达达百姓歹气息,衣服黑暗,取将来要做甚么?教远有者。”

② 《圣武亲征录》,王国维校注:《海宁王观堂遗书》第13册,第11页。

③ 《元史》卷一《太祖本纪》,第4页。

④ 符拉基米尔佐夫(Б. Я. Владимирцов):《蒙古社会制度史》,刘荣焌汉译,北京:中国社会科学出版社,1980年,第117页。

程度上是局限在父祖辈的活动范围之内的。最初，他托庇于王汗的羽翼之下。1196年他又与克烈部一道，配合金丞相完颜襄击败了叛服不定的塔塔儿部落，并因此而获得了“札忽惕·忽里”的头衔。塔塔儿部落之地在今蒙古肯特省巴彦呼塔格苏木北、克鲁伦河南岸①，距铁木真平时游牧的不鲁罕山前相当接近。1200年他又征服了虽为同宗，却长期与之敌对的泰赤兀部②。据陈得芝先生考证，泰赤兀部驻地主要在鄂嫩河畔，铁木真家族居地的下游③。是被其消灭的草原强部中最早，同时也是最接近的部族。接着于1202年他率部掳掠了四部塔塔儿，尽数将“男子似车辖大的都杀了”④。又于一年后偷袭并歼灭了东部草原上最强大的克烈部。而根据《秘史》所载，王汗的大帐是“土剌河的黑林［行宫］”⑤。

纵观成吉思汗早年富于传奇性的征服生涯，可以发现他最主要的征服活动皆发生在蒙古草原东部。除了曾协同王汗与乃蛮部作战，短暂进入过蒙古高原西部的阿勒台山—忽木升吉儿地面（即贵由汗卒地“横相乙儿”Qomsangïr）外，他很少逾越蒙古—乃蛮的地理边界⑥。相反，我们却能找到多条他曾因躲避攻击，南下进入金边墙的史料。设若相信宋人记载，则因元代史臣避讳而被掩盖的与金交往的资料当有更多⑦。

《史集》在记述了铁木真“击溃王汗的军队”，“占有了这个国家和兀鲁思”之后，遂在稍后的忽邻勒台上（1203—1204年之际），被众部落推

---

① 白石典之：《チンギス＝カンの考古学》，第64页。

② 《元史》卷一《太祖本纪》，第7页；《元朝秘史》卷五，第148节，第102页下。

③ 陈得芝：《成吉思汗墓葬所在与蒙古早期历史地理》，第26—27页。

④ 《元朝秘史》卷五，第154节，第112页上。

⑤ 《元朝秘史》卷三，第104节，第52页上。

⑥ 《元朝秘史》卷五，第158节：“那后，成吉思与王汗征乃蛮种的古出古敦不亦鲁黑……不亦鲁黑不能对阵，起过阿勒台山去了。追至忽木升吉儿地面兀泷古河行……又追至乞湿$_{勒}$泐巴失海子行。”第116页下。

⑦ 如李心传记：“今忒没贞（铁木真）……与白鞑靼皆臣属于金，每岁其王自至金界贡场，亲行进奉，金人亦量行答遣，不使入其境也。”《建炎以来朝野杂记·乙集》卷十九《鞑靼款塞》下册，第849页。

举“幸福地登上了汗位”①。虽然《秘史》和汉文史料仅仅提到了他“既灭汪罕,大猎于帖麦该川,宣布号令,振凯而归”②,而对选汗之事未克详及。但事实或姚大力所指出的:“拉施都丁说铁木真在此时登临汗位,并不是无根之谈”,“只是当时人对这个事件的印象,很可能被随即发生的克服强敌乃蛮的生死搏斗和辉煌战绩大大地冲淡了”③。而相对于这个初具雏形的蒙古国家来说,成吉思汗的身份更近似于一个“草原东部的汗”。

赢得了至关重要的对乃蛮塔阳汗的战事之后,在 1206 年,铁木真以新获的“成吉思汗”的名义出现在此后的历史上。从此蒙古部族的历史也进入了一个新的时期,大批追随成吉思汗的蒙古部民涌入了杭爱山—阿尔泰山,甚至更为西面的地方。漠北草原的政治图景迅速而彻底地改变了,其东、西两个部分被置于同一个政治核心的统治之下。但仅仅在比成吉思汗兴起略早的时代里,“蒙古”仍只是蒙兀部后裔集团的共名,而尚未成为保留着有关迁移行动共同记忆的各部落集团的共名④。此后的情形则如拉施都丁所描述的那样,早先塔塔儿(鞑靼)人强盛的时期,“其他突厥部落,尽管种类和名称各不相同,也逐渐以他们的名字著称,全部被称为塔塔儿”。而在成吉思汗取得了巨大的成功之后,“蒙古人”也不再是那

---

① 《史集》第一卷,第 2 分册,第 185 页。案,虽然《史集》同时也记录了他获得“成吉思汗”尊号的事,这是据原注为列宁格勒(C)抄本所增出的,注 4。《秘史》的记载则更早(约于 1202 年),见卷四,第 123 节。但我更愿意相信,获尊号之事要晚于征服乃蛮。而另一伊利汗国史家穆思妥菲《选史》的记载是正确的。他说:“599[1203—1204]年,成吉思汗得胜并被推为君王。”(*ism-i Pādishāh barv iṭlāq raft*.)而获得“成吉思汗”的名称(*nam-i Chinggiz Khān*)则在征服乃蛮之后方才提及。虽则其年份被误置于 603/1207—1208 年(应该是 601/1206)。Ḥamdallāh Mustaufī Qazwīnī, *Tārīkh-i guzīda*, edit. by ʻAbd-al-Ḥusain Navāyī (ed.) Tehran: Amīr Kabīr, 1960, p. 581. 更可靠的记载,当参考《元史》卷一《太祖本纪》:“丙寅(1206),帝大会诸王群臣,建九斿白旗,即皇帝位于斡难河之源,诸王群臣共上尊号,曰:‘成吉思皇帝。’”第 13 页。以及《史集》第一卷,第 1 分册,第 226 页。

② 《元史》卷一《太祖本纪》,第 12 页。

③ 姚大力:《草原蒙古国的千户、百户制度》,载《蒙元制度与文化》,北京:北京大学出版社,2011 年,第 5 页。

④ 姚大力:《“狼生”传说与早期蒙古部族的构成》,载《北方民族史十论》,桂林:广西师范大学出版社,2007 年,第 151 页。

群“歹气息、衣服黑暗”的可怜虫，他们的族名也由最初带有贬义的“软弱、愚钝的”意思，一变成为“各有某种名字和专称的突厥部落……为了自我吹嘘起见”热衷以自称的“尊称”（*laqab'ī*）①。又如早期的穆斯林史家伊本·阿昔尔（《全史》）或奈萨维（《札阑丁传》）等人仍然袭用“鞑靼”（Tātār）的旧名，但随着蒙古征服的幅员的扩大与接触的深入，我们也可以观察到“蒙古”（Mughūl）逐渐取代前者，成为覆盖在全体草原游牧部落上的一个泛称。

而在草原的背景下，特定的部族（或部族记忆）总是与特定的游牧区域相联系。“蒙古人”一词涵盖面的扩大，也意味着“蒙古斯坦”之名所包括的地理面积发生了扩张。但它没有完全覆盖原来的、关于草原政治地理格局的记忆，因此在一段时间里，新、旧两种“蒙古斯坦”的用法同时并存。所以《史集》中有时也会不自觉地使用它去指称更西面的地域：“现今（*aknūn*）称为蒙古斯坦的地区，从畏吾儿国边境起一直延伸到乞台和女真边界。”②但对于明了“蒙古斯坦”本义的作者而言，无疑东部的草原才是真正的“蒙古斯坦”——蒙古人活动区域的核心。

与此相类似的情况也表现在，当日草原社会的游牧民，虽然被按照其与成吉思汗家族的关系远近，分别被划入三个具有不同身份性等级的社会—种族集团：尼鲁温蒙古、迭列列斤蒙古以及“现今称为蒙古”的各部。但其中狭义的“蒙兀”仅指保持着外婚制习俗的尼鲁温、迭列列斤蒙古两部③。在“蒙古人”概念的统合过程中，从成吉思汗对草原的征服，到其完成对原有部族记忆的替代，进程相当缓慢。在很长的时间里，严格意义上的“蒙古”部族依然维持着其相对于后进部族（即“现今的蒙古”）的严格界限。所以蒙古时代的史书作者，在一旦需要更为具体地对那群征服者加以描述的时候，总是极力避免使居于核心地位的“蒙古人”和受其支配的别种部落相混淆。在此类场合，“蒙古”一名甚至连与其文化、习俗相近；

---

① *Джāми' ат-Тавāрūх*，Том Ⅰ，Часть1，p.162；《史集》第一卷，第1分册，第166页。

② 拉施都丁强调蒙古斯坦只是“现今、目前”才获得这项意义，可以与作者在描写部族是所使用的“现今称为蒙古的部落”相参照。*Джāми' ат-Тавāрūх*，Том Ⅰ，Часть1，p.358；《史集》第一卷，第1分册，第251页。

③ 姚大力：《“狼生”传说与早期蒙古部族的构成》，第158页。

且早在成吉思汗立国之初已被并入各千户组织中去的篾儿乞、塔塔儿等原蒙古语部落也不复包含其中。

据较早记录蒙古入侵东欧的匈牙利史家斯帕剌脱（Thomas von Spalato）在所著《主教传》（作于1245—1251年间）中记载："用他们的话来说，那些人称自己为'蒙古人'"，不过"鞑靼之名并非该民族之自称（*Selbstbezeichnung des Volkes*），但他们沿着流经其地的同一条河（此处指克鲁伦河）居住，因此就把另外（那些）以庐帐为家[的人]也叫作'鞑靼'"①。而稍晚来到蒙古草原的普兰·迦宾尼（Poran Carpini）在其所著《鞑靼史》中称："东方有一片土地……人们把它称为蒙古。这个地方在某一时期有四部人民：其一称为'也可蒙古'（Yeke Mongγol），即大蒙古；第二个称为'速蒙古'（Su Mongγol），即水蒙古……第三部称作蔑儿乞（Merkit）；第四部为蔑可里（Mekrit）。"②更为极端的例子则见诸海屯，他甚至将早就成为孛儿只斤家族世仆的"札剌亦儿"也剔除在"蒙古人"范畴之外③。降至元代，由于草原诸部在被纳入成吉思汗1206年所确立的千、百户制度后，又经过了长期的发育，各部落原本所有的氏族制外壳已不克继续维持。其结果就是原来"各有国家"，各自保存着独立世系的旧的部落单位，进一步投入到"蒙古人"（或"国人"）的集合中，造成后者概念再度发生膨胀④。所以，元末的陶宗仪已经将"灭里吉"、"怯烈歹"、"塔塔儿"也都算在所谓"蒙古七十二种"名目中了，这至少也反映了当时人的一般看法。不过"乃蛮歹"却仍只能和"回回"、"唐兀"一道置身于"色目三十一

① Thomas von Spalato, "Geschichte der Bishöfe von Salona und Spalato vom hl. Domnius bis auf Rogerius (1266)", Hansgerd Göckenjan und James R. Sweeney, *Der Mongolensturm Berichte von Augenzeugen und Zeitgenossen 1235 - 1250*, Köln: Verlag Styria, 1985, pp. 250 - 251. 参考陈得芝先生前揭文，可知蒙古乞颜部在成吉思汗时代已移营至克鲁伦河上游居住，而塔塔儿部居其下游。

② 《蒙古人的历史》，第360页。"蔑可里"或即《史集·部族志》中所载，"蔑儿乞"的异读形式"蔑克里惕"（Makrīt），被迦宾尼误当作两个部落。*Джāми' ат-Тавāрӣх*, Том Ⅰ, Часть1, p. 204；《史集》第一卷，第1分册，第186页。而据陈得芝先生意见，则"蔑可里"实指"克烈"部。参看《十三世纪以前的克烈王国》，第204—205页。无论我们取何种解释，皆可证明迦宾尼所说的"蒙古"和前揭拉施都丁书中的"蒙古斯坦"意义完全一致。

③ Het'um. *History of the Tatars*, http://archive.org.

④ 关于千、百户制度对草原社会内部结构造成的影响及其后果。参考前揭姚大力：《草原蒙古国的千户、百户制度》一文。

种”的名单里①。这从一个侧面看出蒙古高原西部部族被吸纳入“蒙古人”概念之下的时间，要晚于草原东部的部族。

随着越来越多的游牧民成为成吉思汗及其领导下的蒙古部落的属民，他开始着手把各氏族部落整编入以各千、百户为单位的军事组织中去。除了在其生前有几次将少量的千户集团及依附于此千户名下的土地分封给自己的兄弟、儿子外，绝大多数的千户始终留在成吉思汗本人麾下。这些千户的数目，据拉施都丁说共有“十万一千人”②，他们既是蒙古帝国武力的基础，也是国家构造的基本单位。

那么，这个被称为“大中军”的千户集团内部是否也存在着某种等级差异呢？我们注意到成吉思汗编组千户、百户的方式，一定程度上是利用了原有氏族部落建立在“同族意识”之上的内在凝聚力。那些主动投附的部落（或部落分支），如斡亦剌惕、翁吉剌惕部等，往往被允许保留本来的部落形式，并按照部落规模的大小被编成数目不等的千户③。至于那些很早以来就在大汗身边“服劳日久”，并立有战功的“元勋世臣”（即蒙语“老奴婢”，Ötögü Boγol）也有机会被命以“收完部族”的方式另行组建千户，同时出任千户长。如畏答儿在与王汗作战时奋勇请战，且“免胄为殿，脑中流矢”而卒。是故成吉思汗特令“其族（忙兀部）散亡者收完之，即封北方万家”④。而对那些被降伏、离散并重新编组的千户来说，由于在当时并不存在着另一种可以完全取代“血缘制”纽带的新的社会关系，因此虽然“作为原生血族集团的斡孛黑”正逐渐体现出“瓦解于社会的及军事—行政的新组织之内”的趋势，但大多数千户当时仍被冠以族属的名称⑤，而此时的千户组织离完全丧失其族属意义还有很长一段路

① 陶宗仪：《南村辍耕录》卷一《氏族》条，北京：中华书局，1997 年，第 13 页。乃蛮在元代不被视作“国人”（蒙古人），而被归入色目，可参看《元史》卷六《世祖本纪》：“（至元五年，1268）二月丁丑，罢诸路女直、契丹、汉人为达鲁花赤者，回回、畏兀、乃蛮、唐兀人仍旧。”第 118 页。

② 《史集》第一卷，第 2 分册，第 363 页。

③ 姚大力：《草原蒙古国的千户、百户制度》，第 31—32 页。

④ 姚燧：《平章政事蒙古公神道碑》，《牧庵集》卷十四，《四部丛刊初编》景印武英殿聚珍本。《元史·畏答儿传》乃据姚燧文删改而成。第 2986 页。

⑤ 姚大力：《塞北游牧社会走向文明的历程》，载《北方民族史十论》，第 179 页。

要走。

在成吉思汗的军队中,最受倚重的无疑是他在1203—1204年间任命的六十五个老千户。正如《朮赤台传》所说的,"兀鲁兀台、忙兀、扎剌儿、弘吉剌、亦乞列思"等五部,"当开创之先,协赞大业",故"朔方既定,举六十五人为千夫长"①。由先后归顺成吉思汗的东部诸蒙古部落编成的这六十五千户构成了大蒙古国千户、百户集团的基干部分。而稍后这个序列又因为不断地吸纳进新降附的部落人口而发生过两次明显的增殖。先是从六十五千户扩编为九十五千户,进而形成《史集》名单中的一百二十九千户②。而建置九十五千户的时间,则是在成吉思汗捕杀乃蛮不亦鲁黑汗,彻底控制蒙古高原的最西部之前③。

可以相信,将大部分千户集团囊括其中的"大中军"里仍涵有某种不均衡性。检核《史集》、《秘史》所保留的诸千户的族属,就可看到出身于东部诸蒙古部族的千户具有明显的优势④。这些蒙古千户本身虽然要随着战事的发展而东征西讨,但他们与原有部族、原居驻牧地之间那种千丝万缕的联系,似乎并不会因此而马上消失。而我们很快就能看到由拖雷所继承的这份遗产,会在稍后的政治生活中发挥怎样的影响力。

3. 关于拖雷以幼子所得产

在1207—1211年间成吉思汗对诸子、诸弟集团的分封,是将整个漠北草原地带划分成左翼、中央、右翼三大区域进行分配,这是草原军事制度中,习惯将全部军队以左、中、右三部分划分的传统在领地分配过程中的表现。朮赤、察合台、窝阔台三子都在阿尔泰山麓沿线获得了自己的分地;诸弟的分地则沿兴安岭(哈剌温·只敦)一线展开。至于成吉思汗末

① 《元史》卷一二〇《朮赤台传》,第2962页。

② 姚大力:《草原蒙古国的千户、百户制度》,第24页。

③ 这一年应该是1206年下半年。《史集》称次年为"虎儿年"(1206),在成吉思汗竖起九尾白纛,获得尊号之后。第一卷,第1分册,第226页。而据《蒙古秘史》卷八,第202节,建九十五千户是在本次忽邻勒台大会上宣布的,要早于出征不亦鲁黑汗。

④ 对上述两种史料所记录的蒙古千户族属的整理,可参看本田実信:《チンギス・ハンの千戶制》,氏著:《モンゴル時代史研究》,东京:东京大学出版会,1991年,第34—40页。

子拖雷，虽然按照《秘史》记载，他也获得五千户的份子①。但我更倾向于同意杉山正明的意见：他认为根据蒙古“幼子守家产”的习俗，拖雷在成吉思汗生前又另外获封远在乞里吉思地区的分地，于情理不合②。

作为通常在父亲活者的时候留守大帐，在其身后继承其名下的全部人户、土地财产的“守灶子”（*od-chigin*），拖雷天然地与成吉思汗的“大营盘”（*Urdū-yi buzurg*）、“大中军”（*Qūl*）有着更为密切的联系。基于此项习俗，《史集》称其为“[父亲]的家室和主营之长”③，成吉思汗在其生前也曾对窝阔台的儿子阔端和贵由宣称：“我什么都没有，所有的东西都是大禹儿惕和一家之主拖雷的。”④同时，作为幼子，他的“财产总是与其母亲的联系在一起的”⑤。这种特权是如此明显，甚至会令年代稍晚的人发生错误的判断，伊利汗后期史家舍班合列伊就以为：成吉思汗的四位嫡子“乃[分别]出自两位‘根本’大皇后”（*az dū khātūn-i buzurg-i aṣlī*），而“拖雷汗出自他[成吉思汗]皇后中[地位]更尊贵的一位”（*va Tūley Khān ... az khātūn-i aṣlī-tar az ū*）⑥。这当然并非事实，而在半官方的史书中出现如上记载，其中固然含有效力于伊利宫廷的史家刻意抬高拖雷系统治合法性的意图，但从另一方面也反映出拖雷作为留在父母身边的幼子，有着优越于其他诸子的地位。

至于拖雷本人的军事才能，在蒙古帝国早期的几次大规模对外作战行动中，即已显露无遗。哈剌维（Harawī）赞颂道：“拖雷在全部[兄弟]中是年龄最小的，[但]地位最高。[他]是君王成吉思汗在所有诸子中最为宠爱的，[呆]在他身边受到关注。拖雷汗因为其勇武、机敏、聪慧的缘故，长久以来在其父亲眼中更受喜爱与尊重。”（*va Tūley rā ka az hama ba-*

---

① 《元朝秘史》卷十，第 242 节，第 240 页上。
② 杉山正明：《モンゴル帝国の原像：チンギス・カンの一族分封をめぐって》，《モンゴル帝国と大元ウルス》，第 36 页。
③ 《史集》第二卷，第 29 页。
④ 《史集》第一卷，第 2 分册，第 317 页。
⑤ 《蒙古社会制度史》，第 88、157 页。
⑥ Muḥammad ibn ‘Alī Šabānkāra’ī, *Majma’ al-ansāb*, Tehran：Amīr Kabīr，1984，vol. 1，p. 245. “成吉思汗的子嗣”章。作者舍班合列伊作为伊利汗国宰相拉施都丁之子（曾出任瓦即儿一职）的秘书，曾长期于其官邸中效力。

sāl khurd-tar būd, *wa ba-ḥāl-i buzurg-tar*, *pādishāh Chinggīz Khān az hama-yi pisarān dūstar va bīshtar dāshtī*, *va jānab-i ū iltifat bīstar kardī. va shāhzāda Tūley Khān ba-vasitah-yi rujūliyyat va mardanigī wa furūsat va furzānigī dayim dar na ẓar-i pidar cazīz va mukaram būdī.*)①也正因此，"父汗（成吉思汗）命令他（拖雷）统率军民，[从事]战斗，夺取土地，[并]对敌人们施行复仇"（*Pidar ū rā kār-i lashkar-i kish'ī va ḥarb va garaftan bilād va qahr i'ādī farmūda bud.*）②。

曾考察过蒙古兵制的斯普勒认为，"蒙古人的军队由最富于经验的将领统率。在成吉思汗时期是拖雷，在诸伊利汗时期则是被称为 *Beglerbegi* 的被特别指定的将领——伊朗人大多数使用 *Amīr al-umarā'* 或 *Mīr-i mīrān* 一词"③。而 *Beglerbegi* 在伊利汗时代，一般是被看作地位仅次于大汗本人的最高军队统帅。

通常，拖雷是以"也可那颜"（*yeke noyan*）的身份与成吉思汗一道统帅中军。在攻打花剌子模的战役中，窝阔台、察合台二子只是被委派担任侧翼攻击的任务，而自己则"与四太子进攻卜哈儿（Bukharā）、薛迷思干（Samarqand）等城"④。稍后"成吉思汗亲自带领经验丰富的军队攻打坎大哈，一支大军被指派给拖雷汗"（*Chīnggīz Khān vāqi'a lashkar-i khūd ba-Qandahār*[*ī*] *shanīd*, *Tūley Khān rā bā lashkar-i anbūh bar vay farstānd*）⑤，即从"中军"分兵交由拖雷追击札阑丁。而癸酉年（1213）蒙古军大举南侵金国时，成吉思汗的部署同样也是采取了以"大太子、二

---

① Saif ibn-Muḥammad Saifī Harawī, *Tārīkh-nāma-yi Harāt*, Calcutta: Baptist Mission Press, 1944, p.49.

② *Majami' al-Ansāb*, vol.1, p.248.

③ 参考 Bertold Spuler, *Die Mongolen in Iran: Politik*, *Verwaltung und Kultur der Ilchanzeit 1220–1350*, Berlin: Akademie Verlag, 1985, "Das Heer", p.331.

④ 《圣武亲征录》，第 75 页。

⑤ Muḥammad Ibn-Aḥmad al- Nasawī, *Sīrat-i Jalāl al-Dīn Munkabiritī*, 波斯文译本（译成于 13 世纪），ed. by Minovi, Tehran: Shirkat-i Intišārāt-i 'Ilmī wa Farhangī, 1986, p.106. Houdas 译注本纪事与此相同。*Histoire du Sultan Djelal ed-din Mankobirti Prince du Kharezm par Mohammed En-Nesawi*, 2vols, ed. and trans. by Octave Victor Houdas, Publications de l'École des Langues Orientales Vivantes: Ⅲ série, 1891. trans. pp.134–135. 而在此次战役中，窝阔台和察合台二人只在第 123 页被提到一次。《圣武亲征录》中关于此事的记载，第 76 页。

太子、三太子为右军，循太行而南”；其弟“哈撒儿及斡陈那颜、拙赤解、薄刹为左军沿海破洙、沂等城而还”，自己则“与四太子驭诸部军由中道”的左、中、右三路进军的传统战术①。其中，中路军理所当然是进军的主力。

据上所述，在长期对外征服的过程中，拖雷事实上与大部分中军千户维持着上下级的统辖关系，也因此有机会与他们建立起更多的私人联系。所以我们可以相信拉施都丁把整个中军千户都描述成拖雷私人财产的说法，并非夸大其词。与此相关，我们也观察到，现在留存下来的两种波斯文谱系史料：《五族谱》（*Shu'ab-i panjgāna*）和《贵显世系》（*Mu'izz al-ansāb*）中，系于拖雷名下的蒙古异密序列几乎是完整照抄了《史集》中“大中军”千户的名单。相反，留在窝阔台合罕名下的蒙古老千户，除了继续担任大断事官一职的失乞忽秃忽和负责华北地区军事的木华黎之子 Tūkhāl，则只有本属“大中军”右翼千户的不鲁只（Būrūjī）那颜②。

正如傅礼初（Fletch）所指出的：“蒙古大汗和部落领袖（在此应该是指诸千、百户体系中的军队领袖）之间，往往是以私人化而非官僚制的关系相维系的。”③这种在日常活动中建立起来的支配与领属关系，在游牧制政体下，通常有着较官僚体制中的等级关系更强的稳定性和延续性。所以当窝阔台擅自变更拖雷名下的三个千户改隶己子阔端时④，来到拖雷遗孀唆鲁禾帖尼跟前抱怨的将领是：塔塔儿人失乞忽秃忽，速勒都思人宿敦那颜，忙兀惕人者台那颜，札剌亦儿人忙哥撒儿·豁儿赤，别速惕人不塔臣·豁儿赤，巴牙兀惕人忽必来·豁儿赤，晃豁坛人也速儿·豁儿赤。他

---

① 《圣武亲征录》，第 65—66 页。

② Rashid al-Din, Shu'ab-i panjgāna, Istanbul: Topkapı-Saraı Müzesi Kütüphanesi, MS. Aḥmet Ⅲ 2932, ff. 128b - 129a. “*Му' изз ал-ансаб* (*Прославляющее генеалогии*)”: *Введение, перевод с персидского языка, примечания, подготовка, факсимиле к изданию Ш. Х. Вохидова*, Алматы, Издательство “Дайк-Пресс”, 2006, p. 55. 由 Allsen 撰写的《剑桥辽西夏金元史》相关章节中，也表示了相同的看法，第 434 页，注 1。

③ Joseph Fletch, “The Mongols: Ecological and Social Perspectives”, *HJAS*, p. 23.

④ 《史集》第一卷，第 2 分册，第 381 页。而在《史集·拖雷汗传》中被变更的千户数目作“速勒都思两千人”。第二卷，第 205 页。

们中除忙哥撒儿[①]、忽必来[②]、不塔臣[③]属于“[早]事睿宗”的私属千户外，失乞忽秃忽、宿敦、者台[④]三人均名列于成吉思汗自领的“中军”千户。但在此拉施都丁不加分别地把他们一并称为“隶属于唆儿忽黑塔尼别吉及皇子们的成吉思汗的大异密”。正反映出直至拖雷身后，其妻子与众子嗣仍能够继续对“中军千户”保持影响。

即便是到窝阔台登上蒙古帝国的汗位后，唆鲁禾帖尼·别吉仍然拥有较其他宗亲大得多的处置国家日常政治事务的权力。志费尼说：“合罕（窝阔台）下诏称，只要自己在世，朝政应按他（拖雷）的妻子……的意见处理。”而此种权力的施行对象，并不仅仅局限于拖雷名义下的属部，而是广泛涉及对整个帝国内部事务的处置权。“当合罕实施任何政事（*dar har kār*）时，不管是关系到帝国的前程，还是关系到军队的布置，他总首先跟她商讨（*kangāj wa mashwarat bā ū karda*），并且不容许改动她提出的一切提议。”[⑤]不难想见，唆鲁禾帖尼具有如此之大影响的基础，绝不会如后世史家所奉承的那样，是凭借其“惊人的美德”。而应该有着更朴素、也更加直接的根源——对诸蒙古千户的控制力。降至贵由汗在位初年（1245），在西方使者普兰·加宾尼眼中，唆鲁禾帖尼（Soroctan，在此当对应“唆里古唐”一名）仍然是除了拔都之外，鞑靼人中“最高贵和最有权势的女子”[⑥]。

而忽必烈即位后，他“毫无限制地将在契丹[**和女真**]边境及与之相接壤的**蒙古斯坦**的诸禹儿惕，分配[给他们]作为驻冬与驻夏地”（*bī andāza dar sarḥud-i Khitā'ī* [*va Jūrcha*] *va yūrt-hā'ī-yi Mughūlistān ki badān*

---

① 《元史》卷一二四《忙哥撒儿传》，第 3054 页。

② 《史集》第一卷，第 1 分册，第 290 页

③ 《史集》第一卷，第 1 分册，第 322 页，其人曾任拖雷之怯薛长。

④ 者台（Jaday Nūyān），据《秘史》，在成吉思汗分封诸子时，已经分给拖雷充当“王傅”了。但如果我们同意拖雷并无在其父生前单独获封之可能的话，那么我们在此不妨把者台那颜看作是隶属“大中军”，却又与拖雷家族具有亲密关系的异密。

⑤ ‘Alī al-Dīn ‘Ata Malikī Juwaynī, *Tārīkh-i jahāngūshā'ī*, ed. by Qazvīnī, Leyden: Brill, 1937, vol. 3, p. 5；《世界征服者史》下册，第 614 页。案，“*kangāj*”又可写作“*kangāš*”，源自突厥语。在蒙古时代的波斯文献中，通常用来表示“商讨国事”，或“作重大协商”的意思。

⑥ 《柏朗嘉宾蒙古行纪》，第 55 页。

ḥudūd peyvasta, *muwāża'-yi yaīlāq va qishlāq dāda*)。所有这些军队正是“由也可那颜作为遗产传给自己的儿子们的”(*mazkūr az yaka Nūyān ba mīrās̱ ba farzandān-i ū ... rasīd*)[①]。由此点我们可以看出,拖雷所继承的蒙古本土,虽然囊括了东起斡难、怯绿怜河上游,西到阿尔泰山的整个草原。但是**“蒙古斯坦”**——即东部的草原,尤其是成吉思汗诸大斡耳朵和大多数千户所在的地区,在当时人看来,更是拖雷家族权力的渊薮。

拉施都丁非常明确地谈到,拖雷后裔和其名下诸千户的关系是一种“领属”,也即身份法上的人身依附关系:他们“隶属于”(*ta' alluq mī dāsht*)也可那颜,并“奴隶般”(*bandagī*)地为他和他的家族(*urūgh*)效忠[②],这样的身份依附与效忠关系并未因为蒙古帝国汗位的转移而遭褫夺。虽然《秘史》中曾记载:在推举窝阔台为大汗的忽邻勒台大会上,察合台和拖雷二人已经将“守护其父成吉思汗金性命的宿卫、箭筒士、八千散班侍卫”,“梯己万名护卫”,并“在内的百姓行(*qol-un ulus*)”[③],一并交还给了窝阔台。而一般认为这里所说到“在内的”,即蒙古本部,是除了左、右翼(在此指诸子、诸弟属民)之外的蒙古中央的全体民众。这是否和拉施都丁的说法有冲突呢?我们注意到,《史集》在本章中又说:“这些军队服从于掌管老营和登大位的那个后裔。”作者使用的是“听从其命令”(*ba-ḥukm-i ū bāshad*)一词,而不是表示“私属”、“领属”,或“皇室所有”的“*īnjū*”或“*khāṣṣa*”等词汇[④]。相反《史集》在谈到在伊利汗国的蒙古军队时,则宣称他们“全是旭烈兀及其家族(*urūgh*)中汗位继承者的媵臣

---

① Rashīd al-Dīn/Rawshān, *Jāmi' al-tavārīkh*, vol. 1, p. 614;《史集》第一卷,第 2 分册,第 382—383 页。案,此处据波斯文直译。德黑兰本在“契丹边境”后多出“和女真”一词,也许是指其在与斡赤斤后王相邻近的“哈剌温·只敦”地方的营地。此处用括号内**黑体**字标出。

② Rashīd al-Dīn/Rawshān, *Jāmi' al-tavārīkh*, vol. 1, p. 613;《史集》第一卷,第 2 分册,第 382 页。

③ 《元朝秘史》续集卷二,第 269 节,第 284 页下;余大钧译:《蒙古秘史》,第 467 页。

④ “媵臣”或“因朱”(*īnjū*)在一定程度上可以看作是阿拉伯—波斯语中“私属的”(*khāṣṣa*)的对等词汇。关于此词的讨论可以参看:Gehard Doerfer, *Türkische und Mongolische Elemente im Neupersischen*, vol. 1, Wiesbaden: Franz Steiner Verlag, 1965, pp. 320–325;姚大力:《蒙元时代西域文献中的“因朱”问题》,载《蒙元制度与政治文化》,第 340—365 页。

(*īnjū*)";是"阿鲁浑汗私产(*khāṣṣa*)"①。显然,两者的意义是有所区别的,对军队的指挥权并不直接具有身份法的效力。而我们也不得不重新检核《秘史》中关于拖雷交还其父军队、百姓的记载,如果排除掉因为要故意抬高窝阔台合法权威的目的而故意进行的夸大,比较可能的情况是:拖雷仅仅交还了直隶于大汗本人的"万人怯薛队",以及加诸全部军队、民众的名义之上的大汗权威而已②。

显示出拖雷家族和东部草原的特殊联系的证据还有:不鲁罕·合勒敦山中的成吉思汗埋骨之处——"大禁地",事实上成了拖雷家族的世袭葬地。据《史集》所载,拖雷、蒙哥、忽必烈等人身后均安葬于此③,而哈山尼也曾说:"在丧礼完毕后,他(铁穆耳合罕)的灵柩被带到了'[大?]—禁地',安葬在其父亲和祖先的旁边。"④但相反,窝阔台本人及其诸子贵由、海都的葬地均位于其家族在叶密立—霍博的分地中⑤。

那么,拖雷家族除了在大斡耳朵所在的地方拥有较大的势力外,他们在蒙古草原东部应该也有自己的分地。虽则文献的记载较为零星,但我

---

① Rashīd al-Dīn/Rawshān, *Jāmi' al-tavārīkh*, vol. 1, p. 616;《史集》第一卷,第 2 分册,第 384 页。

② 作为对比的事例有:在伊利汗国第二任君主阿八哈死后,他留在报达(Baghdad)的那支掌握在其位下诸怯薛手中的,由哈剌兀纳思(Qarāunās)万户组成的御林军(*khāṣṣa*),在不花·豁儿赤的率领下,仍然效忠于阿八哈之子阿鲁浑,而不是新即位的阿合马。《史集》第三卷,第 168 页。这些人带有速古儿赤、阿塔赤、豁儿赤等怯薛官职。参看 Charles Melville, "The *Keshig* in Iran: the Survial of the Royal Mongol Household", *Beyond Legacy Genghis Khan*, ed. by Linda Komaroff, Leiden: Brill, 2006, p. 148.

③ 《史集》第二卷,蒙哥葬地见第 71 页,阿里不哥葬地见第 366 页。忽必烈的葬所则见《元史》卷一八《世祖本纪》:"(至元三十一年,1294,正月)乙亥,灵驾发引,葬起辇谷,从诸帝陵。"第 376 页。

④ Abu al-Qāsim ʿAbdallāh Ibn-Muḥammad Qāshānī, *Tārīkh-i Ūljāytū*, ed. by M. Hambly, Tehran: Shirkat-i Intishārāt-i ʿIlmī va Farhangī, 1969, p. 38. 另参《元史》卷二一《成宗本纪》:"(大德十一年,1307,春正月)乙亥,灵驾发引,葬起辇谷,从诸帝陵。"第 472 页。

⑤ 窝阔台葬地的位置,参看 Boyle,"The Burial Place of the Great Khan Ögedei", *Acta Orientalia*, vol. 32, Copenhagen, 1970, pp. 45 - 50. 而贵由死后,其"灵柩运到了他的斡耳朵所在地叶密立"。《史集》第二卷,第 221 页。海都的葬地在"亦列河和吹河之间名为升豁儿里黑的峻岭上",第 20 页。虽然《元史》卷二《太宗本纪》称:太宗、定宗死后亦"葬起辇谷",但作者还是倾向于《史集》的说法。参考陈得芝:《成吉思汗墓葬所在和蒙古早期历史地理》,第 11 页,注 2。

们发现南宋人梅应发编修《四明续志》中收录有《收剌高丽国送还人》一文，文章写作于蒙哥汗时期，但文中提及“德安府人黄二”为“鞑主第三兄使往沙沱河牧羊”，其时当为太宗十年(1238)左右。“鞑主第三兄”据黄时鉴先生考证当指阿里不哥[①]。又考诸元代行纪，均言自开平向北往怯鲁连河方向为一系列沙陀地区，间亦有河[②]。故可知窝阔台时期，阿里不哥已在怯鲁连河东侧拥有分地、部民，这当然是继承拖雷的遗产。稍后于宪宗二年(1252)冬，“上(忽必烈)命公(窦默)往诣**曲你河**，拜见太后，赐之貂帽、貂裘、鞋、靴称是。既至太后所……时皇太子(真金)未冠，上命公教之”[③]。案，此处的“曲你河”即怯鲁连(Kelüren)河，盖“泥母”(n)元代译音常与“流母”(l)混通。文中所记太后、真金均居住的怯鲁连河附近的营帐，应该也包括在其分地范围中。虽然其时拖雷后裔中有一部分人已迁至杭爱山西侧的营地里，但其在草原东部的属地和影响力应该仍然保留着。

又因为拖雷所留驻的，成吉思汗大斡耳朵所在的“三河之源”，同时也是成吉思汗诸弟集团(东道诸王)的分地所在。如别里古台曾“以斡难、怯鲁连之地建营以居”；其地又与合赤温分地相接[④]。驻牧地域的相互比邻，也使得拖雷家族和东道诸王之间得以建立起更为密切的联系[⑤]。因此他们在许多场合会采取共同行动的策略，如推举窝阔台的忽邻勒台会议(1229)上，“兀鲁黑那颜及其诸弟(指东道诸王)”已经先于众人到达[⑥]。而拖雷对“大中军”千户的支配传统，也更容易使同样驻牧于东部草原的诸蒙古千户(如“五投下”及汪古部等)也和东道诸王一样，和自己保持相同

① 梅应发：《开庆四明续志》卷八，此文由黄时鉴先生首先揭出并考证，黄时鉴：《宋蒙丽关系史一瞥：〈收剌高丽国送还人〉考述》，黄时鉴：《东西交流史论稿》，上海：上海古籍出版社，1998年，第373—374页。

② 李志常：《长春真人西游记》：“三月五日，起之东北……又二十余日，方见一沙河，西北流入陆局河。”第264页。

③ 王磐(原书误作“盘”)：《大学士窦公神道碑》，民国张仁侃等修，李国铎等纂，安亮清等订正：《肥乡县志》卷四十《艺文·碑文》，第13页。收入北京图书馆编：《地方志人物传记资料丛刊》，北京：北京图书馆出版社，2002年，第35册，第497页。

④ 《元史》卷一一七《别里古台传》：“其子孙最多，居处近太祖行在所，南接按只台(合赤温子)营地。”第2905页。

⑤ 参见符拉基米尔佐夫对于“共同牧地”的描述，《蒙古社会制度史》，第92页。

⑥ 《世界征服者史》上册，第202页。

的立场。比如兀良合愓部的速不台后裔在蒙哥、忽必烈兄弟二人即位过程中所起到的重要作用,即为一例①。

当然在拖雷后裔中,立足于东部草原的宗王也比其移至西部的兄弟更容易保持此种关系,并利用其谋得利益。所以,我们也可以在此响应杉山正明教授的看法:忽必烈在与其弟阿里不哥争位过程中,为何能够得到东道诸王、诸千户的响应?杉山认为此种协同关系大抵起始于蒙哥汗时期,即忽必烈被派遣总理"漠南民事"之后②。但是如上文所论述的,东道诸王、诸千户与拖雷家族的渊源可以追溯至更早时期,而忽必烈的成功,可以被看作是他灵活地利用了其家族在东部草原传统影响力的结果。

最后要讨论的一点就是,拖雷家族乞里吉思分地(别吉大营盘)的性质与获封时间。在这个问题上,我首先想引用符拉基米尔佐夫的意见,他观察到"斡赤斤在其母亲(孛儿帖·额真)份子之外,似乎另有份地"③。同时,他又说:"在14世纪以降的蒙古文献中记载,地位仅次于大汗的济农(Jinong),在拥有自己的Qubi外,并管理[蒙古]右翼。"④从上述论断中,至少能得出以下两点:一、守灶子除了得自其父母的那份遗产外,也还有可能获得其他额外的份额。二、在更高的权利层面,某人所领有的"份子"(人/土地)和他所能施加影响的范围也有可能是不重叠的。

前文已述及,我更倾向于拖雷在1206年的那次分封中,没有如其兄弟那样获得封土。而布尔勒(Buell)的研究更表明,晚至1217—1219年乞里吉思以及其西北方向的大片土地,仍然处于骚动不安之中。先是成吉思汗派速不台"以铁裹车轮",与脱忽察儿会合后,来到蟾河,征讨逃亡的篾儿乞残部⑤。随后即发生了豁里·秃麻愓部(Qori Tumat)的叛乱,又

① 速不台家族驻地在秃剌河,见《元史》卷一二一《速不台传》:"丙午,定宗即位,既朝会,还家于秃剌河上。"第2798页。而其后裔兀良合台先后支持蒙哥、忽必烈争位事,除《本传》外,更可参考堤一昭:《クビライ政権の成立とスベエテイ家》,载《东洋史研究》:东京,1989年第48期,第120—147页。

② 杉山正明:《忽必烈政权与东方三王家》,刘俊文主编:《日本中青年学者论中国史:宋元明清卷》,上海:上海古籍出版社,1995年,第271页。

③ 《蒙古社会制度史》,第88页。

④ 《蒙古社会制度史》,第226页。

⑤ 《圣武亲征录》,第72页;汉译本《史集》第一卷,第2分册,第244—245页。

因为乞里吉思部拒绝出兵支持术赤镇压豁里·秃麻惕部，进而演变成为整个“林木中百姓”的集体反抗①。虽然术赤最终于1219年春平息了全部的叛乱，但是由此亦可以看出，1219年之前乞里吉思地区仍然属于蒙古统治较薄弱且时常成为冲突最前沿的地区。将这样的一片地区分封给拖雷无异于画饼充饥，况且这也侵犯了在此地率军征战的术赤的权益。此后十数年间，成吉思汗一直处于持续地对外征服过程中，直至身故，文献并没有留下他再度大规模分封宗亲的记载。因此拖雷家族乞里吉思、谦谦州分地的获得时间，应该是在窝阔台汗时期②。

4. 窝阔台即位风波与哈剌和林的登场

1227年，成吉思汗在攻打西夏的过程中，卒于“萨里川哈老徒之行宫”③。同时把“大蒙古国”这份遗产留给了他的儿子们。虽然，无论汉语、蒙古语还是波斯语史料，都提到只有窝阔台才是成吉思汗生前提名的继承者④。但是窝阔台是否能在其父亲死后即位，却不是毫无波折的。

斯普勒在总结了从大蒙古国到诸伊利汗的汗位继承历史后，认为“蒙古人的汗位继承没有规律可言”⑤。在相对实力占优的情况下，无论上代大汗是否留有遗言，他的各个儿子，甚至兄弟都有权提名自己为汗位继承者⑥。而此中对窝阔台的继承权构成最大挑战的，正是他那位拥有“守灶子”身份的弟弟拖雷。

拖雷对汗位的权力来自为当日蒙古人所恪守的，以“幼子守产”的继

---

① 《元史》卷一《太祖本纪》，第20页：“是岁，秃满部民叛，命钵鲁完、朵鲁伯讨平之。”Paul D. Buell, “Early Mongol Expansion in Western Siberia and Turkestan (1207 - 1219): a Reconstruction”, *Central Asiatic Journal*, Wiesbaden: 1992, vol.1 - 2, pp.26 - 27.

② 陈得芝：《元岭北行省建置考(上)》，第135页。

③ 《元史》卷一《太祖本纪》，第24页。

④ 罗依果的讨论见 *The Secret History of The Mongols*, vol.2, p.937.

⑤ Bertold Spuler, *Die Monglen in Iran*, pp.212 - 214.

⑥ Joseph Fletch, “The Mongols: Ecological and Social Perspectives”, p.26. 傅礼初没有提到，而更加典型的例子，就是在伊利汗阿八哈死后的忽邻勒台大会上(1282年)，尽管阿八哈生前提名“让阿鲁浑当国君”(另一被提名者忙哥帖木儿当时已死)，但仍然无法阻止其叔父阿合马当选。而在阿合马在位期间的另一次忽邻勒台上(1284年)，提名其他宗王的异密们也各有自己的理由，如“儿子比孙子有优先权”、“留守大帐”等。汉译本《史集》第三卷，第162、182页。

承法传统。在此传统下，最年幼的儿子通常不需要像其兄弟那样离开父母，单立门户；而是始终留守在父母营帐中尽为子之责，并在父母死后继承他们名下的全部遗产。这个传统广泛流行于欧亚草原，它使得幼子在财产分配方面具有较其他诸子更为显著的特权①。

尽管成吉思汗所留下的庞大帝国在形式与复杂程度上，绝非构成普通牧人遗产的庐帐与畜群所能比拟。但它同样也是可供分配的“遗产”，在家产制国家背景下，它们一样也会受到传统继承习惯的支配或干扰。因此，我们可以设想：当更高层面的政治权力的继承与分配，也需要透过遗产分配的模式得以行使的时候，幼子获得最大份额遗产的习惯难免会对前者的顺利交接造成干扰，虽然两者并不总是一致的。

此种干扰的直接表现，就是拖雷在其父亲死后近两年时间里留驻大斡耳朵，行使“监国”权力之举。在办完成吉思汗葬事以后，其余诸子均返回了其父生前所指定的分地中②，唯独拖雷留驻在大斡耳朵中。虽然志费尼书在交代这一事实时态度暧昧，仅仅提到第二年（其实是第三年，1229年）召开忽邻勒台大会时，“兀鲁黑那颜等”已经先于大斡耳朵中等候。他也完全回避提及拖雷监国一事。与志费尼不同的是，拉施都丁称：“拖雷汗在成吉思汗之龙庭及诸大斡耳朵所在的根本大营盘中住了下来，坐拥大权。”（*Tūley Khān dar yūrt-i aṣlī ka takhtgāh wa ūrdū-hā-yi buzurg-i Chīnggīz Khān būd mutamakkin* [*shuda*] *ba-nishast*）③而迷儿宏德的记

---

① Lawrence Krader, *Social Organization of the Mongol-Turkic Pastoral Nomads*, Indiana: Indiana University Publications, 1963, pp. 25, 217，考察了鄂尔多斯蒙古人和哈萨克斯坦人中的继承习惯。虽然在鄂尔多斯蒙古人中，长子同样也具有较为优越的分配权，但长子并不能和幼子一样始终留在父母营帐中。而房兆楹（Fang Chaoying）的研究同样也显示出，在满洲人的习俗中，幼子是其父亲遗产的主要继承者。转引自H. F. Schurmann, “Mongolian Tributary Practices of the Thirteenth Century”, *HJAS*, vol. 19, no. 3/4, (Dec., 1956), p. 316, note. 12.

② 《世界征服者史》上册，第202页；《史集》第二卷，第28页。

③ *Jami' al-tavārīkh*，伦敦本，p. 578a; Rashīd al-Dīn/Rawshān, *Jami' al-tavārīkh*, vol. 2, p. 788；《史集》第二卷，第200页。划线部分汉译本作：“拖雷……作为拥有无限权力者，登上了王位。”然而表“变成、成为”之意的“shuda”一词不见于伦敦本；另，迷儿宏德转录此句，亦无“shuda-”。而“王位”一词，据俄译本原注乃参考Blochet本增入，但我们已发现凡Blochet本所增入，而不见于别本者，多有讹误、衍文，故此处不取，当然拖雷本身也只是“太子”，并没有登基之事。

载不仅可以校勘《史集》文本的讹误，更补充了“一直到召开忽邻勒台，选出大汗执掌国事的时候”①，恰可与汉文史料所谓“太祖圣武皇帝升遐之后，太宗皇帝即大位以前，太上皇帝（拖雷）时为太子”完全勘合②。在此期间，拖雷汗始终是帝国实际的统治者。

同时，拖雷一直和其母亲待在一起。舍班合列伊说：“直到这时（成吉思汗离世），这些（指各大斡耳朵）全部[掌握]在成吉思汗的皇后——也就是身为‘根本大皇后’的拖雷汗之母手中。”（*va tā vaqt'ī ka īn jami'yyat dast dihad-i khātūn-i Chinggīz Khān*，*ya' nī mādar-i Tūley Khān*，*ka khātūn-i aṣlī būd*）而“拖雷汗本人随侍（*mulāzim*）[其]母于大斡耳朵中”③。这也符合蒙古人把幼子的财产与其母亲的联系在一起的习惯，所以强调他“随侍于母侧”反映了拖雷对大斡耳朵所拥有的特权。

拖雷家族和其父母“大斡耳朵”的特殊联系，还可借由以下事实观察到。《史集》中曾提到几位“属于孛儿帖・旭真斡耳朵的几个大异密”，他们是：雪尼惕部人燕帖木儿（El-Tīmūr）宝儿赤、朵儿边部人主儿乞（Yūrkī）宝儿赤、札剌亦儿人兀勒都忽儿（Ūldūr）豁儿赤，他们同时又是管理四斡耳朵的长官（*shaḥna*）④。其姓名均可在《五世系》、《贵显世系》的“拖雷位下异密”名单中找到。其中除燕帖木儿的事迹我们目前不克得知外；兀勒都忽儿就是《秘史》中曾出现的“斡勒答合儿・豁儿赤”（Olduqur /Oldaqar）⑤。在太

---

① Mīr Khvānd，*Tārīkh-i rawẓat al-ṣafā*，Tehran：Markaz-i Ḥayām Pīrūz，1959－1960，vol.5，p.166.“因为成吉思汗之死，诸王子们在依据习俗进行哀悼后，就返回各自的营地去了。拖雷[则]返回了[作为]成吉思汗龙庭的根本大禹儿惕中。一直到召开忽邻勒台，选出大汗执掌国事的时候。”（*va chūn Chinggīz Khān vafāt yāft*，*va shāhzādgān ba' d az iqāmat marāsim-i ta' ziyat ba-manāzil-i khūd raftand*. *Tūley dar yūrt-i aṣlī ka takhtgāh-i Chinggīz Khān būd*，*mutamakkin* **gasht**，*tā ān zamān ka Qurīltāy karda*，*Qā'ān rā bar sarīr ḥukūmat nishānad-and*）此节纪事均本《史集》，唯改伦敦本之“*ba-nishast*”作“*gasht*”。划线部分为增出部分，可与《元史・太祖本纪》“戊子年。是岁，皇子拖雷监国”的记载相比对。

② 《圣武亲征录》，第 79 页。

③ Shabānkāra'ī，*Majami' al-ansāb*，p.245；p.249.

④ 《史集》第一卷，第 2 分册，第 364 页。燕帖木儿见于 *Šu'ab-i Panjgāna*，*Mu'izz*，Text. Л.47a；trans. p.61.

⑤ Ūldūr，汉译本正文作“兀勒带”Ūlday，又见《史集》第一卷，第 1 分册，第 159 页，余大钧先生已经指出两书所载可以勘同。《贵显世系》提供了较为正确的写法：“Ūldūqūr[y]”。*Mu'izz*，Text. Л.47a；trans. p.62.

宗三年(1231)伐金前夕,“遂委任带弓箭的斡勒答合儿·豁儿赤留守老营”①。由于这里的“老营”(也客思·斡儿朵思,Mong. pl. *Yekes Ordos*)一词,仍旧是指斡难—怯绿怜河之地的“大斡耳朵”,当时还留在拖雷手中②,所以虽然窝阔台以大汗的身份可以对其发号施令,但他应该仍旧是“拖雷汗的异密”。而特别需要指出的是:“主儿乞”据《史集·部族志》所载,他是曾经效力于忽必烈,随后又因出使被留而在合赞汗时期赫赫有名的丞相“孛罗·阿合”(Polad āqā)之父③。毫无疑问,他们是为拖雷家族世代服劳的“斡脱古·孛斡勒”(*Ötögüs Boγol*)。作为幼子的拖雷及其家族,在继承其母亲“份子”的同时,也继承了与大斡耳朵有关的,全部蒙古将领的身份隶属关系。

对窝阔台而言,他对于汗位合法性的根本保证,来自父亲生前要求他的众兄弟们当面立下的,推戴其为大汗的“文书”(*khaṭṭ*)④。因此在稍后召开的忽邻勒台大会上,当局面僵持时,支持窝阔台即位的王子、异密们,“他们一再宣读诸子立下的奉为汗的文书(*khaṭṭ'ī*)”⑤。需要略作考述的是,志费尼虽然没有告诉我们“文书”的具体内容,但根据汉文史料所透露出来的少量信息,可知其内容当包含有约束诸王不得违约,并承诺“世守

① 《蒙古秘史》续集,卷2,第271节,第472页。

② Igor de Rachewiltz, *The Secret History of The Mongols*, vol. 2, p. 993.

③ 《史集》第一卷,第2分册,第364页,译作“余剌乞”;而第一卷,第1分册,第306页,译作“余儿乞”;此人又见于 *Mu'izz*, Text. Л. 47a, trans. p. 62. 按,其名字的正确读法当作:“主儿乞”。罗依果已经指出,这个词是来自蒙古语“Jürki”(《秘史》中与成吉思汗同宗,且“好斗”的“主儿勤部”(Jürkin)一名也与此有关),它是经历了蒙古语的J在借入突厥时发生了J>Y的音变后,再被拉施都丁用波斯语记录的。Igor de Rachewiltz, *The Secret History of The Mongols*, vol. 1, p. 289.

④ 参志费尼所云:“窝阔台的全部兄弟遵从他的命令,写下文书。”(*tamāmat barādarān-i Ūkutāy imtisāl farmān-i ū rā khaṭṭ nawištand.*), Juwaynī /Qazwīnī, *Tārīkh-i Jahāngūšā'ī*, vol. 1, p. 144;《世界征服者史》上册,第202页。《秘史》的记载作:“太祖皇帝的名了的只圣旨依着(*jaliγ-iyar*),斡歌歹皇帝行,皇帝立了。”《元朝秘史》续集,卷二,第284页下。“圣旨”和波斯文献中的“文书”应该是指同一件东西。哈剌维也说窝阔台成功即位,是因为他是“胜任登上大位和由[成吉思汗]圣旨指定”(*bar takht bar-āy wa ḥukm-i yālīkh ba-rasān*)的继承者。*Tārīkh Nāma-yi Harāt*, p. 98. 而参考了元代皇室档案《脱卜赤颜》(tobčiyan)的藏文史书《红史》(*Debt'er dMar Po: Hu Lan Debt'er*),则根本否认曾经有过此类“文书”存在:“拖雷诸颜因先前未给文书,所以对皇位有所争执。”蔡巴贡噶多吉著,陈庆英、周润年译,拉萨:西藏人民出版社,2002年,第24页。

⑤ 《世界征服者史》上册,第204页。

藩服”的盟誓①。它和另一种通常以口头方式表达的，宣告对未来大汗及其家族的效忠与拥护的“誓言”（*mūchalkā*）一样②，都是蒙古人选汗仪式上不可缺少的环节。

但这种合法性的效力到底有多少？我们似乎也不能作出过高的估计。尤其是当窝阔台将要参加的选立大会，是在拖雷控制下的大斡耳朵中召开时。1229 年，窝阔台自位于叶密立、霍博的分地出发后，拖雷却从大斡耳朵出发，在土剌河地方的“忽鲁班雪不只之地”迎接他③。虽然史书并未记载窝阔台来时身边带有多少军队，但是我们很清楚地知道，大部分的蒙古千户和东道诸王却是和拖雷在一起的。因此窝阔台在大会上强调“按照蒙古人的风俗，出自长室的幼子将继承父位”（*az rāh-i āẕīn-i mughūl, az khāna-i buzurg-tar pisar-i aṣghar qī'īm maqām-i pidar bāshad*）④，所以拖雷比自己更有获得汗位的资格。但他出人意料的谦逊背后，未必没有对于切身利益的忧虑。

游牧政治的运作，很大程度上依赖于其世代相沿的习俗与传统，因此通常呈现出一再的循环性。作为大蒙古国家的直接继承者之一，伊利汗国的历史，有助我们加深对上述事件的理解。在第三任伊利汗阿合马（帖古迭

---

① 汉文史料中的记载见《元史》卷二九《泰定帝本纪》：“大德六年（1302），晋王（甘麻剌）薨，帝（也孙铁木儿）袭封，是为嗣晋王，仍镇北边。成宗、武宗、仁宗之立，咸与翊戴之谋，有**盟书**焉。”第 637 页。以及《元史》卷三二《文宗本纪》：“至于晋邸，具有**盟书**，愿守藩服。”第 709 页。

② “誓言”（*mūchalkā*）来自突厥语，本义为“契约”。关于史籍所保留的选汗仪式上诸宗室、重臣“立誓”的记载，本田実信曾作过非常详细的整理与讨论，见《モンゴルの誓詞》，载《モンゴル時代史研究》，第 53—67 页。

③ 《元史》卷二《太宗本纪》，第 29 页：“元年己丑夏，至忽鲁班雪不只之地，皇弟拖雷来见。”案此事陶宗仪《南村辍耕录》误记作“太宗英文皇帝（讳窝阔台）。宋绍定二年己丑八月己未，即位于忽鲁班雪不只”。关于“忽鲁班雪不只”的地望，蒙南京大学陈得芝老师来信赐教，得知其地在土拉河附近。现将陈老师教示摘录于下，并致谢忱。陈老师认为：忽鲁班雪不只此名可复原为 qurban-subeji /subjit /subčit（voyelle mediane ou feminine），《秘史》里有 sube'e“腰窝”，subes“口子”。第 115 节载王汗在协助铁木真攻打蔑儿乞人后回其土拉河黑林，途经 Qaca'uratu subčit /Huliyatu subčit，此 subčit（当来自 subes）就是“雪不只”。所以我以为忽鲁班雪不只就是“三个口子”（三山口）之意。当时窝阔台从西向东前往大斡耳朵，拖雷从大斡耳朵西行迎之，应相遇于土拉河附近。它也可能就是金幼孜《北征录》中记载的“三山口地方”。

④ Juwaynī/Qazvīnī, *Tārīkh-i jahāngūshā'ī*, Leyden: Brill, 1912, vol. 1, p. 146.《世界征服者史》上册，第 208 页。

儿)的推举会议上。阿鲁浑虽然是“阿八哈汗的遗嘱”(*vaṣīyat-i Abāqā khān*)中所指定的继任者①,但当大部分异密都倾向于阿合马的时候,阿鲁浑也不得不放弃努力,返回其营地“黑山”(*Siyāh Kūh*)去了②。事后他自己总结道:“我的父亲在世时召见我,我不带军队奉旨前去。当我到了那里,他已经死了,于是事情整个地颠倒了。因为我没有军队,所以我迫不得已只好表示同意。”③可见,没有武力作为后盾,任何承诺也只是徒有其文而已。

窝阔台的处境并不比阿鲁浑更好。耶律楚材曾在成吉思汗死后写诗纪事:“射虎将军皆建节,飞龙天子未更元。我惭才略非良器,封禅书成不敢言。”④案,“未更元”云云,应该是指窝阔台尚未登基之事,而“封禅书”据《史记正义》注,乃为“易姓而王,致太平,必封泰山”的典礼所作的称颂之文。此处耶律楚材竟有“书成而不敢言”的感叹,细绎之似乎是在影射拖雷势力过大,而导致窝阔台迟迟不能即位。召开于 1229 年的忽邻勒台,似乎也是一波三折,并不顺利:

> 己丑(1229)秋,公奉遗诏立太宗,择定八月二十四日,诸皇族毕至。至二十二日,尚犹豫不决,公曰:“此社稷大计,若不早定,恐生他变。”睿宗曰:“再择日如何?”公曰:“过此日皆不吉。”至日,公与睿宗翼太宗登位⑤。

只是经过了耶律楚材的一番游说后,方才能决定即位人选。基于此,一系列研究者都同意:窝阔台汗即位本身,已经使得蒙古帝国内部不同势力集团间的平衡出现了裂痕⑥。这次危机虽然因拖雷的意外死亡(一说为

---

① *Джāми' ат-Тавāрӣх*, Том. 3, ed. by Алиэеде, Баку: Йздательство Академи наук Азербайджанской ССР, 1957, p. 191;《史集》第三卷,第 182 页。
② 《史集》第三卷,第 162—163 页。
③ 《史集》第三卷,第 169 页。
④ 耶律楚材:《湛然居士文集》卷三《过云中和张伯坚韵》,北京:中华书局,1986 年,第 61 页。王国维《年谱》系此诗于 1227 年。
⑤ 苏天爵:《元朝名臣事略》卷五引李微《墓志》,北京:中华书局,1996 年,第 76 页。
⑥ Joseph Fletch, “The Mongols: Ecological and Social Perspectives”, p. 36; Thomas T. Allsen, *Mongol Imperialism: The Policies of the Grand Qan Möngke in China, Russia, and the Islamic Lands, 1251 - 1259*, Berkeley Los Angeles: University of California Press, 1987, p. 18.

窝阔台毒死)①,而稍微缓解。但幼子及其家族(其妻子)在日常政治中继续扮演重要角色,并构成了对大汗权威的潜在挑战②。它来自蒙古帝国权力结构中的一对固有矛盾③,此刻只是暂时平息,而并没有得到解决。

所以一方面,窝阔台迫切地希望从其他的文化中,援引那些足以彰显其权威的政治资源。例如,他甫即位,就采纳了原本流行于欧亚草原西部突厥语世界中,表示比“汗”权威更高的“合罕”(Khāqān>Qā'ān)称号作为自己的尊称④。其谋臣耶律楚材也颇以制订朝仪约束诸宗亲而自负,并

---

① 值得注意的是,《秘史》、《元史》和波斯史料在记载了拖雷之死的消息后,完全没有提及其葬仪。而窝阔台对拖雷之死的反应也是出人意料的淡漠。据拉施都丁载,他直接“返回了其都城,幸福地驻扎了下来”。*Джāми' am-Тавāрūх*, Том I, Часть1, p.71;汉译本,《史集》第二卷,第39页。这都令人对拖雷的真实死因产生疑惑。而“毒死”潜在对手,在蒙古帝国史中也并非绝无仅有:伊利汗阿八哈(Abāqā)刚去世,在其生前被指定继位的忙哥·帖木儿(Mengge Temür)也死了。而马木鲁乞方面的情报称,他是被阿剌丁·阿塔·灭里下毒毒死的。值得注意的是,本来因事系狱的阿剌丁在阿合马汗即位后很快就被释放了。参考《史集》第三卷,第159、165页,阿拉伯史料的记载则参看多桑(Constantin d'Ohsson):《多桑蒙古史》,冯承钧译,北京:中华书局,2004年,下册,第620页,引诸外利书。

② 其实只要肯稍事忍耐,暂时落败的幼子也有可能在下一轮汗位选举时,以叔父的身份从更年幼的皇子手中夺取汗权。它最早可以从匈奴人以“叔侄相继”的方式选举单于的传统中被观察到,并几乎成为游牧帝国中频繁上演的剧目。在蒙古帝国中,最合适的例子就是斡赤斤曾在窝阔台死后,作出率军“逼宫”夺位之举。

③ Peter Jackson, “The Dissolution of the Mongol Empire”, *Central Asia Journal*, vol. 22, Weisbaden, 1978, pp.193-195.

④ 虽然《史集·窝阔台本纪》中没有提到其改称“合罕”一事,但《世界征服者史》则记载,在窝阔台举行即位仪式的同时,人们就“按习惯尊称他为合罕”,上册,第205页。*Majma' al-ansāb*,也把他登汗位和改称“合罕”系于同时。(*va ū rā takht-i khān'ī nishānad-and va ū rā Qā'ān khvānd-and*), p. 349. 同样的记载还见于 Aḥmad b. Muḥammad Gaffārī Kāshānī, *Tārīkh-i nagāristān*, Tehran: Ḥāfiz, 1961, p.227.“窝阔台登临汗位,并启用合罕尊号。”(*Ūgadāy rā bar sarīr-i khān'ī nišānd-and va laqāb Qā'ān nihād-and.*)而这似乎也可以《元朝秘史》,第270节:“窝阔歹合罕自己罕被立着”的记载相对应。虽然姚大力认为当日窝阔台的正式名分仍然叫做“罕”,而《秘史》中之“合罕”则出于后人之改写,见《“成吉思汗”还是“成吉思合罕”? 兼论〈元朝秘史〉的成书年代问题》,载《北方民族史十论》,第208页。但我认为早在蒙古时代之前的突厥人政权中,“合罕”作为特别强大的统治者,用以彰显其地位的“荣誉称号”(*laqāb*),是可以与通行的“汗”号并行不悖的。这点可以参看 Jūzjānī, *Ṭabaqāt-i naṣirī*, ed. by Ḥabībī, 'Abdalḥaiy, Kabul: Pūhanī Maṭb, 1343/1964, vol.2, p.47.“伟大的合罕,强大的兀鲁黑汗,出自著名的玉里伯里汗族。”(*Khāqān-i mu' ẓam, ulugh khān-i a' ẓam, az tukhma-yi khān-ān Ölbärï bā nām būd*[*a-and.*])其中,“伟大的合罕”是他本人汗号之外附加的称号,也并未由其子世袭。

因为曾在选汗大会上劝说察合台等人恪守“君臣之礼”而赢得大汗的奖誉①。另一方面，他也不得不考虑在拖雷家族的传统势力范围边缘，重新找到一个适合于统御全局的新的“国之中心”，而哈剌和林恰好满足了这个要求。

但是重新赋予哈剌和林如此重要的政治地位，却是在窝阔台上台以后发生的事。和大多数学者的意见一样，我并不否认把哈剌和林看作“一块特殊的公共分地”②，但我也相信窝阔台家族在此地区仍应具有某种特权。关于此点，最早也最权威的记载是《世界征服者史》中的一段文字，又通过波伊勒(Boyle)的译本而广为后人引用：

> [窝阔台]登基后，把都城迁回他们在**契丹和畏吾儿地之间的本土**，并把自己的“**其他封地**”赐给他的儿子贵由，有关他的**各个分地的情况**，将分别予以著录。**拖雷的领地与之邻近**，这个地方确实是他们帝国的中心，犹如圆中心一样③。

在波伊勒的译本中，由于使用了“其他封地”(*that other fief*)一词，因此通常被认为指的是其身为储君时期的“叶密立、霍博之地”。但紧接着此句的“他的各个分地的情况”据波伊勒原注“见 33 章”(即《合罕的宫室和驻地》章)，却又是指的是哈剌和林及其四周宫殿④。如何理解此处记载的矛盾，我们不得不检核原文。据波斯文集校本，此句作：

> 窝阔台身居皇储时，[即]其父统治时代，他的禹儿惕在叶密立至

---

① 《元史》卷一四六《耶律楚材传》：“乃告亲王察合台曰：‘王虽兄，位则臣也，礼当拜。王拜，则莫敢不拜。’王深然之。及即位，王率皇族及臣僚拜帐下。既退，王抚楚材曰：‘真社稷臣也。’国朝尊属有拜礼自此始。”第 3457 页。又，《南村辍耕录》卷一《朝仪》：“尊长之有拜礼，盖自此始。”第 17 页。

② 陈得芝：《元岭北行省建置考(上)》，第 127 页。

③ ‘Ata Malik Juvaynī, trans. by J. A. Boyle, *The History of the World-Conqueror*, Manchester: University of Manchester Press, 1958, p. 43；《世界征服者史》上册，第 43 页。

④ *The History of the World-Conqueror*, p. 43；《世界征服者史》上册，第 45 页。

霍博地区。而当他登上汗位之后，就移到了**位于契丹和畏吾儿地之间的本土**，并把“**那个地方**”给了他自己的儿子贵由：有关他的**四季驻营之处**，将一一分别著录。拖雷[的领地]与之**毗邻且相连**。“**那块地方**”确实是他们**国之中心**，就像圆之中心……（*Ūkutāy ki valī-ʿahd būd, yūrt-i ū dar ʿahd-i pidar dar ḥudūd-i Īmīl va Qūbāq būd, chun bar takht-i Khānī nishast, ba-mauża'-i aṣlī ka miyān-i Khitāy va bilād-i Ūyghūr-ast taḥvīl kard, va* ***ān jāygāh*** *ba-pisar-i khūd Kuyūk dād, va z̠akr-i* ***manāzil*** *ʿalā-ḥadda musbat ast. va Tūley nīz muttaṣil va mujāvir-i* ***ū*** *būd, va [?ḥaqīqat]*① *ān mauża' wasiṭi-yi mamlikat-i īnshā-st bar* ***markaz*** *va dāyira ...*）②

根据波斯文的表达习惯，指示代词必须遵守“就近原则”，指代与其在句子结构上最相近的语法成分。因此被窝阔台当作遗产传给其子贵由的“**那个地方**”（*ān jāygāh*）一词，不可能用以指代前一句中的“叶密立及霍博之边”，而仅仅是指其在“位于契丹和畏吾儿地之间的本土”上新就的封土③。

此外，14 世纪马木鲁克（Mamlūk）史家乌马里（*Ibn Fadhl Allah al-ʿUmarī*）在其所著《眼历诸国行纪》一书中，全文抄录了此节。这对我们正确理解志费尼书原意不无裨益。乌马里书云：

在窝阔台受命为皇储的时代，[即]其父[统治]期间，他[的地方]

① 原文作“? ḥaqīqat”，首字母缺音点。根据上下文当为“ḥaqīqat”之误，意为“确实、事实”（true, certain）。

② Juwaynī/Qazwīnī, *Tārīkh-i Jahāngūshā'ī*, vol. 1, p. 32. 此句据波斯文原文直译，凡与汉译本不同之处皆用**黑体**标示。

③ 关于此句句义中的矛盾之处，已经由 Jackson 指出。他试图把最后一句中的“**ū**，他”（以黑体标示）所指代的对象解释为成吉思汗本人而非窝阔台。因为如果不按此理解的话，被认为在拖雷名下的“哈剌和林地区”既不与叶密立、霍博邻近；在地理上也不连接。但正如下面引文所显示的，13—14 世纪的穆斯林史家在引述此句时，没有一人把“**ū**，他”解释成成吉思汗本人，故本文亦不相信 Jackson 的说法。“The Disslotion of the Mongol Empire”, p. 211, n. 103.

在叶密立至霍博之边。当其登上汗国的皇位时，就移向位于契丹和畏吾儿地之间的核心地区，并把**“那个地方”**传给了他的儿子贵由，皇子拖雷[的领地]与之接壤。（*wa ja'ala waladuhū Ūkutāy wallī 'ahdhi, wakāna mauḍa' hū fī 'ahd abīhi fī ḥudūd Īmīl wa Qūbāq, falammā jalasa 'alā takhta al-sulṭanat intaqala ilā al-mauḍa' al-aṣlli bayina bilād al-Khitāy wa bilād al-Ūyghūr wa 'a'aṭa dhalika al-mauḍa' li-waladuhū Kuyūk, wakāna waladuhū Tūlī muttaṣilan bihi.*）①

由于阿语具有性、数、格位的变化，因此我们很容易分辨出，传给贵由的“那个地方”（*dhalika*）是一个阳性单数远指代词，它所指代的只能是上句中的“核心地区”（*al-mauḍa' al-aṣlli*），也就是波斯文中的“*markaz*”；而不可能是指窝阔台在皇子时期获封的“叶密立和霍博”等地区，否则复数名词应使用阴性单数远指代词（*tilka*）②。看来时代稍晚的一些穆斯林史家仍能够正确地理解志费尼的句意。而波伊勒的译文或许是受到紧接其后的插入语干扰，导致了理解上的偏差，并为后来的研究者所沿袭③。

同时检阅多种写成于蒙古统治时代的波斯文献，可以发现，后来的作

---

① Ibn Fadhl Allah al-'Umari, ed. and trans. by K. Lech, *Das Mongolische Weltreich: al-'Umari's Darstellung der mongolischen Reiche in seinem Werk Masalik al-absar fi mamalik al-Amsar*, Wiesbaden: Harrassowitz, 1968, text, p. 14; trans. p. 100.

② 所以莱希在注释中因为受《突厥世系》（*Shajarat-i Türk*）的误导，仍然把“*al-mauẓa' al-aṣlli*”解释成“叶密立和霍博”，是错误的。*Das Mongolische Weltreich*, n. 86, p. 213. 阿布尔·哈齐·把阿秃儿汗（Abū al-Ghāzzī Bahādur Khān）著，戴美桑（Peter I. Desmaisons）法译，罗贤佑汉译：《突厥世系》，北京：中华书局，2005年，第139页。

③ 论及误导波伊勒等人的史家，不得不提到瓦萨甫，其书云：“窝阔台犹在其父祇膺宝位之际，已承命嗣统；遂将汗位与‘国之腹心’置于叶密立和霍博之边；拖雷的禹儿惕和窝阔台[的分地]毗邻相接。”（*va Ūgutāy dar 'ahd maimūn pidar chūn walī cahd sulṭanat khvāst būdan, ham ḥudūd-i Īmīl va Qūbāq ka takht-gāh-i Khāniyyat wa surra-yi mamlakat būd maqām dāsht va Tūlū rā yūrt mujāvir va mulāḥiqu Ūgudāy būdī.*）, Abd Allāh b. Fadl Allāh Shīrāzī（Vaṣṣāf）, ed. by Hammer-Purgestall, *Geschichte ('Abdallāh Ibn Fadl-Allāh) Waṣṣāfs*, Wien: Hof-und Staatsdr., 1856, trans. p. 93; text. p. 96. *Tārīkh-i Vaṣṣāf*（*Tajẓiyat al-amṣār va tazjiyat al-a'sār*）, Bombay: 1853, vol. 1, p. 50. 瓦萨甫的句式完全承袭自志费尼书，只是辞藻更加浮华。但经其删改，“叶密立和霍博”变成了“帝国的腹心”（直译作：“脐眼”），与同书第22页所载矛盾，这只能看作是瓦萨甫书以辞害意的一个典型。

者几乎众口一词地把哈剌和林和“国之中心”等同起来。例如瓦萨甫(Vaṣṣāf)称“其(指蒙哥)弟阿里不哥遂于**汗国疆域中心**,戍军云集之处的哈剌和林驻留了下来”(*barādar-ash Arīgh-Būkā dar Qarāqurum ka markaz-i dā'ir-i sulṭanat va mu ʿaskar-i ṭalīʿi-yi daulat ast mānda būd*)①;而迟至元成宗铁穆耳时期,占据西域的察合台后王都哇对前者派来约和的使臣提到:“作为**国家的中心**和幸福之源泉(直译:“脐眼”)的哈剌和林。”(*mamlakat-i Qarāqūrum ka markaz-i daulat wa surra-yi sa ʿādat-st*)②可见无论是实际掌控漠北本土的拖雷后裔,还是偏居一隅的察合台系宗王,均承认只有哈剌和林才是唯一的“**国之中心**”。

顺便要提到的是:“畏吾儿诸地”(*bilād-i Ūyghūr*)为一复数,或指“畏吾儿诸城”③。而“契丹”则毫无疑问就是指女真统治下的北中国,因此“契丹和畏吾儿地之间”的窝阔台老营,所指应当就是和林城,及其迤南的各处四季宫帐④。而为贵由汗继承的“那些地方”(pl. *manāzil* < sing. *manzil* 住所),则应该采信波伊勒的注释:是指和林城周边的诸多宫殿⑤。

此外,志费尼书中提到,当选举蒙哥的忽邻勒台召开时,“在那个地区的失烈门和其他那些[合罕的]孙子、后妃们,他们派出哈剌和林的异密晃兀儿—塔海那颜,作为自己的代表”⑥。而这位晃兀儿—塔海(被不正确地抄作 Qongqūrītāy),据伯希和的意见,就是《秘史》第 277、278 节中出现过的“晃豁儿歹”,他是负责整治出入大汗斡耳朵的“札萨温”(*Jasa'ul*),应该

---

① *Geschichte* (ʿ*Abdallāh Ibn. Fadl-Allāh*) *Waṣṣāfs*, text, p. 20.

② *Tārīkh-i Ūljāytū*, p. 34.

③ pl. *bilād* < sing. *balad*,释义为“城市、地区”(cities, regions)。而亦都护所在的“别失八里”(beš-baliγ)正以其地所辖“五城”而得名。

④ 关于合罕分地向契丹(南)方向有比较远的延伸这点,可参看志费尼书:“合罕本人曾命令在契丹地和他的冬季驻地(汪吉沐涟)之间,用木头和泥土筑一堵墙。”《世界征服者史》上册第 2 章《成吉思汗的律令和他兴起后颁布的札撒》,第 29 页。

⑤ 有关和林城四周驻地,详尽的研究可参考 Boyle, “The seasonal Residences of the Great Khan Ögdei”, *The Mongol World Empire 1206 - 1370*, London: Variorum Reprints, 1977, pp. 145 - 151;陈得芝:《和林城及其周围》,《蒙元史研究丛稿》,第 39—43 页。

⑥ Javaynī/Qazvīnī, *Tārīkh-i jahāngushā'ī*, vol. 3, p. 16;《世界征服者史》下册,第 622 页。

是窝阔台位下的怯薛之一①。蒙哥上台后(辛亥,1251),“晃兀儿”继续留任原职②。而《史集》在引述此则材料时,又提到了另一名“哈剌和林的异密帖木儿那颜”③,后者的身份应该和晃兀儿·塔海一样。从窝阔台家族控制哈剌和林城和四周宫殿的卫戍这点,我们或许可以认为窝阔台家族在此地拥有较为特殊的权利。

由于现存的汉、波斯语史料大多写成于拖雷后裔夺取汗位之后,所以对此哈剌和林的最初归属权大多语焉不详,但仍然留下不少线索可待发覆。如认为它最初是窝阔台家族私产的观念,甚至在汗位及哈剌和林地区的实际控制权转入拖雷家族手中很久以后,仍为各支蒙古宗王所深晓。如元成宗时代,作为察合台后王的都哇(Duwā)曾对海都之子察八儿(Čapar)说:“设若[汝]意欲宣示英武与勇力,就去夺回汝祖父窝阔台合罕昔日的夏季和冬季驻帐之地——哈剌和林罢。”(*agar shūkat va qudrat va muknat dāshta bāshad, Qarāqūrum ka khāna-yi yāīlāq va qishlāq niyā'ī-yi tū Ūkutāy Qān āst ba-gīrad.*)④无论都哇还是察八儿,此时都已无觊觎大汗之位的野心。这句话遂可理解成:和林城及其四周营帐,最初则是由窝阔台营建并由其后裔世袭占驻的,只是在蒙哥即位后才为其乘势攫取。故察八儿对其提出要求,被看成是谋求恢复窝阔台家族世袭利益的表示。

最后,我们就可以来响应蒙古帝国史上的一个重要疑点:即认为拖雷家族的分地既已包括整个蒙古高原:“哈剌和林诸山与斡难河源之间。”⑤为何当日的蒙古人并不认为窝阔台“定都和林”是侵犯了拖雷家族的利

① Paul Pelliot, *Notes sur l'histoire de la Horde d'Or: suivies de Quelques noms turcs d'hommes et de peuples finissant en "ar"*, Paris: Adrien-Maisonneuve, 1949, pp. 90 - 91, note. 2. 伯希和认为,由于蒙古语中的-γ音会因前后元音融合而消失,所以波斯文中的“塔海”-tāqāī可以与《秘史》中的“歹”-tai勘同。

② 《元史》卷三《宪宗本纪》,第45页。

③ 《史集》第二卷,第237页。

④ *Tārīkh-i Ūljāytū*, pp. 33 - 34.

⑤ 如屠寄《蒙兀儿史记》卷三《成吉思汗纪》:“于是定四子分地,以合剌豁鲁木之山,斡难沐涟之源与拖雷。”上海:上海古籍出版社,1989年,《元史二种》,第55页上;《多桑蒙古史》,上册,第179页,引志费尼等书概括语。

益？一般的解释为：1. 定都哈剌和林乃成吉思汗生前指定之事①；2. 作为大汗，窝阔台有权利任意指定一地以供其驻牧②。但我们还必须注意到：蒙古大汗、诸王的营地，正如游历草原的东西方旅行者所亲见的那样，“皂车毡帐，成列数千”。往往包括有数目庞大的仆从、侍卫及其家小、畜群，实为一组织庞大的游牧集团③。因此随意地改变某一宗王及其家族的驻牧地，是件极其复杂的工作，除非发生重大的政治变故（如蒙哥上台后大规模调整窝阔台家族分地），一般很少采取这种措施。而在蒙古帝国同时发动向东、西方远征之际，窝阔台却甘愿冒着帝国分裂的危险，试图把拖雷家族从其领地（哈剌和林）上排挤走，未免于情理不合。

而我认为，较为合理的解释是：哈剌和林的重要地位在窝阔台即位以前并未得到充分体现，同时它也只是处在拖雷势力范围的边缘地带。正是因为成吉思汗死后的汗位传承危机，促使窝阔台转而经营此地，方使哈剌和林登上了历史舞台的前沿。当然我们会看到，窝阔台营建哈剌和林城这件事，距离它真正成为蒙古帝国政治生活的中心，还将有相当长一个过程。

---

① Pelliot，“Caracorom”，p. 167.

② 陈得芝：《元岭北行省建置考（上）》，第 127 页。

③ 李志常：《长春真人西游记》卷上，第 265 页；鲁不鲁克也曾观察到：即使是普通的蒙古富人，也多拥有一二百辆大车。而拔都汗的斡耳朵则“看起来像一座伸延在他驻地四周的巨大城池”。《鲁不鲁克东行纪》，第 210、239 页。

第二章　草原政治中心的西移与哈剌和林之成立

一、窝阔台家族统治时期的新、旧政治中心

据《史集·铁木耳合罕纪》所载，成吉思汗生前，一共曾设立九个斡耳朵，其中四个属“大斡耳朵”（yeke ordo），另外还有五个较为次要的①。关于这四个“大斡耳朵”究竟何指，诸家考论尚有分歧。王颋认为它们系指成吉思汗于“三河之源”地区建立的四个斡耳朵：即“怯绿连河的阔帖兀阿阑”、“萨里川的哈老徒”、“土兀剌河的黑林”和“斡难河的阿鲁兀忽可吾”②。而陈得芝先生则认为“第四斡耳朵为鄂尔浑上游之西行宫”③。

因此需要稍作辨析的一点是：鄂尔浑上游的“行宫”是否就是“第四斡耳朵”？虽然李志常曾记载道，丘处机西行时，曾经过一个在杭爱山麓“乃蛮国兀里朵”旧址上建立的新营地④。而这则史料通常也被引用来证明自1220年代起，蒙古帝国的政治重心已经开始西移。

但是我们注意到，1. 按蒙古惯例，成吉思汗诸长妻在其出征时一般都会留守在自己的老营中⑤，但丘处机在此处“乃蛮国兀里朵”却仅仅见到了“汉（女真）、[西]夏公主”，并未提到任何重要的蒙古后妃，可证明它当时

---

① 《史集》第二卷，第377页。

② 王颋：《大蒙古国的斡耳朵》，第111页。

③ 白寿彝主编：《中国通史·元代卷》，上海：上海人民出版社，1999年，第13册，第379页。

④ 《长春真人西游记》卷上：“仲禄今年五月，在乃满国兀里朵得旨。”第233—234页。陈得芝：《元岭北行省建置考》，第123页。

⑤ 如前揭 *Majami' al-ansāb* 所载：“大斡耳朵掌握在大皇后手中。”p. 245.

还只是一次要之营地。2. 耶律楚材也提到其于1218年“始发永安，过居庸，历武川，出云中之右，抵天山之北，涉大碛，逾沙漠。未浃十旬，已达行在。山川向缪，郁乎苍苍。车帐如云，将士如雨，马牛被野，兵甲赫天，烟火相望，连营万里，千古之盛，未尝有也”①。谢方曾指出，此处的“行在”位于克鲁伦河畔②；而罗依果更进一步认为这就是位于萨阿里客勒（Sa'ari Qöl）的大斡耳朵③。这点也与《长春真人西游记》中所谓“自此（土剌河）以西，渐有山阜，人烟颇众，亦以黑车白帐为家”的记载相合，他们都注意了“三河之源”是当时蒙古人最集中居住的地方。而鄂尔浑河畔虽也有“车帐千百”，颇具规模，但李志常也注意到了其地“黍米斗白金十两，满五十两，可易面八十斤。盖面出阴山后二千余里，西域贾胡以橐驼负至也”④。完全依赖自外地转运粮食方敷供应。而直到窝阔台在位时，哈剌和林地区才初具农业⑤。那么其地是否能负担起常驻于“大斡耳朵”的大批人口，是颇成问题的。相反，怯鲁连河地区的农业生产的展开无疑要早得多，亦较具规模⑥。

综上所述，我更倾向于认为，成吉思汗“四大斡耳朵”分布的地区，应与其政权最核心的地方相重合。至于此处“乃满国窝里陀”的建立，却更多是出于战略、而非政治上的考虑。这是因为从当时大蒙古国的形势来看，他发起的西征将其控制的疆域大大向西扩张，由于新征服的区域局势还相当动荡，原来偏在东部的政治中心已无法有效地对蒙古高原西部进行控御；同时哈剌和林地区也具有其在地理、自然环境方面的种种优势⑦。而这个新立的斡耳朵，此时却尚不具备取代位于“三河之源”的大斡耳朵

① 耶律楚材：《西游录》卷上，谢方点校，北京：中华书局，2000年，第1页。
② 《西游录》，第5页，注8。
③ *The Secret History of The Mongols*, vol. 2, p. 988.
④ 李志常：《长春真人西游记》卷上，第282页。
⑤ 《世界征服者史》上册，第32章，《合罕言行录》，第234、246—247页。
⑥ 张德辉即报告了怯鲁连河附近，“濒河之民……亦颇有种艺”，相反他提到哈剌和林地区气候较寒冷，时“穈麦皆槁……已三霜矣”。张德辉：《岭北行纪》，贾敬颜校注，《五代宋金元人边疆行记十三种疏证稿》，北京：中华书局，2004年，第344、347页。
⑦ 白石典之认为：哈剌和林所在的鄂尔浑平原是蒙古高原上少有的，兼具较高气温和较充足降水条件的地区，因此可同时满足游牧和农耕人群的生活需要，故自回鹘汗国以降就成为设立都城的不二之选。《チンギス＝カンの考古学》，第145—149页。

的条件，它与后来的哈剌和林城址，也并非一地。

另外，近年后由日本学者加藤晋平主持发掘，并由白石典之撰文考述的阿兀阑迦（Avranga，其名来自 A'uruγ，蒙古语"奥鲁"，意为"军营"、"老小营"）遗址，也是一处规模较大的驻营地。其中曾发现过大型建筑物的地基和陶瓷器皿①。虽然陈得芝先生已经否定了白石典之将其比附为彭大雅书中的"大斡鲁朵"的推测，但可以认为这是"另外五个斡耳朵"中比较重要的一个。

"四大斡耳朵"中最主要的那个，也就是位于曲雕阿兰的大斡耳朵，在汉文史料中则被称作"龙庭"。耶律楚材有诗云："诏下龙庭万国欢，野花啼鸟总欣然。熙朝龟卜符千亿，圣主龙飞第一年。"②据王国维考证，此诗当为窝阔台即位作，而据《元史》，其即位之地正是曲雕阿兰（库铁乌阿剌里）大斡耳朵。因此我们可以判断《元史》中多处提到的"龙庭"均非泛指③。如"壬辰（1232）九月，拖雷薨。帝还龙庭"④，指的正是返回曲雕阿兰。

出于避开拖雷家族传统势力范围的考虑，窝阔台于即位次年（1230），就将其老营西移至鄂儿浑河地区⑤。但是斡难—怯鲁连之地的诸"大斡耳朵"的重要性并未因此而受到丝毫削弱，它们同之前一样，仍然是进行宗教祭祀和宴饮游猎活动的地方，而这些正是草原帝国政治生活中最重要的组成部分。因此可以认为，在窝阔台即位后相当一段时间里，蒙古帝国实际上存在着新、旧两个政治中心。

鉴于此，白石典之认为这是一段相当特殊的时期：由于哈剌和林城的建设尚未完成，窝阔台不得不从怯鲁连到斡儿寒河，在超过 900 km 的区域内进行季节移动⑥。这段路程据进谒蒙哥汗斡耳朵的西方使臣鲁不鲁

---

① 白石典之：《チンギス＝カンの考古学》，第 79—85 页。

② 《湛然居士文集》卷二《和杨居敬韵二首（其二）》。而早于此，其诗有"遥思御座分香赐，更想龙庭命席前"，卷四《戊子饯非熊仍以吕望磻溪图为赠》。据王国维考证，此诗写作于拖雷监国时期（1228）。波斯文史料已指出拖雷当时正镇守于"成吉思汗的大斡耳朵"中。

③ 《元史》卷一《太祖本纪》："三年戊辰（1208）春，帝至自西夏。夏，避暑龙庭。"第 14 页。

④ 《元史》卷二《太宗本纪》，第 32 页。此条可与《史集・窝阔台合罕纪》所载勘合："在蛇年（*Mughāl Yīl*）……（窝阔台）返回了其都城（*ba-takhatgāh-i khud*），幸福地驻扎了下来。"

⑤ 《元史》卷二《太宗本纪》载，窝阔台于 1229 年（己丑）即位于库铁乌阿剌里（曲雕阿兰）。次年（1230，庚寅）春，即载其与拖雷猎于斡儿寒河，避暑于塔密儿河。其地皆在和林西北。第 30 页。

⑥ 白石典之：《モンゴル帝国史の考古学的研究》，第 381 页，注 3。

克报告说，约为 10 天路程①。因而在 1230—1234 年间，窝阔台四季的游幸处既包括和林地区的新营地，也兼有成吉思汗时代的旧斡耳朵。他会在曲雕阿兰"大斡耳朵"（龙庭）中避暑②，直至十一月份，再依俗移向自成吉思汗时代，就已成为冬营地的"黑林行宫"（哈剌・屯，Qara-tün）。

不过哈剌和林地区的重要性也在逐渐地提升着，据《秘史》，1233 年夏季，窝阔台没有和以往一样返回怯鲁连河的旧营地，而是径直入驻于哈剌和林③。直至当年冬，他才返回东部的"阿鲁兀忽可吾行宫"④。从第二年起（1234）窝阔台不仅整年皆于哈剌和林地区活动，并在其南部，原先克烈部王汗的夏季营地"达兰达葩"（意为"七十岭"，Dalan Daban）和"八里里答阑答八思之地"⑤，两次召开宗亲大会，商议征宋事⑥。

太宗七年（1235）哈剌和林城的建成⑦，无疑是蒙古帝国历史上的一件大事。据志费尼说，哈剌和林城址的选定，乃出自窝阔台本人之"圣裁"⑧。不过有数据显示，和林城建立之初，它在当日蒙古帝国君臣眼中，不过是大汗营建的一处新的"行宫"，地位尚不及立有成吉思汗大帐的"龙庭"（大斡耳朵）。如负责营造和林宫殿的刘敏传记仅称："是后，立行宫，改新帐殿，城和林，起万安之阁，宫闱司局，皆公发之。"⑨耶律楚材诗中以周天子所建之"灵沼、灵台"相比拟，则是就其具有"庆典、会盟"功能而言，至于其

---

① 《鲁不鲁克东行纪》，第 266、279 页。而据曾经行此地的张德辉所记，自怯鲁连河上游至和林城共 15 驿。张德辉《岭北行纪》，第 344—346 页。

② 《元史》卷二《太宗本纪》，窝阔台于 1232 年九月结束征金后，北"还龙庭，冬十一月，猎于纳兰赤剌温之野。十二月，如太祖行宫"，第 32 页。"纳兰赤剌温"（Naran Čila'un），译言"太阳石"。苏天爵编：《元朝名臣事略》卷八《左丞姚文献公》中有"宪宗继位，诏凡军民在赤老温山南者，听上总之"语，或为同一地，第 158 页。

③ 《元朝秘史》续集卷二，第 273 节，第 290 页下。"（斡歌歹）平安回着岭北（中合舌剌中豁舌鲁麻）行下了。"

④ 《元史》卷二《太宗本纪》，第 32—33 页。

⑤ 陈得芝：《十三世纪以前的克烈王国》，第 225 页。

⑥ 《元史》卷二《太宗本纪》："是春，会诸王，宴射于斡儿寒河。夏五月，帝在达兰达葩之地，大会诸王百僚"；"是秋，帝在八里里答阑答八思之地，议自将伐宋"。第 34 页。见《史集》第二卷，第 58—59 页。

⑦ 《元史》卷二《太宗本纪》："七年乙未春，城和林，作万安宫。"第 34 页。

⑧ 《世界征服者史》上册，第一部，第 33 章，《合罕的宫室和驻地》，第 261 页。

⑨ 元好问：《元好问全集》卷二八《大丞相刘氏先茔神道碑》，太原：山西人民出版社，第 592 页。

地位则依然是“行宫”①。而西方文献中比较客观的叙述，来自鲁不鲁克的准确观察：“他们（蒙古人）最初的居所，仍能找到成吉思汗的卓帐之处的那个地方，叫做斡难—怯绿连；但因为哈剌和林地区是其**初次征服**（疆域）的核心，他们遂将其视作‘皇城’（*habent pro regali*）。”②

由于其城市规模的宏大，它的影响力很快就溢出了蒙古帝国的疆域。大约于13世纪50年代前后，“哈剌和林”之名传播到穆斯林世界中。最早提到其名字的是阿拉伯作家、诗人伊本·阿比勒·哈底德（Ibn Abī'l-Ḥadīd，生卒年为1190—1257/1258），他在报导蒙古人于1235—1236年间对伊斯法罕城（Iṣfahān）的一次侵袭时，已明确提到：他们是受窝阔台合罕派遣，从“新建成的都城——哈剌和林出发，并向西行进”③。稍后于此成书的《纳昔里史话》（成书于1259—1260）中也出现了“哈剌和林”之名。合乎事实的是，朮札尼并未提到它是帝国的“首都”④。

但窝阔台所更关心的，应该是如何通过经营这个新的政治中心，来确立自己的权威。早在其即位之初，他就热衷于朝会之事，以至于“时朝集后期应死者众，楚材奏曰：‘陛下新即位，宜宥之。’太宗从之”⑤，而和林城的功能正与其意相合。所以我们甚至可以认为，他于1234年颁布的条令：“凡当会不赴而私宴者，斩。”可能就是为了在政治中心的西移后约束

---

① 《湛然居士文集》卷一三《和林城建行宫上梁文》：“抛梁东。万里山川一望中。灵沼灵台未为比，宸宫不日已成功。”

② 本处引文参考Jackson所著新译本译出，与柔克义本略有不同。*The Mission of Friar William of Rubruck: His Journey to the Court of the Great Khan Möngke*, trans. & Noted by Perter Jackson & David Mogan, London: The Hakluyt Society, 1990, p.125.《鲁不鲁克东行纪》，第236页。

③ John E. Woods, "A Note on the Mongol Capture of Iṣfahān", *International Journal of Near East Studies*, 36: 1, 1977, pp.49-51.

④ Jūzjānī/Ḥabībī, *Ṭabaqāt-i naṣirī*, vol. 2, p. 177. 另外，书中第147页也曾出现“Qarāqurūm”之名，但根据上下文，这应该是“Qarā Murūn”（哈剌·木涟，指黄河）的讹写。而2000年由蒙古科学院与德国波恩大学共同进行的考古工作中，曾发现一枚铸造于（635/1237—1238）的银质钱币，上面有“QRH Q（或Ḥ）RM”字样，或可释读为“Qarah Qurum”。如果此则信息可靠，那么这应该是哈剌和林之名最早的波斯语拼法。Stefan Heidemann, "The First Documentary Evidence for Qara Qorum, from the Year 635/1237-1238", *Acta Mongolica*, vol.11, (2011), pp.113-128.

⑤ 《元史》卷一四六《耶律楚材传》，第3457页。

诸王与会而颁布的。参看(表一),可以看出:1235年以后,窝阔台主要的政治活动都在和林城四周的宫帐中展开。与此同时,位于和林以南、翁金河上游"野马川"(月帖古忽阑)也取代了此前的黑林行宫成为新的冬营地①。

相反,这段时间中很少留下窝阔台巡幸斡难—怯鲁连旧地的记载。此种和传统政治中心的疏离,很难说和他与拖雷以及支持拖雷的东道诸王、诸部族之间的矛盾毫无瓜葛。其结果则是两者之间的关系变得更愈加微妙起来。波斯文、汉文史料记载其唯一一次临幸东部驻牧地的活动,发生于太宗九年(1237)"冬十月,猎于野马川,幸龙庭,遂至行宫"②,正与窝阔台和东道诸王之间的冲突有关。据《元史》、《秘史》等文献可知,这是因为本年曾发生过"左翼诸部讹言括民女,帝怒,因括以赐麾下",此事遂在东道诸王属部中造成很大的震动③。因此窝阔台急忙巡幸太祖行宫,或有消弭其影响的用意。但这只是大汗和东道诸王之间矛盾的初露端倪。正如窝阔台本人亲口承认的,"自坐了我父亲大位之后"做错的四件事中的三件:1."听信妇人言语,取斡赤斤叔叔百姓的女子";2.将成吉思汗的宿将,"有忠义的朵豁勒忽,因私恨阴害了";3."将天生的野兽,恐走入兄弟之国,筑墙寨围拦住,致有怨言"④。而这一系列事情背后所隐含的,正是窝阔台及其家族刻意疏远蒙古"本部"的举动,使得原本建立在共同地缘基础上,以集会、狩猎等形式维系着的亲密关系变得更加难以维系。作为上述事态的进一步延伸,到"窝阔台死后,斡赤斤和察合台的子孙们渐渐变得难以约束了"⑤。

---

① 白石典之认为"野马川"即"月帖古忽阑"(Ötegü Qulan,意为"老野马")的汉译名。见《モンゴル帝国史の考古学的研究》,第264页。陈得芝先生则认为其地当为翁金河上游东南二三日程之地,《元岭北行省建置考(上)》,第130页。《混一疆理历代国都之图》中,"和宁"西南方向标有一地名"野马川",可与前述观点参证。

② 《元史》卷二《太宗本纪》,第35页。

③ 此次括民女诸部乃为斡赤斤属部,又见《元朝秘史》续集卷二,第281节,第306页下;《世界征服者史》上册《合罕言行录》,第254页。

④ 《元朝秘史》续集卷二,第306页下。据《史集》,朵豁勒忽·扯儿必是拖雷节制下的那颜,第二卷,第36页。

⑤ Jūzjānī/Ḥabībī, *Ṭabaqāt-i naṣirī*, vol.2, p.166; Jūzjānī/Ravery, *Ṭabaqāt-i naṣirī*, p.1143.

并最终导致脱列哥那摄政期间，斡赤斤率军“逼宫”事件的发生①。

此后，脱列哥那为了使贵由顺利继位，于1245年和1246年先后召开了两次宗亲大会②。其中，1245年秋聚会的地点是“阔阔纳兀儿”（Kūkā Nāʿūr）③，此地应该位于《元史》中所谓“答兰答八思之地”范围内，为窝阔台时代的秋季驻地。次年，贵由在哈剌和林地区的汪吉宿灭秃里即位。值得注意的是，他是成吉思汗之后首位未在大斡耳朵曲雕阿兰召开忽邻勒台而登基的大汗。此一举动或许反映了他和蒙古高原东部诸王关系的疏远，而同时这也多少会对其统治的合法性带来一些影响。

和其父亲一样，贵由汗也颇热衷于展示自己大汗的权威。他一方面“希望自己的仁德之名超过他自己的父亲”④；一方面又以“暴烈和残酷”之名威慑臣下⑤。但除了其居潜邸份地叶密立和霍博外，他的主要活动区域仅局限于和林城周围。而且检索东、西方史料可发现，在居汗位期间，他似乎从未在斡难—怯鲁连地区召开大型集会活动。但对于游牧人来说，集会、宴饮首先是一种政治方式，所以史称贵由在位期间“法度不一，内外离心，而太宗之政衰矣”⑥，从某种角度来说，或正与其对蒙古帝国本部，和对蒙古人传统的疏离有关⑦。

---

① 《元史》卷一四六《耶律楚材传》：“皇后欲西迁，楚材曰：‘朝廷天下根本。’”第3464页。案，“西迁”，即迁至位于叶密立、霍博的窝阔台分地中。

② 《史集》此处的记载略显混乱，兹据汉译本所附注，第一次的时间是伊斯兰历643年4月为公元1245年8—9月。第二卷，第215页。

③ Rashīd al-Dīn/Rawshān, *Jāmiʿ al-tavārīkh*, vol. 2, p. 805; *Jāmiʿ al-tavārīkh*, MS., London, p. 581a. 案，“阔阔纳兀儿”一字的拼法，德黑兰本、伦敦本皆作“Kūkā Nāʿūr”，而这和《史集·窝阔台本纪》中提到的距哈剌和林一日程的秋营地“Kūsa Nā'ūr”应是同一个地方。汉译本，第二卷，第71页。Boyle曾认为“Kūkā Nā'ūr”是正确的写法，陈得芝先生则认为当作“Kūsa Nāʿūr”（曲先恼儿）。但如何与此处勘同？目前似仍未有一完美的解释。《元岭北行省建置考（上）》，第129页。

④ 《世界征服者史》上册，第283页。

⑤ 《史集》第二卷，第223页。

⑥ 《元史》卷二《定宗本纪》，第40页。

⑦ 除了和兄弟们关系的疏远，穆斯林史料还多次提到贵由因受其“王傅”（*Ata bek*）合答（Qadaq）的影响，一改蒙古人对宗教的宽容政策，压制伊斯兰教徒。《世界征服者史》上册，第282—283页；Jūzjānī/Ḥabībī, *Ṭabaqāt-i naṣirī*, vol. 2, pp. 171-172. 而蒙哥汗自负“一依本俗，不从他国所为”，也许正是针对其前任而言的。

二、东、西蒙古的统合与政治重心之西移

如上文所考，拖雷家族的传统势力主要在东部草原，而其监国期间所管辖的范围则包括了漠北全境。不过文献中似乎透露出，他们在非常靠近窝阔台潜邸分地的“叶密立、霍博地方”，也有自己的禹儿惕（*yürt*）。《史集》中曾记载十一岁的忽必烈和九岁的旭烈兀在乃蛮边境上的“Īmār-hūī”地方狩猎，此地邻近“叶密立・忽真”（Īmīl-qūčin）①；同时位于“希列河”（Hīla-āb）河彼岸，距离畏吾儿地不远的地方②。由于当时忽必烈兄弟当时还是幼童，不可能随军作战，因此此地应该是其父亲的营帐。原文“Īmār”或当释读为突厥语“Yamār”，对应蒙古语“Jamar”。拉施都丁在别处又称“叶密立・忽真”，是贵由前去袭击拔都时，进军所至之地③，应距离叶密立不远。而“希列河”在《史集・忽必烈合罕纪》又被称为“希列・沐涟”（Hīla Mūrān），正是同一地名的蒙古语译写④。根据汉译者的意见，此地就是耶律楚材《西使记》中提及之“亦列河”（今伊犁河）⑤。后者的正确拼法应作“Īla”⑥，但是蒙古时代的波斯语文献中，或许受到方言的影响，有时也会在以元音起首的蒙古语词汇前，缀以“H”音⑦。加之《秘史》明确记载了成吉思汗于1224年，征服回回国（花剌子模国）后在“额儿的失河”

---

① Rashīd al-Dīn/Rawshān, *Jāmi' al-tavārīkh*, vol. 1, p. 535，作“Īmān-hūī”，此处地名拼写采纳伦敦本拼法。*Jāmi' al-tavārīkh*, MS., London, f. 525b.

② Rashīd al-Dīn/Rawshān, *Jāmi' al-tavārīkh*, vol. 1, p. 535, *Jami' al-Tawārīkh*, MS., London, f. 525b，《史集》第一卷，第2分册，第315页。

③ 《史集》第二卷，第143页。

④ Rashīd al-Dīn/Rawshān, *Jāmi' al-tavārīkh*, vol. 2, p. 883；《史集》第二卷，第304页。

⑤ 《西使记》，“又西有大河曰‘亦列’”，第2页。

⑥ *Джāми' ат-Тавāрӣх*, Том Ⅰ, Часть1, p. 33，《史集》第二卷，第20页。

⑦ 如安童（Altun）在《史集》中作：“Hantūn”, Rāshīd al-Dīn/Rawshān, *Jāmi' al-tavārīkh*, vol. 2, pp. 907-908；《史集》第二卷，第327页。相似的例子还可以举出《蒙古纪事》（*Akhbār-i mughūlān*）中，把“窝阔台”（Mong Ögedei > Per. Ūkadāy）拼写作“忽哥台”（Hūkatāy）。Maḥmmūd ibn Masūd Quṭb al-Dīn Shīrāzī, *Akhbar-i mughūlān dar anbānah-yi Quṭb*, ed. by Afshar, Qūm: Kitābkhānah-yi Ayatolah Marashi Najafi, 2010, p. 20.

驻夏①,故可确定此地的大致方位在伊犁河北、也儿的石河南。

正因为拖雷在与窝阔台分地相邻地方有自己的属地,我们遂可明了《元史·宪宗本纪》中"太宗在潜邸,养以为子,属昂灰皇后抚育之。既长,为娶火鲁剌部(Qoralas)女火里差为妃,分之部民"的记载并非虚语。而直到拖雷死后,太宗"乃命归藩邸"②。此后文献中出现的蒙哥分地则大多数是指哈剌和林以西,杭爱山至札不罕河一带的营地。这也正是忽必烈时代蒙哥后王昔里吉、玉龙答失势力范围③。所以在窝阔台、贵由在位期间,蒙哥及其家族只是依附于哈剌和林"中央兀鲁思"的宗王势力。所以志费尼会提到蒙哥是"从哈剌和林地区出发"前往拔都召开的忽邻勒台大会的④。

我们并不知道窝阔台收养蒙哥的动机为何,这或许如同他有意让己子贵由收继拖雷遗孀唆鲁禾帖尼一样⑤,是出于某种政治目的。因为相似的事情还可以举出,作为伊利汗的阿鲁浑,也曾收养过与其敌对的朮赤家族后裔合赞,并在其成人后,"为了事情的利益,便把他连同一个儿子一起打发回去了"⑥。考虑到拖雷家族是汗位的有力竞争者,养育其子、替其娶妻或有利于对之加以控制⑦。但形势的变化总会使大部分事先算计落空,原先的养子最终还是站到了对立的阵营中。

贵由汗死后,其后裔和察合台家族坚持要在"成吉思汗的根本禹儿惕和大位所在"的斡难—怯鲁连地方举行登基仪式⑧,并试图以此来拖延时

① 余大钧译本《蒙古秘史》,第456页。
② 《元史》卷三《宪宗本纪》,第43页。
③ 参考村冈伦、谷口绫:《カラコルム三皇庙残碑とモンケ・カアンの后裔たち》,松田孝一编:《内陆アジア诸言语资料の解読によるモンゴルの都市発展と交通に关する総合研究》,大阪:大阪大学,2007,平成17—19年度科学研究费补助金基盘研究(B),第165页。
④ 《世界征服者史》下册,第622页。
⑤ 《史集》第二卷,第204页。
⑥ 《史集》第二卷,第123页。
⑦ 宇野伸浩就根据鲁不鲁克行纪,推测也许"因为窝阔台系与蒙哥的斗争",连带昂灰皇后为其选择的火里差合敦也一并失宠了,可见其背后是有着一定的政治考虑的。《チンギス・カン家の通婚关系の变迁》,《东洋史研究》第52卷第3号,东京:1993,第69—104页;孟秋丽汉译《弘吉剌部与成吉思汗系通婚关系的变迁》,《蒙古学信息》第四期第2册,呼和浩特:1997年,第5页。
⑧ 《史集》第二卷,第237页。

间。这直接导致了蒙哥在得到拔都和东道诸王的支持后，撇开窝阔台、察合台两家，于 1251 年在斡难河源的阔帖兀阿阑(曲雕阿兰)登基①。而贵由子失烈门、脑忽的谋叛及失败，招致蒙哥对政敌的大规模杀戮与清洗。这一切均被恰于此时赶赴大帐，晋见"国之君王"蒙哥汗(*rūy ba-ṭaraf-dār al-mulk shāhzāda Munkkū Khan*)的也里世侯苫思丁・迦儿忒(Shams al-Dīn Kart)所目击：

> [苫思丁・迦儿忒]在此日来到蒙哥皇帝的斡耳朵，在[那里]贵由汗的王子和蒙哥皇帝曾[有一场]殊死较量。(*ān rūz ba-urdū'ī Pādshāh Munkkū rasīd ka shāhzādah-i Kuyūk khān va Pādshāh Munkkū khān bāham dar muqātalat wa muḥārabat būd-and.*)②

而从蒙古诸王再三坚持要在曲雕阿兰(也就是成吉思汗的"龙庭")召开选汗大会这一点，我们也不难想见，在彰显大汗即位的"合法性"方面，哈剌和林尚未能取代位于"三河故地"大斡耳朵的崇高地位。当然，随着蒙哥的即位，他于 1251 年便"在窝阔台合罕的禹儿惕：哈剌和林境内的汪吉[沐涟]地方，度过了整个冬天"(*dar yūrt-i Ūkutāy Qā'ān ka dar ḥudūd-i Qarāqurūm ast ba-mauża' Ūng[qīn] qīshlāqmīshī tamām kard*)③，占据了窝阔台家族传统的冬季营地。不过直到次年(1252)夏，史书才第一次明确记载蒙哥合罕"驻跸和林"。

作为权力斗争失败的一方，窝阔台家族的势力遭到瓦解。《元史》载，

---

① 《元史》卷三《宪宗本纪》，第 44 页。案，本年春、夏二季蒙哥皆驻足于此地。关于此点中外史料均无异词，唯汉译本《史集》此处作"在成吉思汗的京都哈剌和林，蒙哥被拥戴登基御位"，颇有误导之嫌，第二卷，第 243 页。今检原文当作："蒙哥合罕在成吉思汗大位所在的，临近哈剌和林的[地方]登上皇位。"(*Mūnkkā Qā'ān rā ḥudūd-i Qarāqūrum kī* [德黑兰本作：*ka*] *takhtgāh-i Chīnggīz Khān bar sarīr farmāndahī va pādishāhī nishānd-and.*)，Rashīd al-Dīn/Rawshān，*Jāmi' al-tavārīkh*，vol. 2，p. 829；*Jami' al-tavārīkh*，MS，London，f. 585b.

② *Tārīkh-nāma-yi Harāt*，p. 166.

③ Rashīd al-Dīn/Rawshān，*Jāmi' al-tavārīkh*，vol. 2，p. 848；*Jāmi' al-tavārīkh*，MS，London，f. 589b. 案，"汪吉(翁金，Ūngqīn)[河]"一词，伦敦本作"Ung"，与德黑兰本不同。《史集》第二卷，第 264 页。

蒙哥合罕分迁“诸王于各所”：合丹于别失八里；蔑里于也儿的石河；海都于海押立地；蒙哥都及太宗皇后乞里吉忽帖尼于阔端所居地之西（在河西）。必须注意的是也儿的石河、海押立都是朮赤家族的传统势力范围①；而别失八里则由大汗的代理人牙老瓦赤进行管理，故此举包含着将窝阔台家族置于大汗和朮赤系的监视之下的用意。

蒙哥又以“晃兀儿留守和林宫阙、帑藏，阿蓝答儿副之”②，标志着拖雷系正式取代窝阔台系成为哈剌和林地区的主人。与之同步，原本可能留驻在东部草原的拖雷家族成员，此刻应该也协同迁入和林地区。如阿里不哥在继承其母亲的斡耳朵后，将之移至和林附近③。不过忽必烈的儿子真金似仍留驻在怯鲁连河的大帐中④。自此，从“哈剌和林之地直到斡难—怯鲁连地方”（*dar maqām* [*ḥudūd*]*-i Qarāqūrūm būd ba-mauża'-i Ūnān-Kilūrūn*），全部被看作是蒙哥汗“大位”（*takhtgāh*）的所在⑤，而拖雷家族的势力范围始完全涵盖了漠北高原全境。

蒙古帝国和由契丹人建立的辽朝，在制度结构和政治传统的许多方面都存在着相似性。一史称辽代诸帝“秋冬违寒，春夏避暑，随水草就畋渔，岁以为常。四时各有行在之所，谓之‘捺钵’”⑥。而蒙古大汗也保持着四季巡幸的习惯，元初张德辉曾应忽必烈召辟，赴漠北觐见。其《行纪》载蒙古大汗一年之间的朝会情况为：1. 每岁除日后三日，诣大牙帐致贺礼；2. 二月中旬，春水飞放；3. 四月九日；4. 重九日，均会于大牙帐。而其四季移行亦遵循着“遇夏则就高寒之地，至冬则趋阳暖薪水易得之处以避之”的规律⑦。和辽代诸帝通常在夏季举行祭祀木叶山神

① 《史集》第二卷，“成吉思汗把也儿的石河和阿勒台山一带的一切地区和兀鲁思……都赐给了朮赤汗管理”，第139页。瓦萨甫则把“海押立和花剌子模地区”也称作“朮赤的分地”。*Tārīkh-i Vaṣṣāf*, p. 50.

② 《元史》卷三《宪宗本纪》，第45页。

③ 1253年底使臣鲁不鲁克曾亲见“蒙哥拜访就在附近的（指和林）他母亲的斡耳朵”，《鲁不鲁克东行纪》，第293页。

④ 参前引王磐《大学士窦公神道碑》。

⑤ Rashīd al-Dīn /Rawshān, *Jāmi' al-tavārīkh*, vol. 2, p. 868. “ḥudūd”伦敦本作“maqām”。*Jami' al-tavārīkh*, MS, London, f. 597b；《史集》第二卷，第287页。

⑥ 《辽史》卷三二《营卫志·行营》，北京：中华书局，2007年，第373页。

⑦ 张德辉：《岭北行纪》，第350页。

主的传统相类似①，自蒙哥汗时起，在秋季登日月山“祭天”也成为有元一代所恪守的传统②。《元史》称，宪宗二年（1252）八月七日，学士魏祥卿、徐世隆，郎中姚枢等领乐工觐见蒙哥于“行宫”后，祭日月山③。检表一，此处行宫应该是萨里川哈老徒行宫，是则表明日月山位于不鲁罕山脉中距军脑儿、颗颗脑儿甚近的某处④。

和皇室成员四季巡幸的习惯相适应，蒙古帝国的中央政务机关也是随着大汗的斡耳朵四季移动的，这在汉文史料中被形象地称为“行国”。蒙古大汗、宗王们更愿意停留在定居社会以外，接受作为其代理人的地方世侯觐见与奉纳。而世侯朝觐地点的前后变化，也越来越显示出帝国政治中心发生了显著地西移。

参看表一、表二，可以看出窝阔台到蒙哥汗在位期间，新、旧政治中心的分化：哈剌和林在蒙古帝国行政中地位越显重要；而斡难—怯鲁连地区则是其沟通与东部诸王、诸千户关系，进行宴会、祭天等活动的地区⑤。表

---

① 叶隆礼：《契丹国志·契丹国初兴本末》，上海：上海古籍出版社，1985年，第1页：“古昔相传：有男子承白马浮土河而下，复有一妇人承小车驾灰色之牛，浮潢河而下，遇于木叶之山，顾合流之水，与为夫妇，此其始祖也。是生八子，各居分地，号八部落……立遗像[始祖及八子]于木叶山。”参考刘浦江：《契丹族的历史记忆：以“青牛白马”说为中心》，《松漠之间：辽金契丹女真史研究》，北京：中华书局，2008年，第99—122页。

② 《元史》卷六八《礼乐志》：“宪宗二年三月五日，命东平万户严忠济立局，制冠冕、法服、钟磬、笋虡、仪物肄习。五月十三日，召太常礼乐人赴日月山……[八月]十一日，始用登歌乐祀昊天上帝于日月山。”第1691—1692页。

③ 《元史》卷三《宪宗本纪》：“[宪宗四年]甲寅（1254）是岁，会诸王于颗颗脑儿之西，乃祭天于日月山。”第48页。

④ 参考陈得芝：《蒙古部何时迁到斡难河源头》，《蒙元史研究丛稿》，第64—65页。又案王袆：《日月山祀天颂》，称日月山为“哈剌温山”，在“和林之北”，恐非确论，或出于汉人文士的想象之辞，见《王忠文公集》卷二一，引自《全元文》第55册，第536页。和不鲁罕山同时又是土兀剌—斡难—怯绿怜三河的发源之处一样，木叶山也位于潢河和土拉河的交流处。漠北游牧民族的历史记忆往往与相似的地理环境联系在一起，可能是基于相同的民族心理或祖源传统。

⑤ 如蒙哥汗三年（1253）在斡难河北的豁儿豁纳主不儿草原举行过一次宗亲大会，调停东道诸王间的矛盾。又于七年（1257）“复会于怯鲁连之地”，召集蒙古左、右翼宗王商讨南征之事，其中以左翼东道诸王、五投下军为主力，故聚会于东部草原。《元史》卷三《宪宗本纪》，“诸王也古以怨袭诸王塔剌儿营。帝遂会诸王于斡难河北，赐予甚厚。”第47、50页；《史集》第二卷，第265—266页；《史集》纪事年代有误。陈得芝：《成吉思汗墓葬所在和蒙古早期历史地理》，第27—28页。

面看来浑然一体草原本部，实则按功能划被分为东、西两部。在西部越来越成为绝对的政治中心的同时，东部地区则与蒙古部的文化传统更为相关。当然蒙哥汗本人“自谓遵祖宗之法”①，在恪守蒙古传统方面表现的比窝阔台、贵由更为突出。这表现为其在位期间，其四季巡幸地区更多地包含了东部的草原。

（表一） 史料所见前四汗时期四季驻营地 ②

年代	春	夏	秋	冬	备 注	出 处
成吉思汗						
1206	斡难				获封“成吉思汗”	《史集》
1208		龙庭			戊辰夏，避暑龙庭	《元史》
1210		龙庭			庚午夏，上避暑龙庭	《圣武亲征录》
1211	怯鲁连河					《元史》、《史集》
1214			撒里怯儿			《秘史》第250节
1216	庐朐河行宫（怯鲁连河）		黑林[?]		帝会诸将于秃兀剌河之黑林，议征灭里吉（案，此处未言季节，暂参考其习惯，定于秋季）	《元史·速不台传》
1217				土剌	丁丑冬，太祖巡狩于图拉（土剌）河	《德兴燕京太原人匠达噜噶齐王公神道碑》③

① 《元史》卷三《宪宗本纪》，第54页。
② 此表制作参考《モンゴル帝国史の考古学的研究》，第68—71页，并有所增补。
③ 胡祗遹：《紫山大全集》卷一五，长春：吉林文史出版社，2008年，第357页。此处所谓“巡狩于土剌”，当与其时驻黑林行宫有关。

续　表

年代	春	夏	秋	冬	备　注	出　处
1224			黑林		自花剌子模返	《秘史》264节
1225	行宫①	［布哈绰克察］②			春正月，还行宫。岁乙酉，会同于布哈绰克察	《元史·太祖本纪》；《史集》；《德兴燕京太原人匠达噜噶齐王公神道碑》
1227			萨里川哈老徒行宫		成吉思汗卒	《元史》
窝阔台合罕						
1229		忽鲁班雪不只	库铁乌阿剌里		于忽鲁班雪不只见拖雷；即位于曲雕阿兰	《元史》、《征服者史》
1230	斡儿寒河	塔密儿				《元史》
1232		阿剌合的思	龙庭	纳兰赤剌温、太祖行宫	九月，拖雷薨，帝还龙庭	《元史》、《史集》
1233	铁列都		兀必思	阿鲁兀忽可吾		《元史》

① 《元史》卷一《太祖本纪》，第23页："二十年乙酉春正月，还行宫。"《史集》第一卷，第2分册，第316页：1225年，春天，成吉思汗驻扎在自己的斡耳朵里。

② 胡祗遹：《王公神道碑》中又提到："岁乙酉，会同于布哈绰克察。"在此次集会中"太祖以官制未备"乃命王德真为怯薛（集赛），这和《史集》中所说的"他在家里度过了那年夏天，颁发了若干英明的诏敕"大体为同一件事，故定为夏季。唯"布哈绰克察"一名由于清人妄改而无法复原。

续 表

年代	春	夏	秋	冬	备 注	出 处
1234	斡儿寒河	达兰答葩	八里里答兰答八思	脱卜寒、赤那思	春于斡儿寒会诸王；秋于八里里答兰答八思议征宋；冬于狼山（赤那思山）狩猎①	《元史》、《湛然居士集》
1235					城和林，作万安宫	《元史》
1237	揭揭察哈			野马川、龙庭、[太祖]行宫	六月，左翼诸部讹言括民女	《元史》
1238		揭揭察哈				《元史》
1239	揭揭察哈					《元史》
1241	揭揭察哈			月帖古忽阑	太宗崩	《元史》
贵由汗						
1245			阔阔纳兀儿、答兰答八思		左右翼宗王聚会	《史集》
1246	和林	失剌斡耳朵	汪吉宿灭秃里	野马川	贵由汗即位	《元史》、《迦宾尼行纪》②
1247		曲律淮黑哈速				《元史》

① 《湛然居士集》卷十《扈从羽猎》、《狼山宥猎》二诗。试比照《世界征服者史》（第 29 页），可知其时为冬季。赤那思（Činos），蒙古语谓“狼”，“狼山”应该就是此地名的汉译，耶律楚材颇喜用汉语雅言迻译异域地名，如译不花剌为“蒲华”之类。陈得芝：《赤那思之地小考》，第 266—269 页。

② 失剌斡耳朵（Šira Ordo，又作昔剌兀鲁朵），据陈得芝先生考证，即建于月儿灭怯土之蒙古大汗驻夏地。《元和林城及其周围》，第 41 页。又据普兰·迦宾尼称，贵由汗于失剌斡耳朵接见使臣后，随即前往汪吉宿灭秃里即位。《蒙古人的历史》，第 397 页。

续　表

年代	春	夏	秋	冬	备　注	出　处
蒙哥汗						
1251	阔帖兀阿阑、斡难	胪驹河		汪吉	即位于曲雕阿兰，于汪吉驻冬	《史集·蒙哥汗本纪》
1252	失灰	和林、曲先恼儿、阔迭额·阿剌勒(曲雕阿兰)	萨里川哈老徒行宫，日月山	月帖古忽阑	始驻和林，七月聚会于曲雕阿兰，八月祭天于日月山	《元史·礼乐志》，《蒙古秘史》①，程钜夫《信都常忠懿王神道碑》②
1253	怯蹇叉罕、斡难	火儿忽纳要不儿	军脑儿	汪吉	会诸王于斡难河北	
1254	怯蹇叉罕	月儿灭怯[土]	颗颗脑儿	也灭干哈里叉海	会诸王于颗颗脑儿之西，乃祭天于日月山	
1255		月儿灭怯土	君脑儿		乙卯年九月二十九日，颁行圣旨	《元史》，《至元辨伪录》③
1256	欲儿陌哥都	塔密儿、昔剌兀鲁朵	解亦儿阿塔	阿塔哈帖乞儿密		《元史》
1257	忽阑也儿吉	太祖行宫、怯鲁连	月儿灭怯土、军脑儿		幸忽阑也儿吉，诏征宋；复会于怯鲁连之地	《元史》

---

① 余大钧译：《蒙古秘史》，第494—501页。

② 程钜夫：《雪楼集》卷一五《信都常忠懿王神道碑》："二年夏，会诸侯于胪驹河。"此文所记蒙哥汗宪宗二年(1252)胪驹河宗王大会，即《蒙古秘史》末节所云鼠儿年在"客鲁涟河的阔迭额·阿剌勒"举行的"也客·忽邻勒台"，这也可从一侧面证明余大钧先生的观点：《蒙古秘史》正文写定于壬子年(1252)。

③ 释祥迈：《至元辨伪录》卷三。

续 表

年代	春	夏	秋	冬	备 注	出 处
1258				(漠南)玉龙栈		《元史》
1259	也里本朵哈				受朝贺	《元史》

(表二) 前四汗时期的朝觐地点

年代	朝觐人员姓名	朝觐地点	史料出处	附 录
成吉思汗				
1211	哈剌鲁国主阿尔思兰(Arslan);畏吾儿亦都护	龙居河(怯鲁连)	《宣徽使太保定国忠亮公神道碑》①;《元史·太祖本纪》	
1215	耶律留哥	按坛孛都罕	《元史·耶律留哥传》	屠寄考证,此地即“胪驹行宫”
1218	耶律楚材	萨阿里客勒	《西游录》	“行宫”
1221	丘处机	怯鲁连大斡耳朵	《长春真人西游记》	丘处机诗注云:“旧兀里朵”,当为怯鲁连大斡耳朵
窝阔台合罕				
1228	完颜奴申	怯鲁连大斡耳朵	《金史》②	正大五年九月,奉使大元,至龙驹河,朝见太宗皇帝
1229	阿虎带	库铁乌阿剌里	《元史·太宗本纪》	金遣阿虎带来归太祖之赗

① 黄溍:《金华黄先生文集》卷二十四《宣徽使太保定国忠亮公神道碑》:“当太祖皇帝正大位之六年,岁在辛未(1211),奉其国主(哈剌鲁)阿尔思兰来觐于龙居河。”引自《黄溍全集》,王颋点校,天津:天津古籍出版社,2008年,下册,第647页。

② 脱脱等纂:《金史》卷一一五《完颜奴申传》,第2523页。

续　表

年代	朝觐人员姓名	朝觐地点	史料出处	附　录
1228—1229前后	东部波斯诸异密	哈剌和林[?]	《纳昔里史话》①	案，其时和林城未建，朝觐当趋怯鲁连河大斡耳朵
1229	赵诚	怯鲁连大斡耳朵	《千户赵侯神道碑》②	己丑五月，朝于北庭
1229	董俊	怯鲁连大斡耳朵	《寿国忠烈董公传》③	太宗即位，见于行宫
1236	邹伸之使团	怯鲁连大斡耳朵	《黑鞑事略》	
1230	严实	牛心之幄殿	《东平行台严公神道碑》④	当在塔密儿河附近
1234	严实、陈秀玉	哈剌和林	《东平行台严公神道碑》、《和陈秀玉绵梨诗韵》⑤	
1235	陈秀玉	哈剌和林	同上	

① Jūzjānī/Ḥabībī, *Ṭabaqat-i naṣir*, vol. 2, p. 103; Jūzjānī/Ravery, *Ṭabaqat-i naṣir*, pp. 1109 - 1110.

② 元好问：《遗山集》卷二十九《千户赵侯神道碑》，《元好问全集》，第617页。案，《太宗本纪》载"元年己丑(1229)秋八月己未，诸王百官大会于怯绿连河曲雕阿兰之地"，故赵诚所朝之"北庭"亦当指此地。《元史》卷一，第29页。

③ 元明善：《寿国忠烈董公传》，《常山贞石志》卷一八，引自《全元文》第二十四册，第234页。

④ 元好问：《遗山集》卷二十六《东平行台严公神道碑》："庚寅(1230)四月，朝太宗于牛心之幄殿，帝赐之坐，宴享终日，赐以虎符。数顾实谓侍臣曰：'严实真福人也。'甲午(1234)，朝于和林，授东平路行军万户，偏裨赐金符者八人。"《元好问全集》，第549页。案，庚寅年时和林城未建，参(表一)则"帐殿"云云当为塔密儿河畔之斡耳朵而已，参看陈得芝：《元岭北行省建制考(上)》，第125页。

⑤ 耶律楚材：《湛然居士文集》卷一，注引王国维所撰《年谱》："案此诗作于秀玉入觐时。秀玉于甲午、乙未二年均至和林。"第17页。

续 表

年代	朝觐人员姓名	朝觐地点	史料出处	附 录
脱列哥那后摄政				
1242	列边·阿塔(Rabban Ata)	哈剌和林	《亚美尼亚史》①	彼方听闻基督教徒为鞑靼部众虐杀之惨状,乃赴汗廷愬以哀悯
贵由汗				
1244	李志常、王志坦	哈剌和林	《崇真光教淳和真人道行之碑》②	(甲辰)夏五月,从真常北上……皇太后钦挹真风,宠赉以礼
1246	迦宾尼	哈剌和林	《迦宾尼行纪》	
1247	郝和尚拔都	宿免都	《郝公神道碑铭》③	
1248	雪庭福裕	哈剌和林	《少林裕公之碑》④	诏住和林兴国禅寺
1247—1248	罗斯诸侯亚力山大·涅夫斯基	哈剌和林⑤		
1250	董文用	哈剌和林	《元史·董文用传》	从文炳谒太后于和林城⑥
不详	田雄	哈剌和林	《元史·田雄传》	定宗时,入觐于和林

① 伯希和:《蒙古与教廷》,冯承钧译,北京:中华书局,2001年,第55页。

② 高鸣:《崇真光教淳和真人道行之碑》,陈垣、陈智超编:《道家金石略》,第610页。据下文"燕去和林,里千六百有奇",可知所朝之地为和林,"皇太后"为脱列哥那。

③ 王磐:《故五路万户河东北路行省特赠安民靖难功臣太保仪同三司追封冀国公谥忠定郝公神道碑铭》,朱昱:《嘉靖重修三原县志》,脱漏部分则据成化刊本校补,上海图书馆藏抄本,第4分册。

④ 程钜夫:《大元赠大司空开府仪同三司追封晋国公少林开山光宗正法大禅师裕公之碑》,录文载叶封:《嵩阳石刻集记》,引自无谷、刘志学编:《少林寺数据集》,北京:书目文献出版社,1982年,第433—435页。此文较程钜夫《雪楼集》卷八《嵩山少林寺裕和尚碑》内容更为丰富,字句错讹亦较少。如"戊申定宗",《雪楼集》作"太宗",误。

⑤ George Varnadsky, *The Mongols and Russia*, New Haven: Yale University Press, 1953, p. 147.

⑥ 《元史》卷一四八《董文用传》,第3495页。

续　表

年代	朝觐人员姓名	朝觐地点	史料出处	附　录
不详	鲁木算端鲁肯丁(Rukn al-Dīn)	哈剌和林	《叙利亚编年史》①	或于1246年即位时
蒙哥汗				
1251	苫思丁・迦儿忒	怯鲁连大斡耳朵	《也里史志》	
1251	李志常	汪吉河营地	《玄门掌教大宗师真常真人道行碑铭》②	(辛亥)冬十月,遣中使诏公至阙下
1252—1253	阿塔篾力・志费尼	哈剌和林	《世界征服者史》	同行还有阿鲁浑・阿哈等人
1254	海屯(Het'um)	哈剌和林	《海屯行纪》	
1254	鲁不鲁克	哈剌和林	《鲁不鲁克行纪》	
1255	李志常	哈剌和林	《玄门掌教大宗师真常真人道行碑铭》	碑云"行宫",据上表当在月儿灭怯土
1255	那摩大师、少林长老等人	哈剌和林	《至元辨伪录》	以七月十六日,觐帝于鹘林城之南昔刺行宫
1256	噶玛拔希 鲁木王子阿老丁	哈剌和林	《红史》③	在昔剌斡耳朵

① Bar Hebrews, *Chronography*《叙利亚编年史》, trans. from Syriac by E. A. Wallis Budge, "*Concerning the Enthronement of Ghoyuk* [*Guyuk*] *Khan in the Place of the Khan His Brother*",引自网络版: http://rbedrosian.com/BH/bh60.htm.(检索日期:2011/12/5)

② 王鹗:《玄门掌教大宗师真常真人道行碑铭》:"秋七月见上于行宫,适西域进方物,时太子、诸王就宴。"陈垣、陈智超编:《道家金石略》,第579页。随其前去的还有道士史志经,见王鹗:《洞玄子史公道行录》,《道家金石略》,第577页。

③ 蔡巴・贡噶多吉:《红史》(*Qolan Debter*,陈庆英译,北京:藏学出版社,2002年):"[噶玛拔希]龙年(1256),到达所有汗王、王族聚会之地'赛热乌斡耳朵'……显无数奇特之神变。"第75页。案,"赛热乌斡耳朵"实为"昔剌斡耳朵(Sira Ordo)"的藏文拼写法。王森:《西藏佛教发展史略》(北京:中国社会科学出版社,1997年)已经将其地比定为"翁金(Ongin)地方的锡(原书讹作"赐")拉斡耳朵",第117页。

续 表

年代	朝觐人员姓名	朝觐地点	史料出处	附 录
1254—1259?	(‘Ala’ al-Dīn Kayqubād Ⅱ)	哈剌和林	①	
不详	马月忽乃	哈剌和林	《故礼部尚书马公神道碑》②	(祖马月忽乃)见宪宗皇帝于和宁
不详	鲁肯丁(Rukn al-Dīn)	哈剌和林	《世界征服者史》③	伊思马因首领觐见蒙哥

三、作为“公共领地”的哈剌和林地区

自成吉思汗统一漠北起,广义的哈剌和林地区就是凌驾于东、西两侧诸子、诸弟兀鲁思之上的“中央的兀鲁思”(Qol-un Ulus),但真正属于大汗掌控的其实仅包括和林城及四周驻营地,其面积约为 15 000 km^2。和林城及其四季驻地理所当然地占据了漠北高原的核心位置,而其周边则“犬牙、棋布”了大量处于附属性质的蒙古宗王、驸马的分地④。其中,和林城市的居民多以移居漠北的汉人和中亚居民(色目人)为主,过着定居式的生活⑤。而这与大多数蒙古宗王所能习惯的四季巡弋的游牧生活相矛盾,故大多数宗王及其位下千户军队仍然停驻于和林地区以外自己的草原领

① Ibn Bībī, *Akhbār-i Saljūqa-yi Rūm*, ed. by Mashkūr, Muḥammad Jawād, Tehrān, Kitābfurūshī-i Tehrān, 1971, p. 293. 相关年代的讨论参看,Louise Marlow, “A Thirteenth-Century Scholar in the Eastern Mediterranean: Sirāj al-Dīn Urmavī, Jurist, Logician, Diplomat”, *Al-Masāq*, vol. 22, no. 3, (December 2010), p. 299, note. 117.

② 马祖常:《石田文集》卷十三《故礼部尚书马公神道碑》,引自《全元文》第 32 册,第 500 页。

③ 《世界征服者史》下册,第 861 页。

④ 袁桷:《清容居士集》卷三十四《拜住元帅出使事实》:“太祖皇帝,经划区夏,以盘石宗犬牙于龙兴绝域之地。”

⑤ 《チンギス=カンの考古学》,第 149 页;宇野伸浩、村冈伦、松田孝一:《元朝后期カラコルム城市ハーンカー建设记念ペルシア语碑文の研究》,《内陆アジア言语の研究》第 14 号,大阪,1999 年,第 1—64 页。

地上。因此至少在世祖朝大规模屯兵漠北之前，就和林城而言，戍守其中的蒙古军队当为数不多。这也是为何在前四汗时期一旦遇到有人觊觎汗位，试图以武力相逼时，留驻和林城的皇子、后妃往往选择回到属于自己的分地中去召集军队。例如窝阔台死后，成吉思汗幼弟铁木哥·斡赤斤兵逼和林，脱列哥那"遂令授甲选腹心，至欲西迁以避之"①。同样，贵由死后其妻斡兀立·海迷失及其二子也最终选择了返回"贵由汗前斡耳朵所在之霍博和叶密立"②。甚至到忽必烈、阿里不哥兄弟争位时期，后者也选择在自己分地中的"阿勒台夏营地"（*yailāq-i Altāy*），而不是在哈剌和林召集宗亲迎立③。此种情况当与和林城的这种特殊性有关。

更为普遍的情况是，哈剌和林的重要意义并非在于其军事功能，而在于其承担聚会、大宴、朝拜等草原政治模式中的仪式性功能。参看蒙元时期史料可以发现，围绕在哈剌和林地区周边的各支蒙古宗王当冬季开始时即率部众避入山间，各自分散活动。而夏、秋时期往往选择水源充沛，草场丰美的平原地区驻牧。此时的驻牧范围以及活动规模都远较冬、春营地为大④。而哈剌和林及其迤南地区草场面积广阔，地势平坦，正是蒙古宗亲举行集会、大宴等例行集会的地点。因而可想见，地位较低、属民较少的蒙古宗王的活动规则是冬季距大汗营帐最远，而夏秋季节则最靠近大汗的斡耳朵范围所在；同样的，大汗四季巡幸路线也总是在这两个季

---

① 《史集》第二卷《贵由汗纪》，第 212 页；《元史》卷一四六《耶律楚材传》，第 3464 页。"西迁"的目的地，参考《世界征服者史》等书，当为移向叶密立、霍博地区以等待从东欧前线返回的贵由。

② 《世界征服者史》上册，第 289 页。

③ Rashīd al-Dīn/Rawshān, *Jāmi' al-tavārīkh*, vol. 2, p. 875；《史集》第二卷《忽必烈合罕纪》，第 293 页，译作"牙亦剌黑—阿勒台"，没有将原文中表示从属关系的 iẓāfī(-i) 结构译出，今依原文补入。而值得注意的是"阿勒台（按台山）夏营地"，据韩儒林先生考证，最初正是唆鲁禾帖尼分地，嗣后由阿里不哥继承。韩儒林：《元代的吉利吉思及其邻近诸部》，《穹庐集：元史及西北民族史研究》，上海：上海人民出版社，1982 年，第 350 页。

④ Bat-Ochir Bold, *Mongolian Nomadic Society: A Reconstruction of the 'Medieval' History of Mongolia*, (London: Curzon, 2001), p. 55. 当然四季营地只是一个大致的范围，在此范围内游牧部众也是"今日行，而明日留，逐水草，便畜牧而已"，并不定居于一处。张德辉：《岭北行纪》，第 351 页。这样我们也就可理解，忽必烈即便在东移至"哈剌温·只敦"地方后，也同样在一系列驻营地中循时移居，金莲川之地只是其中之一。

节和大多数宗王、千户的营地最为接近①。为应付集会需要，在大汗的怯薛班子中甚至安排有专门的“禹儿惕赤”（Yūrtchī）和“札撒温”（Yāsā'ūl）管理相关事宜。其具体职掌可借由稍后的伊利汗国公文选集《书记规范》（*Dastūr al-kātib fī Taʿyīn al-marātib*）所载《命官制书》概见一二：

> ［禹儿惕赤一职］实国之体要，朕之肱股，［其所司职］乃为君王安排停当夏、秋营地，宫帐，驿站，畋猎场所，及其余种种驻跸之处。［并于］大牙帐（*yūrtī-yi muʿaiyan*）视野周及［之处］，晓谕诸王、异密、宰辅、倚纳（近幸）、国之重臣及诸御前侍从等人，各自营帐（*yūrt-i ū*）位置所在，并为之妥善安排。大牙帐卓帐之地未定，随从诸人之帐亦不得［任意］顿宿。依例：诸王驻帐于大汗［牙帐］之右手，诸兀鲁思・异密等亦于右手里宿营，右手［蒙古语］唤作“巴[舌]刺温・[中]合[舌]仑”（*Barāūūn-Qār*）②。而诸宰辅、财政大臣等乃于“沼温・[中]合[舌]仑”里（*ba-jānab-i Jāūūn-Qār*）③——亦即大汗之大牙帐左侧宿营。”（*yikī az muʿzamāt-i asbāb-i mamlakat va tartīb-i muhimmāt-i sulṭanat ān-st ka pādishāh rā dar yāylāq va qīshlāq wa jamī' manāzil va marāḥil va shikār-gāh-hā va dar har mauża ka nuzūl kunad，yūrtī-yi muʿaiyan bāshad ka chūn shāhzādāgān va umarā va vuzarā va īnāqān va arkān-i daulat va aʿvān-i ḥa żārāt ān yūrt rā na ẓar*

---

① 同样，在西亚的蒙古伊利汗的冬—夏（即一年中移动的最长距离）移驻范围（位于阿塞拜疆地区，包括：Arrān，Mūghān，Alataq，Safīd Rūd 等地），也正与属于“中央集团”的大多数蒙古宗王、部族驻地范围相重合。参本田实信：《イルハンの冬营地・夏营地》，载《モンゴル时代史研究》，东京：东京大学出版会，1991 年，第 379 页；John Masson Smith，“Mongol Nomadism and Middle Eastern Geography：Qishlaqs and Tümens”，*The Mongol Empire and Its Lagacy*，pp. 39–56. 此种习惯甚至在忽必烈建立元朝，将帝国的中心南移至大都后也依然存在。《通制条格》卷八《仪制・朝现》条载，元代时“诸王、妃子、公主、驸马、各千户每朝现的，并不拣甚么勾当呵，夏间趁青草时月来上都有来”。方龄贵校注：《通制条格校注》，北京：中华书局，2001 年，第 335 页。

② “巴[舌]刺温・[中]合[舌]仑”（Per. Barāūūn-Qār<Mong. Bara'un γar），见《元朝秘史》卷八，第 206 节，汉文旁译为“右手的”，第 198 页下。此处译文按元代硬译公文文体译作“右手里”。赵承禧：《宪台通纪・命秃忽赤为御史大夫》：“教只儿哈郎右手里画字了也。”

③ “沼温・[中]合[舌]仑”（Per. Jāūūn-Qār<Mong. Je'ün γar），见《元朝秘史》卷八，第 207 节，旁译为“左手的”，第 199 页下。

āvrand, har kas az īshān dānad ka yūrt-i ū kujā-st va ū rā kujā furo mī bāyad āmad, va tā yūrt-i muʿaiyan na-shūd, yūrt-i īshān nīz muʿaiyan na-gardad. masal-an shāhzādagān bar dast-i rāst nazdīk pādishāh furo āyanad va Umarā-yi Ulūs nīz bar dast-i rāst ki ān rā Barāūūn-Qār gūyand nuzūl kunand, va vuzarā va aṣḥāb dīvān ba-jānab-i Jāūūn-Qār ka chap-i yūrt-i pādishāh bāshad furo āyand.)①

又：

[札撒温]值福庆之忽邻勒台及大饮宴时，教骑马巡行，常川整治有来。[虽]毫发之爽，[亦]不教犯者。（*va dar vaqt-i Qūrīltāy-yi mubārak va Ṭoy-hā'ī-yi buzurg savār shūda ba-va ẓīfa-yi yāsāmīshī ishtighāl namāyad va hīch āfrīda ba-yik sarmū'ī na-andīshad.*）②

案，此处可以略作引申的是，《任命禹儿惕赤文书》中的“大牙帐”③（*yūrt-yi muʿaiyan*，意为：“特定的、指定的营帐”）和同一篇中的“王帐”（*yūrt-i pādishāh*）所指相同，均指大汗所居的“御帐”。蒙古人尚右，其观念中的“右手”方向即指西方。集会时诸王、蒙古重臣（即文中之“兀鲁斯·异密”）坐于右手，这可以从汉、波斯文献的记载中得到印证。如曾预忽必烈所举行之朝会的高丽文人李承修即云：“西偏第一行皇太子，隔一

① Muḥammad ibn Hindushakh Nakhchivānī, *Дастўр ал-Кāтиб фй Таʻйин ал-Марāтиб*, критич. текст, предисл. и указатели А. А. Али-заде, Том. 2, Москва: Наука, 1976, pp. 62 - 63. 本节译文并参考本田实信：《モンゴルの游牧的官制》所载日译文，并有所改动。《モンゴル时代史研究》，第72页。

② Nakhchivānī, *Дастўр ал-Кāтиб*, Том. 2, p. 58. 波斯史料中所载蒙古官名中凡带-ūl<Mong. -γul词尾（汉文史料以“-温”字对应）的，完全对应汉文史料中的-sün（-孙）词尾者。两者都是由动词加上名词性后缀，用来指称做某事的人，故此处将Yāsā'ūl<Mong. Jasaγul译作“札撒温”，等同于汉文史料中之“札撒孙，Jasa(q)-sun”。汉译文风格参考《至正条格·校注本》卷一《断例·卫禁》卷中公文用语，首尔：韩国学中央研究院，2007年，第166—169页。

③ “大牙帐”参看张德辉：《岭北行纪》，第348、350页。

位大王六。”①而哈剌维所记之窝阔台即位大会上，“[察合台]走到窝阔台身前，窝阔台安排他和全部更加受敬重的[人]一起，[坐在]在右手边的诸王那里”(*pīr pīsh pādishāh Ūkatāy āmad*，*Ūkatāy ū rā bā ʿazaz harchā tamām-tar ba-navākht va bar dast-i rāst shāhzādgān ba-nishān-and*.)②，均为其例。与之相对，代表管理被统治定居民事务的官员(文中之“诸宰辅、财政大臣”)居于“大牙帐”之左手(即东方)。“御帐”在中、面南且“独居前列”③，诸王、诸大臣分属左右行帐则均以大汗所居斡耳朵为中心，不允许有丝毫僭越④。

我更认为所谓“大牙帐”、“大斡耳朵”正对应辽代营卫制度中之“横帐”⑤。而以元代的实际情况推测之，则无论“大斡耳朵”还是“横帐”，均指在所有驻牧地的营帐群中，大汗所居的那座。而《辽史》中更有：“契丹北枢密院。掌兵机、武铨、群牧之政，凡契丹军马皆属焉……以其牙帐居大内帐殿之北，故名北院”；“契丹南枢密院。掌文铨、部族、丁赋之政，凡契丹人民皆属焉……以其牙帐居大内之南，故名南院。”⑥虽然契丹人尚左、蒙古人尚右，但在整个国家体制中，将管理部族和定居民事务的机构按照南、北两面分离开，则体现出了一种相似的设计取向⑦。

---

① 高丽·李承修：《动安居士集》卷四《宾王录》所载朝会赐座位序。收入杜宏刚、邱瑞中、崔昌源编：《韩国文集中的蒙元史料》，桂林：广西师范大学出版社，2004年，第103页。

② *Tārīkh-nāma-yi Harāt*, p.98.

③ 彭大雅：《黑鞑史略》，王国维笺注：《蒙古史料四种》，第473页。

④ 《元史》卷二〇五《奸臣传》载韩家纳条列权臣哈麻罪行时，所举之“其大者，则设账房于御幄之后，无君臣之分”。第4582页。

⑤ “横”据元人释义，有“特”义。横帐诸说，均参考刘浦江：《辽朝横帐考：兼论契丹部族制度》，《松漠之间：辽金契丹女真史研究》，第53—72页。

⑥ 《辽史》卷四五《百官制》，北京：中华书局，2011年，第686页。

⑦ 当然《辽史》卷四五《百官制》(第712页)，提到“横帐”制度时，又有“辽俗东向而尚左，御帐东向，遥辇九帐南向，皇族三父帐北向”之说，似与上引南北分列的制度相悖。但我认为制度的设计既受到政治、文化传统的影响，但也不乏因地、因事而变化的地方。这里可以举出完者都的登基仪式来比较，其朝仪次序为：“泰朮·丁(Ṭaj al-Dīn?)列于首位(*bar sar nihad*)；宗王们(*shāhzādgān*)列坐于左侧(*bar jānib-i chap nishast*)；众后妃(*khātūnān*)坐于右侧(*bar jānib-i rāst*)。而大那颜们(*Nūyīnān*)则鹄立于御座之前(*dar pīsh takht īstāda*)。”Vaṣṣāf /Ājatī, *Taḥrīr-i tārīkh-i Vaṣṣāf*, p.275. 而郑元靓：《事林广记》所录《皇元朝仪之图》中展示的朝仪秩序为：御座居中，两侧都列有品官和怯薛。均反映出草原旧制在经历了各自的地方化过程之后，已经和最初的设计有所不同，辽代应该也不例外。

在此种集会过程中，作为大汗旁支亲属的蒙古宗王在享用种种赏赐同时，也共享因大汗召集而赶赴漠北腹心之地的东、西方知识人带来的文化资源。事实上，窝阔台家族颇留心于对来自不同文化背景的知识人的罗致。如汉地高僧海云印简曾被“（合罕皇帝）赐以‘称心自在行’之诏”①；雪庭福裕则于戊申年（1248），由“定宗诏住和林兴国（禅寺），未期月，宪宗召诣帐殿”②；太一教道士张善渊于“丙午（1246）夏四月，侍中和（萧辅道，号中和真人）赴太后幄殿”③；而善于“占候、推演”之术的岳熙载、岳寿父子则分别“用其所学，进见太宗皇帝”、“事阔端太子行司天台”④。而据传在窝阔台生前被指定为继承人的合失（Qashi）也曾经征召汉地士人，辅佐其参与政事⑤。是故耶律楚材曾吹嘘在窝阔台治下，“词臣游馆阁，幽隐起林泉”⑥，也未必尽属虚誉。而拖雷诸子如蒙哥、忽必烈等人作为资望较浅的蒙古宗王，其人本身的号召力实甚有限，起初皆依附于大汗家族方始与诸文士、名流相结交⑦。但是随着汗位转入拖雷家族，此点始为奉其为正统的汉地、波斯史家所讳言。又因依附拖雷家族，尤其是忽必

---

① 王万庆：《大蒙古国燕京大庆寿寺西堂海云大禅师碑》：“岁在辛卯（1231），合罕皇帝闻师之名，特遣使臣阿先脱兀怜赐以‘称心自在行’之诏。”《〈法源寺贞石录〉元碑补录》，北京文物研究所编：《北京文物与考古》，北京：民族出版社，2004 年，第六辑，第 249—259 页。

② 程钜夫：《大元赠大司空开府仪同三司追封晋国公少林开山光宗正法大禅师裕公之碑》。

③ 王恽：《故真靖大师卫辉路道教提点张公墓碣铭》，《道家金石略》，第 851 页。案，定宗贵由于当年七月即位，故此处所云“太后”指脱列哥那。

④ 郑元佑：《侨吴集》卷十二《元故昭文馆大学士荣禄大夫知秘书监领太史院司天台事追赠推诚赞治功臣银青荣禄大夫大司徒上柱国追封申国公谥文懿汤阴岳铉字周臣第二行状》，台北：“中央图书馆”，“元代珍本文集汇刊”影印嘉庆钞本，1970 年，第 517—519 页。

⑤ 王鹗：《玄门掌教大宗师真常真人道行碑铭》即言：“己丑（1229 年，太宗元年）秋七月，见上于乾楼辇，时方诏通经之士教太子，公进《诗》、《书》、《道德》、《孝经》，且具陈大义，上嘉之。”《道家金石略》，第 578 页。参考王晓欣：《合失身份及相关问题再考》，《元史论丛》，北京：中国广播电视出版社，2005 年，第十辑，第 61—70 页。

⑥ 耶律楚材：《湛然居士文集》卷一《和冀先生韵》，第 18 页。据王国维所作《年谱》，此诗作于 1233—1236 年间。

⑦ 如上引诸人中，海云直到“壬寅（1242）”，“护必烈大王请师至行帐，问佛法之理果何如？”而萧辅道则据《元史·释老传》虽称彼人乃因“世祖在潜邸闻其名，命史天泽召至和林，赐对称旨，留居宫邸”，但据佚名：《国朝重修太一广福万寿宫之碑》可知：其时为“丙午岁（1246）”，故仍应以脱列哥那为主使。《道家金石略》，第 845 页。

烈位下的知识人在元代愈加得势之故，才造成了唆鲁禾帖尼、忽必烈母子善于结交文士的片面印象。

因汉地、波斯史料往往详于本国，对正当蒙古帝国腹心的草原本部记载疏略。故于哈剌和林境内领有草原分地的蒙古宗王数目虽多，却除了忽必烈分地依赖张德辉《行纪》得窥一二外，其余诸人所在皆为或明或晦之间。今钩稽东、西方文献，略考如下：

1）忽必烈分地：据白石典之结合文献和实地勘测的结果，忽必烈分地在哈剌和林城以西。其冬季营地为忽兰赤斤山东北山麓中；夏季营地为"唐古河"，白石典之认为就是现在的"Chuluut"河。分地面积约为 4 000 km^2，相当于大汗领有分地面积的四分之一①。由于草原自然环境的限制，适宜于大规模驻牧的地点具有很强的延续性。正如韩儒林、陈得芝两位先生研究所指出的，蒙古时期诸王的分地大多继承自成吉思汗兴起前草原诸部旧有的四季营地②。因此，忽必烈所选择冬—夏营地当非无名之地，丘处机西行时曾经过一处"乃蛮国窝里朵"，其地位于和林西，故忽必烈名下分地或与早先乃蛮部的驻营地有关。而当宪宗元年（1251）忽必烈南移至"蒙古斯坦的哈剌温・只敦（Qara'un Jidun）地方"以后③，此块分地转入何人之手则未见记载，不过按照惯例，应该是由出于同一家族的成员所继承。

2）阿里不哥、旭烈兀分地，皆在和林西部。据拉施都丁说："他的夏营地在阿勒台，冬营地在兀良哈和乞儿吉思，两者之间约三日程。"（*yāylāq-i*

① 白石典之：《モンゴル帝国史の考古学的研究》，第 310—311 页，其中忽必烈潜邸分地面积据张德辉：《岭北行纪》所载资料推算得出。

② 韩儒林：《元代的吉利吉思及其邻近诸部》，第 350 页；陈得芝：《元岭北行省建制考（上）》，第 124—125 页。

③ 《史集》第二卷，第 289 页。案，拉施都丁既已明言"哈剌温・只敦"位于蒙古斯坦，则参本文第二节考证可以确定就是指蒙古高原东部，也就是大兴安岭南端。邵循正先生则强调忽必烈在"哈剌温・只敦"地方有一系列驻营地，不必拘泥金莲川一地。这是非常中肯的意见，而后来的学者转求之于哈剌和林以西，则是缺乏史料依据的。其实王恽：《太一五祖演化贞常真人行状》中已有"壬子岁（1252），圣主居潜邸，驻跸岭上，以安车召中和真人于卫"之语，"岭上"应即"哈剌温・只敦"山麓某处之营地，《道家金石略》，第 849 页。邵循正：《剌失德丁集史忽必烈汗纪译释》，《清华学报》第 14 卷 1 期，北京，1947 年，第 81 页；李治安：《元世祖忽必烈草原领地考》，第 79 页。

ū dar Altāy būd va qīshlāq-i ū dar ūrūnga［*ūtika?*］*va qirqīz va qadr-i masāfat-i miyān-i har dū sih rūza-yi rāh bāshad*）①由此看来其分地面积应该和忽必烈潜邸分地相差无几②。旭烈兀分地在其西征后由阿里不哥诸子占据，则也应该在同一地域。波斯谱系史料更提及阿里不哥之孙、药木忽儿（Yūmūqūr）之子忽剌出（Hulājū）和按檀不花（Altan-Būqā）"兄弟二人［住］在蒙古斯坦一侧地面上"（*īn har dū barādar zamān dar jānab-i Mughūlstān bāshad.*）；药木忽儿的另一个儿子完者都（Ūljātū）"也居于蒙古斯坦"（*dar Mughūlstān ast.*）③。

3）蒙哥家族的分地，均分布于自杭海直至阿勒台山地区。如蒙哥子玉龙答失分地在"阿勒台山附近一条名叫札不罕（Jabqan，原文误作：木儿罕）的河畔"④。而其另一子昔里吉之子秃蛮·帖木儿（Tūmān Tīmūr）在元成宗铁穆尔即位后，"此时正效命于合罕，他的禹儿惕在哈剌和林"（*īn zamān dar bandagī-yi Qā'ān mī bāshad va yūrt-i vay dar Qarāqūrūm ast*）⑤。

4）忽必烈之孙阿难答"在边界和哈剌和林之间拥有禹儿惕"（*Ananda ... ka bar sarḥud-i thuqr sūbiya va Qarāqūrum Yūrt dasht.*）⑥。《完者都史》

---

① Rashīd al-Dīn/Rawshān, *Jāmi' al-tavārīkh*, vol. 2, p. 939；*Jāmi' al-tavārīkh*, MS., London, f. 607b. 伦敦本无划线部分，"ūrūnga"作"ūtika?"，汉译本译作"帖客"，《史集》第二卷，第 365 页。我则倾向于韩儒林先生的方案，作"兀良哈，ūriyānkqat"，即森林兀良哈部。韩儒林：《元代的吉利吉思及其邻近诸部》，第 350 页。

② 忽必烈分地冬—夏营地间距离为：自忽兰赤斤至夏营地为 120—160 km；至冬营地为 30 km，相去约在 150—190 km 之间。而现代牧民一日移动距离不超过 40 km，而《史集》所言则指驿站间直行所需时日，当略快于是，则两地间距也不过 3 日至 5 日路程，白石典之：《モンゴル帝国史の考古学的研究》，第 306 页。

③ *Shu'ab-i Panjgāna*, MS, Topkapı Sarayı，无页码。此处的"蒙古斯坦"应该是指蒙古高原西侧，靠近杭海的地方，参观下文提到的玉龙答失分地所在。

④ 《史集》第二卷，第 305 页。

⑤ *Shu'ab-i Panjgāna*, Ms., Topkapı Sarayı，无页码。此处注释文字在《贵显世系》中略有不同，作"［他］在大汗跟前，他的禹儿惕在哈剌和林"（*paš Qā'ān mī būd, wa yūrt-iš dar Qarāqūrum būd.*）。*Му' изз ал-ансаб*, trans. p. 67, text. p. 51a.

⑥ *Tārīkh-i Ūljāytū*, p. 33. 刘迎胜教授曾引用此句，不过对"sūbīya"一词词义尚存质疑。《察合台汗国史研究》上海：上海古籍出版社，2006 年，第 320 页，注 1。而德福（Doerfer）已指出波斯文献中的"sībe（或 sūbīya）"一词，均借自古典蒙古语"墙，边界（sibä, sibä'ä）"。德福并搜检出波斯语例句多条，唯漏去《完者都史》中此则。Gerhard Doerfer, *Turkische und Mongolische Elemente im Neupersischen*, Wiesbaden: Franz Steiner Verlag, 1963, vol. 1, p. 349.

又言：阿难答的禹儿惕距离畏吾儿地十日程，与大汗辖地相连①。由于阿难答在大德二年(1298)以后，即为元朝驻守称海防线的最有实力的宗王之一，因此此处分地当在按台山(阿尔泰山)以东，朝哈剌和林方向的某处草原上。

5) 在该地区的其余宗王还有：贵由之子忽察在获得蒙哥赦免后，被赐予了哈剌和林境内，薛灵哥河附近的一处禹儿惕②。又据瓦萨甫书，成吉思汗庶子阔列坚(Kuligān)之子兀鲁忽带·斡兀立(Uruqudāy-ughūl)也参加了阿里不哥在阿勒台山夏营地召集的汗位选立大会。则他所继承的阔列坚分地应该离和林不远③。以及新近刊布的《黑水城文书》中记载察合台系出朮伯之子必立杰·帖木儿(Bilig Temür)在“岭北地面”也拥有投下人户④。

综上所述，我们可知：由于蒙古统治者实行的是将统治地域在黄金家族(即成吉思汗直系子孙)内部不断细分的政策。故不出数代，就会将国土分配的越来越零碎，而各支宗王之间又为了争取更多利益，而不断组合成大大小小的联盟⑤。即使如父子、兄弟之亲，也往往会加入对立的集体中去。而哈剌和林周边被这样的一群蒙古宗王势力所包围，所以那种试图依靠某种地缘优势在汗位竞争中获得优势的做法，在实践上是无法实现的。

四、小结：草原分封的基本原则

蒙古帝国的中心，从东部草原转移向更靠近西面的哈剌和林这一历史过程，其实也是“中央兀鲁思”(qol-un ulus)形成的过程。虽然在拉施都

---

① *Tārīkh-i Ūljāytū*, pp. 37 – 38.

② 《世界征服者史》下册，第651页；《史集》第二卷，第256页。

③ Vaṣṣāf/Hammer-Purgestall, *Geschichte* (*'Abdallāh Ibn. Fadl-Allāh*) *Vaṣṣāfs*, text. p. 21.

④ 《俄罗斯藏黑水城文书》收录之《必立杰—帖木儿令旨》。转引自陈高华：《黑城元代站赤登记簿初探》，载《陈高华文集》，上海：上海辞书出版社，2005年，第96页。

⑤ 例如木因在描述朮赤后裔斡立答(Orda)建立的白帐汗国的分封制度时说：“将近七百个人，可以从自己的宗族中分得岁赐，[并为]他们中的每个人都准备了分地和猎圈。”(*va qarīb haft-ṣad nafar ūrūgh-i khūd rā az an'ām-i'ām bahramand mī dāsht va qūbī va sūba ba har yik az īshān rā murattab va muhayyā gardānīda būda.*) Mu'īn al-Dīn Natanzī, *Muntakhab al-tavārīkh-i Mu'īnī*, ed. by Jean Aubin, Tehrān: Kitab furust-yi Haiyām, 1957, p. 88. 这可以看作是蒙古制度原型的衍生。

丁看来，除了诸王兀鲁思以外的，处在大汗直接支配下的游牧人口及其区域就是“大兀鲁思”（*ūlūs-i buzurg*），后者被认为是“中央兀鲁思”一词的波斯语对应词。但我们也不能忽略：至少在最初阶段，“中央兀鲁思”中作为继任大汗所能够直接支配的，代表全体“黄金家族公产”的那部分人口和土地，与从上一任大汗处被作为“梯己份子”（*emčü qubi*）而由其幼子所继承的部分之间，仍存在着微妙的区别①。

这种区别造成了成吉思汗死后，窝阔台和拖雷在汗位传承之际的紧张与冲突。并导致了蒙古帝国政治中心的西移。而在汗位转入拖雷系后，随着蒙古草原东、西两部再度归入同一个统治者手中，哈剌和林也最终取代三河之源成为帝国的首都。和政治中心分离以及再度复合的过程相一致的是，原来的拖雷家族分地和“中央兀鲁思”之间也不再有所区别，它们几乎被看作是同一个概念②。

其次，正如蒙古帝国版图的扩张，实则是通过不同支系的宗王在不同方向上的征服活动，被不断吸纳并累积、拼合的结果③。蒙古的对外征服行动，往往是由某一个居主导地位的家族为主，另附以相当一批居从属地位的宗王、千户集团④。因此，与蒙古人军事结构相关联，在对草原领地的

---

① 在此我想举出的是：正如“丙申分封”时，和诸王所获得的汉地封户相对，还有指归于大汗名下的“大数目里户计”这一概念，后者包括金中都路和河南地区。但是它应该是指大汗所能支配的“黄金家族公产”，因为那些数目畸零的功臣的封户，同样也归入“大数目里户计”中。而窝阔台及其家族本身还在山西北部拥有分地，这似乎才是属大汗本人所有“梯己份子”。以及前文所论及的关于伊利汗阿八哈死后，其所属“御前千户”及诸怯薛皆作为遗产传给其子阿鲁浑，而未落入旁系宗王的新汗阿合马之手，且随后参与了阿鲁浑夺取汗位的斗争。

② 姚大力：《蒙元时代西域文献中的“因朱”问题》，氏著：《蒙元制度与政治文化》，第204—219页。

③ 如《元朝秘史》续集卷二，第255节，第268页上。总译“教您各守封国”，旁译作：“营盘（nuntuγ，即突厥之yurt）教宽，邦（qari）教镇分咱。”第266页。“qari“据小泽重男解释为“其他部落，异族”，氏著：《元朝秘史全釈続考》，东京都：风间书房，1989年，第325页，注10。此句所言反映出蒙古早期的所谓“封国”概念，就是由成吉思汗诸子分头率军扩张各自的营盘，镇压异族部众，完全是军事行动的衍生物。

④ Jackson曾把蒙古帝国分封过程中，因为基于其特殊的“探马”（tama，即从各宗王、各千户中抽取协力军队）制度，所导致的兀鲁思内部的“紧张性”（tension）概括为“领有兀鲁思[分地]的宗王”（*ulus medekün kö'üt*）和不具有此特权的宗王之间的对立。Peter Jackson，“The Disslotion of the Mongol Empire”，pp. 192 - 193.

支配方式上，也通常表现为主要分地中包含着一系列零碎的、依附性的诸王、诸千户领地。这也使得具有相当独立性的各蒙古宗王、千户，在受到外部形势诱导时会发生分化与重组，进而结成新的联盟。虽然在忽必烈朝大规模地向汉制转型的过程中，哈剌和林及整个蒙古高原均被置于岭北行中书省的管辖之下。但传统的游牧社会的部族政治的纽带并未完全被打断，而只是深埋于汉式行政体制之下。一旦中央控制力有所下降，这股潜流又将再次表现出来，干扰局势的发展。

最后，哈剌和林作为蒙古帝国政治中心地位的确立，同样也反映了这样一种趋势：虽然从6世纪以来雄踞欧亚的突厥帝国已经消失，但通过稍后的回鹘、乃蛮等大小草原政权，其所留下的政治制度与观念业已成为了漠北游牧政治文化中最重要的遗产。当成吉思汗所率蒙古诸部从偏在一隅的弱小势力一跃而跨入更大政治舞台，蜕变为统治蒙古高原全境的游牧帝国，它也就同时开始了对前者继承与模仿的过程。此种继承是全方位的，它不仅仅表现在借用了突厥人的政治文化观念——如"长生天"观念、"合罕"称号等①；系统性地模仿了前者的制度——蒙古帝国的政治术语大多源自突厥语——甚至也包括恢复并继承了突厥人传统的政治中心。这使得蒙古人能很快获得其原本不具备的，统治、管理复杂游牧帝国的技术和经验，大大提升了其对内统合，对外扩张的速度。蒙古人从草原边缘兴起，并最终移入中心地区的发展轨迹，或多或少地印证了"游牧社会的历史是循环而非线性的"的观点②。但我们又必须注意到，即使在将首都迁入哈剌和林后，蒙古人的"圣山"依然是位于东部的不儿罕山，而并非突厥文化中的于都斤山。借由此点，我们又能够分辨出蒙古帝国建立所经由的不同路径，以及仍为其继任者所保持的独立的文化特质。

---

① 姚大力：《"成吉思汗"还是"成吉思合罕"？兼论〈蒙古秘史〉的成书年代问题》，第202—219页。

② Anatoli M. Khazanov, *Nomads and Outside World*, Madison: The University of Wisconsin Press, 1994, p. 238.

第三章　草原分封制度的延伸及调整

——以大蒙古国政治背景下的山西地区为中心

一、导　言

大蒙古国时期的诸王分封，是蒙元史研究的一个基本课题。由于受到早期史料过于零散的局限，对此时期蒙古左、右手诸王分地的分布情况、分地管理组织的构成等问题迄今仍未全然明了。

但是通过前辈学者的不懈努力，我们已经能对此问题得出一个比较概观的印象①。那就是，作为成吉思汗的直系子孙（尤其是其正妻所出四子），每人不仅能拥有一块固定的、用以驻牧的草原领地；此外，在大多数

① 与此相关的研究有李治安的《元代分封制度研究（增订本）》（北京：中华书局，2007 年）一书，这是迄今对元代分封之历史过程和基本形态较为全面的研究。而与此相关之前人研究还有：箭内亘：《元代の东蒙古》，载同氏：《蒙古史研究》，东京：刀江书院，1930，第 585—661 页，专文讨论了成吉思汗诸弟集团的分封形态。又，村上正二：《モンゴル朝治下の封邑制の起源：とくにSoyurghalとQubiとEmcüとの关连について》，收入同氏：《モンゴル帝国史研究》，东京：风间书房，1993 年，第 173—206 页。杉山正明：《モンゴル帝国の原像：チンギス・カンの一族分封をめぐって》，收入氏著：《モンゴル帝国と大元ウルス》，京都：京都大学学术出版会，2004 年，第 28—60 页。松田孝一：《元朝期の分封制：安西王の事例を中心として》，《史学雑志》88，东京，1979 年，第 37—74 页；松田孝一：《モンゴルの汉地统治制度：分地分民制度を中心として》，《待兼山论丛・史学篇》11，大阪，1987 年，第 33—35 页；周良霄：《元代“投下”分封制度初探》，《元史论丛》，北京：中华书局，1983 年，第二辑，第 53—76 页；洪金富：《从“投下”分封制度看元朝政权的性质》，《中研院史语所集刊》58：4，台北，1987 年，第 843—907 页，Thomas T. Allsen，“Sharing the Empire：Apportioned Lands under the Mongols”，*Nomads in the Sendentary World*，edited by Anatly M. Khazanov & André Wink，（London：Curzon，2001），pp. 172 - 190 等。

情况下，如果某位王子亲自攻克一地，他就有权要求把此地作为自己的封邑①。而随着蒙古对外征服行动的延伸，他们的分地也随着新征服地区的扩大而不断累加。例如波斯史家瓦萨甫就曾经记述道：成吉思汗在攻破河中地区后，随即命令随同出征的四位王子分别“向欣都斯坦（Ḥindūstān）、沙不儿干（Shabūrghān）、塔里寒（Ṭālīqān）、阿里·阿巴德（ʻAlī-Ābād）等地派驻（代表其利益的）异密”②。同样，在攻占玉龙杰赤（Ürgenč）战役结束后，负责攻城的三位王子（朮赤、察合台、窝阔台）“三个城子每百姓共分着”③。而《史集》作者一再暗示：除了真定（Čaγan balγasun）外，拖雷名下还有不止一处分地——“而拖雷所夺得的，被遗留在汉地、钦察草原等等地区的子孙名下的那些地区的阿合儿·秃马儿（*aghār tamār*）收入，也是完全确定的。”④此种因参与作战而获取的分地，

---

① 海老泽哲雄曾部分地谈及此问题，认为：“某王家参加该地的征服战争，是参与属地统治的前提。”参氏著：《モンゴル帝国の东方三王家に关する诸问题》，《埼玉大学纪要·人文社会科学》，埼玉，1972：21；李治安汉译，《关于蒙古帝国东方三王家诸问题》，载《蒙古学资料与情报》2，呼和浩特，1987 年，第 17 页。

② 其中，“（代表）拖雷家的千户长为亦难（Īnān［Anbān］）那颜；朮赤家为也里只歹（Īlkchīdāy）那颜；察合台家为庞鲁思（Pīrūz）那颜；窝阔台家为篾力·不花（Malik Būqā）那颜”。Vaṣṣāf，*Taḥrīr-i tārīkh-i Vaṣṣāf*，p.3. 又 *Tārīkh-i Vaṣṣāf*，p.12.

③ 《元朝秘史》，上海：上海古籍出版社，2008 年，影元钞本，续集第一卷，第 273 页；现代汉语译注本见余大钧：《蒙古秘史》，石家庄：河北人民出版社，2001 年，第 260 节，第 447 页。

④ 《史集》第二卷，第 198—199 页。关于“阿合儿—秃马儿”一词，在某些场合它是汉语“五户丝”之对应词。相关讨论可参看洪金富：《从“投下”分封制度看元朝政权的性质》，第 859 页，注 75。不过对“阿合儿—秃马儿”一词的词源，诸家说纷纭不一。笔者的意见是：此词当为突厥语借词“Per. Aghār Tamār <Turk. Aqar Tamar”。据蒙古时代编撰之阿拉伯—钦察（Arabic-Kipchak）双语辞书可知：“Aqar”，意为“河流，rivière”。但亦可用作形容词“流动的（引申为，大量的），flowing，strömendes”；而“Tamar”一词的意思为“Arab. al-ʿirq”（脉；［丝、棉］纤维，filet，fibre）。参考：Ananiasz Zajaczkowki，*Vocabulaire Arabe-Kiptchak: de L'époque de L'État Mamlouk*，*Bulġat al-Muštāq fī Luġat at-Turk wa-l-Qifjāq*，Warszawa：Panstwowe Wydawnictwo Naukowe，1958，pp.7，49. 根据 Mamluk 时代编著的六语词汇编《国王字典》（*Rasūlid Hexaglot*）中收录有词条：“Turk. Aqar；Mong. Urusġ-tu”，而蒙古语 Urusġ-tu 当写作：* Urušiġul-tu < orošiqul-（定居，驻，to cause or allow to be in，to place in a fixed or permanent position），而“orošin”则是它的形容词态。edit. by Peter Golden，*The King's Dictionary: the Rasūlid Hexaglot: Fourteen Century Vocabuaries in Arabic*，*Persian*，*Turkic*，*Greek*，*Armenian and Mongol*，Leiden，Boston，Köln：Brill，2000，p.260，16 行，note.1. 由此可知，“Aqar”在此应该是蒙古语“orošin”（常川，to be in，be located）的对应词。其用例可参看《元朝秘史·续集》卷二，第 279 节，“并牧、挤的人，其人马以时常（转下页）

往往散布在彼此间相去遥远的广袤土地上①。由此我们可以理解，为何鲁不鲁克（*Rubruck*）在到达高加索地区的铁门（Darband）地区时曾观察到："那里有一座阿兰人（Alan）的寨子，属于蒙哥合罕（*Möngke Qan*）。"这是因为"他曾征服该国的那部分[地方]"②。

在此背景下，多数蒙古诸王的分地分布情况应该是：由一整块主要的草原领地和互不连接的零散地块所共同组成。其中，草原领地在当时的蒙古诸王看来，是"祖宗根本之地"，在解释其"合法性"和与其位下所属部民发生联系方面有着非比寻常的重要意义。但随着蒙古的征服越来越深入定居世界，并开始试图通过分封来管理其控制下的定居民社会时，史料

（接上页）川交替"（斡[舌]罗申—脱列[惕]—[中]合[舌]儿[中]合周—兀那[中]忽臣—孛[勒]秃孩），第303页；额尔登泰、乌云达赉、阿萨图拉著：《〈蒙古秘史〉词汇选释》，呼和浩特：内蒙古人民出版社，1980年，第117页。同时"orošin(-tu)"也有"世袭"义。如《华夷译语》卷2《诰文》，"斡[舌]罗申"，旁译："世袭"；见栗林均编：《〈华夷译语〉(甲种本)モンゴル语：全单语・语尾索引》，仙台：东北大学东北研究センタ，2003年，第79页上，2-15a；Ferdinade D. Lessing, *Mongolian-English Dictionary*, Bloomington, Indiana: Indiana University Press. 1995, p. 624。关于"Tamar"当来自中古突厥语"Tavar"。据克劳森的意见，"Tavar"本义为"家畜"（livestock）。由于畜群对古代突厥人而言，是最为普通的家庭财富组成部分，所以此词也被用来表示"财富"（property），进而引申出"货物"、"商品"之义。而在中古时期，中亚社会所流通的最大宗商品为丝绸，故此词在更晚的时候也被用来指称"丝绸商品"（silk goods），这个义项一直保留在某些东南部突厥语方言中。Sir G. erard Clauson, *An Etymological Dictionary of Pre-Thirteenth-Century Turkish*, (Oxford: Oxford University Press, 1972), p. 442. 同时克劳森又称，"Tavar"在乌古思方言中读作"Tawar"，所以明代火源洁等编：《高昌馆杂字・衣服门》，收有"段(缎)子"一词，译语为"塔凹儿(tawar)"，即为此例。《北京图书馆古籍珍本丛刊》，北京：书目文献出版社，1987年，影印清初同文堂抄本，第六册，第446页上。综上所述，"阿合儿—秃马儿"一词的意思或许是"常川(世袭)的丝料[贡赋]"，它应该译自汉语；而经由此点，我们约略可窥见突厥语文化对蒙古帝国早期政治文化影响之深广。

① Peter Jackson, "From *Ulus* to Khanate: The Making of the Mongol States c. 1220 - c. 1290", *The Mongol Empire and Its Legacy*, edited by Reuven. Amitai-Preiss & David. O. Morgan, Leiden: Brill, 1999, p. 27. 他强调说，一位蒙古王子的兀鲁思领地，往往是分布在一片广阔的地域上，而并非以某一地区为基础的。

② Friar William of Rubruck, *The Mission of Friar William of Rubruck: His Journey of the Court of Great Khan Möngke 1253 - 1255*, trans. Peter Jackson, London: Hakluyt Society, 1990, p. 260. 译者将Darband直译作Iron Gate。《鲁布鲁克东行纪》，北京：中华书局，2002年，柔克义英译，何高济汉译，"11月17日"纪事，第317页。

的阙少使其面貌变得相当模糊①。《元史·食货志》中只列举了一部分宗王、后妃的分封情况，如朮赤分地在平阳，察合台分地在太原，拖雷分地在真定等。似乎大蒙古国时期的分封也像经过元初调整后的情况那样，刻意使某一行政区划内只有少数一二位宗王的势力，但这明显和上述"协同作战"、"利益均沾"的原则存在冲突。

有理由相信，最初的分封情况远较我们掌握的要复杂：原有的行政区划连同居住其中的民众被零碎地划分开，作为份子（*Qubi*）或赏赐（*Soyurqal*）分配给有功的宗室、功臣。但围绕汗位的争夺一再上演，诸王分地的变动也与诸兀鲁思势力消长相互交织进退。特别是蒙哥汗上台前后残酷的政治清洗，彻底将原有诸王分地格局进行了调整，妨碍我们辨清早期的分封面貌。而《食货志·岁赐》所保留下来数据，只是对一系列权利交替结果的静态记录。

基于此，作者拟在整个大蒙古国的政治背景下，考察山西地区分封情况的变动。为何选择山西地区？是因为当成吉思汗发动伐金战争时，右手诸王皆先后参与对该地区的征服，并在此地拥有分地②，因此在考察蒙古征服之初的分封形态时具有典型性。其次，则是山西地区早在金代已是文化重镇，古迹、碑刻众多，为我们进行细部考察提供了丰富数据。由于大蒙古国实为一体，某一地区的政治、人事变动并非孤立的事件，而往往与整个帝国疆域内的政治动向有着广泛关联，故不得不同时兼顾东、西方史料的记载。作者并试图通过这一考察展示：对于所谓"分封"制度本身，是在蒙古征服过程中自我调适的产物，在中亚、波斯地区，我们看到分

---

① 例如符拉基米尔佐夫（Б. Я. Владимирцов）说，"对定居社会，他们（蒙古诸王）只是通过大汗委派的达鲁合臣（daruγačin）来管理"。刘荣焌汉译：《蒙古社会制度史》，北京：中国社会科学出版社，1980年，第182页。即认为在草原本部和在定居社会实行了两套不同分封、管理模式，这是受到忽必烈朝以后的分封形态影响而作出的结论。在早期，封主和分地内的家臣关系显然要更为密切。

② 王国维：《圣武亲征录校注》载："（辛未，1211）大太子朮赤、二太子察合台、三太子窝阔台破云内、东胜、武、宣、宁、丰、靖等州。"《王国维遗书》，上海：上海古籍出版社，1993年，第十三册，第62页。《元史》卷一《太祖本纪》，北京：中华书局，1973年，第15页。而拖雷及其子蒙哥则参与了稍后庚寅（1230）年窝阔台灭金的战役。《元史》卷二《太宗本纪》，第30页。卷一一五《睿宗传》，第2885页，称其"辛卯（1231）春，破洛阳、河中诸城"。

封较多地延续了分配人口、征收贡赋等草原传统；而在汉地，蒙古统治者虽最终接受依照原有行政区划来划定分地的做法；但亦无法避免地受到蒙古旧制和汗室内部权力斗争的干扰。

二、窝阔台合罕时期的分封情势

1. 窝阔台时期的汉地、河中、东部波斯地区

公元1229年秋，众蒙古宗室、贵族于怯鲁连河（Kerülen Mören）畔曲雕阿兰（Ködege Aral）召开忽勒邻台大会，奉成吉思汗第三子窝阔台为大罕，是为太宗。虽然稍后的蒙古史家尽力把窝阔台描写为一位宽仁、慷慨的统治者①，但事实是，窝阔台上台后的首要之务就是扩大本支实力以压制其兄弟觊觎汗位之心②。太宗三年（1233），窝阔台命己子贵由和诸王按只带伐［**东夏国**］（*vilāyāt-i Qūrīqāy*），随后“他们进行了劫掠，征服了它”③。并派遣名为“唐古（惕）·拔都儿”的异密（*amīr* ***Tankqūt bahādūr*** *nām*）率领探马军镇守该地④。也许窝阔台此举属擅自变更此前拖雷与诸

---

① Juvaynī/Qazvīnī, *Tārīkh-i jahāngūshā'ī*, vol.1, pp.158－194；《世界征服者史》上册，第224—253页；《史集》第二卷，第84页。

② 这一点可以由察合台、朮赤在成吉思汗面前的争位风波可以看出，窝阔台的即位一定程度上是各支势力相互妥协的结果。见《元朝秘史》续集第一卷，第264—268页。

③ Rashīd al-Dīn, *Джāми' ат-Тавāрӣх*, Том Ⅱ, Часть1, edited by Ali-Zade, Moscowa: Наука, 1980, pp.55－56.原文作“vilāyāt-i Qūnqān”，其义殆不可考。今检莫斯科集校本校记3.所录异文中有“vilāyāt-i Qūrīqān”一则。今案，《元史·太宗本纪》有：“［太宗］五年（1233），议诸王伐［蒲鲜］万奴，遂命皇子贵由及诸王按赤带将左翼军讨之。”诸王按赤带即《史集》中之“成吉思汗诸侄（*barādar zāra-yi Chīnggīz khān*）……亦勒只带（*Īljīdāy*）”，两书所纪实为同一事。故此处之“Qūrīqān”当为《金史》所载上京路所属之“胡里改”（Qūrīqāy），词尾n或为ī之讹。此时上京路为蒲鲜万奴所立“东夏国”所辖，而检《元史》卷二《定宗本纪》，第38页，有：“太宗尝命诸王按只带伐金，帝以皇子从，虏其亲王而归。”此处“金”即指“东夏国”，而“亲王”则为蒲鲜万奴本人。《元史》卷五九《地理志》载：“金末，其将蒲鲜万奴据辽东。元初癸巳岁（1233），出师伐之，生禽万奴，师至开元、率宾，东土悉平。”可参证。盖蒲鲜万奴初为金大将，蒙古人不能细察而混为一谈。汉译本译为“浑汗”，不妥，今改译为“东夏国”，以黑体标示。《史集》第二卷，第32页。

④ 案，《史集》中所谓的“唐古（惕）—拔都儿”，又见于《元史》卷一五四《洪福源传》，第3628页：“乙未（1235），帝命唐古拔都儿与福源进讨。”汉文史料中又称其为：“大将唐兀台。”见《元史》卷一五〇《王珣传》：“己丑，进讨万奴，擒之……赵祁以兴州叛，（王荣祖）从诸王按只台平之。祁党犹剽掠景、蓟间，复从大将唐兀台讨之。”或称作“唐古官人”，见［朝鲜］李奎报：《东文选》（国学刊行会本）卷六一所录《答唐古官人书》，引自（转下页）

宗王商议的利益分配方案，因此引起不小争议。而随后的事态发展也显示出，大汗家族直接掌控了大蒙古国对高丽的攻伐、外交事务①。《史集》载："凡对此事不满并有非议者，合罕即位后，都[用上述札撒]迫使缄默了。"而其次子阔端则于 1235 年，赴凉州就其河西封土，形成自己的兀鲁思②。窝阔台通过种种手段，确保其本支在利益分配中能占有较多的份额，故难免遭到宗亲非议。大汗最先要削弱的，无疑是拥有守灶幼子（*odčigin*）身份，并长期以监国身份代行庶政的拖雷了。拉施都丁说，窝阔台曾有意令其子贵由收继拖雷遗孀唆鲁禾帖尼，因后者反对作罢。按蒙古旧制，诸王死后，其分地、属民皆由其长妻代为管理，故窝阔台是举亦即欲借收继之名并吞拖雷名下的兀鲁思部众。稍后，"[窝阔台]未与宗亲商量，擅自把属于拖雷汗及其儿子们的全部军队之中的逊都思（Suldus）两千户给了自己的儿子阔端"③。此时唆鲁禾帖尼显示出过人的政治智慧，反

（接上页）李澍田主编：《东夏史料》，长春：吉林文史出版社，1990 年，第 157 页。见文廷式辑：《经世大典・元高丽纪事》："戊戌（1238）……谕唐古就活里察时磨里地取洪福源族属十二人付之。"收入罗振玉编：《罗氏雪堂藏书遗珍》，北京：全国图书馆文件缩微复制中心，2001 年，第七册，第 564 页。又，《史集》原文"异密"、"唐古惕"之间误植介词 az（出自），汉译本并误，今据《莫斯科集校本・校记三》删去。又，引用文字之底线，均为笔者所加，以下同。

① Peter. Jackson 认为此次征伐是在成吉思汗甫离世时（*vafāt-i Chīnggīz khān*），便由"留驻成吉思汗大帐的宗王、异密议定了"（*shahzārgān va amīr ka dar urdū'ī-yi Chīnggīz khān mānda būdand kingāj karda*），Rashīd al-Dīn/Ali-zade, *Джāми' ат-Тавāрӥх*, Том Ⅱ, Часть1, p. 55。质言之，即由拖雷主导发起的。但据汉文史料记载，实际的征服行动起于太宗三年至五年（1233—1235），而此时蒙古帝国的汗位早已转入窝阔台手中。波斯文史料也证明了这点，参看志费尼书："他（窝阔台）再派大小不等的军队出征土蕃、肃良合（Sulangāy）。"*Tārīkh-i jahāngūshā'ī*, vol. 1, p. 150；《世界征服者史》，汉译本，上册，第 203 页。故如 Jackson 所言，此事反映了"对窝阔台大汗权利的挑战"的观点似不能成立，大汗及其家族主导了此次征伐并独享其成果。Jackson 文见"The Dissolution of the Mongol Empire", *Central Asia Journal*, vol. 22, (1978), p. 197, n. 43. 而窝阔台家族从此次人事变动中获得的利益是显著的：太宗、定宗两朝蒙古对高丽的军事、外交行动，完全是由窝阔台家族及其代表所主导的。此种情况直至蒙哥汗上台后才有所改变，高丽方面的文献显示，宪宗三年（1253）"皇弟松柱"和属于东道诸王系统的"也窟"（术赤—哈撒儿之子）协力发动了新的征服行动，窝阔台家族则无缘染指其事。参考池内宏：《蒙古の高麗征伐》，氏著：《滿鮮史研究》，京都：吉川弘文馆，1963 年，中世第三册，第 3—49 页。

② 胡小鹏：《元代阔端系诸王研究》，氏著：《西北民族文献与历史研究》，兰州：甘肃人民出版社，2004 年，第 95—108 页。

③ 《史集》第二卷，第 205 页。

复劝导那些表示不满的将领要服从合罕的命令，最终平息了事端。汉文史料也同样留下了拖雷系势力受到合罕侵夺的记载，归降拖雷的女真将领奥屯世英尝“从皇考四大王大军”转战多年，深得其爱重。拖雷曾对妻子云：“大哥[奥屯世英]吾所爱，汝辈勿以降虏视之。”但太宗时窝阔台命其为河中府尹，欲趁机置之别部。公[奥屯世英]奏曰：“臣名在四大王府有年，今改属别部，何面目见唐妃子母乎?”上始怒，徐复喜曰：“尔言是也。”这段颇富戏剧性的对话，显示出窝阔台的步步进逼，以及忠于拖雷家族部属的苦心周旋。这也是拖雷遽殁于盛年后，其家族势力衰落而不得不隐忍求全的表现①。

太宗三年(1231)，窝阔台汗“以耶律楚材为中书令，粘合重山为左丞相，镇海为右丞相”，正式在蒙古汗庭模仿汉制设立中书省管理庶政，初步显示出中央集权制度的特征②。又在被征服的旧金领地中人口最为密集的平阳路设立行省，令原任大汗近侍(当为必阇赤之类)的胡天禄“行相府河东”，开府并招徕儒士③。胡氏的职能和当时大蒙古国统治下派往各征服地区的必阇赤一样，负责及时、准确地将从定居民那里收取的财赋转运至大汗处，充当赏赐或军需之用④。但平阳地区旧为术赤的势力范围，故此举亦有大汗通过其代理人直接管理地方的用意⑤。在河中地区，大汗也不断地将自己的代理人渗透入原属术赤的势力范围中。如《也里史志》(*Tārīkh-nāma-yi Harāt*)载，最初指派宴只吉歹(Īlkjīdāy)那颜为呼罗珊、

① 李庭：《寓庵集》卷七《大元故宣差万户奥屯公神道碑》，台北：新文丰出版社，1985 年，“元人文集珍本丛刊”第一册，第 44 页上—46 页上。

② 《元史》卷二《太宗本纪》，第一册，第 31 页。

③ 同恕：《中书左右司郎中李公新阡表》，《榘庵集》卷五，引自《全元文》，南京：江苏古籍出版社，2000)，第十九册，第 441 页。关于胡氏开府平阳的活动，参考赵琦：《金元之际的儒士与汉文化》，北京：人民出版社，2004 年，第 88—92 页；瞿大风：《元代山西地区的行省行中书省与中书分省》，《蒙古学信息》，2004 年第 4 期第 1 册，第 6—10 页。

④ 即志费尼书中所谓的“监临官和书记被遣往征服的地区”。《世界征服者史》上册，第 121 页。原文使用的是“kataba”相当于蒙古语之“bičigči”。Juvaynī/Qazvīnī，*Tārīkh-i jahāngūshā'ī*，vol. 1，p. 157.

⑤ 虽然根据《元史》卷二《太宗本纪》，第 35 页载，蒙古诸王获得汉地分地始于太宗三年(丙申 1236)的分封。但所谓丙申分封只是对前此诸王权利的调整与再确认，而实际的控制应紧随征服行动之后。参考《史集》第二卷《察合台传》，第 172—173 页；《拖雷汗传》，第 198 页都记载了攻克城池后，随即就确定了该地的归属。

突厥斯坦、沙不儿干直至阿富汗斯坦地区的军民总管，并任命诸宰执和书记辅助其管理①，而参考《瓦萨甫史》，宴只吉歹正是朮赤位下千户长。但是在窝阔台在位时，当地的长官篾力·马基德（Malik Majd）就不得不同时应付代表朮赤和合罕方面的必阇赤所提出种种差发要求，尽管在1240年代以前朮赤的势力仍占据上风②。

由于察合台曾坚决阻止朮赤染指大汗之位，从而使窝阔台得以成功即位，因此在太宗一定宗在位期间，察合台家族也被赋予更多特权。在汉地，"自丙申岁（1236）分河东为皇兄二大王分地，官吏随地所属"，而原据太原的世侯郝和尚拔都转隶察合台位下，并于"壬寅岁（1242）朝王兄于西域感匣（* Kamγap）之帐殿"③。又据志费尼书等记载可知，察合台原封地起自"畏吾儿地之边，迄于阿母河之边，也包括河中地区"，此一地区也被称为"突厥斯坦地（*balād-i Turkistān*）"④。而《史集》载，窝阔台在位期间曾默许察合台将牙剌瓦赤管辖下的一部分原属大汗的[河中]地区变为自己的媵哲（*īnjū*）封地⑤，无疑也是此种利益交换的结果。甚至在本不属于察合台，远离河中西部的也里地区（Harāt，今阿富汗赫拉特），在大汗的授意下，当时在察合台诸子之中实力最强的也速蒙哥（*Yesü Möngke*）也派出其位下必阇赤赡思丁（*Shams al-Dīn*）监临当地世侯征取赋税⑥。由此，察合台系的实力得到大大增强。

当时的态势是：窝阔台在蒙古草原本部和呼罗珊、南部波斯等多个方

---

① Sayf ibn Muḥammad Sayfī Haravī, *Tārīkh-nāma-yi Harāt*, Calcutta: Baptist Mission Press, 1944, pp. 76 - 77. 案，此宴只吉歹并非贵由汗时代被派往波斯，并与教皇通信之人。

② Haravī, *Tārīkh-nāma-yi Harāt*, pp. 116 - 117.《也里史志》中曾记载 Majd al-Dīn 位大汗使臣于拔都使臣之下，p. 128。

③ 朱昱：《成化重修三原县志》收录王磐：《故五路万户河东北路行省特赠安民靖难功臣太保仪同三司追封冀国公谥忠定郝公神道碑铭》，上海图书馆藏抄本，第四分册。脱文部分据朱昱原纂，林洪博补修：《嘉靖重修三原县志》卷四《词翰》补足，《四库存目丛书》，济南：齐鲁书社，1997年，史部·地理类，第180册，第477页上—479页上。

④《世界征服者史》上册《成吉思汗的诸子》，第45页。刘迎胜：《察合台汗国史研究》，上海：上海古籍出版社，2006年，第65页。"突厥斯坦地"的称谓见诸伊利汗后期史家舍班合列伊（Muḥammad ibn ʻalī Shabānkāra'ī）所著 *Majma' al-ansāb*, p. 246.

⑤《史集》第二卷，第187页。

⑥ Haravī, *Tārīkh-nāma-yi Harāt*, p. 164.

向获得了远超过其兄弟的权利；并纵容察合台在河中地区（从畏吾儿地之边到撒马儿干、不花剌）进行扩张，以协力压制术赤兀鲁思在河中及波斯迤西地区的影响力。

2. 窝阔台家族的山西分地

那么这段时间中，山西地区的形势又是如何呢？据《元史·食货志·岁赐》所载，成吉思汗正妻孛儿台·兀真所出四子（术赤、察合台、窝阔台、拖雷）中，仅知有术赤分地平阳、察合台分地太原在该地区，而此种特权在大蒙古国时期和元代一直被其后王所继承。这不禁令人怀疑：既然此四子皆参预了对本地区的征服行动，那么按照大蒙古国前期兀鲁思分封所遵循的"利益均沾"原则，理应各自获得一块独立的分地，是否《食货志》所载尚有所阙漏呢？虽然我们可以认为：拖雷的山西分地较他家为小，致使修纂《食货志》时失载①。但我们却同样不知窝阔台本人的汉地分地，这更与情理相违，事实果真如此么？

前辈学者的研究已经为我们稍启端倪，松田孝一在研究窝阔台之子阔出（*Köčü*）后裔小薛（*Söse*）封地之后，提出小薛在山西潞州的游牧地继承自其父，也就是在丙申（1236）前后阔出已经在山西地区获得分地。而他在另一篇论文中又指出：拖雷之子旭烈兀也在山西解州任命有自己的总管达鲁花赤为其经理民赋②。我们是否能将这两家的分地获封年代向前追溯呢？最近，村冈伦发表了关于"蒙古时代的右翼兀鲁思和山西地

---

① 案，虽则《史集》作者称，拖雷也和其他三子一样，参与了成吉思汗时发动的南伐，并攻克了太原城。第二卷，第172—173页，第198页。以至于韩国学者李玠奭认为：拖雷家的"属城"太原是在1236年分封时，始改隶察合台家族的。李玠奭：《〈元史·郝和尚拔都传〉订误及几点质疑》，《南京大学学报（人文版）》2002年第4期，第115—119页。但我们根据《元史》、《圣武亲征录》等书所载，可知拖雷仅仅参加了太宗二年（1230）的南征。按照大蒙古国初期分封的"战功"原则，他不可能在山西地区获得超过其诸位兄长的份额。而拖雷所亲自征服的"洛阳、河中"，也恰恰是他日后得以行使特殊权力的地区。奥屯世英所守"河、解"二州，正隶属河中府，见《元史》卷五八《地理志》，第1380页；而洛阳所在之汴梁路（在河南），也被王恽看作是拖雷家族"先太上皇帝王业所基，战胜龙兴之地"，并要求"营建原庙，俾亲王岁奉严禋"，即行使诸王在分地中之权利。王恽：《乌台笔补·钧州建原庙事状》，《秋涧集》卷九二，引自《宪台通纪（外三种）》，王晓欣点校，杭州：浙江古籍出版社，2002年，"元代史料丛刊"，第508页。

② 松田孝一：《关于小薛大王分地的来源》，《元史论丛》，南昌：江西教育出版社，2001年，第八辑，第133—136页。

方”的论文，认为窝阔台的分地应当在西京路（元代改称大同路），颇能令人耳目一新①。村冈伦的依据大致有以下几条：

1）《食货志·岁赐》章完全没有提及西京路民赋的分配，它似乎被排除在诸王、功臣的分封范围之外。故可推定为大汗直属。

2）类似于拖雷家和真定史氏的密切关系，当1221年刘伯林卒后，其子刘黑马成为了窝阔台家最强有力的同盟者。

3）阔出在开始对南宋的征伐前，是在西京进行了军马的休整；此事与其兄阔端在远征陕西之前驻牧于自己的西凉府分地相类似。

4）《元史·地理志》所载西京路元初人口为40 000余户，和平阳、太原二处相近，又恰好是窝阔台弟兄三人人均所辖4个千户的十倍。

5）都哇战败后，窝阔台系70余万降人被安置于西京路，也是这种旧有封属关系的表现。

除村冈伦论文所举诸点外，检索元代史籍，还有多处记载暗示出窝阔台家族和西京地区的特殊关系。如《太宗本纪》云，“太宗三年（1231），夏五月，避暑于九十九泉”②；“秋八月，幸云中。始立中书省，改侍从官名”③；此事在《名臣事略》中有更为具体的描写：“辛卯秋八月，上至云中，诸路所贡课额银币，及仓廪物斛文簿，具陈于前，悉符元奏之数。”④看来，窝阔台临幸云中并非偶然路经，而是在此完成一系列任官、核账等政治活动。《元史》又载：“太宗四年（1232），夏四月，出居庸，避暑官山。”由此也就可知为何世侯夹谷明安答而“受知太宗皇帝，入觐于西京”⑤。这是因为，窝阔台时常驻跸此地区。

---

① 村冈伦：《モンゴル时代の右翼ウルスと山西地方》，松田孝一编：《碑刻等史料の総合的分析によるモンゴル帝国·元朝の政治·経済システムの基盤的研究》，大阪：大阪国际大学经营情报学部松田研究室，2002年，第151—170页。

② 案，“九十九泉”在今内蒙古卓资北灰腾梁。元属官山，“官山”，据《金史·地理志》载，在宣宁（今内蒙古自治区集宁市）北，金属大同府，元代入丰州。西京路正当窝阔台征金时的南下孔道上，故应在其分地范围中。参余大钧：《蒙古秘史》，第272节，第474页，注1。

③ 《元史》卷二《太宗本纪》，第31页。

④ 苏天爵：《元朝名臣事略》卷一《中书耶律文正王》，第7页。

⑤ 黄溍：《上都新军千户夹谷公墓志铭》，王颋点校：《黄溍全集》，天津：天津古籍出版社，2008年，下册，第514页。

克烈部人速哥是窝阔台时期的“山西大达鲁花赤”，此人又尝娶“后戚”为妻，可算是窝阔台家族的元勋世臣。《元史·速哥传》载：“岁乙未(1235年，太宗七年)……帝从容谓速哥曰：‘我将官汝，西域、中原，惟汝择之。’速哥再拜曰：‘幸甚！臣意中原为便。’帝曰：‘西山之境，八达以北，汝其主之。汝于城中构大楼，居其上，使人皆仰望汝，汝俯而谕之，顾不伟乎！’乃以为山西大达鲁花赤。”①案，大蒙古国时代的“达鲁花赤”一职要较元代更为显赫。通常，它和波斯文献中出现的“舍黑捏”(*shaḥna*)一样，往往是由某位宗王指定镇守某地并代表其利益的地方最高军政长官②。窝阔台之所以命速哥监临山西，正是因为在这里其家族拥有特殊利益。

我们也可从太宗时代经济活动来考察这一点。《大元马政记》保存有一道太宗圣旨：

> 太宗皇帝四年壬辰(1232.AC)六月二十四日，圣旨谕西京脱端勾索等(疑为“脱端等勾索”之倒)：“即目见阙饮马槽，除东胜、云内、丰州外，依验本路见管户计一千六百二十七户，每户办槽一具。长五尺，阔一尺四寸，蒙古中样。各处备车牛，限七月十日以内赴斡鲁朵送纳，不得违滞。如违，按答奚罪，准此。”③

案，此道圣旨当属大汗指派其位下官吏向其领地内孛兰奚人口索取贡物。而其时尚在太宗大规模分封宗亲(即1236年之“丙申分封”)之前。索取之物为饮牛马的槽具，则此事似乎并非是国家统一征收科敛之举，而更像是诸王对所领属民众的“不时需索”④。这可证明，在太宗四

① 《元史》卷一二四《速哥传》，第3052页。

② 如《也里史志》中也记载有窝阔台派驻也里的“舍黑捏”：畏吾儿人哈剌鲁黑(Kharlugh)，他是和必阇赤速古(Suku)一道，由窝阔台指定监临此地的，*Tārīkh-nāma-yi Harāt*, p.116.

③ 《经世大典辑本二卷·大元马政记》，第716页。

④ 试比较《史集》第一卷，第二分册，第363页所载：“成吉思汗从这个千户(御前千户*hazāra-yi khāṣṣ*)中取得车马、粮食、绳索等物。(凡应缴给)成吉思汗的东西，他就毫不偏袒地向其索取。”

年，西京路除东胜、云内、丰州三州外的贡赋当为窝阔台合罕的兀鲁思所有。

而东胜、云内、丰州三州是否也属于合罕的兀鲁思？《经世大典辑本》又载：

> 太宗四年壬辰六月，敕谕丰州、云内、东胜二[应为“三”]州达鲁花赤官员人等，今差毡匠诣彼居止，岁织韩[斡]耳朵大毡四片①。

此条性质与上则同，织造“斡耳朵大毡”也是诸王位下部民的义务之一。当时的此三州达鲁花赤应为赛典赤・赡思丁。史载“太宗即位，授[赛典赤・赡思丁]丰、净、云内三州都达鲁花赤”②。而另一则史料显示出，早在成吉思汗时代被任命为“西京工匠总管”的程玉之子程君瑞，曾“以孤童子入侍，隶昔剌谋太子（案：即失烈门 *Shiremün*，定宗子）帐下”③。案，大蒙古国时代，诸王位下私属部民，也称“怯怜口”（*ger-ïn k'e'ü*），是必须世代为某一宗王服役而严禁改投他处的，故程氏父子当隶窝阔台家族，而“西京”亦应属窝阔台家分地。至于“西京”与东胜、云内、丰州三州分置达鲁花赤，当是因为此三州处在“供需漠北”的粮道上，在政治、军事上意义重大，较早从西京路中分出之故罢④。

而结纳自己分地之内的“有力者”、宗教名流，更是蒙古宗王热衷之事。例如，在北方道教有着极大影响的全真道教领袖常常奉旨于云中（大同）为大汗、王子代行祈福之事。丙申岁（1232），时任掌教的尹志平“奉旨试经云中，度千人为道侣”⑤。而华北禅宗领袖海云法师则在 1231 年因知

① 《经世大典辑本二卷・工典・毡罽》，第 393 页。

② 《元史》卷一二五《赛典赤・赡思丁本传》，第 3063 页。

③ 王恽：《秋涧集》卷五六《平阳程氏先茔碑铭》，上海：上海书店，1989 年，《四部丛刊》影印明弘治间翻元本，第 6 页下。

④ 参考延祐中刊刻的《丰州甸城碑》，京都大学人文科学研究所藏元代碑拓（编号：GEN0121X），网址：http://kanji.zinbun.kyoto-u.ac.jp/db-machine/imgsrv/takuhon/.

⑤ 王恽：《秋涧集》卷五六《宗师尹公道行碑铭》，第 10 页下。

名于合罕皇帝,“[帝]特遣使臣阿先脱兀怜赐以‘称心自在行’之诏”①,由此屡为太宗一家所召幸。《佛祖历代通载》载:

> 乙巳(1244)奉六皇后旨,于五台为国祈福。丙午(1246)奉六皇后诏,师起,至中途值风疾作。回奏,得旨还燕。丁未,贵由皇帝即位,颁诏命师统僧,赐白金万两。师于昊天寺建大会为国祈福。太子合赖察请师入和林,延居太平兴国禅寺②。

此处所言之合赖察(Qarāčār),乃窝阔台第四子③。而1250年定宗后斡立·海迷失摄政二年,海云偕明公和尚再一次应召赴西京。元释祥迈所撰《西京大华严寺佛日圆照明公和尚碑铭》中谓:

> 庚戌(1250)中,西京忽兰大官人、府尹总管刘公、华严本主法师英公具疏敬请海云老师住持本府大华严寺。海云邀师[明公]偕行,至云中,海云抑师住持,代摄寺任④。

文中同时召其起行的西京忽兰大官人,为速哥子,也是窝阔台系的家臣⑤。而刘总管,即刘黑马,刘伯林子。元史称“岁己丑,太宗即位,始立三万户,以黑马为首,重喜、史天泽次之,授金虎符,充管把平阳、宣德等路管军万户,仍佥太傅府事,总管汉军。……辛丑,改授都总管万户,统西京、

---

① 王万庆:《大蒙古国燕京大庆寿寺西堂海云大禅师碑》,录文载觉真:《〈法源寺贞石录〉元碑补录》,《北京文物与考古》,北京:北京文物研究所编,2004年,第六辑,第249—259页。

② 释念常:《佛祖历代通载》卷二一,北京:书目文献出版社,1987年,“北京图书馆藏古籍珍本丛刊”,第77册,第420页上。

③ Rashīd al-Dīn: *Джāми' am-Tавāрйх*, Том Ⅱ, Часть1, p. 17.《史集》第二卷,第12页。

④ 释祥迈撰。此碑刊于至元十年,见京都大学人文科学研究所藏元代碑拓(编号:GEN015X);又清·胡聘之:《山右石刻丛编》卷二五,引自《辽金元石刻文献全编》,北京:北京图书馆出版社,2003年,第一册,第280页上—283页下。

⑤ 参《山右石刻丛编》第十册,第3052页,胡聘之考证。又《元史·速哥传》。案,速哥,为太宗时“山西大达鲁花赤”,“[子]忽兰之母以后戚故,得袭职”。

河东、陕西诸军万户，夹谷忙古歹、田雄等并听节制”①。也是窝阔台所提拔之人。

上述数点皆可说明窝阔台家族在西京拥有自己的分地。而和大蒙古国西部形势相似的是，在东部（华北）地区，拖雷家族的势力也遭到了排挤，镇守河、解二州的奥屯世英虽然是拖雷家臣，但河中府的赋税却收归大汗所有。王祎《大元敕赐重修盐池神庙碑》中有：“太宗英文皇帝，百度肇新。丞相耶律楚材，以经费为重，乃荐臣姚行简为解盐使……为之商度区划。”②等语，可知此时的盐税收入尚处于中书省的直接掌控之下。这也反映出窝阔台家族的影响力正逐步从山西北部向南延伸至山西、陕西交界处。

三、贵由至蒙哥：蒙古帝国东西疆域的再分配

1. 贵由时期对蒙古帝国东西疆域的再分配

贵由汗的登基，是皇后脱列哥那一手扶植的。由于此举违反合罕遗命，因此遭到东、西道诸王的反对，久未能决。拉施都丁说“约有三年，汗位处在脱列哥那哈敦的支配和保护之下”③。依靠脱列哥那本人的外交手腕，在1246年于答兰答八思(Dalan Dabas)召开的忽勒邻台大会上，蒙古宗亲才最终一致推举贵由登上合罕之位④。但是关于拖雷家族在此过程中所发挥作用，除志费尼外，其余诸家史书皆故作轻重，语焉不详。《世界征服者史》载：

（当时）脱列哥那哈敦属意贵由，别吉及其诸子在这点上与她意

① 《元史》卷一四九《刘伯林传》，第3517页。赵珙：《蒙鞑备录》：“伯林昨已封王，近退闲于家。其子见为西京留守。”见王国维校注：《蒙古史料四种》，台北：正中书局，1975年，第6a—6b页。

② 《山右石刻丛编》卷三二，《辽金元石刻文献全编》，第一册，第449页上—451页上。

③ 《史集》第二卷，第213页。

④ 《元史》卷三《定宗本纪》；《世界征服者史》(上)第36章《贵由汗登上汗位》，第200—203页；《史集》第二卷《贵由汗纪》，第215—217页。

合，大多数异密在此事上跟他们一致。

这句中“别吉及其诸子”，波伊勒译注本未作解释。但波斯文本的校勘者可疾维尼在校勘记中已经正确指出，别吉就是蒙哥之母唆鲁禾帖尼①。联系同时代西方传教士记录的《鞑靼人史》中所谓“贵由汗以一票优势当选”，可知当日诸王之间斗争之激烈②。而拖雷家族对窝阔台家族的支持态度在贵由汗登基问题上应该是起到了关键作用。值得注意的是，拉施都丁所著《史集》之“窝阔台”、“贵由”两朝纪事虽然大段摘抄《世界征服者史》中相关段落，但将此句改成：

> 关于汗位，宗王合异密们议论道……“最好还是拥立合罕的长子贵由汗吧”，[贵由汗]战功卓著，脱列哥那哈敦又倾向于他这方面，大多数异密也也与她一致③。

《元史》的记载也仅及“太宗崩，皇后临朝，会诸王百官于答兰答八思之地，遂议立帝”。和《史集》一样，调停诸王的事被改写成完全出自脱列哥那一己之力，对拖雷家族的作用进行了掩盖，与事实不符。

作为酬谢，拖雷家族理应得到更多的权益。李庭《碑》叙奥屯世英于辛丑(1241)岁夏因事被诬，夺虎符，唆鲁禾帖尼(唐妃)遣蒙哥亲草懿旨救

---

① Juvaynī/Qazvīnī, *Tārīkh-i jahāngūshā'ī*, vol.1, p.306，校勘记6;《世界征服者史》第36章，第202页。又帖木儿时代史家米儿洪德(*Mīr Khvānd*)所著伊斯兰王朝通史 *Tārīkh-i rawżat al-ṣafā*《洁净园》，记载此事为:“拖雷汗之妻唆鲁禾帖尼在此事上与她(脱烈哥那)一致。”(*va sūr*[*qa*]*tūnī bīkī ka khātūn-i Tūley khān būd dar īn maṣlahat bā ū muvafigh*), Tehran: Intishārāt-i Markazī, 1959－1960, vol.5, p.182. 可据以校勘《世界征服者史》中此句脱文。关于脱列哥那改立贵由前后的紧张形势，参看蔡美彪:《脱列哥那后史事考辨》，《蒙古史研究》，呼和浩特: 内蒙古人民出版社，1989年，第3辑，第12—29页。

② C.de Bridia 原著，海老泽哲雄、宇野伸浩译注:《C. de Bridia による Hystoria Tartarorum 訳・注(2)》，《内陆アジア言语の研究》，1996年第11期，第77页。

③ 《史集》第二卷，第217页。尽管拉施都丁在别处又暗示唆鲁禾帖尼支持贵由的立场，如作者说，召开推举大汗的忽邻勒台时，“唆鲁禾帖尼别吉和她的儿子们最先到场”，第215页。

之得免,"仍授以万户之职"①。又,史载"元宪宗在潜,置河、解万户府,领河、解二州"②,这两段文章所指实为一事,是对拖雷家族权利的重新确认。又,时任宣差河中府随路军马都总管张札古带,也是少"事睿宗于潜邸,从破金有功,赐虎符,授河东南北路船桥随路兵马都总管万户"③,属于拖雷系统中人。他们在蒙哥上台之前,皆曾追随大汗旨意,隶刘黑马麾下四出征伐。同时,隶属平阳府解州的安邑县也成为蒙哥的私属。模刻于1252年的《安邑长春观札付碑》载"蒙哥皇帝宣谕……先于壬寅年(1242)献到葡萄园七十亩,充御用果木"云云④。因蒙古宗王常常和其分地内各类宗教寺观结成固定的施舍、奉纳关系,此碑也反映了解州和拖雷家族的私属关系。由河、解地区的镇守官多由拖雷系万户出任可知,在窝阔台在位最后一年直到脱列哥那摄政期间,河、解地区逐渐被把握在拖雷家族手中。而和每一任大汗合作,并派遣自己属下大量军队支持帝国的出征,也是拖雷家族得以不断累积封邑,壮大本支的生存之道⑤。

并非如后世史家所描述的,贵由仅仅是个优柔寡断、沉湎酒色之徒⑥。

---

① 李庭:《寓庵集》卷七。《碑》文叙辛丑年(1241)奥屯世英因事被诬,夺虎符,唆鲁禾帖尼(唐妃)救之得免一事后云"仍授以万户之职",是可证明其在此前已出任河、解万户职。

② 《元史》卷五八《地理志》,第1380页。

③ 胡聘之:《山右石刻丛编》卷二四《谢坚请钦公疏》、《河中请坚公疏》,第256页下—258页上;《元史》卷一六五《张万家奴传》。又参考赵文坦:《〈元史·刘黑马传〉"七万户"蠡测》,《历史研究》,2000年第6期,第29—30页。

④ 《山右石刻丛编》卷二四录文,第264页上—265页上,作《葡萄园宣谕》。蔡美彪:《元代白话碑集录》,北京:科学出版社,1955年,第17页。祖生利:《元代白话碑文研究》下篇,第36页对此碑作了重新的校勘与注释,中国社会科学院博士论文,2000年(未刊稿)。

⑤ 参考Allsen观点,见Herbert Franke(傅海波)等编,史卫民等译:《剑桥辽西夏金元史》,北京:中国社会科学出版社,1998年,第455页。诸王派遣部下军马从征,并不等于改变原有的隶属关系。参Peter Jackson,"The Disslotion of the Mongol Empire",pp.191–193. 以及杨志玖:《探马赤军问题三探》,《元史三论》,北京:人民出版社,1985年,第50页。而并非如瞿大风所认为的,此即证明窝阔台已将奥屯世英、札古带两人"改属别部"。见瞿大风:《元时期的山西地区》,沈阳:辽宁民族出版社,2005年,第59页。

⑥ 这种印象相当程度上是因为现存最为丰富的汉文、波斯文蒙古史料多成于倾向拖雷家族的史家之手,而在独立性较强的亚美尼亚史料及西方使臣报告里,对贵由汗有着较为正面的描写。参考韩国学者金浩东(Hodong Kim),"A Reappraisal of Güyüg Khan", *Mongols, Turks, and Others: Eurasian Nomads and the Sedentary World*, edited by Reuven Amitai & Michal Biran, Boston, Brill. 2005, pp.307–338.

贵由和其他蒙古大汗一样，致力于开疆拓土；而在加强大汗权力方面他也继承了其父的做法。早在正式即位前，他就曾积极组织发起过针对四川地区的战事。郝和尚神道碑铭载其于甲辰岁（1243，即乃马真后称制二年）“朝定宗皇帝于宿免都之行宫，受命发五路未起之兵，复征西蜀”。贵由汗“解佩刀赐公曰：‘部曲有悍戾不用命者，以此刀从事。’”郝氏受命后，“所向克捷，诸城皆定”，遂于丁未岁（1247）再次赴宿免都朝觐定宗①。而在东北亚，因窝阔台之死陷入停顿的征服高丽的战争也重新启动②。又因为大汗本人与拔都结有宿仇，其强化中央集权的首要意图就是削弱术赤系的力量。在河中，属于拔都系统的大必阇赤成帖木儿、阔里古思先后被杀，反映出对术赤势力有计划地清洗③。

在此背景下，贵由提名也速蒙哥为察合台兀鲁思的家长，就是其为进一步与拔都对抗预布的棋子。虽然也速蒙哥直到贵由登基后才获得正式的家长名分，但他早已是察合台诸子中最具实力者，向也里派遣必阇赤的决定就是由他“召集全体察合台［系］宗王位下诸侯、官吏（*jumlat al-malik wa nā'ib-i kul shāhrzāda-yi Chaghatāy būd*）”协商决定的④。先是1245年，也里原来的世侯马基德·丁（*Majd al-Dīn*）以及其侄詹思丁·马合木（*Shams al-Dīn Muḥammad*）皆因倾向拔都而被杀⑤。稍后，也速蒙哥委任于也里之达鲁花赤哈剌那颜（*Qarā Nūyān*）及忽鲁合秃（*Hulqatū*）暗地里遣使报告新继任的世侯苫思丁·迦儿忒（*Shams al-Dīn Kart*）对察合台系宗王提出的差发要求甚为怠慢。后者随即派出断事官（*Yarghū*），要求苫思丁赴其在［突厥斯坦］的帐殿接受审讯，后因人援救

---

① 《成化重修三原县志》，《故五路万户河东北路行省特赠安民靖难功臣太保仪同三司追封冀国公谥忠定郝公神道碑铭》，第478页上。

② 《经世大典辑本二卷·政典·征伐》：“定宗皇帝二年丁未（1244），命将阿母侃与洪福源一同征讨，攻拔威州平虏城。”《罗氏雪堂藏书遗珍》第七册，第568页。

③ 《世界征服者史》下册，第二部，第28章，第548—560页。

④ *Tārīkh-nāma-yi Harāt*, pp. 136 - 139. 和贵由汗一样，也速蒙哥同样也被奉拖雷系为正统的波斯史家描绘成“一个酒鬼”，《史集》第二卷，第170页。这也要求我们在分析早期蒙古诸王时，必须综合参考不同来源的史料，以免为其倾向性所误导。

⑤ *Tārīkh-nāma-yi Harāt*, pp. 132 - 134, pp. 136 - 139. 并参考 P. Jackson, “The Disslotion of the Mongol Empire”中相关论述，p. 213.

得免[1]。

与此同时，由于大汗的支持，也速蒙哥也在和拔都争夺汉地分地利益的斗争中略占上风。当时在山西，平阳、太原分属此两家，"辽山和顺故隶平阳，与太原接壤，守臣主彼者，率其徒劫二县民籍之。民从违相半，遂自为敌，日千百斗击"[2]，为争夺属民，察合台系与朮赤系常发生冲突。但是，"定宗即位，平阳道断事官斜彻横恣不法，诏惟中宣慰，惟中按诛之"[3]。案，据丁酉年(1237)《拔都大王霍州令旨》所记诸蒙古官员名录可知，斜彻(一作薛阇)曾为"宣差平阳都达鲁花赤"一职，可以确定他是朮赤家族派驻当地的代理人[4]。而杨惟中则早"以孤童子事太宗，知读书，有胆略，太宗器之。年二十，奉命使西域三十余国……帝于是有大用意"。他既出身太宗近侍，故可知其人与窝阔台家族有着密切的联系。因此结合当时蒙古帝国西部的形势，我们基本可认为，诛杀朮赤家族在平阳道的官员，同样出自贵由汗授意。乃其与拔都斗争白热化的体现。这客观上有利于察合台势力的扩大，使之成为山西地区占主导地位的宗王。故戊申岁(1248)秋郝和尚拔都奉诏还治太原，甫下车即"上请于王府，下燕京行台，罢远输税粮，蠲减本路盐课"。己酉年(1249)也速蒙哥更是擅自变动区划，"特命升万户府为河东北路行省，所有军民人匠税课、盐铁山、河泊、金银、丹粉、窑冶皆隶本路，得以便宜从事"[5]，将河东北路行省行政、财赋权利转移到自己手中。都是前述事件继续发展的结果。

2. 蒙哥即位后对蒙古帝国东西境分地的再分配

由于拔都的支持，蒙哥汗在贵由死后篡夺了蒙古大汗之位。随之而

---

① *Tārīkh-nāma-yi Harāt*, pp.163 - 164.

② 许有壬：《至正集》卷五五《故进义副尉元氏县主簿马君墓碣铭》，收入《元人文集珍本丛刊》，台北：新文丰出版社，1985年，景聊城邹道沂石印本，第七册，第259页b。

③ 郝经：《陵川集》卷三五《元中书令杨公神道碑》，《北京图书馆古籍珍本丛刊》，北京：书目文献出版社：1987年，影印明正德二年李瀚刻本，第91册，第801页下—803页上。又据《元史》卷一四六《杨惟中传》，第3467页。

④ 崔允昭：《直隶霍州志》卷二五(上)，佚名：《元初经始公廨桥道记(附拔都令旨)》，上海图书馆藏道光六年刊本，第20页b—22页a。

⑤ 《成化重修三原县志》，《故五路万户河东北路行省特赠安民靖难功臣太保仪同三司追封冀国公谥忠定郝公神道碑铭》，第478页上。

来的则是对窝阔台、察合台家族及僚属的大规模清洗。蒙古帝国的政治格局发生了戏剧性的逆转。除年长的宗王、大异密被处死外，属于这两家的部民和军队大部分被大汗“夺走并分配掉”，而其依附在属民概念之下的分地，也由大汗重新进行指定①。与此同时，朮赤和拖雷家族连手瓜分大蒙古国既得领土的全部利益，并在这两家间进行均分。鲁布鲁克曾观察到，原本属于察合台系宗王不里（*Böri*）的条顿工匠，在其被处死后，从怛逻斯（Talas）被强迁至孛罗（Bolad），后者正是蒙哥本人的分地②；而在异密阿儿浑（*Arghūn*）所重新组建的阿母河等处行尚书省中，火者·匿只马丁（*Khvāja Niẓam al-Dīn*）以拔都代表的身份参预政事③。除了在整个帝国中，“蒙哥合罕”的至高权威得到普遍地遵从外，甚至可以认为，在其他方面两家的利益是对等的，一方在某个地区的特权必然是以承认另一方在别处拥有同样权利为前提的。为平衡拖雷家族独占在蒙古帝国腹地的巨大利益所作的交易使别儿哥在谷儿只、外高加索地区获得更多权力④，而作为承认朮赤家族在河中地区既得利益的交换，撒里那颜（*Sālī nūyān*）于1252年被派往欣都斯坦，取代了自太宗时代以来驻守当地的斡哥秃那颜（*Ūkutū* < *Ögütü*）⑤，出任全权统帅（*bar ān lashkar ḥākm-i muṭlaq*

① 《史集》第二卷，第13页。陈得芝：《元岭北行省建置考（中）》，《蒙元史研究丛稿》，第163—164页。

② 《鲁布鲁克东行纪》第二十三章，第247页。

③ 《元史》卷三《宪宗本纪》：“（元年辛亥）以阿儿浑充阿母河等处行尚书省事，法合鲁丁、匿只马丁佐之。”案，法合鲁丁（*Fakhr al-Dīn*）虽然最初为贵由任命之必阇赤，但正如志费尼在书中暗示的：“（蒙哥汗上台后），后者（阿儿浑）现在和火者法合鲁丁结成过去从未曾有过的友谊。”也就是说，他在权力易手之际便投靠了拖雷家族。《世界征服者史》（下册），第569、581页。而志费尼书在记载“阿母河等处行尚书省”官员构成时，仅仅包括了唆鲁禾帖尼、拖雷诸子以及朮赤家族的代表，完全未提及窝阔台、察合台两家。第572、577页。

④ T. Allsen, *Culture and Conquest in Mongol Eurasia*, New York: Cambridge University Press, 2001, pp. 53 - 54.

⑤ Rashīd al-Dīn Fazl Allāh Hamādānī, *Jāmi' al-tavārīkh: tārīkh-i Hind va Sind va Kishmīr*, ed. by Muhammad Rawshan, Tehran: Mīrās Maktūb, 2005, p. 74. 案，此人当为《史集·窝阔台合罕本纪》中之“忽合秃”（莫斯科集校本作 *Harqārū*，应取校勘记12中之 *Hūqātū* 条）。Rashīd al-Dīn, *Джāми' ат-Тавāрйх*, Том Ⅱ, Часть1, p. 120；汉译本《史集》第二卷，第60页。

gardānīda būd)①。

穆斯林文献记载道，在蒙哥在位后期，质浑河(Jīḥūn，即乌浒水，Oxus)以西地区的岁入被分作三份，其总数的五分之二归大合罕(al-Qā'ān al-kabīr)、五分之二归[波斯的]蒙古军、五分之一归拔都(Bātū)，后由别儿哥继承②。而不花剌城中所有人口被分作三份："五千户归拔都所有(*ba Bātū ta'alluq dāsht*)；三千户归旭烈兀之母[唆鲁]禾帖尼别乞所有；余下的则归大中军(*Ulugh Qūl*)——即合罕所有。"③而与此适成对照的是：在相当长的时间内，窝阔台、察合台家族被完全排斥出利益分配的序列，阿母河行尚书省机构中不包括他们的代表，甚至到1253年旭烈兀远征波斯西部时，仍没有代表窝阔台家的宗王参与④。

在汉地山西地区，随着察合台家族势力的式微，大量分地转移入朮赤和拖雷两家手中。在贵由汗时期受到抑制的朮赤系再次抬头，并得到了蒙哥汗的支持。如前引许有壬文又云朮赤家族属民马显上告朝廷察合台位下官员劫夺人口事，"会**灭薛**二辈行断事官，往诉其状，寻奏复之"⑤。并擢马显为和顺令，其"在官十年，治最一路"，至元己巳(1269)除榆次主簿，则此事当发生于宪宗年间。下文所谓"嗣王业速普化(也速不花 *Yesü Buqa*)"可确定为朮赤之孙⑥。"灭薛"或即"麦肖"，其人本为拖雷位下断事官⑦，

---

① *Taḥrīr-i tārīkh-i Vaṣṣāf*, p.3. *Tārīkh-i Vaṣṣāf*, p.12.

② Mufaḍḍal Ibn Abī al-Faza'il, *Kitāb al-nahj al-sadīd wa al-durr al-farīd fīmā ba'da tā'rīkh Ibn al-'Amīd*, ed. and tr. by E. Blochet, *Moufazzal Ibn Abil-Fazail: Histoire des Sultans Mamlouks, Texte Arabe Publié et Traduit en Francais*, Paris: 1911, p.444. 此则记载又为稍后的马木鲁克史家所摘引：Quṭb al-Dīn Mūsā b. Muḥamad al-Yūnīnī, *Dhayl mi'rat al-zamān fī ta'rīkh al-a'yān*, Hederabad: Dairatu'l Ma'arif-il-Osmania, 1954-61, vol.1, p.498; vol.2, p.162. 唯前书中之"拔都"改作"朮赤"，实指代"朮赤后裔"。

③ *Taḥrīr-i tārīkh-i Vaṣṣāf*, p.28; *Tārīkh-i Vaṣṣāf*, p.51.

④ 《世界征服者史》下册，第577、678页。

⑤ 许有壬：《故进义副尉元氏县主簿马君墓碣铭》，第259页b。

⑥ 案，察合台家族第二、三代无名为"也速不花"者。而朮赤之子别儿哥彻儿(Berkečar)和升豁儿(Sonqur)各有一子名也速不花。据《史集》第二卷，第131、135页。又参考MS. *Shu'ab-i panjgāna*, f.113b.

⑦ 王恽：《秋涧集》卷八十《中堂事纪上》，第4页。又《元史》卷五《世祖本纪》，(中统三年春三月)"诏以平章政事祃祃、廉希宪，参政商挺，断事官**麦肖**，行中书省于陕西、四川"，第83页。

故而作出有利于朮赤的判决。而在贵由汗在位期间，被也速蒙哥寄以方面重托的世侯郝和尚拔都死后，其子郝天泽未能克绍裘箕，其墓志称其“年逾三十，尚未出仕”①；而另一子郝天挺虽稍后在元世祖朝仕途亨通，但出仕年代亦甚晚②，似也与其领主察合台家族被削弱不无关系。

四、拖雷家族之山西分地考述

拖雷家族在山西地区原有的势力范围较小，最初主要是奥屯世英管辖下的河、解地区。但是在蒙哥汗在位期间，拖雷诸子嗣势力迅速填补了察合台家族消失后留下的真空地区。如拖雷女独木干公主在宪宗时“权倾朝野，威震一方”，于丁巳年(1257)，获封平阳五户丝“一千一百户”③。同时，她的影响力也远被及原属窝阔台的西京(大同)地区④，是为一例。而据现存史料可考知，拖雷家族山西地区的分地主要集中在南部。由于其地靠近河南，是蒙、宋双方反复拉锯争夺的战场，也是较晚才为蒙古人牢固控制地区，故而对此地的分封也较他处为晚。现按其区划考述如下：

1. 山西南部的拖雷家族分地

山西南部的河州、解州如前所述为拖雷家族分地。但在窝阔台时期，其赋税为大汗支配。而到蒙哥汗时期，则被转赐予其弟旭烈兀。旭烈兀并拥有对临近陕西(长安)案件的裁断权。程钜夫《大元河东郡公伯德公神道碑铭》载“初，河东陕右民赋之隶王者，以重哈喇总管之，附治解州。乃以公为副，因家焉。辛亥春，长安僧雠诬玄都道士谋置毒于酒，将不利王。有司连逮数百人，死榜掠者往往而是。公时使王所和林，力状其冤。

---

① 郭松年：《元少中大夫四川道宣慰副使佥都元帅府事郝公墓志铭》，李慧、曹发展：《咸阳碑刻》，西安：三秦出版社，2003年，第498页，图版074。据志文，郝天泽于至元壬申(1292)，始以门资从侍安西王。

② 《元史》卷一七四《郝天挺传》，第4065页：“以勋臣子，世祖召见，嘉其容止，有旨：‘宜任以政，俾执文字，备宿卫春宫。’”则其出仕之年代至少在中统年间。

③ 《元史》卷九五《食货志·岁赐》，第2427页。

④ 《西京大华严寺佛日圆照明公和尚碑铭并序》：“癸丑(1253)中，有独谟干翁主者，太祖之女也(当为睿宗拖雷之女)，权倾朝野，威震一方，仰师硕德，加‘佛日圆照’徽号焉。”

王悟，命释之"，即为一证①。而当旭烈兀西征后，此分地乃转入忽必烈手中。

此外，隶属拖雷的许慎部将领的分地也在解州，这是因为在大蒙古国时代，某一诸王和从属于他的家臣的分地彼此相邻的情况不乏先例。如阿里不哥的谋臣孛鲁欢的分地也在真定（束鹿）。而从属于术赤家族的八邻部首领豁儿赤的分地则与术赤分地呈犬牙交错之状②。忽睹虎的次女失邻・阿哈（*Shīrīn-āqā*）嫁给了许慎部的秃儿赤驸马（*Tūrjī-gūrkān*）③。后者是成吉思汗时代"四杰"之一博尔忽（*Boroqul*）的后裔。博尔忽，太祖时为第一千户。其子脱欢则侍奉宪宗四出征伐，"有拓地功"；孙失里门（*SHiremün*），从世祖忽必烈征六诏等城，可以说是拖雷家族世代倚重的"元勋世臣"（老奴婢 *ötögü boγol*）④，又兼之得尚公主，因此他们也获得"平阳路五户丝二百户"的分封⑤。堤一昭认为其地当属平阳路的闻喜县⑥。而这在孛术鲁翀的文集中可以得到印证。他记载了博尔忽后裔的一支塔察儿忽神留驻中原的事情，"祖考别里虎台继佩弓矢，事宪宗皇帝，袭长部伍。……考密里察而事世祖皇帝，继佩弓矢。中统元年，授大河以南统军。"⑦此碑又见于《闻喜县志》，作《昭毅大将军塔察儿忽神墓碑》，在

---

① 程钜夫：《雪楼集》卷一八，引自张文澍校点：《程钜夫集》，长春：吉林文史出版社，2009年，第214—215页。又见民国乃锐等辑：《解县志》卷六《名宦志・元・伯德那》。《中国方志丛书・华北地区》，台北：成文出版社，1966—1970年，第84册。关于旭烈兀分地，可参考松田孝一：《フラグ家の东方领》，《东洋史研究》，1980：39，第35—62页；汉语摘译见《蒙古学译文选・历史专辑》，呼和浩特：内蒙古社会科学院情报研究所，1984年，马翼译：《旭烈兀家族的东方领地》，第24—38页。

② 韩儒林：《元代的吉利吉思及其邻近诸部》，《穹庐集》，上海：上海人民出版社，1982年，第353页。

③ 《史集》第一卷，第一分册，第366页。《史集》没有交代失邻是谁的女儿，但参考 *Shuʿab-i panjgāna*：Shīrīn-āqā 失邻—阿哈是拖雷子忽睹虎之女，"她的丈夫是出自许兀慎（忽神）[qūshīn]部的秃儿赤（Turjī）驸马。"

④ 《元史》卷一一九《博尔忽传》，第2429、2953页。

⑤ 《元史》卷九三《食货志・岁赐》，第2435页，"塔察儿官人"条。

⑥ 堤一昭：《元代華北のモンゴル軍团長の家系》，《史林》75：3，1992年，第64页。

⑦ 孛术鲁翀：《菊潭集》卷二《大元故镇国上将军河南淮北蒙古军都万户府副都万户赠辅国上将军枢密副使护军追封云中郡公谥襄懋忽神公神道碑》，收入《元人文集珍本丛刊》，第六册，藕香零拾本，第484页下—485页下；《山右石刻丛编》卷三七，第549页上—550页下。

县东镇。镇中又有《龙王庙八撒儿遗爱碑》，元张希良撰，皆称塔察儿曾孙，名伯里阁不花。洞霞观即其旧宅而舍为观；白莲寺即其所创建景福院。不过堤一昭因闻喜县元代属于平阳路，而朮赤家族又是平阳路最大的封主，所以坚持认为博尔忽家族和朮赤家族有着相当密切的关系。这点不无可商榷之处。因当时分封往往割裂州县，呈犬牙交错之状，故同一地区内可能分布有多支蒙古宗王势力。

2. 忽必烈之泽州分地

蒙哥汗三年（1253 年，癸丑）忽必烈被授予京兆以及怀、孟地区作为其在汉地的分地。除上述二处外，他在山西的泽州地区似乎也有着自己的势力范围。尽管尚未发现直接记载其封授关系的史料，但由于蒙古诸王的分地具有继承性，因此我们可以用较晚的史料来推考早期的分封关系①。

泽州位于山西省南部，与河南省接壤，是攻略河南的“冲隘”之道。蒙古灭金，泽州也遭受了长期的战乱创伤。李俊民云：“金国自大安之变，元兵入中原，北风所向，无不摧灭者。贞佑甲戌（1214）二月初一日丙申，郡城失守，虐焰燎空，雉堞毁圮。室庐扫地，市井成墟。千里萧条，阒其无人。后二十年大兵渡河。甲午正月初十日己酉，蔡州城陷，金运遂绝。大朝始张官署吏。乙未遣使诣诸路料民。”而经过近二十年的战祸，泽州居民离散，人口损失严重。直至乃马真后摄政初年（壬寅年 1242）“续括漏籍，通前实在一千八百一十三户”。无怪李俊民要发出“以乡观乡，以国观国，以天下观天下，其可知也。噫！生斯世者，何不幸邪！”的感慨②。由于泽州民赋稀少，因此《元史・食货志・岁赐》在记载窝阔台丙申的名单中并未将其列入。不过，刘因在为泽州世侯段直所作的墓志铭中，提到泽州当时已经成为某一“亲王”的分地：“国初，凡守**亲王**分地者，一子当备宿

① 符拉基米尔佐夫认为“（蒙古社会中）氏族和氏族分支领有一定地域”，这种兀鲁思分地的使用权又往往是世袭的。而在汉地，蒙古诸王位下的分地，在形式上与其草原分地一样，也是具有专属性且不可随意变更的。参氏著：《蒙古社会制度史》，第 158 页。

② 李俊民：《庄靖集》卷八，台北：台湾商务印书馆，1983—1986 年，景印文渊阁《四库全书》，册 1190，第 642 页上—644 页上。

卫。绍先，宿卫王府。”①此位“亲王”究竟为何人，史文并无记载。但据刘因《嘉甫从亲王镇怀、孟》诗题可以推知，其人正是坐拥“怀、孟”分地的忽必烈②！复检《畿辅通志》收录有一通段绍先所撰《史公神道碑》。“史公”为元初世侯史秉直，《碑》文中复有“流寓镇阳，时在真定”等语。真定，时为拖雷家族分地。如果此段绍先即段直之子的话，那么泽州于降附蒙古之初就归入拖雷家名下了。

直到1253年，史料中才越来越多地出现了忽必烈在泽州颁发令旨，干预地方事务的记载。史载“今上[忽必烈]在潜邸，有以公[段直]兴学礼士，闻者嘉之，特命提举本州学校事。未拜而公卒，年六十五”③。文中“段公”为段直，他起兵泽州，故“应得泽，遂佩黄金符，为州长官凡廿余年”，是泽州地区最大的世侯。而《凤台金石辑录》中更是保存了自癸丑年(1253)至甲寅年(1254)忽必烈交付泽州名儒李俊民的令旨五道：

> 第一道，遣阔阔子清驰驿，召李状元，思欲一见，唯不以老为辞。必无留滞，即许遣归。癸丑年五月日。
>
> 第二道，特加号“庄靖先生”。癸丑年七月十二日辞归。
>
> 又受令旨，庄靖先生求归念切，尚推旧学，善诱诸生，仍以侄孙仲修为后。仰怀孟州官刘海、泽州官段直以时奉赡，无忘敬礼。准此。
>
> 又甲寅年五月二十七日，奉御董文用赍奉到令旨。示状元李俊民：年前秋会盘六(按：当为六盘之误)军众，仓未及进议，近得启言甚便，今欲复召，恐年老艰行。外据军国重事，暨有可举人材，更当以闻。准此。
>
> 又甲寅年七月二十日，宣差周惠德复赍到令旨：泽州庄靖先生呈

---

① 刘因：《静修文集》卷一六《泽州长官段公墓志铭》，上海：商务印书馆，1922年，《四部丛刊》景元刊本，第12页下—14页上。《元史》卷一九二《良吏・段直传》，第4375页，校勘记二引钱大昕《廿二史考异》，认为“[段]直卒于宪宗朝，未尝事世祖矣”，今据此碑可知钱氏断语有误。

② 刘因：《静修文集》卷七，第116页。另，海老泽哲雄前揭论文中曾推测其人为朮赤家族宗王，似有不确。《关于蒙古帝国东方三王家诸问题》，第14页。

③ 前揭刘因：《泽州长官段公墓志铭》。

本州见有进修学业刘璋、张贤、张大椿、申天佑等，乞劝奖事。准呈。仰泽州长官段直、镇抚申甫等常切提学，仍省谕诸生恭勤进修，遵依教命，无得慢易。准此。

后列：参议刘巨川男学录汝楫立石。学政刘梦泽，学谕吴辉，提举县令张德显，提举司官贾凤仪，提举兴修学校冯裕、刘兴、张山，同提举学校赵庚、申甫，泽州长官提举学校段绍隆①。

原书后附录清人考释认为，蒙古初年"职官未备，皆系承制札授，学职繁多，至中统二年置诸路学校官。省置正副提举二人，路设教授、学正、学录各一员。散府上中州设教授一员，下州设学正一员。县设教谕一员，始有定制"。这是正确的，元初的蒙古大汗、诸王把儒学看作和佛教、道教一样的宗教，往往通过颁行令旨护持学校、名儒以期为己祈福。

令旨中提及之阔阔子清，王恽《中堂事记》称其"尝受学于王百一、张耀卿。其父潜邸旧臣，世为阿塔赤（Aγtači），汉语群牧所官也"。他的身份相当于世祖家臣。而"诸生申天佑"为"申甫之子，仕终广济丞"。其余诸人则概不可考。

一般说来，大蒙古国时期诸王令旨多用于在所领封地内宣示某种特权：如豁免寺院赋税、任命位下长官，或优礼某些居住在其分地内的高僧、名儒而颁布。参看元好问 1249 年所作《令旨重修真定路庙学记》，由于真定路丙申分封后即为拖雷系分地，故忽必烈得以令旨宣谕真定长官重修庙学②。又如元初真定名士张础，为廉希宪举荐于忽必烈潜邸，而真定原为拖雷后唆鲁禾帖尼汤沐邑，嗣后为其幼子、忽必烈之弟阿里不哥所继承。阿里不哥以础不附己，衔之，遣使言于世祖曰："张础，我分地中人，当以归我。"世祖命使者复曰："兄弟至亲，宁有彼此之间，且我方有事于宋，如础者，实所倚任，待天下平定，当遣还也。"③可见诸王行令旨召辟幕僚也

① 姚学甲：《凤台金石辑录》卷一《元令旨五道》，载《石刻史料新编·第三辑》，台北：新文丰出版公司，1986 年，第三十一册，第 222 页下—223 页上。
② 元好问：《元好问全集》卷三二，太原：山西古籍出版社，2004 年，第 664—666 页。
③ 《元史》卷一六七《张础传》，第 3929 页。

并非可以任意为之的，而是仅限于在所属的分地中方始有效。据此，我们可以认定忽必烈于1253年前后以令旨宣召李俊民一事表明，泽州当时已经在其分地之内。

在至元九年(1272)，当安西王忙哥剌袭封其父的京兆府分地时，泽州也作为忽必烈潜邸分地之一部分同时转入其位下，而忙哥剌卒后则为其子阿难答所继承。证据有二，其一为王恽《过鹿台山》诗，诗有题注云："[鹿台山]在泽州沁水县南二十里，时被安西王命，伐石于此。"①此处的安西王为忙哥剌，所谓"被王命"当指奉诸王令旨。而王恽于至元十三年即"平阳秩满"②，那么他因公事经过平阳路下属之泽州的时间应当在"至元十三年"前，而姚燧《牧庵集》载，"[至元十年]，秦藩(安西王府)肇建，方冬发万人筑白海(Čaγan-nör)行邸。"③所以王恽所见到的"伐石于泽州"当与安西王府的修建有关。既然安西王的令旨可以在此地通行，也就说明泽州当时仍处于安西王势力范围之内。

另一则记载则见于近年出土的元代徐宽墓志，墓志谓："……侯讳宽，字宽甫，躯干雄伟，器宇豪迈，读书略通大义，弱冠，尽能解诸国语。至元十四年，皇子安西王分封西土，开相府，于关、陕遴选，皆天下旄俊。侯预焉，擢为译史，兼通事。……未几，升充秦王府都事。[秩?]满，以铨例调泽州州判。"④今案，据《诸王表》所载，安西王忙哥剌于至元十年益封秦王。至元二十四年，其秦王号为次子按檀不花所袭，未几转入阿难答手中，后世多以秦王阿难答称之⑤。此处所载之秦王，应指阿难答。而墓主徐宽之身份为阿难答位下僚属，按照元代惯例，"凡诸王分地与所受汤沐邑，得自举其人，以名闻朝廷，而后授其职。至元二年，诏以各投下总管府长官不

---

① 王恽：《秋涧集》卷二，第14页上。

② 王恽：《秋涧集》卷七五《木兰花慢·序》："(至元)十三年，平阳秩满。"第3页。

③ 姚燧：《牧庵集》卷二五《武略将军知秦州史君神道碣》，《四部丛刊》景武英殿本，第二册，第17页下。

④ 李允升：《元故承事郎晋宁路同知解州事徐公墓志铭》，中国文物研究所、陕西省古籍整理办公室编：《新中国出土墓志·陕西卷(壹)》，北京：文物出版社，2000年，下册，第166页。

⑤ 《元史》卷一〇八《诸王表》，第2736页。

迁外,其所属州县长官,于本投下分到城邑内迁转"①。也就是说,王府有权在诸王分地内以令旨形式任命官吏。故徐宽之例也证明了泽州处在安西王权限所施范围之内,而这正是继承自忽必烈所拥有的分地。

3. 山西赵城·浮山·洪洞地区

山西赵城·浮山·洪洞地区可能也是拖雷—忽必烈家族所属分地。今检索碑志、金石书目,就此问题略加考述。

元延祐间,赵城县尹王剌哈剌撰有《重修明应王殿之碑》,提及平阳路(大德七年后改为晋宁路)赵城县广胜寺中,供奉有"世祖薛禅皇帝御容、佛之舍利、恩赐藏经"等物,"乃为皇家祝寿之所由"②。今案,元代供奉有先朝帝、后御容的寺庙、道观,除世祖朝以后奉皇帝敕令于大都郊外修建的神御殿外,大部分皆是由其原先分地中寺观升格而来。如位于真定的玉华宫孝思殿为"世祖所立。以忌日享祀太上皇、皇太后御容"③,最初为忽必烈母唆鲁禾帖尼的分地中旧立道观。赵城虽非忽必烈"龙兴之地"④,而广胜寺却得以与真定玉华宫同享此殊礼,应该是其曾与拖雷家族有着特定的施舍—奉纳关系故。

同属平阳路的浮山·洪洞·赵城地区的道教宫观也受到拖雷—忽必

① 《元史》卷八二《选举志》,第2051—2052页。另有一例:《都水监勾当官先兄[赵文炜]墓志》,载泽州士人被擢至安西王位下出任吏职。"兄讳文炜,字德明。泽州高平县蘽桂里人。……[二男]次曰恳,安西司竹监使。"碑载胡海帆,汤燕编:《北京大学图书馆藏徐国卫捐石刻拓本选编》,上海:上海人民出版社,2007年,第15页。

② 黄竹三、冯俊杰等编:《洪洞水神庙霍泉水利碑刻集》,《洪洞介休水利碑刻辑录》第一辑,北京:中华书局,2003年,第15—16页。碑文又收录于柴泽俊,任毅敏编:《洪洞广胜寺》,北京:文物出版社,2006年,第371—372页。

③ 《元史》卷七五《祭祀志》。关于供奉历代皇帝御容的大都敕建寺院,参看中村淳:《元代大都の勅建寺院をめぐって》,《東洋史研究》,1999,58:1,第63—83页。中文摘译见宝力格(Bulaγ):《元大都敕建寺院概述》,《蒙古学通讯》,2003年第1期,第25—35页。案,韩国新发现之《至正条格》残本中录有一则中书省奏文,言及凡世祖在位期间所建,有"影堂的寺院",一直以来皆视同诸王、驸马位下封地,享受"拨赐地土"的优惠。可据以看出"供奉御容"寺、观和投下分地的关联性。参韩国学中央研究院编:《至正条格·校注本》卷二六《条格·田令·拨赐田土》,汉城:韩国学中央研究院,2007年,第59页,"元统二年四月二十八日(1334)……如今除世祖皇帝时分,并(案,"并"疑为"刱"之讹)有影堂的寺院里拨赐外……元拨赐与来的地土,悉数还官。"

④ 元永贞:《真定玉华宫罢遣太常礼乐议》,苏天爵编:《元文类》卷一五,上海:商务印书馆,1922年,四部丛刊景元至正二年杭州路西湖书院刊本:"今玉华宫原庙列在郡国,又非龙兴降诞之地。主者以臣仆之贱,供奉御容。非礼之甚。"

烈家族保护。今发现与此相关的拖雷—忽必烈家族圣旨、令旨多通。兹按发布年代先后表述如下：

（1）元宪宗八年《蒙哥皇帝圣旨碑》(发布于戊午，1258，三月十一日)[①]；《[ ][ ]大王令旨碑》(发布于戊午，1258，四月十三日)两通，发布对象均为高平县浮山天圣宫。《蒙哥皇帝圣旨碑》的内容是禁绝道士私吞香火钱。《[ ][ ]大王令旨碑》起首则有"蒙哥皇帝圣旨里"，"[ ][ ]大王令旨里"等元代圣旨、令旨碑惯用的公文套语。据目验过此碑原石的村冈伦教授称，"第二行的'**大王**令旨里'的'大王'的上面的部分，不是被磨损而看不清楚，而是故意空出来的"。碑文内容大致是重申蒙古大汗保护宗教，禁止侵夺寺产的命令。而对于这位名字缺失的"大王"，村冈伦将其比定为"朮赤家族的别儿哥"或"窝阔台子阔出家族的孛罗赤"。对于为何题名出现空缺，村冈伦的解释是："可能因宗王卷入叛乱，出于忌讳而故意空阙其姓名。"[②]但我们已知，当时住持浮山天圣宫者为道士张志谨(道号"宁神子")[③]。张氏虽受教于披云真人宋德方，但宋氏早卒(1247，丁未)，而张志谨与窝阔台家族似无甚瓜葛[④]。而在蒙哥汗时代，窝阔台家族在平阳地区

---

① 此《碑》承蒙王汝雕先生来函告知。蔡美彪：《元代白话碑集录》；祖生利：《元代白话碑文研究》(下编)均未收录。碑影照片曾收入浮山县三晋文化委员会编：《龙角仙都》，临汾：临汾地区工艺美术印刷有限公司，1997年，图版：第130页；录文：第188—189页。录文又见王汝雕、王汝山编：《临汾历代碑刻文选》，吉林：延边大学出版社，2005年，第38页。

② 参看村冈伦：《蒙古帝国時代の漢地における諸王の権益》(未刊)，收入南京大学元史研究室2009年《东亚史及其史料研究：中日高校第四次学术交流会(会议论文集)》(打印本)，第75页；赵莹波汉译，第83—84页。此后村冈伦又撰文，《モンゴル時代の山西平陽地区と諸王の権益：聖姑廟"阿識罕大王令旨碑"より》，《13、14世紀東アジア史料通信》，奈良：奈良大学，2009年，日本学术振兴会科学研究补助金基盘研究(B)第10号，第1—14页。两文内容大体相同，唯后文增补了1258年《[][]大王令旨碑》的录文。此碑蔡美彪：《元代白话碑集录》；祖生利：《元代白话碑文研究》(下编)皆未见收录。碑目见于解希恭，张新智编：《三晋石刻总目・临汾市卷》，太原：山西古籍出版社，2004年，第167页，原碑现存临汾东郊浮山县天圣宫遗址。

③ 《送披云道人颂》，陈垣、陈智超编：《道家金石略》，北京：文物出版社，1988年，第484—485页。

④ 案，张氏曾分别于乃马真后四年(1245)、海迷失后二年(庚戌1250)，受成吉思汗遗孀"公主皇后"发布懿旨，然未发现其与窝阔台家族成员有何施授关系。又，乃马真后四年懿旨起首语曰"皇帝圣旨里皇后懿旨里"，质诸史实此处"皇后"即"公主皇后"。刘晓：《成吉思汗公主皇后杂考》，《民大史学》第5辑，北京：民族出版社，2004年(引自网络版：http://www.confucianism.com.cn/html/lishi/1439852.html)。录公主皇后懿旨二道，唯漏检《送披云道人颂》所附懿旨。

权力大部分遭到遞夺，朮赤家族则偏在一隅，只是委托投下官员代为管理。相反，以蒙哥、忽必烈为首的拖雷系在此地区却相当活跃，曾多次颁发圣旨、令旨以干预当地教门事务①。同时，《令旨碑》发布在《蒙哥皇帝圣旨碑》之后，内容也只是重申大汗对寺观庙产的保护，故可推知：无论此处之诸王为何人，此时大汗蒙哥对平阳路浮山地区有着直接控制权。而考虑到忽必烈在蒙哥汗后期因参与南征，频繁遣使召见山西南部之三教士人，故此碑更有可能为其所立②。而稍晚在泽州高平县等地颁行令旨的诸王“阿识罕”，也并非如村冈伦文中所认为的是“贵由长子忽察后裔”。据元代文献记载，阿识罕主要活动于成宗朝③，在至元二十七年（1290）到大德元年（1297）间，于高平县发布多道令旨，甚为活跃。但综合相关史料，

---

① 现知计有：1.《1252 年安邑长春观道教真人札碑》，2.《1252 年平遥崇圣宫给文碑》，3.《1253 年平遥崇圣宫给文碑》等，《元代白话碑集录》，第 17—19 页。

② 此外，蒙哥汗时代，窝阔台家族幸存子嗣发布令文之起首语，多沿用太宗—定宗朝旧习，自称“太子”而非“大王”，也是一项显著特征。参看《元代白话碑集录》所录：1.《1245 年盩厔重阳万寿宫圣旨碑》（实为阔端太子令旨），第 12 页；2.《1245—1247 年鄠县草堂寺阔端太子令旨碑（一～四）》，第 12—15 页；3.《1250 年盩厔重阳万寿宫圣旨碑》（实为阔端之子弥里杲带太子令旨），第 16 页；《1257 年鹿邑太清宫令旨碑》（海都太子），第 20 页。反之，拖雷系诸王如忽必烈、旭烈兀等所发令旨多称“大王”，如《1250 年泾阳重阳延寿宫给文碑》，《道家金石略》，第 768 页；《护必烈大王令旨》，见《北京图书馆藏历代石刻拓本汇编》，郑州：中州古籍出版社，1989 年，第 48 册，图版 177；考证见周清澍：《忽必烈早年活动和手迹》，《中国史研究》2005 年第 1 期，第 111—115 页。而笔者更倾向于相信：此处缺失的人名为忽必烈，因忽必烈于令旨发布后仅两年（1260）即就大汗位，相去时间甚短。颁令之时例须称“大王”，但刊石之时或在即位后，自不得再以“大王”称之。故阙而不刻，亦在情理之中。相似的情况可参看郑麟趾：《高丽史》卷二五《元宗世家·一》，台北：文史哲出版社，1972 年，第一册，第 380 页下—381 页下，载：“庚申（1260）三月丁亥，忽必烈大王即皇帝位。”但下文复称其为“皇弟”，又称“**令旨**到日以前”云云，是忽必烈即位初称谓尚沿袭旧称。而在《元史》卷二〇八《外夷·高丽传》中，同一文句被改写作“**圣旨**到日以前”，皆为因前后身份不同而造成各处称谓的混乱。

③ 高平县有一通大德元年（1297）以阿识罕名义颁布给圣姑庙的《令旨碑》，收入王树新编：《高平金石志》，北京：中华书局，2004 年，第 669 页，唯是书整理者误标作《大元皇帝敕谕碑》。另《高平金石志》，第 182—183 页，收录李有恭：《重修万寿宫记》，文中有：“至元廿七年（1290）……于时，敬奉**阿识罕**大王令旨，香幡护持。……了此大缘，实赖前功德主千户段绍先。”案，高平，元属泽州。段绍先，为泽州世侯段直子（见前引刘因：《泽州长官段公墓志铭》）。如前文所述，此地当属拖雷系忽必烈家族势力范围。同时，阿识罕《令旨》所护持的“马仙姑徒门祠庙”分布之处，除泽州高平外，另有平阳路潞州、怀孟路武陟。皆与拖雷家族势力范围有关。

他似更可能是拖雷家族的疏属宗王①。而其在高平的地区的活动，应该是其继承自父辈的权益之反映。

(2)《忽必烈大王敕董若冲令旨》②

忽必烈**大王**令旨示姜先生：

"你若前来时，我欲将你军里去呵，你不肯有来，却[ ]许去开平府。我如今回来，专差别撒里、杨显卿铺马里取你去也。候来春二月天气暖和时分，开平府来者。却不是应了你前日底言语那甚么。江南别无异物，茶、撒花你取来者。外据祈祷[ ][ ][ ][ ]合用的一切对象，都尽将来者，想宜知悉。"

己未年(1259)闰十一月十三日卫州北行。

据《靖应真人碑》可知，姜善信，少从莲峰真人靳道元入道，初识忽必烈于宪宗九年(1259)。其时"忽必烈奉命南伐，驻师(河南)曹、濮间，召公驰驿，谒于帐殿"③，或因姜氏"宅心清静、禀气冲和。未来非筮而可知，所过不言而自信"，分析军国大事"蔑不济矣"。深得忽必烈赏识。遂有发布令旨加以褒扬之举。和前述李俊民事例相类，仅为诸王之一的忽必烈，是无权力从其他宗王分地中征召谋士的。姜氏时驻迹于赵城县(元初隶平阳府)禹王庙，故可知，赵城亦属忽必烈分地之一。

---

① 诸王阿识罕(* *Ašiqan*)其人，见《元史》卷一八《成宗本纪》，第398页："元贞元年(1295)十二月癸卯……赐诸王押忽都、忽剌出、阿失罕等金各二百五十两。"此三人中，押忽都(*Yaqutu*)为拖雷子拔绰(*Böčäk*)孙；忽剌出(*Qurаču*)，虽然《元史·宗室表》中仅记载合赤温(*Qači'un*)曾孙忽剌出一人。但检核《史集》卷二《蒙哥本纪》，第234页，蒙哥子阿速带(*Asudai*)有一子名忽剌出，效力于忽必烈处；而阿里不哥子玉木忽儿(*Yomuqur*)亦有一子名忽剌出(第二卷，第367页)，殊难判定确指何人。但蒙—元时期朝觐、赏赐等活动，一般以同一个"家族集团"为单位。而从押忽都之出身及阿识罕行使权力的范围来看，此三人出自拖雷家族支裔的可能性似乎更大。参考 Paul Pelliot，Louis Hambis，*Le Chapitre CVII du Yuan Che: Les Genealegies Imperiales Mongoles dans L'histoire Chinoise Officielle de La Dynastie Mongole*，Leiden：Brill，1945，pp. 29－33；p. 100.

② 张江涛编：《华山碑石》，《敕董若冲旨碑》，西安：三秦出版社，1995年，第262—263页。案，标题为编者所拟，原书录文误置此令旨于文末，当据图版移作首段。

③ 李磐：《敕赐靖应真人神道碑》，见《山右石刻文编》卷二七，引自《辽金元石刻文献全编》中册，第328—329页。

(3) 中统三年至四年,忽必烈颁发给赵城县道士姜善信圣旨四道,内容为特旨"赐靖应真人号",命其代为"虔告禹皇"①。并遣使阿乞失里海牙(*Aq-Shiriqaya*)持香赆往谒。而至元十年(1273)以后,由于安西王继承了忽必烈在山西地区分地,故而《碑》中又云"癸酉(1273),上遣使谕公谒皇子安西王于长安"。

(4) 至元十二年(1275)《龙门禹王庙圣旨》。这是发给继姜善信之后主持当地道教事务的董若冲的。文中有:

> 光宅宫真人董若冲,继靖应真人姜善信[在]平阳路荣河、临汾县起盖后土、尧庙,及于河、解、洪洞、赵城修理伏羲、娲皇、舜、禹、汤、河渎等庙宇。仰董若冲凡事照依累降圣旨,依旧管领行者②。

而更可注意者,此则圣旨中将隶属平阳路的"临汾、洪洞、赵城"和早已是拖雷家族势力范围的"河、解"二州并列,更是证明这些地区和拖雷后裔的分地有关。

(5)《一二七六年龙门禹王庙令旨碑》,此碑为安西王忙哥剌发布给住持龙门禹王庙之姜氏嗣法董若冲的护持令旨③。

4. 潞州分地

拖雷庶子忽睹虎在潞州地区拥有分地。忽睹虎,一作胡土虎,为拖雷庶子④。汉文史料记载:"太宗七年,皇子曲出及胡土虎伐宋。"⑤波斯史料

---

① 李国富、王汝雕、张宝年等编:《洪洞金石录》,《忽必烈圣旨碑》,太原:山西古籍出版社,2008 年,第 56 页。

② 一作《宅宫圣旨碑》,见《临汾历代碑刻选》录文,第 7 页,图版 1;《元代白话碑文研究》(下编),第 57 页。

③ 汉文碑铭见蔡美彪:《元代白话碑集录》,第 25 页;《元代白话碑文研究》下编,第 59 页。八思巴蒙古文碑铭见照那斯图:《八思巴字蒙古语文献Ⅱ·文献汇集》(东京:亚非研究会,1991),第 22 页。

④ 《史集》作 Qūtūqū,卷二,第 191 页。《五族谱》作:Per. *Qūtūquq*[当为 Qūtūqū 之误]/ Mong. *Qutuqu*. *Shuʿab-i panjgāna*, f. 129b.

⑤ 《元史》卷二《太宗本纪》,第 34 页。案,《太宗本纪》另有"中州断事官胡土虎那颜",实为成吉思汗弟失吉—忽笃忽。其人在波斯史料如《五族谱》中始终被称作 Qūtūqū Nūyān,自然与拖雷子之忽睹虎无涉。

中则更为详细，云："同年（1234），窝阔台合罕在阿昔昌（*Ashījānk*）草原，派自己的儿子[阔出]和拙赤·哈撒儿之子宗王忽突忽前往被称为南家思的摩秦。"①需要指出的是：莫斯科集校本校记显示："拙赤·哈撒儿"一词仅出现于布洛舍（*Blochet*）本中，而其他各本皆作"宗王忽睹虎 *shahzārda Qūtūqū*"，亦即《太宗本纪》中之"[皇子]胡土虎"。而又据《元史》卷一〇七《宗室世系表》及《五族谱》所载成吉思汗诸子世系，拙赤·哈撒儿并无一叫忽都虎的儿子。由此可以断定，此处所指当为拖雷庶子忽睹虎。元人危素撰《故荣禄大夫江浙等处行中书省平章政事月鲁帖木儿公行状》：

> 合剌……幼侍睿宗皇帝……世祖皇帝即位之初，阿里不哥畔……世祖怜其忠，赐以汳梁田百顷及潞州牧地百余顷，盖阔赤、忽睹虎二太子避暑楼②。

此处所谓"避暑楼"即临时驻牧时所搭建的营帐③。由此看来，他似在大部分属术赤投下的潞州（属平阳路）拥有分地④。这或许是他和术赤家族关系密切故：忽睹虎长女乞勒迷失（Pers. *Kalmīsh āqā* /Mong. *Kelmish aqa*）和她的丈夫珊竹歹（*Saljūtai*）一直和拔都汗的兀鲁思待在一起（*bā ūlūs-i Bātū khān*）⑤。至于为何忽必烈又将其转赐他人，也许是因为忽睹虎子秃客勒·不花早卒之故罢⑥。

综上所述，我们可以稍稍明了拖雷系在山西地区的一些分布情况。此外，元代文献所明确记载的在蒙哥汗即位后，拖雷家族获得的分地：旭

---

① 《史集》卷二，第60页。

② 《危太仆文集》续集卷七，《元人珍本丛刊》景嘉业堂刊本，第567页上。

③ 《元史》卷一八〇《耶律希亮传》，第4159页："初，六皇后命以赤帖吉氏归铸，生希亮于和林南之**凉楼**，曰秃忽思，六皇后遂以其地名之。"当为同一类建筑。而在波斯文史料中有时也称此种凉楼为 Kūshk，意为"亭子"，见 Ḥamdallah Mustawfī Qazwīnī，*Nuzhat al-Qulūb*《心之喜悦》，"E. J. W. Gibb Memorial"，vol. 23，Brill，Luzac & Co，1919，p. 260.

④ 麻革：《重修庙学碑》："震宫得河东道，仍割州之吉邑之襄陵、潞城界嗣王，治襄陵。"清光绪七年《襄陵县志》卷二四，引自《全元文》第二册，第236—237页。

⑤ *Shu'ab-i panjgāna*，f. 129b.

⑥ 《史集》卷二，第368页。

烈兀的彰德路分地(1252年获得),忽必烈的邢台、怀孟、京兆分地(1251—1252),皆与泽州、解州、河州、浮山、洪洞、赵城、潞州地区相毗邻,围绕山西南部州郡向两翼展开,在地理上连贯成一体。如果不是拖雷家族在山西南部地区拥有特殊权力,我们又该如何解释这一"飞地"现象的存在呢?

此外还需要提及的是:出身山西太原、平阳两路的文士,在忽必烈潜邸谋臣集团中虽然人数不若真定、邢台旧臣之众,所起作用亦复较弱,但尚具有一定规模。考虑到忽必烈本人虽早在太宗朝(甲辰,1244年)便"思大有为于天下","延藩府旧臣及四方文学之士,问以治道"。至宪宗即位,则"尽属以漠南汉地军国庶事"①。但究其身份,仍不过为一代行摄事之地方宗王,政治地位有限,更无权从明确隶属别支诸王的民户中去召辟人才。即便是忽必烈之幼弟阿里不哥,犹以分地中人服务于彼为憾。故其幕府尽管以人才济济而著称,但考察其来源,仍然以出身或流寓于邢台和真定两地的文士为主干,再附以若干由半独立之汉人世侯手下网罗而来的名流等②。而山西出身的潜邸谋臣群体的存在,无疑和以忽必烈为代表的拖雷家族在山西势力的扩张有着直接的因果关系。

今据史籍可考知其出处大概者,除上文提及之李俊民、姜善信数人外,另有:

	姓　名	应辟地点	事　迹	史料出处
1	杜思敬	沁州	沁州长官杜丰之子。事世祖潜邸,由平阳路同知累迁治书侍御史	《杜丰传》③
2	陈庾	平阳	耶律铸置平阳路经籍所,招其任校雠之职,领所事。世祖征至六盘山,与语大悦	《故平阳路提举学校官陈先生墓志铭》④

① 《元史》卷四《世祖本纪》,第57页。

② 萧启庆:《忽必烈"潜邸旧侣"考》,《内北国而外中国:蒙元史研究》(上册),北京:中华书局,2007年,第113—143页。

③ 《元史》卷一五一,第3575页。

④ 程钜夫:《雪楼集》卷二一《故平阳路提举学校官陈先生墓志铭》,引自《程钜夫集》,第258—259页。而耶律铸之父耶律楚材虽为窝阔台所倚重,然其本人却在蒙哥汗即位后的大清洗中因忽必烈援救得免。故亦可列入世祖之"潜邸旧人"。参陈得芝:《蒙元史读书札记(二则)》,《蒙元史研究丛稿》,第464—467页。

续 表

	姓 名	应辟地点	事 迹	史料出处
3	许国祯	绛州曲沃	世祖在潜邸,国祯以医征至翰海,留守掌医药	《许国祯传》①
4	刘郁	浑源人	中统元年(1260)组建中书省,召为都事	《中堂事纪》②

五、小结:大蒙古国时期的分封原则及特点

"投下分封"作为蒙古帝国的基本制度,是游牧国家将形成于草原深处的政治结构推行至定居社会中的一个例证。由于两者之间的巨大差异,故在不同的时段其表现形式也有所不同。我以为,在这一长段社会失序的时期中,研究者必须兼顾双方立场,将历史文献和游牧传统置于同一视野下进行考察。通过对大蒙古国时期山西地区分封形态变迁的考察,我们可以得出以下结论:

首先,诚如瓦萨甫所言:"'大中军'(*Ulugh Qūl*)——意同'大数目'(*Dalāy-yi buzurg*),成吉思汗[子嗣]中任一据有汗位者皆可将其作为私产加以行管理。"(*Ulugh Qūl ya'nī Dalāy-yi buzurg muwsūm būd, tā har kas az Chinggīz khān ka bar sarīr-i khāniyyat istighrār yābad, ān rā ba-khāṣṣa ḥukm kunad*)③形式上,蒙古帝国及其最高权力归于大汗。但在当日蒙古宗室亲贵看来,帝国同时也是全部黄金家族亲贵们的公产——"实际上所有儿子、孙子、叔伯都分享权力和财富。"④黄金家族成员在分配

① 《元史》卷一六八,第3962—3963页。
② 王恽:《秋涧集》卷七九,第2页下—7页下。
③ Hammer-Purgestall 刊本作 bāyad,见 *Geschichte* ('*Abdallāh Ibn. Fadl-Allāh*) *Waṣṣāf's*, trans p.94; text p.98. *Tārīkh-i Vaṣṣāf*, p.51.皆作 yābad。
④ 《世界征服者史》(上),第42页。Allsen也认为在最初对于汉地、中亚、钦察、东欧的军事行动中,皆贯彻了"黄金家族"成员集体指挥、共同管理的原则。而这一原则下迄贵由时代仍被大体遵守着。"Sharing the Empire: Apportioned Lands under the Mongols", p.173.

氏族共有财产等问题上，具有相对平等的权力①。因此，汉文、波斯文史料中所谓“某一宗王”的分地，不过是以此家族家长概称之，其中也一并包括获封数目较少的家族成员及与此家族有着人身依附关系的功臣、驸马的分地。例如：哈剌和林草原是大汗代行管理的全体氏族公产，其周边却附着有众多较为次要的诸王分地②。成吉思汗庶子阔列坚既领4千户属民，其分地即在其中。而忽必烈在即位前就在哈剌和林附近拥有草原领地③，此块草原领地（*yūrt*）当继承自拖雷。但质诸情理，其获封的时间应远早于忽必烈位于华北汉地（京兆府、六盘山）的分地。

其次，因分封对象之不同，至少存在着两种的分封原则：1）正如许多研究者所观察到的：在内亚草原本部，成吉思汗基本上是将整片连续的草原领地分配给某一位宗王（实际上也包括其所代表的整个家族），如术赤家族获得钦察草原、南俄直至外高加索地区；察合台家族分地则是从畏吾儿地之[边界]起，直到萨马儿干、不花剌之地为止；窝阔台家族为叶密立及霍博地区；而守灶子拖雷则坐拥蒙古草原本部。与此相对，成吉思汗诸弟集团则分布在蒙古高原东部，沿草原—兴安岭一线展开④。这既恪守了草原游牧民必须拥有一块固定游牧地以供四季驻牧的传统；也反映了黄金家族公产制下分封的“原像”（Proto Type）⑤。2）随着蒙古帝国的马蹄

① 符拉基米尔佐夫认为：“即使在诸王内讧期间，‘黄金氏族’成员在公共的氏族共有财产中应享的权利，和实现其权利的可能性也没有遭到否认。”《蒙古社会制度史》，第195页。

② 陈得芝先生即认为：“（哈剌和林）实际上是一块特殊的黄金家族的共有地。”见〈元岭北行省建置考（上）〉，《蒙元史研究丛稿》，第127页。

③ 李治安：《关于成吉思汗分封中拖雷兀鲁思的问题》，《元代分封制度研究（增订本）》，第23—30页。另李治安又撰文考证了忽必烈在哈喇和林附近的草原领地，见《元世祖忽必烈草原领地考》，《史学集刊》2007年第3期，第75—81页。

④ 《世界征服者史》上册，第42—43页，“畏吾儿之地的边界”（*ḥudūd-i balād-i Uīghūr*），Boyle本未译出，据 *Tārīkh-i Jahāngūshā'ī*, v. 1, p. 31 补出。参考 Thomas Allsen, “The Yuan Dynasty and Uighurs of Turfan in the 13th Century”, *China Among Equals: The Middle Kingdom and Its Neighbors, 10th - 14th Centuries*, Berkeley: University of California Press, 1983, ed. by Morris Rossabi, p. 249.

⑤ 比较平允的看法是，草原游牧民也有着类似“封建制”（feudalist）雏形的观念，它表现为对本部落固定游牧地的保护和对其他部落游牧地的侵袭，但还远未发育到成熟的、有着明确疆域边界观念的“封建国家”的程度。见 Bat-Ochir Bold, *Mongolian Nomadic Society: A Reconstruction of the “Medieval” History of Mongolia*, (London: Curzon, 2001), pp. 86 - 87.

越来越逸出草原边界,**“凭借战功”**分配封邑就日益成为在新征服地区分封的主要原则了,此种原则本身是在扩张过程中对草原分封旧制的补充与演进。同时,由于当日所谓“封国”(*Ulus*)一词更多地是指称某一地域上的“人众”,而非有着固定疆域形态的“政区”,是故“分封”亦是以确保获分人口数的相对平均,而非以占有大致相等的土地面积为着眼点的。从而造成嗣后在整个大蒙古国管辖下的定居民区域中,诸王分地“犬牙相入”之局面①。这就可以解释为何直到元世祖至元年间调整汉地路州时,仍保留了十数块遥属他郡的“飞地”型州县②。【同时,基于“属人”而非“属地”观念发展形成的蒙古分封体系,在蒙古帝国地方化的过程长久地显示出其影响力。如在1299年金帐汗国那海汗(Noqai)叛乱并攻占速达黑城时(Sudaq,今克里米亚苏达克市,中世纪时为黑海沿岸重要贸易城市),他屠杀了该城中不属于自己的三分之二的民众③。这和前揭蒙古人在不花剌的分封相似,均无视传统政治区划的完整性,而以按一定比例瓜分领属人口作为分配原则】

第三,因上述“依战功分配”原则的存在,在分封过程中逐渐也渐渐滋

---

① 帖木儿时代史家在其所著《木因历史选》中曾记载:“成吉思汗将[国家]在其四子中作了分配,他为每一个儿子都在其(三)子的分地中指定了一些领地,使之彼此相连,以便于信使在其间来回奔驰。”(*chūn dar qadīm al-ʿahd-i Chinggīz khān bar chahār pisar qismat kard va har farzandī rā dar mamlakat-i farzandī-yi dīgar milkī chand muqarrar kard tā ba-vāsiṭa-yi ān peyvasta dar miyān-i īshān īlchiyān mutaraddid bāshand*) Muʿīn al-Dīn Naṭanzī, *Muntakhab al-tavārīkh-i Muʿīnī*, Tehran: Kitabfurust-yi Haiyām, 1957, p.427. 这段记载反映的是从中亚蒙古汗的角度来描述成吉思汗时期在河中、东部波斯地区的分封形态。它和汉文史料中诸王在汉地“裂土分民”、“一道细分”的描写何其相似,不啻是上述“犬牙交错”式分封形态的典型写照。案,波斯语译文参考英译,有所修改。T. Allsen, “Sharing the Empire: Apportioned Lands under the Mongols”, p.184.

② 关于所谓“飞地型州县”,参看李治安:《元代分封制度研究》,第106页。又周振鹤主编,李治安、薛磊著:《中国行政区划通史·元代卷》,上海:复旦大学出版社,2009年,第324页。李治安认为“由于元廷多注重投下封君的划一,而不顾及路州辖区在地理、空间上的集中”,认为“飞地州县”之出现乃太宗丙申分封(1236)后二三十年“置路州”所造成的结果,《元代分封制度研究》,第104页。但如本文所述,此现象之所以在元代非常普遍,似乎还是与蒙古人的分封观念以及蒙古帝国早期的分封活动有关。

③ Guo Li, *Early Mamluk Syrian Historiography: Al-Yūnīnī's Dhayl Mir'at Al-Zaman*, vol.1, Leiden: Brill, 1998, p.127.

生出与“公产制”原则相反的倾向：作为蒙古帝国的大汗，不仅能名正言顺占有最大份额利益，还能利用自身的政治特权，刻意安排自己的子嗣主导指挥各个方向征服战争①。由于参与征服行动，直接关系到战后的分地分配，指挥方面则可名正言顺地攫取其中质量上佳者，故此举包含有优先壮大本支力量的考虑。此外大汗还可以通过罚没犯罪诸王分地，重新调整既定财富的分配规则，进而不断对“公产”原则加以侵蚀、破坏，以达到削弱疏属诸王势力，确保汗统的稳定延续。这是因为在呈分支结构的游牧社会内部，旁系兄弟既是其向外扩张的重要倚靠，又是睥睨汗位的潜在竞争对手②。在此种背景下，伴随着争夺汗位而不断上演的政治清洗一再改变分封的格局。例如，成吉思汗幼女阿勒塔伦（*Altalun*）公主，被冠以鸩弑窝阔台合汗的罪名而遭处死③，故在《食货志·岁赐》记载中，其名下仅系有壬子年（1252）重新分配的真定畸零民户二百余户，与成吉思汗所出

---

① 如前述，窝阔台甫即位，就安排贵由负责对辽东的征伐，阔端负责对土蕃的征服，而阔出则进攻南宋，正是为了确保大汗直系能在蒙古帝国的每一个方向的征服行动中始终保持控制权，从而在将来的分配中获得最大的利益。唯一的例外则是：稍后贵由在指挥对钦察地区的军事行动中，遭到了来自术赤家族的强烈抵制。由于术赤分地距离蒙古帝国核心区域最远，势力也早已巩固，因此窝阔台不得不与其妥协，责罚贵由远戍了事。所谓在远征钦察部落的庆功宴上因“争喝盏”而起争执，不过是《秘史》作者的饰词罢了。见《元朝秘史》续集第二卷，第275—276节，第291—295页。基于同一目的，蒙哥汗上台后，立即派遣自己的同母弟忽必烈和旭烈兀出征汉地和“回回哈里发”国。参看 Allsen，“Sharing the Empire：Apportioned Lands under the Mongols”，p. 174.

② 例如：汪罕即位后便大肆“杀诸昆弟”，王国维：《圣武亲征录校注》，38b。而成吉思汗登大汗位后不久，就借故夺走了胞弟合撒儿位下的大量百姓。余大钧译：《蒙古秘史》，第244节，第405页。这种现象同样也可得到人类学研究的支持：在游牧社会中，兄弟关系是充满竞争性的，亲兄弟往往演变成争夺部落资源过程中的有力敌手。见 Fredrik Barth：《斯瓦特巴坦人的政治过程：一个社会人类学研究的范例》，黄建生译，上海：上海人民出版社，2005年，第156—159页。王明珂：《游牧者的抉择》，桂林：广西师范大学出版社，2008年，第54—55、186页，也对此种分枝结构社会中的兄弟阋墙的案例进行了概括。

③ 《史集》卷一，第二分册，第88页；卷二，第144页。汉译者质疑此则记载的可靠性（见注3），但同时代的欧洲使节 Carpini 嘉宾尼见证了此事：“他们囚禁了皇帝（贵由）的姑母，因为她在鞑靼人大军在匈牙利作战时鸩杀了皇帝的父亲……被处以死刑。”韩百诗（Louis Hambis）法译：《柏朗嘉宾蒙古行纪》，耿昇汉译，北京：中华书局，2002年，第104页。另参考 Peter Jackson，*The Mongols and the West*，*1221 - 1410*，Harlow：Pearson Longman，2005，p. 72.

另几位公主所封数相去悬绝[①]，而其此前所拥有的分地封民无疑在其死后为贵由汗所吞没。这也提示我们：在元代，完整连绵的封邑，可能是多次调整的结果；反之，畸零割裂的地块，往往是原初样貌的遗存。

---

① 阿勒塔伦所获封户，被系与其夫塔出驸马名下。为真定畸零二百七十户。而下嫁弘吉剌驸马的郓国公主秃满伦获封濮州民三万户；下嫁亦乞列思部驸马的昌国公主火臣别吉获封东平民一万两千六百五十二户。《元史》卷九五，第2426页。又参考《元代分封制度研究·续编》第五章，第469—474页。

第四章　蒙古草原传统之移入及其转型

——基于对诸蒙古汗国制度比较的一个考察

一、导　言

在舒尔曼研究蒙古帝国税收制度的经典论文中，他将蒙古帝国发展进程的“第三阶段”，定义为“本土政治文化传统的大规模复兴时期”①。此阶段随各个蒙古汗国地方化进程的迟速而略有先后。在汉地，爆发于1260年的忽必烈和阿里不哥之间的汗位继承战争，最终以“赞成采用更先进的臣服国家的宗教和政治思想以及治理模式”的忽必烈凭借着汉地人力、物力资源的优势，战胜了他固守“蒙古中心”主义的胞弟②；并促成了回归汉地传统的元朝的建立。在波斯则要迟至合赞汗（Ghāzān，1295—1304在位）时代。此前，已经有大批旭烈兀家族宗王和依附于他们的蒙古贵族，因为卷入争夺权力的斗争而遭到诛灭③。他们的死导致除合赞汗、

① H. F. Schurmann, “Mongolian Tributary Practices of the Thirteenth Century”, *Harvard Journal of Asiatic Studies*（*HJAS*），19：3/4，(Dec.，1956)，p.305.

② Igor de Rachewiltz, “Turks in China under Mongols：A Preliminary Investigation of Turco-Mongol Relations in the 13th and 14th Centuries.”, *Morris Rossabi ed. China Among Equals: the Middle Kingdom and Its Neighbors, 10th - 14th Centuries*, University of California Press edition，1983，p.293.

③ 合赞汗是在不无侥幸的情况下，击败并杀死另一位宗王拜都（Bāydū），而登上汗位的。《史集》第三卷，第256—281页。而在其最初在位的一年中，有不下于十五名出自同族的宗王被残忍诛杀。John Andrew Boyle ed.，*The Cambridge History of Iran*，vol.5, “The Saljuq and Mongol Periods”，Cambridge：Cambridge University Press，1968，p.381.

完者都汗之外的，建筑在婚姻、血缘和身份领属关系之上的旧的权力集团也随之瓦解①。从而使更符合波斯—伊斯兰政治理想的制度改革得以展开。至于金帐汗国和察合台汗国，则似乎从未到达过这个发展阶段。

在此期间，无论是在汉地抑或波斯，制度方面都发生了极为相似的变革。其表现通常为：为尽快恢复因蒙古军事征服和大规模分封而造成的经济衰退，蒙古人尝试重建新的中央集权式政府。蒙古帝国前期（窝阔台到蒙哥汗），那种通过特定的行政部门（税收、军事）和中介群体（札鲁忽赤、达鲁花赤），自远居漠北草原深处的汗庭遥控并干预被征服地区事务的间接统治，为直接管理所取代②。在汉地，忽必烈所主导的、由其私属怯薛和汉人、色目人幕僚班子整合成而的开平"行中书省"过渡为最高中枢行政机构③。另外，自中统初到至元七年之间，大体上仿效汉（金）制的枢密院、御史台、司农司等汉式机构也渐次成立。在伊利汗国中，旭烈兀（Hülegü）时代以来，由代表伊利汗家族利益的蒙古监临官（*basqaq*）、效忠蒙古人的当地世侯（多数为突厥人）和伊利汗委任的大食包税人（*muqāṭʿa*，有时候就是瓦即儿本人）共同管理地方事务的方式，逐渐向波斯传统的"瓦即儿"（*vāzīr*，宰相）制度靠拢④。另一方面，合赞汗致力于恢复因"定居—游牧民"对立而被严重干扰的农业与税收部门的改革，并取

① 志茂硕敏：《イル汗国におけるモンゴル人》，载《东洋史研究》卷 42，(Apr.，1984)，第 163—165 页。

② 布尔勒曾描述此阶段中蒙古帝国的统治手法为"卫星式"(satellite)管理。Paul D. Buell, "Sino-Khitan Administration in Mongol Bukhara", *Journal of Asia Studies*, 1981, p. 147.

③ 姚大力：《从大断事官到中书省》，原载《历史研究》，1993 年第 1 期。

④ 《史集》卷三，第 104—105 页，Ann K. Lambton, "Mongol Fiscal Administration in Persia"(Part Ⅰ, Ⅱ), *Studia Islamica*, 1986: 64, pp. 79 - 99; 1987: 65, pp. 97 - 123. Ann K. Lambton, *Continuity and Change in Medieval Persia: Aspects of Administrative, Economic and Social History, 11th - 14th Century*, London: IB Taurus, Persian Heritage Foundation, 1988, p. 61. 更为具体的描写见 *Niẓām al-tavārīkh*，其"阿八哈纪"中有："[他]把周边国土委托给异密、篾力和有能力的瓦即儿[代为管理]"(*mamālik-i aṭrāf rā ba-amīr'ī wa malik'ī wa wazīr'ī-yi kārdān sipurda būd.*)Charles Melville, "From Adam to Abaqa: Qāḍī Baiḍāwī's Rearrangement of Histrory (Part Ⅱ)", *Studia Iranica*, 2007: 36, text. p. 53（案：原文 *sipurda* 误写为 *siburda*), trans. p. 59.

得了一定成效①。

此时的蒙古统治者或多或少也意识到，要确保中央集权政府的工作效率，就必须组建起一整套针对当地情况并运转有效的官僚队伍。经许衡等一批潜邸幕僚的长期劝讲，忽必烈对所谓"北方之有中夏者，必行汉法乃可长久"的观点②，渐有会心。由此才有至元二年诏徐世隆等"议立三省，遂定内外官制上之"的举措③。在1302年的忽邻勒台大会上，合赞汗也在各级伊斯兰人士和伊朗社团成员面前，宣称自己是"伊朗（*Īrān-zamīn*）全体人民"的保护人④。随着官僚系统的恢复，更多提拔自本土社会的精英被吸收进中枢机构。他们多以某种行政才能被拔擢为官⑤，虽然从"非蒙古人"那里征召幕僚始于蒙哥汗⑥，但就其规模和人员的多样化程度而言，均不能和这个时期相提并论。

蒙古异密和本土官僚之间的关系，在蒙古帝国早期，因为文化性格和身份（征服者与被征服者）的根本对立，不时导致激烈的冲突。这种对立严重削弱了蒙古地方管理的效率，如蒙哥汗时，在汉地"每城置达鲁花赤一员"加以监临，其人"率皆武弁，不习为吏，重以求取为念"，每每因"残暴无状"而造成"百姓骇散，千里萧条"的局面⑦。在与蒙古贵族的冲突中，本土官僚往往处于失势的一方，稍有不慎即身遭杀戮⑧。代表定居社会行政传统的官员，和继承征服者性格的蒙古异密之间的对立，在伊朗一直延续

① *Lambton*, *Continuity and Change in Medieval Persia*, p.26.

② 《元史》卷一五八《许衡传》。

③ 《元史》卷一六〇《徐世隆传》。

④ 《史集》第三卷，第324页。

⑤ 可参看《中堂事记》列举的，被征召至开平中书省听候选任的士人名单。其选取标准或如王恽所云："时选至省者，士人首以有无生理、通晓吏事为问，及取要所业文字。盖审夫资身之术或能否，从事及手笔何如耳。"《秋涧集》卷七九《中堂事记》（上）。

⑥ Allsen, "Guard and Government in the Reign of The Grand Qan Mongke, 1251－59", *HJAS*, 46：2, 1986, p.508.

⑦ 《乾隆沙河县志》卷下《秩官志》，引宋子贞：《改邢州为顺德府记》："是时，顺德九县为户一万五千，皆属达剌罕部。每城置达鲁花赤一员，译言'监视之人'也。率皆武弁，不习为吏，重以求取为念。故奸吏乘之肆为朘割。百姓骇散，千里萧条，为之一空。"上海图书馆藏刊本。

⑧ 例如《世界征服者史》中，阔里吉思的被杀，起因之一就是曾得罪察合台位下某大异密。第561页。

到13世纪后期。667/1268—1269年,畏兀儿官员万家奴(Vangyanū),被阿八哈汗"委任为负责规范法儿思地区秩序的全权长官"①,由于他的严格管理妨碍了蒙古异密的无度需索,而被后者告发,并遭阿八哈汗惩处②。但经过双方长期的调适,在这个时期,蒙古人和本土精英变成于同一个政府机关中共事的同僚,虽然"蒙古人至上"的观念仍普遍存在,不过两者的结合方式却显现出了新的特征。

伴随着大规模的制度恢复,典型的蒙古旧制也不再像前几个阶段那样,占据着整个国家机器的中心地位。它们或被比附成本土传统中固有的形式,或被推移到一个较为边缘的位置上——如元朝制度中,"纯正"的蒙古官制多保留在与皇室事务相关的机构中。但正如舒尔曼敏锐地观察到的那样:复兴的结果,并未导致真正的"汉化"或"波斯化"。例如,在重建的元朝政体中,传统的汉式官僚体制的表现要"更加强力与专制"。虽然他解释道,这是蒙古因素的"移植"(graft onto)所造成的结果③。但"移植"说尚要面对以下质疑:首先,它过于注重位于权力顶端的蒙古人集团。但事实上,还有更多同样重要、却无法在本土制度传统中定位的蒙古重臣,其影响力被低估了④。更重要的是,即使在并非由蒙古人主持的政府机构内,同样也存在着由于"游牧式"政治观念的泛化而导致对本地传统的背离。所以,我们不妨将这种转变看作是游牧—定居文化互动关系里,一种新模式的起点。

在长期变动的过程中,源自蒙古旧制的因素不仅保留在"典型"的游

---

① *Tārīkh-i Vaṣṣāf*, pp.193-194.

② 参考:Lambton, *Continuity and Change in Medieval Persia*, p.86. Lambton, "Mongol Fiscal Administration in Persia"(Part Ⅱ), p.105. Denise Aigle, *La Fārs Sous la Domination Mongole*, Paris: Association pour l'avancement des études iraniennes, 2005, p.120.

③ "Mongolian Tributary Practices of the Thirteenth Century", p.306. 在这点上,中国史的研究者也有着相似的看法,例如周良霄认为"元朝体制是蒙古旧制和金制的拼凑"。周良霄:《元代史·序》,上海:上海人民出版社,1993年。

④ 摩尔根认为蒙古人在日常政务中的作用被低估了,他们有时候也出现在波斯式官僚体系的顶端。"作为统治者的蒙古人保持沉默",很大程度上是因为缺少史料的缘故。David Morgen, "Mongol or Persian: The Goverment of Ilkhanid Iran", *Harvard Middle Eastern and Islamic Review*, vol.3, (1996), pp.62-76.

牧官制中，更依附、融解在本地制度中。而其所代表的草原政治传统的政治观念和政治手法，却泛化为主导政治生活的支配性原则。它们支配、干扰着此后的政治进程，进而改变并腐蚀了传统的官僚制精神。在元代，它发育成以汉式行政体制为原型，却不以儒家政治理念和汉地传统为唯一支配手段的政府。而在伊利汗国，联合了蒙古/突厥和大食人的中央政府，只是为波斯蒙古政权瓦解后的数个世纪中，为统治伊朗地区的突厥人政权提供了可资参照的样版。所以我们的考察，尤其需要对那些被认为是“地方化”较为成功的部门中，从汉式或波斯式的制度外壳下，透射出的来自另一种文化传统的制度成分保持足够的警觉。在这篇文章中，我们尝试借助制度的比较，通过蒙古旧制在元朝、伊利汗国、金帐汗国中的延续，来观察它在与地方传统的相互渗透、结合的过程中所体现出的共性与异相；并且由此追溯各种制度的形成过程；最后，通过观察元、伊利汗国政治制度中的“二元”权力结构，进而讨论蒙古贵族与本土知识官僚的互动关系。

二、西方蒙古汗国的“二元”构造

1. 金帐汗国

布尔勒(Buell)把元代的中书省和枢密院的并立，看作是忽必烈对于蒙古部落传统和汉式官僚政府的“双重继承”。在他看来，枢密院不仅是实际的军事控制系统，而且是部落结构、传统(即论文中的“探马赤军”)的保存者①。其观点中有价值的地方在于，他正确观察到“蒙古旧制”并不是平均地被推入定居社会的制度结构中的。在涉及蒙古人特殊权利的地方，转型后所设立的、与之功能相当的机构，并未被真正地被赋予实权。元朝中书省六部中的“兵部”始终是一个架空的机构；而波斯传统中瓦即儿也不再对“军需部”(*dīvān al-ʿarḍ*)负责。兰普顿认为这是蒙古军队有着自己的组织系统的缘故②。但对于像元代政府这样一个庞大、复杂的国

---

① 保罗·布尔勒(Paul Buell)：《蒙古帝国探马赤军的社会作用》，张凌云译，载内蒙古社会科学院情报所编：《蒙古学译文选：历史专集》，呼和浩特，1984年，第39—44页。

② *Continuity and Change in Medieval Persia*, p.57.

家机器来说，布尔勒的推论又显得过于简单化。我们很容易指出元代枢密院中包含有为数不少的汉、色目人官员。而纵观前人研究成果，我们也很难把枢密院和探马赤军（布尔勒认为其基干由"五投下"组成）简单地关联起来①。所以就元代制度本身来考究"游牧因素"的介入方式，是比较困难的。

正如哈赞诺夫曾指出的，那种"纯粹的"（pure form）游牧国家形态，也就是"在游牧人群和定居民之间，存在着一条明显的地理界限"的情况，只有在金帐汗国中才能看到，而在其他蒙古汗国中反倒不具普遍性②。当然，也只有在金帐汗国，"游牧的"倾向最终压倒了定居的倾向。那么我们的考察，似乎应该选择远离定居社会文化，保留着蒙古旧制较多的金帐汗国作为起点。

在金帐汗国政治结构中，有一个特殊的权力集团，即"四哈剌出・拜"（*Qarachi Bey*，土耳其语：*Karaçı Bey*）制度。他们在波斯—阿拉伯文献中有时也被称作"兀鲁思别（拜）"（4 *Ulus Bek*）或"兀鲁思异密"（*Ulus-amīr*）③。由于典型的"兀鲁思异密"制度，主要出现在伊利汗国和作为其继承国的札剌亦儿王朝，以及稍后入侵波斯的帖木儿王朝中，因此，文献中的"兀鲁思别（拜）"、"兀鲁思异密"应该是波斯—阿拉伯语作家对金帐汗国"哈剌出・拜"的译称。

"四哈剌出・拜"是汗国内最重要的大臣，也构成了其国家机器的基干。沙米卢鲁（Uli Schamiloğlu）综合前人的研究，认为"哈剌出"明确地表明了这些人出身平民——也就是"非成吉思汗后裔"④。虽然有关"哈剌

---

① 忽必烈在即位后曾从诸探马赤军中抽取人员，效仿汉制重组侍卫亲军。据《经世大典・军制》所载，可知其中有"钦察卫、康里卫、阿速卫、唐兀卫"等。而钦察亲军及其将领家族在元中后期政治中的活力，亦非原"五投下"所堪比拟。参考刘迎胜：《钦察亲军左右翼考》，载《元史论丛》第十一期，第 10—25 页。

② Anatoli M. Khazanov, *Nomads and Outerside World*, Madison: The University of Wisconsin Press, 1994, p. 242.

③ 案，"别"（bek）是一个突厥语词汇，有时也写作"拜"（bey），是波斯语"异密"（amīr）和蒙古语"那颜"（noyan）的等义词。

④ Uli Schamiloğlu, *Tribal Politics and Social Organization in the Golden Horde*, Ph. D. diss., Columbia University, New York., 2002, pp. 41 - 43.

出·拜”的记载，在金帐汗国时期还远不如在其继承者——诸如克里米亚汗国或帖木儿朝制度中那么常见。但沙米卢鲁归纳相关史料后证明，这个制度的形成明确可以追溯到金帐汗国中期。从“哈剌出”名称本身来看，它所反映出的也更应该是蒙古人，而非突厥人的政治观念。符拉基米尔佐夫把成吉思汗兴起之前的氏族（*oboq*）分为“那牙惕”（*noyad*）和“哈剌出”（平民）两个阶层①，他们之间表现为领属与依附的关系，并一同被包含在以“血缘认同”关系组织起来的部落结构中。而到成吉思汗将全体草原游牧民编入千、百户体制后，原有的部落首领和那颜家族或者被肉体消灭，或者归附前者，成为为全体“黄金家族”（后者有时被称作 *ulus ejen*，“国之主人”）服役的依附阶层。在传统的部落领属阶层跌落出世袭分封体系的顶端的同时，原本居于其下的“哈剌出”的地位反而体现出相应的提升。在蒙古帝国时代，“哈剌出”一语有时“不只意味着与贵族（那颜）相对的普通人，而且也意味着与汗室与宗室相对的一切社会集团”②。那颜们被看作成吉思汗直系后裔们的“哈剌出”，而自称是某人的“哈剌出”甚至成为一种荣耀③，即表示其获得了高于普通官吏的“斡脱古·孛斡勒”（*ötögü bo'ol*，老奴婢）身份④。由此，我们就可以理解所谓“哈剌出·拜”正是在蒙古帝国主奴关系背景下，演变而成的对最高级别外姓官僚的尊称。

在突厥—蒙古传统（金帐汗国、察合台汗国）中，“来自不同游牧集团的首领——‘别’，成为了汗国内的支配性的力量。对普通的游牧民来说他们是领导阶层（leading estate），而对于依附于其下的定居民，他们是统

---

① 《蒙古社会制度史》，第 112 页。

② 《蒙古社会制度史》，第 118 页，注 1。姚氏称此为“蒙古帝国内主奴关系的泛化”，《论蒙元王朝的皇权》，载《学术集林》卷十五，上海：上海远东出版社，1999 年，第 308—310 页。

③ 《完者都史》中察合台系诸王八剌（Baraq）的异密札剌亦儿歹（Jalayirtay）和诸王钦察（Qipchaq）争吵时，以自己是八剌的“奴仆/哈剌出”为辞。而他事后也确实得到了八剌的袒护。《史集》卷三，第 114—115 页。

④ “斡脱古·孛斡勒”在汉文文献中被用作“元勋世臣”的对译。见亦邻真：《关于十一、二世纪的孛斡勒》，收入《亦邻真蒙古学文集》，呼和浩特：内蒙古人民出版社，2001 年，第 700—712 页。

治阶级(ruling class)"①。所以当沙米卢鲁指出:"在成吉思汗继承国中,他们(哈剌出·拜)属于占据支配阶层(也就是游牧人),而不是被统治者。"②在表明他们游牧身份的同时,也就揭示了其所拥有的全部权力根源于部落组织。

关于金帐汗国的"四哈剌出·拜"制度,据斯普勒说:"在金帐汗国(Qypčaq),最高管理机关并非掌握在一个人手中,而由四个'兀鲁思异密'(即"四哈剌出·拜")所共治。"③在金帐汗国中,这四个"支配部族"的首领,构成了与君主相对的"国家顾问"班子。其人数固定为 4 个,直到金帐汗国后期才增加为 5 人④。而在这四人之中,更有一位权力最大,地位最高者,被称为"众别(拜)之长"(*beglerbeg* 或 *beylerbey*)⑤。"众别(拜)之长"制度的来源目前还不是非常清楚,俄国学者认为它在乌古思人(Oghuz)政权中就已经存在⑥。它同样也存在于鲁木塞尔柱政权的国家制度中,卡恩(Cahen)推测其或与管理突厥蛮人的事务有关⑦。在蒙古人统治时期,"众别之长"和"众异密之长"(*Amīr al-umarā'*)、"众官之长"(*Mīr-i mīrān*),以及"兀鲁思异密"(*Ulūs-amīr*)或"兀鲁思别"(*Ulūsbeg*)完全对等。他们通常是指由大汗特别指定的,军队的最高将领⑧。沙米卢

① Khazanov, *Nomads and Outerside World*, p. 250.

② Schamiloğlu, *Tribal Politics and Social Organization in the Golden Horde*, p. 45.

③ Bertold Spuler, *Die Goldene Horde: Die Mongolen in Rußland 1223 – 1502*, Wiesbaden: Otto Harassowitz, 1965, p. 301.

④ Schamiloğlu 认为:此种制度中最重要的特征,就是它始终由"四"人组成。并且它是作为一种原则而被后来的君主所贯彻。Schamiloğlu, *Tribal Politics and Social Organization in the Golden Horde*, p. 45.

⑤ Spuler, *Die Goldene Horde*, p. 302. Schamiloğlu, *Tribal Politics and Social Organization in the Golden Horde*, p. 41.

⑥ 如 Agajanov 即认为:在乌古思人政权中,兀鲁别(uluğ beg)掌控氏族和部落联盟,而"众拜之长"则统领左、右翼军队。转引自 S. G. Agajanov 为《中亚文明史》所写章节,第四卷(上),北京:中国对外翻译出版公司,2010 年,第 41 页。

⑦ Claude Cahen, *Pre-Ottoman Turkey: A General Survey of the Material and Spiritual Culture and History*, *c. 1071 – 1330*, trans. by J. Jones-Williams, New York: Taplinger Publishing Company, 1968. pp. 228 – 229.

⑧ *Bertold* Spuler, *Die Monglen in Iran: Politik*, *Verwaltung und Kultur der Ilchanzeit 1220 – 1350*, "Das Heer", p. 331. 另可参看 Peter Jackson 为 *Encyclopaedia Iranica* 撰写的词条:"BEGLERBEGĪ".

鲁归纳"四哈剌出·拜"制度的基本特征有：

1）他们是某个"支配部族"(ruling tribe)首领。

2）作为"支配部族"的首领，他在统治阶层中有自己独立的代理人。

3）四"哈剌出·拜"之长，为"众拜之长"(*beylerbey*)。

4）他们是军队的最高领袖。

5）对汗的选立有干预的权力。

6）他们均有资格参与新汗登基的仪式。

7）"众拜之长"享有与外国统治者通信、外交之权力。

8）四"哈剌出·拜"可以批准公文，并加以钤印①。

曾实地游历金帐汗国的马木鲁克旅行家所留下的记述，向我们提供了此制度的概观。如乌马里('Umarī)看到，在别儿哥以及他的继承者时期，可汗的文件需要由"诸后和诸异密一致同意"(*wa ittafaqat ārā' al-khavātīn wa al-umarā'*)后②，才能生效。同时，他提到金帐汗国的兀鲁思异密和瓦即儿不像在伊利汗国那样有决策权。访问过月即别汗(Özbek)金帐的伊本·白图泰(Ibn Baṭṭūṭa)也见证道：依风俗，苏丹每周五在其大帐中召开聚会。其时苏丹本人、他的众妻子、子侄兄弟们以及大异密们都依次列坐于其下，而跟着大异密的则是军队的长官们③。而在稍后几天的另一次宴会时，被安排在苏丹左右手入座的是王子和大异密们，而随其后的则是诸如千户长(*amīr-i hazāra*)之类的次级军官④。以上描述中，那些位

① Schamīloğlu, *Tribal Politics and Social Organization in the Golden Horde*, p.206.

② Ibn Fadhl Allah al-'Umarī, ed. and trans. by K. Lech, *Das mongolische Weltreich: al-'Umari's Darstellung der Mongolischen Reiche in seinem Werk Masalik al-absar fi mamalik al-Amsar*, Wiesbaden: Harrassowitz, 1968, trans. p.137, text p.66. 李卡宁摘译:《乌马里〈眼历诸国记〉(选译)》,《蒙古史研究参考资料》,新编第32—33辑,内蒙古大学蒙古史研究所编,1984年,第102页。

③ *The Travels of Ibn Baṭṭūṭa A. D. 1325 - 1354*, trans. by H. A. R. Gibb, vol. 2, Leichtenstein: Kraus-Thomson Ogranization Limited, 1972, p.483.

④ *The Travels of Ibn Baṭṭūṭa*, pp.494 - 495.

于军队诸万户、千户之上的大异密，应该就是“兀鲁思异密(哈剌出·拜)”。

沙米卢鲁更尝试复原月即别汗时期的“四兀鲁思别”的名单。他相信作为在脱脱汗(Toqtaq)死后，支持月即别汗即位[①]，并宣誓效忠的忽都鲁·帖木儿(Qutluq Temür)应该是“四兀鲁思别”中居长的那个人。他曾被哈菲兹·阿不鲁称作“月即别[汗]国的中心”(*madār-i mamlakat-i Ūzbik*)[②]。除忽都鲁·帖木儿外，瓦萨甫书提到牙撒·拜(Yasa Bey)同样也是“兀鲁思异密”，而伊本·白图泰则提供了剩下两人的名字：秃鲁黑·帖木儿(Tuqluq Temür)和马合谋·火者(Maḥmmud Khvāja)[③]。

而他更重要的发现在于，根据克里米亚汗国的文献可以看出，汗国中的“四哈剌出·拜”总是和几个固定的“支配部族”有关，它们先后包括：Ṣirin, Barın, Siciut, Arğın, Qipchaq, Mangıt[④]。其中多数部族可以追溯到成吉思汗时代，借助《史集·部族志》我们可以很容易地辨识出的有：八邻部、昔只兀惕部、阿儿浑、钦察和忙忽惕部等，其中有一些自《秘史》时代以来，就是成吉思汗身边所倚重的部族。但和沙米卢鲁的观点略有分歧的是，我认为在金帐汗国中的这些“支配部族”，与其说是真实的、由出自同族、同血缘的人群组成的“部族”，不如说是指某些出身某“特定部族”，并世袭权力的重臣家族而已。在此“部族”只是指其中的那牙惕家族，而与平民部众无涉。就像在元朝，被时人誉为“亲连天家，世不婚姻”的札剌亦儿部[⑤]，其实只是指木华黎家族一支而已。

那为何后期金帐汗国的史料会显示出如此强烈的“部族”性格呢？我认为，这是因为蒙古人突厥化，并融入更强势的突厥文化的结果。和蒙古人不同，血缘(或拟血缘)的意识，在突厥文化中始终是构建更大的“部族共同体”的主要手法。在此背景下，特定的军事—政治集团也会被

---

① Schamiloğlu, *Tribal Politics and Social Organization in the Golden Horde*, p.150.

② Ḥafiẓ-i Abrū, *Ẕayl jāmi' al-tavārīkh-i Rashīd'ī*, ed. by Khānbābā Bayānī, Tehrān: Shirkat-i Taẕāmunī-i 'Ilmī, 1936, p.147.

③ Schamīloğlu, *Tribal Politics and Social Organization in the Golden Horde*, pp.153 - 154.

④ Schamīloğlu, *Tribal Politics and Social Organization in the Golden Horde*, p.53.

⑤ 元明善：《丞相东平忠宪王碑》，苏天爵：《元文类》卷二四。

披上部族的外衣，如“哈剌兀纳思”(Qarāūnās)原来是蒙古帝国时期的克什米尔万户军人与当地人通婚后产生的后裔，但也形成了类似于部族的共同体。

与蒙古汗国民事机构的官员选拔向定居民中的精英开放，并依赖其运作不同，“四哈剌出·拜”表现出高度的垄断性格，没有一个出自本土的非蒙古—突厥人担任过此职务。从某种程度上来看，“四哈剌出·拜”是蒙古帝国早期“权威共享”(collegiality)和“平等倾向”(egalitarian tendency)等部落民主精神的延续①。

在金帐汗国，“瓦即儿”的权限和独立性都要小于伊利汗国。施普勒注意到，金帐汗国的“瓦即儿”往往同时带有“代理人”(*na'ib*)或“首领官”(*mudabbir*)这样的头衔②。而通过对勘不同史料，我们可以知道，其多由四兀鲁思·拜(四哈剌出·拜)中的一个人统领“瓦即儿”，他也被称作“汗的代理人”(*na'ib al-Qān*，或 *mudabbir mamlikatihi*，国家的行政首脑)③。如果说，“瓦即儿”和“哈剌出·拜”的二元构造，体现了蒙古继承国家中部落组织和官僚机构两个部分的共存，那么这些既具有蒙古异密身份，又代表大汗和蒙古贵族对本土官僚进行监督的人本身，则为了蒙古政治传统和官僚制的结合部。《黑鞑事略》记载大蒙古国时期制度曰：“其相四人，曰按只觪，曰移剌楚材、曰粘合重山，共理汉事；曰镇海，专理回回国事。”其中，按只觪(宴只吉歹)在波斯史料中被称为窝阔台的“那颜”(*nūyān*)④。他充当着蒙古人在民事行政中枢中的代理人。似可以看作是此类制度最初的形态。

这种“二元”构造甚至影响到了随后莫斯科公国(Muscovy)的国家结

① 这方面最重要的讨论参看 Elizabeth Endicott-West，“Imperial Governance in Yuan Times”，*HJAS*，vol.46：2，(Dec.，1986)，p.547.

② Spuler，*Die Golden Horde*，p.301.

③ Schamiloğlu，“The *Qaraçi* Beys of the Later Golden Horde：Notes on the Organization of the Mongol World Empire”，*Archivum Eurasiae Medii Aevi*，1984：4，p.289.

④ Haravī，*Tārīk-nāma-yi Harāt*，p.79. 而在亚美尼亚史料中，他被称为“大元帅”(a certain great chief)，是贵由派来取代驻守小亚细亚地区蒙古军统帅拜柱(Baiju)的。Kirakos Ganjakets'i's，*History of the Armenians*，Chap.55，“Regarding Sartakh，son of Batu”，trans. by Robert Bedrosian，New York，1986. http://rbedrosian.com/.

构。14 世纪的莫斯科公国政治体制中，官僚体系模仿蒙古式中央机构，被分成武官、文职官僚两个截然不同的系统。作为“四哈剌出·拜”制度的对应物，俄语中被称为 tysiatskii 的那些官员不仅是军队和外交事务的首脑，也在王公赴萨莱汗庭觐见时，全权代理其职责。而与其平行，相当于文职官员首脑的“瓦即儿”的职务，则掌握在被称作 dvorskii 的官员手中。他们“是和在国家中枢机构中各个部落首领(heads of clans)完全不同的一批人”。在更早一些时候(14 至 15 世纪初)，出任此职之人的社会层级并不高①。

综上所述，我们或许可以推论：“四哈剌出·拜”制度所折射出的，其实是部落政治原则在移入另一种国家结构时，在权力分配模式方面的遗存。而这应该也是全体蒙古汗所共同继承的制度遗产之一。

(表一)　后期金帐汗国政治结构

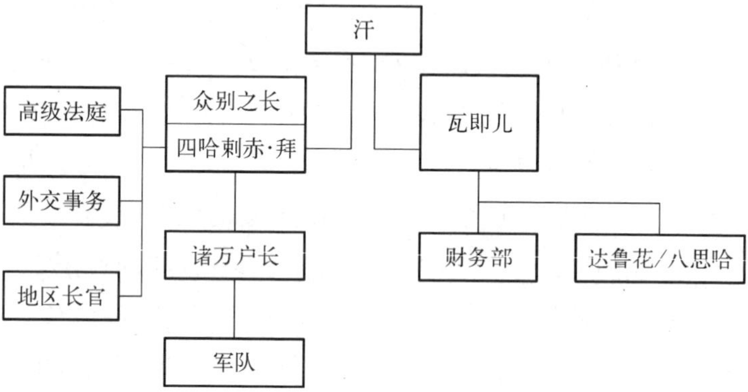

引自 D. Ostrowski, “The Mongol Origins of Muscovite Political Institutions”，有所改动。

2. 伊利汗国

由合赞汗发起的改革的根本动机，是基于一个极为实际的目的：恢复自旭烈兀时代以来，已被反复的内战和蒙古人的粗暴管理破坏殆尽的伊利汗国经济②。为了实现这个目的，他首先要做的就是重建起有效的行政管理和税收部门。在宰相拉施都丁的辅助下，中央集权的政府和各个机关

① Donald Ostrowski, “The Mongol Oringins of Muscovite Plitical Institutions”, *Slavic Review* 49: 4, (Win., 1990), p. 532.

② Spuler, *Die Monglen in Iran*, p. 263.

得到恢复。在伊利汗后期，代表传统波斯集权政体的“瓦即儿”至少名义上成为了最高行政官员①。而随着更多波斯本土官员参与到国家机构里，伊利汗国前期历史中那种随处可见的，构成其军事阶层的蒙古与突厥人，与作为“非蒙古人”的波斯人之间的“二元”对立变得缓和②。兰普敦认为，在突厥—蒙古国家社会秩序与结构的恢复过程中，旧有的社会层级也会体现在新的社会结构里③。但另一方面，我们也发现，新的征服者与其带来的新的社会关系，最初只是叠加在其外围，并逐渐渗透入原有的社会结构中去。

对蒙古贵族而言，合赞汗的改革把他们中的许多人推入了官僚体制中。虽然在此前也有少数蒙古人出任原本多由大食人担任的“瓦即儿”或“全权代表”(*niyābat-i muṭlaq*)一职。拉施都丁载，1283年(683)阿鲁浑汗“下诏委任名唤不花[的异密]为全国的宰相”(*va yalīgh vazārat-i mamālik ba-nām-i Būqā nāfiẓ gardānīd.*)④。据《史集·部族志》可知，不花出自札剌亦儿部，是蒙哥汗时期大断事官忙哥撒儿之后，最初曾担任阿八哈的首思赤(süseči)⑤。另一个例证，则是乞合都汗“委任失乞秃儿为伊朗地方的全权长官”(*niyābat-i muṯlaq-i khud dar mamālik-i Īrān Zamīn ba-shīktūr nūyān tūshāmīshī farmūd.*)⑥。失乞秃儿同样也出自札剌亦儿部，在伊朗阿尔达比勒(Ardabīl)出土公文中，失乞秃儿被称作是“强有力的异密”⑦。在合赞即位之初，还曾有阿鲁浑·阿哈之子捏兀鲁思

① Lambton, *Continuity and Change in Medieval Persia*, p.61.

② Lambton, *Continuity and Change in Medieval Persia*, p.53.

③ Lambton, *Continuity and Change in Medieval Persia*, p.224.

④ *Джāми' ат-Тавāрӣх*, Том.3, p.200. 汉译本,《史集》第三卷,第188页,译作:“并下诏委任不花为宰相。”

⑤ 《史集》第一卷,第1分册,第155页。

⑥ *Джāми' ат-Тавāрӣх*, Том.3, p.234. 汉译本,《史集》第三卷,第223页。“全权的代表[官员]”(*niyābat-i muṭlaq*)一词,又见于《世界征服者史》。当时阿鲁浑·阿哈派出兀鲁黑必阇赤法合鲁丁·比希昔惕,丞相(瓦即儿)也速丁·塔希耳作为他的“全权的代表[官员]”,负责呼罗珊、祃拶答而的收税官。下册,第579页。

⑦ Gehard Doerfer, “Mngolica aus Ardabīl”, *Zentralasiatische Studien*: 9, 1975, p.199. 案,失乞秃儿为额勒该(ilge, 一作: köke ilge)之后,额勒该家族自成吉思汗时期就是最为重要的老千户之一。虽然失乞秃儿本人在合赞汗时代已经失势,但其家族的影响力似并未削弱。继伊利汗国而起,控制伊朗北部省份的札剌亦儿王朝(*Jalayirid*)统治者,正是额勒该后裔。参看: Peter Jackson, “JALAYERIDS”, *Encyclopaedia Iranica*.

(Nawrūz)担任过此职①。而斯普勒编制的“首席宰辅年表”中,除上述三人外,剩下的全部是波斯人②。

这似乎也显示出一种融合倾向——即“真正的”蒙古异密也逐渐开始插手“瓦即儿”(文官)的事务。但有一个无法忽视的背景是:上述三人均直接参与了拥立伊利汗的内战,并倚靠其手中的军事实力助之登基。因此这个“瓦即儿”头衔或许只是一种临时措置。这些人是否如其所顶戴的官衔那样,对实际日常政务有所指画?我们实在不能抱有太高的估计。

在合赞汗改革前的大部分时间里,蒙古异密更多的是充当监督波斯大小世侯,并负责向定居民征收的赋税的八思哈③。扮演着外来征服者的角色的蒙古人,和之前进入波斯地区的游牧人相似,“就像油和水一样”无法结合进本土社会里④。在其施行管理时所遵循的并非是本地人习知的法规与惯例,而是成吉思汗和后代伊利汗们所制定的札撒(*yāsā*)与诏令(*yarlīgh*)⑤。在这一时期,蒙古人作为实际权力的掌握者,大多数时候却“隐没”在文献背后。

对比了元代和伊利汗国官僚制首脑的种族构成后,可以发现“有元一代,担任中书宰执(左、右宰相,平章政事)的蒙古人占压倒多数”⑥,但在波斯的情况则正相反。这点引起相关研究者的疑惑。而我的意见是,此种

① 《史集》第三卷,第282页。

② Spuler, *Die Monglen in Iran*, pp. 238 - 240. 虽然在《世系汇编》中,作者称孙者(Sūghūnjāq)为“众异密与众瓦即儿之长”(*amīr al-umarā' va vazīr al-vuzarā-yi Abāqā khān*),Shabānkāra'ī, *Majma' al-ansāb*, p. 264. 但《史集》和《泄剌失志》都指出,他只是法儿思地区的代理官员(na'ib),所以我没有将其算入其中。

③ Spuler, *Die Monglen in Iran*, "Der Tribut", pp. 270 - 271.

④ 米诺尔斯基(Minorski)形容道:“就像油和水一样,突厥人(Turk)和波斯人(Tazīk)无法自由组合,人口中的这种二元性深刻地影响着波斯的军事和民政机构。”Anonymous. *Tadhkirat al-Muluk*. ed. and trans. by V Minorsky, London: 1943, Appendices, p. 188.

⑤ 《史集》第三卷,第104—105页。阿八哈治理国家时,降旨说:“凡旭烈兀制定的一切法律和他所颁布的各种诏令,都要坚决遵守和履行,严禁更改歪曲。”随后他就把波斯各“行省”(*vilāyat*)交给蒙古重臣(大多数人为成吉思汗时期的老千户后裔)去管理。法儿思(Fārs)、起儿漫(Kirmān)等地区的世侯则在服从蒙古八思哈(*basqaq*)和包税人的前提下,得保留部分权利。

⑥ 姚大力:《论蒙元王朝的皇权》,第300页。

差异性并不表明波斯的蒙古人遵循了不同的政治理念。反之，蒙古人在传统中枢机构中的缺席，恰恰反映出，合赞汗改革前伊利汗国的蒙古人属于一个更为封闭、垄断的集团，这使得游牧背景的军事贵族更严格地隔绝于波斯本土官僚之外。

在伊利汗前期，这个军事、政治集团主要由伊利汗本人的怯薛班子构成。上述几位兼任“瓦即儿”的蒙古异密同时也具有怯薛身份。现存关于伊利汗国怯薛的事迹，集中在阿八哈时期。拉施都丁载：阿八哈的七个女儿中有三人的夫婿带有怯薛官职：玉勒·忽都鲁（Yül Qutluq）嫁给宴只吉歹·豁失赤（Īljītay Qūshchī），脱海（Toqai）嫁给朵剌带·玉典赤（Dūltāy Eyūdūchī），篾力（Malik）嫁给了那海·札鲁忽赤（Nūqāy Yārghūchī）之子秃罕（Tūghān）①。而保存在伊斯坦布尔的一份用回鹘式蒙古语记录的，由阿八哈（写于1273年）颁布给当地贵族察察·兀鲁·努鲁·丁（Çaça oğlu Nūr al-Dīn）的宗教地产（*Wāqf*）文书中有：

> bida edün noyat bügüde nöküd-lüge bolju gere bolbai.
> 俺每全体那牙惕，伴当每一处见证教做者②。

随后并开列了作为“见证人”的蒙古大异密和全体怯薛的名单。为首的四人分别是：撒马合儿（Samağar）、拜纳儿（Baynal）、台亦儿（Tayır）③、阔阔出（Kökeçü）④。除台亦儿（一作“台亦儿·拔都儿”，Ṭayīr Bahādūr）

---

① *Джāми' ат-Таварӣх*，Том.3，p.98.《史集》第三卷，第101页。人名与怯薛官名按元代译音用字译出，和汉译本不同。

② *Kirşehir Emiri Caca Oğlu Nur el-Din'in 1272 Tarihli Arapça-Moğolca Vakfiyesi: Die Arabisch-Mongolische Stiftungsurkunde von 1272 des Emirs von Kirşehir Caca Oğlu Nur el-Din*, ed. by Ahmet Temir, Ankara: Türk Tarih Kurumu, 1959, p.159, line.22–23. 引文据蒙古语译出，并参考原书土耳其语译文。其中，“gere”一词，在《元朝秘史》中作“格舌列”，意为“光”，此处则参考土耳其语：“tanık，目击”，译作“见证”。

③ 此人土耳其整理者转写作：Dayır，现据《五族谱》、《贵显世系》中所载“旭烈兀位下异密”名录改正。“*Му'изз ал-ансаб* (*Прославляющее генеалогии*)”，trans. p.77，text. p.61a.

④ *Kirşehir Emiri Caca Oğlu Nur el-Din'in 1272 tarihli Arapça-Moğolca Vakfiyesi*, p.159, line.23.

原为“客失迷儿(Keshmir)万户府”长官外，拜纳儿亦见于亚美尼亚史家阿堪赤(Akanc')所著《引弓民族史》①；撒马合儿出自“槐因·塔塔儿部”(Qo'in Tatar)，最初为旭烈兀的阿黑塔赤(akhtachī)②。他们应该都是阿八哈在位时最重要的蒙古异密与怯薛长，撒马合儿更是扶持阿八哈即位的“年长的大异密”之一③。而紧随其后的则是阿八哈位下各执事怯薛的名录，它们均以如下句式开头：

l.26－26a：nabçi-yin cağunu noyan：哨卫的名单④；
l.34：nabçi-yin bökeğül：孛可温的名单⑤；
l.39：nabçi-yin nuntuhuçi：嫩秃赤的名单⑥；
l.41：Samağar noyan-u nöküd inu：撒马合儿那颜的伴当每；
l.48：Baynal-un nöküd inu：拜纳儿那颜的伴当每

其涵盖范围大致包括了阿八哈怯薛中的主要成员。当然，其中大多数人并不见于其他史料。而在命令文书中列举当时在场怯薛名录的做法，和汉地情况相似⑦。由柯立夫译注并公布的一条完者都汗时期的公文

① Grigor of Akanc', *History of the Nation of the Archers* (*The Mongols*), trans. by Robert P. Blake & Richard N. Frye, Cambridge: Harvard University Press, 1954, note by F. W. Cleaves, p. 147.

② 《史集》第一卷，第1分册，第180页。“槐因·塔塔儿部”在《五族谱》、《贵显世系》中被写作“Kūyīn Tātār”。“*Му‘ изз ал-ансаб* (*Прославляющее генеалогии*)”, trans. p. 83, text. p. 66б.

③ *Джāми' ат-Тавāрӣх*, Том. 3, p.《史集》第三卷，第103页。

④ 案，cağunu，不见于元代(如《元史·兵志·宿卫》)的怯薛官职。土耳其语整理者译作：“yüzbaı，陆军上尉”。我认为这或许与《元朝秘史》中的“察黑都兀勒孙(čaγdu'ul-sun)”，旁译为“后哨”一词有关。小沢重男：《元朝秘史モンゴル語辭典》，第二册，第413页。

⑤ 案，bökegül“孛可温”(Per. Būkā'ūl<Mong. Bökeγül)，相当于汉文史料中的“孛可孙”(Bökesün)，是蒙古军队中的负责军需、后勤的官员。

⑥ 案，nuntuhçi，嫩秃赤(nutuγči)，蒙古语，为掌管驻营地点、放牧地盘的官员。相当于突厥语中的“禹儿惕赤”(Yurtči)。关于其执掌，可参看《书记及命官文书规范》所载制书。Hīndūšāh, Moḥammad Nakhčiwānī, *Дастӯр ал-Кāтиб фӣ Та‘йин ал-Марāтиб*《书记及命官文书规范》, критич. текст, предисл. и указатели А. А. Али-заде, Том. 2, Москва: Наука, 1976, pp. 62－63.

⑦ 参看刘晓：《元代怯薛轮值新探》，《中国社会科学》，2008年第4期，第191—204页。

题记则表明：在伊利汗国也有着与元代大致相似的怯薛轮值制度[1]。我们甚至能看出，公文中官员的排列次第，和元代内庭奏事时的次序也极为相似：1）出自怯薛的大异密：忽都鲁沙（Qūtlūq-Shāh）[2]；2）文职官僚的首脑："拉施都剌"（Erisidküle<* Rashīd ud-dūllah）[3]；3）蒙古必阇赤：剌马赞（Mong. Iramadan<Per. Ramaẓān）[4]。

虽然在合赞汗时期之前，也有少数的蒙古异密拥有"众异密之长"之类的头衔，但"四兀鲁思异密"以一种固定的制度出现在合赞汗之后的蒙古史料中，并作为与民政官员的首领"瓦即儿"相对的，整个官僚集团的顶端和最高军事长官[5]，仍使我们能够将之看作此种转折最终定型的标志。

伊利汗国制度中的"兀鲁思异密"（*Ulus Amīr*）不见于蒙古时代之前的波斯—阿拉伯文献。它同样也不见于早期的蒙古史料，如《元朝秘史》、《圣武亲征录》或《世界征服者史》。从目前掌握的史料来看，和这个头衔最相近的称号出现在脱列哥那（Töregene）摄政时期的谷儿只（Georgia）。在1244—1245年间冲制于梯弗利斯（Tiflis）的金第纳儿（*dīnār*）上均印有

---

① Francis Woodman Cleaves, "A Chancellery Practice of The Mongols in The Thirteenth and Fourteenth Centuries", *Harvard Journal of Asiatic Studies*, Vol. 14, No.3/4. (Dec., 1951), p.516. 此则史料已经刘晓文指出，第197页。

② 忽都鲁沙，蒙古忙兀惕部人，是拖雷位下千户长者台（Jadai）的后裔。合赞汗时期他位列蒙古重臣之列，而完者都汗即位初年，他已升任"居众人之首，位列第一"的蒙古异密。"*Му‘ изз ал-ансаб*（*Прославляющее генеалогии*）", trans. p. 94, text. p. 746. *Tārīkh-i Ūljāytū*, p.8. 另据《史集·合赞汗纪》，忽都鲁沙尝娶乞合都汗之女。第三卷，第219页。

③ 关于"Erisidküle"，柯立夫已指出其前半部分应该是波斯文：Rašīd的蒙古语拼法，但他没有辨认出此人为谁。我判断此人应该就是合赞汗时期著名的波斯宰相拉施都丁。在《完者都史》中他又称作："拉施都剌"（Rashīd al-Dawllāh，读若：Rashīd ud-dawllāh>Mong. Erišid[? k]ulä），此处或有误写。*Tārīkh-i Ūljāytū*, p.44. 因为前引《史集》已明确记载了"忽都鲁沙和拉施都丁"曾一同执役于合赞的怯薛中，第三卷，第305页。

④ 剌马赞是伯岳吾惕部（baya'ud）人，曾任阿鲁浑汗的必阇赤。*Šu'ab-i Panjgāna*, "*Му‘ изз ал-ансаб*（*Прославляющее генеалогии*）", trans. p.96, text. p.75a.

⑤ *Continuity and Change in Medieval Persia*, p.94. *Türkische und Mongolische Elemente im Neupersische*. vol.1, pp.176-177. *Das mongolische Weltreich*, "武将归诸兀鲁思异密指挥，文官归宰相管理。"汉译本，第112页。

如下铭文："大蒙古国·兀鲁思别。"（*Yeke Mongγol Ulus Bek*）①由于西亚地区发行钱币时，有必须印上显示当时统治者名称或头衔、尊号的惯例，所以这枚钱币上的"大蒙古国·兀鲁思别"一定是蒙古在当地的最高军政长官。有学者推测此人是曾主持河中地区政务的阿鲁浑·阿哈（Arghūn Āqā）②，但从后来的那些"兀鲁思别"只限于作为军事长官的头衔这点来看，它更有可能指的是拜柱·那颜（Baiju）③。拜柱·那颜出身于别速惕部（besüt），在窝阔台时期被派遣至高加索地区④，出任负责对小亚细亚攻略的全体蒙古军的最高长官。

在现在保存下来的鲁木·塞尔柱政府公文书中，我们曾找到一通当地宰辅写给拜柱，表示臣服的书信，信中称其为"强大的那颜"（*Nūyīn-i aʿẓam*＜Mong. *Yeke Noyan*）⑤，而在反映合赞汗改革以后官制的《书记规范》（*Dastūr al-kātib*）一书中，我们也能看到"强大的那颜及那颜子嗣"（*nū'yan wa nū'yan zāda-yi aʿ ẓam*）一名被固定地用来对应更符合波斯语表达习惯的"兀鲁思异密"⑥。所以我们或能推定："大蒙古国·兀鲁思别（异密）"最初来自对拜柱之蒙古语头衔的直译，尽管其正确的写法应作"* *yeke Mongγol ulus-un bek*（*noyan*）"。

---

① 此种第纳儿目前已发现多枚，均冲制于脱列哥那摄政时期，其显著的特征是钱币正面为一反身射箭的武士。钱币图片可在"ZENO. RU — Oriental Coins Database"网站上看到。网址：http://www.zeno.ru/.

② George Lane, "Arghun Aqa: Mongol Bureaucrat", *Iranian Studies*, vol. 32: 4, Paris: 1999, p. 461. 而 Kalbas 甚至认为这是指当地的世侯（*Malik*），Judith Kalbas, *The Mongols in Iran: Chingiz Khan to Uljaytu 1220 - 1309*, New York: Routledge, 2006, p. 182, n. 13.

③ 在这点上，我同意爱尔森的观点。参看 Thomas T. Allsen, "Changing Forms of Legitimation in Mongol Iran", G. Seaman and D. Marks eds., *Rulers from the Steppe: State Formation on the Eurasian Periphery*. Los. Angeles, Ethnographics Press, 1991, p. 225.

④ 《史集》第一卷，第 1 分册，第 160、320 页。

⑤ Osman Turan, *Türkiye Selçuklulari Hakkında Resmi Vesikalar: Metin, Tercüme ve Araştırmalar*《突厥赛尔柱政府文书：文本与译注》, TTK Ankara: 1958. Türk Tarih Kurumu, Text, p. 86.

⑥ Nakhchvānī, *Дастӯр ал-Кāтиб фӣ Та ʿ йин ал-Марāтиб*, Tom. 1, Часть. 2, 1971, "faṣl-i avval: dar al-laqāb wa du'ā'-yi abnā' *Umarā'-yi Ulūs*"（致众兀鲁思异密的荣誉头衔和颂辞）, pp. 7 - 8.

而“兀鲁思异密”，以及作为四“兀鲁思异密”之长的“众异密之长”等名词较为频繁地出现在合赞汗时期及其后的波斯史料中，绝非偶然。这应该是在他主导的改革推动下，蒙古重臣面对越来越快的制度融合，不再像以前那样游离在官僚体系之外，而是迫切地需要从定居社会的政治资源中寻找到能标示自己地位的对应称号①。

例如：根据《书记规范》中所载的几通《兀鲁思异密任命书》，我们大致能归纳出其职责为：“负责兀鲁思的保卫，封锁敌人[入侵]之门，遮断敌人[的道路]：上述大事，非委诸‘兀鲁思异密’不可[得行]。”（*va īn maʿna juz ba-ta'yīn Umarā'ī-yi Ulūs ka “ba-ḥimāyat ḥirāst ulūs maḥrūs qiyām namāyand，va abwāb makhālifān rā munsadd va maghlūq va ṭarq，muʿānid rā masdūd maqṭū' gardānad” mī-sar na-shud.*）凡出任此职者，均为“大异密”（*amīr-buzurg*），其职权所及包括“自密昔儿边境至阿母河谷，自忽鲁模子海岸至铁门的伊朗全境”（*dar mamlakat-i īrān zamīn az ḥudūd-i Miṣr tā shāṭ'ī wādī-yi Amūyah va az savāḥil-Ḥurmūz tā bāb al-Abwāb*）②。他们是全部军队、万户长的长官。此外，兀鲁思异密还须“一周二次，在大觐见厅与众宰辅、法官、国之重臣们集议；在断事官官厅调查案件”（*va har hafta dū rūz dar kiryās-i muʿẓam ba-ittifāq vuzarā va qaẓāt va arkān-i daulat dar dīvān-i muẓālim ba-tafaḥḥuṣ qaẓāyā mushghūl gushta.*）③。案，《完者都史》中就有“全部那些后妃”（mādar）和拥有“国之重臣”（*arkān-i dawlat*）[称号]的“那颜·异密们（*Umarā-yi*

---

① 本田实信曾检索波斯蒙古史料，发现“兀鲁思异密”不见于《史集》，但频繁出现在后期伊利汗史书，如《选史》（*Tārīkh-i guzīda*）、《兀外思史》（*Tārīkh-i Shaykh Uvays*）中。本田实信：《モンゴルの遊牧的官制》，载《モンゴル时代史研究》，东京：东京大学出版会，1991，第96页。但我在与拉施都丁所著《史集》有著較密切史源關係的《五族谱·合贊汗世系》中找到其稱大異密·捏兀鲁思为“大异密”（*amīr al-umarā'*）。

② Nakhchvānī，*Дастӯр ал-Кāтиб фӣ Таʿйин ал-Марāтиб*，Tom. 2，nau'-i awwal，p. 10. 参考 Joseph von Hammer-Purgstall，*Geschichte der Goldenen Horde in kipschak，Das ist: der Mongolen in Russland*. Pesth.：C. A. Hartleben's Verlag. 1840. pp. 463－516. 本田实信，《ジャライル朝のモンゴル・アミール制》，《モンゴル时代史研究》，第83—99页。

③ Nakhchvānī，*Дастӯр ал-Кāтиб фӣ Таʿйин ал-Марāтиб*，Tom. 2，nau'-i duwwum，p. 15.

Nūyān)"①。据此可知,这段文献中的"国之重臣"只是指那些被委以重任的,有着显赫家世("大根脚")的蒙古异密,特别是大汗的怯薛。而"断事官官厅"(*dīvān-i muẓālim*)是指与宗教法庭相对的"世俗仲裁法庭"。在起儿漫(Kerman)地方史志中,曾提及出身自"哈剌契丹异密"的世侯八剌黑·哈只卜(Baraq-Ḥajjib),称:"他的官职一开始是哈思·哈只卜,后来被委以'约鲁乞和札鲁忽'的长官,习惯上'世俗仲裁法庭'是这两者的简称"(*manṣab khāṣṣ ḥājjb'ī avvalān dād va pis ba-amārat-i yūlūq va yārghū wa aqāmat marāsim* ***dīvān-i maẓālim*** *sāniyan ikhtiṣāṣ-ash dād.*)②。如果熟悉蒙古时期波斯文献的写作习惯,可知作者通常会将一个外来语与波斯语连写以表示同一个意思。兰普顿曾据以认为,这是波斯传统的"法庭"被一个由军官主导审判团取代的结果③。

但稍稍追溯一下蒙古旧制,我们相信这个由"兀鲁思异密"主持,有众宰辅、法官、众蒙古异密参与并作出裁决的法庭,应该来自蒙古旧制中的"大断事官"制度。如《元朝秘史》曾载成吉思汗命令:"宿卫的内,教人与失吉忽秃忽一同断事者。"④而窝阔台合罕在处置蒙古官员控诉阔里古思(Körgüz)的案件时,曾命令"镇海、台纳儿,和其他一些来自断事官(札鲁忽)[班子]的官员全部坐在一起审查案件"(*Qā'ān farmūd tā Jīnqāy va Tāynāl va jami'ī dīgar-i az umarā'ī-yi yārghū ba-tafaḥḥuṣ aḥvāl īnshā ba-nishastand.*)⑤。由

---

① *Tārīkh-i Ūljāytū*, p.12.

② Nāṣir al-Dīn Kirmānī, *Simṭ al-ʿUlā li-l-Ḥaḍrat al-ʿUlyā: dar Tārīkh-i Qarākhtāīyān-i Kirmān ki dar fāṣila-i 715 – 720 qamarī niwišta šuda*《至尊者崇高的沉默》, Tehrān: Shirkat-i Sahāmī-i Chāp, 1949, p.22. 关于八剌·哈只卜其人可参看《世界征服者史》下册,第25章,《八剌黑的起儿漫地的征服》,第534—537页。这个词在此被写作"札鲁忽"而不是"札鲁忽赤",但其意义并无区别。我们可以举出《元朝秘史》中记载成吉思汗任命失吉·忽突忽为"普上的断事官",使用的也是"Qol-un Jarγu"的写法。

③ Lambton, *Continuity and Change in Medieval Persia*, p.94.

④ 《元朝秘史》卷十,第234节。

⑤ ʿAlī al-Dīn ʿAta Malikī Juwaynī, *Tārīkh-i Jahāngūshā'ī*, ed. by Qazvīnī, Leyden: Brill, 1916, vol.2 p.233, 台纳儿原文作"? arnal",据校勘记n.6改,根据波斯文文意,我们无法认为镇海和台纳儿也属于札鲁忽赤班子。《世界征服者史》下册,第554页。引文据原文直译,与汉译本不同。

作为“大必阇赤”（*bitīkchī*）的镇海①，和蒙古异密以及札鲁忽赤官员共同负责裁决，应该是具有典型意义的作法。

乌马里《眼历诸国行纪》中对伊利汗国的中枢机构是这样描写的：

> 兀鲁思异密共有四人，其中［最大］的一位是“众别之长”（*beklerbek*）。他们四人合称为“在内的异密”（*al-arbaʿat Umarā' al-Qūl*）。按规定，在发布命令文书（*al-Yālīgh wa al-Fūmānāt*）时，他们的名字要排在算端名字后面，排在宰相（*al-Wazīr*）名字的前面。假如他们中间的一个人没有参加某次会议，但在发布文件时也要签署上他的名字。
>
> 异密们几乎每天都得上朝，在那里按照等级的高低依次坐在已摆好的檀香木椅上，然后宰相就去见合罕。
>
> 他特别强调地说道：如果出现了不法行为，只要与军事有关的，就由兀鲁思异密处理，只要涉及财产、民事纠纷等等的，就由宰相处理。
>
> 有关财政方面的事务（即所谓的 *Alṭān Ṭamghā*）都由宰相（*Wāzīr*）提议并决定……那些有关军务方面的规约都得由兀鲁思异密决定②。

蒙古贵族垄断着对军队的控制，而瓦即儿则主要关注财政事务。但在官僚制顶端，“大部分重要事务和君王的需要由异密和宰相们办理”③，即由蒙古贵族和文职官僚共同来协商处理国家政务。因此兀鲁思异密得

---

① *Tārīkh-i Jahāngūshā'ī*, vol. 2 p. 234，又称“镇海和必阇赤们（*bitīkchiyān*）”，《世界征服者史》下册，第 499 页。而“*Myʿ изз ал-ансаб*（*Прославляющее генеалогии*）”，trans. p. 58，text. p. 41a. 写作“Jīghān”（《世界征服者史》中镇海之名有时亦缺 n，而波斯文中 ī 和 n 仅有音点之区别），但是又称其来自 altān，故可以推定是同一人。尽管其他的波斯文史料中也有称镇海为“异密”的，*Simṭ al-ʿUlā li-l-Ḥaḍrat al-ʿUlyā*, p. 31. 但我们迄今还未发现明确指其为札鲁忽［赤］的史料。因此至少目前，我们无法取信许有壬：《圭塘小稿》卷十《元故右丞相怯列公神道碑铭》中“为札鲁花赤”的记载。

② *Das mongolische Weltreich*, Text, p. 93. “Umarā al-Qūl”（أمراء القول）一词，Lech 没有译出。此词为蒙古语借词，译作“在内/居中的异密”。汉译本，第 112—113 页。案，本处汉译文错误较多。

③ 《史集》第三卷，第 358 页。

以对行政事务有所干预。

参考李治安对元代怯薛干预朝政的研究,可以看出后者通常是在宿卫之际,以"御前奏闻"、"陪奏"等方式得以实现。同时元代圣旨和官方文书中,也总是把参加陪奏的怯薛和朝廷宰执同书于一纸,体现出对其参预机务的合法权力的认可①。而在伊利汗国,蒙古异密同样也拥有并不异于汉地的参政权,此种权力的制度化形式,则表现在伊利汗国的公文制度上。乌马里说:在伊利汗国,"宰相(*al-Wazīr*)是唯一的一个有权决定文书(*khaṭṭ*)的人。……正文下面是算端的名字,然后是四个[兀鲁思]异密的名字,最后是宰相的,和?[文书的空处]……另外,宰相要在空格处写上(*fulān söz'ī*)②,即'圣[钧]旨俺的'(这是某某的话)"③。《史集·合赞汗纪》中说,合赞汗曾"指定出自四怯薛的四个异密,每人独掌一黑印,以为圣旨钤印"(*va chahar amīr rā az chahar kizīg-i muʻaiyan farmūd va har-yik rā Qarā-Tamghā'ī ʻala ḥida dāda, tā chūn yarlīgh rā tamghā zunand.*)④。而完者都时代的圣旨用印情况则是:"苏丹·完者都·马合木让五位异密在圣旨上签署他们的名字,他们的次第是:出班、孛罗、忽辛、舍云赤、也先·忽都鲁。苏丹的瓦即儿是火者·撒都丁。但众瓦即儿的签名要排在其(蒙古异密)后"⑤。和《完者都史》中"国之重臣"名单相对照,原位列第一的忽都鲁·沙已在吉兰(Gīlān)战事中被杀,所以原本位列第七的也先·忽都鲁升至第五,余下的人次序不变。而1305年的阿尔达比尔出土命令文书的起首语如下:

---

① 李治安:《怯薛与元代朝政》,载《元代政治制度研究》,北京:人民出版社,2003年,第43—57页。

② söz-为突厥语,意为"话"。"fulān söz'ī"就是蒙文命令文书中常见的"üge menü"的突厥语对应词。关于伊利汗国和后续的突厥蛮王朝命令文书(*farmān*)制度中的"sözüm",参看Abol al Soudavar, "The Mongol Legacy of Persian *Farmāns*", *Beyond the Legacy of Genghis Khan*, pp. 407-421.

③ *Das mongolische Weltreich*, Text. p. 102.

④ *Джāми' ат-Тавāрӥх*, Том. 3, p. 500.《史集》第三卷,第478页。另渡部良子:《〈書記典範〉の成立背景—14世纪におけるペルシア語インシャー手引書編纂とモンゴル文書行政》一文也曾就此加以討論,《史学雜誌》117-7,东京,2002,第1—31页。

⑤ Muḥammad ibn ʻalī Šabānkāra'ī, *Majma' al-Ansāb*《世系汇编》, Tehrān: Amīr Kabīr, 1984, p. 270.

ba-ism-Allāh al-raḥmān al-rahīm	以仁慈的安拉之名！
Ūljāytū Sulṭān yarlīgh-īn-dīn：	完者都·苏丹圣旨里，
Qutlugh-Shāh Chūpān Pūlād Ḥusin Savinj	忽都鲁·沙、出班、孛罗、忽辛、舍云赤
sözindin：	钧旨里，
Sa'ad al-Dīn söz'ī：	撒都·丁钧旨：①

此文书实为瓦即儿撒都·丁所发布，对公文最后所钤之印，多位释读者均作"王府之印"（*wan-fu-chih-yin*）②。但我们根据元代制度与出土实物可以确定印文当释作"王傅之印"③。而另一通忽都鲁·沙颁布文书最后的钤印为"御(右?)枢密使之印"（*yu-ch'u-mi-shih-chih-yin*）④，"御枢密使"和"丞相"一样，都是由蒙古贵族所垄断的权力核心在汉地制度中的对应官职⑤。它们对稍后我们理解元朝制度中的蒙古因素，有着重要意义。关于伊利

① Gottfried Herrmann, *Persische Urkunden der Mongolenzeit: Text- und Bibldteil*, Wiesbaden: Harrassowitz Verlag, 2004 p. 79. 案，Per. Yarlīghīndīn < Turk. Yarliġdïn. 同样的句例见 1、10th 世纪突厥语译《古兰经》，意为"命令"(Commandment)。Janos Eckmann, *Middle Turkic Glosses of the Rylands interlinear Koran translation*, Budapest: Akademiai Kiado, 1976, p.332.而元代文献中的用例，可见黑城出土文书 No.117，"*dar taḥṣīl-i* (*arpa*) *wāqi' namāyand* ***yarlïġïndïn***"，可译为："敕令……征收大麦……"日译者认为 yarlïġ-ïndïn 为突厥语借词："敕令にて"。吉田顺一，チメドドルヅ编：《ハラホト出土モンゴル文書の研究》东京：雄山閣，2008，第 224 页。它相当于元代公文的起首套语："皇帝圣旨里，大汗敕令里。"下接发文对象。

② "Changing Forms of Legitimation in Mongol Iran".

③ 《元史》卷九《世祖本纪》："（至元十四年）二月丙寅，改安西王傅铜印为银印。"第 188 页。《平成 15～16 年东北亚遗迹考古》，收录有一枚 1993 年发现于吉林郭尔罗斯的八思巴文印章，边款作："王傅之印"（至元九年颁）。而日本藏元本《事林广记》所载《大元文武官品之图》载：【亲王府品职】，正四品，傅（掌师范辅导、参议可否）。引自宫纪子：《叡山文庫所藏の'事林広記'写本について》，《史林》，91：3，2008 年，第 480 页。而元廷赐合赞汗为"威靖王"，其品秩适当一亲王。故可确定此印用字为"王傅"。

④ *Persische Urkunden der Mongolenzeit*, p.74.

⑤ 有的学者相信在文书最后署名、钤印的官员都是"兀鲁思异密"，是错误的。上文已指出"兀鲁思异密"是一个世袭、并相当封闭的集团。Christopher P. Atwood, "*Ulus* Emirs, *Keshig* Elders, Signatures, and Marrige Parters: the Evolution of a Classic Mongol Institution", *Imperial Statecraft: Political Forms And Techniques Of Governance In Inner Asia, Sixth-Twentieth Centuries*, ed. David Sneath. Bellingham: Western Washington University, 2006, pp.141 - 173.

汗时期的“众异密之长”和四兀鲁思异密，排比各家史料可知大致有以下几人：

阿八哈汗时期：* 孙者。

阿鲁浑汗时期：不花①。

拜都汗：* 脱合察儿②。

合赞汗时期：* 捏兀鲁思，纳邻③，出班④。

完者都时期：* 忽都鲁·沙⑤，出班，孛罗，* 舍云赤，忽辛·别，也先·忽都鲁⑥。

不赛因时期：* 出班⑦，舍云赤，亦邻真，忽辛，也先·忽都鲁⑧。

（注：加 * 者，为“众异密之长”）

兀鲁思异密的出现是蒙古旧制在本地官僚制度中的渗透，怯薛及怯薛制度所代表的根源于部落组织的权力核心，只是隐退其后而并没有为其所取代。

《完者都史》中保存了一份伊利汗国后期的蒙古重臣和怯薛名录，而

---

① 见 *Simṭ al-ʿUlā li-l-Ḥaḍrat al-ʿUlyā*，书中曾把阿鲁浑汗时期的大异密“不花”称作“兀鲁思的异密、世界的主人和伊朗全境统治者”（*Amīr-i Ulūs wa kārsāz-i jahāniyān wa mudabbir-i al-Qālīm-i Īrān*），p.56. 但此书的血作年代要晚于《史集》，所以未必就是其同时代人的看法。不花是札剌亦儿部斡格来·豁儿赤（Ūkalāy Qūrčī）之子，最初为阿八哈的掌印官（*Ṭamghāčī*），见《史集》第一卷，第1分册，第156页。

② *Tārīkh-i Waṣṣāf*，p.284. 脱合察儿出自八邻部分部速合讷惕（Sūqnūt）部族塔木合家族，其父忽秃·不花那颜是“有威望的大异密”，见《史集》第一卷，第1分册，第163、310页。

③ “*Муʿизз ал-ансаб* （*Прославляющее генеалогии*）”，pp. 93－94.

④ Abū Bakr al-Quṭbī al-Ahrī，*Tārīkh-i Shaykh Uvays*，trans. by J. B. Van Loon，s-Gravenhage，1956，trans. p. 48. text. p. 146.

⑤ *Tārīkh-i Guzīda*，p. 607. 忽都鲁·沙是忙兀惕部者台那颜的族人。《史集·部族志》称者台是唆鲁禾帖尼别吉与拖雷诸子的近臣。其兄忽勒合秃·豁儿赤（Hūlqūtū Qūrčī）曾任怯薛长。《史集》第一卷，第1分册，第303页。

⑥ *Tārīkh-i Waṣṣāf*，vol. 4，p. 467；*Taḥrīr-i Tārīkh-i Vaṣṣāf*，p. 274. 瓦萨甫称他们为“大那颜”（*Nūyān-ān-i buzurg*），位于众异密（*umarā'*）之上。

⑦ *Tārīkh-i Vaṣṣāf*，vol. 5，p. 620；*Tārīkh-i Shaykh Uvāys*，trans. p. 51. text. p. 155.

⑧ *Taḥrīr-i Tārīkh-i Vaṣṣāf*，p. 357

根据名单可以发现：置于整个波斯文官之上的，是怯薛集团和与怯薛保持着密切联系的大异密。在这个集团中，蒙古人占据了绝大多数，接下来才是少量通过与蒙古汗室、重臣家族之间的婚姻纽带联系起来的畏兀儿、钦察人。而所谓“兀鲁思异密”虽然来自和游牧传统截然相反的，中央集权政治改革的产物，但他们在官僚制体系内的地位，以及他们权力分配过程中的垄断性格，无不从原初的游牧官制“悄悄”过渡到新的角色中。因此我们在诸西方蒙古汗国家中所见到的“四兀鲁思异密”制度，实则为古老的“四怯薛”制度投影到波斯—突厥国家结构中的产物。他们是传统上掌握国家核心权力的全体怯薛集团在官僚制中的代表，也是蒙古人根深蒂固的“根脚”观念在国家机器中的反映。如《完者都史》的“蒙古重臣和怯薛名录”中的“阿里・豁失赤”、“忽都鲁・海牙”、“斡鲁朵・乞牙”，均通过“国之重臣”的身份进入伊利汗国官僚体制，却仍保留着标志其身份的“那颜”称号以显示其怯薛身份。

（表二）《完者都史》所载蒙古异密构成①

<table>
<tr><th colspan="2">出　身</th><th>名　　单</th><th>人数</th><th>比例
（共25人）</th></tr>
<tr><td colspan="2">伊利汗的婚姻对象</td><td>忽都鲁沙、出班、亦邻真、脱欢、忽辛、剌马赞、合剌不朮乞</td><td>7</td><td>28%</td></tr>
<tr><td rowspan="2">斡耳朵内诸执事</td><td>内廷官</td><td>忽都鲁沙、出班、孛罗、阿里・豁失赤、速台・阿塔赤、速檀・札撒温、阿鲁忽、忽都鲁・海牙、合剌不朮乞</td><td>9</td><td>36%</td></tr>
<tr><td>怯薛根脚</td><td>塔剌木答思、奴伦答儿、倚纳・脱黑马乞</td><td>3</td><td>12%</td></tr>
</table>

在后世留下的波斯语行政文献集成中，我们很少能看到关于上述蒙古异密的活动痕迹。即便是《书记规范》中关于蒙古官职的记载，也是经过大幅度简略后的结果。但他们却是整个国家中最有实力的群体。合赞汗改革后，他们有时会直接参与日常行政事务的管理。如忽鲁・铁木耳（Qūr Tīmūr）作为合赞时期“居近效力的众异密”之一（*az jumla-yi*

① *Tārīkh-i Ūljāytū*, p.12.

umarā'-yi qarb mulāzim)，也曾受命"管理底万府"(*ba-dīvān-i ʿimārat dāshit*.)①。但他们的重要影响更体现在：从完者都到不赛因时代的重要军事行动中，上述名单中的大部分异密都积极参与其中。其活动的结果往往直接左右着政局的发展，在不赛因时期(1319)由反对出班那颜的蒙古异密发起的叛乱中，前揭"蒙古重臣和怯薛名录"中的阿里·沙、古儿·不花、脱黑马乞扮演了相当积极的角色，也先后因此而被杀②。正如梅耶维尔所说的："在伊利汗国，这些官员及其后裔在史料中的持续性的存在，特别是核心异密家族对内廷事务的长期把持，一直要到1335年不赛因死去为止。"③

这些蒙古异密的出身和部族还透露出两个明显特征：其一，他们及其家族均与蒙古诸老千户和怯薛集团有关。如位列第一的忽都鲁·沙的叔父忽儿合秃(Hūlqūtū)曾担任过阿八哈汗的豁儿赤和怯薛长④。出班则是拖雷家千户长宿敦(Sudun)那颜之后。第三位忽辛，出自旭烈兀到阿八哈时代"诸斡耳朵之长"(*amīr-i ūrdū-hā*)，出身自札剌亦儿部额勒该(Elgei)那颜和失乞秃儿那颜父子之后⑤。舍云赤·阿合之父瑟瑟·八合失则是阿鲁浑汗的王傅，而据《书记规范》可知，"八合失"(*bakhshī*)也属于"内廷"官职之一种⑥。

其二，他们的权力与大汗本人有着更为密切的关联。并不像元代的四怯薛长总是和特定家族联系在一起，伊利汗国的"四兀鲁思异密"是大汗私人的内庭怯薛集团的代表。值得注意的是，上述乌马里书中合称"四

① "*Муʿизз ал-ансаб* (*Прославляющее генеалогии*)", trans. p. 84, text. p. 75a.
② 参看 Charles Melville, "Abū Saʿīd and the Revolt of the Amirs in 1319", Denise Aigle ed. *L'Iran Face a La Domination Mongole*, Teheran: Institut Français de Recherche en Iran, 1997, pp. 89–120.
③ "The *Keshig* in Iran: the Survial of the Royal Mongol Household", p. 154.
④ 《史集》第一卷，第1分册，第303页。
⑤ 《史集》第一卷，第1分册，第152页。
⑥ *Дастӯр ал-Кāтиб фй Таʿйин ал-Марāтиб*, Tom. 2, pp. 39–45. 在元代，"八哈失"同样属"通籍禁门"的内廷官职。其职事乃是为君王"恒侍左右，诵说经典"，"以文学备顾问"，通常此种职事也是世袭的。忽必烈朝的回鹘人大乘都先为忽必烈文学侍从，后为皇孙阿难答师。其子大理都以文学供奉入侍裕宗(真金)；大慈都则效力于忽必烈身边。参程钜夫：《雪楼集》卷八《秦国先墓碑》。

兀鲁思异密”作“在内的异密”(*Umarā' al-Qūl*),此词来自蒙古语“豁勒”(*qol*),本义为“在内的、中央的”。在成吉思汗时代,由大汗直接领属的诸千、百户民众叫作“在内的兀鲁思”(*qol-un ulus*)①。而“大中军”(*Uluγ Qol*),则是由大汗本人护卫所组成的军力②。此词后借入波斯文,如《瓦萨甫史》中有“名为‘大数目’的大中军”(*Ulugh Qūl ya'nī Dalāī-yi buzurg*)之说法③。所以与“豁勒”有关的职务,即表明他们出身“大根脚”,且具有怯薛(内廷)身份。在符合游牧传统的“家产制”国家制度中,和大汗私人关系的远近,决定了他们处在权力结构的哪一端。成吉思汗曾亲口训谕道:“我的散班护卫,在在外的千户上。”④而完者都在即位后,就把异密·脱黑马乞(第二十二位)、异密·阿里·豁失赤(第九位异密)、哈剌即·马合谋(第二十三位)、撒鲁罕(二十四位)、塔失木儿(第二十五位),“介绍给自己私相狎近的幕僚班底”(*īshān rā anīs-i salvat wa jalīs-i khalvat-i khūd gardānīd.*)⑤。上述五人原来应该不是和完者都汗关系最密切的异密(如撒鲁罕来自元朝诸王阿难答手下),但他们由此得跻身更为核心的权力中枢。

同时我们也可以看到来源于“怯怜口”(Mong. *ger-ïn k'e'ü*,意为“家中儿郎”)的突厥语对应词“额甫·昂兀立”(Turk. *ev-ughul*)在伊利汗国演化为内廷官职之一;而被符拉基米尔佐夫看作是更受“亲信的那可儿”的“倚纳”(*inaq*)一词,同样固定为和伊利汗本人保持着亲密关系的人群所顶戴的“官号”⑥。这或许透露出游牧因素在国家政治体系中的重要影

① 《元朝秘史》续集卷二,第269节。
② 《元朝秘史》卷九,第226节:“这些做我护卫的人,以后教做大中军者。”
③ *Tārīkh-i Vaṣṣāf*, p.51.
④ 《元朝秘史》卷九,第228节。
⑤ *Tārīkh-i Ūljāytū*, pp.28–29.
⑥ 《书记规范》一书中,收有给“君王的近幸与宠臣加封荣誉称号”(*Dar al-Laqāb wa ad'iyah-yi Īnāqān wa muqarabān-i pādishāh*)的制书。Nakhchvānī, *Дастӯр ал-Ḳāтиб*, Tom.1, Часть.2, p.48.
在元代的汉文史料中,“倚纳”出现的次数较少。但直至元末,它仍被用来标示那些居于大汗侧近而拥有特殊身份的群体。如权衡:《庚申外史》卷上:“国师又荐老的沙、巴郎太子、答剌马的、秃鲁帖木儿、脱欢、孛的、蛙林、纳哈出、速哥帖木儿、薛答里麻十人,皆号‘倚纳’。”陶宗仪:《南村辍耕录》卷二“叛党告迁地”条亦有“延祐间,倚纳脱脱公来为浙相”之记载,第30—31页。

响：身份及身份依附关系本身，被赋予了实际的政治功能。官员们不仅需要获得官僚等级中的相应位置，也需要在由血缘—身份关系构建起来的谱系中获得定位。这里所谓的身份关系，除了真实或虚拟的血缘（如为皇室同部、同族人）关系外，也包括通过婚姻纽带联系起来的特定的外婚制集团，更包括以统治者私仆、家臣身份而建立起特殊联系的人。他们往往利用与君主的亲密关系，晋身更为核心的权力集团，成为独立于官僚制度之外的群体。在特定的情况下，又通过婚姻手段，使得原来的身份依附关系被蒙上一层“亲属”的脉脉温情①。

马克斯·韦伯（Max Weber）曾把那种与官僚制度相对的，由“统治者通过亲信、食客或者廷臣去执行最重要的举措”，看作是专制政体下“家产制政府”（*patrimonial bureaucracy*）的典型形态②。但在蒙古时代，这种基于身份依附的“家产制”关系，在官僚体系中被制度化。志茂硕敏考察了波斯文献中的“大异密”（*amīr-i buzurg*），发现在许多场合它对等于“那可儿”（伴当，*nūkar*）。而作为修饰成分的“大”（*buzurg*）一词，又固定地与大汗及大汗家族等概念联系在一起。如“大兀鲁思”（*ulūs-i buzurg*）指大汗直属的领地；“敕使”（*īlchī-yi buzurg*）指传达大汗口谕的信使③。所以大汗所居的斡耳朵，既是最高权力机关，又成为全部政治权力的来源。怯薛集团及其代表人物通过与“大斡耳朵”的天然联系，成为制约本土官僚群体的“半身份性的蒙古贵族集团”。而这种这种与官僚制精神截然相反的，以个人依附为基础，并通过对汗室私务的参与，进而跻身权力核心的方式，则反映出“游牧因素”在诸蒙古继承国家政治机器中的弥散。它不仅存在于蒙古贵族和大汗之间，也成为了黏合蒙古异密和波斯本土官僚的普遍法则。拉施都丁自己承认，忽都鲁·沙是因为曾于怯薛中共事而

① 上表中的出班、亦邻真、脱欢等人都曾与伊利汗家族有着固定的婚姻关系：旭烈兀长妻脱古思（Toguz）合敦就是克烈部人，亦邻真则是脱古思合敦的侄子，《史集》第三卷，第20页；出班之女八合答·沙（Baghdād Shāh）则嫁给了末代伊利汗不赛因，“*Муʿизз ал-ансаб*（*Прославляющее генеалогии*）”，trans. p. 100.

② 马克斯·韦伯：《官僚制》，《马克斯·韦伯社会学文集》，阎克文译，北京：人民出版社，2010年，第188—189页。

③ 志茂碩敏：《モンゴル帝国の国家構造》，《モンゴル帝国史研究序說：イル汗国の中核部族》，东京：东京大学出版会，1995年，第447—475页。

成为其幕后的支持者①。当前者死后,拉施都丁也终于因为缺乏后台而被杀。而在整个伊利汗时期,首席的波斯大臣和最为贵重的蒙古大臣之间总是以这种非“制度化”的纽带联结在一起②。如阿鲁浑时期的斡儿都·海牙(Ordu Qiya)和撒都剌(Sa'd al-Daula)、不花和苫思丁(shams al-Dīn)③、乞合都时期的脱黑察儿(Toqachar)和撒都(鲁)丁(Sadr al-Dīn)、合赞汗时期的纽邻·阿哈(Nurin Aqa)和撒都丁(Sa'd al-Dīn),以及完者都时代的忽辛·驸马和泰术丁·舍兀治等,后者的得势与倒台均与前者支持与否有关,呈现出强烈的依附性。

最后,如果我们有限度地接受本田实信的评价,《书记规范》的篇章结构“如实展示了后期伊利汗们所追求的中央集权国家构造的全貌”④,即将全体官僚划分为:1. 蒙古异密及其僚属(*amīr-i Mughūl va atabā'-i īshān*);2. 宰相、首席财政官及其僚属(*vuzarā va aṣaḥāb Dīvān-i buzurg va lavāḥaq*);3. 宗教官员(*Manāṣab-i Shar'ī*)三个部分⑤。那么《完者都史》对蒙古贵族和怯薛集团的描写,则使我们可以更为清晰地看到被覆盖在波斯—突厥式官僚体制之下的,蒙古汗国政权的内部结构。两者之间的差异,体现了真实保留的历史“实相”和理想化的、基于文化传统而编撰的“行政指南”之间的落差。而在看似严整的官僚制外壳下,来自草原旧制的身份依附关系,成为了沟通新旧两个系统的手段。蒙古汗国正是依靠它来实现对于其治下的多元种族、多元文化集团“小心翼翼”地平衡驾驭的。

---

① *Джāми' ат-Тавāрӣх*, Том.3, p.326.“他(忽都鲁·沙)对我(拉施都丁)说:‘咱俩彼此曾共执役于怯薛(*dar yik kišik būda-īm*),从来没有发生过误会以致受到委屈。’”《史集》第三卷,第305页。案,此句汉译本译作“咱俩彼此是同学”,去原意较远,今据原文直译。

② Charles Melville, “Wolf or Shepherd? Amir Chupan's Attitude to Government”, p.85.

③ 《史集》第三卷,第189—190页。*Tārīkh-i Shaykh Uvays*, pp.40-41.

④ 本田実信:《ジャライル朝のモンゴル・アミール制》,第86页。

⑤ Nakhchvānī, *Дастӯр ал-Кāтиб фӣ Та'йин ал-Марāтиб*, Том.2, pp.3-5.

（表三） 伊利汗国政治结构：参考《书记规范》所载官职制作

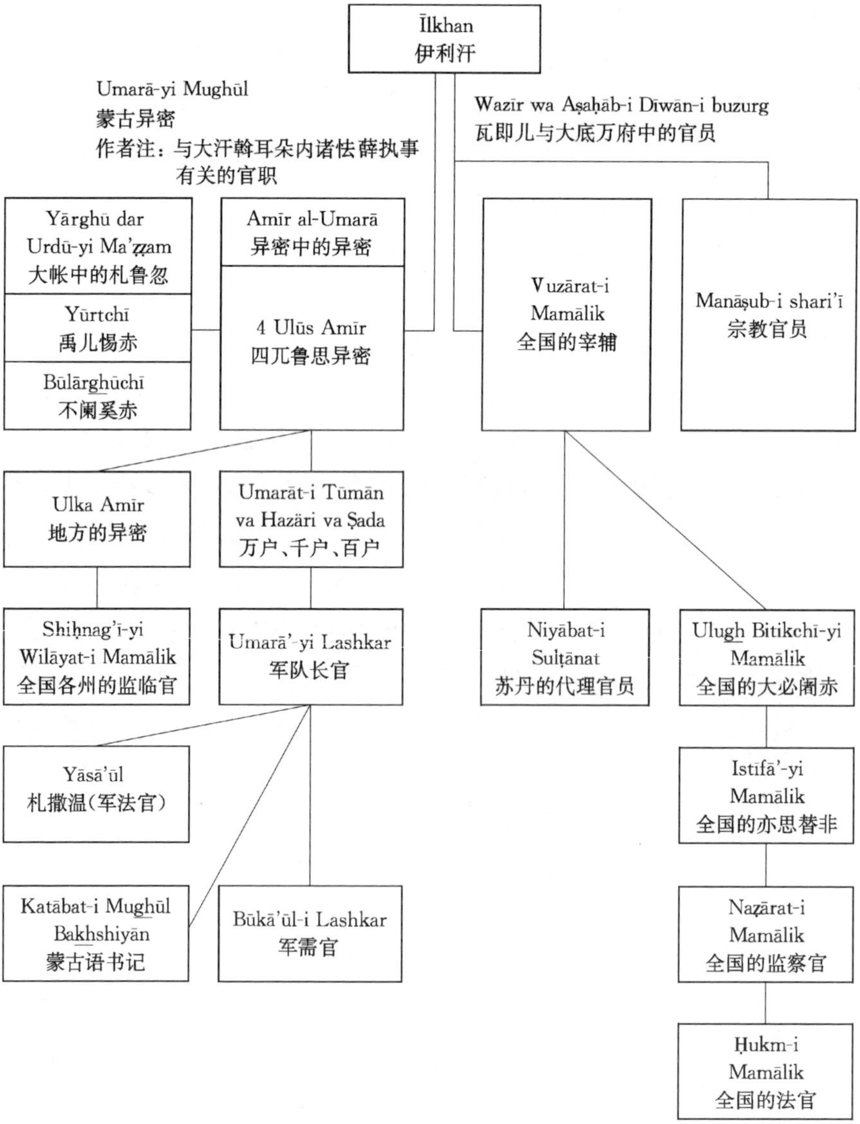
Īlkhan
伊利汗
Umarā-yi Mughūl
蒙古异密
作者注：与大汗斡耳朵内诸怯薛执事
有关的官职
Wazīr wa Aṣaḥāb-i Dīwān-i buzurg
瓦即儿与大底万府中的官员
Yārghū dar
Urdū-yi Ma'ẓẓam
大帐中的札鲁忽
Yūrtchī
禹儿惕赤
Būlārghūchī
不阑奚赤
Amīr al-Umarā
异密中的异密
4 Ulūs Amīr
四兀鲁思异密
Vuzārat-i
Mamālik
全国的宰辅
Manāṣub-i sharī'ī
宗教官员
Ulka Amīr
地方的异密
Umarāt-i Tūmān
va Hazāri va Ṣada
万户、千户、百户
Shiḥnag'ī-yi
Wilāyat-i Mamālik
全国各州的监临官
Umarā'-yi Lashkar
军队长官
Niyābat-i
Sulṭānat
苏丹的代理官员
Ulugh Bitikchī-yi
Mamālik
全国的大必阇赤
Yāsā'ūl
札撒温（军法官）
Istīfā'-yi
Mamālik
全国的亦思替非
Katābat-i Mughūl
Bakhshiyān
蒙古语书记
Būkā'ūl-i Lashkar
军需官
Naẓārat-i
Mamālik
全国的监察官
Ḥukm-i
Mamālik
全国的法官

三、元代政治的内在结构

1. 制度的溯源

可以认为上述西方汗国的权力分配模式之间的相似性，应该是渊源自相同的政治文化资源的结果。而我们对其源头进行追溯的尝试，则非常肯定地将之与蒙哥汗即位后的一系列制度调整联系起来。

击败来自贵由汗后裔的政变企图后，蒙哥登上了蒙古帝国大汗的宝座。在指使其党羽分头出发抓捕、诛杀与窝阔台、察合台两家有故交的众蒙古宗室、贵族的同时，他也"改更庶政"①，进行了人事和制度上的改组。其最主要的改变是蒙哥汗开始较大规模地"从非蒙古人那里征召幕僚，扩大了怯薛组织的功能"②。在这个新组建的怯薛组织中，不仅保留了传统的蒙古官职，也包括了一个从被征服地区征召来的多元的中央文书班子③。他们组成活动于大汗斡耳朵之内的政务处置机构，并和在外的、由蒙古监临官和当地精英合作，实行半自治的行省机构形成了两级管理体系。如果对《本纪》所载举措略加整理，我们就能看到如下结构：

(1) 负责大蒙古国各方向征服行动的诸王、诸那颜：

1. 命忽必烈征大理。

2. 诸王，秃儿花撒立(Sali noyan，是塔塔儿部人，不是诸王)征身毒。

3. 怯的不花征没里奚。

4. 旭烈兀征西域素丹诸国。

(2) 在汉地、土蕃地区的征服和军事镇戍：

1. 以茶寒、叶了干统两淮等处蒙古、汉军。

---

① 《元史》卷三《宪宗本纪》。

② Allsen, Thomas T. "Guard and Government in the Reign of The Grand Qan Mongke, 1251 - 1259", *HJAS*, 46: 2, 1986, p.508.

③ 《世界征服者史》下册。

2. 以带答儿统四川等处蒙古、汉军。

3. 以和里解统土蕃等处蒙古、汉军，皆仍前征进。

(3) 守大斡耳朵诸蒙古官员(均为怯薛)：

1. 以忙哥撒儿为断事官。

2. 以孛鲁合掌宣发号令、朝觐贡献及内外闻奏诸事。

3. 以晃兀儿留守和林宫阙、帑藏，阿蓝答儿副之。

(二年十月戊午调整后)：

4. 以帖哥紬、阔阔术等掌帑藏；

5. 孛阑合剌孙掌斡脱。

6. 阿忽察掌祭祀、医巫、卜筮，阿剌不花副之。

7. 以只儿斡带掌传驿所需，

8. 孛鲁合掌必阇赤写发宣诏及诸色目官职。

(4) 在外的三行省：

1. 以牙剌瓦赤、不只儿、斡鲁不、睹答儿等充燕京等处行尚书省事，赛典赤、匿昝马丁佐之。

2. 以讷怀、塔剌海、麻速忽等充别失八里等处行尚书省事，暗都剌兀尊(ʻAbū-d-Allāh Uzūn)、阿合马(Aḥmmad)、也的沙(ʻIdd-SHāh)佐之。

3. 以阿儿浑充阿母河等处行尚书省事，法合鲁丁(Fakhr al-Dīn)、匿只马丁(Niẕm al-Dīn)佐之。

(5) 各种宗教团体：

1. 以僧海云掌释教事。

2. 以道士李真常掌道教事。

3. 志费尼所记载的各种教团①。

对比《宪宗本纪》告诉我们的蒙哥时期制度构造和金帐汗国、伊利汗国的国家结构，我们可以清楚地了解两者之间的相似性。可以看出，蒙哥

① 《世界征服者史》下册，第657页。

汗的制度改革在加强了大汗本人的权威之外，也将传统的怯薛组织提升到初具形态的官僚机构的顶端，他们成为整个帝国中掌握实际权力的群体。窝阔台、贵由汗时期的怯薛继承自成吉思汗本人宿卫千户，后者在一定程度上不被看作是某一支后裔的私产，而只效忠于登上汗位的那个人。与此不同，蒙哥汗的怯薛组织由自己的扈从和拖雷系部众组成①。即使是在从怯薛组织中分化出来的必阇赤集团中，凡是那些背景尚能被追溯的成员，也都有长期为拖雷家族服劳任使的经历②。这点提示了稍后在伊利汗国中可以观察到的特点，即作为整体的怯薛集团成为蒙古人政治权力的代表，但最重要的怯薛长官的名单却并不局限于特定家族，而是随登上汗位的宗王人选而改变。

对于在外的行省而言，蒙哥更多是沿袭了窝阔台时期的做法，即在委任当地精英的同时，派出代表大汗家族利益的监临官。例如在可疾云(Qazvīn)，窝阔台指定"当地的富人哈只・巴都鲁・丁"(Hājjī Badr al-Dīn)担任当地的大必阇赤(*ulugh bītikchī*)；同时又任命乃蛮塔阳汗的后裔脱古思(Tukush)异密为可疾云的舍黑捏③。在波斯史料中"阿母河行尚书省"被称作"呼罗珊底万府"(*Ṣavāḥib Dīvān-i Khurasān*)④，而根据起儿漫方志所记载的官员职务，我们可以看出，阿母河行省基本构成和赛尔柱、花剌子模时代的地方行政机构并无太大区别⑤。在阿母河行尚书省，阿鲁浑・阿哈及其手下的主要职责是：收取总数合五个土曼的财赋——按照本地惯例为五十哈札剌(即五十千)的底那儿，不允许官员们拖欠和延误(*mablagh panj tūmān māl ka dar ʿurf-i ān panjāh hizār dīnār mī*

---

① 《剑桥辽西夏金元史》，第463页。

② "Guard and Government in the Reign of The Grand Qan Mongke, 1251-59", p.507.

③ Edward G. Browne, *The Tā'rīkh-i Guzida or Select Histroy of Ḥamdu'llāh Mustawfī-i Qazwīnī*, Leyden: Brill, 1913, pp.235-236.

④ *Tārīkh Nāma-yi Harāt*, p.203. 作者系此事于645年(1250—51)。即使在中央，底万的事务也只与大必阇赤有关，见《世界征服者史》下册，第676页。

⑤ 从波斯文史料中我们搜集到这些官职：撒希卜(*Ṣāḥib*，应该是撒希卜・底万的简写)、大撒希卜(*Ṣāḥib-i aʿẓam*)、税务部(*Dīwān-i istīfā'*)、皇室土地管理部(*Dīwān-i khāṣṣ*)、检查官(*Manṣab-naẓr*)等，相反，传统上被认为是"行尚书省"最高官员的札鲁忽赤在史料中反而并不活跃。*Simṭ al-ʿUlā li-l-Ḥaḍrat al-ʿUlyā*, p.37, p.173. 赛尔柱时代的"底万"制度，参看：*The Cambridge History of Iran*, vol.5, p.257.

khvānand, *bī ta'vīq wa maṭl bi nūwāb-ū rasānand*.)①。所以"行省"应该是一个以负责财政、税收事务为主的部门,只是为首的官员由蒙古人的亲信出任,他们往往拥有蒙古和本地两种官职。如阿鲁浑・阿哈本人的身份则兼具文武职事,在一些波斯史料中,他被称为大必阇赤和八思哈;而负责汉地事务的牙剌瓦赤的头衔也是"大撒希卜"(*Ṣāḥib-i mu'aẓẓam*)②,或汉文中的大断事官。

蒙哥时期地方行政上明显的转折在于,和早期兼顾大汗直系和其余各支宗王利益的原则不同,蒙哥汗的改革更多地强调了大汗家族的垄断地位。早在贵由到蒙哥汗在位之间,(察合台系)的斡儿干那哈敦,已经授权"将伊朗国土(阿姆河和鲁木之间),全部交由阿鲁浑・阿哈领导的官厅管理"(*ka ān mamālik-i Īrān Zamīn ast*, *hama rā ba-ḥukm amārat ba Arghūn Aghā farmūd* ...)③。不过在蒙哥将之收归中央直接支配后,当地的蒙古监临官(*basqāq*)就必须直接向蒙哥本人报告地方行政长官的动态④。此外,跟随阿鲁浑前往任所的,除了作为大汗自己的代表的阿鲁浑之外,他的四个"伴当",不是来自四兀鲁思,相反分别是大汗直系兄弟忽必烈、旭烈兀、阿里不哥和木哥的代表⑤。无独有偶,起儿漫方志中记载,随忽忒卜・丁来到当地的有两名"底万":火者・可凡・木勒克(强有力的君王)・法合鲁丁・耶海亚(Khvāja Qavām al-Mulk Fakhr al-Dīn Yaḥya)和担任监查官(*manṣab-naẓr*)的阿布・巴克儿・沙之子,火者・麦朮的・木勒克・泰朮丁(Khvāja Majd al-Mulk Taj al-Dīn ibn abū

---

① *Tārīkh Nāma-yi Harāt*, p. 203.

② 《世界征服者史》下册,第 655 页。另外 *Simṭ al-'Ulā li-l-Ḥaḍrat al-'Ulyā* 中称其为撒希卜・法合鲁丁・马合木・牙剌瓦赤(*Ṣāḥib Fakhr al-Dīn maḥmmūd Yalawač*)。p. 31.

③ Anon., *Tārīkh-i Shāh'ī-yi Qarākhitāi'yān*《哈剌契丹诸王史》, ed. by Muhammad Ibrāhīm Bāstānī Pārīzī, Tehran: Intesharat-i Bonyad-i Farhang-i Iran, 1976 - 1977, p. 182.

④ *Tārīkh-nāma-yi Harāt*, p. 278.

⑤ 《世界征服者史》下册,第 577 页。Jean Aubin, *Émirs Mongols et Vizirs Persans dans les Remous de l'Acculturation*《卷入文化调适漩涡的蒙古异密与波斯宰辅》, Paris: 1995, (Studia Iranica. Cahier 15), Chapter 2, "La Paix Mongole", p. 19.

Bakr Shāh)。后者就是志费尼书中提及的阿鲁浑助手之一①。此外还有代表蒙古人利益的五名异密：札鲁忽歹(Jārghūtāy)、阿忽台(Āghūtāy)、速合秃(Sū'ātū)、纳剌带(Nārādāy)和哈剌·不花(Qarā Būqā)，他们被指定充当起儿漫地方的八思哈(*bi-rāh bāsqāq'ī*)②。和《世界征服者史》记载人数恰好同样为五人，他们应该也是蒙哥及其诸弟的代理人。

(表四)《元史·宪宗本纪》所载大蒙古国时期国家结构

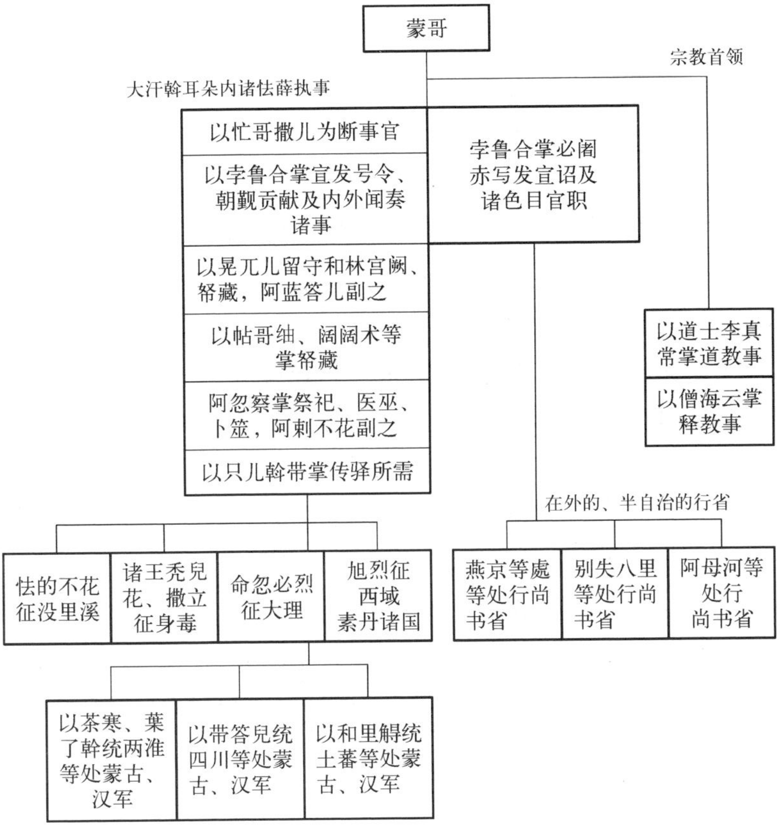

① 《世界征服者史》下册，第580页。

② *Simṭ al-ʿUlā li-l-Ḥaḍrat al-ʿUlyā*, p. 37. 其中只有 Sū'atū，又见于 *Tārīkh-i Šāh'ī-yi Qarākhitāī'yān* 一书，p. 173，写作"Sū'tū bāyančāq(bāsqāq?)"。作为阿鲁浑的部下，他和匿咱马丁·木勒克一道曾在旭烈兀西征时，到其大帐拜见。

2. 兀鲁思异密、四怯薛、丞相

自上述西方诸汗国制度中所观察到的这样一个根源于部落组织、同时又通常以“四位代表异密”为标识的特殊权力集团,是否在元代政治制度中也有所体现?无疑,元代著名的“四大家族”至少在形式上完全符合上述特征[①]。我们可以从以下几点来比较两者的相似性:

1)在西方汗国,最高管理机关由四个“兀鲁思异密”所共治;而《元史·兵志·宿卫》称:“四怯薛:太祖功臣博尔忽、博尔朮、木华黎、赤老温,时号掇里班曲律,犹言四杰也,太祖命其世领怯薛之长。”

2)四“兀鲁思异密”是军队的最高领袖;而元代军队的人数与规模要远超过西方汗国,然依“元制,宿卫诸军在内,而镇戍诸军在外,内外相维”,他们至少是“天子之禁兵”的领袖。

3)四“兀鲁思异密”之长,为“众异密之长”;而《元史·兵志》则称:“又,四怯薛之长,天子或又命大臣以总之,然不常设也。”[②]据此,可以相信元代也有类似于“众异密之长”的官职。

4)四“兀鲁思异密”参与大汗的选立;虽然在元代大汗的即位、登基往往要遵照汉地制度举行朝会等仪式。而忽必烈本人也是在其潜邸开平仓促登基的,当时并没有像前几位大汗那样召开忽邻勒台大会,但怯薛集团首领仍对继位人选有所干预。而尽管汉族士人遵照汉地传统,多把“预立储君”看作是君王“圣心独断”的机务[③]。但据《瓦萨甫史》所记,即便是忽必烈这样强势的君主,在预立真金为储君一事上,忽必烈也无法完全撇开一干蒙古重臣(*arkān-i ḥaṣṣart*)的意见。只是凭借其个人威望,所以众异密虽举出蒙古惯例质疑道:“在‘世界诸王的征服者’成吉思汗的札撒中从未有这样的规定。”(*ka hargiz īn qā'idi-yi ma'hūd az da'b va yāsā' pādshāh-i mamālik-i gushā'ī Chinggiz khān na-būda*.)即父亲还在世时,儿子就可以继承国家(*pisar mutaqallid sulṭanat bāshad*)。但仍只得订下

① “*Ulus* Emirs, *Keshig* Elders, Signatures, and Marrige Parters”, Atwood 把“别列儿别”制度追溯到四怯薛的观点,是深具眼光的。

② 《元史》卷九九,第2524页。

③ 郑介夫:《太平策一纲二十目》首言“储嗣”,曰:“人君即位之初,必先定储嗣,所以示根本之固,杜觊觎之心也。”《全元文》第三十九册,第25页。

“盟书”(*mūchalkā dahīm*),表示接受①。而当忽必烈身后,真金之子成宗铁穆耳的继位成功,则主要依靠了“四大家族”之一的博尔朮之后,玉昔帖木儿等人的定鼎之功②。

但径直将元代的“四大家族”看作是西方汗国四“兀鲁思异密”的对应形式,似也有着一些问题。例如,根据萧启庆先生的研究,元代的四大家族中赤老温因“后绝”而早早退出权力核心,其他三家的子嗣也并不曾毫不间断地控制最高权力③。同时,怯薛长的身份仅仅代表其具有“共享权力”的资格,但它也只有通过某种形式的中介,才能起到驾驭、监临整个官僚机器运作的目的。正如在突厥—伊斯兰文化中,基于四怯薛原型的权力核心必须依附本土社会中原有的“别列儿别”或“兀鲁思异密”制度,才能顺利地结合入整个官僚体系中。但在元朝大幅度转向汉制的过程中,蒙古人基本不可能再以原来简单的草原制度去驾驭如此庞大、复杂的政治机器,这就使得“四怯薛”制度无法像在西方诸汗国那样在其发展形式中大致维持原貌。而更多根基于怯薛集团的蒙古重臣大批移入各种汉式行政机构的同时,也使我们很难一下子将之剥离出来。那么在元代制度中,什么才是四“兀鲁思异密”制度的对应形式呢?

在此,我们不得不借助波斯史家对于蒙古异密、本土文官集团两个群体之间差异的敏感性,利用其著作中透露出的元代政治制度的信息,将元代中枢机构中的两类官僚(出自“大根脚”和吸收自定居社会中的)区分开

---

① *Tārīkh-i Waṣṣāf*, vol.1, ed. by Hammer-Pugerstall, p.47. 预立真金为储君,原文作“使之登上汗国的王座”(*bar takht-i khāniyyat pāy nihist.*),这和《史集》中所谓“使之继承汗位”(*ba-Qā'ān nišānda*)是一个意思,也完全对应汉文史料中忽必烈预立真金为“太子”(东宫)的说法。相反,我们能看到在波斯文中表述“登基”这个概念,通常使用阿语词汇“julūs”(本义为“坐”)或它的波斯语对应词“nišastan”(一般使用其固定搭配:*bar takht ... nišastan*)。*Jāmi' al-Tawārīkh*, ed. by Muhammad Rawšan, Tehrān: Mīrās Maktūb, 1373/1994, vol.2, p.936. 汉译本,第二卷,第352页。所以宫纪子女士所谓“真金曾秘密即位”的说法是既缺少证据,也与事实相左的,《叡山文庫所藏の〈事林広記〉写本について》,第38页。

② 阎复:《静轩集》卷三《太师广平贞宪王碑》:“公奉銮驾而南,宗室诸王毕会上都。定策之际,公起谓皇兄晋王曰:‘宫车远驾,已逾三月。神器不可久虚,宗祧不可无主。畴昔储闱符玺既有所归,王为宗盟之长,奚俟而不言?’”缪荃孙:《藕香零拾》本,第368页。

③ 萧启庆:《元代四大蒙古家族》,收入《内北国而外中国:蒙元史研究》(下册),第508—578页。

来。拉施都丁在《史集》的"汉地的异密、宰相和必阇赤"（*Ḥakāyat-i ūmarā' va wuzarā wa bītīkčiyān-i vilāyat-i Khitāy*）一章里，对元代中枢机构是这样描述的：

> 1. 那些相当于重臣和宰辅的大异密们叫做"丞相"；军队的长官［称作］"太傅"；万户长官［称作］"元帅"；［而］出自大食、契丹、畏吾儿的瓦即儿们和底万府官员们［则称作］"平章"。（*Umarā'ī-yi buzurg ki īshān rā rāh-i niyābat va vizārat bāsad*，*īshān rā Chingsāng gūyand*；*va amīr-i lashkar rā Ṭāyfū*；*va amīr-i tūmān rā Vangshay*；*va umarā-yi vuzarā va nauwāb-i dīvān ka tāzhīk va khitāy'ī va ūyghūr bāshad Finjān*.）
>
> 2. 其制度如下：在大底万府中有四位丞相，四名大异密担任平章，他们出自不同种族：大食、契丹、畏吾儿和也里可温，他们（指四名平章）［也］在底万府中供职。（*wa rasm chinān ast ki dar dīvān-i buzurg chahār Chingsāng az umarā'ī-yi buzurg*，*chahār Finjān az umarā'ī-yi buzurg aqwām-i mukhtalaf tāzhīk wa khitāy'ī va ūyghūr va irkāw'ūn bāshad*；*va īshān rā nīz dar dīvān nauwab bāshad*.）
>
> 3. 第一级（*martabat-i avval*）：丞相，相当于宰辅（*vuzarā*）和大臣（*niyābat*）。
>
> 第二级：太傅，军队长官。所有大事均要向丞相汇报（*har chand buzurg bāshad rujū' ba-Chingsāng kunad*）。
>
> 第三级：平章，底万府的重臣与宰辅，出自不同种族。（以下略）①

① 此章伊斯坦布尔抄本中阙，本文以德黑兰刊本为主，并参考布洛舍本。*Jāmi' al-Tavārīkh*，vol. 2，pp. 907－908；E. Blochet ed.，*Djami el-Tévarikh: Histoire Générale du Monde par Fadl Allah Rashid ed-Din*，Tome II，Leyden：Brill，1911，Gibb Memorial，p. 470. 汉译本，《史集》第二卷，第 327 页。此处译文均据原本直译，与汉译本略有不同。

在拉施都丁看来，“丞相”属于武职，和“兀鲁思异密”一样，由四人组成，并且是全部军队长官的首脑。与之相对，文职官员的最高首脑则是相当于瓦即儿的“平章”一职。虽然拉施都丁在解释“丞相”一词时，将之比附为“瓦即儿”和“大臣”，但两者之间的界限是很明显的。他说：“以往平章之职只授予汉人，如今也授予蒙古人、大食人和畏吾儿人。”是由多元种族的官僚组成的集团①。而他所举出的“丞相”有：“在忽必烈合罕时代，［担任］丞相的为如下异密：安童那颜、月赤察儿、完泽答剌罕和答失蛮。”②清一色由蒙古贵族担任。检索波斯文史料中出现的元前期带有“丞相”称号的重臣名单，大致包括：

1. 忽必烈时期：安童、月赤察儿、完泽、答失蛮、伯颜。

2. 铁穆耳时期：伯颜、月赤察儿、土土哈、月吕鲁（玉昔帖木儿）、完泽、忽秃忽③、阿忽台④、哈剌和孙⑤、Čīqsal-Būqā、Abūlī⑥。

可以看出，在波斯文史料中“丞相”人数，要远少于元代实际担任过中书省宰执的实际人数。它的使用范围要小于后者，基本只局限在蒙古人圈子内。同时，不少从未正式担任过“相职”的蒙古人却被波斯史家称为“丞相”。如玉昔帖木儿，据碑传资料他初为“右万户”，后任“御史大夫、太傅、知枢密院事”，唯从未领过中书省事，但在波斯文史料中，他被称为“月

① 案，此处的“以往”是指亡于蒙元的金、宋政权，“如今”则是指元世祖时期的状况，似不能理解作世祖在位的早、晚期。

② 《史集》第二卷，第328页。案，原文作“完泽、答剌罕”，误断其为二人。

③ 《史集》第二卷，第375—376页。

④ *Taḥrīr-Tārīkh- Vaṣṣāf*, p. 279. *Shu'ab-i Panjgāna*. f. 134b. 其事迹又见于《元史》，卷一四〇，《别儿怯不花传》。

⑤ 《贵显世系》作：“Arkhāsūn-Chingsang”，“*Му‘изз ал-ансаб* (*Прославляющее генеалогии*)”, trans. p. 72, text. p. 57б.

⑥ 此二人只见于《贵显世系》，刻下尚不能比定其在汉文史料中的译名。不过《元史·宰相年表》中有“月古不花”，大德四年至七年任中书左丞，不知是否同一人。卷一一二，第2807—2808页。“*Му‘изз ал-ансаб* (*Прославляющее генеалогии*)”, trans. p. 73, text. p. 58a.

吕鲁·丞相"①。答失蛮的"丞相"一职亦未见诸《元史·宰相表》。姚燧所拟《神道碑》中记其经历为:"王自幼事世祖,初与今太师淇阳王伊彻察喇[月赤察儿]同掌奏记,后独掌第一宿卫奏记……及改制置为宣政院,以王为使……成宗元贞之元……加银青平章军国重事。"②而《史集》中曾提到过出身于古儿列兀惕(Kūrlāūt)部落,在忽必烈时期担任"底万府和瓦即儿的异密"的 Tūrtāqā③,正是《元史》中的"朵鲁朵海"("海"一作"怀")。其人据《土土哈传》作"大将朵儿朵怀",于武宗即位后曾以"知枢密院事"获封"太傅"衔④。此外还有在成宗、武宗时代手握重军,负责漠北防务的"脱火赤丞相"(Ṭūghāchī Chīnsāng),也从未实任此职⑤。而上揭诸"丞相"中如安童、哈剌和孙等人,即使确实领过中书省事,同样也出任过军职⑥。他们之间最主要的共同点就是:是成吉思汗时代以来老千户那颜的后裔,并曾作军队统帅。

和波斯史料作一番对比,则使我们能更清楚地看出两者之间制度的相似性。如阿鲁浑汗时期的不花(札剌亦儿人)曾受封"丞相"号,他也是阿鲁浑中军的统领⑦。合赞汗、完者都时期最重要的异密忽都鲁沙,是拖雷位下千户长者台(Jadai)那颜的后裔,瓦萨甫史称其为"众官之长"(*Amīr al-Umarā'*)⑧;《贵显世系》称其为"丞相·那颜"(*Nūyān-i*

---

① 除上引《史集》外,又于《贵显世系》,其名讹作:"Ūrnūk"(当作:Ürlüg)·Chīngsang"。"*Му'изз ал-ансаб* (*Прославляющее генеалогии*)", trans. p. 68.

② 《牧庵集》卷一三《高昌忠惠王神道碑》。

③ 《史集》第一卷,第1分册,第191页。朵儿朵怀以忽必烈大异密之身份而出任"底万府和瓦即儿"长官,相同的手法可以参看前揭合赞汗时期的忽鲁·铁木耳。

④ 《元史·武宗本纪》"成宗大德十一年春五月壬辰"条。《元史》卷一二八《土土哈传》。

⑤ *Tārīkh-i Ūljāytū*,作:"(都哇之子也孙不花和也不干)对面是合罕(武宗)的军队,[由]脱火赤丞相……和12万大军[组成]。"(*muḥazī az chirīk-i Qān, Ṭūghāchī chīnsāng ... bā dawāzdah tūmān čirīk*)p. 202. 而《康里脱脱传》仅称其为"边将脱火赤"。而据《元史》卷二十四《仁宗本纪》:"(至大四年三月辛卯)钦察亲军都指挥使脱火赤拔都儿……并知枢密院事。"知其所系衔实为"知枢密院事"。

⑥ 安童,"至元二年(1265),由宿卫官拜中书右丞相"。苏天爵编:《元朝名臣事略》卷一《丞相东平忠宪王》,第9页。"至元十二年(1275),敕公行中书省枢密院事,从皇子北平王行边。"第11页。《元朝名臣事略》卷二《丞相淮安忠武王》:"十二年秋,入觐,拜右丞相。……明年……复同知枢密院事。二十六年秋,进知枢密院事(又第21页,"总北军")。三十一年,加太傅,录军国重事。"第16页。

⑦ 《史集》第三卷,第194、199页。

⑧ *Tārīkh-i Vaṣṣāf*, p. 469; *Taḥrīr-i Tārīkh-i Vaṣṣāf*, p. 276.

Chinsāng)；而他又是四“兀鲁思异密”之一；前揭 Ardabīl 文书中他的钤印落款是“枢密使之印”。所以归纳起来看，波斯文史料中的 Chīngshāng 一词，实际仅仅指出任武职的蒙古贵族。它在汉文史料中的对应词当作“居台、省之职兼枢密院事的蒙古贵族”。

此外，在非汉语史料中带有“太师”、“太傅”等称号的蒙古重臣，也应该被看作是属于这个权力集团的一个标志。这是因为汉式官号作为汉式制度的衍生物，早在突厥、契丹时期就已经被借入草原地区①，并以各种变形了的译音方式出现在文献中。早在成吉思汗兴起前，它们就已作为游牧部族中用以标示政治身份或权力等级的符号，为各部蒙古人所熟知②。这些“官号”从作为整体的汉式制度中游离出来，成为一种制度的“碎片”。其背后包含的权力意味，则无需依附于后者才能体现。而当汉式制度恢复时，这些早就在草原政治传统中扎根的“符号”，又反过来移入元朝制度。它们虽然具有汉制的面目，在非汉文化的语境下，却仍保留着其独立的意义。元代独重“三公”，并非如屠寄所认为的“崇饰虚名”而已③，而是和“也可那颜”等称号一样④，表明其获得者拥有远比汉式官僚身份更尊崇的地位，且属于一个更核心的权力集团。

不像在其他汗国中最高的蒙古异密通常聚集在君王身边，形成一个

---

① 《剑桥辽西夏金元史》，第 16 页。辽代在这个过程中扮演了重要的中介角色，参看《辽史》卷四七《百官志三》：“契丹国自唐太宗置都督、刺史，武后加以王封，玄宗置经略使，始有唐官爵矣。其后习闻河北藩镇受唐官名，于是太师、太保、司徒、司空施于部族，太祖因之。”

② 伯希和早已指出：泰赤兀部名即源于汉语“太子”（Taičí'ut<Ch. Taiji）；耶律大石、捏群太石等名称中的“大石”一称则来自汉语“太师”。乃蛮部首领“太阳汗”（Tayān）则为汉语“大王”之讹。Paul Pelliot et Louis Hambis，*Histoire des Campagnes de Gengis Khan*，*Cheng-Wu Ts'in-Tseng Lou: Traduit et Annote*，Leiden：E.J. Brill，1951，p.13；p.149；p.184.

③ 屠寄：《蒙兀儿史记》卷一五六《三公表》序，上海：上海书店出版社。

④ 如耶律秃花和木华黎都被委任了“太师”的头衔。比勘汉语、波斯文史料，对应这两个头衔的蒙古/突厥语称谓应该是：“也可・那颜”（*yeke-Noyan* / *basqaq-i buzurg* / *yeke-Darughači*）。“Administration in Mongol Bukhara”，pp. 140 – 141. 而耶律秃花之子“绵思哥袭太师，监寻斯干城，久之，请还内郡，守中都路也可达鲁花赤，佩虎符，卒”。《元史・耶律阿海传》。《瓦萨甫史》中提到的：窝阔台时期，把萨马尔干和不花剌的“舍黑捏”（*shḥnag'ī*）一职，委任给了“丞相・太傅”（Chingsān-Ṭāyfū）和“不花・奴沙”（Būqā Nūsh）二人。*Taḥrīr-i Tārīkh-i Vaṣṣāf*，p. 3. 上揭脱火赤在《瓦萨甫史》中也被称为“太傅”（Ṭāyfū Ṭūghāčī），p. 284. 而《元史・三公表》中“太师”、“太傅”无一例外皆是当时最有权势的大臣。

独立于本土官僚之外的集团。在转向汉制过程中，忽必烈总是注意将蒙古重臣安插在各个部门中，所以“二元体制”在汉地表现得比较隐晦。但我们仍可以把这些位列台、省，又“兼枢密院事”的蒙古大臣看作是一个更为“核心”的权力集团，他们是由十数个最大根脚的蒙古重臣家族构成的。依靠此“在内的”权力集团对全部官僚体系进行监督的同时，蒙古人也丝毫没有放松对军权的控制。这个权力集团应该和西方汗国的“兀鲁思异密”一样，都根源于早期的四怯薛制度。他们在非汉语文献中的“丞相”头衔和他们所出任的汉式官职，揭示了其身份的二重性。

而元代的右丞相也是一个相当特殊的职务，《元史·兵志·宿卫》称：“赤老温后绝，其后怯薛常以右丞相领之。”同时元代右丞相通常也兼领枢密使职①。清代钱大昕很早就注意到：“元初政事之柄，一出中书右丞相。非蒙古人不得授焉，世祖朝尚用汉人，成宗以后专用蒙古。”②有元一代，除元初制度草创“五人并相”时，史天泽曾短暂出任此职外，其余数人时代都偏晚（尚书省不算）③。而研究者也已指出，“元皇帝对宰相的‘责任委成’，主要就体现在右丞相身上”④。所以我们认为元代的右丞相相当于西方汗国中“众异密之长”（四兀鲁思异密之首）的角色。

3. “权相”与“相权”

按此标准，出身其他种族的大臣无论地位如何重要，都只是“瓦即儿”。即如阿合马、桑哥等人虽然在元代都曾出任中书省或尚书省丞相，但在波斯文献中一律被称作“平章（*Finjān*）”，也就是“瓦即儿”的对应词⑤。类似

---

① 张帆：《元代宰相制度研究》，北京：北京大学出版社，1997 年，第 173—180 页。除文中所举诸例外，还有安童、伯颜两人以右丞相同知枢密院事。《元朝名臣事略》卷一《丞相东平忠宪王》；卷二《丞相淮安忠武王》。

② 钱大昕：《廿二史考异》下册，第 1710 页。《嘉定钱大昕全集》本。

③ 张帆：《元代宰相制度研究》，第 83—84 页。

④ 张帆：《元帝国的政治文化特性·相权篇》（打印本），第 50 页。

⑤ 如 *Jāmi' al-Tawārīkh*，vol. 2，p. 924，称“以完泽丞相代替桑哥的位置”（*va ba-jāy-yi Samga Ūljāy Chīngsāng rā ba-nishānad.*）；《史集》第二卷，第 350 页，“并以完泽代替桑哥担任丞相”。误，因为上文已讲到桑哥的官职是“Wazīr”。而且完泽以蒙古大异密的身份不可能出任 Wazīr 一职。又有“异密阿合马担任平章和瓦即儿时”（*Finjān wa vazīr*）。因为波斯文献中通常用并列的方式，以一个本土的词汇去解释一个外来语，因此“va”前后的两个词只表示一个意思。*Jāmi' al-Tavārīkh*，p. 916.《史集》第二卷，第 341 页。

于此的情况还包括元成宗朝任中书省平章政事的赛典赤(Saʿid Ājall)之孙伯颜、梁德珪(一名乌伯都剌)平章、八都马辛右丞等人①。

对蒙古统治者而言,处理民事、财政庶务的"宰相"一职,是针对通晓蒙古人所不具备的,管理定居社会知识的本土精英开放的职位。所以忽必烈在征伐南宋之前,才会和大将昂吉儿有如下一番对话:"(帝)谕昂吉儿曰:'宰相明天道、察地理、尽人事,能兼此三者,乃为称职。**尔纵有功,宰相非可觊者。回回人中阿合马才任宰相,阿里年少亦精敏,南人如吕文焕、范文虎率众来归,或可以相位处之。**'"②有的时候他们甚至能获得专擅之权,如世祖"初立尚书省时,有旨:'凡铨选各官,吏部拟定资品,呈尚书省,由尚书咨中书闻奏。'"由是"阿合马擢用私人,不由部拟,不咨中书"。遂为丞相安童检举。当着世祖之面,阿合马自称:"事无大小,皆委之臣,所用之人,臣宜自择。"并蒙世祖恩准③。这点近似于伊利汗国的瓦即儿,乌马里说:"伊利汗国的君主们并不关心在全国发布某条命令或某条禁令;对国家的财政收支情况也不常过问。这些事情主要由宰相去处理,后者在任命与撤换各级政府官员方面有极大的权力……实际上他就是算端,就是一国之主。"④但这不过就蒙古人所不擅长的领域而言。正如蒙古异密・亦邻真所言:"如果有人想要向君王有所奏请的话,不首先与全体异密商议是绝不可能的。"(*Agar kish'ī khvāstī ka sukhun'ī ba pādishāhʿ arz darad, nakhust bā jumla'-yi umarā kīngāj na-kardī na-tavānistī.*)⑤也就是说,并没有一位波斯宰相能够完全不受监控地行使权力,元代的情况当亦如是。

而作为从定居民中提拔出来的技术官僚,他们被严格地限止不得染指军权。所以至元八年六月甲午,忽必烈更敕令枢密院:"凡军事径奏,不

---

① *Taḥrīr-i Tārīkh-i Vaṣṣāf*, p.278.
② 《元史》卷十《世祖本纪七》。其谓昂吉儿"宰相非可觊者",并非有贬低之意,而是在蒙古人观念中,昂吉儿作为有"根脚"的重臣,当另有职司。
③ 《元史・奸臣传》。
④ *Das Mongolische Weltreich*, trans. p.153,汉译本,第112页。
⑤ *Tārīkh-i Ūljāytū*, p.196.

必经由尚书省，其干钱粮者议之。”[1]而即便在阿合马得势时，“枢密院奏以忽辛同佥枢密院事，世祖不允曰：‘彼贾胡，事犹不知，况可责以机务耶！’”而当阿合马奏宜立大宗正府时，忽必烈的反应是：“此事岂卿辈所宜言，乃朕事也。然宗正之名，朕未之知，汝言良是，其思之。”[2]他们或许可凭借大汗的一时宠幸而擅权贪贿，但胡祗遹谓：“诸宰职虽无功，亦无大过。语其权，无笞人之威；语其贪污，无百金之贿。”[3]则我们似也不必高估其实际拥有的权力。

所以虽然如《百官志》所云：“总政务者曰中书省，秉兵柄者曰枢密院，司黜陟者曰御史台。”而任中书省宰相之职的人总数约近十人[4]。但在这个回归汉地传统，又略显臃肿的中枢机构内部，权力的分配方式，正如张帆先生认为，“中书省的相权，并不平均分配，主要体现在右丞相等一二名宰相身上”，“实际上仍然是独相制或并相制”[5]。但如果我们不囿于具体职衔（如是否领中书省事），而把在中枢机构任事，又兼握军权的蒙古大臣（元中期以后还有少数钦察贵族参与其中）看作一个整体的话，就可以看出还有一个凌驾于官僚体系之上，也不受具体职务所局限的，由十数名最为核心大臣组成的“影子内阁”。其身份特征体现为：出身“大根脚”且掌军权，与怯薛执事有关，或与黄金家族有着姻亲关系的蒙古重臣。其官守有时与汉式制度中的中枢机构重叠：如中书省、枢密院和御史台等核心部门；有时又只是出任一些在汉式制度中较为边缘的职务：如宣徽院、中政院等；甚至仅仅以其本身的怯薛职事参决政务。他们和在同一部门中共事的非蒙古人同僚虽然顶戴相同的官衔，但两者对政治进程的影响力是无法等量齐观的。

我们也许可以形象地将之概括为“权相”与“相权”，在元代，那些曾经真正干预过诸如嗣君选立、对外征伐大事，甚至在特殊境况下构成对皇权

---

① 《元史》卷七《世祖本纪》，第136页。
② 《元史·奸臣传》。
③ 胡祗遹：《紫山大全集》卷二一《政事》，第448页。
④ 《元史》卷八五《百官志一》。其中：“右丞相、左丞相各一人；平章政事四员；左、右丞各一人；参政二员；参议中书省事‘始置一员’，至元二十二年，累增至六员。”
⑤ 张帆：《元帝国的政治文化特性·相权篇》，第51页。

的威胁的“相臣”，其权力根源于蒙古传统的怯薛集团和万户、千户等游牧帝国军事组织。他们和伊利汗国的不花、出班等人一样，是继承游牧传统的蒙古贵族在官僚制中的代表。相反，选拔自定居社会并跻身中枢的非蒙古人，他们所能够短暂保有的“相权”来源于自己的技艺或才能。此种权力始终笼罩在大汗的权威之下；并且是在大部分蒙古贵族的许可下才能得以顺利运行①；最后，和怯薛集团和万户、千户不同的是，这种权力很少能够世袭。

四、小　结

在本文中，作者比较并考察了一个在各蒙古帝国继承国家中均存在的制度，以及通过这个制度而实现的权力分配模式。此种制度的表现形式是在全部官僚体系之上，有一个由“四怯薛”制度演变而来的，并被少数非“黄金家族”出身的蒙古贵族世袭垄断的权力核心。虽然在各蒙古汗国各自的发展过程中，它们或多或少被推移入本土的官僚制度中，并获得了相应的形式②。但是其权力的根源和他们所代表的政治理念，却始终依存于更为古老的游牧传统。而相对于此，无论波斯的瓦即儿，还是元代具有汉、中亚或土蕃文化背景的知识人，都蜕变为一种依附性的力量。他们不

---

① 阿合马之得政，除了他是察必皇后的媵臣（从嫁人）之外，也得到“中贵人”的支持。见《元史・秦长卿传》：“阿合马为人便佞，善伺人主意，又其赀足以动人，中贵人力为救解，事遂寝，然由是大恨长卿。”《元史・张雄飞传》：（至元十六年）忽辛有罪，敕中贵人及中书杂问，忽辛历指宰执曰：“汝曾使我家钱物，何得问我！”所以安童在阿合马面前的无力感，并非忽必烈置色目人于大根脚重臣之上，而应该是不同的权力集团之间的斗争。然正如“中贵人”为谁后莫之详一样，由于撰史者的隐晦，此事遂被约化为色目人与汉法之臣的冲突。参考刘迎胜：《从阿合马的身份谈起》，《元史论丛》，北京：中国广播电视出版社，2004 年，第九辑，第 137 页。而桑哥的倒台及被杀，也莫不与其得罪怯薛集团有关。见陈庆英汉译：《汉藏史集》：“众怯薛受怯薛长及月吕鲁那颜的鼓动，又以以前的罪名向皇帝控告桑哥。”拉萨：西藏人民出版社，1999 年，第 161 页。

② 蒙古人只是借用了传统的官僚名称，而绝非其实质。在完全一样的官称之下，其权力的大小是有差异的。这种官衔相同，而权力根源与承担角色完全不同的情况，可以被看作是蒙古统治对本地传统的一种干扰。如鲁木塞尔柱政权归附蒙古之后，仍然使用传统的“Beglerbeg”官号，但其职权大小与伊利汗廷中的忽都鲁・沙、出班等人则不可等量齐观。参看 Claude Cahen, *Pre-Ottoman Turkey*, p. 344. 而元代的“丞相”一职也当作如是观。

再能够凭借其所拥有的知识天然地获得参与国事的资格，而只是被选中作为熟练的技术官僚。

现在看来，这样的制度设计具有某种普遍性，而不是某些偶然事件(如李璮之乱)的结果。而在此视角的观照下，元代制度中的一些疑问似也能得其解。如元代由太子兼中书令、枢密院使，这种不太符合汉式官僚制度的权力架构，持续受到汉族士大夫的质疑①，但却为蒙古统治者所坚持。它揭示出其设计思想受到汉式政治传统之外的因素的支配。忽必烈复试图分开中书省和尚书省，也并非如后人所揣测的那样，是忽必烈欲借此夺“中书、勋旧之权”②。而是忽必烈试图将财政部门与“怯薛集团”进一步分离，重新组建一个类似于波斯“底万府”的机构，以提高后者理财的效率。它根本没有触及蒙古人的核心利益，相反这个新的官僚组织在众多蒙古大臣缺席的情况下，相对此前功能更为单一、对大汗本人依附性也显得更强。

① 赵天麟：《太平金镜策》卷一《论东宫不当领中书枢密之职》。《全元文》卷九〇九，第117—118页。

② 陈邦瞻：《元史纪事本末》卷一五《尚书省之复》：“元世任用勋旧，诸人皆新进，若与之同官，势必出其下，不可得志。惟别立尚书省，而中书之权遂夺。”

第五章　伊利汗国的成立

——异密·部族·集团(旭烈兀—阿合马时期)

一、前　　言

拉施都丁在《史集》第一卷的序章中说,其编纂本书的目的之一,是为了使"蒙古国家肇兴时值得纪念的情况和最重大的事件不致随岁月的消逝而[从后代的记忆中]磨灭,使这些事迹不为秘幕所掩覆。因为现在已无人熟悉这些[往]事,无人研究这些事,出自异密家庭的青年和后辈,逐渐对其父祖叔舅的名字和出身,生平事迹和往昔发生的历史事件漠不关心。"①但在今日所见之《史集》抄本、刊本中,除了《成吉思汗传》、《忽必烈合罕传》和《阿里不哥传》三处外②,并没有单独介绍每一任大汗位下异密段落③。但在《五族谱》写本中一个显著的特征就是自成吉思汗以降,在其每一代继任者的谱系中均编有"其在位时期异密"的名录,抄录于每一页的右侧。

赤坂恒明曾提及:"五族谱异密表,是否是基于和各君主相关的异密

① 《史集》第一卷,第 1 分册,第 116 页。

② 成吉思汗异密的介绍,包括在介绍军队各千户的章节中,《史集》第一卷,第 2 分册,第 363—375 页。忽必烈的异密见《史集》第二卷,第 335—341 页。阿里不哥之子灭里帖木儿的异密见《史集》第二卷,第 370—371 页。

③ 在《史集》文本中,编纂者将每代君主本人和他的诸妻、子女单独作为每卷的第一部分(*qasm-i avval*)单独叙述。而在紧接着的章节中,作者所谓的"叙述其登基时的御座、诸哈敦、子嗣和诸异密的画像(*ṣurat*)",使我们联想到这应该是类似于见于《世界征服者史》、《史集》各抄本中的"大朝会的图像",而非文字性说明。

的确切信息来编纂的，这点还难以考知。”①但根据《五族谱》整理的结果来看，《五族谱》中的异密简介是主要是综合了《史集·部族志》和成吉思汗及其继承者传记中的相关信息汇编而成的。如下表所示：

（表一）

五族谱	史集·部族志	史集·伊利汗传
1）忻都必阇赤，出自速勒都思（分支）亦客都勤部，是受尊敬的异密。他驻扎在呼罗珊的八的吉思，是哈剌兀那思（军）万户长（f.138b）	1）在我国，曾任呼罗珊八的吉思地区哈剌兀纳思人万户长的忻都必阇赤，即出自他的氏族（亦勒都儿勤部哈儿孩者温后裔）②	1）《旭烈兀传》：（围攻哈里发时）一个大异密忻都必阇赤眼睛里中了一支箭③（不见于《五族谱》）
2）忻都那颜，是大异密，为击溃八剌军队的诸异密之一（f.143a）		2）《阿八哈传》：（阿八哈）把右翼军交给了……忻都那颜④
3）忻都那颜，是英明的大异密。他是万户长，率领两个万户戍守阿母河地区（f.140b）		3）《帖古迭儿传》：（当阿鲁浑抵达祃拶答而时）阿鲁浑把率领二万人守卫阿母河的忻都那颜叫到了身边⑤

从表一中可以看出，《五族谱》中的异密信息为《史集》第一卷的《部族志》和散见于《史集》第三卷《伊利汗史》中的相关记载的拼合。所不同处仅在于《五族谱》的作者省略了《旭烈兀传》中关于其一眼睛受伤的事。而对其本人的形容词也随着其本人地位的逐步升迁前后有所变化：1. 旭烈兀时期是“受尊敬的异密”（*amīr-i muʿtabar*）；2. 阿八哈时期是“大异密”

① 赤坂恒明：《〈五族譜〉モンゴル分支と〈集史〉の関係》，《早稲田大学大学院文学研究科紀要》，第四十一辑，第四分册，1996 年，第 27—41 页。

② Rashīd al-Dīn Faẓl Allāh Hamadānī, *Джāми' ат-Тавāрӣх*, ed. by Али-Заде, Том. Ⅰ, Москва: Наука, 1965, pp. 456–457. 汉译本，《史集》第一卷，第 1 分册，第 286 页。译作“罕都必阇赤”。

③ *Джāми' ат-Тавāрӣх*, ed. by Али-Заде, Баку: Йздательство Академи Наук Азербайджанской ССР, 1957, Том. Ⅲ, p. 58，《史集》第三卷，第 65 页。

④ 《史集》第三卷，第 126 页。

⑤ 《史集》第三卷，第 169 页。

（*amīrī muʻẓam*）；3. 到阿合马算端（帖古迭儿）时期则成了“英明的大异密”（*amīrī buzurg-i ʻāqil*）。根据《五族谱》的用词惯例，“受尊敬的”表示该异密在当时有着高于同辈的地位，而“大”（*muʻẓam*，意为“伟大的”，对应于蒙古语：*uluγ*）则通常用来指此人是某方面的最高长官①。最终，因为他在阿合马与其侄子阿鲁浑争位的斗争中，站在了前者一方②，所以对他的称号中又加入了“英明”一词（*ʻāqil*，元代汉译：阿吉剌），这也是当时对蒙古贵族、异密的最高评价③。

因此《五族谱》中的注文尽管相对简略，但也能反映其人先后政治地位的变化。其注文一般包括以下几个部分：

1）祖、父的世系或某人的兄弟；

2）其所出生的部族；

3）是否为伊利汗的驸马；

4）生平主要事迹、官职，得到提升或失势的原由。

通过罗列每代伊利汗的异密名单，《五族谱》也就成功地用谱系的形式回顾了伊利汗朝的历史。其编纂者关注的是那些最重要的蒙古异密家族的延续或者中断。因此为其所著录的异密们无一例外地是在这个时期有着重要表现或重要政治活动的参与者，或者是在下一个时期政治地位

---

① 大异密（*amīrī muʻẓam*）或大那颜（*nūyān-i muʻẓam*）在伊利汗国中是一个特殊的称号，其地位要高于绝大多数蒙古异密。忻都沙・纳黑失瓦尼（Moḥammad Nakhcghivānī Hīndūshāh）所编《书记规范》（*Dastūr al-Katīb*）一书中收有写给大那颜（*nūyān-i muʻẓam*）的专门的公文格式。*Дастӯр ал-Қāтиб фӣ Та ʻйин ал-Марāтиб*，*критич. текст*，*предисл*. иуказатели，А. А. Али-Заде，Том. 1，Часть. 2，Москва：Наука，1971，pp.7－8. 譬如曾任高加索方面蒙古军队最高长官的拜住（Bāyjū）就带有“大那颜”（*nūyān-i muʻẓam*）和“大蒙古兀鲁思别”（*ūlugh mughūl ūlūs bīk*）的头衔，它们都是对蒙古语“也可那颜”（*yeke noyan*）的翻译。另一位带有“也可那颜”称号的人，就是成吉思汗幼子拖雷。带有此称号者通常被委以某方面军队的最高长官一职。

② 《史集》第三卷，第 169 页。Saif ibn-Muḥammad Sayfī Haravī，*Tārīkh-nāma-yi Hirāt*，Tehran：Amīr-Kabir，2010，pp. 398－399.

③ 如拖雷之妻唆鲁禾帖尼就有“唐妃阿吉剌”的美称。洪金富撰有《唐妃娘娘阿吉剌考》一文对此有所考述，《中研院史语所集刊》，第七十九本，第一分，2008 年，第 41—61 页。唯洪金富认为“阿吉剌”可能为波斯语ʻaqīlat 的对译，而笔者则更倾向于ʻāqil。两者意义无大区别，但若取ʻaqīlat，按元代译音惯例当拟作“阿吉剌惕”。

得到大幅度提升的异密的祖父或父亲①。当时追随旭烈兀进入伊朗并建立政权的那些蒙古异密实际上是其所属的部族、家族的代表（这也是《五族谱》编纂者会详细著录每人出身部族的原因）②。

虽然赤坂恒明等人认为"《五族谱》作为《史集》中系图的一卷，是由辅助人员着手编写的，拉施都丁没有参与。其后也没有经拉施都丁校订过，只是作为未完成的半成品而遗留下来的作品"③；或仅仅是为使不耐烦阅读卷帙浩繁的《史集》正文的读者而准备的"概括的检索版"④。但实际上其意义远不止此。在形式上它和《完者都史》（*Tārīkh-i Ūljāytū*）中介绍算端完者都的异密（二十五人）和内廷怯薛的（四十九人）部分非常接近⑤，应该是计划中完整的《蒙古史》的组成部分。此外，《五族谱》中的异密名录向我们提示了以下两个方面的信息：

1）哪些家族掌控了伊利汗国的核心权力，以及他们跻身这个集团的先后次序；

2）随着政治形势的变化，哪些旧的世袭权力消失或被新的家族所代替。

分析这份名单中异密构成的变化，我们就能体会到编纂者的意图——揭示权力与特定的家族之间的关联，以及在这些家族势力的延续和断裂过程中显示出的结构性因素，从而使我们获得一个从结构上分析

---

① 如《旭烈兀汗异密名录》中阿里纳黑之父不古儿，仅为百户长。但因为其子在阿八哈时期地位提升，并逐步成为阿合马时期最重要的异密和阿合马的驸马，故《五族谱》亦将其与那些地位显赫的异密一同介绍。*Shuʿab-i Panjgāna*, f.138b.

② 这点在以《五族谱》为基础，于沙哈鲁（Shāh-rūkh, 1377—1447）在位期间编纂的蒙古—突厥世系《贵显世系》（*Muʿizz al-Ansāb*）一书中表现的尤为明显。此书在记述帖木儿的异密部分，是以部族为单位进行介绍的。参考 Ando Shiro（安藤志朗），*Timuridsche Emire nach dem Muʿizz al-ansāb: Untersuchung zur Stammesaristokratie Zentralasiens im 14. und 15. Jahrhundert*, Berlin: Klaus Schwarz Verlag, 1992.

③ 赤坂恒明：《〈五族譜〉と〈集史〉編纂》，《史観》第百三十册 1994，第 47—61 页。在《ジュチ裔諸政権史の研究》一书中，他也说，《五族谱》是"未经拉施都丁校阅的，编撰过程中的产物"，东京：风间书房，2005 年，第 8 页。

④ 赤坂恒明：《〈五族譜〉モンゴル分支と〈集史〉の関係》，《早稲田大学大学院文学研究科紀要》，第四十一辑，第四分册，1996 年，第 27—41 页。

⑤ ʿAbū al-Qāsim ʿAbdallāh b. Muḥammad, Qāshānī, *Tārīkh-i Ūljāytū*, ed. by M. Hambly, Tehrān: Shirkat-i intishārāt-i ʿalamī wa farhangī, 1969, p.8, 12.

其政治事件内在原因的视角。

二、《五族谱·旭烈兀的异密名录》的分析

1. 旭烈兀异密名录

Shu'ab-i Panjgāna, ff.138b - 139a

（表二）

	姓　名	职　务	部　族	备　注
1	额里该	大异密	札剌亦儿部	随旭烈兀汗来到伊朗
2	*失克秃儿（额里该子）		札剌亦儿部	
3	拜住	万户长，收服报达	别速惕部	为窝阔台合罕位下异密
4	斡鲁思	豁儿赤	别速惕部	蒙哥都·撒兀儿之子，随旭烈兀汗来到伊朗
5	*曾吉（斡鲁思子）	哈敦完泽斡耳朵中的异密	别速惕部	完泽哈敦斡耳朵中的异密
6	也可·牙撒兀儿（也可·也速儿）①	万户长	豁罗剌思部	成吉思汗与他有舅甥关系。随旭烈兀汗来到伊朗
7	忻都忽儿	万户长	札剌亦儿札惕分部	忙哥撒儿子，受蒙哥合罕委任来到伊朗
8	不花帖木儿		斡亦剌惕部	完泽哈敦的兄弟，随旭烈兀汗来到伊朗
9	忽儿章·阿合	征服阿勒颇的异密	札剌亦儿札惕分部	据《部族志》补

① 《五族谱》作：Yaka Yasawūr，但《史集》则作：Yaka Yisūr。《史集》第一卷，第1分册，第161页。在亚美尼亚文献中，此人被叫作：Asar（见下表）。“也速儿”和“牙撒兀儿”在波斯语文献中经常被混淆，可以参看巴托尔德：《蒙古入侵时期的突厥斯坦》，上海：上海古籍出版社，2007年，下册，注4。

续 表

	姓 名	职 务	部 族	备 注
10	哈剌	豁儿赤/宝儿赤长	古儿列兀惕部	随旭烈兀汗来到伊朗
11	*马祖黑(哈剌之子)		古儿列兀惕部	
12	失古乞	札鲁忽赤	古儿列兀惕部	
13	怯的不花	军队统帅	乃蛮部	
14	三木合儿	阿黑塔赤	槐因·塔塔儿部	
15	塔剌海	千户长	斡亦剌惕部	驸马
16	阿儿浑·阿合	伊朗地面的长官和八思哈	斡亦剌惕部	蒙哥合罕任命
17	腾吉思		斡亦剌惕部	驸马
18	阔儿古思	必阇赤	畏兀儿部	随旭烈兀汗来到伊朗
19	阿八海①	万户长	弘吉剌惕部	
20	不古儿	必阇赤,百户长	克烈部	随旭烈兀汗来到伊朗
21	*阿里纳黑(不古儿子)	千户长	克烈部	
22	阔阔·额里该	札鲁忽赤		随旭烈兀汗来到伊朗
23	忻都	必阇赤	速勒都思分支亦客都勤部②	哈剌兀那思万户长
24	孙札黑	札鲁忽赤,右翼异密和怯薛长	速勒都思部	锁儿罕·失剌的子孙,随旭烈兀汗来到伊朗
25	怯台		速勒都思部	孙札黑的兄弟
26	忽鲁秃花		速勒都思部	孙札黑的兄弟
27	阿剌帖木儿	额玉迭赤	速勒都思部	孙札黑的兄弟

① 即《部族志·弘吉剌惕部》之“阿八台”。《史集》第一卷,第1分册,第265页。
② 亦客都勤,《史集·部族志》作:亦勒都儿勤。《史集》第一卷,第1分册,第286页。

续　表

	姓　名	职　务	部　族	备　注
28	秃丹·巴阿秃儿	大异密	速勒都思部	孙札黑的兄弟
29	阔阔	必阇赤长	合邻·巴牙兀惕	随旭烈兀汗来到伊朗
30	秃海	札鲁忽赤	合邻·巴牙兀惕	
31	忙忽带	千户长	忙忽惕部	
32	哈勒札	军队长官	忙忽惕部	
33	伯颜		八邻部	
34	杭浑	脱脱合温之长	速合讷惕部	塔木合那颜之子
35	忽秃不花		速合讷惕部	塔木合那颜之子
36	帖克捏		速合讷惕部	塔木合那颜之子
37	忽剌术	派往大汗处的使者		
38	兀该	豁儿赤，右翼千户长		兀鲁黑不花父，随旭烈兀汗来到伊朗
39	术马		塔塔儿	驸马，讷合丹哈敦的兄弟，随旭烈兀汗来到伊朗
40	木撒		弘吉剌惕部	驸马，蔑儿台哈敦的兄弟
41	绰儿马浑	所有军队的统帅	雪你惕部	由窝阔台合罕派遣
42	*失列门（绰儿马浑子）	继任拜住之位；征服报达	雪你惕部	
43	也速不花		朵儿边部	驸马
44	塔亦儿	怯失迷儿驻军长官	晃豁坛部	由窝阔台合罕派遣
45	撒里	怯失迷儿驻军长官	塔塔儿部	由蒙哥合罕派遣

续 表

	姓 名	职 务	部 族	备 注
46	忽秃黑	征服报达的前锋		
47	不勒海			
48	秃列克・巴阿秃儿	监临官(*bāsqāq*),是旭烈兀派往伊思马因首领忽儿沙处的使者①		
49	NQŪTĀ	征服报达		
50	忽台	征服阿勒颇		
51	BŪZŪNKTĀĪ	征服阿勒颇		
52	阿术	速古儿赤,征服阿勒颇		
53	忽都孙	征服报达		
54	忽孩			
55	撒答忽	征服了毛夕里		
56	阿鲁忽	征服月即别(Uzbik)城堡		
57	忽台	征服报达		
58	撒勒只带	征服阿勒颇		
59	孙台	征服报达		
60	不剌儿忽	击溃了别儿哥军队		
61	朵忽思	击溃了别儿哥军队		
62	秃儿干	征服阿勒颇		

① Rashīd al-Dīn, *Jāmi' al-Tavārīkh: Tārīkh-i Ismā' īliyān*(《史集・伊斯马因史》), ed. by Muḥammad Raushān, Tehran: Mirāṣ-i Maktūb, 2008, p. 184.《史集》第三卷,第39页。

续　表

	姓　名	职　务	部　族	备　注
63	秃儿赤	征服阿勒颇		驸马
64	不里	征服了 ḤDA		
65	BLBĀTŪ	在西方效力异密之一		
66	撒剌儿	随怯的不花与密昔儿人作战	豁罗剌思部	灭里沙之子
67	散术台	征服阿勒颇		
68	撒勒只带	击溃了别儿哥军队的异密		
69	巴秃	击溃了别儿哥军队的异密		
70	察罕	击溃了别儿哥军队的异密		
71	赛甫丁	必阇赤	非蒙古人	是术赤系的代理人

《五族谱·旭烈兀异密名录》共收录异密 73 名，但其中忽秃不花、哈剌二人各有一次重复，故实为 71 人①。而除去未知其出身部族的异密外，《名录》收录的异密所出自的部落计 19 个：

（表三）

	部落名	人　数
现今称为蒙古的突厥诸部		
1	札剌亦儿部	2
2	札剌亦儿部札惕分部	2

① 《贵显世系》(*Mu'izz al-Ansāb*)所载人数为 68 人。除人数少于《五族谱》外，两者所载仅在少数辞句上略有不同。"*Му'изз ал-ансаб* (*Прославляющее генеалогии*)": *Введение, перевод сперсидского языка, примечания, подготовка, факсимиле к изданию Ш. Х. Вохидова*, Алматы, Издательство "Дайк-Пресс", 2006, pp. 75－78.

续 表

	部 落 名	人 数
3	塔塔儿部(槐因·塔塔儿部)	2
4	雪你惕部	2
5	斡亦剌惕部	4
6	古儿列兀惕部	3
各有君长的突厥诸部落		
7	克列部	2
8	乃蛮部	1
9	畏兀儿部	1
被称为迭儿列勤的突厥—蒙古部落		
10	弘吉剌惕部	2
11	(弘吉剌惕分支)豁罗剌思部	2
12	速勒都思部	5
13	(速勒都思分支)亦勒都儿勤部	1
14	晃豁坛部	1
15	合邻·巴牙兀惕部	2
被称为尼伦的突厥诸部落		
16	别速惕部	3
17	忙忽惕部	3
18	八邻部	1
19	(八邻部分支)速合讷惕部	3
20	朵儿边部	1

虽然《五族谱·旭烈兀异密名录》中对异密出身部族的记载并不完整,对将近一半的异密没有记录其部族信息。但从已知的部分我们也能对伊利汗国蒙古异密的构成有所认识,它反映出在伊利汗国中出生于上述部落的异密在政治生活中占有更为重要的地位。例如在旭烈兀时期,

出自速勒都思部(包括其分部亦勒都儿勤部)的异密人数最多,为 6 人;其次是札剌亦儿部(及札惕分部)和斡亦剌惕部,均为 4 人;随后则是速合讷惕部、别速惕部、忙忽惕部和古儿列兀惕部,均为 3 人。而到伊利汗完者都时期,在其最重要的异密中,忽都鲁沙为忙忽惕部人;出班则是速勒都思部秃丹・巴阿秃儿的后裔;忽辛则是札剌亦儿部人阿黑不花驸马之子①。可以看出,虽然具体的个人会因卷入政治纷争而失落原有的权力,但伊利汗国政治中核心部族却有其连续性。而与之成为对照的是,尽管在窝阔台、蒙哥汗时期,就已有大批波斯人、花剌子模人被招募入宫廷,为蒙古统治者效力,其中也有不少人得以统领军队,追随旭烈兀西征,但他们均被《五族谱・旭烈兀异密名录》排斥在外。见诸《名录》唯一的非蒙古人是赛甫丁必阇赤,这部分因为他确曾担任过国家的长官等重要职务,更与他是朮赤系(别儿哥)的代理人,并在旭烈兀和别儿哥开战之际被杀有关。

2.《五族谱》的提要性质

对《五族谱・旭烈兀异密名录》注文中提及的历史信息进行归纳,我们可以看出《五族谱》所记录的旭烈兀朝史事集中于《史集・旭烈兀传》的后半部分。和《史集》相比,《五族谱》的编制者省略了蒙哥下令旭烈兀西征,并着手调遣军队的部分(相当于《在他登临汗位前发生的事》);旭烈兀率领蒙古军队攻陷伊斯马因城堡的部分。而记述攻克报达后对亦儿必勒城堡及篾牙法里勤政权征服行动的章节也被省略。后一场战役中的主要将领兀鲁黑秃见于《五族谱・阿八哈汗的异密名录》(f. 143b)中。

不过《五族谱》还是相当忠实于《史集・旭烈兀传》的叙事安排的。注文中所涉及六次军事行动,也基本上能反映出旭烈兀一朝主要的军事、政治活动。此外,还有部分异密信息,溢出《史集・旭烈兀传》文本之外。从这方面来看,我们可以部分同意赤坂恒明所说的,《五族谱》是查阅、理解《史集》的"概括的检索版"的观点。当然,我们也要看到,《五族谱》提供的历史信息的丰富性远非"检索"一项所能涵盖。

---

① Qāshānī, *Tārīkh-i Ūljāytū*, p. 8.

（表四）《五族谱》与《史集》纪事对比

<table>
<tr><th>事　件</th><th>异密名录</th><th>对应《史集》文本</th><th>其他史料</th></tr>
<tr><td rowspan="7">征服报达的异密</td><td>拜住</td><td rowspan="7">1.《叙旭烈兀着手部署和装备军队，以夺取报达并征服其周围地区》①
2.《叙旭烈兀汗毅然决定向报达进军…终结阿拔思朝的统治》②</td><td rowspan="7">1.《世界征服者史·附录·报达之陷落》
2.《瓦萨甫史》③</td></tr>
<tr><td>忽秃黑</td></tr>
<tr><td>NQŪTĀ</td></tr>
<tr><td>失列门</td></tr>
<tr><td>撒勒只带</td></tr>
<tr><td>忽台</td></tr>
<tr><td>孙台</td></tr>
<tr><td>遣使忽必烈</td><td>忽刺术</td><td>《叙报达和邪教徒诸堡的财富被运到阿塞拜疆》④</td><td>《世系汇编》：旭烈兀派出使者至质浑河返回⑤</td></tr>
<tr><td rowspan="5">征服阿勒颇</td><td>忽儿章·阿合</td><td rowspan="5">《叙旭烈兀出征苫国边地、征服阿勒颇和苫国》⑥</td><td rowspan="5">《瓦萨甫史》⑦</td></tr>
<tr><td>忽台</td></tr>
<tr><td>BŪZŪNKTĀĪ</td></tr>
<tr><td>秃儿干</td></tr>
<tr><td>秃儿赤</td></tr>
<tr><td rowspan="2">与密昔儿人作战</td><td>怯的不花</td><td rowspan="2">《叙怯的不花那颜远征密昔儿同当地军队作战及其被杀死》⑧</td><td rowspan="2">《瓦萨甫史》⑨</td></tr>
<tr><td>撒刺儿</td></tr>
</table>

① *Джāми' ат-Тавāрūх*，Том. Ⅲ，ed. by Али-Заде，Баку：Йздательство Академи Наук Азербайджанской ССР，1957，pp. 48－51.《史集》第三卷，第 55—58 页。

② Rashīd al-Dīn，*Джāми' ат-Тавāрūх*，Том. Ⅲ，pp. 51－64.《史集》第三卷，第 58—71 页。

③ Sharaf al-Dīn ʿAbd Allāh b. Fadl Allāh Shīrāzī（Vaṣṣāf al-Ḥaḍrat），*Tārīkh-i Vaṣṣāf*，vol. 1，pp. 32－42.

④ Rashīd al-Dīn，*Джāми' ат-Тавāрūх*，Том. Ⅲ，pp. 65－66.《史集》第三卷，第 72—73 页。

⑤ Muḥammad ibn ʿAlī Shabānkāra'ī，*Majma' al-Ansāb*，Tehrān：Amīr Kabīr，1984，p. 263.

⑥ Rashīd al-Dīn，*Джāми' ат-Тавāрūх*，Том. Ⅲ，pp. 67－71.《史集》第三卷，第 74—77 页。

⑦ *Tārīkh-i Vaṣṣāf*，pp. 46－48.

⑧ Rashīd al-Dīn，*Джāми' ат-Тавāрūх*，Том. Ⅲ，pp. 71－77.《史集》第三卷，第 77—83 页。

⑨ *Tārīkh-i Vaṣṣāf*，p. 48.

续　表

事　件	异密名录	对应《史集》文本	其他史料
征服毛夕里及其他地区	撒答忽 阿鲁忽 不里	《叙算端巴忒剌丁·鲁鲁之死，他的儿子篾力撒里黑受赐，他的叛乱以及毛夕里的被毁》①	《叙利亚编年史》
旭烈兀与别儿哥的战争	巴秃 察罕 不剌儿忽 朵忽思	《叙旭烈兀与别儿哥不和，那海带着别儿哥的先头部队来我国作战，以及他战败于打耳班地方》②	《瓦萨甫史》③

3. 穆思妥菲《武功纪》中所见旭烈兀异密名录

关于旭烈兀时代的异密，《五族谱》是最重要的，然而并非是唯一的资料。穆思妥菲·可疾维尼（Mustawfī Qazvīnī）的蒙古史诗《武功纪》（*Ẓafar-nāma*）同样也保存了一份"旭烈兀异密名录"④。由于受到诗歌格律的局限，《武功纪》对蒙古语人名的拼写多有省略音节之处，给辨识带来不少困难，不过通过分析《武功纪》和《五族谱》所摘录的内容，可以发现两者的重合程度甚高：

（表五）　穆思妥菲《武功纪》之旭烈兀异密名录

	姓　　名	职　务	五族谱	史料出处
1	阔阔·额里该（Kūkā Īlkā）	地位最高的异密	138b	五族谱
2	阿儿浑·阿合（Arghūn Aqā）	是伊朗地面的首领	138b	五族谱
3	失列门（Shīrāmūn）	绰儿马浑子	139a	五族谱

---

① Rashīd al-Dīn，*Джāми' ат-Тавāрӣх*，Том. Ⅲ，pp. 83 - 86.《史集》第三卷，第 88—91 页。

② Rashīd al-Dīn，*Джāми' ат-Тавāрӣх*，Том. Ⅲ，pp. 86 - 90.《史集》第三卷，第 91—94 页。

③ *Tārīkh-i Vaṣṣāf*，pp. 49 - 51.

④ Ḥamd Allāh Mustawfī Qazvīnī，*Ẓafar-nāma*，ed. by Nasr Allah Purjawadi & Nasr Allah Rastigar，Tehran & Wien：1377/1999，Vol. 1 - 2，f. 1264.

续 表

	姓　　名	职　务	五族谱	史料出处
4	额里该(Īlkās)	大那颜	138b	五族谱
5	孙札黑(Sūnjāq)	驻法儿思异密	138b	五族谱
6	阿台/阿八台?(Atāy)			史集・旭烈兀传
7	忽儿章(Qurjān)		139a	五族谱
8	木剌海(Muraqāy)	疑为也速儿之子①		史集・伊斯马因史
9	孛鲁勒台(Būraltāy)		139a	五族谱
10	秃忽儿(Ṭūghur)	事迹不详		
11	怯的不花(Kīt Būqā)		138b	五族谱
12	亦海(Īqāy?)	事迹不详		
13	失克秃儿(Sīktūr)		139a	五族谱
14	忽鲁忽都(Urqutū<Hurqutū)	哈剌兀纳思千户、塔亦儿子	143a	五族谱
15	哈剌(Qarā)		138b	五族谱
16	合台(Qatān)	法儿思长官		史集・旭烈兀传
17	不花帖木儿([Tūqā] Būqā Tīmūr)	旭烈兀的异密		史集・旭烈兀传
18	秃剌帖木儿(Nūmātū/Tūrā Timūr?)		143a	五族谱
19	木剌忽(Mūlāqū)	随绰儿马浑前来伊朗		部族志
20	速合台(Suqātāy)	事迹不详		
21	阿八赤(Abāchī)	哈剌兀纳思将领，斡鲁思子		部族志②

① 《史集・伊斯马因史》载，也速儿之子为“木剌合”(Mūrāqā)。Rashīd al-Dīn, *Jāmi' al-Tavārīkh: Tārīkh-i Ismā'īliyān*, p. 183.

② 《史集》第一卷，第1分册，第271页。

续　表

	姓　　名	职　务	五族谱	史料出处
22	忻都(Hindū)	哈剌兀纳思将领，必阇赤	138b	五族谱
23	忽儿思惕拜(Qūrstbāy?)	事迹不详		
24	额邻帖木儿(Alīn Timūr)		139a	五族谱
25	都儿拜(Durbāy)	迪牙别克儿将官	138a	五族谱
26	阿儿合孙(Arqusun)	大异密	140a	五族谱
27	苦带(Kūdāy)	事迹不详		
28	Bukālmrr.?	事迹不详		
29	阿勒塔术(Altachū)	驻法儿思异密	140a	五族谱
30	忽儿秃忽(Qūrtuqū)	驻高加索蒙古军异密		Vardan
31	失舍宝儿赤(Sīsāy bāūrchī)	事迹不详		
32	阿八儿不花(Abar Būqā)	事迹不详		
33	都剌带札鲁忽赤(Ṭūldāy yarghūchī)	驻高加索蒙古军异密		部族志，Vardan
34	拜都(Bāydū)	孙札黑那颜之子，速古儿赤		部族志①
35	三木合儿(Samāghar)		138a	五族谱
36	忽都鲁不花(Qutlugh Būqā)	脱黑察儿·阿合之父		史集·旭烈兀传
37	探术论(Ṭānjūlun?)	事迹不详		
38	古出克兀讷忽赤(Kūchūk ūnaghūchī)②	阿鲁浑的亲信	140a	五族谱
39	不鲁罕(不勒海? Bulaghān)	法儿思长官	139a	五族谱

① 《史集》第一卷，第 1 分册，第 285 页。速勒都思部人。据哈菲年代纪《荣耀的汇编》，687 年(1288)，阿鲁浑把报达舍黑捏一职交给了拜都速古儿赤。Faṣīḥ al-Dīn Aḥmad Faṣīḥ Khvāfī, Maḥmūd Farrukh(1375 -?), *Mujmal-i Faṣiḥī*, Tehrān: Asatir, 2007, vol. 2, p. 846.

② 原文作：Kūchūk ahūchī。

续 表

	姓　　名	职　务	五族谱	史料出处
40	奥都剌·阿合('Abd al-Allāh [Aqā])	秃列克·巴阿秃儿之子	143a	五族谱
41	秃海札鲁忽赤长官①(Tūqāy amīr-i yarghūchī)		139a	五族谱
42	答鲁勒台(Dalūlday)	事迹不详		

42人中22人见于《五族谱》的"异密名录",16人为旭烈兀时期的异密,3人为阿合马时期的异密(f. 140a),3人为阿八哈时期的异密(f. 143a)。而其中不见于《五族谱》(包括部分未能辨识的人名)那些异密,大多数也能利用《史集》以及其他伊利汗时期史书中得以确认。

其中,忽儿秃忽(Qūrtuqū)②、都剌带札鲁忽赤(Ṭūldāy yarghūchī)③、木剌忽(Mūlāqū)④为最初由绰儿马浑,而后由拜住接管的高加索蒙古万户府的将领。忽儿忽秃和异密察合台之子都剌带的名字见于瓦儿丹(Vardan Arewelcʻi)编纂的亚美尼亚蒙古史书。忽都鲁不花则是"脱黑察儿·阿合之父"。据《史集·阿八哈传》,他在663/1265年阿八哈汗与金帐汗、别儿哥苦剌河战役中战死⑤。《史集·旭烈兀传》在跟随旭烈兀驻扎于哈马丹的异密名单中提到了"不花帖木儿、合台"这两人的名字⑥。第39人不鲁罕(不勒海? Bulaghān)应该就是《五族谱》中第49位异密"不勒海"。

---

① 原文作 Tūdāy,但旭烈兀至阿八哈时期任札鲁忽赤者中最有名者为"秃海",疑此处传抄有误。

② Thomson, Robert W., "The Historical Compilation of Vardan Arewelcʻi", *Dumbarton Oaks Papers*, Vol. 43, 1989, p. 214,

③ 他是原驻高加索蒙古异密察合台之子。见《史集》,第一卷,第1分册,第162页。Thomson, Robert W., "The Historical Compilation of Vardan Arewelcʻi", p. 214.

④ 《史集》第一卷,第1分册,第304页。Mūlqr,兀鲁兀惕部人。他是高加索万户府长官。

⑤ 《史集》第三卷,第105页。

⑥ 《史集》第三卷,第46页:"旭烈兀同诸王……大异密:不花帖木儿、忽都孙、合塔(QTA)、孙札黑、阔阔·额里该驻扎在……附近的哈马丹草原这个……的牧场上。"合塔(QTA)与《武功纪》之合台(QTĀN)的差异仅在于尾音N之有误,当为同一人。又按,不花帖木儿原为扯扯干别吉位下异密。(见下文)

由于穆思妥菲家族很早就为伊利汗效力，他本人也是著名的历史学家①。他明确提到在他创作《武功纪》时既利用了拉施都丁的《史集》，同时也参考了“记述君王生平的书册（*daftar-i ḥāl-i Shāhān*）”②。这也是两者在记述内容能如此高度一致的原因。

但如果将这两份名单作横向比较的话，我们还是能看到一些差异：和《五族谱》的异密名录不同，《武功纪》的异密名录仅仅包括了跟随旭烈兀进入伊朗，并继续效力于伊利汗国的那些人。所以像绰儿马浑、拜术、塔亦儿、撒里等先于旭烈兀在伊朗东部和西北部进行征服活动的蒙古异密均未列入。不过绰儿马浑之子失列门、塔亦儿之子忽鲁忽都则因受旭烈兀委任继续掌管其父留下的军队而得以列名其中。

所以，我们可以认为：《五族谱》中的名录为我们展示的是从窝阔台到蒙哥时期被派往中亚、伊朗地区，后来又被旭烈兀吸纳到伊利汗国体制中的异密（包括其统辖下的万户、千户）名单，和伊利汗国成立之初，参与主要征服活动的异密名单。而《武功纪》则集中记录了在伊利汗国成立后，效力于旭烈兀本人的有哪些异密。

4. 旭烈兀时期伊利汗国构造上的延续性

和旭烈兀之前蒙古人的几次西征一样，其军队是由从各支宗王、驸马名下召集的千户组成的。例如窝阔台“让宗王拔都、蒙哥合罕、贵由汗和其他宗王们率领一支大军前往钦察人、斡罗思人、不剌儿人……地区，将那些地区完全征服”③。贵由汗时期，由宴只吉歹统领的西征军就是从“驻

① Melville, Charles, “Ḥamd Allāh Mustawfī's *Ẓafarnāmah* and the Historiography of the Later Ilkhanid Period”, *Iran and Iranian Studies: Essays in Honor of Iraj Afshar*, ed. by Kambiz Eslami, Princeton: Zagros Press, 1998, pp. 1 – 12.

② Ḥamd Allāh Mustawfī Qazvīnī, *Ẓafar-nāma*, Tehran: Pazhuhashgāh-i ʿUlām-i Insānī va Mutālaʿāt-i Farhangī, 2010 – 2011, vol. 1, p. 69, no. 920, 921. 引自 Vosoughi, Moḥmmad Bagherī, “Ayī Bakhsh-i Tārīkh-i Mughūl dar Ẓafār-nāma nuskha badal-i *Jāmi' al-Tavārīkh*?”（《穆思妥菲〈武功纪〉之“蒙古史卷”是否复制自〈史集〉?》），王诚汉译（未刊）。

③ 《史集》第二卷，第 59 页。参与此次远征的诸王名字，另见：《武功纪》“叙诸王与钦察诸部之战”章（*Razm-i shāhzādagān bā aquvām-i dast-i Qipchāq*），Mustawfī Qazvīnī, *Ẓafar-nāma*, vol. 8, pp. 45 – 47. *The Hypatian Code, Part 2: The Galician-Volynian Chronicle*, trans. by George A. Perfecky, Munich: Wilhelm Fink Verlag, 1973, p. 48.

扎在伊朗地区的军队中,从每十个大食人中间抽出两个人参加远征”①。《世界征服者史》记载:

> (蒙哥)从东、西大军中每十人抽出二人拨归旭烈兀,并派一位宗王,他的幼弟雪别台斡兀立去跟随他。他还把昔班汗之子八剌海、秃觧儿斡兀立,忽里及拔都麾下的士卒,派作拔都的代表,以莫赤[·耶耶]斡兀立之子帖古迭儿斡兀立为察合台的代表;从扯扯干别吉那里派出不花帖木儿及一支斡亦剌惕部兵,又从四方的驸马、异密和大那颜那里调集一队将官,以致要一一列举会占太多的时间②。

而当旭烈兀抵达渴石(Kīsh)河岸边时,他又下令让伊朗地区的大小篾力们率军前来助战③。穆思妥菲的《武功纪》称,当时曾向包括呼罗珊和祃拶答而的篾力、起儿漫、法儿思、亦剌克·阿哲木、大不里士、阿儿兰、鲁木和谷儿只斯坦等“各地的名人”发布了令旨④。之后他们的部众也被吸收入旭烈兀的西征军中。但与之前数次西征不同的是,此次蒙哥令旭烈兀西征,规模和战略目标上要超过前几次西征。其目的是要征服伊朗地区最强大的两个政权——西部山区的伊斯马因政权和占据伊斯兰世界中心的哈里发政权。所以除了诸王位下的随行军将外,蒙哥还下令将在窝阔台、贵由时期派往高加索、鲁木和忻都斯坦的全部军队都交给旭烈兀管辖⑤。

因此伊利汗国建立之初,其所统辖的蒙古军队实际由四部分构成:

---

① 《史集》第二卷,第 219 页。

② ‘Atā Malik, Juvaynī, *Tārīkh-i Jahāngūshā'ī*, 志费尼《世界征服者史》下册,第 678—679 页。“莫赤[·耶耶]”汉译本作莫希,据《五族谱·察合台世系》改。相同记载又见《史集》第三卷,第 29 页。

③ 《史集》第三卷,第 33 页。

④ Shams al-Dīn, Kāshānī, *Shāhnāma-yi Chinggzī*, 引自《阿剌模忒城堡历史地理资料汇编》*Maimun-Zar Alamūt: Barrasī Tarīkhī va Jugharāfiyyāī*, ed. by ‘Anāyat Allāh Majīdī, Tehran: Afshār, 1385 /2006, p. 162. Mustawfī Qazvīnī, *Ẓafar-nāma*, *Maimun-Zar Alamūt*, p. 178.

⑤ 《史集》第三卷,第 29 页。

1）在蒙哥合罕之前派往河中地、伊朗的异密；2）受蒙哥委任随旭烈兀西征的异密；3）从非拖雷系诸王处召集的异密；4）追随旭烈兀的异密。

（表六）

派出者	名　称	隶 属 万 户	五 族 谱
窝阔台合罕委任	绰儿马浑	高加索万户府	f.138b
	拜住	高加索万户府	f.138b
	塔亦儿	哥疾宁·怯失迷儿·忻都万户	f.139a
	阿儿浑·阿合	阿母河行尚书省	f.138b
	忻都忽儿	不详	f.139a
蒙哥合罕委任	撒里	哥疾宁·怯失迷儿·忻都万户	f.139a
	怯的不花	呼罗珊·八的吉思蒙古军①	f.138b
	忻都	呼罗珊·八的吉思蒙古军	f.130b
朮赤家族	赛甫丁必阇赤	伊朗地区(由朮赤系控制)	f.139a
察合台家族	塔亦儿②	哥疾宁·怯失迷儿·忻都万户	f.138b
斡亦剌惕驸马	不花帖木儿	随同旭烈兀参与了对阿剌模忒堡的战事③	f.139a

在旭烈兀西征之前，蒙古人已直接或间接地控制了也里、西呼罗珊、起儿漫、阿哲儿拜占等地区，并一度攻陷了伊思法杭（Iṣfahān）④。这部分为蒙古人所控制的伊朗地区均由阿儿浑·阿合领导下的“阿母河行尚书省”负责管理。本田实信经考证认为《元史》中“阿母河行尚书省”在波斯

① 怯的不花在进入伊朗之前驻扎于八的吉思地区，见《也里史志》并参考第二章。Sayfī Haravī, *Tārīkh-nāma-yi Hirāt*, p.261.

② 案，据《部族志·晃豁坛部》所载，塔亦儿最初成吉思汗时连同军队一起，赐给了窝阔台合罕。但后来为察合台效力（*mulāzam Jaghtāy būda*）*Джāми' ам-Тавāрӣх*, Tom.1, p.424.《史集》第一卷，第1分册，第275页。但据《也里史志》，窝阔台合罕时“从察合台处派塔亦儿·巴阿秃儿(Ṭāhir<Ṭāyir Bahādur)和不者(Būjāy<Böje)那颜到忻都斯坦”。他已经是察合台家族在中亚的代理人。Sayfī Haravī, *Tārīkh-nāma-yi Hirāt*, p.207.

③ Rashīd al-Dīn, *Jāmi' al-Tavārīkh: Tārīkh-i Ismāʿīliyān*, p.186.

④ John.E. Woods, “A Note on the Mongol Capture of Iṣfahān”, *International Journal of Near East Studies*, 36: 1, 1977, pp.49-51.

语中的名称正是"伊朗总督府"①。该机构是直接对大汗蒙哥本人负责的，当然在黄金家族"公产制"的原则支配下，其中也包括了代表各支诸王家族(如术赤系)利益的官员。在该区域内发生的涉及高级蒙古官员的案件，须经过大汗本人的裁断。《史集》中提及的豁罗剌思部异密"罕都察黑"(Handūjaq)因为无故杀死了库姆(Qum)的领主，"因此异密阿儿浑按照蒙哥合罕的一道诏书，将他处死于徒思城门之前。他的家属则被分配给成吉思汗四子的后裔"，而他的职务则被委任给其弟撒剌儿(Salār)②。

蒙哥在位期间，伊朗各地方政权的统治者：如起儿漫的哈剌契丹王朝、也里的迦儿惕政权、设里汪(Shirvān，在阿塞拜疆)和舍班合列(Shabānkāra，在南部伊朗)的君主均来到位于哈剌和林的蒙哥宫廷中表示臣服③。而旭烈兀西征初期，跟随旭烈兀进军的驻中亚蒙古三支主力(阿母河行尚书省、八的吉思、哥疾宁·怯失迷儿·忻都万户)，其将领也均由蒙哥汗亲自委任(见表六)。蒙哥汗位下"以合赞·巴阿秃儿(Ghāzān bahādur)知名"的大异密，则是和怯的不花一道跟随旭烈兀进攻祃拶答而、阿剌模忒的主将④。可以说直到此时，伊朗地区均笼罩在大汗的权威之下。而旭烈兀本人正如乌马里(al-ʿUmarī)所说，只是"兄长的代理人"⑤。

---

① 本田実信：《阿母河等処行尚書省》，氏著：《モンゴル時代史研究》，东京：东京大学出版会，1991 年，第 124 页。

② 罕都察黑(《五族谱·蒙哥合罕的异密》作：Hindūjān，《五族谱·旭烈兀汗的异密》作：Hindūqār)，篾力沙(Malik-Shāh)之子，为蒙哥合罕的异密。撒剌儿，为札鲁忽赤。见《五族谱·蒙哥合罕异密名录》，*Shuʿab-i Panjgāna*，f. 130b，f. 131a，f. 139a. 此事亦见《史集》第一卷，第 1 分册，第 161—162 页。

③ Thomas T. Allsen，*Mongol Imperialism: The Policies of the Grand Qan Möngke in China，Russia，and the Islamic Lands，1251 - 1259*，Berkeley：University of California Press，1987，p. 66.

④ 合赞·巴阿秃儿不见于《世界征服者史》和《史集》，但 8/14 世纪(帖木儿政权统治时期)的马赞德兰(Māzandarān)地方史书和帖木儿时期的通史著作《旅人之友》均载有其事迹。Maulānā Ūliyāʾ Allah Āmulī，*Tārīkh-i Rūyān*，ed. by Dr. Manuchir Sutūda，Tehran：Intishārāt-i Buniyād-i Farhang-i Īrān，1368/1989，p. 163. Ghiyāṣ al-Dīn b. Humām al-Dīn al-Ḥusayn，Khvāndamīr，*Ḥabīb al-Siyār*，Intishārāt-i Khayyām，2001，vol. 3，p. 331.

⑤ Ibn Fadhl Allah al-ʿUmarī，*Das Mongolische Weltreich: al-ʿUmarī's Darstellung der Mongolischen Reiche in seinem Werk Masālik al-absār fī mamālik al-Amsār*，ed. and trans. by K. Lech，Wiesbaden：Harrassowitz，1968，p. 103.

此外，高加索万户是在窝阔台时期“由拜住和绰儿马浑率领的，被派去担任探马的军队”①，他们至少在名义上直接听命于大汗本人。而亚美尼亚文献也向我们提供了更多关于高加索万户府异密的信息，从中可以看出，除了受大汗节制之外，他们也受到术赤家族（拔都—别儿哥）的有力影响。

（表七）亚美尼亚文献中的高加索万户府异密②

	姓　名	转　写	《五世系》	《武功纪》	备　注
1	绰儿马浑	Č ‘awrman	+		
2	失列门	Siramun	+		绰儿马浑子
3	八剌	Bawra			绰儿马浑子
4	木剌儿	Mular	+	+	
5	拜讷勒	Benal	+		
6	哈剌不花	Ghara Buqa			
7	阿速带	Asut‘u			
8	察合台—雪你台	Č ‘aghtay/Sonitha			
9	察合台	Č ‘aghtay			
10	都剌带	Dolada	+	+	察合台子
11	拜住	Bač ‘aw	+		
12	[也可]·也速儿	Asar	+		
13	忽都忽[秃]	Xu ‘t ‘tu		+	
14	火者	Xojay	+		
15	秃都	T ‘ut ‘tu			
16	斡哥台	Awgaw ‘ti			
17	忽林赤	Xurumchi			

① 《史集》第一卷，第1分册，第320页。《史集》第三卷，第29页。
② 引自 Timothy May, *Chormaqan Noyan: The First Mongol Military Governor in the Middle East*, diss. Indiana Univ., 1996, pp. 90－91. 有所增补。

续 表

	姓 名	转 写	《五世系》	《武功纪》	备 注
18	忽难	Xunan(Qutan)			朮赤位下四千户之一①
19	脱剌·阿合	T ‘ora-Agha			曾代表拔都家族征税②
20	台 讷 儿	T‘enal			
21	宴阔儿乞	Angurag			
22	合答罕	Gh‘adagh‘a‘			
23	三木合儿	SHamk ‘or	+	+	
24	脱合脱	Toughata			
25	术剌	Chola			

直到旭烈兀西征之前，朮赤家族在蒙古帝国西部的征服行动中掌握有最高权力。在造访过哈剌和林的西方使节眼中，朮赤的权威在西部甚至要高于大汗的权威③。拜住本人虽然作为驻当地蒙古最高统帅可以全权负责军事和外交方面的事务，并且在东部(亚美尼亚)地区方面有着和拔都对等的权力④，但有证据显示，他本人也必须听从拔都和别儿哥的命令⑤。

① 忽难(一译作：忽坛)，轻吉惕部人。《史集》第一卷，第 1 分册，第 291、376 页。又见于《蒙古秘史》第 210 节。其名在《纳昔里史话》中作“Khānūn”，Minhāj al-Sirāj Jūzjānī, *Tabakat-I-Nasirī: A General History of the Muhammadan Dynasties of Asia: including Hindustan, from A. H. 194 (810 A. D.) to A. H. 658 (1260 A. D.) and the Irruption of the Infidel Mughals into Islam*, trans. by Major H. G. averty. Vol. 1–2, London: Gilbert & Rivington, 1881, p. 1227. 考证见 Peter Jackson, “The Dissolution of the Mongol Empire”, p. 219, n. 144.

② Kirakos Ganjakets'i, *History of the Armenians*, trans. by Robert Bedrosian, http://rbedrosian.com/kgtoc.html, [检索日期：2013 年 8 月 1 日]。

③ *The Mission of Friar William of Rubruck: His Journey to the Court of the Great Khan Mönke*, trans. & Noted by Peter Jackson & David Mogan, London: The Hakluyt Society, 1990, p. 146.

④ 乞剌可思称，当时拜住在高加索东侧，谷儿只王子们和他在一起，而拔都管理北方。Kirakos Ganjakets'i, *History of the Armenians*.

⑤ Jackson, “The Dissolution of the Mongol Empire”, *Studies on the Mongol Empire and Early Muslim India*, Cornwell: Ashgate Variorum Press, 2009, p. 218.

同时，轻吉惕部的忽难那颜是成吉思汗分封诸子时赐给朮赤的四个千户长之一，在高加索万户诸异密中当享有崇高地位。但当旭烈兀取得了原驻伊朗、高加索地区各蒙古军的统帅地位后，主导权就从朮赤系转入旭烈兀家族手中。在旭烈兀授意下，朮赤系的军队遭到屠杀，剩下的"一部分归顺，一部分则逃走了"①。随着旭烈兀和别儿哥围绕着阿塞拜疆、呼罗珊地区的权益的争夺而全面决裂，原本属高加索万户异密的忽难那颜，和曾伴随阿儿浑·阿合在亚美尼亚等地征税的脱剌·阿合②等朮赤系统将领均从名单中消失了；而拜住那颜之被杀，也与其效力于朮赤家族有关(具体的文献讨论见下一章)。正如(表六)所示，余下的异密中除绰儿马浑病死、察合台为伊斯马因刺客杀死外③，大多转而效忠旭烈兀。

尽管在旭烈兀于658年(1259—1260)自称"伊利汗"(Īl-khān)并得到忽必烈的认可之后④，我们即可认为伊利汗国已经成立。但实际上它经历一个相当长的吸收和分裂的过程后，才得以清除、统合其内部复杂且矛盾重重的派系问题。此次西征除了获取大片新征服土地外，旭烈兀也夺取了前述三个蒙古军集团领属权。他将绝大多数的将领和军队以相当独立的姿态合并入新成立的伊利汗政权，并使之在三个方向(叙利亚—高加索—印度北部)上仍然保持着扩张姿态。从旭烈兀手中脱离出去的部分蒙古军队分别投入金帐汗国、察合台汗国和马木鲁克算端的阵营，并在之后的数十年中成

---

① Maḥmmūd ibn Masūd Quṭb al-Dīn Shīrāzī, *Akhbar-i Mughūlān dar Anbānah-yi Quṭb*, ed. by Afshar, Qūm: Kitābkhānah-yi Ayatolah Marashi Najafī, 2010, p. 39.

② 关于脱剌·阿合(Armenian: T'ora-Agha/Mong. Töre aqa)所参与的1252年在伊朗地区、亚美尼亚、谷儿只、斡罗思等地的征税活动，具体的研究见：Thomas T. Allsen, *Mongol Imperialism: The Policies of the Grand Qan Möngke in China, Russia, and the Islamic Lands, 1251 - 1259*, Berkeley Los Angeles: University of California Press, 1987, p. 132.

③ Rashīd al-Dīn, *Jāmi' al-Tavārīkh: Tārīkh-i Ismā'īliyān*, p. 190.

④ 旭烈兀自称"伊利汗"，最早见诸《世界征服者史》，但Allsen认为志费尼将此事前移至蒙哥汗生前实为年代误置。他根据钱币铭文资料，提出"伊利汗"头衔的使用不会早于658年。Thomas T. Allsen, "Changing Forms of Legitimation in Mongol Iran", *Rulers from the Steppe*, ed. by Gary Seaman & Daniel Marks, Los Angeles: Ehonographics Press, Center for Visual Anthropology, Univ. of Southern California, 1991, p. 227.

为抵制伊利汗势力扩张的坚决的反抗者①。此后发生的多次改变伊利汗国政治形势的事件，均与这三个蒙古军集团关系密切。可以说伊利汗国历史进程的动力根源，及其结构矛盾的根源都延续自其最初继承的这份财产。

旭烈兀在位后期，他对诸王、诸异密和伊朗各地世侯进行了分封，此次分封的结果是将伊利汗国所继承的，在旭烈兀西征前就已确立的各万户和异密集团置于其直系宗王的控制之下。受封的宗王据《史集》所载为旭烈兀长子阿八哈和次子玉疏木忒二人：

> 他（旭烈兀）把亦剌克、呼罗珊、祃拶答而地区直到质浑（阿母）河口为止赐给了他卓越的长子、宗王阿八哈汗；把阿儿兰、阿塞拜疆地区直到（打耳班）边界（*sūba*）②为止赐给给了玉疏木忒③。

而在《蒙古纪事》中则将阿八哈获封区域概称为“呼罗珊”，玉疏木忒获封区域称为“设里汪（Shirvān）到打耳班”④。不过这并非意味着旭烈兀

---

① 多桑（D'hosson）：《多桑蒙古史》下册，第 132—135 页。引《算端拜巴儿思传》云，别儿哥之属军，而隶属旭烈兀者，在两者交恶之后，分多批避难入埃及。Jackson，Peter，“The Dissolution of the Mongol Empire”，pp. 227－244.

② 按，sūba ＜ sübe，蒙古语，意为“小山洞，窄道，孔道”。Lessing，Ferdinade D，*Mongolian-English Dictionary*，Bloomington，Indiana：Indiana University Press，1995，p. 741.《蒙古秘史》第 240 节，有“速别思—突（舌）儿”（sübes-tür），旁译：“口子每一里”，为其复数形式。引自栗林均编《〈元朝秘史〉モンゴル語漢字音訳・傍訳漢語対照語彙》，仙台：東北大学東北アジア研究センター，2009 年，第 434 页。此地得名之由，如《马可波罗行纪》第 22 章《谷儿只及其诸王》所云：此地“道路狭险，一方滨海，一方傍大山，不能通铁骑。其道长逾四里，所以少数人守之可御重兵”。冯承钧译，上海：上海书店出版社，2001 年，第 34 页。
这是伊利汗国和金帐汗国的分界所在，《心之喜悦》云：“此地位于伊朗边境之最远处，蒙古人称‘众门之门’为‘铁门’（Dimūr Qapi），另称打耳班。”Ḥamd Allāh Mustawfī Qazvīnī，*Nuzhat al-Qulūb*，tr. by Strange，“E. J. W. Gibb Memorial”，vol. 23，ed. by Le. Strange，Brill，Luzac & Co.，1919，p. 173. 而《史集》云所围边墙实为阿八哈时期营建，《瓦萨甫史》云：“阿八哈汗在打耳班方向筑了被称为‘速别’（sūba）的墙，用此物挡在他们面前。”*Tārīkh-i Vaṣṣāf*，p. 51，*Taḥrīr-i Tārīkh-i Vaṣṣāf*，p. 29.

③ 《史集》第三卷，第 95 页。《成吉思汗之王书》提到玉疏木忒为“（余下）诸王中最高贵的”（*sar-farāz-i shahzādagān*），因此受封，其余信息与《史集》一致。这是因为其兄，原本排行第二的术木忽儿已在来伊朗的途中去世。Kashānī，Shams al-Dīn，*Shāh-nāma-yi Chinggizī*，Ms. Madrese-ye ʿAlī Shahīd Muṭaharī，f. 267.

④ Quṭb al-Dīn Shīrāzī，*Akhbar-i Mughūlān dar Anbānah-yi Quṭb*，p. 44.

诸子中获得分封的仅有这两人，他们应该是驻扎在上述两个区域的大小蒙古诸王的代表。我们将《武功纪》所载的，原先服役于上述地区，如今接受旭烈兀系宗王统辖的异密名单列表如下：

（表八）　旭烈兀时期伊利汗国的东西集团

<table>
<tr><th>分封诸王</th><th>异　密</th><th colspan="2">隶 属 万 户</th><th>延续性</th></tr>
<tr><td rowspan="5">玉疏木忒</td><td>失列门</td><td rowspan="5" colspan="2">高加索蒙古军万户</td><td>绰儿马浑子</td></tr>
<tr><td>也可・牙撒兀儿</td><td>原隶属</td></tr>
<tr><td>忽儿秃忽</td><td>原隶属</td></tr>
<tr><td>都剌带</td><td>原隶属</td></tr>
<tr><td>木剌忽儿</td><td>原隶属</td></tr>
<tr><td rowspan="5">阿八哈</td><td>阿儿浑・阿合</td><td rowspan="5">呼罗珊
异密集团</td><td>阿母河行尚书省</td><td>原隶属</td></tr>
<tr><td>忻都</td><td rowspan="2">呼罗珊・八的吉思蒙古军</td><td>未详</td></tr>
<tr><td>阿八赤</td><td>斡鲁思之弟</td></tr>
<tr><td>忽鲁忽都</td><td rowspan="2">哥疾宁・怯失迷儿・忻都万户</td><td>塔亦儿子</td></tr>
<tr><td>哈剌</td><td>原隶属</td></tr>
</table>

此次分封意味着伊利汗国"中央—两翼"式的行政—军事国家构造的初步形成。它是由伊利汗本人直接控制的大不里士—篾剌合—报达所构成的"腹里"地区和驻扎在汗国西北部的高加索（阿八哈汗即位后将鲁木地区也包括进来）地区，直接面对马木鲁克政权威胁的诸王—异密集团，以及戍守东部呼罗珊—八的吉思—哥疾宁地区（为了防范察合台汗国入侵）的诸王—异密集团三部分组成的。这种覆盖在定居社会原本的行政—地理单位之上①，根据军事

---

① 蒙古入侵前和初期伊朗本土的行政区划远不止此三个大区。我们可以参考马可波罗的记载：他使用"波斯八国"——即：可疾云、曲儿忒思丹、罗耳思丹、薛勒思丹（马玛萨尼 Mamasanī）、亦思法杭、泄剌失（指代法儿思）、孙哈剌（沙班卡拉 Shabānkāra）、秃讷和哈因（忽希思丹 Kuhistān 东部的波斯山区）来指代伊朗。《马可波罗行记》，第 33 节。参考李鸣飞《马可・波罗前往中国之路：〈马可・波罗游记〉伊朗部分研究》，北京大学中国语言文学系博士后出站报告，2013 年。其中，秃讷、哈因在伊利汗国时期也用来指称原本属伊斯马因教派控制下的忽希思丹（Kuhistān）山区，它由怯儿都乞（Gird-Kūh）、秃讷（Tūn）、哈因（Qāyin）、阿剌模忒（Almūt）等一系列山中堡垒组成。见 Maulānā Ūliyā' Allah Āmulī, *Tārīkh-i Rūyān*, p.160. 另外，还包括半自治的也里迦儿惕政权、昔思田和起儿漫的地方政权。

体制和政治功能而将国家疆域按中心(腹里)、左、右两翼进行安排的国家构造,正是蒙古帝国原型在伊朗地区的翻版,其根源则来自欧亚游牧政权习惯采用的中央—两翼式的军事组织方式。

杉山正明的研究表明,成吉思汗在对蒙古帝国首次进行分封时,也采用了大汗本人坐镇蒙古草原兀鲁思本部;"东道诸弟集团"沿大兴安岭西麓海拉尔河—喀尔喀河一线连锁状展开;而诸子集团则沿蒙古草原西侧沿阿尔泰山一侧的也儿的石河、乌伦古河一线分布。在左、右两翼中,由为首的诸王率领诸将领(那颜)、各部族形成一个规模巨大的军事集团,负责边境的防守以及向东、西两侧的扩张征服任务①。

而当忽必烈征服了中国后,此种三分式的国家构造同样也被移用于元朝:由忽必烈掌握,并指定皇储真金继承的"中央王国"控制着"首都圈"——即上都到大都之间区域;甘麻剌家族所控制的"北平王国"——负责统率戍守元朝—海都兀鲁思边界所有的宗王、异密;忙哥剌家族所控制的"安西王国"——负责指挥唐兀惕地区、哈剌火州朝海都兀鲁思方向的全部军队②。因为元朝的边防压力只是来自其西部的窝阔台、察合台后裔的侵袭,所以组成"三大王国"的三个兀鲁思不是按习惯,以东、西方向安排左、右两翼,而是近似于从也儿的石河至哈剌火州南北纵向排列的。

在金帐汗国(朮赤兀鲁思)中,我们也能见到典型的"中央—两翼"三分式的国家构造。根据赤坂恒明研究,由朮赤长子斡儿答家族掌管的左翼兀鲁思主要分布在也儿的石河—巴尔喀什湖以西,伏尔加河以东的地区(在今哈萨克斯坦境内);其中央兀鲁思(腹里)最初位于札牙黑河(Jaec,乌拉尔河)流域,拔都西征后移至里海北部,定都于萨莱;右翼最初位于咸海和里海之间,拔都西征后则大幅向西方移动,从黑海北部沿多瑙河向

---

① 杉山正明:《モンゴル帝国の原像:チンギス・カンの一族分封をめぐって》,载《モンゴル帝国と大元ウルス》,京都:京都大学学术出版会,2004年。

② 杉山正明:《大元ウルスの三大王国:カイシャンの奪権とその前後(上)》,《京都大学文学部研究紀要》第34卷,京都,1995,第99页。杉山没有给出三个王国的具体区划,此处引《史集·忽必烈合罕纪》所载,第二卷,第339—340页。

西，最终形成了控制东欧地区那海(Noqai)兀鲁思①。

蒙古帝国历史的一个重要特征体现为“制度的对称性”，就是指随着其对外扩张，作为原型的政治制度，被同时推入欧亚草原东西两侧自大蒙古国分离出来各汗国中。因此我们通过对比元朝和金帐汗国结构，可以得出以下结论：伊利汗所控制的以大不里士为中心的“腹里”地区，和呼罗珊出镇宗王—异密集团、高加索—鲁木地区出镇宗王—异密集团是推动伊利汗国历史进程最重要的政治单元。旭烈兀之后所有登上伊利汗位的宗王均出自东、西两个政治集团，也只有在最大程度上调和代表这两个集团的重要异密之间的矛盾的前提下，才能稳固地行使伊利汗的权力。

此外，和元世祖忽必烈时期，西道窝阔台、察合台系宗王和东道诸王、驸马在连环作乱的同时，似也曾试图以协作的方式来挑战忽必烈的权威相似，伊利汗国东、西两个集团之间尽管存在着利益差异，但也有着联手发起叛乱或问鼎伊利汗位的事例，家族、部族的纽带为此提供了契机。我们还要看到伊利汗国东、西两个集团均继承自成吉思汗到蒙哥时期就已经建立的远征军组织，旭烈兀在将其吸纳入伊利汗国的同时，也继承了此前隐伏下来的所有内部派系矛盾，这点将不断地干扰汗国的政治进程。

三、《五族谱·阿八哈汗异密名录》的分析

1. 阿八哈的异密名录

Shuʿab-i Panjgāna, ff. 142b－143a

（表九）

	姓 名	职 务	部 族	备 注
1	阿儿浑·阿合	伊朗之地的全权长官	斡亦剌惕	见前表
2	额里该	大异密	札剌亦儿	见前表

① 赤坂恒明：《ジュチ裔諸政権史の研究》，东京，風間書房，2005 年，第三章《成立期～十四世紀前半におけるジュチ・ウルス》，第 134—135 页。

续 表

	姓 名	职 务	部 族	备 注
3	孙札黑	报达和法儿思长官		见前表
4	孙台	击溃八剌军队的异密		
5	失克秃儿	击溃八剌军队的异密		额里该那颜之子，见前表
6	三木合儿①	阿黑塔赤；鲁木长官（札鲁忽赤）	奎因·塔塔儿部	见前表
7	秃忽	死于鲁木的战事中	札剌亦儿部	额里该那颜之子
8	兀鲁黑秃	死于鲁木的战事中	札剌亦儿部	额里该那颜之子
9	额兀克	万户长	别速惕部	拜住那颜之子
10	不忽带	阿黑塔赤	别速惕部	
11	忽鲁迷失	万户长	札剌亦儿部札惕分部	忻都忽儿之子
12	阿鲁黑	速孙赤的长官	札剌亦儿部兀牙惕分部	
13	不花	“纳邻”（库）的长官	札剌亦儿部兀牙惕分部	阿鲁黑之弟
14	脱黑察儿	受宠信的异密之一	速合讷惕部	忽都[鲁]不花之子
15	朮客		塔塔儿部	驸马
16	兀儿都海牙	速古儿赤	畏吾儿部	
17	忽鲁忽都	哈剌兀纳思千户，禹儿惕赤	忙兀惕	旭烈兀时期哈剌那颜之子
18	捏兀鲁思	呼罗珊的大异密	斡亦剌惕部	阿儿浑·阿合之子，驸马
19	出失	速古儿赤长官		

① Aqsarāī, Karīm al-Dīn Maḥmūd b. Muḥammad, *Musāmarat al-akhbār wa musāyarat al-akhiyār*, ed. Osman Turan, Türkiye Selçukluları Hakkında Resmi Vesikalar: Metin, Tercüme ve Araştırmalar, TTK Ankara: Türk Tarih Kurumu, 1958, p. 159.

续　表

	姓　名	职　　务	部　族	备　　注
20	客希兀儿该	管辖鲁木的大异密之一		同三木合儿一起到鲁木的异密
21	都剌带	札鲁忽赤长官		在 f.143a 重出
22	列克即	大异密		阿八哈的驸马
23	瓮都儿不花	豁儿赤		
24	孛罗古勒	豁儿赤		
25	绰札罕	大异密和阿鲁浑汗的王傅	巴儿忽惕部	
26	塔剌海	千户长	斡亦剌惕部	驸马，娶旭烈兀、忙哥帖木儿之女，见前表
27	失失八哈失	大异密	畏吾儿部	
28	纳儿不儿	速古儿赤之长	弘吉剌惕	旭烈兀的异密阿八海之子
29	亦忒勒古	大异密和豁儿赤	晃豁坛部	
30	秃丹(秃答温)	死于鲁木的战事	速勒都思部	孙札黑兄弟，见前表
31	哈里法		忙兀惕部	
32	阔阔不里	必阇赤之长	合邻·巴牙兀惕	
33	Turkūt??	豁儿赤	晃豁坛部	
34	忽鲁忽都	豁儿赤，哈剌兀纳思人之万户长	忙兀惕部	塔亦儿子
35	帖克捏	脱脱合温之长	速合讷惕部	在 f.143a 重出
36	秃儿该	札鲁忽赤	忙兀惕部	
37	忙忽带	(哈剌兀纳思军)千户长	忙兀惕部	忽都鲁沙之父，见前表
38	马祖黑	豁失赤		见前表

续表

	姓名	职务	部族	备注
39	阿八赤	大异密	别速惕部	见前表
40	亦勒忒忽儿	千户长	晃豁坛部	术里乞·也不干之孙
41	斡鲁思	豁儿赤；四怯薛之长	别速惕部	见前表
42	哈剌不里	速古儿赤之长	别速惕部	
43	亦忒勒古		晃豁坛部	术里乞·也不干之孙
44	朵儿拜	迪牙别克儿和迪牙剌比阿长官		
45	孛儿古惕	大异密	晃豁坛部	术里乞·也不干之孙
46	火者苫思丁·志费尼	瓦即儿		
47	火者亦咱丁·塔希儿	呼罗珊地区的瓦即儿		
48	阿勒塔术	全部因朱(分地)的长官		
49	秃忽思	击溃八剌军队的异密		
50	忻都	击溃八剌军队的异密	亦客都勤部	见前表
51	失列门	谷儿只长官	雪你惕部	见前表
52	阿里纳黑	击溃八剌军队的异密	克烈部	见前表
53	秃剌帖木儿	击溃八剌军队的异密		
54	忽儿章·阿合	大异密	札剌亦儿部札惕分部	秃黑帖木儿额玉迭赤之父，见前表
55	忽都[鲁]不花	死于阿八哈与那海、别儿哥一战	速合讷惕部	脱黑察儿·阿合之父
56	奥都剌·阿合	击溃八剌军队的异密		
57	察儿秃·巴阿秃儿	第二次劫掠并残破不花剌的异密		

续　表

	姓　名	职　　务	部　族	备　　注
58	也速不花		朵儿边部	驸马，朵鲁黑秃那颜之子①
59	孛罗勒台	击溃八剌军队的异密		
60	捏古伯·巴阿秃儿	第二次劫掠并残破不花剌的异密		
61	忻都忽儿	万户	札剌亦儿部札惕分部	见前表
62	帖克彻克?			
63	泰出·巴阿秃儿			
64	察鲁黑	豁失赤长		

《五族谱·阿八哈汗异密名录》共收录异密66名，其中帖克捏、都剌带2人各重出一次（f. 142b，143a），故实著录64人。另有16人已为《五族谱·旭烈兀汗异密名录》著录，12人为旭烈兀时期大异密的子嗣或兄弟。从这点来说，阿八哈汗时代的异密群体体现出非常强烈的继承性。这和同时代波斯史家和后来的研究者作出的判断也相一致。无论是从外交方略还是国内的政策方面来看，阿八哈都沿袭了旭烈兀时代的传统。而且和阿八哈之后算端阿合马（帖古迭儿）时期激进的亲伊斯兰政策相比，在许多蒙古异密眼中旭烈兀到阿八哈时期的伊利汗仍然非常忠实地继承了成吉思汗制订的"札撒"（政治和法律原则）。所以直到完者都时期，大异密忽都鲁沙仍然要举出"在旭烈兀汗和阿八哈时期"的做法，以此为准则来指责本地官僚对蒙古政治传统的侵犯②。而在伊利汗国东、西两个政治集团的安排方面，正如《伊朗学

① 按，也速不花之父《史集》作"兀鲁黑秃"，第三卷，第27页。但《五族谱》，f. 142b，载兀鲁黑秃札剌为亦儿札惕分部人，而也速不花出自朵儿边部，其父当为另一人。兹依《五族谱》译作"朵鲁黑秃"。

② Qāshānī, *Tārīkh-i Ūljāytū*, p. 196.

百科全书》所概括的那样：阿八哈在针对相邻政权的和、战关系上，完全继承了其父的方针①。和马木鲁克、金帐汗国和察合台汗国的战事贯穿了他的整个统治时期，因此旭烈兀时期这两个集团的异密大多得以留任（见表十）。

（表十） 阿八哈时期伊利汗国的东西集团

<table>
<tr><th>分封诸王</th><th>异　密</th><th>隶 属 万 户</th><th>延 续 性</th></tr>
<tr><td rowspan="2">玉疏木忒</td><td>失列门</td><td rowspan="2">高加索蒙古军万户</td><td rowspan="2">旭烈兀的异密</td></tr>
<tr><td>忽都[鲁]不花</td></tr>
<tr><td rowspan="5">阿泽②</td><td>三木合儿</td><td rowspan="5">鲁木地区蒙古军</td><td>旭烈兀的异密</td></tr>
<tr><td>秃忽</td><td>旭烈兀的异密</td></tr>
<tr><td>兀鲁黑秃</td><td rowspan="3">旭烈兀的异密</td></tr>
<tr><td>秃答温</td></tr>
<tr><td>客希兀儿该</td></tr>
<tr><td rowspan="6">秃卜申</td><td>阿儿浑·阿合</td><td rowspan="2">呼罗珊·阿母河地区蒙古军</td><td rowspan="2">旭烈兀的异密</td></tr>
<tr><td>捏兀鲁思</td></tr>
<tr><td>忽鲁忽都</td><td rowspan="4">哈剌兀纳思军</td><td rowspan="4">旭烈兀的异密</td></tr>
<tr><td>忻都</td></tr>
<tr><td>捏古伯</td></tr>
<tr><td>察儿秃</td></tr>
</table>

但同时我们也要看阿八哈朝的一些新动向——即新晋升的异密群体，特别他们所代表的新的部族势力在本时期得以跻身权力核心。兹将《五族谱·阿八哈汗异密名录》中提及的部族信息列表如下：

---

① *EIr*，"Abaqa"，by Peter Jackson. http://www.iranicaonline.org/articles/abaqa，[检索日期：2013年7月23日]。

② 阿泽（Ajāy），旭烈兀子。其受命出镇鲁木不见于波斯史料。但马木鲁克史家尤你尼的《时间之镜补遗》提到667年（1268—1269）阿八哈派阿泽和异密三木合儿进驻鲁木。al-Yūnīnī，Quṭb al-Dīn Mūsā b. Muḥamad，*Dhayl mir'at al-zamān fī ta'rīkh al-a'yān*，Heyderabad：Dairat al-Ma'arif al-Osmania，1954－1961，vol.2，p.457.

(表十一)

	部　落　名	人　数
现今称为蒙古的突厥诸部		
1	札剌亦儿部	3
2	札剌亦儿部札惕分部	3
3	札剌亦儿部兀牙惕分部	2
4	塔塔儿部(槐因・塔塔儿部)	1
5	斡亦剌惕部	3
6	巴儿忽惕部	1
7	雪你惕部	1
各有君长的突厥诸部落		
8	克列部	1
9	畏兀儿部	1
被称为迭儿列勤的突厥—蒙古部落		
10	弘吉剌惕部	1
11	速勒都思部	1
12	合邻・巴牙兀惕部	1
13	(速勒都思分支)亦勒都儿勤部	1
被称为尼伦的突厥语诸部落		
14	晃豁坛	5
15	别速惕部	5
16	忙忽惕部	4
17	八邻部分支速合讷惕部	2
18	朵儿边	1

《名录》共提及18个部族的名字，其总数和《旭烈兀异密名录》相近(19个)。其中札剌亦儿、斡亦剌惕、速勒都思部族出身的异密依然占有

一席之地，体现出在阿八哈时期的伊利汗国中部族—家族权力的延续性。而发生变化的地方表现在：札剌亦儿部兀牙惕分部出身的不花、阿鲁黑兄弟首度进入了这份名单。阿鲁黑因担任使节出使元朝而获重用，不花则是阿八哈亲手提拔的异密。他们两人都将在随后阿合马、阿鲁浑汗两朝的政治事件中扮演重要角色。出身晃豁坛部的术里乞·也不干后裔，亦勒忒忽儿兄弟三人也在这个时期地位逐渐显要。他们后来成为乞合都汗的亲信。另一位值得注意的忙兀惕部的忙忽带，他是合赞汗、完者都汗时期大异密忽都鲁沙之父。在这个时期，他及其兄弟忽都忽鲁得以并列为阿八哈汗的重要异密之列。此外别速惕部的异密达到了5人，超过了所有其他的部族的人数。其中多人带有怯薛职务（阿黑塔赤、速古儿赤等）①，显示出身于该部族的异密与伊利汗内廷事务的密切联系。

此外，值得注意的是在这个时期有两位非蒙古人被提及：他们分别是全国的宰相火者苫思丁·志费尼和呼罗珊的宰相火者亦咱丁·塔希儿。这也预示着伊利汗国此后的道路，即通过蒙古人、突厥人和波斯官僚的合作、调适，形成一个新的、多元化统治集团。

2.《异密名录》和阿八哈汗时期主要史事

将《五族谱》异密名录的注文和《史集》进行对比，可以看到它涵盖了阿八哈时期最主要的战事，以及参与或因作战英勇而得以知名的异密。其中阿八哈与八剌之间争夺呼罗珊地区的战事，是其在位期间最重要的事件。它直接导致了察合台汗国领导权转入窝阔台系的海都手中，同时也稳固了伊利汗国对西呼罗珊地区的控制权。《五族谱》记录了8位异密的名字，他们均见于《史集》的相关章节中，相反那些参与此次战役的伊朗地方统治者（如也里统治者苫思丁，或起儿漫统治者秃儿罕哈敦）均未被提及。

---

① 其中别速惕部人斡鲁思为“四怯薛之长”，这点和元代的情况相类似。《元史·兵志·怯薛》谓：“申、酉、戌日，博尔忽领之，为第一怯薛，即也可怯薛。博尔忽早绝，太祖命以别速部代之。”关于伊利汗国怯薛制度的史料相对贫乏，不过我们也许可以推测它和元代有一定程度的相似性。

（表十二）《五族谱》与《史集》纪事对比

事　件	异密名录	对应《史集》文本	其 他 史 料
阿八哈与那海交战	忽都[鲁]不花	《叙阿八哈汗同那海和别儿哥作战》①	《瓦萨甫史》②
击溃八剌入侵	孙台	《叙八剌来到呼罗珊，与阿八哈汗的军队交战，他战败后逃走》③	因为这是阿八哈朝最重要的事件，故大多数伊利汗时期编纂的波斯语史书对此均有涉及
	失克秃儿		
	秃忽思		
	忻都		
	阿里纳黑		
	秃剌帖木儿		
	奥都剌·阿合		
	孛罗勒台		
第二次劫掠并残破不花剌	察儿秃·巴阿秃儿	《叙阿黑伯来到阿八哈汗处，他出征不花剌，以及帖必力思的地震》④	《瓦萨甫史》
	捏古伯·巴阿秃儿		
奔都黑答儿入侵鲁木	秃忽	《叙奔都黑答儿来到鲁木，阿八哈汗前往那里，鲁木的一些异密和八儿瓦讷被处死，以及苫思丁来到那里》⑤	《安纳托利的塞尔柱王朝史》⑥
	兀鲁黑秃		《月下史谭与景行良友》⑦
	秃丹（秃答温）		

3. 穆思妥菲《武功纪》中所见旭烈兀异密名录

如前揭对旭烈兀异密名录的研究所展示的，伊利汗朝后期史家穆思

① Rashīd al-Dīn, *Джāми' ат-Тавāрӣх*, Том. Ⅲ, pp. 103 - 104.《史集》第三卷，第 105 页。

② 《瓦萨甫史》的阿八哈传相对简略，其与那海交战一事被附于旭烈兀与别儿哥之战后附带提及。*Tārīkh-i Vaṣṣāf*, p. 51, *Taḥrīr-i Tārīkh-i Vaṣṣāf*, p. 28.

③ Rashīd al-Dīn, *Джāми' ат-Тавāрӣх*, Том. Ⅲ, pp. 107 - 130.《史集》第三卷，第 108—129 页。

④ Rashīd al-Dīn, *Джāми' ат-Тавāрӣх*, Том. Ⅲ, pp. 140 - 143.《史集》第三卷，第 138 页。

⑤ Rashīd al-Dīn, *Джāми' ат-Тавāрӣх*, Том. Ⅲ, pp. 143 - 147.《史集》第三卷，第 140—144 页。

⑥ Anon. (wr. 765 /1363 - 1364), *Tārīkh Al-Saljūq dar Anāṭūlī*, Tehran: Markaz-i Nashr-i Mīrāt-i Maktūb, 1997, p. 102.

⑦ Aqsarāī, *Musāmarat al-akhbār wa musāyarat al-akhiyār*, pp. 113 - 114.

妥菲的《武功纪》提供了一个理解《五族谱》的参照物。尤其是作者根据自己对伊利汗国政治结构的理解，对异密的次序作了重新排列并附有简单解释，这有于助我们理解《五族谱》异密名录中所包含的制度信息。

（表十三） 穆思妥菲《武功纪》之阿八哈异密名录①

	姓 名	职 务	五族谱	备 注
1	阿儿浑	四兀鲁思异密	+	呼罗珊地区最高长官
2	阿八台②	四兀鲁思异密	+	* 高加索地区大异密
3	孙札黑	四兀鲁思异密	+	伊朗南部地区的大异密
4	失克秃儿	四兀鲁思异密	+	鲁木地区的大异密
5	忽儿章	八名倚纳之一	+	
6	孛古儿（Burnvāz? / Būrkūr）	八名倚纳之一	+	术里克·也不干后人
7	不花	八名倚纳之一	+	
8	八剌（Baraq）	八名倚纳之一		阿八哈异密
9	孛剌·帖木儿（Pulad Timūr）	八名倚纳之一		未详
10	脱黑察儿	八名倚纳之一	+	忽都鲁·不花之子
11	忻都忽儿③	八名倚纳之一	+	忽儿章之子
12	欣都	八名倚纳之一		合赞汗之同乳兄弟④
13	帖克捏（Tiknāy）札鲁忽赤⑤	军队的异密	+	

① Mustawfī Qavīnī, *Ẓafar-nāma*, vol. 10, pp. 76 – 78.《叙阿八哈汗的哈敦与异密》。

② 案，原文作阿八海（Abaqāy），但检核旭烈兀至阿八哈时期史料，没有叫此名字的重要异密。《五族谱》(f. 138b)记载旭烈兀时期大异密“阿八海那颜”，实为阿八台之误。故可判定《武功纪》和《五族谱》之阿八海均指阿八台（Abātāy）。他是弘吉剌惕部人。因护送术木忽儿和忽推哈敦而获封“答剌罕”。《史集》第一卷，第1分册，第265页；第三册，第107页。

③ 案，此人名字《武功纪》原文作：Hindūqumn，现据《史集》、《五族谱》比定为“忻都忽儿”（Hindūqūr）。

④ 《史集》第三卷，第235页。

⑤ *Shuʿab-i Panjgāna*, f. 139a，作：Tikana。速合讷惕部人。

续 表

	姓 名	职 务	五族谱	备 注
14	合带(Qaydāy)			不详
15	捏古伯(B[N]ikubā)		+	哈剌兀纳思军将领
16	速合兀勒(Suqā'ūl)	札鲁忽赤		见《哈剌契丹诸王史》①
17	都剌带(Ṭūladāy)②		+	部族志,Akhbār③
18	阿鲁黑(Ārūq)④	大异密	+	不花之弟
19	阿黑不花	大异密		
20	阿里纳黑	大异密	+	
21	额木哥臣(Īmakajīn)	大异密		孙台那颜之子
22	苫思丁・志费尼(Shams al-Dīn Juwaynī)	瓦即儿	+	

《武功纪》共记载22位阿八哈朝的大异密,其中15人见诸《五族谱》。且除第14位异密合带暂时无法考订出其相关事迹外,余下所有人均见载于伊利汗时期波斯文献。

有意思的是,穆思妥菲是按照:1)四兀鲁思异密;2)八名倚纳;3)军队长官、札鲁忽赤等其他异密;4)瓦即儿(宰辅)的次序来介绍这些异密的。而根据本田实信的研究可知"四兀鲁思异密"未见于《史集》,它基本上是一个在伊利汗朝后期被普遍使用的术语。它和金帐汗国的"四兀鲁思别"制度是同源且等义的。它是由蒙古帝国的"四怯薛"制度发展而来的,在各蒙古汗国中凌驾于全部官僚体系之上,由少数非"黄金家族"出身

① 此人见于佚名作者所著起儿漫地方史书《哈剌契丹诸王史》。据载,异密速合兀勒是断事官(*amīr-i yarghū*),曾随同秃儿干一同返回起儿漫。*Tārīkh-i Shāhī Qarākhitayān*, ed. by Muḥmmad Ibrāhīm Bāstānī Pārīzī, Tehran: Intishārāt-i Buniyād-i Farhang-i Īrān, 1976, p. 275.

② 即《五族谱》之都剌带札鲁忽赤(f. 139b)。

③ 都剌带(Ṭūladāy)一作:Duladāy。

④ 原书讹作:Javārūq。

的蒙古贵族所世袭垄断的权力核心①。札剌亦儿王朝(Jalayirid)编撰的行政公文汇编《书记规范》所录《兀鲁思异密任命书》云：

> 在汗[在位的]第 59 年——相当于伊历 761 年(1359—1360)时②,委任大异密某,管理从密昔儿边境到阿母河岸,从忽鲁模思海岸到“众门之门”(打耳班)的伊朗地区;赋予他处理一切事务的绝对权力。以便借其之正见卓识,抚慰人民,消弭压迫和仇恨,弹压压迫和不公,歼灭叛乱者,除灭迫害者。……如要依札撒对违罪者施行责罚,若是陛下熟识之人,则当呈报,遵吾等命令(*yarlīgh*)而行;若非陛下所熟知者,则当依教法和札撒裁断。
>
> 若其依此道行事,则每年从国家的底万府——真主保佑——的正税和附加税中,支付他相当于十个土曼黄金的十万抵纳作为薪俸。是故颁行此敕旨,使各州的异密、万户、千户、百户、圣裔、法官、长官、副官、征税官、必阇赤、委派官、贵族、伟人、士人、地主、名流、全体百姓和各州国民知晓,令大异密某依此道管理兀鲁思事务,充当陛下的代理人③。

正如《任命书》所述,他们是武官和伊利汗的代理人,在面临外敌入侵之际有负责守卫国土的职责,而在平时则拥有仅次于伊利汗的刑事裁断权。根据 Uli Schamiloğlu 和本田实信的研究,兀鲁思异密的主要职权包括：1)“支配部族”的家长;2)军队的最高领袖;3)干预大汗选立;4)有

① 邱轶皓:《蒙古草原传统之移入及其转型：基于对诸蒙古汗国制度比较的一个考察》,《丝瓷之路》,第三辑,2013 年,第 114—184 页。

② 此时应该是札剌亦儿王朝第二任君主,谢赫・兀外思(1356—1374)在位时期。

③ Moḥammad Nakhchivānī Hīndūshāh, *Дастўр ал-Кāтиб фй Та ʿ йин ал-Марāтиб*, критич. текст, предисл, и указатели А. А. Али-заде, Москва: Наука, 1976, Том. 2, p. 15, nau'-i duwwum. 本田実信:《ジャライル朝のモンゴル・アミール制》,《モンゴル時代史研究》,第 87—88 页。

资格参与新汗登基仪式①。从这几点来看,穆思妥菲所记载这四位兀鲁思异密的情况是完全符合的。

(1) 阿儿浑。早在旭烈兀西征前他就任阿母河行尚书省的最高长官,而到阿八哈时期他则是“伊朗之地的全权长官”(《五族谱》)。阿八哈即位时,他是与会的“年长的大异密”之一②。阿儿浑不仅全权负责伊利汗国东部疆域的行政和财务事务,在察合台汗八剌入侵之际,他也是阿八哈左翼军的将领,同时指挥起儿漫、也思忒(Yazd)等地方诸侯的军队③。

(2) 阿八台。他是弘吉剌惕部人,《五族谱》称其为“受尊敬的异密和万户长”。伊利汗的妻子不剌罕(一作:不鲁罕哈敦)和怯烈门哈敦都出自其氏族。他也参与了旭烈兀和阿八哈时期的大部分重要战事:在旭烈兀与别儿哥、那海的战斗中,他和绰儿马浑之子失列门在一起④;而在与八剌的战事中他和秃答温(秃丹)那颜同为中军将领⑤。史料未曾明确提到他的戍守地区,但根据他多和属高加索—鲁木集团的异密一同活动这点来推测,他应为西方镇戍军的长官。

(3) 孙札黑。他是速勒都思部的锁儿罕·失剌后裔,属于成吉思汗家族的“元勋世臣”(*ötögü bogol*)。在旭烈兀时期就担任札鲁忽赤(断事官)一职。他也参与了阿八哈的即位仪式。阿八哈曾委任他为代理(*niyābat*),并令其去调查泄剌失税收问题,他因而惩处了一批当地的官员⑥。670(1271—1272)年,孙札黑代替畏兀儿人汪家奴成为法儿思的监临官。此后他主要负责南部伊朗地区的防卫:671(1272—1273)年马合

---

① Schamiloğlu, Uli, *Tribal Politics and Social Organization in the Golden Horde*, Ph.D. diss., Columbia University, New York., 2002, p.206. 本田実信:《ジャライル朝のモンゴル・アミール制》,第95页。

② 《史集》第三卷,第103页。

③ 《史集》第三卷,第126页。*Tārīkh-i Shāhī Qarākhitayān*, p.290.

④ 《史集》第三卷,第92页。

⑤ 《史集》第三卷,第126页。*Tārīkh-i Vaṣṣāf*, vol.1, p.71.

⑥ *Taḥrīr-i Tārīkh-i Vaṣṣāf*, p.67. Shahāb al-Dīn ʿAbd Allāh Khvāfī (Ḥāfiẓ-i Abrū), *Jughrāfiyyā-yi Ḥāfiẓ-i Abrū*, ed. by Ṣādiq Sajjādī, Tehran: Āyana-yi Mirās, 1999, vol.2, p.180. Ibn Zakūb, *Shīrāz-nāma*, ed. by Wāʾiẓ Jawādī, Tehran: Intishārāt-i Buniyād-i Farhang-i Īrān, 1971, p.90.

木·哈剌哈底(Maḥmmūd Qalhātī)入侵怯失岛和哈剌哈底地区时,他率军前去援救。677(1278—1279)年当捏古迭儿人大规模入侵伊朗南部并使泄剌失遭受重创时,阿八哈仍将孙札黑·阿合调去加强防卫①。

(4)失克秃儿。他是旭烈兀时期位列第一的大异密额里该那颜次子。在阿八哈的即位仪式上,他的身份是"旭烈兀授以遗嘱并委以必里克(*bilig*,口谕)"的异密②。失克秃儿及其兄弟、子嗣(*valid*)均为世袭戍守鲁木的大异密③。在伊利汗国的西部边境,其家族拥有极高的权力。阿八哈死后,他不断地通过干预选立新的君主来扩大自己的势力。到乞合都在位时,他被委以"自己的,伊朗地区拥有充分权力的都督(*niyābat-i muṭlaq*)"④,成了所有异密中地位最高者⑤。

他们是前述伊利汗国东、西两个集团众多异密的代表。而与前述"兀鲁思异密"的职责相比照,这四位蒙古异密的身份的确完全吻合。他们均为伊利汗国成立之前就已效力大汗的"大根脚"的异密;在伊利汗国成立后又各自负责一个大区的防御任务,同时他们也有任免地方官员,并对之进行考核、审查的权力。因此伊利汗国的"四兀鲁思异密"制虽然成熟于合赞之后(本田实信说),但在伊利汗国前期的政治制度中就已经有了类似的制度雏形。也可以说,它是随着合赞汗的改革,对原本人数不定(如《五族谱》中的"大异密"为据判断,当在十数人左右)的核心蒙古群体在官制上进行改革、在权力上进行规范的结果。

---

① Ḥāfiẓ-i Abrū, *Jughrāfiyyā-yi Ḥāfiẓ-i Abrū*, vol. 2, p. 178.

② 《史集》第三卷,第103页。

③ 汉译本《部族志·札剌亦儿部》中误将"失克秃儿"释读作"申秃儿"(Shīntūr)。其兄弟兀鲁黑秃也戍守于鲁木,并战死于当地。《史集》第一卷,第1分册,第151—152页;《五族谱》,f. 142b。其子兀忽台(Ūqutā),《部族志》中一作"兀忽纳"(Ūqūnā)或"兀合秃"(Ūqātū)。据伊本·比比书载,他曾奉命来到阿黑·萨莱(Aqsarā),在(管理)"因朱"分地的官府中效力(*Ūqutā valid-i Shiktūr ba-ḥukm-i yarlīgh dar ḥukūmat-i īnjū-hā ba-Aqsarā āmad*)。Ibn-i Bībī, *Akhbār-i Salājuqa-i Rūm: bā matn-i kāmil-i Mukhtaṣar-i Saljūq-nāma-i Ibn-Bībī*, Tehran: Kitābfurūshī-i Tehran, 1374/1995, p. 489.

④ Rashīd al-Dīn, *Джāми' ат-Тавāрӣх*, Том. Ⅲ, p. 234.《史集》第三卷,第222页。

⑤ 《五族谱·乞合都汗的异密名录》中对失克秃儿有如下介绍:"在阿八哈时期就极受信任,在阿鲁浑时期他同样受到尊敬。在这个时期对他的信任达到了这样的地步:乞合都将他安置在自己的位子上,然后就动身去了鲁木。"*Shuʿab-i Panjgāna*, f. 144b.

还有一个值得留心的地方就是，随着伊利汗国核心异密集团的形成——这也是穆思妥菲用后期的“四兀鲁思异密”制度来对之加以比附的原因，一个能够与伊利汗本人、旭烈兀系诸王共享权力，进而通过操纵大汗选立的“权臣”阶层也随之形成。阿八哈之后伊利汗选立情况的混乱无序，甚至引发大规模的内战无不与蒙古重臣的上下其手有关。这点在形式上和元代中后期权臣操纵朝政，影响君主的即位一事有着相似之处。而其解决之道，也都是不得不在蒙古传统之外寻求新的政治资源，才能重新塑立君主的权威。合赞汗皈依伊斯兰教及随后的改革都是有鉴于此前蒙古诸王频繁的夺位战争而作出的。我们将在对阿合马异密名录的分析中，看到代表不同集团利益的大异密是如何左右时局的发展的。

四、《五族谱·阿合马异密名录》的分析

1. 阿合马的异密名录

Shuʿab-i Panjgāna，ff. 140b - 141a

（表十四）

	姓　名	职　务	部族	附　注
1	失克秃儿	拥立阿合马的同谋，但不受重视	札剌亦儿部	
2	孙札黑·阿合	拥立阿合马的同谋，但不受重视	速勒都思部	
3	阿里纳黑	阿合马的心腹	克烈部	阿合马的女婿
4	孛剌出	迪牙别克儿的长官		朵鲁台之子，驸马
5	沙带	得阿合马宠信的异密		不忽之子，驸马
6	章丹	得阿合马宠信的异密	塔塔儿	宝儿赤客烈之子，驸马
7	阿剌卜	拥立阿合马的同谋	槐因·塔塔儿部	三木合儿之子
8	阿失卜乞	拥立阿合马的同谋		

续 表

	姓 名	职 务	部 族	附 注
9	哈剌不花	拥立阿合马的同谋		阿勒塔术·阿合之子
10	也速不花	受阿合马宠信的异密		阿勒塔术·阿合之子
11	阿黑不花		札剌亦儿部	原属乞合都汗
12	忻都	阿母河哈剌兀纳思二万户之长	亦客都勤部	见《也里史志》
13	古出克·兀讷忽赤	(鲁木地区)军队长官		见 Aqsarāī 书,被杀
14	沙带·阿黑塔赤	军队长官		被杀
15	阿术速古儿赤	军队长官		
16	阿儿合孙	万户长		
17	脱海			阿合马的同乳兄弟
18	也不干	安排辎重		
19	合赞·阿合	军队长官	雪你惕部	亦失乞·不哈里之子
20	不花		札剌亦儿部	阿鲁浑汗的宠臣,迫于形势留在了阿合马跟前
21	台亦塔黑	和阿里纳黑一同被杀		在 f. 141a 重出
22	马祖黑豁失赤		朵儿边部	
23	都剌带札鲁忽赤	札鲁忽赤之长		

《五族谱》所载阿合马时期的异密人数是所有伊利汗中最少的,仅 23 人。这点也就直观地反映出其支持者基础有限,政权前景黯淡。由于他的在位时间很短,且有许多异密因为他激进的宗教政策而投入反对者的阵营①,而观

① 《瓦萨甫史》说阿合马改变蒙古旧俗:"穆罕默德之风日日吹拂着阿合马的花园,他按照穆斯林的规矩,在说'札里黑'的地方代之以'命令'(*farmān*);在说'额勒赤'的地方代之以'信使'(*rasūl*)。"这些事导致一些固守蒙古旧俗的异密对其不满。*Tārīkh-i Vaṣṣāf*, vol. 1, p. 110, *Taḥrīr-i Tārīkh-i Vaṣṣāf*, p. 67.

望骑墙者也不在少数，故我们在此统计其异密的部族构成意义不大。

阿合马之所以能够取代阿八哈之子坐上伊利汗王座，究竟是得到了哪些诸王、异密集团的支持呢？为了考察这个问题，兹将《史集》中参加了阿八哈死后推选新汗的宗亲大会，并支持阿合马即位的诸王、异密列表如下：

（表十五）　案，加 * 者据《史集》是为首宗王、异密

姓　名		世　系	所 属 集 团
诸王	弘吉剌台*	旭烈兀子	鲁木地区蒙古宗王之首①
	忽剌术	旭烈兀子	戍守于鲁木地区②
	术失怯卜	旭烈兀孙、术木忽儿子	在阿合马时期获封于撒勒马思（Salmas）③，后受封于鲁木边境
	勤疏	旭烈兀孙、术木忽儿子	在阿合马时期获封于撒勒马思（Salmas）
异密	失克秃儿*	额里该·阿合之子	如前述，他是鲁木地区的大异密
	孙札黑	锁儿罕·失剌后裔	南部伊朗地区的大异密
	阿剌卜	三木合儿之子	原为拜住（高加索）位下将领，后一直戍守鲁木
	阿失卜乞④	不详	不详
	合剌不花	阿勒塔出之子	阿勒塔出为伊利汗因朱（分地）的长官，曾在泄剌失⑤
	也速不花	阿勒塔出之子	阿勒塔出为伊利汗因朱（分地）的长官，曾在泄剌失

① 1278年阿八哈把鲁木委托给弘吉剌台，《史记》第三卷，第143页。Abū'l Faraj Ibn al-ʿIbrībin Hārūn al-Malaṭī（一名：Ibn Ibrī，Bar Hebraeus），*Tā'rīkh mukhtāṣar al-duwar*，ed. Anṭūn Ṣāliḥānī，Bīrūt：al-Maṭbaʿah al-Kāthūlīkīyah lil-Ābāʾal-Yasūʿīyīn，1890，p. 503.

② Muḥyī al-Dīn ibn ʿAbd al-Ẓahir，*Tashrīf al-ayyām wa-al-ʿuṣūr fī sīrat al-malik al-manṣūr*《哈剌温算端传》，ed. by Ḥaqqaqahu Murād Kāmil；Rāja ʿAhu Muḥammad ʿAlī al-Najjār，Cairo：Wizārat al-Thaqāfah wa-al-Irshād al-Qawmī，al-Idārah al-ʿĀmmah lil-Thaqāfah，1961，p. 65.

③ 《史集》第三卷，第149页，"阿八哈把撒勒马思赐给术木忽儿的妻子讷论哈敦和他的儿子术失怯卜和勤疏"，撒勒马思在西阿哲儿拜占。

④ 阿失卜乞，《史集》作"阿昔黑"（Āshīq），据《五族谱》f. 140b改。第三卷，第162页。

⑤ 阿勒塔出曾于658年（1259—1260），平定泄剌失阿塔卑马合谋·沙的叛乱。*Tārīkh-i Vaṣṣāf*，p. 175，*Jughrāfiyyāī-yi Ḥāfiẓ-i Abrū*，vol. 2，p. 171.

除了表中所列出的这些在宗亲大会上支持阿合马的诸王、异密外，其主要的支持者还包括：

1）阿里纳黑(f.140b)。主要在谷儿只地区活动，但也曾几度参与小亚细亚的军事行动。如1260年，阿里纳黑(Alinjak? ＜Alīnāq)那颜被派往阿纳托利亚维护蒙古人权益，“随身带了他组织起来的无数军队”。据推测他们的驻冬地应该在阿黑萨莱①。

2）孛剌出(f.140b)。同样也是阿合马的女婿和西方集团(迪牙别克儿)的异密。

3）忻都那颜(f.140b)。他是阿合马支持者中少数来自呼罗珊哈剌兀纳思军团的异密。这是因为他出自阿合马之母忽推哈敦的帐殿(可能是媵臣)。

综合以上信息，可以看出阿合马的支持者中来自伊利汗国的西部(高加索—鲁木—叙利亚)集团的诸王、异密占了绝对优势。此外还有部分来自伊朗南部的异密加入其支持者的行列，却多是出于个人因素。《瓦萨甫史》、《泄剌失志》和《哈菲兹·阿不鲁地理志》等书都提到了法儿思、泄剌失蒙古异密群体中的分裂：如孙札黑与阿八哈的宠臣不花不谐，结果孙札黑投入了阿合马这边，而不花则成了阿鲁浑推翻阿合马最有力的支持者②。同时，我们也不能忽视孙札黑家族和鲁木异密集团之间的关系——其兄弟秃答温是驻鲁木的大异密，并战死于当地③。

但与西部集团的情势相反，阿合马的登基导致了伊朗南部统治阶层的分裂。在泄剌失，既有如孙札黑这样阿合马的支持者，也有以监临官(*shaḥna*)不鲁罕为首的阿鲁浑支持者④。在报答，阿鲁浑之子合赞和部分驻报答的哈剌兀纳思军队是阿鲁浑的同盟，但波斯人苫思丁·志费尼

---

① Aqsārā'ī, *Musāmarat al-Akhbār va Musāyarat al-Akhiyār*, p.157, Smith, John Masson JR., “Mongol Nomadism and Middle Eastern Geography: Qishlaqs and Tümens”, in Reuven Amitai-Preiss and David O. Morgan, eds., *The Mongol Empire and its Legacy*, Leiden: Brill, 1999, p.52.

② *Shīrāz-nāma*, p.92; *Jughrāfiyyā-yi Ḥāfiẓ-i Abrū*, vol.2, p.180.

③ 《史集》第三卷，第104页。

④ 《泄剌失志》载：马合麻·别(Maḥmad Bīk)、秃捏黑(Tūniyāq)和不鲁罕(Bulughān)三人为八思哈。*Shīrāz-nāma*, p.90.

却同情阿合马①。此外，还有部分地方世侯（*Malik*）如，卢儿（Lur）阿塔卑玉速甫·沙（Yūsuf-Shāh）和法儿思阿塔毕之妻阿必失哈敦（Abish Khātūn）等，或许是为阿合马皈依伊斯兰所感召，成为其抵抗阿鲁浑的同盟②；有些则如起儿漫的秃儿干哈敦（Tūkān Khātūn）则是因为统治家族内部的利益纠纷而趁机改投新主③。

阿合马时代伊利汗的控制范围也能够从当时铸造的钱币资料上得到印证：在其在位期间，仅在大不里士（Tabrīz），兀鲁迷牙（Urumi 或 Urumiya，在西阿哲儿拜占）和报达（Baghdad）三地发行过铸造其名字的钱币。这和他的主要支持者所控制的区域是完全一致的。相反，在泄剌失、柯不伤（Khabushan，在北呼罗珊）等地，仅发行过带有阿鲁浑名字的钱币④。

2.《异密名录》和阿合马时期主要史事

（表十六）《五族谱》与《史集》纪事对比

事　件	异 密 名 录	对应《史集》文本	其他史料
阿合马的即位	失克秃儿	《在他登临汗位前发生的事》⑤	《瓦萨甫史》
	孙札黑·阿合		
	阿剌卜		

① 《故事总汇》提到，在阿合马失败后，卢里斯坦（Luristān）有心庇护志费尼，但志费尼的政敌却极力想置其于死地。结果志费尼家族因此而遭到阿鲁浑汗清算，并被彻底毁灭。Ibn al-Fūwaṭī, Kamāl al-Dīn ʿAbd al-Razzāq b. Aḥmad al-Shaybānī, *al-Ḥawādith al-Jāmiʾa*, Per. tr. ʿAbdu-l-Muḥammad Āyatī, Tehrān: Anjuman-i Asār wa Mafākhir-i Farhangī, 2002, p.115. 另可参看波义勒为《世界征服者史》所作的序。《世界征服者史》上册，第 10 页。

② *Shīrāz-nāma*, p.93; *Jughrāfiyyā-yi Ḥāfiẓ-i Abrū*, vol.2, p.182.《史集》第三卷，第 192 页。阿必失哈敦的侍从杀死了奉阿鲁浑诏命到法儿思去就任长官的亦马忒·阿里牙维。

③ 《世系汇编》载：阿八哈离世后，阿合马汗先是将起儿漫的统治和管理权交给了唆咬儿合惕迷失，同时罢免秃儿干。经秃儿干亲自求情，又改为将起儿漫的统治权在唆咬儿合惕迷失和秃儿干之间平分。令前者大为失望，遂到呼罗珊和阿鲁浑·斡兀立联合起来。Shabānkāraʾī, Muḥammad ibn ʿAlī, *Majmaʾ al-Ansāb*, ed. by Mīr Hāsim Muḥaddas̱, Tehran: Amīr Kabīr, 1984, p.200.

④ 钱币信息主要来自：http://www.zeno.ru/，以及 Diler, Ömer, *Ilkhanids: Coinage of the Persian Mongols*, İstanbul: Turkuaz Kitapçılık, 2006, pp.281–295.

⑤ *Джāми' ат-Тавāрӣх*, Том. Ⅲ, pp.168–170,《史集》第三卷，第 162—163 页。

续 表

事 件	异 密 名 录	对应《史集》文本	其他史料
阿合马的即位	阿失卜乞 哈剌不花 也速不花	《在他登临汗位前发生的事》	《瓦萨甫史》
处死诸王弘吉剌台	古出克·兀讷忽赤 沙带·阿黑塔赤	1.《叙宗王阿鲁浑来到阿合马处，弘吉剌台死亡的原因》① 2.《叙宗王弘吉剌台事件及其死亡，阿合马出征呼罗珊与宗王阿鲁浑获得胜利》	此事在《瓦萨甫史》、《武功纪》和鲁木地方史书中均有记载
与阿鲁浑的争位斗争	阿里纳黑 忻都 阿术速古儿赤 合赞·阿合 马祖黑豁失赤 沙带 台亦塔黑 马祖黑豁失赤 都剌带札鲁忽赤	1.《叙阿合马与宗王阿鲁浑不和的开端，阿鲁浑从呼罗珊来到报达及其返回呼罗珊》② 2.《叙宗王弘吉剌台事件及其死亡，阿合马出征呼罗珊与宗王阿鲁浑获得胜利》③	亦见《瓦萨甫史》，《蒙古纪事》中有许多可增补《史集》的细节

据上表可看出《五族谱》和《史集》纪事的对应性，也基本涵盖了阿合马在位的三年（681—683）期间的重要事件。其中，处死弘吉剌台是致使其与阿鲁浑全面开战的导火线，也是使其人数有限的支持者群体分裂和瓦解的开端。处死了鲁木地区蒙古宗王之首弘吉剌台和两位异密之后，诸王中的术失怯卜、勤疏，异密中的失克秃儿、脱黑察儿等人也随即与之

① *Джāми' ат-Тавāрӣх*, Том. Ⅲ, pp. 170 - 173,《史集》第三卷，第163—166页。
② *Джāми' ат-Тавāрӣх*, Том. Ⅲ, pp. 173 - 176,《史集》第三卷，第166—170页。
③ *Джāми' ат-Тавāрӣх*, Том. Ⅲ, pp. 176 - 194,《史集》第三卷，第170—184页。

离心。故西方集团中只留下了身为其婿的阿里纳黑等少数宗王、异密。此外还有不少出身于伊朗西北地区的本土穆斯林，因为宗教原因站在阿合马一方参战①。但如前述，《五族谱》所关注的仅局限于跟随旭烈兀前来伊朗的蒙古异密及其家族在不同时期的黜陟升降，所以这些人的信息均被排斥在外。

相反，阿鲁浑得到了不少阿八哈时期的大异密的同情，甚至来自元朝忽必烈处的使臣也参预其夺位之事。马可波罗在其《行纪》中给我们留下了一个阿鲁浑支持者的名单（表十七）②，其人皆见诸当时史料。我们可以看出，继承自阿八哈时期的异密占了大多数。

（表十七）

	马可波罗	五族谱	其他史料	
1	不花（Buca）	阿八哈的异密	《史集》	阿八哈时期得到宠信的异密
2	宴只歹（Elcidai）		未见	不详
3	秃罕（Togan）③	阿鲁浑的异密	《史集》	
4	帖克捏（Tegana）	阿八哈的异密	《史集》	高加索集团的异密，脱黑察儿族人
5	脱黑察儿（Tagaciar）	阿八哈的异密	《史集》	曾效力于阿合马，后转投阿鲁浑

① 当时在阿儿达比勒（Ardabīl），有许多伊斯兰教徒（非蒙古人）参加了阿合马一方，与阿鲁浑作战。其中著名者有神学家阿老倒剌·西模尼（'Alā' al-Daula Simnānī）和修士忽辛·明里（Ḥusain Minglī）等。Elias, Jamal J., *The Throne Carrier of God: The Life and Thought of 'Alā' ad-Dawla as-Simnānī*, p. 19. Ibn-Bazzāz, Tavakkulī Ibn-Ismā'īl al-Ardabīlī, *Ṣafvāt al-Ṣafā: dar tarjuma-i aḥvāl wa aqvāl va karāmāt-i Shaih Ṣafī-ad-Dīn Isḥāq Ardabīlī*, Tabrīz: Ṭabāṭabā'ī Majd, 1994, pp. 218 - 219.《史集》第三卷，第174页。

② 冯承钧译：《马可波罗行纪》第205章《阿鲁浑之被擒及遇救》，第496页。

③ 此人伯希和未能考出，按，他就是《五族谱·阿鲁浑的异密名录》中之"秃罕"（Ṭūghān）。*Shu'ab-i Panjgāna*, f. 146b. Paul Pelliot, *Notes on Marco Polo*, pp. 798 - 799.

续 表

	马可波罗	五族谱	其他史料	
6	兀剌台(Oulatai)	忽必烈的使臣	《瓦萨甫史》	见伯希和考证，后站在阿鲁浑一边①
7	三木合儿(Samagar)	阿八哈的异密	《史集》	鲁木长官

五、怯薛——《五族谱》的制度切面

成吉思汗于1204年出征乃蛮部之前对蒙古各部中原有的怯薛(Mo. *keshig*>Per. *kazīk*)制度进行了大规模的扩编和规整。《秘史》载：

> 将在前宿卫的八十人，添至八百人，成吉思教添至一千，命也客捏兀邻做为头千户者。在前带弓箭的四百人，原教者勒蔑、也孙帖额与不吉歹一同管了。散班与带弓箭的，入直时，分作四班：一班教也孙帖额为长，一班教不吉歹为长，一班教火儿忽答为长，一班教剌卜剌哈为长。如今添作一千，教也孙帖额为长者②。

此后成吉思汗又令博尔忽、博尔术、木华黎、赤老温"四杰"担任四怯薛之长，由其子孙世袭③。凭借怯薛制度，成吉思汗得以将从各部族中选拔出的军事、政治人才聚集到自己周围，为后续的征服战争提供了将领的人选。怯薛平时分作四组，按日轮值，俟军事行动需要则可派出担任军队长官。蒙哥汗时期，随着蒙古人征服地区的扩大以及日常政务复杂性的

---

① 兀剌台，《瓦萨甫史》作：Ūlādāy；《蒙古纪事》作：Ulatāy。后一中拼法更接近《马可波罗行纪》的拼写。他直接参与了两者之间的冲突，并曾担任阿鲁浑的使者。*Tārīkh-i Vaṣṣāf*, vol. 1, p. 127, *Taḥrīr-i Tārīkh-i Vaṣṣāf*, p. 75. *Akhbar-i Mughūlān dar Anbānah-yi Quṭb*, p.61. 据伯希和推测，他充当了马可波罗的史源，书中有关阿合马、阿鲁浑争位一事的记述，皆出自其口述。

② 《蒙古秘史》卷十一。

③ 宋濂等修：《元史》卷九九《兵志》，北京：中华书局点校本，1973年，第八册，第2524页。

增加，蒙哥又再次对怯薛组织进行了改革，从被征服民族中选取人才，使之能够胜任日常的行政事务①。

作为大蒙古国的继承国家，伊利汗国也全盘继承了“怯薛”制度。“四兀鲁思异密”制度就是“四怯薛”在伊利汗国进一步发展的形式。但因为怯薛平日多活动于君主侧近，其本身又是由蒙古统治者引入的一种新的制度，不为波斯语作家所熟知。正如研究过伊利汗国的怯薛制度的 Melville 所说，“怯薛”这个术语在波斯语史料中并非常见，我们的证据绝大部分还是得自《史集》②。而与《史集》关系密切的《五族谱》同样也成了我们讨论怯薛制度的重要依据（Melville 未涉及）。

（表十八）《五族谱》中所见怯薛名录

	怯薛职务	旭烈兀	阿八哈	阿合马
1	札鲁忽赤	失古乞、孙札黑、阔阔·亦勒该、秃海	都剌带、秃儿该	都剌带
2	必阇赤	阔里古思、不古儿、忻都、阔阔、赛甫丁	阔阔不里、Turkūt	
3	豁儿赤	哈剌、斡鲁思、阿术（重出）、兀该	瓮都儿不花、孛罗古勒、亦忒勒古、忽鲁忽都、斡鲁思	
4	豁失赤		察鲁黑、马祖黑	马祖黑
5	阿黑塔赤	三木合儿	不忽带、三木合儿	沙带
6	宝儿赤	哈剌		章丹
7	兀讷忽赤			古出克
8	速孙赤		阿鲁黑	
9	速古儿赤	阿术	兀儿都海牙、出失、纳儿不儿、兀鲁黑秃、哈剌不里	阿术

① Allsen, Thomas T., “Guard and Government in the Reign of The Grand Qan Mongke, 1251 - 59”, *Harvard Journal of Asiatic Studies*, 46: 2, 1986, pp. 495 - 521.

② Melville, Charles, “The Keshig in Iran: The Survival of the Royal Mongol Household”, *Beyond the Legacy of Genghis Khan*, ed. by Linda Komaroff, Leiden: Brill, 2006, p. 145.

续 表

	怯薛职务	旭烈兀	阿八哈	阿合马
10	额玉迭赤	阿剌·帖木儿		
11	禹儿惕赤		忽鲁忽都(有重出)	
12	脱脱合温	杭浑	帖克捏	

我们可以看到,伊利汗国的怯薛职务和蒙古帝国、元的极其相似。而且和蒙、元时期一样,怯薛成员同时也担任统治机构的高层官员。他们一方面体现出地位的延续性,即在不同伊利汗在位期间出任相同的怯薛职务。一方面也具有身份性:怯薛集团中许多人和蒙古汗室保持着婚姻或从属关系。

但和元不同的是,在伊利汗国怯薛制度自始至终都维持着其绝对的重要性,而并未被本土化的官僚集团所取代。直到完者都时代,仍然存在着完整的怯薛集团,其职务种类也和伊利汗朝前期的差别不大(见表十九)。且在伊利汗国尤重"额玉迭赤"一职①,《史集》、《完者都史》中所见尤多,但在元代我们似没有发现相近的怯薛官名。

(表十九) 《完者都史》中的怯薛名称②

	怯薛职务	人数
1	速古儿赤	6
2	阿黑塔赤	7
3	豁儿赤	1
4	禹儿惕赤	1
5	玉典赤	10
6	必阇赤	4

① 额玉迭赤(īdāchī),出自蒙古语"侍食者"(ideγeči)。Doerfer, Gehard, *Türkische und Mongolische Elemente im Neupersischen*, Wiesbaden: Franz Steiner Verlag, 1965, vol. 1, p. 188.

② Qashānī, *Tārīkh-i Ūljāytū*, pp. 28 – 29.

续　表

	怯薛职务	人数
7	首思赤	1
8	额玉迭赤	9
9	豁失赤	6

若将《五族谱》中的怯薛名录和《书记规范》中所展示的伊利汗国国家构造进行对比。我们可以发现《五族谱》所著录的蒙古异密分别对应于《书记规范》中的：1）斡耳朵内的异密；2）各类军队异密，他们构成了伊利汗国政权的基础。他们中多数人皆先后统领军队或亲自参与战事，是Lambton所谓的"武士阶层"（*men of the sword*）——即相对于被统治者阶层（通常被称为"大食人"）的特权阶层①。而其中少数为《五族谱》所著录的波斯人瓦即儿，则是《书记规范》中"瓦即儿和大底万府官员"的代表。《五族谱》的价值在于，它大大丰富了我们对伊利汗国政治体制中蒙古异密集团的组成、职务和重要人物的知识；并使我们有可能进一步探讨在伊朗的蒙古政权是如何由最初的镇戍军集团一步步发展、演化为《书记规范》作者所展示的，较为复杂的官僚体制的。

最后，我想总结一下对《五族谱》（旭烈兀—阿哈马）时期异密名录进行初步分析后的一些结论：

一、《五族谱》的性格表现为，作者专注于记录伊利汗国中权力和特定家族之间关联性，以及此种的关联的延续或断裂。

二、《五族谱》展示了伊利汗国和旭烈兀西征之前河中及波斯地区蒙古镇戍军集团之间的延续性。

三、伊利汗国建立在对原有镇戍军集团的吸收和改造的基础上，而后者也决定了伊利汗国的基本构造：即区分为东（呼罗珊）、西（鲁木—高加索）两大集团。而此种构造也对伊利汗国的政治进程有重要影响。

---

① Lambton, Ann K., *Continuity and Change in Medieval Persia: Aspects of Administrative, Economic and Social History, 11th - 14th Century*, London: IB Taurus, Persian Heritage Foundation, 1988, p.224.

（表二十）

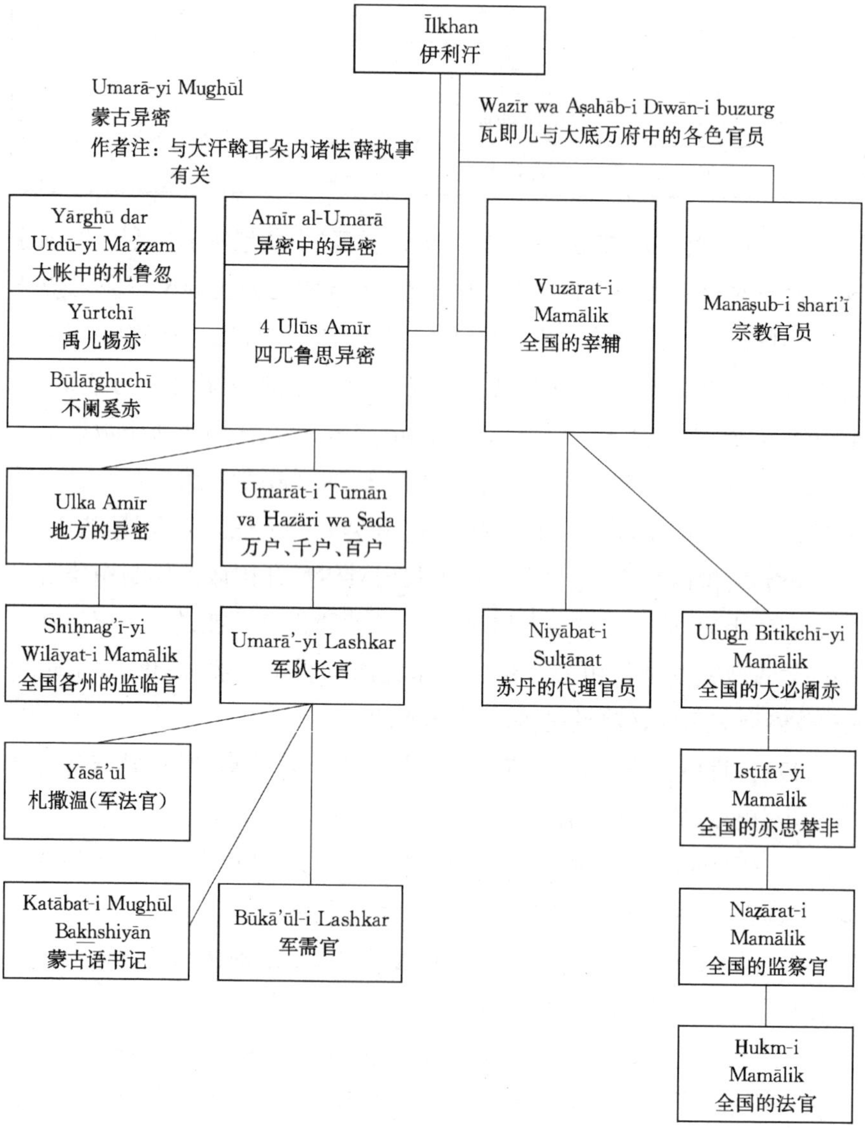

四、《五族谱》中包含有伊利汗国怯薛制度的许多细节信息，为我们了解其官僚体制的演变提供了可能。

第六章　14世纪初斡儿答兀鲁思的汗位继承危机

一、前　　言

有别于由拔都及其弟别儿哥后裔所统治的朮赤兀鲁思本部（即后世所谓“金帐汗国”）和控制着第聂伯河、多瑙河下游直至东欧地区的那海（Noqai）兀鲁思，由朮赤长子斡儿答（Orda）及其子嗣所领导的朮赤兀鲁思左翼，在史籍中通常被称作“斡儿答兀鲁思”，有时也被称作“白帐汗国”（Aq-Urdū）。比起朮赤兀鲁思本部，位于其东侧的斡儿答兀鲁思留下的文献记载更少，也更不为研究者所重视①。但不能忽视的是，自1260年代起他们一直保持着参与中亚蒙古汗国政治角逐的兴趣，且以其政治立场的灵活多变在不同势力之间游刃有余。

但是，在14世纪的最初十年中，斡儿答兀鲁思的汗位危机却使之一跃成为四大蒙古汗国矛盾的焦点。斡儿答长子和幼子后裔作为相互对立的汗位竞争者，分别在金帐汗、元朝、伊利汗国和窝阔台、察合台后裔等各支政治势力中寻找同盟者，并使之卷入战事。此事的影响最终超出了斡儿答兀鲁思的范围，成为了改变四大汗国关系的一个转折点。我们今日所能看到的和这一事件相关的史料，除《史集》、《完者都史》等波斯语史料

---

① 关于斡儿答兀鲁思的先行研究有：Thomas T. Allsen，“The Princes of the Left Hand”，*Archivum Eurasiae Medii Aevi*，vol. 5，Wiesbaden：1987，pp. 5－40. Christopher P. Atwood，*Encyclopedia of Mongolia and Mongol Empire*，New York：Facts On File，2004，“Blue Horde（White Horde）”，pp. 41－42. 赤坂恒明：《ジュチ裔諸政権史の研究》，东京：風間書房2005年版，第136—174页。

外，更为详细的描述却来自马木鲁克史家笔下①。因此这篇论文通过对比、分析波斯语、阿拉伯语史料的记载，对斡儿答兀鲁思汗位危机的整个过程进行梳理；同时也尝试从世系和其外交政策上的特殊性两方面对其内因进行讨论。

二、斡儿答世系与兀鲁思汗位传承特征

《史集》、《五族谱》和《贵显世系》中斡儿答家族谱系的基本结构和信息是一致的，呈现出非常明显的前后传承关系。仅仅在古卜鲁克一支中出现了新增补的内容及一些不确定信息。首先，古卜鲁克出自何人之后？《史集》汉译本（据俄译本译出）的说法是：他是忽秃灰之子。然检伊斯坦布尔写本，他被系于斡儿答幼子旭烈古之子之后。和正文相符，伊斯坦布儿本所附世系表中他也被画在旭列古—帖木儿不花一系下②。而《史集》中那段："现今被认为他的子女的，[实际上]是忽秃灰的子女。从可靠的谱系册籍上所知道的情况就是这样。"③在塔什干写本中仅见于边栏之注文中，且字体与正文也有所不同，当为后来补入。

古卜鲁克出自忽都灰抑或旭烈古后裔，暂时无法找到文献证据。不过值得我们注意的一点就是，斡儿答兀鲁思汗位并不是在父子直系中传

---

① 提及斡儿答兀鲁思汗位危机的马木鲁克史料，据成书时代先后计有：1）Baybars al-Manṣūrī（？－1325），*Zubdat al-fakra fī tā' rīkh al-hajira*（《知识的精华与年代纪》）；2）Abū al-Fidā，'Amād al-Dīn Usmā 'Ayal（1273－1331），*al-Mukhtaṣar fī akhbār al-bashar: Ta'rīkh Abū al-Fidā*（《阿不勒·菲达史》），Bīrūt：Dār al Kutub al Ilmiyah，1970，Vol. 4；3）al-Nuwayrī，Shihāb al-Dīn Aḥmad b.'Abd al-Wahhāb（1279－1333），*Nihayat al-arāb fī funūn al-Adab*（《文苑大全》），Bīrūt：Dār al-Kutub al-'Ilmiyah，2004，Vol. 27；4）al-'Aynī，Badr al-Dīn Maḥmud b. 'Alī（1360－1453），'*Iqdal-Jumān fī tārīkh ahl al-zamān*（《历史的珠玑项链》），ed. by Muḥammad Muḥammad Amīn，Cairo：Maṭba'at Dār al-Kutub wa-'l-Waṯā'iq al-Qaumīya bi-'l-Qāhira，1992.

② Rashīd al-Dīn Fadhl-allāh Hamādānī，*Jāmi' al-Tavārīkh*，İstanbul，Topkapı-Sarayı Müzesi Kütüphanesi，MS. Revan 1518（伊斯坦布尔本），f. 162a. 伊斯坦布尔写本中的"旭烈古"（Hūlākū）均写作"旭烈兀"（Hūlāwū）。《史集》已指出其名字有两种写法。《史集》第二卷，第 124 页。

③ 《史集》第二卷，第 124 页。

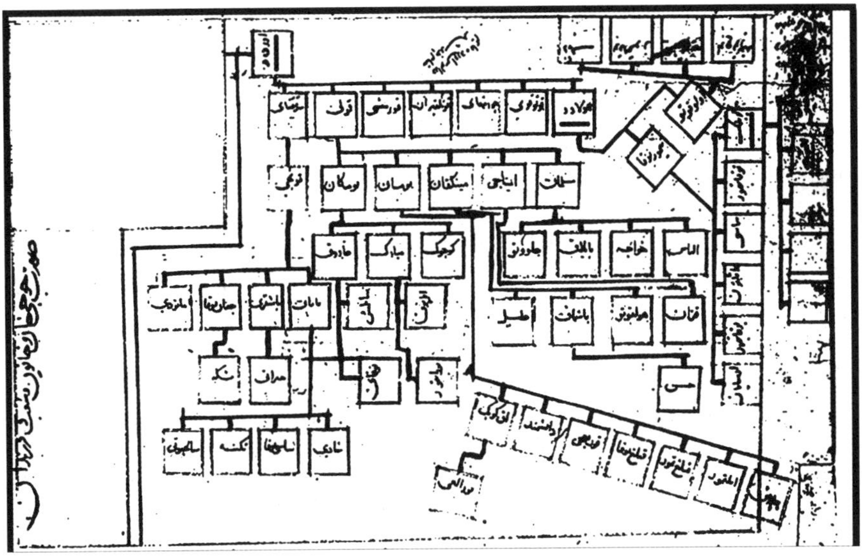

《史集》伊斯坦布尔本所见斡儿答世系

（斡儿答、旭烈古、古卜鲁克名字用线标出）

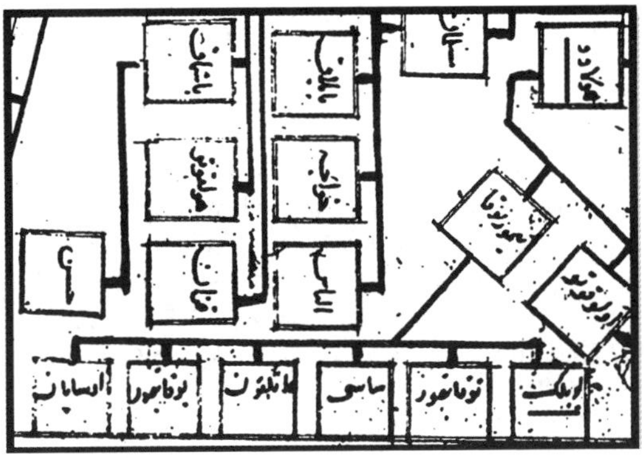

上图局部：旭烈古世系

（旭烈古、古卜鲁克名字用线标出）

承的，相反倒是体现出明显的“横向继承”的特色，这也是在整个朮赤兀鲁思继承制度中占据支配地位的继承方式。即汗位首先在前任大汗的兄弟辈间继承，而到了下一代则改为在叔—侄辈之间纵向继承。如果前代大汗的权威仍有影响，则会再度传回给其子①。这在斡儿答兀鲁思中当也不例外。

古卜鲁克曾声称其父“尝具有汗位”，暗示在第二代家长弘忽兰和第三代家长火你赤之间还有一次短暂的汗位交替。我们无法知道更多关于忽都灰或旭烈古的事迹，但突厥—蒙古传统中幼子和长子一样，对家产和汗位拥有较其他诸子更多的权力，故古卜鲁克更有可能是幼子旭列古之子。而在火你赤死后，与伯颜争夺汗位的马忽带(Maquṭāy)同样也是幼子②。这只是相同的继承规则的重复，而此种重复又导致兀鲁思内部的周期性动荡。

《史集》没有提到古卜鲁克的子嗣，而根据阿拉伯语史料我们可知其有一子名“忽失帖木儿”(或忽失)，他是古卜鲁克三子二女之一。《五族谱》在古卜鲁克名字下有注文一则：

> 据说，此古卜鲁克有三子，此刻其诸子均已去世。他们的名字在短时间中反复变动，因为这个缘故，无法确知其名，故亦未曾著录。而此刻御前亦无他们的使者；不过我们还是画了方框，以表示知道他确有子嗣③。

---

① 参考涂逸珊(İsenbike Togan)论文：“Second Wave of Islam and Özbeg Khan”, *Proceedings of the International Symposium: Islamic Civilisation in the Volga-Ural Region* (Kazan, 8 - 11 June, 2001), ed. by Ali Çaksu, Radik Mukhammetshin, Istanbul: 2004, pp. 15 - 33. 汉译见《第二波伊斯兰浪潮与月即别汗》，陈昊译(未出版)。涂逸珊概括金帐汗国的继承次序如下：1. 拔都(1227—1256)由他的弟弟别儿哥(Berke)继承。2. 别儿哥(1256—1266)由拔都之孙、脱欢(Toghan)之子忙哥帖木儿(Möngke Temür)继承。3. 忙哥·帖木儿(1266—1281)由他的弟弟脱脱蒙哥(Tuda Möngke)继承。4. 脱脱蒙哥(1282—1287)的政权又回到拔都曾孙、脱欢之孙、塔儿不(Dartu)之子秃剌不花(Tula Buqa)手中。5. 秃剌不花(1287—1291)由忙哥帖木儿之子脱脱(Toqta)继承。6. 脱脱(1291—1313)由他的长兄脱黑鲁察(Tughrulcha)之子月即别(1313—1340)继承。

② 《史集》第二卷，第 118—120 页。在《五族谱》中作：马秃带(Mātūdāy)。*Shu ʿab-i Panjgāna*, İstanbul: Topkapı-Sarayı Müzesi Kütüphanesi, MS. Ahmet Ⅲ 2937, f. 111b.

③ *Shu ʿab-i Panjgāna*, f. 111b. 此则注文中值得注意的地方，是作者提到当时古卜鲁克“三子均已去世”。则该则注文的写作时间应该不早于 709/1310 年，同时也不得晚于伯颜子撒失不花继位之时。

mī-gūyand ka īn Kūpālāk sa pisar dāsht va chūn pisarān-i ū na-mī mānand, nām-i īshān dar marr-i andāk[andak] muddat mī gardānīd, badān sabab ka nām-i īshān muḥaqqaq na-būd, nabishta na-shud va īn taqrīr īljiyān-i īshān nist, ammā marbbaʿāt kishīdīm tā maʿlūm shavad ka farzandān darad.

除了这三个未知名的儿子外,《五族谱》还著录了他的两个女儿之名:阿勒惕赤(Altīj)和阿塔只黑(Atājīq)①。而《贵显世系》(巴黎本)除著录了上述二女之名外(作"阿惕赤"和"阿八真"),还给出三个儿子的名字,他们分别为:忽鲁忽忒、秃剌不花、哈剌浑。其中,忽鲁忽忒应该就是马木鲁克史料中的"忽失帖木儿(忽失)"。此外《贵显世系》的注文除引自《五族谱》的部分外,另增出:

古卜鲁克:此乃曾受海都与都哇援助,反叛伯颜,并与之多次交战的古卜鲁克。关于这些已见于前述史书②。

īn Kūbaluk ān ast ka bā Bāyān ba-maddad-i Qāydū va Dūā yāghī kard va bisyār jang-hā kardand, chināka dar tārīkh-i mazkūr ast.

根据以上讨论,我们可以大致拟定斡儿答兀鲁思汗位传承次序为:

1. 斡儿答——2. 弘忽兰……3. *旭列古……4. 火你赤——5. 伯颜……6. 古卜鲁克……7. 马忽带——8. 忽失带……9. 撒失不花

(横线表示隔代;虚线表示同辈)

---

① *Shuʿab-i Panjgāna*, f.112a.

② "*Мусизз ал-ансаб* (*Прославляющее генеалогии*)", *Введение*, *перевод с персидского языка*, *примечания*, *подготовка*, *факсимиле к изданию Ш. Х. Вохидова*, by. М. Х. Абусеитова, К. Муминов, Д. Е. Медерова, Алматы: Издательство "Дайк-Пресс", 2006, Л.21b.(《贵显世系》,下简称: *Muʿizz*)。

此后,斡儿答系于14世纪后半叶复兴,其后裔兀鲁思汗(Urus Khan)成为整个朮赤兀鲁思的君主。其汗位同样也是在子—弟之间“横向”继承的:

> 1374/1375 兀鲁思汗——1375/1376 兀鲁思汗子:脱黑塔火者(Toɣta-Quja)——1376/1377 脱黑塔火者之弟:帖木儿篾力(Temür Melik)①。

三、斡儿答兀鲁思外交政策上的独立性

和其他几个汗国的情况不同,朮赤兀鲁思东、西两个兀鲁思由于距离遥远,因此在承认拔都系宗王家长地位的前提下,这两部分在政治上具有相对的独立性。拉施都丁说:

> 最初,斡儿答家族中他的继位者,谁也没有去见拔都家族的汗的习惯。因为他们彼此相隔很远,并且都是自己兀鲁思的独立的君主。但是他们有把拔都的继承者看作自己的君主和统治者的习惯,并将他们的名字写在自己的诏书的上方②。

和政治独立性相关联的,则是斡儿答家族在外交政策上也并不总是和大帐相一致。尽管如赤坂恒明所指出的,在涉及整体朮赤兀鲁思利益时,东、西部兀鲁思家长会通过“家族协商”的方式采取一致行动③。但在大部分时间里,和拔都后裔总是坚定地站在元朝和伊利汗国这两个拖雷系政权的对立面,甚至不惜与蒙古人的敌人结盟的立场相比,斡儿答家族所奉行的政策则要温和、灵活得多。在拥立阿里不哥即位一事上,斡儿答

---

① Bertold Spuler, *Die Goldene Horde: Die Mongolen in Rußland: 1223 - 1502*, Wiesbaden: Otto Harassowitz, 1965, p. 453.

② *Jāmi' al-Tavārīkh*/İstanbul, Ms. ff. 156a.《史集》第二卷,第115页。

③ 赤坂恒明:《ジュチ裔諸政権史の研究》,第154页。

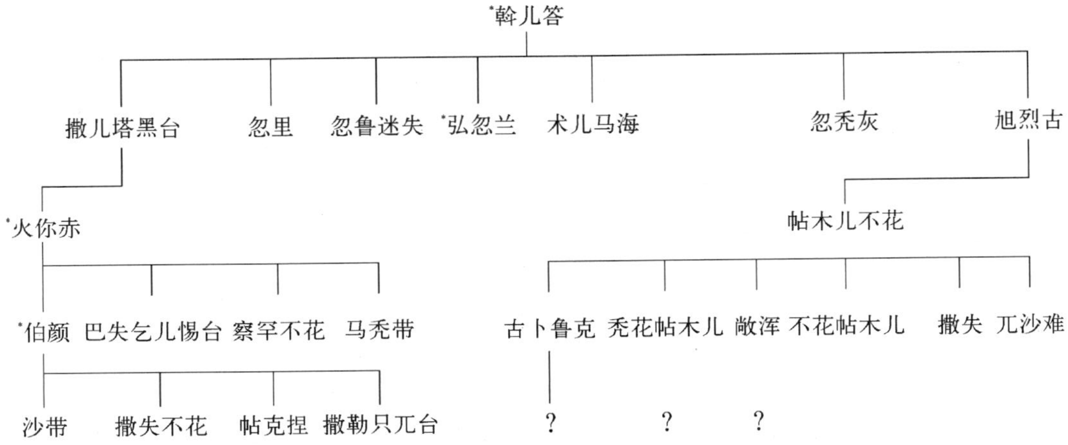

《史集》伊斯坦布尔本斡儿答世系

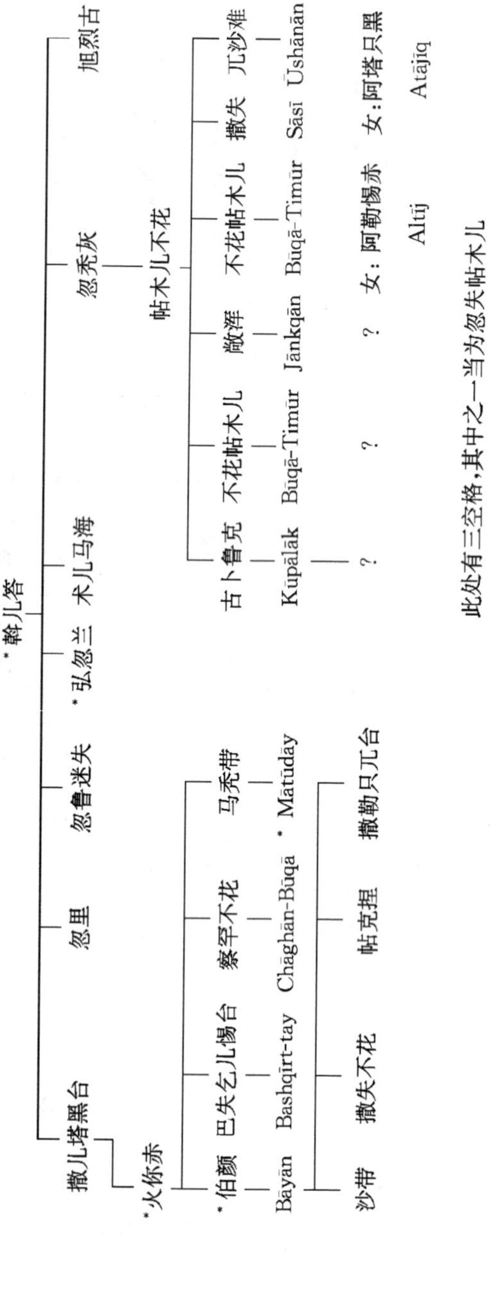
*斡儿答
撒儿塔黑台
忽里
忽鲁迷失
*弘忽兰
术儿马海
忽秃灰
旭烈古
*火你赤
帖木儿不花
*伯颜
Bayan
巴失乞儿惕台
Bashqirt-tay
察罕不花
Chāghān-Būqā
马秃带
*Matūday
古卜鲁克
Kupālak
不花帖木儿
Būqā-Timūr
敞浑
Jānkqān
不花帖木儿
Būqā-Timūr
撒失
Sāsī
兀沙难
Ūshānān
沙带
撒失不花
帖克捏
撒勒只兀台
?
?
?
女：阿勒惕赤
Altīj
女：阿塔只黑
Atājiq
此处有三空格，其中之一当为忽失帖木儿

《五族谱》所载斡儿答世系

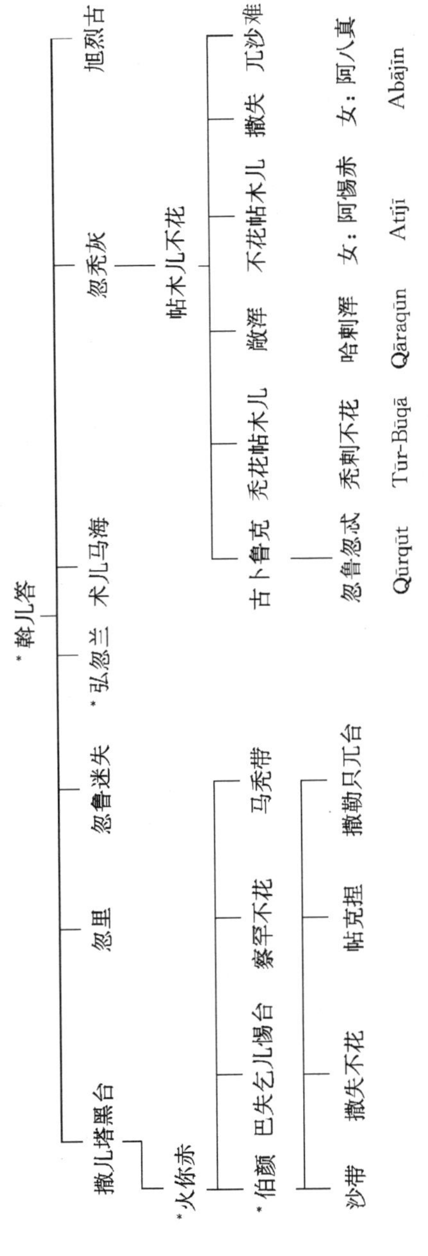

《贵显世系》巴黎本所载斡儿答世系

家族的态度是相当暧昧的。《史集》汉译本(自俄译本转译)的记载不无值得讨论之处:

> [拥立阿里不哥的]人有:哈剌旭烈兀的妻子兀鲁忽乃·必里,蒙哥合罕的儿子阿速带、玉龙答失,察合台的侄子阿鲁忽,塔察儿的儿子乃蛮台,赤因帖木儿的弟弟也速,合丹的儿子忽鲁迷失和纳臣,斡儿答的儿子合剌察儿,以及别勒古台的一个儿子①。

但据伊斯坦布尔、塔什干所藏的两种《史集》抄本,来自其他家族推戴阿里不哥者的名单中,均仅提及"塔察儿之子乃蛮台,赤因帖木儿之弟也速"二人②。而根据汉译本所附校勘记可知,其依据者为布洛晒(Blochet)本。这段文字只在 Blochet 当日参考的另一系统的《史集》抄本中出现③。故波伊勒(Boyle)的英译本即未取其文,而作"斡儿答之子忽鲁迷失、合剌察儿"。

关于这段记载,爱尔森和赤坂恒明均有所讨论,他们分别得出了上引文中"忽鲁迷失"为斡儿答第三子,而"合剌察儿"则为朮赤之子兀都儿(Ūdūr)之子的结论④。"兀都儿"一名因与斡儿答拼写形式相近而涉误。

但需要进一步讨论的是,斡儿答兀鲁思本部在此事件中立场如何?虽然《瓦萨甫史》在相关章节中完全没有提及朮赤系成员的名字⑤,不过正如大多数研究者所指出的,因为当时窝阔台、察合台两家经历了蒙哥时期的清洗,势力一蹶不振,所以在拥立阿里不哥一事上,朮赤兀鲁思的家长

① 《史集》第二卷,第 293—294 页。案,据《史集》、《五族谱》均未著录"也速"其人。赤因帖木儿(成帖木儿,Ching-Timūr)弟名"沙迪"(Shādī),此二人继承了反对忽必烈的立场,均"在海都的兀鲁思里"。*Jāmi' al-Tavārīkh* /İstanbul, f. 62a, *Shu 'ab-i Panjgāna*, f. 103b.

② *Jāmi' al-Tavārīkh*/İstanbul, Ms. f. 199b. *Jāmi' al-Tavārīkh*, Tashkent: Biruni Institute. MS. 1620(塔什干写本), f. 169b.

③ 参看赤坂恒明的讨论,见《ジュチ裔諸政権史の研究》,第 160—161 页。

④ Allsen, "The Princes of the Left Hand", p. 17.

⑤ Vaṣṣāf, *Tārīkh-i Vaṣṣāf*, Bombay, 1853, Vol. 1, p. 11. *Taḥrīr-i Tārīkh-i Vaṣṣāf*, digested by 'Abd al-Muḥammad Āyatī, Tehran: Īntishārāt-i Buniyād-i Farhang-i Īran, 1967, p. 1. 瓦萨甫只提到了蒙哥正妻忽秃灰,蒙哥子阿速带、玉龙答失,察合台之孙(未提及其名)和阔列坚之子兀鲁黑带(Uruqdāy,《元史·宗室表》作:忽鲁歹)数人。

别儿哥是其最强有力的支持者。马木鲁克史料称：

> 别儿哥给阿里不哥带话说："现在你有权继承蒙哥留下的汗位，蒙哥在他活着的时候安排了你，另外他的伯父窝阔台之子合失（MJĪ?）和其兄弟们也参与了这个安排。"①

上文中"他的兄弟们"当指作为别儿哥的代表前去与会的朮赤系宗王。但需要注意的是：忽鲁迷失虽是斡儿答之子，但早就随拔都西征钦察草原。加里西亚-沃列尼亚（Calicia-Volynia）编年史记载，1245 年加里西亚王子答里沃·罗曼诺维奇（Danilo Romanovich）曾在东赴拔都帐殿途中，于第聂伯河（Dniepr）边的 Perejaslavl' 地方见到过"忽鲁迷失"（Kuremsa）。迦宾尼（Carpini）行纪也称忽鲁迷失（Corenza）为"大首领"（commander），并说他是"驻扎着防备西方人突袭他们的全部人马的首领"，统率着约 6 千士兵②。到了 1256 年，他的地位被另一位名为

① Baybars al-Manṣūrī, *Zubdat al-fakra fī tā ʻrīkh al-Hajira*, p. 55. 原文中 MJĪ 当为"合失"（Qashī）之讹，唯合失卒于窝阔台生前，故此处更有可能是指合失之子海都。别儿哥直接参与了阿里不哥与忽必烈争大汗之位一事，在《史集》和马木鲁克史料中是有分歧的。《史集》把别儿哥支持阿里不哥说成是后者散布的"谣言"，并说"别儿哥向双方都派去使者，劝他们和解"，也就是持中立的态度。《史集》第二卷，第 296、299 页。但除了此处所征引的马木鲁克史料外，在金帐汗国也发现过铸有阿里不哥名字的钱币。其特征为，除一部分有阿里不哥（，اريغ بكا，Arigh-Bukā）名字外，均铸有代表阿里不哥家族的徽记（*Ṭamghā*）：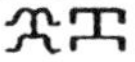。上述资料皆可证明确有其事。参看 Barthold Spuler, *Die Mongolen in Iran: Politik, Verwaltung und Kultur der Ilchanzeit 1220－1350*, Akademie-Verlag edition, 1968, pp. 61－62, note. 4; *ZENO*, "temp. Arig Buqa 658/shavval-662AH". 网址：http://www.zeno.ru/showgallery.php?cat = 1160 检索日期：[2013 年 8 月 25 日]。而在波斯语史料中明确谈及此事的，反倒是晚出的穆思妥菲的《武功纪》。他说："据洞彻世情的蒙哥汗之命，在我们中选择了他称汗//亦曾与诸伯之子别儿哥商议，他是朮赤之后，预会者中年辈最长。"（*ba farmān-i Munkkū shah dūrbīn, ka ū kard mā rā ba shāhī guzīn//ba kangāj-i Barkāy pisar-i ʻam-i man, az tukhm-i Tūshī mihtar-i anjuman*）Ḥamdallāh Mustawfī Qazvīnī, *Ẓafar-nāma*, Tehran: Pazhuhishgāh-i ʻUlūm-i Insānī va Mutāli ʻāt-i Farhangī, 2011, Vol. 8, p. 177.

② da Pian del Carpine Giovanni, *Historia Mongolorum: The story of the Mongols whom we call the Tartars*, trans. by Erik Hildinger, Boston: Branden Publishing Company, 1996, p. 98. 汉译本将此人译作"阔连察"。贝凯（Dom Becguet）译，韩百诗（Louis Hambis）注，耿昇汉译：《柏朗嘉宾蒙古行纪》，北京：中华书局，2005 年，第 91 页。

Burondaj 的蒙古将领所取代，后者当时正要策动一场针对立陶宛王国的战事①。他长期游离于斡儿答家族分地之外，而追随西部宗王活动，因此他出席阿里不哥选立大会之举，似更能反映别儿哥而非斡儿答家族的立场。

而斡儿答的另外一个儿子忽里（Qūlī）则是跟随旭烈兀西征的四位术赤系宗王之一②。虽然他和秃塔儿、八剌海二人一同于 1260 年被旭烈兀下令处死③，并随之引发了别儿哥与旭烈兀之间的剧烈冲突。但蒙哥死于 1259 年 8 月（己未秋七月，回历 657 年），次年（658/1260）四月阿里不哥于和林即位。故选举之时斡儿答家族和忽必烈—旭烈兀同盟之间并无引致直接冲突的理由。所以对其在阿里不哥即位一事上的立场尚有存疑的必要。

至元十四年（1277），心怀怨望的蒙哥汗诸子发动"昔里吉之乱"，俘获忽必烈子那木罕、丞相安童。他们将那木罕送至金帐汗忙哥帖木儿处、安童送至海都处，以此为条件要求三家联合④。不过由蒙哥诸子发起，并得到阿里不哥后裔支持的这次动乱很快就偏离其发起的初衷。昔里吉等人的威望和实力并无可能建立一个独立的兀鲁思政权，相反他们很快变成了海都的附庸。那些试图脱离海都控制的诸王，除了重新向元朝投降或

---

① *The Hypatian Code*, *Part 2: The Galician-Volynian Chronicle*, trans. by George A. Perfecky, Munich: Wilhelm Fink Verlag, 1973, p.58, 68. 加里西亚—沃列尼亚王国（1199—1349）是在今乌克兰境内的斯拉夫人政权，后臣服于金帐汗。另参看 Allsen, "The Princes of the Left Hand", p.16.

② 他们的名字见亚美尼亚史书《引弓民族史》。Robert P. Blake, & Richard N. Frye, "History of the Nation of the Archers (The Mongols) by Grigor of Akanč Hitherto Ascribed to Malak'ia The Monk: The Armenian Text Edited with an English Translation and Notes", *Harvard Journal of Asiatic Studies*, 1949, 12: 3/4, p.339.

③ 关于此事件发生的年代，《史集》的记载有明显的前后矛盾处：658/1260 年，见《史集》第三卷，第 83 页；但《史集・术赤汗传》中系此事于 654/1256—1257 年。《史集》第二卷，第 146 页。前揭《引弓民族史》则未言及发生时间。不过我同意杰克森的观点，即此时发生要晚于报答之征服（656/1258）。Peter Jackson, "The Dissolution of the Mongol Empire", *Studies on the Mongol Empire and Early Muslim India*, Cornwell: Ashgate Variorum Press, 2009, p.226.

④ 宋濂等修：《元史》卷一二七《伯颜传》："初，海都称兵内向，诏以右丞相安童，佐皇子、北平王那木罕统诸军于阿力麻里备之。十四年，诸王昔里吉劫北平王、拘安童，胁宗主以叛。"北京：中华书局，1973 年，第十册，第 3113 页。《史集》第二卷，第 303 页。

依附于朮赤家族再无其他选择。

朮赤家族中，忙哥帖木儿、脱脱蒙哥这两位先后统治大帐的汗都与忽必烈的反对者关系密切。前者虽然没有如昔里吉所请，直接卷入战事，但接受了对方送来的人质。而脱脱蒙哥则在昔里吉之乱刚刚结束后，就作为中介者为海都与马木鲁克算端之间建立了外交联系①，希望将海都（包括受其控制的蒙哥、阿里不哥系宗王）的注意力，转移到对抗伊利汗国方面来，而后者也是忽必烈最坚定的盟友。彭晓燕（M. Biran）认为，这是金帐汗国与忽必烈之间的紧张关系，以及其与伊利汗国之间的未曾解决的宿怨，使得两者成为天然的盟友②。

1280 年，忙哥帖木儿去世，继任者脱脱蒙哥与那海、火你赤共同商议后，决定将那木罕送回元朝。受其影响，海都也将羁押在自己手中的安童送了回去③。其中，脱脱蒙哥为朮赤系的家长，而那海则是汗国西部最有实力的统治者，他们和海都一样都是与马木鲁克算端建立反拖雷系联盟的倡导者。朮赤家族西部的汗希望结束和元朝的直接对抗，其动机或与当时金帐汗国在东欧的扩张有关④。但同时也显示出某种一贯性：即在朮赤和中亚蒙古汗国（察合台—窝阔台汗国）的同盟关系中，始终扮演了某种主导角色，而海都甚至后面要提到的也先不花（察合台汗）都是其政策的追随者⑤。

---

① al-Ẓāhir 的《哈剌温算端传》记载了马木鲁克算端致信海都一事。而 Baybars al-Manṣūrī 和 al-Ẓāhir 两种马木鲁克算端传均记载了马木鲁克的使节前往拜见脱脱蒙哥、那海和海都处。Muḥyī al-Dīn ibn ʻAbd al-Ẓāhir, *Tashrīf al-ayyām wa-al-ʻuṣūr fī sīrat al-malik al-manṣūr*, ed. by Ḥaqqaqahu Murād Kāmil; Rāja ʻAhu Muḥammad ʻAlī al-Najjār, Cairo: Wizārat al-Thaqāfah wa-al-Irshād al-Qawmī, al-Idārah al-ʻĀmmah lil-Thaqāfah, 1961, p. 209, p. 239; Baybars al-Manṣūrī, *Zubdat al-fikrah fī tā'rīkh al-hijrah*, p. 55. 第二次遣使是在 682 /1283—1284 年。参看 Biran, "Diplomacy and Chancellery Practices in the Chagataid Khanate", *Oriente Moderno*, 2008, Vol. 2, p. 375.

② Michal Biran, *Qaidu and the Rise of the Independent Mongol State*, London: Curzon Press, 1997, p. 64.

③ 《史集》第二卷，第 316—317 页。

④ Peter Jackson, *Mongols and the Latin West: 1221 -1405*, Harlow: Pearson Longman, 2005, p. 198.

⑤ Biran, *Qaidu and the Rise of the Independent Mongol State*, p. 64.

与大帐相反，斡儿答子火你赤在这一系列事件中起到了收容、调和的作用：昔里吉将撒里蛮（蒙哥孙，玉龙答失子）遣送往火你赤处，而此后阿里不哥之子玉木忽儿和昔里吉之子也都依附于火你赤。同时，他也没有与元及伊利汗发生直接对抗的意图；相反，他总是通过与后者的合作来为自己赢得更有利的地位。事实上，在随后的几年（1288、1289）中，他接受了来自元朝的赏赐和救助①。而与元廷关系的密切，也使得火你赤和伊利汗乞合都、合赞都维持了固定的外交关系②。

斡儿答兀鲁思在海都势力兴起后，通过在诸蒙古汗国中两个对立阵营（朮赤—窝阔台/元—伊利汗）之间充当调停者而扩张了在中亚事务中的影响力。但与此相对的一面是，它从此也就不可避免地遭到来自其他家族的势力的渗透，反而导致自身的政治动荡。

四、斡儿答兀鲁思汗位危机的再考订

702/1303—1304年起，斡儿答兀鲁思第三代家长火你赤去世后，围绕汗位归属爆发了长达近十年的动荡。由于事件的发生地点在中亚，而记录者则为生活在大不里士的伊利汗宫廷史家及埃及的马木鲁克史家。消息传播的距离过于遥远，以及形势发展过于迅速（《五族谱》的作者为我们提示了这点），均导致对这一过程缺少清晰的记录。这点在马木鲁克史书中尤为明显，前后相隔数年间发生的事被混为一谈。所以我们首先要做的是，通过相关文献的梳理，来重建斡儿答兀鲁思内乱的时间刻度：

1）第一次冲突发生于702年之后：关于此事最详细的报道见诸拉施都丁的《史集》，尽管他的记录终止于1309年前③：

---

① 《元史》卷十五《世祖本纪》："［至元］二十五（1288）年春正月庚寅，赐诸王火你赤银五百两、珠一索、锦衣一袭。"又："［至元］二十六年（1289），二月己未，发和林粮千石赈诸王火你赤部曲。"第二册，第307、320页。

② （692/1292年，乞合都在位时期）8月7日，火你赤斡兀立的急使前来表明同心同德，请求联合。《史集》第三卷，第224页。

③ *Jāmi' al-Tavārīkh*/İstanbul, ff. 156b－157a; *Jāmi' al-Tavārīkh*/Tashkent, f. 129a.《史集》第二卷，第118—120页。

此刻，伯颜继承其父火你赤之位，并接管其父兀鲁思。他和伊斯兰的君王（合赞）友好，信任他并不断地派来使者。之前，忽秃忒（Qūtūd /Qūtūqū）①子帖木儿不花（Tīmūr Būqā）之子古卜鲁克（Kūpluk）宣称："早先，我的父亲掌有兀鲁思，并将其作为遗产交给了我。"于是聚集[部众]，并从海都和都哇处搬来了军队，突然来到伯颜处，击败了伯颜。[伯颜]跑到了脱脱的国境里②，当时脱脱正在和那海交战，他（脱脱）也提防着伊斯兰的君王合赞——愿安拉使其国祚永固③，（*va az jānib pādishāh-i Islām Ghāzān Khān*，*khuldullāh*，*sulṭāna mustash'ir*），所以就推托了（*tamhīd 'aẕr kard*），而没有给他军队。只是派遣了使者去海都和都哇处，让他们把古卜鲁克遣至彼处；并颁发了诏书，把兀鲁思交给伯颜。此后直至最近，伯颜同古卜鲁克、海都和都哇的军队交战了十八次，他本人亲自作战达十六次。尽管脱脱派使者至海都之子察八儿与都哇处，让他们交出古卜鲁克，他们一直没有答应，并找借口推脱。他们的想法是：帮助古卜鲁克，让他当那个兀鲁思的君主，并在同合赞汗的纷争中充当其同盟者。

去年，即 702 /1303 年，伯颜向伊斯兰的君王合赞派来些急使……我们今年出战察八儿和都哇，脱脱与我们有盟约并派出了军队，他派了 2 万人和合罕的军队在迭儿速（Darshu）会合。他们领地

---

① 伊斯坦布尔本作：Qūtūd（قوتود），塔什干本作：Qūtūqū（قوتوقو）；Thackston 译本阙此人，*Rashiduddin Fazlullah's Jami'u't-tawarikh: Compendium of Chronicles. A History of the Mongols*，trans. and ed. Wheeler McIntosh Thackston，Harvard University，Department of Near Eastern Languages and Civilizations，1998，vol. 2，p. 349.

② 德黑兰本和汉译本（据俄译本译出）此句后增出："他在那里驻过冬，于春天到脱脱处出席忽邻勒台并向他求援。"（*va zamistān anjā muqām karda*，*bahār gāh ba qūrīltāy pīsh Tūqtā āmada va az ū madad khāsta*），*Jāmi' al-Tavārīkh*，vol. 1，p. 713.《史集》第二卷，第 118—120 页。

③ 此句汉译本作："他向伊斯兰的君王合赞汗请求解决纠纷。"第二卷，第 118 页。而英译本作"伊斯兰的君王合赞关系恶劣"（on the bad terms with Padishah of Islam）。*Compendium of Chronicles*，Vol. 2，p. 349. 然检《世界征服者史》第二部中有"算端们担心契丹的汗，唯恐他偷袭自己"（*va dar ān vaqt sulṭān az jānib-i khān-i Khitāy mustash' ir būd ka na-bāyad pīsh dastī kunad.*）。'Alī al-Dīn 'Ata Malikī Juvaynī，*Tārīkh-i Jahāngūshāī*，ed. by Muḥmmad Qazvīnī，Leyden：Brill，1937，Jel. 2，p. 62. 志费尼：《世界征服者史》，波义勒英译，何高济汉译，北京：商务印书馆，2006 年，上册，第 362 页。

> 的边界与合罕的国土相邻，此前它们是彼此连接在一起的（*muttaṣil*）。
>
> 近几年，海都担心他们可能会与合罕联合，就派遣自己的一个儿子伯颜察儿（Bāyānchār）和另一个儿子沙（Shāh），以及蒙哥合罕之子昔里吉（Shīrkī）之子秃剌帖木儿（Tūrā-Tīmūr）和阿里不哥之子明里帖木儿（Malik-Tīmūr）率军到伯颜领地的边界，把他们安置在那里以充当合罕军队和伯颜军队之间的障碍。不让他们联合在一起。而古卜鲁克则率领从伯颜处夺来的军队，以及海都和都哇派来援助他的军队，夺取了伯颜兀鲁思的一些地方。

此外，《史集·铁木耳合罕传》中还有一则记载，称伯颜同时向元成宗请援，希望其与伊利汗合赞东西夹击海都和都哇的军队，以瓦解受后者支持的古卜鲁克的势力。《史集》作者还说，在此事后两三年，海都为元军所败，随即死去①。Allsen 据此事以及上文所见脱脱与那海内战一事，推定火你赤之死与伯颜即位发生于 13 世纪的最后几年②。

根据《史集》的说法，这是一场发生在火你赤之子伯颜与其堂兄弟古卜鲁克之间的汗位纷争。但事实却要复杂得多，和各蒙古汗国历史上发生的多次汗位传承危机（贵由诸子—蒙哥、忽必烈—阿里不哥）一样，矛盾的双方实则为其背后一大批诸王、驸马、贵族的代表。他们因为不同的利益诉求而分成不同阵营，又通常以血缘、地缘、部族的方式组合到一起。伯颜与古卜鲁克之争也不例外。对此，马木鲁克史家拜巴儿思·蛮速里（Baybars al-Manṣūrī）的著作提供了完全不见于波斯语史料的信息：

> ［702/1302—1303 年］发生在鞑靼人国土上的事：哥疾宁和八米俺的主人，成吉思汗之子术赤之子斡儿答之子火你赤去世了③，他的

---

① 《史集》第二卷，第 386 页。

② Allsen，"The Princes of the Left Hand"，p. 22.

③ 火你赤卒年见上文引 Allsen 考证。我们只能认为马木鲁克作者将火你赤卒年滞后到冲突发生的年代。

> 子嗣之间发生了骚乱。伯颜和古卜鲁克、脱黑帖木儿(* 秃花帖木儿)、不花帖木儿、忙忽带、撒失(*Bayān wa Kibluk wa Ṭuq-Timur wa Manghuṭāy wa Ṣāṣī*),在前述[火你赤]死后,分裂了国土,古卜鲁克曾在他父亲去世后占据王位,但诸兄弟们反对他,他的兄弟——伯颜跑去向脱脱(Ṭuqṭā)求援,而古卜鲁克则去"海都"①(那里求援)。两军会战,古卜鲁克战败,并被囚禁于 FHLK 河边,其兄弟伯颜则占据了哥疾宁王国的宝座②。

除古卜鲁克外,其余四人:脱黑帖木儿③、不花帖木儿、撒失亦均为火你赤兄弟帖木儿不花的后裔。而另一人忙忽带却来自火你赤家族,为伯颜之弟。看来伯颜继承了其父对伊利汗国友善的政策,因此《史集》作者用同情的态度报道伯颜的遭遇。并说合赞汗礼遇他派来的使者,并赐予其礼物④。而对与其敌对的古卜鲁克一方,《史集》著录的信息就相当的模糊了⑤,这也从一个侧面反映出古卜鲁克集团在外交上采取了相反的态度,即疏远伊利汗而希望从窝阔台与察合台家族获得援助。正如伯颜所控制的领地与脱脱的兀鲁思接近,故其首先逃亡脱脱处求援;从古卜鲁克求助于海都(察八儿),及后者派遣依附于他的蒙哥、阿里不哥诸子前去协助他一事,可以推测古卜鲁克集团的驻牧地点应该在斡儿答兀鲁思的东部。昔里吉之乱以来,投附于火你赤的阿里不哥与昔里吉诸子就应该被安置于此地,故一经古卜鲁克求援,海都即派出自己的儿子伯颜察儿、沙以及昔里吉与阿里不哥的其他儿子一同前往。

至于古卜鲁克宣称"我的父亲掌有兀鲁思",我们无论在波斯语还是

---

① 按,此处所指当为海都之子察八儿。

② Baybars al-Manṣūrī, *Zubdat al-fikrah fī tā'rīkh al-hijrah*, p.365. 除 Baybars 外,这段记载亦见于 Abū al-Fīdā, *Ta'rīkh Abū al-Fidā*, vol.4, p.47. al-Nuwayrī, *Nihayat al-arāb fī funūn al-Adab*, p.254; al-ʿAynī, *ʿIqdal-Jumān fī tārīkh ahl al-zamān*, p.205. 但在细节方面各本互有不同。其中,Abū al-Fīdā 的记载与 Baybars 最为接近,似为前者的节文。

③ 此人应即《史集》之"秃花帖木儿",为古卜鲁克之弟。第二卷,第 124 页。

④ 《史集》第二卷,第 119 页。

⑤ *Jāmi' al-Tavārīkh*/İstanbul, f.158a,《史集》第二卷,第 124—125 页。

阿拉伯语史料中都无法找到直接证据。但这点也许暗示出，火你赤直系子嗣和斡儿答的其他诸子后裔之间早就因汗位继承而隐伏着冲突。

《史集》提及的“与合罕的国土相邻”且此前“彼此联合在一起”的地方，名为“迭儿速”(Darshu)，则是斡儿答兀鲁思的最东端①。虽然拜巴儿思·蛮速里说古卜鲁克最终被打败，但看来“迭儿速”(Darshu)地方则从此为海都家族所占据。《瓦萨甫史》记述海都死后，海都—都哇联盟瓦解，进而发展为大规模内战时的一个事件：

> 不花帖木儿(Būqā-Tīmūr)之子完泽帖木儿(Uljā-Tīmūr)和异密瓮都儿不花(Undur-Būqā)札鲁忽赤带着都哇家的中军从阿剌·牙即(Ara Yāzī)地区来到他(沙·斡兀立)的冬营地，企图偷袭并劫掠后者……(略)“这使沙·斡兀立(Shāh ughūl)政权不稳，于是他逃走了。他去和在朮赤系的斡儿答之孙——脱脱一边的火你赤的国土中，与占有禹儿惕的海都之子仰吉察儿·斡兀立联合起来。”②

这条材料表明，仰吉察儿掌握了部分原属火你赤(后为伯颜所有)的土地，并因此而给其兄弟提供庇护。这些旁系宗王(蒙哥、阿里不哥后裔)的参与则使得斡儿答兀鲁思的内部矛盾变得更加的复杂。

现在，我们要转而讨论脱脱在此一冲突中的角色。首先脱脱颁布诏书告诫海都和都哇，并要求把他们把兀鲁思的统治权交还给伯颜。这显示出朮赤兀鲁思和察合台—窝阔台汗国交往的一贯模式：作为窝阔台、察合台两家的同盟者，朮赤兀鲁思的家长在同后者的交往中占据着主导地位。譬如：在介绍海都与马木鲁克算端结盟，以将其注意力引导向其西部

---

① 该地名又被拼作：Tarsū。《瓦萨甫》在记载四大汗国约和一事时，概述每个汗国的疆界，云：“从彼邦直到拔都禹儿惕[所在之处]；从火你赤和迭儿速(Tarsū)[边境之地]的部民，从左手和右手直届蒙古部众最远所在(*muntahā-yi īl-i mughūl*)。” *Tārīkh-i Vaṣṣāf*, Vol. 4, p. 476. *Taḥrīr-i Tārīkh-i Vaṣṣāf*, p. 277.

② *Tārīkh-i Vaṣṣāf*, Vol. 4, p. 516. *Taḥrīr-i Tārīkh-i Vaṣṣāf*, p. 291. 此完泽帖木儿为察合台系，木阿秃干第五世孙，其世系为：木阿秃干—不里—合答罕薛禅—不花帖木儿—完泽帖木儿。他们是受都哇指使，趁海都去世而乘机侵吞其子孙领土。*Shu' ab-i Panjgāna*, f. 118b. *Mu'izz*, Л. 31b.

的伊利汗国一事上；以及前揭各自释放被俘的那木罕、安童一事上。其次，作为整个朮赤兀鲁思的汗脱脱，有权对居其下位的斡儿答兀鲁思内部事务进行裁决。

此外，《史集》对于脱脱拖延出兵的原委语焉不详，实际上 694/1295 年脱脱和宗王那海之间同样也为了掌握对金帐汗国大帐的控制权而发生纷争。它所造成的影响很快就从内战蔓延出金帐汗国的边界，波及东欧和伊利汗国的局势。1299 年那海兵败被杀，但因为那海曾为其子秃来（Tūrāy）娶阿八哈之女①，因此与阿八哈、阿鲁浑维持了较好的关系，故其死后，其妻出拜哈敦携幼子秃来投奔合赞汗，请他出兵为那海复仇②。据说合赞下令让忽都鲁沙率军前往打耳班（Darband），脱脱闻讯即转身逃过了苦剌河③。但这更有可能只是一种姿态，合赞本人并无意打破两者之间和平状态④。马木鲁克史家尤你尼（al-Yūnīnī）的说法是合乎事实的，他说：

> 此脱脱汗取伊斯兰名“篾力 · 巴黑惕牙”（Malik Bakhtiyah），699/1299—1300 年他打败并杀死了那海，并征服了全部钦察国土。此时他才是未满 30 的青年人。他和合赞保持了和平，并于 699/1299—1230 年遣使马木鲁克算端⑤。

因此，让脱脱不能放心的应该是流亡至伊利汗国的那海余部的势力，因为那海的长子朮客（Juka/Cheke）逃至不里阿耳，要到 1301 年才在脱脱的授意下，被不里阿耳大公斯维妥斯拉夫（Svetoslav）谋杀⑥。而另一个原因则见诸阿因尼（al-ʿAynī）书：

---

① 《史集》第三卷，第 155 页。按此女之名《史集》、《五族谱》均未著录。秃来（Tūrāy），此处作“秃里”，据《五族谱》改。*Shuʿab-i Panjgāna*, f. 115a.

② 《史集》第三卷，第 287 页。

③ 《史集》第三卷，第 287、322 页。此事被系于 701/1301 年。

④ 《史集》接着就提到了合赞于 1303 年元旦，接见脱脱处派来的使臣。第三卷，第 328 页。

⑤ Quṭb al-Dīn Mūsā b. Muḥamad al-Yūnīnī, *Early Mamluk Syrian Historiography: al-Yūnīnī's Dhayl Mirʾāt al-zamān*, 2Vols, trans. by Li Guo, Leiden: Brill, 1998, p. 191.

⑥ Jackson, Peter, *The Mongols and the West*, p. 204. “朮客”见《史集》第二卷，第 134 页。

> 然而，脱脱的国土、北方之地发生了干旱灾害（*al-jidhab wa-l'qaḥṭ wa-l'ghalā'*），整整三年，人们种下东西却没有收成（*zara' ū salās sinaina filama yanbatu ahammu shai'*）①。

脱脱的兀鲁思面临如此内外交困的局面，故其帮助伯颜复位之举也不得不因此而延迟。《史集》在记载伯颜事迹的章节结束时，仅仅含糊地说他仍与其兄弟处于交战状态，也不曾交代古卜鲁克的结局；但拜巴儿思·蛮速里和阿不勒·菲达（Abū al-Fīdā）都明确指出伯颜取得了对古卜鲁克的胜利，后者被俘继而被杀。阿因尼则告诉我们，率领脱脱军队去援助伯颜的是其兄弟孛鲁剌乞②：

> 据说这年③，北方国土之王同意了[伯颜]的求援，以对抗其兄弟古卜鲁克。他传信给其兄弟孛鲁剌乞（Burluk），[让他]率领军队征讨古卜鲁克，夺取他的土地和军队。忙哥帖木儿之子孛鲁剌乞根据命令到了那里。他的兄弟古卜鲁克败亡④。

2）708年左右发生的第二次冲突：708年发生的事件就像是一个短暂的间奏，只留下较少记录。马木鲁克史书中甚至将之与709年的下一次冲突当作是同一件事。关于此事，主要的参考文献仍是拜巴儿思·蛮速里的《知识的菁华》：

---

① al-Ayinī/В. Г. Тизенгаузен, *Сборник материалов. относящихся к истории Золотой Орды*, St. Petersburg: 1884, Vol. 1. pp. 483－484. 按，此书另有由Amīn, Muḥammad整理的校勘本，前4册已于埃及出版，唯纪事仅及于火你赤之死，故此处仍只得参考齐曾高曾于19世纪末出版的《金帐汗国资料汇编》中所摘引的段落。

② *Shu'ab-i Panjgāna*, f. 113a. 此孛鲁剌乞（Burluk /Būrlūk）为脱脱的兄弟，忙哥帖木儿之子。

③ 案，本年，齐曾高曾注称指709年，误，当为702—703年。他可能将下文古卜鲁克之子继而作乱一时与之混淆起来了。

④ al-Ayinī/Тизенгаузен, T. 1. p. 484. 本节赤坂恒明据原文译出，见氏著：《ジュチ裔諸政権史の研究》，第三章《成立期〜十四世紀前半におけるジュチ・ウルス》，第147—148页。[赤坂：据原文译出，为参考揭出俄译文页码]

[708/1308—1309年]花剌子模最东端的火你赤的继任者伯颜，和他的弟弟忙忽带发生了纷争。两边都有支持者，但是多数人都站在忙忽带一边，由于先前支持他的人倒戈，伯颜失败了，于是就跑到了NKMRS地方①，那里在他的国境边上，而前述忙忽带则据有其位②。

忙忽带为伯颜幼弟，他也是前揭702年古卜鲁克之乱的参与者，而此次他则成了领导者。看来伯颜虽然借助于脱脱的帮助，恢复了兀鲁思家长的地位，但其统治仍然是相当脆弱的。同时，在兀鲁思内部大批反对者依然保持着实力。于是，和上一次一样，伯颜再次前往大帐寻求支援。

马木鲁克史书在此之后就截止了，我们不得不转而从波斯语文献寻找其结局。《完者都史》将对此事的报道系于712/1312—1313年。但很明显，对脱脱助伯颜复位一事为事后的追述：

712年(1313—1314)十二月(Dhu al-ḥajja)10日星期日，由脱脱所领有的钦察地区和朮赤兀鲁思的君王、诸王月即别的使者们来到王廷。他们中为首的是阔阔帖木儿(Kūk Tīmūr)驸马、拜纳勒(Bāynāl)和拜不花(Bāy Būqā)。(完者都)在牛年(*ūṭ īl*)的新年节日里赐予了(他们)礼物(*ūljāmīshī kardand*)③。

月即别的故事和传说是这么开始的：

在脱脱时代的末期，斡儿答(Hurdū<Urdā)之子火你赤(Tūbījī<Qunīchī)去世了。他身后留下了两个儿子：年长者名伯颜

① NKMRS，不详。似为一地名，此处指托庇于脱脱兀鲁思。案，托名兀鲁伯(Ulūgh-Bīk)所著《突厥人世系》(*Shajarat-i Atrāk*)中提到："钦察地区和其他附属地区的人又开始起来反叛拔都，窝阔台让贵由、蒙哥和察合台的儿子们去再次使他们屈服。此地有一城为密林所围，名Mugus."或与之有关？此书原抄本藏于伦敦印度事务图书馆，Shajarat al-atrak：MS India Office，Ethe 172，节译本见*The Shajrat ul-Atrak or the Genealogical Tree of Turks and Tatars*，trans. by Col. Miles，London：1838，p.225.

② Baybars al-Manṣūrī，*Zubdat al-fakra fī ta'rīkh al-Hajira*，p.402.

③ Gerhard Doefer，*Türkische und Mongolische Elemente im Neupersischen*，Wiesbaden：1963－1975，Vol.1，p.169.

(Bāyān),年幼者名忙忽带(Makqiyāy＜Mankqutāy)①。伯颜继承了其父的兀鲁思和军队。但忙忽带将他赶了出来,把他从他的国土和兀鲁思里放逐出去。脱脱亲率一支嗜血的大军去援助他。忙忽带逃走了,把父亲的位子再次交给了伯颜。

脱脱回到了夏季炎热的地方(*Tuqtā ba faṣl-i tābistān va ḥarārat-i garmā bar gasht*),而将军队的前锋交给了自己兄弟秃斡勒别(Ṭughul Bīk)②的儿子月即别(Ūzbīk)和昆即思(KWČK＜Kūnkīz)的兄弟阿必失哈(AFŠH＜Abīshiqā)③,而自己策马返回了自己的国土与河畔的老营(*yūrt-i aṣlī-yi munʿaṭaf*)。……712 年…月 4 日,星期三,他在自己的国土,于伏尔加河(āb-i Itīl)中的一条船上去世④。

忙忽带在位时间究竟多久,史无明文。但诺外利(al-Nuwayrī)《文苑精华》(*Nihayat al-arāb fī funūn al-Adāb*)中的一则细节可以帮助我们进行推断:

[709 年],脱脱之子亦儿撒(Īrṣā,当为《史集》中之亦儿巴撒儿:Īl-Basār)⑤去世了,[他]在他父亲的时候是军队的统帅。忙哥帖木儿之子孛儿鲁客(Burluk)⑥也去世了。最后,脱脱本人也于 712 年去世,留下了他的王国⑦。

---

① 此处《完者都史》的拼写有误,当据《五族谱》,*Shuʿab-i Panjgāna*, f. 111b. 作:忙忽带(Manquṭāy)。

② 此人《五族谱》作:脱斡邻术(Ṭughurilchū),为忙哥帖木儿第 10 子。*Shuʿab-i Panjgāna*, f. 113a.

③ Afsha 不见于《史集》之术赤世系。检《五族谱》忙哥帖木儿之子忽秃罕(Qūtūqān)有四子:乃马台(Nāymatāy)、阿必失哈(Abīshiqā)、古儿马思(Kūrmās)、昆即思(Kūnkīz,旁注:"也被叫做古儿即思(Kūrkīz)"),*Shuʿab-i Panjgāna*, f. 113a.《史集》仅载昆即思(作"昆客思")一人。第二卷,第 129 页。今案:此处提及的 Afsha 当为"阿必失哈"之讹,代脱脱领军者为昆即思之弟阿必失哈。

④ Abū al-Qāsim ibn ʿAlī ibn Muḥammad Qāshānī, *Tārīkh-i Ūljāytū*, ed. by Mahīn Hamblī, Tehran: Shirkat-i Intishārāt-i ʿulumī va farhangī, 2005, p. 144.

⑤ 《史集》第二卷,第 128 页;*Shuʿab-i Panjgāna*, f. 113a.

⑥ 此人见《五族谱》,作:孛儿鲁乞(Būrlūk),为忙哥帖木儿第四子。*Shuʿab-i Panjgāna*, f. 113a.

⑦ al-Nuwayrī, *Nihayat al-arāb fī funūn al-Adab*, Vol. 27, p. 253.

此处提及的两位属于脱脱兀鲁思的宗王中，孛儿鲁客亦见于前揭阿因尼书。他参与了702年的战争，而且和脱脱子亦儿撒（或"亦儿巴撒儿"）一样，都是统帅军队的宗王。但《完者都史》却说：脱脱在再次帮助了伯颜之后，本人返回大帐而把军队交给月即别、阿必失哈两人，则此事应该发生在亦儿撒、孛儿鲁客相继离世之后，也就是709年。故忙忽带自708年发动叛乱至此时，当据有斡儿答兀鲁思一年左右。其叛乱的连带作用，是促使古卜鲁克系的诸王再度对汗位发生了兴趣，而他本人则在被迫下台后就从史籍中消失了。

3）709（1309—1310）年的古卜鲁克之子忽失帖木儿之乱，见阿因尼书：

> 之后，他［古卜鲁克］的名叫＊忽失（Qūshāy）的儿子，去了海都（?）处求助，［后者］提供了［他］军队，让他去袭击他的伯父伯颜。他们在Banq河（BNQ Nahr）交战了。伯颜［战败］逃到了脱脱处，而＊忽失则据有了他的国土，继承了其父亲的位子和地位①。

"海都"的势力被再次提及，此处所指亦为其子察八儿（Chāpār＜Čapar）。根据刘迎胜、彭晓燕的研究，我们可以大致了解此次窝阔台系诸王干预斡儿答兀鲁思内政一事的背景：察八儿在海都死后逐渐沦为依附于都哇的政治势力。都哇肢解了原属海都的部众，并恢复了察合台汗国的旧疆。同时他也让自己的儿子忽都鲁火者掌管哥疾宁、八米俺直至信德河等地区。1307年（大德十年）察八儿遭到元朝海山部的追击，尽弃其家属营帐"逃于都瓦部"②。同年都哇在宗亲大会上废黜了察八儿，改立其弟仰吉察儿为窝阔台系的家长③。

---

① Ayinī/Тизенгаузен, Vol. 1, pp. 483 - 484. 本节赤坂恒明据原文译出，见氏著：《ジュチ裔諸政権史の研究》第三章《成立期～十四世紀前半におけるジュチ・ウルス》，第147—148页。

② 《元史》卷二二《武宗本纪》，第二册，第478页。

③ 刘迎胜：《察合台汗国史研究》，上海：上海古籍出版社，2006年，第340页，Biran, *Qaidu and the Rise of the Independent Mongol State*, pp. 74 - 76.

都哇死于1307年①,随即察合台汗国同样也陷入汗位归属之争。对峙的双方分别是都哇之子怯别(Kabak<Kepek)和之前曾一度当过察合台系家长的不花帖木儿之子纳里忽(Nāliqū)。察八儿乘此机会试图再度恢复窝阔台汗国的影响力,他与其弟秃苦灭首先发兵袭击怯别,却又在察合台系宗王的援军到达后转胜为败。最终察八儿、仰吉察儿于1310年投归元廷,而秃苦灭在逃亡金帐汗脱脱途中,为怯别捕杀②。据上述大致线索,我们可以推断,察八儿在向其南部的察合台家族争取生存空间受挫之际,把注意力转向北方,希望通过插手斡儿答兀鲁思的汗位争夺来蚕食后者的领土。而前揭《瓦萨甫史》也指出仰吉察儿在斡儿答兀鲁思的领土中占有禹儿惕。

阿不勒·菲达书则提供了有关忙忽带和忽失帖木儿(即忽失)同盟关系的信息:

> [709年]古卜鲁克死后,古卜鲁克之子忽失帖木儿赶走了他,并在他的国家中住了下来。据说把伯颜赶走的那个人,是他的兄弟忙忽带(Maquṭāy),他援助了忽失帖木儿,并将伯颜赶走③。

和阿因尼记载不同的是,阿不勒·菲达的记载使我们相信忽失帖木儿(即忽失)之乱与前揭忙忽带之乱为同一件事,即:忙忽带发起的叛乱却使古卜鲁克之子获得了斡儿答兀鲁思的家长之位。根据惯例,伯颜应该再次向脱脱求援,不过史料缺少这方面的记载。《完者都史》仅仅告诉我们,脱脱的干预再次帮助了伯颜复位,随后大帐方面也没有新的军事行动。因此我相信此处所记述的实为同一件事。而另一个原因是,1309年之后窝阔台汗国彻底解体,察合台汗国深陷内乱而被削弱,故亦不可能再从外部支持任何一方发起新的争夺。

---

① 刘迎胜:《察合台汗国史研究》,第341页,Biran, *Qaidu and the Rise of the Independent Mongol State*, p.77.

② 刘迎胜:《察合台汗国史研究》,第342页。

③ Abū al-Fīdā, *Ta'rīkh Abū al-Fidā*, v.4, p.59.

五、结　　语

据《史集》所载："如所周知，突厥斯坦诸国，初受阿鲁忽，后又受[右翼]诸王合班、出伯、八剌、[火你赤之子]伯颜的蹂躏。"[①]我们可以推知，伯颜对其敌人的反击，有时甚至远远溢出其兀鲁思的边界而深入察合台汗国境内。不过其复位之后的活动，我们不得而知。一种观点是：伯颜的统治延续至 1309 年[②]，也就是经此变故，其复位后也无法维持对整个兀鲁思的有效控制。而 Allsen 的看法则是伯颜本人或死于 1312 年前，但小规模的内乱在其统治的最后数年中一直持续[③]。

此后，斡儿答兀鲁思在史料中便消失了。它的下一次出现是在 15 世纪(1404—1413)初成书的《木因历史选》"白帐汗国"(*Aq-ūrda*)章中。佚名作者提到了伯颜之子撒失不花(Sāsī-Būqā，1313—1320/1321 在位)和孙子亦儿赞(Īrzān，1320/1321—1344/1345 在位)，只不过把他们当作脱脱之子脱斡里(Ṭughul)的后裔[④]。Allsen 认为这个时期来自中亚的威胁消失了，所以汉文、波斯文史料均对斡儿答兀鲁思"失去兴趣"[⑤]，导致这个时期在文献中留下了一大片空白。

斡儿答兀鲁思的内乱所带来的直接后果，首先是导致金帐汗国干涉东欧事务的实力大大下降，杰克森说：

> 几乎在同时，脱脱卷入了白帐汗国的政治纷争中。这个名称是指术赤兀鲁思的东翼，位于咸海(Aral Sea)北部的草原地区，由拔都长兄斡儿答家族控制。脱脱支持其汗以反对受到海都和察合台家族支持的竞争者，这意味着，那些原本可以投入匈牙利和波兰地区战役

---

① 《史集》第二卷，第 354 页。

② Atwood, *Encyclopedia of Mongolia and Mongol Empire*, p.42.

③ Allsen, "The Princes of the Left Hand", p.24.

④ Mu'īn al-Dīn Naṭanzī, *Muntakhab al-Tavārīkh-i Mu' īnī*, ed. Jean Aubin, Tehrān: Kitab furust-yi Haiyām, p.88.

⑤ Allsen, "The Princes of the Left Hand", p.24.

的军队被抽调走,加入了这场战争①。

其次,则是702/1302—1303年伯颜与古卜鲁克之间的第一次冲突直接促成了四大汗国之间的约和。这或许是因为自从1260年统一的大蒙古国瓦解之后,不同兀鲁思之间的对抗主要反映在南—北方向上金帐汗国和伊利汗国沿打耳班—高加索一线的对峙;东—西方向上伊利汗国和察合台(窝阔台)汗国对呼罗珊地区的争夺;察合台(窝阔台)汗国与元朝沿金山—畏兀儿之地的对峙。这三者相去距离遥远,互不连属,因此在某一方面发生直接冲突的通常只涉及两个主要政权。即便如元和伊利汗国之间曾存在合击察合台汗国的协议,也只是停留在政治观念上的相互支持而并未付诸行动。但在诸汗国纷纷干涉斡儿答兀鲁思汗位传承的过程中,他们的利益被密切地结合到了一起。

最后,从整个蒙古汗国的角度来看,为了对抗海都/察八儿—古卜鲁克/忽失帖木儿父子两代反对势力,伯颜致力于建立一个包括金帐汗国大帐—伊利汗国—元朝的同盟,这点显示出与此前利用本族、本支的血缘关系作基础来建立联盟的不同思路②。此后在本兀鲁思之外寻找同盟者,就成了下一阶段各汗国统治者应对内部危机的新的手法。

---

① Jackson, *Mongols and the Latin West*, p. 199.

② 如八剌入侵伊利汗国时,先暗中串通同为察合台后裔的诸王捏苦迭而一事。参看刘迎胜:《察合台汗国史研究》,第199—201页。

第七章　大德二年(1298)伊利汗国遣使元朝考

——法合鲁丁·阿合马·惕必的出使及其背景

一、前　　言

伊历 697 年(1297—1298)伊利汗国君主合赞汗(Ghāzān,1295—1304 年在位)派遣当时垄断波斯湾贸易的怯失岛(Kīsh)[①]海商世家的法合鲁丁·阿合马·惕必(Fakhr al-Dīn Aḥmad al-Ṭībī)率船队出使元朝。该使团往返所涉路线大体与马可波罗的回程相合,法合鲁丁本人的身份、经历也与之颇为相近;而就其所率船队规模之大、往返所涉时间之久,则均超过 1291 年马可波罗自元朝返回所在的使团。

但法合鲁丁在后世的声名显然无法与后者相提并论。究其缘由,或在于马可波罗的事迹得以凭《寰宇记》一书而广行于世,不仅在短时期内

---

① 怯失岛,波斯语:Kīsh(كيش);阿拉伯语:Qais(قيس)或 Qaiṣ(قيص)是波斯湾中的一个岛屿,是和施罗围(Sīrāf)、忽鲁模思(Hormūz)齐名的古代商业中心之一,今已废弃。该岛名称的各种异文及考证可参看:M. Th. Houtsma ed., *Enzyklopaedie des Islam: geographisches, ethnographisches und biographisches Wörterbuch der Muhamedanischen Völker*, Leiden: Brill, 1913 - 1938, vol. 2, pp. 696 - 697; Dorothea Krawulsky, *Īrān Das Reich der Īlḫāne: eine topographisch-historische studie*, Wiesbaden: Dr. Ludwig Reichert Verlag, 1978, p. 193. "Ğazīra-ye Kīš",汉文史料中最早著录其名者为宋赵汝适:《诸蕃志》,作"记施",见氏著,杨博文校释:《诸蕃志》卷上,北京:中华书局,1996 年,第 108 页。又为《大德南海志》所著录。元陈大震、吕桂孙著,广州市地方志编纂委员会办公室编:《大德南海志》卷七,广州:广东人民出版社,1991 年,第 47 页。而宋濂等:《元史》(北京:中华书局,1976 年)卷六三《地理志六·西北地附录》作"怯失"(第 1571 页)。本文在讨论史事时,凡涉及该地名者统一使用《元史·地理志》的译名。

被多次迻译，甚至在此后很长时间里成为欧洲人想象东方的数据源。而对法合鲁丁及其家族最主要的记述，大部分出自同时期波斯历史学家瓦萨甫（本名ʿAbdallah ibn Faḍlallāh Sharaf al-Dīn Shīrāzī，并以 Vaṣṣāf al-Ḥadrāt“御前赞颂者”一名行世）笔下。其著作以文笔华丽、风格晦涩著称，因而长期缺乏完整的译本，这也在一定程度上限制了法合鲁丁事迹的传播①。

虽然自伯希和时代始，学者们业已注意到此次出使在研究 13 至 14 世纪蒙古帝国东、西部地区政治交往及海上交通史方面的重要价值②。但

① 如 Browne 的《波斯文学史》对《瓦萨甫史》评价是：“该书不幸被奉为圭臬，并对后世的波斯语历史编纂造成了有害的影响。”因作者宣称其首要目的是要以华丽文体写作，而所著录的历史事件则沦为其繁缛文体借以铺陈词藻的素材。Edward G. Browne, *A Literary History of Persian: the Tartar Dominion*（*1265－1502*），Cambrige: Cambridge University Press, 1956, vol. 2, pp. 67－68.

② Joseph Freiherr von Hammer-Purgstall, *Geschichte der Ilchane: das ist der Mongolen in Persien*, Darmstadt, 1842；Hammer-Purgstall 生前译完《瓦萨甫史》全本五卷，但仅第一卷（原文和译本合璧）获出版，余稿存于奥地利科学院伊朗学研究中心（Österreische Akademie der Wissenschaften: Institut fuer Iranistik）。近年来在 Bert G. Fragner 的推动下，奥地利科学院计划将本书未刊部分整理出版。目前已出版至第三卷。Vaṣṣāf al-Ḥazrat, ʿAbd Allāh ibn Fazl Allāh, *Geschichte Wassaf's: persisch herausgegeben und deutsch übersetzt von Hammer-Purgstall*; *neu herausgegeben von Sibylle Wentker nach Vorarbeiten von Klaus Wundsam* Wien: Verlag der Österreichischen Akademie der Wissenschaften, 2010－, vols. 1－3. 而与本主题相关的章节见诸《瓦萨甫史》第四卷，目前尚无完整译本可供参考。本章英语摘译见：*History of India as told by Its Own Historians*, trans. H. M. Elliot and J. Dowson, London: Trübner & Co., 1871, vol. 3, pp. 45－47；法译见 d'Ohsson（多桑）著，冯承钧译：《多桑蒙古史》（*Histoire des Mongols: depuis Tchinguiz-Khan jusqu'à Timour-Lang*）下册，上海：商务印书馆，1935 年，第 319 页。在史实考证方面：伯希和最早指出本则纪事应与元黄溍：《金华黄先生文集》（收入《四部丛刊初编》，影印常熟瞿氏上元宗氏日本岩崎藏元刊本）卷三五《松江嘉定等处海运千户杨君墓志铭》所载之伊利汗使团有关。他是根据 Hammer-Purgstall 所著《伊利汗国史》（Geschichte der Ilchane; Darmstadt, 1842－1843, 2 vols.）前后两处引文拼写不一致，敏锐地作出以上推测的。但无论是 Hammer-Purgstall 还是伯希和本人，都没有提出文献学上的证据，而此后的大多数研究者似乎也没有采纳伯希和的意见。Paul Pelliot, *Notes on Marco Polo*, ed. Francois Aubin, Paris: Imprimerie Nationale, 1959, vol. 1, “Caçan,” pp. 120－121. 日本学者惠谷俊之以孟买（Bombay）石印本《瓦萨甫史》为底本，摘译了法合鲁丁出使章节中的部分内容。可惜作者的注释较为简单，且略去了使团一行北赴上都觐见元成宗的段落。惠谷俊之：《ガザン・ハンの対元朝使节派遣について——14 世纪初头におけるイラン・中国交涉史の一出》，《オリェント》8.3/4（1966）：49—55。其他讨论有：Thomas T. Allsen, *Culture And Conquest Mongol Eurasia*, “Cambridge Studies in Islamic Civilization”, New York: Cambridge University Press, 2001, pp. 42－43, 49－51.

我们仍不得不承认,关于此次出使活动本身,无论是从文本讨论还是宏观背景的观照方面,还遗有不少值得推敲之处:其一,虽然涉海航行充满危险,但法合鲁丁的出使前后共历时九年,远远超出马可波罗(三年)、杨枢(五年)的行程。其原因为何,似乎只能从当时伊利汗国的政治形势中找到答案。

第二,法合鲁丁抵达元朝的时间,正值元成宗在位后期。正如"大德"(1297—1307)年号所昭示的,元成宗在此期间推行了一整套旨在结束各汗国之间长期对抗,促成广泛约和的外交活动。所以各汗国间的外交、商贸活动呈现出活跃的趋势。法合鲁丁正是这个时代元朝外交礼仪和"中卖宝货"活动的直接见证者。但先前的研究,往往对其在元朝的活动讨论有所不足。

其三,随着蒙古统治向伊朗南部地区的深入,越来越多的土著海商世家被卷入到由伊利汗主导的海外贸易活动中来。惕必家族的兴起正是得力于其亦商亦官的身份①,札马鲁丁、法合鲁丁父子通过充当伊利汗在法儿思、波斯湾地区的汗室代理人,为家族积累了大量政治、经济资本②。通

① 关于怯失岛惕必家族的研究成果见:Bertold Spuler, *Die Mongolen in Iran: Politik, Verwaltung und Kultur der Ilchanzeit 1220–1350*, Berlin: Akademie Verlag, 1985, pp. 123–127; Ann K. Lambton, *Continuity and Change in Medieval Persia: Aspects of Administrative, Economic and Social History, 11th–14th Century*, Albany: State University Plaza, 1988, pp. 335–343; Denise Aigle, *La Fārs Sous la Domination Mongole: Politique et Fiscalité (XIIIe–XIVe S.)*, Studia Iranica. Cahier 31, Paris: Association Pour L'Avancement des Etudes Iraniennes, 2005, pp. 147–153; Valeria Fiorani Piacentini, "The Mercantile Empire of the Ṭībīs: Economic Predominance, Political Power, Military Subordination," *Proceedings of the Seminar for Arabian Studies: Papers from the thirty-seventh meeting of the Seminar for Arabian Studies held in London*, vol. 34, ed. Lloyd Weeks and St. John Simpson, Oxford: Archaeopress, 2004, pp. 251–260; Ralph Kauz, "The Maritime Trade of Kīsh during the Mongol Period", in *Beyond the Legacy of Genghis Khan*, ed. Linda Komaroff, Leiden-Boston: Brill, 2006, pp. 51–67; Eric Vallet, "Yemeni 'Oceanic Policy' at the end of the 13th Century," *Proceedings of the Seminar for Arabian Studies*, vol. 36, ed. Lloyd Weeks and St. John Simpson, Oxford: Archaeopress, 2007, pp. 289–296;家岛彦一:《モンゴル帝国时代のインド洋贸易——特に Kish 商人の贸易活动をめぐって》,《东洋学报》, vol. 57(1976), pp. 1—39。Aubin 在其研究 13 至 14 世纪霍尔木兹统治家族的著名论文中,也涉及了与惕必家族相关的史事。Jean Aubin, "Les princes d'Ormuz du XIII au XV siècle", *Journal Asiatique* (1953), pp. 77–137.

② Ann K. Lambton, "Mongol Fiscal Administration in Persia (Part I–II)," *Studia Islamica 64* (1986): 79–99; 65 (1987): 97–123. 关于蒙古统治时期法儿思、忽鲁模思政治、经济史研究的专著,除前引 Denise Aigle 所著者外,还包括:Nicholas Lowick, "Trade Patterns on the Persian Gulf in the Light of Recent Coin Evidence", (转下页)

过对伊利汗国的海商世家的研究，亦可令我们对这批主要活跃在元—伊利汗国贸易网西侧的"航海世家"有更为丰满的认识①。

而促使笔者撰此文的另一个原因，则缘于几种《瓦萨甫史》新刊本/版本的面世。众所周知，《瓦萨甫史》最为通行的版本是1960年代德黑兰重印的孟买石印本②。此本虽然内容完整、字迹清晰，但没有经过任何校勘整理，在涉及非波斯语、阿拉伯语的人名、地名的地方多有讹误。2009年伊朗方面与土耳其合作，出版了由土耳其努尔奥斯曼(Nuru Osmaniye)图书馆收藏的、原属拉施都丁私人图书馆的一个抄本③。据称该本最接近《瓦萨甫史》手稿原貌，可以校正孟买本中的许多疑点。同年德黑兰大学又出版了阿里·礼札·哈吉扬·内贾德('Alī Riẓā Ḥājyān Najād)据该写本整理的校勘本④。但遗憾的是，在对蒙古时代的人名、术语的校勘方面，这个新版本并未充分体现出底本的优点。同时，笔者也参考了德黑兰大

（接上页）in *Near Eastern Numismatics, Iconography, Epigraphy, and History*, ed. D. K. Kouymjian (Beirut, 1974), pp. 319 - 333; Ralph Kauz and Roderich Ptak, "Hormuz in Yuan and Ming sources," *Bulletin de l'Ecole Française d'Extrême-Orient*, vol. 88 (2001), pp. 27 - 75；以及日本学者渡部良子：《イルハン朝の地方统治：ファールス地方行政を事例として》,《日本中东学会年报》, vol. 12(1997), 第185—216页。

① 元朝自忽必烈时期以来即已重视跨越印度洋的贸易，学者们早已关注到元代存在相当一批以操持航海贸易为业的航海世家，其中不仅有来华的穆斯林(波斯、阿拉伯)家族，也有相当数量的汉人参与其中。参看陈高华、吴泰：《宋元时期的海外贸易》，天津：天津人民出版社，1981年；陈高华：《元代的海外贸易》,《历史研究》6.3 (1978)：61—69；《元代的航海世家澉浦杨氏：兼说元代其它航海家族》,《海交史研究》2.1 (1995)：4—18；高荣盛：《元代海外贸易研究》，成都：四川人民出版社，1998年；Yokkaichi Yasuhiro(四日市康博), "Chinese and Muslim Diasporas and the India Ocean Trade Network under Mongol Hegemony," in *The East Asian Mediterranean: Maritime Crossroads of Culture, Commerce and Human Migration*, ed. Angela Schottenhammer, Wiesbaden: Otto Harrassowitz Verlag, 2008, pp. 73 - 97.

② 'Abdallah ibn Faḍlallāh Sharaf al-Dīn Shīrāzī, *Tārīkh-i Vaṣṣāf* (*Tajzīya al-amṣār va tazjīya al-a'sār*), ed. Muḥammad Mahdī Iṣfahānī, Bombay, 1853; repr., Tehrān: Ibn Sīnā, 1959 - 1960). 该本下文简称 Vaṣṣāf/Bombay。

③ Sharaf al-Din 'Abdollāh b.' Ezz al-Din Fadlollāh Yazdi/Shirazi, *Tajzīyat al-' amsār va tazjīyat al-a'sār*. (*tārīx-e vassāf*), Tehran: Chapkhāna-yi Ṭilāya, 2009, Script 711/1312, Facsimile edition of the Fourth Volume from an Autograph Manuscript, Istanbul: Nuruosmaniye Library, MS. No. 3207. 该本下文简称 Vaṣṣāf/Nuruosmaniye。

④ Shihāb al-Din 'Abd Allāh Sharaf Shīrazī, *Tārīkh-i Wassāf al-Hadrat. Jeld-e Chahārom*, ed. Dr. 'Alī Riẓā Ḥājyān Najād, Tehran: Tehran University Press, 2009. 本文以此本作为翻译底本，下文简称 Vaṣṣāf/Najād。

学图书馆、德黑兰议会图书馆所藏的几种较早的抄本①。

本文主要分为两个部分：（一）愓必家族的兴起；（二）法合鲁丁出使、朝覲及返航行实的考证。

二、愓必家族的兴起

怯失岛位于伊朗中南部法儿思(Fārs)省的海湾地带，是波斯湾—印度洋贸易网络的枢纽②。其地自古以来就与阿曼('Umān)、巴士拉(Baṣra)、也门(Yemen)和印度南部诸港口有着海上往来。同时，怯失也是波斯湾地区重要的珍珠产地，与巴林(Baḥrīn)、马八儿(Ma'bar)、锡兰(Saylān)等地齐名③，其声名也很早就为中国学者所知悉④。发达的珍珠采集业及上述相关贸易活动将地区联结到同一个贸易网络中，进而促使其发育成波斯湾—印度洋海上商路沿线重要的港口城市。而当原先波斯湾最重要的贸易港口施罗围(Sīrāf)遭地震破坏后，大规模的贸易活动就自前者转移至怯失⑤。

合赞汗的使者法合鲁丁是"怯失岛的第一代统治者"(*avval mulūk-i*

---

① 这几个抄本包括：(1) 德黑兰大学图书馆抄本 A(MS. Tehran University, No. 113)；(2) 德黑兰大学图书馆抄本 B(MS. Tehran University, No. 228)；(3) 德黑兰大学图书馆抄本 C(MS. Tehran University, No. 8617)；(4) 德黑兰议会图书馆抄本 D(MS. Kitāb-I Khāna-yi Majlis, No. 8621)，该本抄成于 898/1492—1493 年。

② 渡部良子：《イルハン朝の地方统治》，第 190 页。

③ Muḥmmad ibn Abī al-Barakāt Juharī Nayshābūrī, *Javāhir nāma-yi niẓāmī*（写作于 592/1195—1196）, ed. Iraj Afshār, Tehran: Mīrāṣ-i Maktūb, 2004, pp. 153 - 154; Yūsuf ibn Ya'qūb Ibn al-Mujāwir, *A Traveller in thirteenth-century Arabia: Ibn al-Mujāwir's Tārīkh al-mustabṣir*, trans. Gerald Rex Smith (Hakluyt Society, Ashgate, 2008), p. 286. 除上述大的地区、岛屿外，珍珠产地还包括了柯提夫(Qaṭīf)、哈尔克(Khārk)等波斯湾中的一系列小岛。'Abū al-Qāsim 'Abd Allāh Qāshānī, *'Arāyis al-javāhir va nafāyis al-'aṭāyib*, ed. Īrāj Afshār, Tehran: Intashārāt al-'Ma'ī, 2007, p. 84.

④ 宋人赵汝适：《诸蕃志》卷上载：记施"土产真珠、好马"(第 108 页)。而刘郁则称"其失罗子国(Shīrāz)出珍珠。……西南，海也，采珠盛以革囊，止露两手，腰絙石坠入海"。王恽著，杨晓春点校：《玉堂嘉话》，北京：中华书局，2006 年，第 61 页。而在关于注辇(Chola, 13 世纪为潘底亚王朝所灭后称马八儿)、马八儿等地的地理志中亦均提及土产珍珠。周去非著，杨武泉校注：《岭外代答》，北京：中华书局，1999 年，第 92 页；汪大渊著，苏继庼校释：《岛夷志略》，北京：中华书局，2000 年，第 344 页。

⑤ Ḥamdallāh Mustawfī Qazvīnī, in *Nuzhat al-qulū*b, ed. Guy Le Strange, Brill, Luzac & Co, 1919, "E. J. W. Gibb Memorial,", vol. 23, p. 116.

Qays)札马鲁丁·亦卜剌金·惕必(Jamāl al-Dīn Ibrahīm al-Ṭībī,又名 Jamāl al-Dīn al-Sawāmilī,? —1306)的长子①。波斯语史书对札马鲁丁的早年经历多语焉不详,反倒是马穆鲁克史书中保留了不少信息。如 Ibn Ḥajār al-ʿAsqalānī(1372—1449)称:

> 他(札马鲁丁)出自撒哇密里(al-Sawāmilī)部落,其(札马鲁丁)祖父从台亦不(Ṭaiyib) 搬到了瓦昔的(Wāsiṭ),他的儿子(指札马鲁丁之父)摩诃末(Muḥammad) 在纳昔儿(al-Nāṣir,阿拔思王朝君主,1130—1225)时期又搬到了巴格达。札马鲁丁在那里学会了给珍珠穿孔[的手艺]。并通过和中国的贸易聚敛了大笔财富(*wa jama' dirāham fī tajārat uṣ-Ṣīn*)②。

台亦不(Ṭaiyib)一作 Baladat al-Ṭaiyib,为阿拉伯半岛名城麦地那(Madīna)辖下的一城镇名。瓦昔惕(Wāsiṭ)城,据 13 世纪地理学家可疾维尼的记载,是位于库法(Kūfa)和巴士拉(Baṣra)之间的一个城市③。最

---

① 《世系汇编》的作者将札马鲁丁看作是"怯失岛新统治家族"的缔造者,与之相对,所谓"旧的怯失岛统治家族",其世系终止于 1229 年。参看 Lowick,"Trade Patterns on the Persian Gulf in the Light of Recent Coin Evidence," p.322. 这句话不见于德黑兰出版的《世系汇编》整理本,而大英图书馆藏抄本、德黑兰马力克图书馆抄本,及 Aubin 论文所引附的大英图书馆藏抄本(Brit. Mus. Add. 16696)均载。Muḥammad ibn ʿAlī Shabānkāra'ī, *Majma' al-ansāb*, ed. Mīrhāshim Muḥadath, Tehrān: Amīr Kabīr, 1984;德黑兰马力克图书馆抄本,编号: Mūze va Kitābkhāna-yi Malik, MS. No.6181;德黑兰议会图书馆抄本,编号: MS. Kitābkhāna-yi Majlis-i Shūrā-yi Islāmī, No.14325; Aubin,"Les princes d'Ormuz du XIII au XV siècle," p.131, *Majma' al-ansāb*/MS. Malik, f.89a.

② Ibn Ḥajar al-ʿAsqalānī, *al-Durar al-kāminah fī a'yān al-miʿah al-thāminah*, Beirut: Dār al-Kutub al-ʿIlmīyah, 1997, vol.1, pp.59-60, No.159. 本书为ʿAsqalānī 于 1399 至 1419 年间编纂的历史人物辞典,全书分正、续两编,共收录近六千则(正编 5 323 人;续编 639 人)人物传记。Ibn al-ʿImād 的编年大事记中札马鲁丁的小传大部分摘引自ʿAsqalānī,并略有所增补。Ibn al-ʿImād, *Shadarāt al-dhahab fī akhbār man dhahab*, ed. ʿAbd al-Qādir Aran ʿūṭ, Beirut: Dār al-Kitāb al-Arabī, 1986-1995, vol.8, p.26. 此外,另有叙利亚编年史作者 Quṭb al-Dīn Mūsā Ibn Muḥmmad al-Yūnīnī 和传记辞典编纂者 Khalīl Ibn Aybak al-Ṣafadī 的著作中也保留有札马鲁丁的传记资料,且三位作者所援引的史料并非同源。Quṭb al-Dīn Mūsā Ibn Muḥmmad al-Yūnīnī, *Dhail miʿrāt al-zamān fī tārīkh al-aʿyān: 697-711H.*, ed. Hamzah Aḥmad ʿAbbās, Beirut: Hay ʿat Abū Ẓaby lil-Thaqāfah, wa al-Turāth, 2007), vol.2, pp.1150-1151. Khalīl Ibn Aybak al-Ṣafadī, *Aʿyān al-ʿaṣr wa aʿwān al-naṣr*, ed. ʿAlī ʿAbū Zayd, Dimashq: Dār al-Fikr bi-Dimashq, 1998, vol.1, p.119.

③ Abū ʿAbdullāh b. Zakrriyā al-Qazvīnī, *Āsār al-balād va akhbār al-ʿabād*, (转下页)

初为哈只吉·玉素甫(Ḥajjāj b. Yūsuf)于伊历84至86年间(703—705)所建。而在蒙古人攻陷巴格达(Baghdād,元代译"报达")时,它也遭到了后者的征服和洗劫①。

据小传,我们可知札马鲁丁家族为阿拉伯裔而非波斯土著,早年从阿拉伯半岛北部南下迁入波斯湾地区②。其父曾是陶器商人,而该家族发迹的缘由则和当时巴格达的珍珠贸易密切相关③。11世纪波斯珠宝商人内沙不里就在其所著珠宝书中介绍道:"在巴格达给珍珠穿孔的技艺更为优良,然后是忽齐斯坦(Khūzstān)和施罗围(Sīlāf)。而商人们自古以来就在怯失(Kīsh)和巴林(Baḥrīn)进行交易,并将之辗转带至各个城市。"④札马鲁丁正是凭借着当地物产资源起家,并逐步晋升为"商团首领"(ra'īs al-tujjār)⑤。虽然我们迄今未能在汉文载籍中找到札马鲁丁抵达中国行商的记载,但数种传记均提及他曾亲自参与波斯湾至中国的海上贸易活动。因为据当时人的记录,波斯湾地区海商虽然同时与东方(印度、东南亚、中国)、西方(也门、埃及、欧洲)进行贸易,但无论在交易商品

(接上页) trans. Muḥmmad Murad b. ʿAbd al-Rahmān, ed. Muḥmmad Shāhmuradī, Tehran: Tehran University Press, 1994, vol.2, p.283.

① Krawulsky, *Īrān Das Reich der Īlḫāne*, p.511.

② Elizabeth Lambourn 也提到了惕必可能为伊剌克土著。Elizabeth Lambourn, "India from Aden: Khuṭba and Muslin Urban Networks in Later Thirteenth-Century India," in *Secondary Cities & Urban Networking in the Indian Ocean Realm, c. 1400 - 1800*, ed. Kenneth R. Hall, New York: Lexington Books, 2008, p.62, n.23. 而早期的研究者如桑原骘藏曾推测法合鲁丁(陈译本作: 法哈耳乌丁)家族和《元史》、《高丽史》中之马八儿王子"不阿里"为同一人。桑原骘藏著,陈裕菁译:《蒲寿庚考》,北京:中华书局,2009年,第69页。然刘敏中已明言其家出自"西域哈剌合底"(Qalhātī),其地即马可波罗《游记》中之"哈剌图"(Qalātū),为波斯湾中岛屿,古属忽鲁模思管辖,今隶阿曼。故和以麦地那为祖居地的惕必家族显非同族。不阿里碑传见刘敏中:《中庵先生刘文简公文集》(清抄本,上海:上海图书馆藏,编号:线善T08993-96)卷四《敕赐资德大夫中书右丞商议福建等处行中书省事赠荣禄大夫司空景义公不阿里神道碑铭》(页79a—b)。不阿里原籍考证参看刘迎胜:《从〈不阿里神道碑铭〉看南印度与元朝及波斯湾的交通》,氏著:《海路与陆路:中古时代东西交流研究》,北京:北京大学出版社,2011年,第20—31页。

③ al-Yūnīnī, *Dhail miʿrāt al-zamān*, vol.2, p.1150.

④ Nayshābūrī, *Javāhir nāma-yi niẓāmī*, p.168.

⑤ Ibn al-ʿImād, *Shadarāt al-dhahab*, vol.8, p.26; Aigle, La Fārs Sous la Domination Mongole, p.143.

的种类和交易额上，东方贸易占有绝对的优势①。而被吸引入印度洋贸易活动的波斯湾海商，迟早也会被其东方更重要的贸易对象——中国——所吸引，并积极地参与其中。就这点而言，札马鲁丁不过是追随了先前蒲寿庚家族、不阿里家族的脚步而已。

正当惕必家族在海外贸易活动中初露头角之际，蒙古人的势力也开始大规模地侵入伊朗南部。早在窝阔台汗时期，泄剌失的阿塔毕（Atabeg）政权就已经和蒙古皇室有所接触②。旭烈兀远征巴格达之后，继任的阿塔毕即转投伊利汗大帐下效命③。随着巴格达的陷落，“旭烈兀及其子孙所占驻的地区”（*al-aqālīmu allatī istaqarar la-Hūlākū wa aulādahu*）的名单上，又加入了怯失、巴林（al-Baḥrīn）、可咱隆（Kāzarūn）等波斯湾沿岸城市④。和蒙古人在汉地、中亚的统治手法相似，这些未被直接分封给蒙古诸王、驸马、那颜们的地区，均在中央政府指派的监临官（shaḥna）和必阇赤们的监督下，交由地方统治者（malik）及斡脱商人（ortaq）代为管理⑤。这就给

---

① 如元代的汪大渊在记述“甘埋里”（据校释者苏继庼的意见，此地即旧忽鲁模思）胡椒贸易情况时称，“椒之所以贵者，皆因此船（指佛朗国商船）运去尤多”，但“较商舶（指中国商船）之取，十不及一焉”，即为一例。汪大渊：《岛夷志略》，第 364 页。而马可波罗的记载亦从另一侧印证了汪氏所言，他说“此国（马里八儿）输出之粗货香料”运往亚力山大港者，尚“不及运往极东者十分之一”。Marco Polo，*Marco Polo*，*the Description of the World*，ed. A. C. Moule and P. Pelliot (New York：AMS Press，1976)，chap. 183，p.419.

② 关于泄剌失地方政权和蒙古人早期接触的史料，见于汉文者有许有壬：《至正集》（明崇道堂抄本，上海：上海图书馆藏，编号：线善 790759—68）卷五三《西域使者哈只哈心传》，页 642a。波斯文史料则可参看穆思妥菲·可疾维尼的诗体蒙古史书《武功纪》：“由于蒙古人成了世界的主宰，阿塔毕看出和平才是委曲求全之道 / 于是使者们如流水赴壑一般，赶往成吉思汗宫廷输忠效诚。”Ḥamdallāh Mustawfī Qazvīnī，*Ẓafarnāma*，Tehran：Pazhuhishgāh-i ʻUlūm-i Insānī va Mutāliʻāt-i Farhangī，2011，vol.6，p.336.

③ Vaṣṣāf / Bombay，pp.180－185；Ibn Zakūb，*Shīrāz-nāma*，ed. Vā'iẓ Javādī，Tehrān：Intishārāt-I Buniyād-I Farhangī，1971，pp.86，88.

④ Baybars al-Manṣūrī，*Zubdat al-fikrah fī tā'rīkh al-hijrah*，Bibliotheca Islamica No.42，ed. Donald S. Richards，Beirut：Klaus-Schwarz-Verlag，1998，p.56.

⑤ 旭烈兀首先派往当地的是阿合里别（Aghil Bik）和忽都鲁（Qutlugh）必阇赤。随后因有人控告阿塔毕之弟谋反，又令阿勒塔朮（Altachū）和帖木儿（Timūr）带着蒙古军队前去镇压。Vaṣṣāf / Bombay，p. 175；Ḥāfiẓ-i Abrū（Shahāb al-Dīn ʻAbd Allāh Khvāfī），*Jughrāfiyā-yi Ḥāfiẓ-i Abrū*，ed. Ṣādeq Sajjādī，Tehrān：Āyīna-yi Mīrāṭ，1999），vol.2，p.171.《五族谱》称阿勒塔朮在阿八哈时代成了“全部因朱（分地）的长官”。*Shuʻab-i panjgāna*，İstanbul：Topkapı-Sarayı Müzesi kütüphanesi，MS. Ahmet III 2937，f.143a.

了惕必家族进一步发展的良机,札马鲁丁凭借其财力,在(波斯)伊剌克获得了封地(*taqabbul bilādā bi-l-ʿIrāq*)①,又跻身于伊利汗国最显赫的波斯本土官僚志费尼(Juvaynī)家族麾下供职,他还通过贿赂伊利汗阿八哈(Abaghā)的后妃,成了后者的"御用商人"(*biḍāʿat min khawāṣṣ*,案,该词即相当于波斯语、汉语史料中之"斡脱")②。

由于垂涎法儿思地区的富庶,伊利汗开始以封授"因朱"(*īnjū*)地产方式染指当地的利益③。公元1284年伊利汗阿合马(Aḥmad-Tegüder)侵吞了原属法儿思阿塔毕的许多田产充当自己的"因朱"地产④,在阿合马被弑后又转入阿鲁浑及其子合赞手中⑤。这些地产往往被交付给本地官员加以管理。札马鲁丁利用其斡脱商人的身份,于692年(1292—1293)成为替乞合都汗(Geykhātū)管理法儿思的"答赖"和"因朱"地产的代理官员,并获赐"伊斯兰的篾力"(Malik al-Islām)的头衔⑥。继而他又被提拔

---

① al-ʿAsqalānī, *al-Durar al-kāminah*, p.60.

② Vaṣṣāf/Bombay, p.62. al-Yūnīnī也记载道,札马鲁丁得到了苫思丁·志费尼(Shams al-Dīn Juvaynī)的提拔。他曾离开忽鲁模思,居留大斡耳朵一年,并将各种珠宝镶嵌的首饰售卖给伊利汗的哈敦与当地居民。al-Yūnīnī, *Dhail miʿrāt al-zamān*, v.2, p.1150.

③ 在伊利汗国,"答赖"(dalāy)和"因朱"(īnjū)分别指两种不同性质的地产。"答赖"是大汗本人直接领有的地产,而"因朱"则是分封给宗亲、诸王的地产。参看Lambton, *Continuity and Change in Medieval Persia*, pp.118-129.也有学者认为,"答赖"和"因朱"可视作汉语文献中"份子"和"大数目里户计"二词的对应语。姚大力:《蒙元时代西域文献中的"因朱"问题》,氏著:《蒙元制度与政治文化》,北京:北京大学出版社,2011年,第340—366页。

④ Lambton, *Continuity and Change in Medieval Persia*, pp.120-121.

⑤ Rashīd al-Dīn Faẓl Allāh Hamadānī, *Jāmiʿ al-tavārīkh*(以下简称Jāmiʿ al-tavārīkh/Rawshān), ed. Muḥammad Rawshān, Tehran: Nashr-i Alburz, 1994, vol.2, p.1249;余大钧、周建奇译:《史集》第三卷,北京:商务印书馆,1997年,第272页;Lambton, *Continuity and Change in Medieval Persia*, pp.120-121. 此事在汉文史料中亦有所反映:宋濂等《元史》卷二一〇《外夷三·马八儿等国传》载:"自泉州至其国(指马八儿)约十万里。其国至阿不合大王城,水路得便风,约十五日可到。"(第4669页)其中"阿不合大王"即第二任伊利汗阿八哈(Abāqā),而《元史》所载皆为海上航行所费日程,故此处"阿不合大王城"既非其即位前所领"亦剌克、呼罗珊、祃拶答而地区直到质浑河口"的分地,亦非即位后之京城帖必力思(Tabrīz),《史集》第三卷,第95、103页,而应位于波斯湾沿岸某地。结合波斯文史料所载,我认为此处所指当为法儿思南部的这类"因朱"地产(参看注31)。

⑥ Vaṣṣāf/Bombay, p.298.

为泄剌失的篾力（*mulk-i amūr Shīrāz*）①，《史集》没有提到他的名字，却清晰地点出了其"斡脱和买卖人"（*urtāqān va bāzargān*）的身份②。

惕必家族发迹之路在蒙古统治时期的海洋贸易商人群体中具有一定代表性。在元朝，我们亦可举出多位类似的兼具斡脱商人、政府官员及航海家身份的名人，如已经得到很好研究的亦黑迷失、沙不丁、杨枢、马可波罗以及不阿里等③。将惕必与上述诸人作一比较，可以发现他们无不是首先凭借其航海才能及家族财力成为代表大汗私人利益的斡脱，继而得以出任一定官职。而出使海外的经历使其进一步获取了大汗的信任，亦成为其扩张家族商业地位的保证。同时，我们也注意到：在经济上，对"波斯湾—印度洋—中国"贸易利润的渴望促使其频频南下大洋，而对大汗本人的依附性，则令其深深卷入汗室（通常位于帝国的北部）的政治纷扰中，这构成了蒙古时代海洋贸易家族的二重性格。

我们可以从惕必家族取代忽鲁模思——指旧忽鲁模思，位于今伊朗霍尔木兹干（Hormūzgān）地区的米纳布（Mīnāb）——的马合木·哈剌哈底（Maḥmūd Qalhātī）家族垄断波斯湾—印度洋贸易的过程中清楚地看到蒙古政权是如何干预波斯湾事务，并从中选择商业代理人的。

惕必家族从一开始就选择和代表伊利汗利益的蒙古官员合作，并及时地在伊朗汗国汗位更替过程中更换效忠的对象。而哈剌哈底家族更坚持其在地方事务上的自主权，倾向于从波斯地方政权而非伊利汗那里获取支持④。公元 1272 至 1273 年马合木率军入侵怯失岛和哈剌哈底，蒙古

① Mu ʿīn al-Dīn Abū al-Qāsim Junayd Shīrazī, *Shadd al-izar fī ḥaṭṭ al-auzār ʿan zawwār al-mazār*, ed. Muḥammad Qazvīnī and ʿAbbās Iqbāl, Tehran: Chāpkhāna-i Majlas, 1949, p.342. 本书写于 1389 年，是一部包括了三百余位安葬在泄剌失（今设拉子市）的名人生平的传记汇编。

② Jāmi' al-tavārīkh/Rawshān, vol.2, p.937；《史集》第二卷，第 363 页。

③ 高荣盛：《元沙不丁事迹考》，氏著：《元史浅识》，南京：凤凰出版社，2010 年，第 50—68 页；陈得芝：《从亦黑迷失身份看马可波罗〈一百大寺看经记〉碑背景解读》，氏著：《蒙元史与中华多元文化论集》，上海：上海古籍出版社，2013 年，第 119—137 页；及前揭陈高华：《元代的航海世家澉浦杨氏》；《印度马八儿王子孛哈里来华新考》，《陈高华文集》，上海：上海辞书出版社，2005 年，第 361—367 页。

④ 忽鲁模思篾力的唯一一次政治投机发生在赛亦甫丁在位时期。他曾于伊历 681（1281—1282）、683 年（1283—1284）两度发行过铸有阿合马算端名字的抵纳，（转下页）

异密孙札黑的军队受命援助后者①,把怯失的市场从"外邦人的侵扰中解救了出来"②。马合木死于676年(1277—1278),此后其家族因为子嗣之间的权力斗争而分裂③。

札马鲁丁由此乘机取代了哈剌哈底家族在波斯湾政治、经济生活中的地位。692年(1292—1293),他扶植原本效力于后者的突厥将领八合丁·阿牙兹(Bahā' al-Dīn Ayāz),击败了投靠起儿漫政权的马合木·哈剌哈底之子鲁坤丁·马苏第(Rukn al-Dīn Masʿūd)。作为酬谢,八合丁·阿牙兹尊称札马鲁丁长子法合鲁丁·阿合马为"大篾力"(Malik-i muʿẓam),并以其名念诵忽土白及铸造钱币,而札马鲁丁本人则进驻忽鲁模思④。695年(1296),鲁坤丁再次率军来攻打忽鲁模思,又被八合丁·阿牙兹和札马鲁丁所招来波斯、蒙古军所击退。鲁坤丁本人亡命至昔儿章(Sirjān),而由八合丁·阿牙兹与法合鲁丁共管当地事务⑤。自此,怯失成了波斯湾地区唯一的海上贸易中心。

公元1295年八合丁·阿牙兹发起反叛,伊利汗又一次站在札马鲁丁一边。合赞汗再度确认了札马鲁丁对法儿思陆地和海洋地区的包税权,并派出蒙古军队助其驱逐叛军。确立在波斯湾地区统治地位后,惕必家族成了伊利汗国境内最大的海外贸易家族。据哈菲兹·阿不鲁称,在鼎盛时期"札马鲁丁拥有将近一百艘经年不断地航行于法儿思海中的大船"⑥。

由于波斯湾—印度洋贸易网络的内在关联性,凡是能垄断波斯湾海

(接上页)见 Ömer Diler, *Ilkhanids: Coinage of the Persian Mongols*, İstanbul: Turkuaz Kitapçılık, 2006, p.293. Lowick 认为此时忽鲁模思接受阿合马、起儿漫算端的双重统治。Lowick, "Trade Patterns on the Persian Gulf in the Light of Recent Coin Evidence", p.258. 但这无疑会在阿鲁浑汗上台后带来不利影响,事实上正是在阿鲁浑时期,怯失岛的惕必家族在争夺波斯湾海外贸易控制权的斗争中越来越处上风。

① Ḥāfiẓ-i Abrū, *Jughrāfiyā-yi Ḥāfiẓ-i Abrū*, vol.2, p.178.

② Vaṣṣāf/Bombay, p.194; Ibn Zakūb, *Shīrāz-nāma*, p.90.

③ Aubin, "Les princes d'Ormuz du XIII au XV siècle," p.87.

④ Vaṣṣāf/Bombay, pp.297-298.

⑤ Vaṣṣāf/Bombay, p.298; Qashānī, *Tārīkh-i Uljāytū*, p.105; Spuler, *Die Mongolen in Iran*, p.125.

⑥ Ḥāfiẓ-i Abrū, *Jughrāfiyā-yi Ḥāfiẓ-i Abrū*, vol.2, p.194.

上贸易权利的家族随后亦往往兼任南印度穆斯林商团的代表。因此，直到至元二十八年(1291)始终掌控马八儿商业和财政事务的不阿里家族黯然退场。自692年起，由札马鲁丁的兄弟塔喜丁(Taqī al-Dīn ʿAbd al-Raḥmān al-Ṭībī)出任马八儿潘底亚(Pāndya)王朝瓦即儿、总管和财政大臣①。惕必家族取代原籍哈剌哈惕(Qalhāt)的不阿里家族在马八儿的地位，应该是围绕波斯湾海洋贸易主导权的斗争继续发展的结果②。

拉施都丁《史集·印度史》中有关潘底亚王朝的经济情况，很大程度上受益于从波斯湾海商家族处得来的信息，故用了相当篇幅记述惕必家族在印度的活动。正如书中所载："每一件来自秦和忻都地区的商品来到马八儿，如果不通过他的代理人，就不可能与所期望的买家进行交易。"他将远东驶往印度商船的交易权垄断在自己手中。而怯失岛作为向西航行的下一站，则从这个贸易网络得到了最大的利益。拉施都丁这样记述怯失岛当日的贸易盛况：

> 当获得了各地的珍宝和货物，都得用私舶和来自各地的商人转运至怯失岛的市场。在那里，没有经过札马鲁丁·亦卜剌金代理人挑选和购买，一次买卖都做不成。然后他们对每一件值得在

① 塔喜丁，又名 Taqī Allah bin ʿAbd al-Raḥim bin Maḥmmud al-Ṭībī。案，"喜"字中古音为晓母[x]，此人当即《元史》所载大德元年"赐马八儿国塔喜二珠虎符"者。宋濂等：《元史》卷一九《成宗本纪》，第412页。

② 首先，据《不阿里神道碑铭》，不阿里家族早在远祖时期便已自哈剌哈惕(Qalhāt)"徙西洋"，遂以哈剌哈底(Qalhātī，按波斯—阿拉伯人习惯，姓名最后一部分以部族名、地名、城市名加 ī，表示该家族之所出)。而忽鲁模思的马合木·哈剌哈底家族同样也出自哈剌哈惕(Qalhāt/Kalayat)，且以"忽鲁模思的·哈剌哈底异密"知名。Pedro Teixeira, *The travels of Pedro Teixeira with his "Kings of Harmuz" and extracts from his "Kings of Persia"*, London: Hakluyt Soc., 1902, p. 154. 其次，马合木·哈剌哈底去世于1277—1278年，并导致了随后的混乱；而至元十八年(1281)不阿里就与元朝使臣暗通款曲，并表示"我一心愿为皇帝奴"，实则间接地反映出其在马八儿国实力的衰落。宋濂等：《元史》卷二一〇，第4680页。第三，据《元史》，至元二十八年(1291)九月辛酉，忽必烈的使臣方始出发招谕马八儿，其抵达和携不阿里来华当发生于1292年更为合理(卷一六，第351页)。鲁坤丁恰于1292年在忽鲁模思为札马鲁丁所逐，同年塔喜丁便接替不阿里成为马八儿的瓦即儿。两地发生之事件前后衔接，令人相信这是彼此有关联的政治事件而非偶合。虽然现存史料中仅有马合木·哈剌哈底直系子嗣谱系，但综上所述，不阿里家族或者与之有关。

港口贸易的商品发给许可证，并护送其运入大小船舱，再运至东方和西方。并从那些地方运来适宜于当地的商品、手工艺品和衣物①。

正如拉施都丁所描述的，札马鲁丁统治下的怯失岛事实上成为“中国—印度洋—波斯湾—也门”这一海上贸易网络的核心和枢纽②。在确立了商业上的垄断地位之后，他也赢得了来自伊利汗本人的关注。

三、法合鲁丁出使行实再考

1. 法合鲁丁之东来

公元1295年合赞汗即位时，伊利汗国正面临着因长期内乱导致的严重经济衰退和财政危机。据彼得鲁舍夫斯基研究，在合赞汗时，原属伊朗最富庶地区之一的法儿思，其财政收入也仅相当于塞尔柱时期的三分之一③。合赞汗不得不着手推行财政制度改革，富庶的法儿思地区自然吸引着他的注意力。札马鲁丁先是成了当地的包税人(*muqāṭaʻa*)④，又于697年(1297—1298)被召入大不里士。他向合赞汗献上了过去两年的收入和

---

① Rashīd al-Dīn Faẓl Allāh Hamadānī, *Jāmi' al-tavārīkh: tārīkh-i Hind va Sind va Kishmīr*, ed. Muḥmad Rawshān, Tehran: Mīrās Maktūb, 2005, p. 40. 这种以发放进出波斯湾的通行许可来控制海外贸易，并收取税金的制度在怯失岛自古有之。Mūjawīr记述了13世纪前半期怯失统治者Jawshām Bām时期类似的做法。*A Traveller in thirteenth-century Arabia: Ibn al-Mujāwir's Tārīkh al-mustabṣir*, p. 290.

② 也门的剌速黎(Rasūlid)王朝史料中，也频频出现关于惕必家族成员的记载。在他们所控制的“马船”贸易中，相当比例的马匹采购自也门，同时也使印度洋东部的贸易网扩张到也门海岸。关于也门方面文献的研究，见Vallet, “Yemeni ‘Oceanic Policy’ at the end of the 13th Century,” p. 295.

③ J. P. Peterushevsky, “The Socio-Economic Condition of Iran Under the Īl-Khāns,” in *Cambridge History of Iran*, vol. 5, ed. John Andrew Boyle, Cambridge: Cambridge University Press, 1968, p. 498.

④ 古代波斯的包税人制度，是指包税人以个人资产作抵押，向政府承包一定数额税收的做法。由于这项任务需要承包者具有个人威信，且拥有相当的财产以面对税收不足的风险，故通常由斡脱充当。Lambton, “Mongol Fiscal Administration in Persia (Part I),” pp. 97-99.

账册，以此博得了君主的好感，而其政敌则遭处死①。他在大斡耳朵共待了两年②，和马可波罗相似，长期随侍于宫廷的经历有利于札马鲁丁博得伊利汗的信任，从而令后者放心委任其（或其家族成员）担当出使海外的任务。同年，合赞汗下令随父朝觐的法合鲁丁出使元朝。此次遣使，除外交使命之外，还带有明确的经济目的③。

而合赞汗倚重惕必家族，转而开拓经由波斯湾抵达元朝的航线，同样也是蒙古帝国各部分政治互动的结果。合赞汗即位前后，其关注的重心始终偏于汗国西部，但这个时期窝阔台、察合台系势力的扩张已经对伊利汗国的南部地区形成严重干扰。早在690年（1291），伊利汗国边将捏兀鲁思（Nawrūz）亡命至窝阔台汗国，并作为向导率领海都军袭击了亦思法剌因（Isfarāyin）④。而更严重的破坏来自都哇（Duvā）次子忽都鲁火者（Qutlugh Khvāja）。他自697年（1297—1298）起率领捏古迭儿军队持续不断地经由起儿漫骚扰并洗劫法儿思省的海岸地区⑤。

在一部题献给法合鲁丁的籍账课本序言中，作者称，数年间“法儿思省发生了动乱（*inqilābī*）”，致使当地的贵人们“从财富的顶点落入赤贫”（*az auj-I yasār dar ḥaṣīṣ-I iʿsār uftādand*）⑥。公元1302年察合台的军队直抵（旧）忽鲁模思，迫使当地居民迁往波斯湾中的哲伦（Jarūn）岛，此岛

---

① Vaṣṣāf/Bombay, p.335;《史集》所载为：法儿思阿米忒之孙亦咱丁·木咱法儿控告札马鲁丁反叛。因为宰辅撒都剌丁·曾札尼的帮助，札马鲁丁被判无罪，而控告者被处死。Jāmi' al-tavārīkh/Rawshān, vol.2, p.1273;《史集》第三卷，第293页。

② Junayd Shīrazī, *Shadd al-izar*, p.342; Lambton, *Continuity and Change in Medieval Persia*, p.340.

③ 合赞汗除了对与元朝通商所带来的高额利润抱有期待外，也希望能收回历年积欠的旭烈兀家族汉地分地的岁入。松田孝一：《フラグ家の东方领》，《东洋史研究》，vol.39：1，(1980)，第55页。

④ Jāmi' al-tavārīkh/Rawshān, vol.2, pp.1229–1230;《史集》第三卷，第251—252页。

⑤ Vaṣṣāf/Bombay, p.370.

⑥ Shams al-Dīn ʿUmr b. ʿAbd al-ʿAzīz Khunjī Ṣamkānī Fārsī, *Shams al-ḥisāb-i Fakhrī*, ed. Īraj Afshār, Tehran: Markaz-i Pazhūhashī Mirās Maktūb, 2008, p.54. Vosoughi认为，书中所叙述的“动乱”，正是指699(1299—1300)至704(1304—1305)年间察合台军的入侵。Muḥmmad Bāgher Vosoughī, “Nukātī-yi Chand darbāra-yi Kitāb Shams al-ḥisāb-I Fakhrī,” in *Guzārash-i mīrās*, vol.44, ed. Akbar Īrānī, Tehran, 2011, pp.172–174.

遂为后来之新忽鲁模思①。这个时期,传统上从伊朗出发取道陆路穿越中亚的商路(如马可波罗所经历者)变得更加险恶。元—伊利汗国联盟之间的陆路联系事实上已被截断②。作为对策,两者之间的海路交通变得活跃起来。因此合赞汗委任法合鲁丁出使元朝之举,可看作是经由海路绕开中亚、沟通元朝的一个尝试。

《瓦萨甫史》载:

> [大]篾力·法合鲁丁·阿合马(Malik-i muʿẓam Fakhr al-Dīn Aḥmad)③遵从"公正的君王"合赞汗的令旨于697年(1297—1298),受命觐见铁穆耳合罕。被安排和他一起[出使]的,是携有君王献礼(*bīlīkhā-yi pādshāhāna*)以及如群星闪亮、似木星般耀眼的纯净无瑕的宝石、[绘有]御制花样的织金袍服(*jāmah-i zar nigār-i khānī*)④、用于狩鹿的猎豹(*yūzān-I yāzanda-yi āhūgīr*),以及其他许多珍宝(*tansūqāt*)和货物(*tarā'īf*)等等,诸如此类和富有万方的皇帝(指元成宗铁穆耳)的威仪、及其辉煌壮丽的宫室相匹配[的献礼]的那怀额勒赤(Nuqāy *īlchī*)。(合赞汗)又下令从自己的大库中准备了十土曼的黄金,和上述贡品合在一起,作为[在元朝]贸易的资本(*biẓāʿat va shirkat-I tijārat*)。篾力·法合鲁丁为他的这次远航准备了船只(*jahāzāt*)与远洋航行的"船"(jūng-hā-yi gasht)。又从自己的私产以及谢赫·伊斯兰·札马鲁丁和亲友族人那里,筹办了昂贵的珠宝(*jūhar-i samān*)、光彩照人的珍珠和种种本地所产的合适货物。并募集了老于行旅之道的突厥人、波斯人组成的军队,[他们是]在黑夜中也毫厘不爽的神箭手,能射中黑人脸上的小点;他们的勇气能截断太阳的光芒,能令手中的箭笔直地飞到水星(*tīr-i charkh*)。

① *The Travels of Pedro Teixeira*, pp.160–161; Vaṣṣāf/Bombay, pp.368–371; Spuler, *Die Mongolen in Iran*, p.125. Teixeira系此事发生于1302年,并称忽都鲁火者麾下的捏古迭儿军队为"来自突厥斯坦的大批突厥骑士"。

② Aubin, "Les princes d'Ormuz du XIII au XV siècle," p.96.

③ 底本无"大"字,据德黑兰大学图书馆抄本A、抄本B补入。参考前揭注11。

④ 惠谷俊之:《ガザン・ハンの対元朝使节派遣について》译文作"黄金の杯"(第50页)。

【阿拉伯语】诗歌(略)

他们登船[出发]。因为海上航行的危险,各种痛苦的磨难,以及[长途旅行造成的]虚弱,眼看着他们的财富和生命时常悬于一线①。

在《瓦萨甫史》所提供的贡礼清单里,珠宝、袍服和猎豹是元—伊利汗国遣使活动中常见的贡礼。猎豹(yūz)更是历代蒙古君主所珍视的贡兽。早在成吉思汗时期,就有不花剌人(Bukhārā)赡思丁(Shams al-Dīn)以献"文豹、白鹘"迎降而得入宿卫②,而伊利汗国正是元朝皇帝获取猎豹的主要产地③。元成宗时期更是专门为进贡豹子的使臣规定了肉食供应标准④。

此外,更值得注意的是:合赞除了按礼仪性遣使的惯例准备贡礼之外,瓦萨甫还提到他从自己的大库中提取了"十土曼的黄金"作为在元朝境内贸易的资本。这不禁使我们想到了元朝的海外贸易中特有的"官本船"制度。对于后者,高荣盛先生曾有专文研究。概言之,所谓"官本船"是指由官府具船、出资,派人下海贸易,并将获利按"官有其七,商有其三"的比例分摊的经营方式⑤。此种制度背后反映出元朝大汗试图将海外贸易完全垄断在自己手中,杜绝其他势力染指其利的企图。对于合赞汗时

① Vaṣṣāf/Najād, p. 257; Vaṣṣāf/Bombay, pp. 505-506; Vaṣṣāf/Nuruosmaniye, f. 187; Vaṣṣāf/MS. Tehran University, No. 113, f. 41; Vaṣṣāf/Tehran University, No. 228, f. 418; Vaṣṣāf/MS. Tehran University, No. 8617, f. 447.

② 宋濂等:《元史》卷一二五《赛典赤赡思丁传》,第3063页。相关研究可参看党宝海:《蒙古帝国的猎豹与豹猎》,《民族研究》,2004年第4期,第94—101页。

③ 关于伊利汗国饲养、进贡猎豹的记载,除可参看党宝海前揭文中所引证的史料外,还可参看《伊利汗的畋猎志》(*Shikār-nāma-yi Īlkhānī*)一书。该书是奉脱欢帖木儿汗(Tughan Timur, ?—1353,是不赛因死后控制伊朗东部的汗)之命编撰的动物饲养、训练指南。该书有两个抄本:(1) *Shikār-nāma-yi Īlkhanī*, MS. Kitābkhāna-yi Malik, No. 1681; (2) *Shikār-nāma-yi khusraw va Īlkhanī*, MS. Kitābkhāna-yi Majlis, No. 12-00414.

④ 陈高华、张帆、刘晓、党宝海点校:《元典章》卷一六《户部二・分例・官吏》"应副豹子分例",北京:中华书局;天津:天津古籍出版社,2011年,第570页。该条所载"大德六年五月江西行省咨文"中所提"回帆舶船附载使臣阿密忽三马丁(Amīr Ḥusām al-Dīn)"和宣使阿里('Alī),当为在法合鲁丁之前派出的另一批使臣。

⑤ 高荣盛:《元代海外贸易研究》,第5—8页。

代伊利汗国的海外贸易制度，文献中并没有留下太多资料。故我们不清楚伊利汗名下是否亦占有一定数量的海船，或仅仅是征用当地商人的船只。根据时代略早于法合鲁丁的不阿里的碑传，“通好亲王阿八合、哈散(即合赞)二邸，凡朝廷二邸之使涉海道，恒预为具舟楫，必济乃已”①。似乎是以征用商人船只为主。但《瓦萨甫史》中却暗示了另一种形式的存在。作者使用“船只”(*jahāzāt*，下文又指其为“私舶”/*jahāzat-i khāṣṣ*)和“艅船”(*jūng*)两个不同的术语来区分法合鲁丁使团所搭乘的船只②。“私舶”显然是指惕必家族所拥有的海船，而与之对举的、体积更大且更适于远洋航行的“艅船”则很有可能是由伊利汗出资装备的“官本船”③。据元朝一侧的史料记载，至元二十三年(1286)元政府也曾为“官本船”提供“一十万锭”本金④。这是因为伊利汗国和元朝海外贸易的运作制度，很大程度上受到“回回”商人(大部分为波斯系商人)的影响，故两者在制度方面具有相似性。因此我们更应该将当日横跨元—印度洋—波斯湾之间的海上贸易网络看作一个整体，在其内部，相同的知识和运作手法为从不同地区出发的跨海商人集团所共享。

合赞汗选择法合鲁丁另一个重要原因，是由于其家族掌控了波斯湾到南印度的商业网络。前一年(1297，大德元年)元成宗赐其族叔“马八儿国塔喜二珠虎符”及相伴随的招谕活动或也间接促成了这次出使⑤。而法

---

① 刘敏中：《不阿里神道碑铭》，第79b页。

② 鄂多立克(Friar Odoric)也提及这两种不同的船只：*jahāzāt*(拼作 jasa，汉译“舟楫”)，是指波斯湾地区特有的线缝船；以及 *Junk*，这是可以容纳七百人的大船，从印度驶往刺桐。何高济译：《鄂多立克东游录》，北京：中华书局，2002年，第43、54页。关于“艅”(*jūng*)一词的考订，参看邱轶皓：《(Jūng)船考：13至15世纪西方文献中所见之“Jūng”》，《国际汉学研究通讯(第五期)》，北京：北京大学出版社，2012年，第329—338页。

③ 相似的情况在元代并不罕见，《元史》载：元统二年(1334)：“十一月戊子，中书省臣请发两艅船下番，为皇后营利。”所指的就是这类“官本船”。宋濂等：《元史》卷三八《顺帝本纪一》，第824页。

④ 陈高华等《元典章》卷二二《户部八·课程·市舶》“合并市舶转运司”：“卢市舶司的勾当，系官钱里一十万定要了，他着海舡里交做买卖行。”(第873页)

⑤ 宋濂等：《元史》卷一九《成宗本纪》。此次赐虎符可以看作是从元朝一侧，对元—马八儿双边商业关系所作的官方保证。同时元成宗也对招谕使者的任命作了详细规定：“诏出使招谕者授以招谕使、副；诸取药物者，授以会同馆使、副，但降旨差遣，不给制命。”(第412页)

合鲁丁作为“官本船”的经营者和拥有雄厚实力的海商代表，实际上充当了合赞汗本人的斡脱，亦与元人视斡脱为“谓转运官钱，散本求利之名也”①，或“见奉圣旨、诸王令旨，随路做买卖之人”的记载相符②。和元朝的斡脱时常利用充当“下番使臣”之机兼营海外贸易相似，法合鲁丁家族也把这次出使看作是振兴家族生意的难得机会。至于他从“亲友族人”及自己的私产中筹措资本和商品之举，则依循了穆斯林贸易活动中惯常的“结会”(commenda)方式。这是一种由投资者投入资本，而经营者利用这些资本进行交易，最后按一定比例分配利润的经营方式③。

合赞汗的使节“那怀”(Nuqāy)额勒赤，即杨枢“浮海至西洋(马八儿)”遇亲王合赞所遣使臣那怀④，他的事迹不见于他书。不过伊利汗国习惯以派驻波斯中南部的地方长官充任派往元朝的使节：在阿八哈时期驻法儿思地方总督【万家奴】(Vangyanū)曾被派往忽必烈宫廷⑤；而继承合赞汗位的完者都也把曾担任亦思法杭(Iṣfahān)总督的亦黑迷失(Yāghmīsh)派去“铁穆耳合罕”(即元成宗)处通告约和成功⑥。故我们推测，那怀此前也应是伊利汗派驻伊朗某地的长官。法合鲁丁因为熟悉海道情况，故得以伴当(*nökör*)身份陪伴蒙古正使一同出发。这也是元—伊利汗国遣使活动中的一个惯例。此前，马可波罗也因为具有类似身份而作为阿鲁浑

① 徐元瑞著，杨讷点校：《吏学指南·钱粮造作》，收入《元代史料丛刊》，杭州：浙江古籍出版社，1988年，第118页。

② 陈高华等：《元典章》卷一七《户部三·户计》“户口条画”，第587页。

③ Abraham L. Udovitch, “Credit as a Means of Investment in Medieval Islamic Trade,” Journal of the American Oriental Society 87.3 (1967): 261.

④ 孟买刊本讹作“脱海”(Tuqāy)，几种早期抄本中的拼写见附录表一。黄溍：《金华黄先生文集》卷三五《松江嘉定等处海运千户杨君墓志铭》，第15b—16a页。

⑤ Vaṣṣāf/Bombay, pp. 193 - 194.【补注：本文初刊时，笔者曾推测此人汉文名为“汪家奴”，后知日本学者宫纪子曾从金刊本《儒门事亲》所录高鸣《序》中检出一人，名“万家奴”者，当即波斯文献中之“Ungyanū”，故于此处标出并改正。宫纪子：《東から西への旅人：常徳——劉郁〈西使記〉より》，窪田順平編：《ユーラシア中央域の歴史構図》，京都：総合地球環境学研究所，2010年，第175—180页。】

⑥ Vaṣṣāf/Bombay, p. 477; Vaṣṣāf/Najād, vol. 4, p. 187; Qāshānī, ʿAbū al-Qāsim ʿAbd Allāh b. Muḥammad, *Tārīkh-i Ūljāytū*, ed. M. Hambly, Tehrān: Shirkat-i intishārāt-i ʿUlumī va farhangī, 1969, p. 49.

汗的使臣兀鲁斛、阿必失呵、火者的伴当一同返回伊朗①。而不赛因汗(Abū Saʿ īd)时期,亦以合散丁(Ḥasām al-Dīn)作为啜勒真拔秃儿(Chūlchīn bahādur)的伴当出使合罕处②。而法合鲁丁的船队中还包括了由"突厥人、波斯人组成的军队",这点也使我们想起元朝亦黑迷失在招谕和通使海外活动中,率领的也是"一支特别编制的航海水军"③。

2. 法合鲁丁与杨枢的海上行程

《瓦萨甫史》对法合鲁丁前往元朝的海上行程交代得非常简单,也没有提到换乘元朝商船的事实。但根据黄溍《杨君墓志铭》所载,法合鲁丁在马八儿(即"西洋")遇见了大德五年(1301)出海贸易的杨枢,遂与之同返元朝④。杨枢其为瓦萨甫所省略的这段经历,实则反映出13至14世纪跨印度洋贸易中的一个固定模式,该模式被高荣盛先生称作"'马船'贸易"⑤。时受命于致(制)用院,以"官本船"航海至南印度马八儿地区交易⑥。因为受制于印度洋上的季风,从中国出发的商船通常于每年十二月至次年三月乘东北信风西行,至八、九月抵达南印度地区;交易后再利用八、九月间的西部季风返航。因为航期难以精确预计,故有时也需在当地驻留交易,以等待下一年的季风到来。因此在波斯湾—中国的航线中段选择一个定期会合、交易的港口进行中转,要比直航对方口岸来得经济。宋、元以来印度东南海岸的古临(Kollam,元代译"俱蓝")、马八儿等地就

① 马可波罗叔侄三人就曾陪同三名蒙古使节搭船护送阔阔真前往伊朗。见 *Marco Polo*, chap. 18, p. 88;冯承钧译:《马可波罗行记》第17章,上海:上海书店出版社,2000年,第23页。三名蒙古使节的姓名具载《永乐大典》卷一九四一八《经世大典·站赤》,北京:中华书局,1986年,第7211页。

② Tavakkulī Ibn-Ismāʿīl al-Ardabīlī Ibn-Bazzāz, *Ṣafvat al-Ṣafā: dar tarjuma-i aḥvāl va aqvāl va karāmāt-i Shaykh Ṣafī al-Dīn Isḥāq Ardabīlī*, Tabrīz: Ṭabāṭabāʾī Majd, 1994, p. 339.

③ 陈得芝:《从亦黑迷失身份看马可波罗》,第123页。

④ 宋元时期"西洋"一名的地望概念,可参看刘迎胜:《宋元时代的马八儿、西洋、南毗与印度》,氏著:《海路与陆路》,第36—37页。

⑤ 关于杨枢家族背景和个人经历的研究,可参看陈高华:《元代的航海世家澉浦杨氏》,第4—7页;高荣盛:《元代"舶牙人"通考》,氏著:《元史浅识》,第231—246页。

⑥ 高荣盛:《元代海外贸易研究》,第75页。

已成为东西方商船集散交易货物的地点，又以俱蓝为马八儿“后障”①。当时的穆斯林地理文献称，自马八儿趋海路有两条道路，“其一经艰险的大海通往秦和摩秦，锡兰岛正当其道”②；同样在返程中，也将之视作“自中国出发的下一站”③。

因此法合鲁丁和杨枢会在马八儿相遇，此事绝非偶然，正反映出在“‘马船’贸易”模式支配下东西方海商以马八儿作为会合、贸易港口的结果。而两者作为皇室的代理商人和“官本船”经营者的相似背景，使法合鲁丁最终选择了元朝商船前往中国。此外，不应忽略的一点则是：当时中国远洋海船的建造技术仍领先于波斯、阿拉伯地区，安全因素或也是法合鲁丁改乘的另一重要原因④。

法合鲁丁与杨枢会面的时间史无明文，故尚需略作疏证。汉文史料明言，杨枢启航于公元 1301 年。因为其本人就出身于长于海运的澉浦杨氏家族，而澉浦又是当时著名的港口，故不必再以泉州作为自己的出发港⑤。我们无法确知自澉浦至泉州路上所需时间，据元代旅行家的记载约

---

① 朱彧著，李伟国点校：《萍洲可谈》(北京：中华书局，2007 年)卷二，称中国海船“去以(农历)十一月、十二月，就北风”，相当于公历 12 月至次年 1 月(第 132 页)。汪大渊则称“或风汛到迟，马船已去，货载不满，风汛或逆……所以此地驻冬，候下年八九月马船复来，移船回古里互市”。氏著：《岛夷志略》“小喃”条，第 321 页；高荣盛：《元代海外贸易研究》，第 76—77 页；《古里佛/故临：宋元时期国际集散/中转交通中心的形成与运作》，氏著：《元史浅识》，第 192—197 页。

② Fakhr al-Dīn Davūd Banākatī, *Tārīkh-I Banākatī*, ed. Ja‘far Shi’ār, Tehran: Tehran University Press, 2000, p.322.

③ Anon., *Haft-i kishvar-ṣurat al-qālīm*, ed. Manūchir Sutūda, Tehran: Intishārāt buniyād-i farhang-i Īrān, 1974, p.42. 该书写成于 748 年(1347—1348)，是题献给当时统治起儿漫地区木匝法儿(Muẓẓafar)王朝君主的一部地理书。此书在内容方面上承可疾维尼的《心之喜悦》，保留了许多关于蒙古帝国的地理信息。

④ 如《岛夷志略》“甘埋里”条记波斯“马船”云：“每舶二三层，用板横栈，渗漏不胜，梢人日夜轮戽水不使得竭。”(第 364 页)马可波罗亦云：“(忽鲁模思)其船舶极劣，常见沉没。”*Marco Polo*, chap.37, p.124；《马可波罗行记》第 36 章，第 58 页。由此可知波斯湾海船难以胜任远洋航行。13 世纪取海路前来中国的旅行者中，鄂多立克、伊本·白图泰都和法合鲁丁一样，搭乘波斯人的海船至南印度再换乘船前往汉地。

⑤ 马可波罗曾游历澉浦(Gampu)，称：“其地有船舶甚众，运载种种商货往来印度及其他国度，因是此城愈加增值。有一大川自行在城流至此海港而入海，由是船舶往来，随意载货。”*Marco Polo*, chap.152, p.334；《马可波罗行记》第 151 章，第 351 页。

在三十至四十日之间①。而当时取道海路，从泉州到波斯湾所费天数则史有明文。如赵汝适载："大食，在泉之西北，去泉州最远，番舶艰于直达。自泉发舶四十余日，至蓝里博易过冬，次年再发，顺风六十余日方至其国。"总计一百余日，和穆斯林地理文献所载接近②。而元末僧人清浚《广轮疆里图》则称："自泉州风帆，六十日至爪哇，百二十八日至马八儿，二百余日至忽鲁没思。"③需时二百余日。但二氏所云似仅计入"顺风"条件下航行之天数，而实际操作中尚需计入等候季风及舶岸补给、交易的时间，较之要长得多。

马可波罗返航时用三个月行驶至苏门答腊，停留了五个月以等候季风，然后又"航行印度海十八月，抵其应至之地(指忽鲁模思)"④，耗时共计二十六个月。而宋代周去非云："中国船舶欲往大食……虽以一月南风至之，然往返经二年矣。"⑤元人熊太古则称"西洋差远，两岁一回。"⑥故我们可以推知，当时从中国出发至忽鲁模思往返需两年多⑦，即使是从中国出

---

① 如鄂多立克自福州出发，经三十六日至白沙(Belsa，一说即钱塘江)，又经数日至杭州(Cansay)，耗时约四十日。《鄂多立克东游录》，第66—67页。而伊本・白图泰(Ibn Baṭṭūṭa)离开泉州(Zaytūn)后，经十日至建阳府(Qanjiangfu)，又经四日至拜旺・古图鲁城(一说即福建浦城)，又继续前行十七日至杭州，耗时约三十一日。Ibn Baṭṭūta, Muḥammad Ibn ʿAbdallāh, *Raḥlat Ibn Baṭṭūta*, Beirut: Dār al-Nafā'is, 1997, vol.4, pp.137, 145；伊本・白图泰：《异境奇观：伊本・白图泰游记》，李光斌译，马贤审校，北京：海洋出版社，2008年，第543—548页。

② 赵汝适：《诸蕃志》"大食"条，第89页。公元9世纪中叶波斯地理学家伊本・胡尔达比赫(Ibn Khordadbah)之《道里邦国志》记"大食中国间之航程日数"约为一百三十四日左右。参考韩振华补注：《诸蕃志补注》，香港：香港大学亚洲研究中心，2000年，第186—188页。

③ 引自陈佳荣：《清浚元图记录泉州对伊斯兰地区的交通》，《海交史研究》，2009年第1期，第30页。

④ *Marco Polo*, chap.18, pp.90-91；《马可波罗行记》第18章，第25页。

⑤ 周去非：《岭外代答》卷二《故临国》，第90—91页。

⑥ 熊太古：《冀越集记》卷上《广州舶船》，影印北京图书馆藏乾隆四十七年吴翌凤抄本，《四库全书存目丛书》子部第239册，济南：齐鲁书社，1996年，第294页。

⑦ 即使如此，海路航程仍比充满风险的陆路遣使要经济得多。试比较1283年(癸未)忽必烈时期爱薛出使阿鲁浑，"公冒矢石出死地，两岁始达京师"。则自伊朗取道中亚返回汉地，单次行程即需时两年，约为海路的两倍。况且沿途还会遭到窝阔台、察合台系成边将领的扣留甚至侵害。程钜夫：《楚国文宪公雪楼程先生文集》卷五《拂林忠献王神道碑》，影印清宣统二年陶氏涉园影洪武刊本，杨讷主编：《元史研究资料汇编》第26册，北京：中华书局，2014年，第246页。关于途经察合台汗国使臣的行程和境遇，参看Michal Biran, "Diplomacy and Chancellery Practices in the Chaghataid Khanate: Some Preliminary Remarks," *Oriente Moderno*, vol.88 (2008), pp.382-385.

发的单次航程亦需一年以上①。

而自中国航行至马八儿，往返则需一年余(因季风故往往需跨年)。如亦黑迷失称自泉州至马八儿“浮海阻风，行一年乃至”②。因此杨枢若循惯例于年末出发，那么其与法合鲁丁的会面当发生于1302年(大德六年)，而其返回汉地则是1303年(大德七年)③。此时距法合鲁丁受命出发已过去了近五年，但没有任何信息可以解释使团为何迟滞如此之久。我认为可能的原因或有两点：其一，1297至1302年间察合台军队入侵波斯湾地区造成的财物损失，致使法合鲁丁(及其家族)需要更久的时间以筹措资金。其二，702年(1303)，惕必家族在马八儿的代表塔喜·丁去世。围绕其身后遗下的巨额遗产，引起惕必家族和马八儿君主之间的纷争。最终他们支付后者二十万金抵纳平息此事，并让札马鲁丁另一子昔剌朮丁(Sirāj al-Dīn，法合鲁丁之弟)继任其职④。法合鲁丁停留马八儿期间正值此事发生之时，他势必作为惕必家族的代表出面调停、斡旋，这应该也会对其行程有所影响。

---

① 元代趋海路直航波斯湾的航程，其路线和费时均与唐代类似。新发现的唐《杨良瑶神道碑》亦云其从广州出发，经马六甲到印度马拉巴尔(Malabar)，再前往波斯湾，途中“星霜再周，经过万国”，即至少用了两年时间。钱江所说的从广州到波斯湾来回需十八个月，可能是指理想状态下航行所费时日。但商船在沿途港口还有交易活动和完税的义务，故实际费时要长于此。参看荣新江：《唐朝与黑衣大食关系史新证：记贞元初年杨良瑶的聘使大食》，《文史》，2012年第3期，第231—243页。

② 宋濂等：《元史》卷一三一《亦黑迷失传》，第3199页。

③ 因为波斯语、汉语文献记载的信息不对等，故陈高华先生认为那怀使团是1298年法合鲁丁返回之后的第二批使团，其实为同一批。陈高华：《元代的航海世家澉浦杨氏》，第7页。又若法合鲁丁于大德八年(1304)方才抵达的话，因黄溍《杨君墓志铭》载其同年即行遣还，则其不太可能完成合赞汗交代的商业任务。

④ Vaṣṣāf/Najād, p. 256; Vaṣṣāf/Bombay, p. 505. 按宋濂等：《元史》卷二五《仁宗本纪》中：“延祐元年(1314)闰三月丁丑，马八儿国主昔剌木丁遣其臣爱思丁贡方物。”(第564页)案，“昔剌木丁”应为“昔剌朮丁”之讹，他直至715年(1315—1316)去世，一直是马八儿的宰辅。Shadd al-izar, p. 547. 昔剌朮丁在德里算端国的波斯语史料中又被称作“火者·塔喜(khvāja Taqī)”。Ziyā al-Dīn Baranī, *Tārikh-i Fīrūzshāhī*, ed. Saiyid Ahmad Kha'an, under the superintendence of W. N. Lees and Mawlavi Kabir al-Din, Calcutta: Asiatic Society of Bengal, 1860-1862, pp. 398-399. 此处“火者”作富商解，参考家岛彦一：《モンゴル帝国时代のインド洋贸易》，第322页，注40。而时人以父辈之名称昔剌朮丁，也令人联想到汉文史料中对不阿里的一段描述：“公本名撒亦的……不阿里殁，公克绍其业，主益宠，凡召命，惟以父名。故其名不行，而但以父名称焉。”(刘敏中：《不阿里神道碑铭》，第79a页)，这或许是马八儿地区穆斯林社会中的一种习惯。

3. 法合鲁丁在元朝境内的活动

瓦萨甫关于法合鲁丁在汉地活动的记载，提供了元成宗统治中期外交和商贸活动的第一手信息。法合鲁丁一行搭乘的中国商船隶属杨枢家族，其家族自杨枢之父杨发时起就受命领有庆元、上海、澉浦三处市舶司。大德二年(1298)元政府又规定"并澉浦、上海入庆元市舶提举司，直属中书省"①。故法合鲁丁并未像多数从海路抵达中国的使团那样，在泉州港登陆。而应该是先到澉浦港，再赴庆元（宁波）办理相关手续。《瓦萨甫史》载：

> 当他们抵达了中国（*mamālik-i* Chīn）边境，当地的官员们（*nuvāb*）和守卫们（*qarāvulān*）根据合罕的札撒，一站接着一站依礼节为之提供住宿和食物（*manzil bi-manzil marāsim ʿulūfāt va anzāl taqdīm mī namūdand*）②，因为[缴纳了]防送税，(他们)没有遭到骚扰（*bi-ʿallat-I bāj va rasm-i qarāvulī mutaʿarriẓ na-mī gasht*）③。

这里所提到的"官员"和"守卫"当包括市舶司和通政院两部的官员。据元代法律，出海船只"回船之时，应有市舶物货，并仰于市舶司照例抽分纳官；如有进呈希罕贵细之物，亦仰经由市舶司见数"④。即使是对于各国前来朝贡的使团，亦仍须依规定接受检查：

> 诸番国遣使奉贡，仍具贡物，报市舶司称验，若有夹带，不与抽分者，以漏舶论。诸海门镇守军官，辄与番邦回船头目等人，通情渗泄舶货者，杖一百七，除名不叙⑤。

---

① 宋濂等：《元史》卷九四《食货志・市舶》，第 2403 页。

② 案，manzil 原义为："房子、住所。"据元代法规，通政院官员有为使传提供用驿、供应之义务。故此处当理解为"驿站"之"站"。

③ 本句 Elliot 英译略去未译，惠谷俊之：《ガザン・ハンの対元朝使节派遣について》，日译作："进行了缴纳费用的交涉，没有遭到骚扰。"（支払の交渉にわずらわされなかった）第 51 页。

④ 陈高华等：《元典章》卷二二《户部八・课程・市舶》"市舶则法二十三条"，第 877 页。

⑤ 宋濂等：《元史》卷一〇四《刑法志・食货》，第 2650 页。

直至元末，抵达中国的伊本·白图泰对该项规定仍有描述，其称“长官及录事再次登船，按花名册清点……货物无论多少，均应申报清楚”①。

作为持有令旨、玺书的使团，法合鲁丁一行可以“佩虎符，乘驿马”使用驿站系统在元朝境内旅行②，并由驿站系统的官员负责其日常的住宿、供给。那么本节文字中作者所提到的“因为[缴纳了]防送税（*bāj va rasm-i qarāvulī*），他们没有遭到骚扰”究竟是怎样的一种制度，它和元代的驿站制度又有何关系呢？之前的译注各家并未给予太多注意。该词在《元朝秘史》中被音写作“中合舌剌兀勒”，释义作“哨望”③。蒙古时期的波斯语文献中亦经突厥语中介借入此词。德福在其所著《新波斯语中的蒙古、突厥语成分》一书中指出“合剌兀勒”（*qarāvulī*）有“侦察、巡逻、看守”等义④，故该词可理解为“为货物提供守护而收取的税金”。

而我们在札剌亦儿王朝（Jalayirid，1336—1432）编集的伊利汗国行政文书汇编《书记规范和命官文书》（*Dastūr al-kātib fī ta'yīn al-marātib*）一书中，也可找到与该税种有关的信息：

> 告谕诸官员、地主、必阇赤、臣民等知晓：现将道路管理官（*rāh-i tutghāūlī*，脱脱合温）和收税官（*bājdārī*）[一职]授予勇敢、老练、睿智、英勇的爱的斤（Aytakīn）。目的是为道路因盗窃、侵犯和强盗[侵扰]而提供必需的保护，在危险地区对商人和商队进行护送，以确保其平安通过（*tajārī va qavāfal rā dar muvāẓu'-i makhūfa badraqa dada* bi-salāmat bi-guzarānd），并据财政部（dīvān）所规定的税金（rasmī），将凭据交还给他，不得违犯，不得从任何人处多加收取。因上述理由，颁布此令。自即日始，将前述道路管理官（脱脱合温）和收税官这一重要[职务]委任与他。商人和商队按收税官所规定的金额

① *Raḥlat Ibn Baṭṭūta*, vol. 4, p. 133；《异境奇观：伊本·白图泰游记》，第 542 页。
② 宋濂等：《元史》卷二二《武宗本纪》，第 505 页。
③ 栗林均编：《‘元朝秘史’モンゴル语汉字音訳·傍訳汉语对照语汇》，仙台：东北大学东北アジア研究センター，2009 年，第 380 页。
④ Gehard Doerfer, *Türkische und Mongolische Elemente im Neupersischen*, Wiesbaden: Franz Steiner Verlag GMBH, 1963-1975, vol. 1, pp. 399-404.

交付给他，不得有所欠缺，并从他那里取得票证交财政部①。

因此可知，当时在伊利汗国中，负责管理乘驿秩序的官员脱脱合温(元代汉文作“脱脱禾孙”)同时也负责为过往商旅提供保护，并收取一定数额的税金。这在伊利汗国中已成了驿站管理制度的一部分。因此出任“脱脱合温”官员也兼任“收税官”。此处因提供“护送”(badraqa)而产生的税金(rasm)与前揭“合剌兀勒税”(守护税)实为同义词。

由于受到大量参与斡脱贸易活动的穆斯林商人的影响，元朝政府亦曾一度实施此项税种。《元典章》中收录的大德元年(1297)八月的一则咨文即提到了该税名：

> 大德元年八月，福建行省准中书省咨：
>
> 江浙行省咨：“杭州税课提举司申：‘马合谋行泉府司折到降真、象牙等香货官物，付价三千定，该纳税钞一百定。本人赍擎圣旨，不该纳税。’咨请定夺”事。准此。于大德元年五月初七日奏过事内一件：“也速答儿等江浙省官人每说将来有‘阿老瓦丁、马合谋、亦速福等斡脱每，做买卖呵，休与税钱么道，执把着圣旨行有来，怎生?’么道，说将来有。赛典赤等奏将来，拔赤拔的儿哈，是税钱，防送回回田地里的体例。到回回田地里呵，依圣旨体例，休与者。这里做买卖呵，依着这里体例里，教纳税钱呵，怎生?”奏呵，奉圣旨：“那般者。”钦此②。

---

① 《关于委任脱脱合温和征收路税官》(*dar tafvīẓ-i tutghāūlī va rāhdārī*)章，第二通文书。Muḥammad b. Hīndūshāh al-Nakhchivānī, *Дастӯр ал-Кāтиб фӣ Та ʻ йин ал-Марāтиб*, критич. текст, предисл. и указатели, А. А. Али-Заде, Москва: Наука, 1976, Tom. 2, pp. 167 - 168. 对脱脱合温(或脱脱合孙)一职的研究，参看党宝海：《蒙元驿站交通研究》，北京：昆仑出版社，2006年，第104—109页；《蒙元史上的脱脱禾孙》，《元史及民族与边疆研究集刊》(第二十辑)，上海：上海古籍出版社，2008年，第1—9页。

② 陈高华等：《元典章》卷二二《户部・课程・杂课》“斡脱每货物纳税钱”，第906页。【订补：关于“防送税”，据新近整理出版的《理算入门》(al-Murshid fī al-ḥisāb)一书“亦思替非术语”章中的释义，作：“拔的儿哈：为在途中保护财务而交付的[费用]。”(al-Badraqa: ānch jahat-i ḥafiẓ-i māl dar rāh ba-dahand)该书写成于1292年，由财务长官 Ṣadr al-Din Khālidī 呈献给伊利汗乞合都。*Kuhantarīn farhang nāma-yi Fārsī dānish-i istīfā: taṣḥīh va taḥlīl-i bakhsh-i lughāt va muṣṭalaḥāt-i al-Murshid fī al-ḥisāb*, Nafīsa Irānī, ʻAlī Ṣafarī Āq Qalaʻa (ed.), Tehran: Mīrās-i Maktūb, 2016, p. 54.】

“拔赤拔的儿哈”当为波斯语 *bāj-i badraqa*（باج بدرقه）的音译，意为“护送金、护送费”。被《元典章》所引咨文称作“是税钱，防送回回田地里”的这项体例，指的应该就是前揭《关于委任脱脱合温和征收路税官》文书中由脱脱合温负责护送商旅货物并收取一定费用的规定。所以，我们可判定该税目在元代汉文史料中被称为“防送费”或“防送金”。而“防送”一词早见于至元二十年（1283）中书省答复撒里蛮、爱薛所传有关“行运斡脱钱事”的咨文①。

惟至元二十年咨文解释称，若斡脱所持圣旨未被拘收，则可以免缴费用。但到大德元年，行泉府司斡脱马合谋等人声称“赍擎圣旨”，希望为其所采购到“降真、象牙”②等货豁免应付的“舶税钱”时，元成宗同意了中书省臣赛典赤的意见，认为这类持有圣旨的斡脱商人前往“回回田地”经商可依例免税③，而一旦返回元朝本土则需纳税钱。因此当六年后，来自伊利汗国（回回田地）并持有合赞汗令旨的法合鲁丁一行来到元朝时，就被责成需依例缴纳该项税金，从而避免沿途的骚扰。这个细节显示出，大德元年中书省关于“防送税”的讨论定案后，已得到切实执行。

法合鲁丁等人随后被护送至大都，面觐元成宗。据当时的波斯文献记载，从行在“至大汗所在的汗八里为四十程”④。他们作为携有伊利汗令旨的使节，在元朝享有乘驿、起丁运送等特权。《瓦萨甫史》对之亦有描述。而武宗时期的中书省臣的一则进言：“回回商人持玺书，佩虎符，乘驿马，名求珍异，既而以一豹上献，复邀回赐，似此甚众。”⑤则使我们约略窥见此类亦使亦商的“回回商人”在元朝境内的嚣张气焰。

---

① 陈高华等：《元典章》卷二七《户部・钱债・斡脱钱・行运斡脱钱事》：“如今，若他每底圣旨拘收了呵，却与者；未曾拘收底，休要者。若有防送，交百姓生受行底，明白说者。钦此。”（第989页）

② 降真，即降真香，是从印度尼西亚输入的黄檀藤的心材。Edward H. Schafer（谢弗）著，吴玉贵译：《唐代的外来文明》（*The Golden Peaches of Samarkand: A Study of T'ang Exotics*），北京：中国社会科学出版社，1995年，第355页。

③ 高荣盛先生认为“回回田地”或指伊利汗国，可参考。氏著：《元代海外贸易研究》，第177页。

④ Banākatī, *Tārīkh-i Banākatī*, p.323.

⑤ 宋濂等：《元史》卷二二《武宗本纪》，第505页。

由于《史集》所记元成宗朝事截止于大德二年(1298)的珍宝欺诈案，因此《瓦萨甫史》中基于法合鲁丁出使报告而写成的这些段落，就成了波斯文史书中少数几种接续《史集》，记述元成宗在位中、后期史事的资料：

在大都(Ṭāydū)附近的汗八里(Khān-Balīgh)，[使团]来到了威严的、围成一圈的斡耳朵(ūrdū)。但此时获知铁穆耳合罕正在病中，人们就把各种荣耀的礼物(*ḥiyāzat-i sharaf-i takshmish*)带到了宫殿上(*pīshgāh-i qarshī*)。丞相哈剌哈孙[答剌罕](jinksānk Arghasūn tarkhān)①和脱火赤太傅(Tūghachī ṭāyfū)②以及其余各位大异密，在宫殿外面的黄金宝座上，各自高贵地依身份地坐定了。那怀首先以虔诚的态度致赞词(*mujarrad-i salām*)，并上前跪拜行礼。他按照突厥人的礼仪走入殿堂中央，用流利的突厥语答复道："合赞汗的令旨称，'你没有首先见到如同幸福书册目录般的合罕福面的话，不得与任何御前大臣或国家栋梁会面'。"因而拒绝前往。于是[他们]依礼安排了私人觐谒。法合鲁丁首先把[合赞]汗的赠礼呈上，又将许多奇珍异宝及各色礼物进奉御览。(元成宗)陛下圣心大悦，极为满意。合罕用他高贵的手举起酒杯；作者赞曰：

【波斯语】冰的水呵，其中盛满了湿润的火③。

【阿语】在风的帷幕中火焰跃动。

[合罕]下令：在[使节们]居留期间，为其提供一年四季所适用的居所、给养、体己衣物、仆从，以及四十五匹驿马(*ulāgh-i iṭlāq*)。

瓦萨甫将大都和汗八里说成了两个地方，实际上是延续了《史集》记

① "答剌罕"一词仅见于：Vaṣṣāf /Nuruosmaniye, f. 188；MS. Tehran University, No. 113, f. 417. 黄溍：《杨君墓志铭》亦称其为"丞相哈剌哈孙答剌罕"，可知这是对他的一个固定的称呼。

② 哈剌哈孙、脱火赤两人的名字，Elliot 和惠谷俊之译文均不著录。脱火赤(Tūghachī)一作：Ṭūghājī, Vaṣṣāf /Tehran University, No. 228, f. 419.

③ 案，这两句是形容透明酒杯中注满了美酒。"结冰的水"喻酒杯，"湿的火"喻酒。

述的错误。这是因为在忽必烈时期，北京确实短暂地被称为中都：至元元年(1265)，元朝政府改燕京为中都，至元九年又改中都为大都①。但在元代的非汉语文献(如回鹘语)中，则依然沿用了"中都"的旧称②。又因为当时仍有不少回鹘官员在伊利汗宫廷中效力，因而和波斯本土官员关系密切。拉施都丁等人或是从他们那里了解到不少关于元朝汉地的信息，才会误将"中都"(*Jūng-du*)当成"汗八里"，而把大都(*Dāy-dū*)当作是"另一个城市"③。又法合鲁丁抵达时适值元成宗罹病辍朝，当指大德六年二月元成宗巡幸柳林时"遘疾"。此事在汉、波斯文史料中均有记载④。

法合鲁丁一行首先来到的斡耳朵，指的应该是大都的皇城，其四周有城墙(阑马墙)围绕⑤。而使团前往朝觐的"宫殿"(*qarshī*，合儿石)，在《瓦萨甫史》第一卷介绍忽必烈兴建宫室的章节亦曾提及。他说："在皇城的一侧有'合儿石'，在他们的语言中(指蒙古语)意为'大汗的宫室'或'君主的大殿'。"(*bar ṭaraf-i ān shahr qarshī ki bi-zabān-i īnshān maʿnī-yi ān kākh-i khāniyat va bārgāh-i sulṭaniyat bāshad*)⑥参考当代学者的研究，这应该指的是大明殿。大明殿为元代皇宫的主体建筑⑦。据《元史・礼乐志》所载"元正受朝仪"等条，元代帝、后需同升大明殿御榻接受百官、使节

---

① 宋濂等：《元史》卷五八《地理志一》，第1347页。

② 关于元代回鹘称大都(燕京)为"中都"(Čungdu)的考证，参看中村健太郎：《ウイグル文"成宗テムル即位记念仏典"出版の歴史的背景：U 4688[T II S 63]・＊U 9192[T III M 182]の分析を通じて》，《内陆アジア言语の研究》21(2006)：68—72。

③ Jāmi' al-tavārīkh/Rawshān, vol. 2, p. 901；汉译本《史集》第二卷，第321—322页。

④ 汉文史料见释念常：《佛祖历代通载》(影印元至正七年释念常募刻本，《北京图书馆古籍珍本丛刊》第77册，北京：书目文献出版社，2000年)卷二二所载胆巴事迹，云："壬寅(1302)春二月帝幸柳林遘疾。遣使召云：'师如想朕，愿师一来。'师至幸所，就行殿修观法七昼夜，圣体乃瘳。"(第459页)而《瓦萨甫史》则称铁穆耳合罕御极视事九年后，身罹痼疾，因此很长一段时间息政养病。Vaṣṣāf/Bombay, p. 698; Vaṣṣāf/Najād, p. 239.

⑤ 陈高华、史卫民：《元代大都上都研究》，北京：中国人民大学出版社，2010年，第43页。虽则据元代史料，皇城内太液池东确有斡耳朵宫帐，如熊梦祥：《析津志・岁纪》载："(二月)自东华门内，经十一室皇后斡耳朵前，转首清宁殿后，出厚载门外。"北京图书馆善本组辑：《析津志辑佚》，北京：北京古籍出版社，1983年，第216页。但下文又提到宫殿在斡耳朵内，故当以皇城为是。

⑥ Vaṣṣāf/Bombay, p. 23.

⑦ 陈高华、史卫民：《元代大都上都研究》，第44页。

朝拜①。

前辈研究者已指出《元史》"大德八年(1304)七月癸亥,诸王合赞自西域遣使来贡方物",所指的正是法合鲁丁、那怀使团②。但我认为他们在此日期前就已进入汉地,且其居留的时间在一年以上。一是因为上文已推定他们在1303年时已抵达,其次若如前文所述,使团同时还负有公、私贸易使命,无论如何难以在短期内完成。

瓦萨甫在叙述当时在大都的元成宗身边大异密时,仅提及"丞相哈剌哈孙答剌罕"和"脱火赤太傅"二人。这则信息背后恰恰透露出此前发生的一次重大政治变故。即卜鲁罕皇后趁元成宗病退之际,借彻查朱清、张瑄行贿一案发动了针对中枢旧臣的清洗行动。这是因为有人告发"[行省?]地区的蛮子城市里的富商朱、张一伙"(*ṭāyifa-yi Jū Jānk ya' nī mutamuwal ān-i shahr-i Manjī sākinān-i nāḥiyāt-i SNJW*?)伙同异密们在当地的小岛上发行假钞,不经圣旨许可、未曾加盖玺印就发船出海牟利。于是卜鲁罕皇后下令行省官员进行审查,随后伯颜(Bāyān)平章、暗都剌('Abdullah)平章、八都马辛(Bātumasīn)平章及迷而火者(Mīr-Khvāja)右丞等一大批中书省官员遭贬斥,完泽丞相竟因此事忧惧而死③。故元成宗在位前期的诸多重臣在法合鲁丁抵达大都时均已离职,哈剌哈孙则取代完泽成了丞相④。

本节中的一个疑点则是:据《元史·宰相年表》自大德七年下半年起(八月至十二月)担任左丞相一职的是出身自宴只斤部(Īlchikīn)的阿忽

---

① 高丽使节李承休曾于至元十年来元贺皇太子真金授册宝,并留下日记《宾王录》一卷,内有记载其赴大明殿(长朝殿)与后妃、诸王、驸马同预朝贺之事,可相参证。陈得芝:《读高丽李承休〈宾王录〉:域外元史史料札记之一》,氏著:《蒙元史与中华多元文化论集》,第92—108页。

② 宋濂等:《元史》卷二一《成宗本纪》,第460页。

③ Vaṣṣāf/Bombay, p. 498; Vaṣṣāf/Najād, p. 240. SNJW一词当为"省"之讹。汉文史料见《元史》卷二一《成宗本纪》:"(大德七年)三月乙未,中书省平章伯颜、梁德珪(即暗都剌)、段贞、阿里浑萨里、右丞八都马辛、左丞月古不花、参政迷而火者、张斯立等,受朱清、张瑄贿赂,治罪有差。诏皆罢之。"(第449页)

④ 元成宗在位前期的异密名单见Jāmi' al-tavārīkh/Rawshān, vol. 2, pp. 947-948, 950;《史集》第二卷,第375—376、378页;Vaṣṣāf/Bombay, p. 25; *Shu' ab-i panjgāna*, f. 195.

台(Aghūtāy)①。不知为何此处丝毫未见其踪迹。而在接见法合鲁丁、那怀一事中,地位仅次于哈剌哈孙者为脱火赤太傅,其名不见于《元史·三公表》和《宰相年表》②,却为《五族谱·[铁穆耳合罕]时期的大异密》名单所著录③,在《完者都史》中他又被称作"脱火赤丞相"。汉文史料对其记载较零散,仅知其在成宗、武宗时期为元朝戍守金山前线的大将,仁宗时期因支持武宗子和世琜而发起叛乱,失败后即不知所踪④。而其在大德七年时曾以"太傅"身份居大都一事,则不见于汉文史料。对此歧异,笔者尚无法通过比勘波斯语、汉语史料得出答案。

大德八年,元朝政府曾通过法规,对使臣占用铺马、祗应的时间做出限制⑤。但由于这是从合赞汗处派出的使团,故法合鲁丁等人所受到的接待规格要远高于常例。他们共获得"四十五匹驿马",这个数目也要多于世祖至元年间对各诸王投下使臣的驿马供应数⑥。

4. "中卖宝货"的场合

"中卖宝货"是元代斡脱商人和皇室之间一种特殊的交易方式,即以西域回回人为主的斡脱商人向蒙古大汗"进献"珍宝(宝石、珍珠等),以求获得远高于货物本身价格的赏赐。在伊利汗国,也存在着与"中卖宝货"相类似的交易方式,如哈山尼(Kāshānī)曾提到 700 年(1300—1301),人们在合赞汗斡耳朵中给波斯湾地区出产的珍珠估价(*baḥasb qīmat*)⑦。而"中卖"的关键环节正在于给"进献"的珍宝估价。马可波罗谓大汗委任"十二名智者专

---

① Vaṣṣāf/Bombay, p.500; Vaṣṣāf/Najād, p.243.《瓦萨甫史》对其在元成宗死后,参与谋立阿难答一事有着详细的记载。

② 按宋濂等:《元史》卷一一〇《三公表》,第 2779 页,大德八年三公阙载。

③ Shuʿab-i panjgāna, f.195. 作:Tūqajī。

④ 关于脱火赤的生平事迹,可参看刘迎胜:《脱火赤丞相与元金山戍军》,《南京大学学报》4.4(1992):34—42;党宝海:《元朝延祐年间北方边将脱忽赤叛乱考:读〈大元赠岭北行省右丞忠愍公庙碑〉》,《西域研究》4.2 (2007):61—69。

⑤ 陈高华等:《元典章》卷一六《户部二·分例·铺马分例》:"有大勾当的与八日,小勾当与三日铺马、祗应呵,怎生?奏呵,奉圣旨那般者,钦此。"(第 564—565 页)

⑥ 见《经世大典·驿站》所载晋阳驿站的报告。参考党宝海:《蒙元驿站交通研究》,第 254 页。

⑦ Qāshānī, *ʿArāyis al-javāhir va nafāyis al-ʿaṭāyib*, p.119.

其事,令其甄别商人待售之物,并以其所估定之价酬之"①,即为中卖情况的写实。这类活动滥觞于窝阔台时期。志费尼曾在哈剌和林目击商人们因带来投合罕所好的商品,而得以随意报价并获取丰厚利润,而窝阔台本人也已察觉了商人们贿赂、勾结必阇赤的真相②。到了元成宗时期这更成了一种惯例,斡脱商人通过向居于省、台枢要的官员行贿,而让后者在估价过程中与之合谋,说服元朝政府出面以商人开出的高价进行收购。这类交易因为对政府财政带来的重大负担,一直以来为汉人臣僚所诟病。而元成宗在位时又是"中卖宝货"风气最为炽热的时期,其弊病恰如后人所议论的:

> 中卖宝物,世祖时不闻其事。自成宗以来,始有此弊。分珠寸石,售直数万。当时民怀忿怨,台察交言。且所酬之钞,率皆天下生民膏血,锱铢取之,从以捶挞,何其用之不吝!夫以经国有用之宝,易此不济饥寒之物,又非有司聘要和买,大抵皆时贵与斡脱中宝之人,妄称呈献,冒给回赐,高其值且十倍,蚕蠹国财,暗行分用。如赛不丁(即沙不丁)之徒,顷以增价中宝事败,具存吏牍③。

《史集》中所载大德二年的"珍宝欺诈案",正是"中卖宝货"风气臻于极盛时,商人的行贿活动被人告发而导致一场株连甚广的大案④。法合鲁丁作为伊利汗的斡脱,也免不了借出使之便向大汗兜售珍宝。《瓦萨甫史》详细描述了以爱薛平章为首的中书省官僚系统,和元成宗铁穆耳之间围绕"中卖"法合鲁丁呈献宝货而产生的分歧。使我们得以一窥大德二年"珍宝欺诈案"尘埃落定数年后,大汗宫廷中"中卖宝货"活动的场景:

---

① Marco Polo, chap. 96, p. 236;《马可波罗行记》第 95 章,第 238 页。冯译本谓此十二人为"男爵",英译本作 wise men。今译作"智者",案,马可波罗书中之"男爵"实专指怯薛。

② ʻAlī al-Dīn ʻAta Malikī Juvaynī(志费尼)著,Boyle 英译,何高济译:《世界征服者史》上册,呼和浩特:内蒙古人民出版社,1980 年,第 250 页。

③ 宋濂等:《元史》卷一七五《张珪传》,第 4077 页。

④ Jāmi' al-tavārīkh/Rawshān, vol. 2, pp. 958 - 959;《史集》第二卷,第 387—388 页。关于该案件最全面的研究,可参看高荣盛:《元大德二年的珍宝欺诈案》,氏著:《元史浅识》,第 20—48 页。

> 爱薛平章(ʿĪsā pīnjān)是基督徒,[因此]他没有公正的天性。在此之前,他就已在合罕头脑中灌输了这样的想法:世界各地的斡脱和商人们(*urtāqān-i diyār va bāzargān-i amṣār*)带来的各种奇珍异宝,都是为了商人的利益——"八角形的珍珠(*durr-i tasmīn*)是过错孳生的场所"。于是下令彻底禁止将税收浪费在这种场合。因为篾力法哈鲁丁带来的货物大都是这类[珠宝],故被认为是不合适的。直到合罕【阿语】"表露出他的意愿"(指购买法合鲁丁的珠宝一事)。于是[法合鲁丁]开价十四土曼(*tūmān*)——每一土曼为[钞]一万"锭"(*bālīsh*);每"锭"为八个抵纳[①]。由大珍宝库(*khazāna-yi buzurg*)进行收购,并将其费用依例折算成等价的纸钞(*va vujūh-i ān-rā chāv jārī al-ʿādat ḥavālat kardand*)。[合罕]又恩准将买剩下的[宝物]卖给任何想要的人[②]。

和大德二年"珍宝欺诈案"发时,大批中枢朝臣卷入此事不同,大德八年参与"中卖"活动的重要大臣仅有爱薛一人。其原因也许正如高荣盛先生论文中所指出的,"珍宝欺诈案"发后,元成宗"另起炉灶",对原有的采办体制、专司部门进行了裁撤或调整,那些长期与斡脱相勾结的中朝时贵势力也受到了一定程度的打击,故无法再如此前那样气焰熏天。诸臣之名不见于此,正是时局的真实反映。

至于《瓦萨甫史》对之颇有微词的"爱薛平章",则是元代著名的景教官员。其为拂菻(Rūm)人,公元1246年因得到景教长老列边·阿答(Rabban Ata)推荐,被贵由汗召见。此后长期在朝中担任"怯里马赤"(kelemechi,通事),先后供职于回回司天台和广惠司。至元二十年(1283),忽必烈以其"尝数使绝域,介丞相孛罗以行",出使伊利汗阿鲁浑所[③]。在大德二年的案件

---

① 校勘本作"八"个抵纳。Vaṣṣāf/Najād, p.260,孟买本、德黑兰大学写本A、B,均作"六"(*shish*)个抵纳;而在努尔·奥斯曼图书馆藏写本,抄写者在文句上方补注:"八又六分之二抵纳(*hasht dīnār va dū dāng*)"。

② 案,本节英译、日译本均略去。

③ 程钜夫:《拂林忠献王神道碑》,第246页。爱薛史实之勘订见翁独健:《新元史蒙兀儿史记爱薛传订误》,《史学年报》,1940年第3期,第146—150页;韩儒林:《爱薛之再探讨》,氏著:《穹庐集:元史及西北民族史研究》,上海:上海人民出版社,1982年,第93—108页。

中，爱薛也是因收受商人贿赂而获罪的省、台官员之一。他出现在大德八年的“中卖宝货”活动中，应与其通事身份有关。但具有讽刺意味的是，这次他扮演了截然相反的角色：不仅出面阻止元朝官方收购法合鲁丁带来的珍宝，且根本否认斡脱商人的这类行为对国家有积极意义。《瓦萨甫史》对此事解释则显示了作者的宗教偏见，他认为是爱薛的宗教背景，才令其从中作梗。

不过，我们似乎可以从元成宗本人的态度上一窥事件的本相。前文已经提到，当法合鲁丁“将许多奇珍异宝及各色礼物进奉御览”时，便已博得了元成宗的欢心。最终也正因为成宗本人表态首肯，才由“大珍宝库”据法合鲁丁的出价收购他带来的珍宝①。从元成宗直接干预收购法合鲁丁呈献珍宝一事，显示出他所反对的，只是操控“中卖”行为的斡脱商人—官僚联盟，而非可以满足其“采取希奇物货”欲望的中卖活动本身。而元成宗直接插手操控中卖宝货的事例，在大德年间尤显突出②。可见，“中卖宝货”之风为当时朝野所诟病却屡禁不止的原因，恰在于它迎合了蒙古合罕及皇室成员对“殊方异域”商品渴求不倦的欲望。

法合鲁丁的要价为十四万“锭”(巴里失)，要远低于六年前“珍宝欺诈案”时的六十万巴里失。更可证明，前者为恶意高估的结果。因此“珍宝欺诈案”后，元成宗欲严惩卷入该案的大小官员，却对干练采办宝货的泉府司官员沙不丁(Shahāb al-Dīn)网开一面，甚至让其主持新设立的制用院。这正如高荣盛先生所指出的，元成宗的一系列举措目的皆在于绕开斡脱商人和官僚勾结的中间环节，将采办、收购珍宝的权力控制在自己手里。上述事件也分别从不同侧面揭示出成宗在位期间，海外贸易机构、海

① 案，此处“大珍宝库”或即《元史》中所谓之“右藏库”。宋濂等：《元史》卷一二《世祖本纪》：“(至元十九年十月)敕籍没财物精好者及金银币帛入内帑，余付刑部，以待给赐。禁中出纳分三库：御用宝玉、远方珍异隶内藏，金银、只孙衣段隶右藏，常课衣段、绮罗、缣布隶左藏。”(第247页)

② 除前述大德二年珍宝欺诈案，及大德七年法合鲁丁中卖宝货一事外，我们还可举出大德十一年(1307)，中书省对“怯来木丁献宝货，敕以盐万引与之，仍许市引九万”一事表示异议，认为此举“徒坏盐法”，但成宗表示：“此朕自言，非臣下所请，其给之。”遂驳回中书省所请(宋濂等：《元史》卷二二《武宗本纪》，第487页)。上揭数例均如张珪所指，为滥觞于成宗一朝之弊政。

商集团屡遭变革背后更为深层的原因。

这段史文中的另一个重要细节，就是对元成宗在位后期银、纸钞兑换汇率的记载。元世祖时期，元朝政府长期严格遵守“中统钞二贯等于银一两”的比价，即“银 1∶钞 2”①。而到了至元十九年(1282)，王恽上书时已是“物重钞轻，如今用一贯才当往日一百”②，即发生了十倍左右的通胀。而到了元成宗大德中、后期，由于滥行赏赐、对外战争而引起的通货贬值愈演愈烈。至大德末，银价为每两折中统钞二十贯，比至元二十年时提高一倍。与此相应，官府收课的折价也改定为银一锭折钞二十锭③。大德八年“开金银私易之禁，许民间从便买卖”④，更进一步加剧形势的恶化。前田直典认为，当时纸钞大规模贬值，其兑换比率比起至元二十四年以前，与黄金的兑换价格涨十三倍，与银子的兑换价格涨十倍⑤。

而在整个蒙古帝国中，作为纸币单位的“锭”和波斯语中的“巴里失”(*balish*)⑥和突厥语的“牙思惕客”(*yastık*，意为“枕”)、蒙古语的“速客”(*süke*，意为“斧”)完全等义，是当时欧亚大陆通行的金、银等贵金属的计量单位⑦。《瓦萨甫史》在“叙述汉地与汗八里”(*ṣifat-i Chīn va Khānbalīgh*)一章中曾提到当时汉地金、银、纸钞的兑换汇率：

关于金、银巴里失：500 密思格儿金巴里失等于钞 200 锭，值该

---

① 前田直典：《元代纸币的价值变动》，刘俊文主编，索介然译：《日本学者研究中国史论著选译》第 5 卷《五代宋元》，北京：中华书局，1993 年，第 573 页。

② 王恽：《秋涧集》卷九〇《论钞法》，《元人文集珍本丛刊》第 2 册，台北：新文丰出版公司，1985 年，第 467 页。

③ 陈高华等：《元典章》卷二二《户部八・课税・盐课》“银中盐引”，第 851 页。

④ 陈高华等：《元典章》卷二一《户部七・仓库》“把坛库子”，第 757 页。

⑤ 前田直典：《元代纸币的价值变动》，第 576 页。

⑥ “巴里失”原意为“枕”，后被用作金、银的计量单位。一“巴里失”相当于 500 密思格儿(misqāl)，约 2 125 克。Étienne Marc Quatremère, *Histoire des Mongols de la Perse ecrite en person par Rashid-Eldin*, Paris: Imprimerie Royale, 1836, pp. 320 - 321.

⑦ H. F. Schurmann, “Mongolian Tributary Practices of the Thirteenth Century,” *Harvard Journal of Asiatic Studies* 19: 3 /4 (1956), pp. 304 - 389. 佛罗伦萨(Florentine)商人 Francesco di Balduccio Pegolotti 在其所著《商业指南》(Pratica della Mercatura) 一书中，同样也把 balish 当作纸钞的单位。Hans Ulrich Vogel, *Marco Polo Was in China: New Evidence from Currencies, Salts and Revenues*, Leiden: Brill, 2013, p. 113.

2 000 抵纳，每一银巴里失等于钞 20 锭，价值 200 抵纳。（*ammā bālishī-i zar va niqra*，*pānṣad misqāl-st bālishī zar muvāzī divīst bālish chāv*，*va mu'aiyir bi-dū hizār-i dinar va bālishī niqra musāvī bīst bālish chāv mu'aiyn bi-divīst dīnār*）①

前田直典认为《瓦萨甫史》卷一有关中国的史事，若未标明年代，则可看作是反映了元成宗后期（1295—1307）的社会状况②。因此这段史文反映了成宗在位后期，金、银、纸钞的价值维持在 1∶10∶200 的比率上。

不过到了法合鲁丁朝觐的时期，钞的价值似又再度下跌。《瓦萨甫史》称，大德八年时纸钞的兑换比率已变作："每一土曼为[钞]一万'锭'（*bālīsh*）；每'锭'为八个抵纳。"因为在《瓦萨甫史》中，作者恒以纸钞和西亚通行的货币单位"抵纳"相比较，来向读者介绍纸钞的价值。所以上文中的"巴里失"可以理解成汉语中钞的单位"锭"。因此，我们就可以知道大德末年纸钞价值的下降率如下表：

成宗后期	金 1 巴里失 = 钞 200 锭 = 抵纳 2 000	1 锭钞 = 10 抵纳
	银 1 巴里失 = 钞 20 锭 = 抵纳 200	1 锭钞 = 10 抵纳
大德八年	/	1 锭钞 = 8 抵纳

可以看出，大德八年钞相对于抵纳的价值比较前一阶段又贬值了五分之一。此条纪事当为实录，因为五年后（即元武宗至大二年，1309）"改造至大银钞，颁行天下"，其兑换率为：银一两相当于至大钞一两、至元钞五贯、中统钞二十五贯③。《元典章·户部·银中盐引》中也提到了当时纸钞兑换额的贬值：

---

① Vaṣṣāf/Bombay, p. 23; Vaṣṣāf/Majlis, No. 8621, f. 31; *mu' aiyir* 一作 *mu' ayyan*, Vaṣṣāf/Tehran University, No. 113, f. 17.

② 前田直典：《元代纸币的价值变动》，第 575—576 页。

③ 宋濂等：《元史》卷二三《武宗本纪》载至大二年"改造至大银钞，颁行天下。至大银钞一两，准至元钞五贯、白银一两、赤金一钱"（第 515 页）。又，《元史》卷九三《食货志·钞法》："至大二年，武宗复以物重钞轻，改造至大银钞，自二两至二厘定为一十三等。每一两准至元钞五贯，白银一两，赤金一钱。元之钞法，至是盖三变矣。大抵至元钞五倍于中统，至大钞又五倍于至元。"（第 2370 页）并见前田直典：《元代纸币的价值变动》，第 576 页。

皇庆元年二月二十四日，中书省奏过事内一件节该：预买来年盐引，除边远中粮盐引外，依先例十分中收一分银。在先，一定银折二十定钞来。如今，添五定，每一定银做中统钞二十五定呵，怎生？①

可知皇庆元年（1312）时，中统钞兑换银的比率从此前的 20∶1 下降到 25∶1，下降比率同样为五分之一。因此《瓦萨甫史》第一、四卷中记述的纸钞兑换率的下降幅度，与元代汉文史料中所描述的情况相吻合：

每锭钞与银的兑换比率（据《元典章》）	至大二年前	至大二年后
	1∶0.5	1∶0.4
		通胀幅度为 4∶5
每锭钞与抵纳的兑换比率（据《瓦萨甫史》）	大德八年前	大德八年后
	1∶10	1∶8
		通胀幅度为 4∶5

按此比率，通行于东亚、西亚的两种主要的货币单位可自由兑换，是以其汇率的变动会在波斯语文献中得到实时反映。而法合鲁丁接受元政府以纸钞收购其货物，证明元朝的基本货币纸钞同样也得到各汗国商人的认可。与此同时，元朝政府一再申明“禁舶商毋以金银过海”②，也使得前来汉地贸易的海外商人普遍接受以钞作为国际贸易的通货。这点也为马可波罗的记述所证实③。故纸钞不像高桥弘臣所认为的那样，是忽必烈

① 陈高华等：《元典章》卷二二《户部八・课税・盐课》“银中盐引”，第 851 页。

② 元贞二年八月纪事，《元史》卷一九《成宗本纪》，第 405 页。大德七年二月，元廷再度下诏“禁诸人毋以金银丝线等物下番”（卷二一，第 448 页）。此后虽有大德八年之短暂开禁（参前揭《元典章》卷二一《户部七・仓库》“把坛库子”），然到元武宗至大二年（1309）九月，即下诏“金银私相买卖及海舶兴贩金、银、铜钱、绵丝、布帛下海者，并禁之”（第 515 页）。至大四年，元仁宗继位，仍颁圣旨重申此禁。见陈高华等：《元典章》卷二二《户部六・钞法》“住罢银钞铜钱使中统钞”，第 722 页。

③ *Marco Polo*, chap. 96, p. 236；《马可波罗行记》第 95 章，谓：“凡商人之携金银、宝石、皮革来自印度或他国而莅此城者……君主使之用此纸币偿其货价，商人皆乐受之，盖偿价甚优，可立时得价，且得用此纸币在所至之地易取所欲之物，加之此种纸币最轻便可以携带也。”（第 238 页）

政权以中国为对象而对内发行、仅局限在元朝版图内流通的货币①。相反，作为国际贸易中的结算货币，它是元朝大汗所倾力构筑的、跨国海洋贸易网络的一个重要组成部分。

5. 法合鲁丁的返程及其结局

关于法合鲁丁一行的返程，《杨君墓志铭》云："那怀等朝贡事毕，请仍以君护送西还，丞相哈剌哈孙答剌罕如其请，奏授君忠显校尉、海运副千户、佩金符，与俱行。以八年(1304)发京师，十一年乃至其登陆处，曰忽鲁模思云。"与之相比，《瓦萨甫史》的记述则要细致得多：

> 在居留了四年之久后，因为考虑到[使臣]的意愿，返回的时刻来到了。合罕给了那怀额勒赤许多特殊的礼物，又下令赐予法合鲁丁敕书、牌符和珍贵的礼物（*yarlīgh va pāyza va tashrīfāt-i khāṣṣ-i mashraf farmūd*）；并将一名出身御前贵妇亲族的女子（*dukhtarī az paivāstgān-i rabbāt-I ḥaẕārāt*）赏赐给了他。在回复合赞大王（pādishāh-i Ghāzān）的诚挚敕书中，表达了在成吉思汗氏族（*urūgh-i Chinggīz Khān*）中达成真诚一致的意旨，以及巩固友谊的礼物。因此将原属"赛因・额毡"旭烈兀（*baṢā'in Ajin Hūlāgū ta' alluq dāsht*）所有②，但自蒙哥汗（Munkkū Khān）时代起就留在[汉地]的

① 高桥弘臣著，林松涛译：《宋金元货币研究：元朝货币政策之形成过程》，上海：上海古籍出版社，2010年，第161页，注2。

② "赛因・额毡"是在伊利汗国内通行的，对于旭烈兀本人的专称。瓦萨甫说，旭烈兀在世时，人们"称其(旭烈兀)为'赛因・额毡'(*ū rā Ṣayin Ejin guftand*)"。Vaṣṣāf / Bombay, p. 441. "额毡"意为"主人"。陈得芝先生考证认为，该名字可能是旭烈兀的汉语尊称"贤王"(元好问：《遗山先生文集》卷三七《送高雄飞序》)或"辅国贤王"(王恽：《秋涧集》卷四九《大元故蒙轩先生田公(文鼎)墓志铭》)的蒙古翻译，又经蒙古转介，传入伊朗。陈得芝：《〈刘郁[常德]西使记〉校注》，《中华文史论丛》2015.1：70。蒙元时期称诸王为"额毡"的例子不止一处，又见于汉—藏双语碑文《重修凉州白塔志》，文中与"也禅・火端王"相对应的藏文为：Ecen Kodon(即"阔端大王")。参看：伴真一朗：《明初における対モンゴル政策と河西におけるサキャ・パンディタのチョルテン再建—汉文・チベット文対訳碑刻，宣德5年(1430)"重修凉州白塔志"の歴史的背景》，《アジア・アフリカ言语文化研究》，vol. 30 (2012)：42, 46。而"赛因"(Sayin，好)一词被用于诸王之美称，则又有金帐汗拔都(Batu)，他在阿拉伯、亚美尼亚文献中被称为"赛因・汗"(Sayin qan)。

那部分皇室工坊(kārkhāna-yi khānī)的收入,折算成完全等值的汉地丝绸与袍服(*abrīsham va asvāb-i Khitāy*),在一名使节的陪伴下用一艘"艅船"送回去,并照着蒙古人礼节那样,用成吉思汗箴言的语句(*tashbīb-i bīlik-hāī-yi Chinggīz Khān*)以真挚的言辞赠别①。

案,《瓦萨甫史》称法合鲁丁在元朝居留的时期为"四年"。如前文所述,法合鲁丁约于大德七年(1303)抵达元朝,而其离开汉地的时间应该是面觐元成宗之后。设若以杨枢抵达忽鲁模思的时间(1307)逆推,则至晚当于大德九年启程返航。他在元朝境内的时间至多三年有余,所谓"四年"或为约略之数。

法合鲁丁得到的赏赐包括敕书、牌符和珍宝,和当日马可波罗获赐之物大致相同②。对完成出使任务的使臣(有时包括斡脱商人)进行赏赐,应该是当日元—伊利汗国外交礼仪中的惯例。如 1953 年在福建泉州出土的《出使波斯国石刻》亦提到传主"奉使火鲁没思田地勾当,蒙哈赞大王,特赐七宝货物"一事③。

而较马可波罗更受优遇之处,是元成宗另赐其一名"御前贵妇亲族的女子"为室。英译本将其理解为"一名贵族之女"(a daughter of one of the nobles),似不无可商榷处。按法合鲁丁的身份,获赐者为御前命妇、女官或宫女之属更加合理。检诸元代赏赐使臣的史料,元代君主也确有以内廷女子赏赐来朝藩国使臣的习惯。至元二十四年,忽必烈下令"阿鲁浑大王下使臣寄住马,奉圣旨赐亡宋宫女朱氲氲等三人,及从者一名"④。

---

① Vaṣṣāf/Bombay, p. 596; Vaṣṣāf/Najād, p. 259.

② *Marco Polo*, p. 90;《马可波罗行记》第 18 章:"大汗……赐以金牌两面,许其驰驿,受沿途供应。并以信札,命彼等转致教皇、法兰西国王、英吉利国王、西班牙国王及其他基督教国之国王。"(第 25 页)

③ 《出使波斯国石刻》,原石于 1953 年福建泉州南郊场出土。据碑文,传主当为来"[前阙]大元进贡宝货"的斡脱商人。碑刻图片见中国国家博物馆网页: http://www.chnmuseum.cn/Default.aspx? TabId = 450&AntiqueLanguageID = 90&AspxAutoDetectCookieSupport = 1(浏览 2014.04.27)。研究论文见杨钦章:《元代奉使波斯碑初考》,《文史》,1988 年第 30 期,第 137—145 页。

④ 《永乐大典》卷一九四一八《经世大典·站赤》"至元二十四年",第 7207 页。

而至元二十八年,马八儿之富贾不阿里(即孛哈里)来华,忽必烈也以被抄没入宫的原桑哥姬妾蔡氏赐之①。

此两者均符合本节中关于元成宗将留在汉地的旭烈兀家族岁入交由那怀、法合鲁丁带回一事,松田孝一、陈高华等先生已讨论过②。这一事件的背景则是大德八年,以元朝为首的蒙古四大汗国之间为结束长期的内战而达成约和一事③。早在法合鲁丁一行返回前,取道陆路的元成宗使团已抵达篾剌合(Marāgha)的完者都汗斡耳朵(此时合赞汗已去世)④。

伴随着约和的成功,元成宗对另几个汗国广施赏赐。除大德八年赏赐合赞汗使节外,又于次年赐察合台汗国家长朵瓦(Du'a,即都哇)使者币帛五百匹⑤。而将伊利汗国积年岁入返还,意味着元朝政府承认旭烈兀家族原有的分封继续有效。同年,又置"管领本投下大都等路打捕鹰房诸色人匠都总管府,秩正三品,掌哈赞大王位下事"。此举实为恢复了至元十二年(1275)后,由元政府收回的"管领随路打捕鹰房民匠总管府"⑥,使之成为伊利汗国管理汉地利益的代理机构。

松田孝一还注意到:运载旭烈兀岁入的船仅一艘,比起贸易而言相对比重小得多,主要是元朝和伊利汗国之间友好关系的象征,并借此机会开

---

① 郑麟趾:《高丽史》卷三三《忠宣王世家》,影印云南大学藏明景泰二年朝鲜活字本,《四库全书存目丛书》史部第159册,第681页。相关研究参看桑原骘藏:《蒲寿庚考》,第69页;陈高华:《印度马八儿王子孛哈里来华新考》,第361页。

② 松田孝一:《フラグ家の东方领》,第7页。

③ 关于大德八年诸汗国约和最详细的研究,参看刘迎胜:《察合台汗国史研究》,上海:上海古籍出版社,2006年,第321—323页。

④ 此事见载于《完者都史》:"704年2月17日(1304年9月19日)星期六,相当于(突厥历)十一月十九日,铁穆耳合罕和海都之子察八儿的使者们到达了。"*Tārīkh-i Ūljāytū*, p.31.《瓦萨甫史》则称"合罕和十三个'爱马'(Ūymāq<Mo. Ayimaq,部族,此处指蒙古诸王家族)的使节们"携带元成宗圣旨抵达伊利汗国。Vaṣṣāf/Najād, p.184. 关于"Ūymāq"一词的释义,参看:James Reid, "Studying Clans in Iranian History: A Response", *Iranian Studies*, vol.17: 1 (1984), pp.85-92.

⑤ 宋濂等:《元史》卷二一《成宗本纪》,第462页。

⑥ 宋濂等:《元史》卷八五《百官志》:"管领随路打捕鹰房民匠总管府,秩从三品。达鲁花赤一员,总管一员,副总管二员,经历、知事各一员,提控案牍一员,吏属令史六人。初,随路打捕鹰房民户七千余户拨隶旭烈大王位下。中统二年始置。至元十二年,阿八合大王遣使奏归朝廷,隶兵部。"(第2141页)

拓通商和贸易①。这点也反映在元政府布告四方的"约和文书"中。《瓦萨甫史》云,此次约和旨在使全部蒙古人国土中"商旅随驿传乘,往来不绝"(*qavāfil va ravāḥil, manāzil bi-manāzil va marāḥil bi-marāḥil mutavāṣil shud*)②,同样表露出政治口号背后浓厚的"重商"色彩。

由于原本负责海外贸易的机构"致用院"已于大德七年遭裁撤③,故护送法合鲁丁返回伊朗的船队中,"凡舟、檝、糗粮、物器之须,一出于君,不以烦有司",均由杨枢一手承担。不过黄溍《杨君墓志铭》对杨枢"往来长风巨浪中,历五星霜"的艰难航程一笔略过,至于法合鲁丁一行的命运,更是无从提及。而《瓦萨甫史》告诉了我们他们嗣后的遭遇:

> 法合鲁丁怀着欣悦之情与使臣们一起坐着二十三艘配有坚固的航海风帆的"艅船",以及另一些装满财宝的"私舶"(*jahāzat-i khāṣṣ*)动身驶向世界的新国土。不久合罕的使节去世,驶向了逝者的国度。在"如野马般飞驰的风涛间像大山般飞驰"的④、被叫作"艅船"[的大船]沉没了,那怀和他的伴当亦随之而去。
>
> 【对句】:此际水天莫辨,海陆俱沉。
>
> 在离马八儿两天路程的地方,死神将宿命之轮投向篾力·法合鲁丁生命的殿堂,由其命运之委任者收回了那匆匆度过虚幻一生的、新制丧衣的主人。……他的墓穴被安排在其叔父的葬地之侧。……

---

① 松田孝一:《フラグ家の东方领》,第56页。

② Vaṣṣāf/Bombay, p. 476; Vaṣṣāf/Najād, p. 187. 相似的语句也见于伊利汗完者都致法国国王美菲立帛(Philippe le Bel)的外交信函中:"乃今铁穆耳合罕、脱脱、察八儿、都哇与吾等其他成吉思汗诸后裔,皆赖上天之灵与福荫,结束迄今已有四十年之久的纷争,复和好如初。由是东起日出地南家之国(Nankiyass),西抵答赖(Talu)之海,已使驿路交汇为一。"蒙古语书信见:F. Cleaves and A. Mostaert, *Les lettres de 1289 et 1305 des ilkhan Arghun et Öljeitü a Philippe le Bel*, Cambridge, MA: Harvard University Press, 1962,汉译文引自刘迎胜:《察合台汗国史研究》,第326—327页。

③ 宋濂等:《元史》卷二一《成宗本纪》,第448页。

④ 这句话当出自《史集·印度史》中描写船的一联对句:"(它们)好像长有翅膀的山,在水面掠过(*kāmṣāli al-jibāl tajri ba-janāḥ al-rīyāḥ ʻala suṭūḥ al-miyāh*)。" Rashīd al-Dīn, *Jāmi' al-tavārīkh: tārīkh-i Hind va Sind va Kishmīr*, p. 40.

其时为704年(1304—1305)年末①。

护送法合鲁丁返航的船队共由二十三艘"艅船"组成，这仅仅是构成船队核心的"巨舶"数目，而体积较小的"私舶"则未计入。比照马可波罗离境时的船队规模加大近一倍。由此亦可看出前者地位更高②。

为黄溍《杨君墓志铭》文所讳言的，是元成宗与合赞汗的使节，以及法合鲁丁均在返程途中去世，仅余杨枢一人抵达忽鲁模思岛③。而杨枢本人亦"在海上感瘴毒，疾作而归"，不得不在家养病闲居"二十载"。参考马可波罗所说的，他们"入海之时，除水手不计外，共有六百人，几尽死亡，惟八人得免"④。以当时海上远航的风险之巨，故虽以航海世家而著名者，一生中亦仅得数次横渡大洋。

法合鲁丁之死对其家族的事业不啻是一次重大打击。两年后，其父札马鲁丁的事业再度遭到来自中亚蒙古人的打击：他在法鲁思(Fārūsī)每年一千密思格儿的收入⑤，被劫掠当地的"韃靼人"尽数抄掠，"他的健康为此大受损害，于706年(1306—1307)去世"⑥，并于当年五月二十一日(公历10月30日)由其兄弟赡思丁(Shams al-Dīn)安葬于泄剌失⑦。此

---

① Vaṣṣāf/Bombay, pp.507 - 508; Vaṣṣāf/Najād, pp.259 - 261.

② 马可波罗云，元廷"复为伊利汗妃配备了十四艘帆船，每艘具四桅，多数时间张十二帆以行"，Marco Polo, p.90;《马可波罗行记》第18章，第25页。

③ 杨枢抵达忽鲁模思的时间为大德十一年(1307)，见《松江嘉定等处海运千户杨君墓志铭》，第16b页。他的身份当与法合鲁丁相似，为伴送"正使"出访的斡脱商人，而非Allsen所认为的"使节"(ambassador)。元成宗的使节当另有其人，惟其姓名失载。据《瓦萨甫史》，此人死于航海途中。Allsen, *Culture And Conquest Mongol Eurasia*, p.50.

④ *Marco Polo*, p.90;《马可波罗行记》第18章，第25页。

⑤ 法鲁思(Fārūsī)，底格里斯河(Tigris)附近的地名。见 *Nuzhat al-qulūb*, p.166; Guy Le Strange, *The Lands of the Eastern Caliphate: Mesopotamia, Persia, and Central Asia, from the Moslem conquest to the time of Timur*, New York: Barnes and Noble Inc., 1905, p.41.

⑥ al-ʿAsqalānī, *al-Durar al-kāminah*, vol.1, p.60; Vaṣṣāf/Najād, p.261.

⑦ Maḥmūd Farrukh Faṣīḥ al-Dīn Aḥmad Faṣīḥ Khavāfī, *Mujmal-i faṣiḥī*, Tehran: Asatir, 2007, vol.2, p.884.一说其墓在 Dār al-siyāda 附近，ʿĪsā Ibn Junayd Shīrāzī, *Tazkirah-yi ḥizār mazār*: tarjamah-yi shadd-i al-azār (Mazārāt Shīrāz), Shīrāz: Kitābkhāna-yi Aḥmadī, 1985, p.380.

处的“鞑靼人”或指在 14 世纪初年入侵波斯湾地区的察合台系军队。继承其事业的札马鲁丁次子阿咱丁(ʻIzz al-Dīn)缺乏父辈的才干①,因此,波斯湾控制权逐渐从怯失岛的惕必家族再度转入忽鲁模思篾力手中。随着经济地位的失落,惕必家族和伊利汗国蒙古高层的关系也变得微妙起来。715 年(1315—1316),阿咱丁在大不里士被末代伊利汗不赛因(Abū Saʻīd)的权臣出班(Chūpān) 之子的马失・火者(Dimshaq Khvāja)处死②。怯失、巴林等地被交由出班手下的舍里甫丁(Sharif al-Dīn)管理③。733 年(1333—1334),怯失岛惕必家族中唯一的幸存者匿咱马丁(Niẓam al-Dīn)逃亡至德里算端摩诃末(Muḥammad)宫廷,他在那里费了两年时间游说算端助其恢复家族地位而未果④。至此,显赫一时的惕必家族最终隐没于历史的帷幕之后。

四、结　　语

惕必家族勃然而兴的轨迹,也是蒙古帝国经略海洋历史的一个缩影。从中我们可以观察到,蒙古人作为欧亚草原游牧文化遗产的继承者,先凭借其强大的武力入侵、控制亚洲东、西两侧的沿海地区,以赢取本土海商世家的效忠与合作,并进一步将其吸纳入斡脱系统或官僚队伍中。继而又交替以征伐、招谕两种手段迫使那些未能直接加以控制的东亚、印度洋、波斯湾沿岸诸政权加入由其主导的海洋贸易圈。忽必烈时期的南海政策,以及伊利汗国对波斯南部诸地的经略,初步构建出这个横跨东亚海域—印度洋—波斯湾的海洋贸易圈。而元成宗、合赞汗时期彼此呼应的种种举措,则显示出海洋贸易圈内部的统合。它们表现为:(一)对外交和通商的兴趣超过了直接的军事征服;(二)频繁的政策调整使得权力向

① Ḥāfiẓ-i Abrū, *Jughrāfiyā-yi Ḥāfiẓ-i Abrū*, vol. 2, p. 194.

② Ibn Zakūb, *Shīrāz-nāma*, p. 100.

③ Maḥmūd Katbī, *Tārīkh-i āl-i Muẓẓafar*, ed. ʻAbd al-Ḥussayn Navāʼī, Tehran: Amīr Kabīr, 1985, p. 140.

④ Peter Jackson, *Delhi Sultanate: A Political and Military History*, New York: Cambridge University Press, 1999, p. 184.

皇室集中,代理人阶层(斡脱)则更紧密地依附于宫廷①。最终,蒙古人不仅成为航海活动的积极参与者,也成了这个海洋贸易圈中最重要的干预力量。

而大德二年法合鲁丁的出使,经由瓦萨甫的记载,使我们获得了一个基于西方蒙古汗国视角观察这段历史的绝好机会。首先,大德七年(1303)朱清、张瑄为代表的旧海商集团倒台,标志着元政府完成了对海上贸易体制的再度调整。该事件在发生后不久就传入伊利汗国,显示出其超越国界的影响(《瓦萨甫史》的完者都汗部分完成于1312年前)。其结果则是中政院——皇后卜鲁罕势力——的膨胀和制用院的先禁后开,均反映出权力的集中②。其次,元成宗时期"中卖宝货"和商业使团活动的经常化,则是支持大规模海洋贸易持续进行的动力。

跨"东亚—印度洋—波斯湾"海洋贸易圈的成熟,具有其超越政治、族群、地域边界的一面。实际上,它是通过元朝、德里算端国、伊利汗国、也门的剌速黎王朝及埃及的马穆鲁克算端国等一系列政权之间的合作共同实现的。但我们也不能忽略身居内陆的另两个蒙古政权在其中所扮演的角色:13世纪末窝阔台—察合台汗国的复兴,深刻地改变了地区间原有的政治、经济形势和商业格局。13世纪末到14世纪初的数年间(1296—1302),察合台系的势力交替入侵波斯湾沿岸地区和德里算端国,导致了传统商业网络的破坏,却也间接帮助怯失岛成为波斯湾最大的商业港,以及使印度南部的商业地区得以暂时摆脱北方德里算端国的

① 这表现为:元贞二年(1296),元廷下令"禁舶商毋以金银过海,诸使海外者不得为商",而两年后,即大德二年(1298)元廷又设制用院负责海外贸易事物;大德七年"罢制用院。禁诸人毋以金银丝线等物下番";大德九年"又置制用院"。在制度的屡禁屡开、举止乖方背后,实反映出元成宗欲借此垄断海外贸易利益之目的。《元史》卷一九至二一《成宗本纪》,第405、448页;卷九四《食货志·市舶》,第2403页。同时,瓦萨甫也点明了大德七年禁商下海之举,实与清洗朱清、张瑄势力有关而非防备日本海寇,故仅维持了很短暂的时间。高荣盛:《元代海外贸易研究》,第22—23页。

② 黄溍:《金华黄先生文集》卷三一《亚中大夫汉阳知府致仕卢公墓志铭》称:"会朝廷以没入朱、张财物,悉归于中宫。"(第6a页)

入侵①。甚至朱清、张瑄的败亡及随后对海外贸易集团的调整，也和元朝政府为了缓解大量赏赐窝阔台—察合台系诸王而造成的财政压力有关②。而远在欧亚大陆西端的金帐汗脱脱（Toγto）则试图通过和伊利汗国和解，并重启高加索—黑海商业圈的方式参与其中③。各蒙古汗国在成吉思汗后裔的同族意识支配下的内部互动和相互影响，也是我们考察跨国商业网络时不能忽略的一个因素。

而在这个海洋贸易网络之内，随着贸易和人员流动规模的增长，制度和知识一体化程度也在迅速提高。海路逐渐取代陆路，成为跨越政权边界获取遥远地区信息的通衢。我们可以借由13世纪波斯大诗人萨迪（Saʿdī）的诗篇直观地感知，这是怎样一个安居户牖之下就可畅谈“远方时习”的黄金岁月：

> 我认识一个商人（bāzārgān），他有一百五十头骆驼，四十名奴仆和伙计。一天晚上，在怯失岛（Jazīra-yi Kīsh），他把我请到自己的屋子里。整夜喋喋不休地闲聊着，说：“……萨迪呵，我还有一次旅行在

① 主要事件包括：1296年察合台军队入侵德里；1298年忽都鲁火者入侵泄剌失；1299年忽都鲁火者入侵德里；1301年一万名在察合台诸王支配下的哈剌兀纳思（Qarāūnas）骑兵入侵法儿思和起儿漫，同年部分察合台军队进入德里，1302年捏古迭儿人入侵忽鲁模思；1303年察合台系将领唆哥台（Sögedei）入侵德里等。察合台军队交替入侵上述两地很难说是随机的选择，相反，我们更倾向于推测波斯南部地区和北印度属于同一个商业网络。两地之间长久存在的内部联系和人员物资往来，吸引了中亚蒙古人的注意，而对商用路线和地理知识的熟悉，使得蒙古骑兵能长驱直入并发动攻击。Vaṣṣāf/Bombay, pp. 368–371; Ziyā al-Dīn Baranī, *Tārikh-i Fīrūzshāhī*, pp. 253–254; *The Travels of Pedro Teixeira*, pp. 160–161.

② 《完者都史》载，卜鲁罕皇后曾赏赐明里铁木儿巨额财宝，以诱其回归。Tārīkh-i Ūljāytū, p. 37. 日本学者植松正即认为朱、张被诛，和皇后（卜鲁罕）一系的抬头有直接关联。植松正：《元代江南の豪民朱清、张瑄について：その诛杀と财产官没をめぐって》，《东洋史研究》27.3（1968）：292—317。

③ 该商业圈自1292年旭烈兀和别儿哥（Berke）围绕阿哲尔拜占（Aẕirbayjān）、埃兰（Arrān）和谷儿只（Gurjistān）的归属权而兵戎相接后便遭阻断（《史集》第三卷，第91—94页）。《瓦萨甫史》的报道称，战端开启后，别儿哥和旭烈兀分别下令杀死各自境内的对方商人作为报复。沟通两国的打耳班（Darband）商路遂为之绝（Vaṣṣāf/Bombay, p. 50）。1301年，合赞汗亲赴打耳班，恢复了与金帐汗国的商贸往来（《史集》第3卷，第322页）。而当时阿儿达比勒（Ardabīl，在伊朗北部，与阿哲尔拜占接壤）的教团同时也与忽鲁模思保持着商业往来。*Ṣafvāt al-ṣafā*, pp. 1118–1119.

即，如果此次成行，则余生将终老户牖，不再远行。”

我问：“那是怎样一次旅行呢？”

他说：“我要把波斯的硫磺贩卖到中国(Chīn)，再从那儿把瓷器带到鲁木(Rūm)，把鲁木的锦缎卖到印度(Hind)，再把印度钢运到阿勒颇(Ḥalab)，把阿勒颇的玻璃卖到也门(Yamān)，把也门花布卖到法儿思(Pārs)。此后我就放弃行商而坐守店铺。”

——《花园》(Gulistān，第二十二则故事)①

后记：

案，拙稿二校蒇事，适自希伯来大学伊斯兰与中东研究系(Department of Islamic and Middle Eastern Studies, The Hebrew University of Jerusalem)的奥尔·艾米尔(Or Amir)博士处获悉，14世纪阿拉伯教法学家、百科全书编纂者札哈比(al-Dhahab ī, Muḥammad Ibn-Aḥmad, 1274—1348 AD，出生于叙利亚)曾撰写有一部名为《伊斯兰史与学者生平》(*Ta' rīkh al-islām wa-wafayāt al-mashāhīr wa al-a' lām*)的传记辞典，其中亦收录有札马鲁丁·惕必小传。经与拙稿中征引之阿拉伯、波斯语传记比较后，发现札哈比所录者较前揭诸书更为详细。其中重要增补有两处，且皆与当日波斯湾至中国的海上贸易活动有关。故参考奥尔·艾米尔博士提供之英译文，迻译于下，并略附按语：

(札马鲁丁)尝语人曰：吾与诸兄航行印度洋时，曾迷航于途。直至从[行商事业]中积累相当资财，始得返乡。嗣后，吾等又亲历僧祇(al-Zanj)、秦地(al-Ṣīn)与契丹(al-Khitā')诸地。而诸兄遂留居马八儿，以宰臣职(ṣāḥib)事土王。……(下略)

作者又谓：当合赞汗在位时，伊本·撒哇密里(按，即札马鲁丁)

① Shaykh Muṣliḥ al-Dīn Sa'dī, Gulistān va būstān, trans. Edward Rehatsek and G. M. Wickens(Tehran: Hermes Publishers, 2008), pp.390 - 391.

> 等人返回报达(Baghdād)、弼斯罗(Baṣra)两地暴敛横征('asafū，本意为"暴虐、欺凌")；曾语其同行者伊本·蒙塔卜(Ibn Muntāb)云，吾随身无它物，仅携一"ḤB"(原文为：حب，一作"al-JRT"，الجرة)。彼且示我(指伊本·蒙塔卜)一"ḤB"，值八万抵纳(dīnār)。而后其即遣人携之往中国，【每一迪儿罕(dirham，伊斯兰货币单位)获利达九个迪儿罕。札马鲁丁卒于706年(1306—1307)，其子昔剌朮丁·乌马儿(Sirāj al-Dīn 'Umar)被任命为君主(指伊利汗)在马八儿的代理人，另一子穆罕默德(Muḥammad)成了泄剌失长官，阿咱丁('Izz al-Dīn)则统治整个法儿思王国至700年(1300—1301)】①。

据前揭引文，我们可知札马鲁丁·惕必游历中国之事乃出自其亲口所述，当属可信。且其行商之地不仅限于东南沿海地区，更曾深入北部中国。大德二年其子法合鲁丁赴大都朝觐，不过是踵其故迹而已。

第二则故事中，札马鲁丁·惕必向其随从展示者，当为某种特殊货币或代价券。其价值极昂，又可以被用于对元朝(中国)的贸易活动中。该词无法在通行的阿拉伯语字典中检得，但不能不令人疑心实为"钞"(波斯语：Chāw"چاو")字之讹。因当日阿拉伯人固不知"钞"一词，而无论"ḤB"抑或"JRT"的写法均与"钞"字近似，或因形近致误。而末句中两处提到之"迪儿罕"，其一当指"钞"面所标示之货币单位，其二则为进行交易时兑换所得的货币实物。若此推测能够成立，则适可为拙文中提及的，因元朝政府屡"禁舶商毋以金银过海"，当日海外舶商遂普遍接受纸钞作为国际贸易的通货，添一旁证。当然，要彻底坐实这一推测，笔者亦寄希望将来能通过广泛调查札哈比书的不同手稿，来发现更为可靠的文献证据。

最后也要向为笔者提供原书扫描件并解释文意的奥尔·艾米尔博士，艾米尔·马佐尔(Amir Mazor)博士谨致谢忱。

---

① Muḥammad Ibn-Aḥmad, al-Dhahabī, *Ta' rīkh al-islām wa-wafayāt al-mashāhīr wa al-a 'lām*, ed. Tadmurī, 'Umar 'Abd-as-Salām (Beirut: Dār al-Kitāb al-'Arabī, 1997), vol. 61, p. 71.

附录

表一：各本中“那怀”一名的异写

	Tehran University，No.8617，f. 447	Nuqāy īlchī
	Tehran University，No.8617，f. 447	Nuqāy
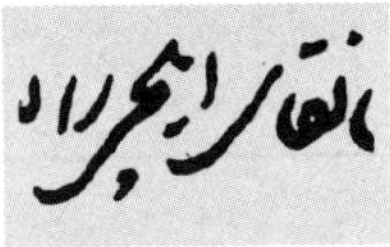	Tehran University，No.8617，f. 447	Nuqāy īlchī
	MS. Nuruosmaniye Library，f. 187a/p.374	Nu[q]āy īlchī
	MS. Nuruosmaniye Library，f. 187b/p.375	Nūqāy
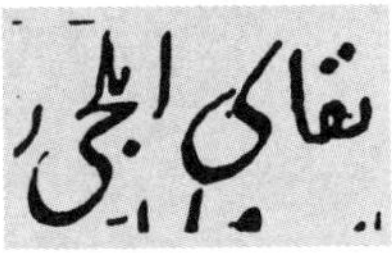	MS. Nuruosmaniye Library，f. 189a/p.377	[N]uqāy īlchī
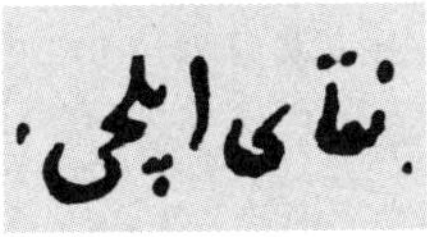	MS. Majlis，No. 8621（898），f.274a	Nuqāy īlchī

续 表

	MS. Majlis, No. 8621 (898), f. 274b	Nūqāy
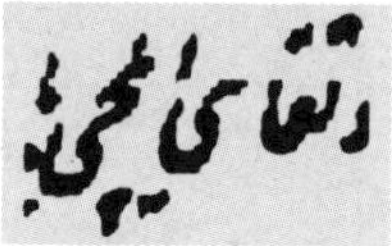	Bombay, p. 505	Tuqāy īlchī
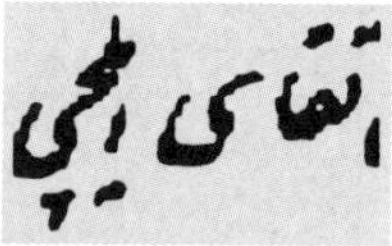	Bombay, p. 506	Tuqāy īlchī

说明：原本缺少音点，据上下文补出者，用括号[ ]标示。

图一　怯失岛在波斯湾中的位置

(谷歌地图 https://www.google.co.il/maps/place/kish+island+Iran，检索 2016.01.29)

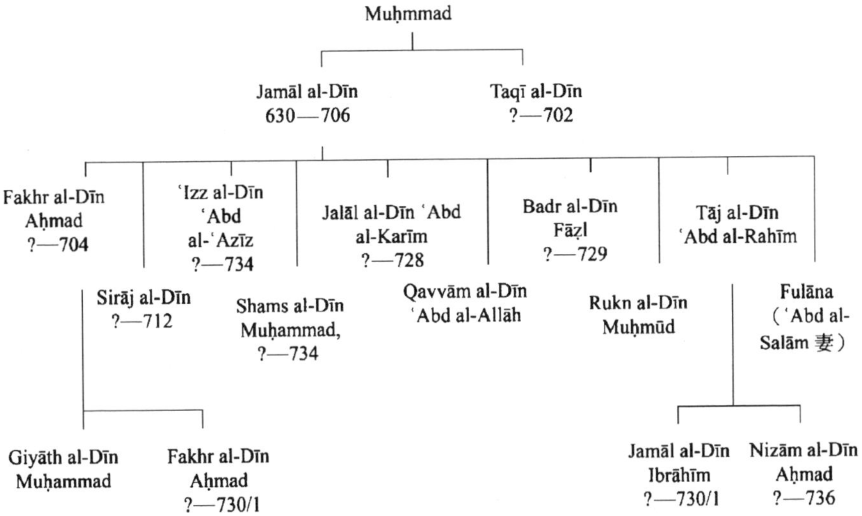

图二　札马鲁丁家族世系

（Aubin,"Les princes d'Ormuz du XIII au XV siècle", p. 138）

第八章　“骨咄”新考

——对内陆亚洲物质交流的一个考察

一、引　　言

1970年在西安市南郊何家村出土了大批唐代窖藏金银器。因值文革混乱时期，窖藏出土后未及发表正式的考古报告。直到2003年，始由文物出版社择其中精品收入《花舞大唐春》一书出版。何家村窖藏展示了唐代金银器制作的最高工艺水平，真实反映出唐代丝绸之路上东西方文化交汇、融合的面貌。这批窖藏文物以各式金、银、玻璃器皿为主，但在同批出土的四具银盒中保存有十条玉、骨质腰带，其中一具银盒内有墨书题记：“白玉纯方胯十五事十失玦，骨咄玉一具，深斑玉一具各一十五事失玦。”①其中这副被明确标注为“骨咄玉”的腰带，为研究这种流行于中古时期的西域珍宝提供了实物依据。

笔者注意到，这具骨咄玉带公布后，已有不少学者著文对其性质、来源加以讨论②。但大部分作者仅凭“骨咄”一名，就推断它是指西域骨咄国

---

① 齐东方、申秦雁编：《花舞大唐春：何家村遗宝精粹》，北京：文物出版社，2003年，第210页。

② 韩伟：《唐代革带考》，《西北大学学报（哲学社会科学版）》，1982年3期，第100—105页；刘思哲：《西安何家村唐代窖藏九环玉带制作时代考》，《考古与文物》2013年第4期，第97页。刘云辉：《骨咄玉新考》，《陕西历史博物馆馆刊》，第十八辑，西安：三秦出版社，2011年，第264—267页。

(Khutall)所产玉带①,实际上“骨咄”和“骨咄国”无涉。1891 年,德国东方学家雅各布(Jacob)在其研究古代阿拉伯语文献关于波罗的海出产宝石记载的专著中,首次涉及这一主题,并认为阿语中的“骨咄”(*khuṭū*)一词指猛犸(mammoth)象牙②。20 世纪初,劳费尔(Laufer)与法国东方学家伯希和(Pelliot)合撰的《阿拉伯与中国之间的犀牛角和海象齿贸易》长文,又在雅各布、魏德曼(Wiedemann)所刊布的阿语文献的基础上进一步证实了汉文典籍中的“骨咄”,就是阿拉伯—波斯语中“khutū”一词的音写③。此文刊发当年,德国东方学家鲁什卡(Ruska)也就同一主题发表两篇札记,补充了阿拉伯历史学家马苏第(Masʿūdī)的《黄金草原》中关于印度犀牛的记载④。嗣后,劳费尔又在《通报》上发表了前文的《补编》,主要是增补了印度—马来地区传说中的类似记载⑤。突厥学家丹可夫(Dankoff)则讨论了该词的突厥语词源⑥。综合上述诸家的观点,可以认为“骨咄”原指某种出产于黠戛斯(元代译作“乞里吉思”)地区某种大型动物的角,经由商人转运,从花剌子模地区输入汉地。其词源则被认为是来自古代黠戛斯语,或与之相近的某种古突厥语。在传播过程中一些新的成分被混杂进来,如不里阿耳地区出产的海象牙,以及传说中某种巨鸟的喙都被附会以“骨咄”之名。

---

① 骨咄国,一名珂咄罗,为中亚诸小国之一。其名字见欧阳修、宋祁:《新唐书》卷二二一《西域传下・骨咄》,北京:中华书局,1975 年,第 6256 页。相关考订见巴托尔德:《蒙古入侵时期的突厥斯坦》,张锡彤、张广达译,上海:上海古籍出版社,2007 年,上册,第 184—189 页。

② Georg Jacob, *Welche Handelsartikel Bezogen die Araber des Mittelalters aus den nordisch baltischen Länder*, Berlin: 1891. 稍后魏德曼也就同一题材发表论文:Eilhard Wiedemann, “Über den Wert von Edelsteinen bei den Muslimen”, *Der Islam*, 1911, vol.2, no. 1, pp.345 - 358.

③ Berthold Laufer, Paul Pelliot, “Arabic and Chinese Trade in Walrus and Narwhal Ivory”, *T'oung Pao*, vol.14, No.3, 1913, pp.315 - 370.

④ Julius Ruska, “Noch Einaml al-Chutuww”, *Der Islam*, vol.4, Strassberg: 1913, pp. 163 - 164; Julius Ruska, “Review on ‘Arabic and Chines Trade in Walrus and Narwhal Ivory’”, *Der Islam*, vol.5, 1914, p.239.

⑤ Laufer Berthold, “Supplementary Notes on Walrus and Narwhal Ivory”, *T'oung Pao*, vol.17, no. 3, 1916, pp.348 - 389.

⑥ Robert Dankoff, “A Note on khutū and chatuq”, *Journal of the American Oriental Society*, vol.1.93, no.4, 1973, pp.542 - 543.

以今日的眼光来看,劳费尔等人的讨论尚有未能尽善之处:其一,他们主要参考的是当时由德国学者刊布、翻译的几种古代阿拉伯语地理著作,而对同时代的波斯语文献关注较少。第二,作为早期的东方学家,他们的注意力主要集中在历史语言学方面——即阿拉伯—波斯语与汉语文献之间术语的审音勘同,而很少探究隐藏在语词背后的历史场景和文化传统,更忽视了内亚古代民族在物质文明和知识传播过程中所扮演的角色。有鉴于此,本文尝试厘清穆斯林世界到汉地之间关于"骨咄"的知识的传播过程,继而讨论"骨咄"在中古时期内亚外交活动中所扮演的角色。

二、东西方文献中关于"骨咄"的记载

伊斯兰世界中对"骨咄"的了解可以11世纪作为分界线。在11世纪之前的文献中,关于"骨咄"的知识大多来自曾游历中亚、远东地区的使节与商人的报告。最初的记载可上溯至曾于821年造访鄂尔浑(Orkhon)地区的塔明·本·巴合儿(Tamīm ibn Baḥr)的游记,该作者是阿拔思哈里发派往回鹘汗庭的使节。在游记中塔明·本·巴合儿提到九姓乌古斯(Tughuz Ghuzz)地区出产"骨咄",为某种动物的角。虽然塔明·本·巴合儿游记注释者米诺尔斯基(Minorsky)认为,这段记载是抄录者误将10世纪作家马卫集(al-Marwazī)的著作片段羼入正文的结果①。但是记录阿拔思宫廷所获各种外交礼物的专书《礼物与珍宝之书》中即记载了,832年(伊斯兰历217年)担任哈里发马蒙(al-Maʾmūn)的秘书和税收长官的哈桑·本·萨赫尔(al-Ḥasan b. Sahl)王子穆塔辛·比剌(al-Muʿtaṣim bi-Allāh)进贡了"一千枚曷萨(Khazariya)、寄蔑(Kīmākiya)、九姓乌古思(Tughuz-Ghuzziya)出产的盘子,数枚珍奇的骨咄念珠(*ḥabbāt khutū ʿajība*),以及一些优质的带骨咄手靶和巨大的牛黄石手靶的刀子(*wa*

---

① 此马卫集全名为:Abu al-ʿAbbas ʿIsa ibn Muhammad al-Marwazī,与著名的地理志《动物的自然属性》作者并非同一人。Vladimir Minorsky, "Tamīm ibn Baḥr's Journey to the Uyghurs", *Bulletin of the School of Oriental and African Studies*, vol. 12, 1948, pp. 304 - 305.

ʿ*adda sakākīn khutū nabīla wa sakākīn bāzahr ṭā'ila*)”①,是以证明当时的阿拔思哈里发宫廷确已通过外交和贸易渠道获知骨咄的存在。

到10世纪,随着东、西亚之间贸易的发展,关于“骨咄”产地的报道日渐多元。成书于10世纪末的波斯语地理志《世界境域志》(*Ḥudūd al-ʿalām*)载,骨咄产于吐蕃和黠戛斯(Khīrkhīz)地区,是某种“象或犀牛”(*pīl-st va karg*)的角②。而同时代的阿拉伯学者穆合达西(al-Muqqadasī)则提供了更具体的信息:他在转录由“粟特人”(*ahl al-Ṣughad*)提供的,关于从吐蕃地区流入花剌子模的商品时写道:“麝香生在一种羚羊(*al-ẓabī*)的肚脐里,它头的中部生有大角。据说:人们用它前额上的角(*qarn*)来制作刀靶(*nuṣub*),它被叫作骨咄刀靶(*al-maʿrūfatu bi-nuṣūb al-khutū*)。”③

至此,早期伊斯兰文献中关于“骨咄”产地的三种主要说法(九姓乌古斯、吐蕃、黠戛斯)均已出现。比较上述三种说法,可以发现早期记录者多把“骨咄”的输出地当成其产地,这也符合“骨咄”作为一种长距离贸易商品的传播特征。另外,作为当时东西贸易中最活跃的商人群体,粟特人扮演了主要的信息传播者角色。这些早期的记录往往被稍后的伊斯兰地理志所援引,如马卫集(Marwazī, 1056—1120)、加尔迪齐(Gardīzī, ?—1061)、哈马维(al-Ḥamawī, 1179—1229)和可疾维尼(al-Qazwīnī,

---

① Aḥmad ibn al-Rashīd Ibn al-Zubayr, *Kitāb al-dhakhā'ir wa al-tuḥaf*, Jordan: Department of Press and Publications(Dā'ira al-Maṭbūʿāt wa al-Nashr), 1959, pp.36-37. Aḥmad ibn al-Rashīd Ibn al-Zubayr, *Book of Gifts and Rarities* (*Kitāb al-Hadāyā wa al-Tuḥaf*): *Selections Compiled in the Fifteenth Century from an Eleventh-Century Manuscript on Gifts and Treasures*, trans. & annotated by Ghāda Ḥijjāwī Qaddūmī, Harvard Univ Press,1996, p.83.

② *Ḥudūd al-ʿālām*, ed. by Manuchir Sutūda, Tehran: Tehran Univ. Press, 1981, p.60, 73, 80; 英译本见: *Hudud al-ʿAlam: the Regions of the World*, translated and explained by V. Minorsky, London: Oxford University Press, 1937, p.84, 92, 96.

③ 此人全名作: Maḥmmud b. Aḥmad b. al-Khalīl b. Saʿīd al-Tamīmī al-Muqqadasī,约生活于回历390年(公元1000年)前后。他关于自然科学的著作已佚,但部分片段被14世纪埃及学者诺外利抄录入《应用于文学各门之成果》一书中。Shihāb al-Dīn Aḥmad b.ʿAbd al-Wahhāb al-Nuwayrī, *Nihayat al-arāb fī funūn al-adāb*, Bīrūt: Dār al-Kutub al-ʿIlmiyah, 2004, vol.12, p.5.

1203—1283)等人的著作①。随着时间推移,越来越多作者开始接受骨咄产自黠戛斯地区的说法②。同时,随着伊斯兰地理学家对中亚和印度洋沿岸国家了解的深入,还有不少学者将骨咄与产自印度与南亚的犀角相互比较,认为两者有相似形态和药理功能。如马卫集称:"骨咄"(*khatū*),这是一种犀牛(*kargadan*)的角。对中国人而言,这是最珍贵的货物,因为他们用其制作腰带,而此种腰带在所有同类物中也是价格最为昂贵的③。

汉语文献中关于骨咄的记载,以成书于贞元十七年(801)的《通典》为最早。其书介绍北亚古代民族"俞杬国"时,附注称其地"多貂鼠、骨咄也"④。而《新唐书·地理志》在介绍黠戛斯和营州柳城郡时,两次提及骨咄:一处称其为黠戛斯所产之兽类,而另一处则将"人参、麝香、豹尾、皮、骨骴"并列为当地土贡⑤。此外,北宋乐史的《太平寰宇记·勿吉国》中也有"国多貂鼠皮尾,骨咄角,白兔,白鹰等"的记载⑥。按勿吉为古代东北亚

---

① Abu Sa'īd Abdul-Hay ibn Dhaḥḥāk ibn Maḥmūd Gardīzī, *Zayn al-akhbār*, ed. by Raḥim Reẓāzādeh Malek, Tehran: Anjuman athār-i mafākhir-i farhangī, 2005, p. 559. Yāqūt Ibn 'Abdallāh al-Ḥamawī al-Rūmī, *Mu' jam al-buldān*, Birut: Dār Ṣādī, 1977, vol.3, p.441. 该辞条被费琅收入《阿拉伯波斯突厥人东方文献辑注》,但汉译本此处误将"牛黄"译为"毛粪石",而将"骨咄犀"(*ḥiyāt al -khutū*)译为"罗勒草"(*ḥiyāt al-ḥabq*),耿昇、穆根来译,北京:中华书局,1989 年,上册,第 230—231 页,注 4。al-Marwazī, *Sharaf al-Zaman Tahir Marvazi on China, the Turks and India*, trans. by Vladimir Minorsky, Frankfurt am Main: Institute for the History of Arabic-Islamic Science at the Johann Wolfgang Goethe University, 1993, p. 17, Arabic text, p. 5. Zakarīyā' ibn Muḥammad al-Qazwīnī, *'Ajā'ib al-makhlūqāt wa-gharā'ib al-mawjūdāt*, Beirut: Dar al-Afaq al-Jadidah, 1973, p. 27. 该书德译本见 Georg Jacob, *Welche Handelsartikel bezogen die Araber des Mittelalters aus den Nordisch Baltischen Länder*, Berlin: 1891, p. 18.

② 其中,惟哈马维书载骨咄产于"炽俟"(Chigil)。按炽俟为三姓葛逻禄一部,与黠戛斯相邻而习俗、出产相似。故易被伊斯兰地理志作者混为一谈。*Ḥudūd al-'alām*, pp. 82-84. 关于汉文史料中炽俟部的考证,见王小甫:《唐·大食·吐蕃关系史》,北京:北京大学出版社,2009 年,第 194 页,注 95。

③ al-Marwazī, *Sharaf al-Zaman Tahir Marvazi on China, the Turks and India*, p. 17, 23; Arabic text, p. 5, 82.

④ 杜佑:《通典》卷二〇〇《边防典》,王文锦、王永兴、刘俊文、徐庭云、谢方点校,北京:中华书局,1996,第五册,第 5471 页。

⑤ 欧阳修、宋祁:《新唐书》卷二一七《黠戛斯传》,第 6146 页;卷三九《地理志》,第 1023 页。

⑥ 乐史:《太平寰宇记》卷一七五《勿吉国》,《景印文渊阁四库全书》,台北:台湾商务印书馆,1986 年,第 470 册,第 617 页。

民族(一说肃慎,一说靺鞨),乐史的记载当转录自古籍①。约抄成于1009年的敦煌写卷《韩擒虎画本》(S. 2144)中亦有蕃王献细马、明驼、骨咄、瓶羝、麋鹿、麝香于隋文帝的记载,似径直将骨咄看成是产自西域的某种兽类②。而据上述记载可以观察到,汉语文献中对骨咄的了解与伊斯兰世界基本同步。

骨咄为何会被列入“营州土贡”? 这可能与当时东西方商业流通的路线有关。据唐贾耽《皇华四达记》所载“入四夷之路与关戍走集最要者七”,即唐代东西方之间最主要几条商业路线,其中之一即为“营州入安东道”③。该道向西可经大同、云中出塞外,经草原丝绸之路与西域相通;向北则可以前往辽东和朝鲜半岛,是荟萃东西方商品的商业重镇,故骨咄也随着其他来自西域的商品集散于此。此外,营州也是隋唐时期东来粟特人的聚居地之一,如粟特—突厥混血的安禄山即出生于此④。因此这条记载和前揭穆合达西的记载一样,显示了粟特商人在东西方商业活动中的影响力。另外这也可能居于营州本地的粟特人投唐人所好,将来自异域的骨咄当作本地土贡进献唐廷。

如果说11世纪前东西方对于骨咄的了解主要得自传闻,那么11世纪后,随着河中地区、东部波斯在皈依伊斯兰教之后,本地文化的渐次复兴,那些出生本土,又熟悉中亚文化风俗的作者也带来了远较前人具体的信息。在此,不得不提及出生于河中地区的比鲁尼(全名:Abū al-Rayḥān Muḥammad ibn Aḥmad al-Bīrūnī, 937—1048)。比鲁尼的学术生活大部分是在哥疾宁(Ghazna, 在今阿富汗加兹尼)度过的,此地为哥疾宁王朝的首府,也是东部伊斯兰世界的文化中心。作为中世纪伊斯兰世界百科

---

① 魏收:《魏书》卷一〇〇《勿吉国传》,中华书局,1997年,第19页:“勿吉国在高句骊北,旧肃慎国也。”李延寿:《北史》卷九四《勿吉国传》,中华书局,1974年,第3123页:“勿吉国一曰靺鞨。”脱脱:《金史》卷一《本纪·世纪第一》,北京:中华书局,1975年,第1页:“金之先,出靺鞨氏。靺鞨本号勿吉。勿吉,古肃慎地也。”

② 黄征、张涌泉:《敦煌变文校注》,北京:中华书局,1997年,第304页。(此条承复旦大学中文系张小艳老师告知)

③ 欧阳修、宋祁:《新唐书》卷四三《地理志》,第1146页。

④ 荣新江:《北朝隋唐粟特人之迁徙及其聚落》,《中古中国与外来文明》,北京:三联书店,2001年,第105页。

全书式学者的代表人物，比鲁尼在自然科学、数学、语言学、历史学（尤其是印度史）等多个领域均有极深造诣。同时他也更注重从亲历者那里搜集情报，且多具注信息出处，因而记述的可靠性远过前人。《珍宝之书》（*al-Jamāhir fī al-jawāhir*）和《药典》（*al-Ṣaydana*）是他关于矿物学、药学方面最具代表性的著作。两书中都有关于"骨咄"的辞条，在此据《珍宝之书》逐译如下：

> 骨咄，出自兽类。然颇受人喜爱并收藏之，特别是在"秦"（al-Ṣīn）和东突厥诸部（atrāk al-mashriq）。其物或与牛黄（*bādhar*）有关，因为据称若将毒物置之近处，就会不停冒汗；据说，只要靠近被下过毒药的饭菜，[它]就会抖动不已，并发出像孔雀（*al-ṭāwūs*）一样惊叫声。
>
> 我曾向来自契丹汗（Qitāy khān）的使者打听，他们（按：指在契丹）经常没有理由地[给人]下毒，但毒药都随着汗液流掉了。这是牛（*thūr*）的额角（*jabhat*）。这和书中的记载相吻合，这种牛应来自黠戛斯（Khirkhīz）之地。
>
> 我们看到它的厚度超过两指，这几乎不可能长在体型较小突厥牛身上，它需要生长一百年（才能长成这样）。真实的情况是，它的产地据说是在黠戛斯地区的高山中，因为他们（黠戛斯人）就住在附近的地方。而不是出自伊剌克和呼罗珊。
>
> 据说还有一种是名为"海象"（*fīlān mā'īyan*）的海犀牛（*kargadan mā'ī*）角，将其雕刻成装饰精美的剑（*al-firindiya*），类似鱼牙髓（*lubb nāb al-samak*）——这是由不里阿耳人（al-Bulghāriya）从寰海（Muḥīṭ）的支流北海带到花剌子模（Khwārazm）的①。

---

① 按，寰海（Muḥīṭ），又作 al-Baḥr al-Muḥīṭ 或 Baḥr Uḳiyānūs al-Muḥīṭ（简称：Uḳiyānūs）。此词源自希腊语（'Ωκεανός），指环绕着希腊的海洋（即大西洋）。有时也以此名称"绿海"（al-Baḥr al-Aḥżar 或波斯语：Dariyā'ī-yi Aḥżar），在可疾维尼（al-Qazwīnī）等伊斯兰古典地理学家的观念中，这是将人类居处的大陆四面环绕起来的一片海洋。

据拉齐(Akhawayn)说①:最好的[骨咄]是呈弯曲状的,其颜色是稍微透红的黄色。其次是樟脑色,其次是白色,其次是杏黄色,其次是暗红的琥珀色,其次是近似骨质的碎谷粒色,最次则是胡椒色。其品质与颜色和形状有关②。

比鲁尼提供了比前人更为系统的关于骨咄的信息,详细介绍了骨咄的来源、产地、品级的区分。除传统的“黠戛斯产地说”之外,他还谈到了由不里阿耳人从波罗的海输入花剌子模的海象牙齿也被当作骨咄的代用品。这则记载显示出当时中亚和罗斯、波罗的海之间的商业联系。我们根据 10 世纪出访伏尔加不里阿耳宫廷的哈里发使节——伊本·法即兰(Ibn Faḍlān)的出使路线可知,该商路是从花剌子模出发,经里海南端北上穿过乌拉尔河流域抵达不里阿耳地区③。直到 13 世纪,可疾维尼仍称“连续不断的商队自不里阿耳地区前往花剌子模”④。粟特商人也曾是这条商路上非常活跃的群体。而在汉文文献中,这种来自海象齿骨质饰品被称为“鱼牙”。如《旧唐书》载,大历八年(773)新罗使节所献的“鱼牙紬”当即此物。而《辽史国语解》又称“榾柮犀”为“千岁蛇角”⑤,或亦与波罗的海输入海象牙齿有关。

这段介绍中关于骨咄见重于契丹地区的记载,则是讨论辽与中亚伊斯兰王朝交往的重要史料。由于 10 世纪后的阿拉伯—波斯语文献常用

① Akhawayn,全名作 Akhawayn al-Raẓīyan,指中世纪伊斯兰医学家拉齐(Muḥammad b. Zakariyā al-Raẓī, ? —923),著有《医学集成》。其生平介绍见费瑯:《阿拉伯波斯突厥人东方文献辑注》,上册,第 98—99 页。

② al-Bīrūnī, *al-Jamāhir fī al-jawāhir*, ed. by Yusuf al-Hādī, Tehran: Intishārāt-i ʻIlmī va Farhangī, 1995, pp. 338 - 341; al-Bīrūnī, *Kitāb al-ṣaydana*, Arabic Text by ʻAbū Rayhān Bīrūnī, trans. by ʻAbū Bakr ibn-i ʻAlī Kashānī, ed. by M. Sutūda and Iraj Afshār, Tehrān: Dānishgāh-i Shahīd Bahshtī, 2008, vol. 1, pp. 256 - 257.

③ Aḥmad Ibn Faḍlān, *Ibn Fadlan's Journey to Russia*, trans. Richard N. Frye, Princeton: Markus Wiener Publisher, 2005, pp. 14 - 20.

④ al-Qazwīnī, *Welche Handelsartikel bezogen die Araber des Mittelalters aus den nordisch baltischen Länder*, p. 18.

⑤ 脱脱:《辽史》卷一〇六《国语解》,第 1549 页。按《辽史》中《国语解》部分为元人取材耶律俨《皇朝实录》和陈大任《辽史》等书编纂而成。而将蛇角与骨咄视为一物的说法,似要到元代始广泛流行,故《辽史国语解》对骨咄的解释,或为元朝史臣的看法。(此条承中国社科院历史所康鹏兄指正)

"契丹"一词泛指北中国，而10世纪末兴起的哈剌汗王朝(999—1213)时而也以"契丹"(Qiṭā 或 Khiṭā)名号见诸穆斯林文献。那么本文所提及的"契丹汗"究竟指哈剌汗还是辽朝君主？比鲁尼关于骨咄来源的一则传闻似可解此疑问。其文略谓：

> 据与秦地相接的偏远之地居民传说，当地太阳会突然变得昏暗，于是他们就放弃自己的牲畜，匍匐在地。[转述此事者]说："我也和他们一样做，不敢抬头，直到黑暗过去，光明复现。……据传当地有一种鸟，居于荒野无人之地，体型极为巨大。它捕食大象……如同鸡啄食谷粒。其名为骨咄，为当地人所尊崇。他们像尊崇它一样，称其君主为汗(*khān*)，而称其妻为哈敦(*khatūn*)。"①

考上引文，作者所指似非哈剌汗王朝。其证据为：一、比鲁尼是以其所在的哥疾宁作为基点进行叙述的，因此所谓"与秦地相接的偏远之地"不可能是指位于中亚的哈剌汗王朝。而辽兴起于中国东北，从作者的角度来看确属偏远之地。二、虽然哈剌汗时而也借用"契丹汗"名号以抬高自己的声望，但在当时的中亚人眼中，辽—契丹作为东亚的强大政权，其影响力远胜哈剌汗王朝。三、在比鲁尼生活的时代，辽与哥疾宁王朝之间有直接的外交联系。四、哈剌汗虽然源出突厥葛鲁禄部，但在建立王朝后游牧色彩并不强。五、根据《突厥语大词典》"骨咄"词条的解释，哈剌汗朝的骨咄进口自中国而非直接从乞儿吉思或伊斯兰世界进口②。这也显示

---

① al-Bīrūnī, *al-Jamāhir fī al-jawāhir*, p.340. 与《珍宝之书》不同的地方是，《药典》仅指"哈敦一词的词根为'骨咄'，并称该词后来又被借入波斯语。"al-Bīrūnī, *Kitāb al-ṣaydana*, p.257.

② 马赫木德·喀什噶里：《突厥语大词典》(*Diwan lughat at-turk*)，校仲彝译，北京：民族出版社，2002年，第三卷，第213页。"骨咄：是从中国进口的海鱼的角，一说它是某种树根。它被用来加工成刀靶。可以用它来检测食物中是否有毒，如果碗中的肉汤或其他食物中被下了毒的话，在不点火的情况下，用它搅动汤碗或仅仅是将其放置于碗上，都会让它大量出汗。"作为比鲁尼同时代人，可以看出喀什噶里的记载与前者基本一致。按，汉译本误将该词标音为"qatuq"，又将"海鱼的角"译作"海鱼的鳍"，据 Dankoff 译文改正。Dankoff, Robert, "Kāšġarī on the Beliefs and Superstitions of the Turks", *Journal of the American Oriental Society*, 1975, vol.95, no.1, p.78.

出哈剌汗朝对骨咄的推崇更可能是受辽或汉地传统影响的结果。

相反，如果将这里的“契丹君主”理解成辽朝君主则毫无扞格。按《辽史》具载，“辽因突厥，皇后曰可敦，国语谓之脦里蹇”①。而关于契丹人对日食的禁忌，史料记载较少。《辽史》载，开泰九年（1020），“秋七月庚戌朔，日有食之，（辽圣宗）诏以近臣代拜救日”②，似可证明辽代宫廷确有趁日食之际“拜日”以禳除灾异的惯例。讹为宋代王易所著《燕北录》则云辽人“如日蚀，即尽望日唾之，仍背日坐”③。案，这段记载中的“背日坐”，似亦含有避免直面目击日食的意味。基于上述两点，我们似可相信，比鲁尼的消息应直接来自“契丹汗”的使节。

至于比鲁尼称契丹语“汗”与“哈敦”均源自“骨咄”一词，只是加上了区分阴阳性的后缀。这类民俗词源学解释虽不具学术性，但反映了来自操该种语言人群内部的看法。因此这段记录中对“汗”、“哈敦”和“骨咄”之间词源关系解释，体现出当时的契丹人对这几个外来词汇的理解。13世纪初地理志作者别克兰（Bakrān）也提供了一条相关的记载。他说哈剌契丹人迁入八剌沙衮（Balāsāghūn）后，“他们的驻地被命名为‘Qūtū’，他们的百姓遂误称自己为‘契丹’（Khiṭā）”④。设若比鲁尼所记的契丹人称谓风俗未变，则西迁的哈剌契丹人应该是用“Qūtū”（即骨咄）一词来指代君主，并引申为驻帐于八剌沙衮的哈剌契丹王庭的别称，而非如别克兰所言仅仅是音近而致误。

辽朝虽兴起于松漠之间，但历数代经营，其势力已涵盖漠南、漠北与西域之地。据假名宋人所纂的《契丹国志》中所载，辽代礼制将“大食国”

---

① 脱脱：《辽史》卷七一《后妃传》，第1198页。

② 脱脱：《辽史》卷一六《圣宗本纪》，第187页。

③ 苗润博：《〈说郛〉本王易〈燕北录〉名实问题发覆》，《文史》2017年第3期，第141—156页。

④ Muḥammad ibn Najīb Bakrān, *Jahān-nāma: matn-i jughrāfiyā'ī*, ed. by Muḥammad Amīn Riyāḥī, Tehran: Intishārāt-i Kitābkhāna-yi Ibn Sīnā, 1963, p. 72. 又参考陈春晓：《中古穆斯林文献中的“中国”称谓》，《西域文史》第11辑，北京：科学出版社，2017年，第148页。

列为"三年一次遣使"之国①，两者之间当有较为密切的政治、商业联系。《辽史》亦载，辽太祖天赞三年（924）九月癸亥，辽圣宗开泰九年（1020）十月和太平元年（1021）三月，均有大食国使节来访及贡献方物②。按，上述引文中的"大食国"分别是指立国阿姆河、锡尔河之间的萨曼王朝（874—999）和哈剌汗朝（999—1212）。而辽与哥疾宁王朝（977—1186）也维持外交联系。如周一良、黄时鉴先生先后据马卫集书收录的《契丹皇帝致哥疾宁算端书》，考证出辽朝君主曾于太平四年（1024）遣使哥疾宁算端，请求两国通好并缔结婚约③。考比鲁尼卒年相当于辽兴宗重熙十六年（1047），因此就生活时段而言，他也完全有机会直接从辽使节处获得信息。

另一方面，辽代遗存的汉文文献也证实了比鲁尼记载的可靠性。辽人视骨咄为重宝，重熙二十四年（1055）曾专门下诏，令"夷离堇及副使之族并民如贱，不得服驼尼、水獭裘，刀柄、兔鹘、鞍勒、佩子不许用犀玉、骨突犀，惟大将军不禁"④。萧乐音奴亦因在平"重元之乱"中的功绩，"赐榾柮犀并玉吐鹘"⑤。辽亡后曾被金人羁押北地的南宋使臣洪皓也说，"契丹重骨咄犀，犀不大，万株无一，不曾作带，纹如象牙带黄色，止是作刀把，已为无价。天祚以此作兔鹘[中国谓之腰条皮]、插垂头者"⑥。上述诸则，皆为其例。骨咄流行于辽，这种风尚甚至还反过来影响到了周边的突厥民族。《突厥语大词典》至谓骨咄"是从中国进口的海鱼的角"⑦。

骨咄具有预警毒物的功能在 11 世纪之后始常见于伊斯兰文献。如赛尔柱王朝宰相内札米·穆勒克（Niẓām al-Mulk，1018—1092）记录的一则故事：速来蛮算端能在数千人的聚会中辨别出札法儿（Ja'far）身怀毒

① 叶隆礼：《契丹国志》卷二一《外国进贡礼物》，贾敬颜、林荣贵校勘，北京：中华书局，1985 年，第 205 页。
② 脱脱：《辽史》卷二《太祖本纪》，第 20 页；卷一六《圣宗本纪》，第 188—189 页。
③ 周一良：《新发现十二世纪初阿拉伯人关于中国之记载》，《周一良集》第四卷，沈阳：辽宁教育出版社，1998 年，第 719—733 页。黄时鉴：《辽与"大食"》，《黄时鉴文集 2：远迹心契》，上海：中西书局，2011 年，第 16—30 页。
④ 脱脱：《辽史》卷二一《道宗本纪》，第 252 页。
⑤ 脱脱：《辽史》卷九六《萧乐音奴传》，第 1402 页。
⑥ 洪皓：《松漠记闻补遗》，陶福履、胡思敬编：《豫章丛书·史部一》，南昌：江西教育出版社，2000 年，第 114 页。
⑦ 马赫木德·喀什噶里：《突厥语大词典》第三卷，第 213 页。

物。后者被捕后问及原因。算端答道，我宝库中有一对珠子（*dū muhra*）尤其贵重，其状类玛瑙（*jazʿ*）而非玛瑙。吾佩之于臂，须臾不离身。若某人身怀毒物，或投之于饮食，其味侵于彼，此珠即抖动相击不已，算端便知室内某处置有毒物，随即着手提防云云①。或许是未能询得其名，内札米·穆勒克仅言其“似玛瑙而非玛瑙”，当为深色硬质宝石状物体。但据文中所言，该物一接近毒物即“抖动相击不已”，与比鲁尼的说法一致；而据前揭《礼物与珍宝之书》，在西亚颇流行将骨咄磨制成念珠，故可以推断此物应即骨咄。

在辽代汉文文献中，我们尚未找到关于骨咄能辨毒的记载。倒是唐人段公路笔记中曾提及一物名“通犀”，谓其“堪辨毒药酒，药酒生沫”②，可与伊斯兰文献的描述相比照。《辽史》载会同四年（941），“皇族舍利郎君谋毒通事解里等，已中者二人，命重杖之，及其妻流于厥拔离弭河，族造药者”；保宁八年（976）皇子只没因妻造鸩毒，“夺爵，贬乌古部”；南院枢密使高勋“以毒药馈驸马都尉萧啜里，事觉，流铜州”等③。《契丹国志》亦载，辽太宗从弟麻荅因定州失守，为世宗“鸩杀之”；又景宗萧皇后姊赵妃“因会饮毒后，为婢所发，后酖杀之”④。上征诸例至少可以证明，在辽代的宫廷生活中以毒药谋害政治对手或处死犯罪大臣是一种常见手段。此外史书中亦有契丹、渤海等东北亚民族善于用毒的记载。如《契丹国志》“嗢热者国”、“渤海国”条中均有当地人“好寘蛊”、“寘毒”的记载⑤。故比鲁尼书所

① Khwāja Niẓām al-Mulk, *Siyar al-mulūk* (*Siysāt-nāma*), ed. by Hubert Darke, Tehran: Intishārāt-i Bungāh-i Tarjamah va Nashr-i Kitāb, 1981, p. 237; Niẓām al-Mulk, *The Book of Government, Or, Rules for Kings: The Siyar al-Muluk, Or, Siyasat Nama of Nizam al-Mulk*, trans. by Hubert Darke, London: Routledge, 2002, pp. 176 - 177. 一说，此则故事摘抄自巴尔马克王朝（Barmakids, 765—803，在阿拔思哈里发时期统治塔巴里斯坦地区的波斯家族）的史书。

② 段公路：《北户录》卷一《通犀》，张智主编：《中国风土志丛刊》，扬州：广陵书社，2003年，第6页。按，“通犀”据颜师古注，指一种两段相通，中央色白的骨质品。班固：《汉书》卷九六《西域传下》，北京：中华书局，1998年，第3928页。

③ 脱脱：《辽史》卷六一《刑法志上》，第937页；卷六四《皇子表》，第985页；卷八五《高勋传》，第1317页。

④ 叶隆礼：《契丹国志》卷四《世宗天授皇帝》，第45页；卷一三《后妃传·景宗萧皇后》，第142页。

⑤ 叶隆礼：《契丹国志》卷二六《诸蕃国杂记》，第247—248页。

载，契丹使者称契丹人善下毒害人一事，要非虚语。

继比鲁尼之后，波斯珠宝商内沙不里（Nayshābūrī）写成了第一部波斯语珠宝书。作者本人出生于珠宝商人世家，此书写成后被题献给花剌子模宰相尼扎米（Niẓām al-Mulk Ṣadr al-Dīn Abū al-Fatḥ Masʿūd），故以《尼扎米的珠宝书》（*Javāhir-nāma-yi Niẓāmī*，成书于1195—1196年）命名。此书对13、14世纪作者有着很大影响。如纳昔儿丁・图昔（Naṣir al-Dīn Ṭūsī，1201—1274）的《伊利汗的珍宝之书》（*Tansūq-nāma-yi Īlkhānī*）以及哈山尼（Qāshānī）的《宝石新娘与自然奇珍》（*ʿArā'is al-javāhir va nafā'is al-aṭā'ib*，写于1300—1301年）均大量摘引该书内容①。同时，此书记录了不少与珠宝贸易有关的轶闻，是研究直到12世纪末中亚历史的重要史料。

《尼扎米的珠宝书》中关于骨咄的记载包括了：1）骨咄的属性、2）品级、3）特性、4）价格、5）同类物、6）其他，共六个部分。他的信息的大部引自比鲁尼书，又作了不少增补。除了比鲁尼提到过的"黠戛斯牛角"和"海象牙"两种说法外，内沙不里补充了如下几种说法：

> 一说，"骨咄"是犀牛骨头（*ustukhvān-i kargadan*）；而更出名的传闻是"骨咄"即龙（*aẕda*）角。
>
> 一说，在寰海（Dariyā'ī-yi **Muḥīṭ**）的极偏远之地有一种鸟（*murghānī*）体型甚巨。有时候这些鸟会死在岛上，其喙的前端类似骨咄。
>
> 更正确的说法是，这是偶然出现于和鲁木（Rūm）相连的地中海里的某种兽角，它被称作骨咄。但我们不知道这是何种动物。
>
> 不过骨咄是某种兽角，这点毫无疑问。它们多产于鲁木的边远地区。根据正确的经验，用刀削刮其表面，或将其投入火中燃烧，或

---

① Naṣir al-Dīn Ṭūsī, *Tansūq-nāma-yi Īlkhānī*, Tehran: Intishārāt-i Bunyād-i Farhang-i Īrān, 1969. Abū al-Qāsim ʿAbd Allāh Qāshānī, *ʿArā'is al-javāhir va nafā'is al-aṭā'ib*, ed. by Īrāj Afshār, Tehran: Intashārāt al-ʿMaʿī, 2007.

将其抛光，剩下的就是骨咄角[①]。

可以看到，在内沙不里生活的时代，黠戛斯作为骨咄产地的重要性下降了。相反，鲁木海（即地中海）成了骨咄的重要产地[②]。而骨咄的定义也变得更为宽泛，包括了诸如牛、犀、海象、巨鸟和"龙"（即大蛇）等形形色色动物的角。这两个转变同样也体现在汉语文献中：前揭《辽史国语解》中已将犀、蛇混为一谈。而骨咄产于鲁木海的信息，出现在汉文文献中比伊斯兰文献滞后了约一个半世纪。1259 年远赴西亚觐见伊利汗的刘郁，在所著《西使记》中列"骨笃犀"为西海所产，称其为"大蛇之角也，解诸毒"[③]。按，《通典·边防典》云"大秦……其国在西海之西，亦云海西国"，此处的"西海"当为地中海[④]。

由于骨咄价格昂贵，不可避免地出现了许多仿制品。作为精明的珠宝商人，内沙不里也介绍了不同种类的骨咄仿制品及其鉴别方法。在内沙不里时代，产于不里阿耳的鱼牙地位跌落，仅仅被当成是骨咄的同类物或仿品。作者说可以将"指甲花（*ḥinā*）和松兰（*vasma*）弄湿"给鱼牙染色仿冒骨咄，但用刀削刮即可辨别。而在"其他类似（骨咄）的东西"条目中，内沙不里还提到"柏树要是非常古老，其中一些日子久了就会长出像巴榄树的瘿瘤一样东西"，而它也能被用来仿制骨咄[⑤]。这也就解释了为何汉语文献有时会将骨咄写成"榾柮"——因"榾柮"一词本义为

① Muḥmmad ibn Abī al-Barakāt Juharī Nayshābūrī, *Javāhir-nāma-yi Niẓāmī*, ed. by Iraj Afshār, Tehran: Mīrāṣ-i Maktūb, 2004, pp. 364 – 365.

② "鲁木"是阿拉伯—波斯语中对拜占庭的称呼。而鲁木海（al-Baḥr al-Rūm，或 al-Baḥr al-Shām）即"拜占庭海"（Sea of Byzantium）指地中海。Karen Pinto, "'Surat Bahr al-Rum' (Picture of the Sea of Byzantium): Possible Meaning Underlying the Forms", *Eastern Mediterranean Cartographies*, ed. by G. Tolias and D. Loupis, Athens: Institute for Neohellenic Research / National Hellenic Research Foundation, 2004, pp. 233 – 241.

③ 王恽：《玉堂嘉话》，杨晓春整理，北京：中华书局，2006 年，第 62 页。

④ 杜佑：《通典》卷一九三《边防九·西戎五·大秦》，第五册，第 5264 页。

⑤ Nayshābūrī, *Javāhir-nāma-yi Niẓāmī*, p. 368.

“树根”①。而骨咄出自树根的说法亦见于《突厥语大词典》，显示了波斯语、突厥语和汉语世界中知识的流通。

在“骨咄的特性”部分，除了沿袭自比鲁尼的“辨毒说”外，内沙不里还介绍了骨咄的药用功能。他说：

> 如果将骨咄放在患有‘illat-i *asāfil*（?）的病人身下烟熏，如此在［患病］处（熏炙）百次即可痊愈。更因［骨咄的］这种效用，桃花石人（Tamghāj）甚为渴求之，因他们之中患‘illat-i *asāfil* 者颇多。
>
> 据说骨咄本身即能祛病，即便不加以烟熏的话也能抵御［疾病］。这是它的两大特性，而这两点都被证实是有效的，且为人们所认可②。

这段介绍中，术语“illat-i *asāfil*”意义不明，字面意思为“下端（原文为复数，或指下肢）的疾病”。元明之际曹昭所撰《格古要论》（写成于1387年）也曾提及骨咄的药用功能，语云“骨笃犀……摩刮齅之有香，烧之不臭，能消肿毒及能辨毒药”③。这段话反映出元及明初人对骨咄功用的了解，不过曹氏所谓“肿毒”和内沙不里的‘illat-i *asāfil* 是否为同一种病症，尚待其他资料佐证。有趣的是，在1768—1774年间受俄国女皇叶卡捷琳娜委托前往俄属亚洲地区进行考察的帕拉斯神父，曾谈到当时的卡尔梅克人有以“蛇角”治疗溃疡病的习惯，即用蛇角划破疙瘩或肿块。当地人还告诉他这种蛇角是从西藏谋来的④。这是骨咄作药用较晚近的记录。

关于骨咄作为珠宝在东方国家中受欢迎的情况，内沙不里说：

---

① 焦竑：《俗书刊误》卷一一，景印文渊阁《四库全书》，第228册，第581页。释义为“短木树根曰‘榾柮’”。劳费尔《补正》一文中曾引Hooker观点，认为这是指一种西藏产的蛇菰属（balanophora）寄生植物，似不如内沙不里说来的可信。Laufer, “Supplementary Notes on Walrus and Narwhal Ivory”, p. 360.

② Nayshābūrī, *Javāhir-nāma-yi Niẓāmī*, p. 366.

③ 曹昭撰，舒敏、王佐增补：《新增格古要论》卷六，顾廷龙主编：《续修四库全书》，上海：上海古籍出版社，2002年，第585册，第223页。该条后为李时珍抄入《本草纲目》，李时珍：《本草纲目》卷四三，季羡林主编：《传世藏书·子库·医部2》，海口：海南国际新闻出版中心，1996年，第3412页。

④ 帕拉斯：《内陆亚洲厄鲁特历史资料》，邵建东、刘迎胜译，昆明：云南人民出版社，2002年，第158页。

> 自古以来，人们用它做刀靶（*dasta-hā-yi kārd*）、剑柄（*qabẓa-hā-yi shamshīr*）和镜子把手（*dasta-hā'ī-yi āyna*），在许多地方受人珍视，尤其是在桃花石（Ṭamghāj）、契丹（Khiṭā）和唐古惕（Tanggut）。契丹的贵人和平民用它来制作腰带（*kamar*）。由于需求旺盛，不管多贵都有人买，并将其当成他们宝库中的珍宝。

考虑到在内沙不里写作本书的时代，现代中国疆域内同时并存着多个政权，因此“桃花石”可能被用来泛指金朝①。而唐古惕殆指西夏，这是内沙不里新增的信息。因为 11 世纪初西夏政权成立后，大部分经中亚输入的伊斯兰商品均需通过西夏领土。而在内沙不里写作此书时辽朝已覆灭于金人之手，故此处“契丹”实指哈剌契丹（详下文）。上述记载也能得到传世文献和出土文物的印证。据《金史》所载可知，灭亡辽朝的女真人，很快也从前者那里继承了对这种域外奢侈品的嗜好。而金世宗尤其热衷于将骨咄（骨睹）作为赏赐亲贵重臣的珍玩。早在登基前，其妻昭德皇后曾劝世宗以“故辽骨睹犀佩刀、吐鹘、良玉、茶器之类”结宠于海陵王。而在其即位后，他曾因庆贺“曾孙”满三月，赐其“骨睹犀吐鹘、玉山子”等宝物，而章宗则以“骨睹犀具佩刀”为献；又因仆散忠义击败移剌窝斡叛军有功，世宗赐其“御衣、及骨睹犀具佩刀”②。上引三例中均提到的“骨睹犀具佩刀”，可以印证内沙不里所言骨咄刀靶在汉地受人珍视的记载。而用骨咄制镜子把手虽未见诸文献，但从辽宁等地出土的各式辽、金手柄镜来看，在把手上镶嵌宝石、牙制品是当时非常流行的做法③。

内沙不里书中提到契丹人用骨咄来装饰腰带，应指汉文文献中所谓“銙带”。据何家村藏宝可见，此类玉、骨质銙带早在 8 世纪中叶前即已流

---

① 陈春晓认为，在穆斯林文献中，“桃花石”更倾向于指汉人统治下的那片中国区域，尤其在与“契丹”同时出现时更是如此。同时“桃花石”更多地是以缀有“汗”（Khān）的形式出现，用作统治者的称号。“桃花石汗”所指对象一为喀喇汗王朝统治者；一为对中国君主的泛指。陈春晓：《中古穆斯林文献中的“中国”称谓》，第 150—151 页。

② 脱脱：《金史》卷六四《后妃下》，第 1520 页；卷八七《仆散忠义传》，第 1937 页；卷九三《章宗诸子・洪裕传》，第 2058 页。

③ 伊葆力：《金代铜镜艺术》，收入氏著：《辽金文物摭英》，洛杉矶：逍遥出版社，2005 年，第 188—235 页。

行汉地[①],同时伊斯兰世界也已通过来华商人获知此种风俗[②]。降至辽、金两朝,文献中又往往称用骨咄、玉制成的带銙为“吐鹘”(一作“兔鹘”、“兔胡”)。《金史·舆服志》释其义为“束带”[③],但和骨咄一样,此词的词源或亦来自突厥语 *tuqu* 一词,意为“钩,皮带的钩”[④]。该词也见于中古蒙古语,作 *tuγu*(板、饰片)[⑤]。

何家村发现的骨咄玉带銙的意义在于,首次经由实物确认了此种流行于中古时期的名贵材质的真面目。据研究者称,这具骨咄玉带銙色泽黄而泛青,杂有黑色斑点[⑥],恰好符合内沙不里对“价值和品质最上乘”的骨咄的描述——他说,“‘蝎’(‘*aqrab*)色骨咄,其色为蝎子黄色,略显青色。其上遍布蝎状花纹,花纹和色泽鲜明而清晰”[⑦]。这从另一方面显示了何家村藏宝品级之高。宋元时期的汉地作者似亦了解骨咄品级在其色泽和纹理,惟不及伊斯兰学者描述详细。如洪皓形容“已为无价”者“纹如象牙带黄色”,而周密也称骨咄“花纹如今市中所卖糖糕,或有白点,或有如嵌糖糕点”[⑧]。而曹昭则谓其“其色如淡碧玉,稍有黄。其纹理似角。扣之,声清如玉”等,均能准确刻画出骨咄形态特征。

综上所述,我们大致可梳理出骨咄及其相关知识在东、西方文献中的传播过程与时间节点:骨咄最初是指一种产于亚洲内陆的骨质品,大约于公元 9 世纪为伊斯兰学者所著录。但对其来源、产地则有各种不同说法,

---

① 齐东方:《花舞大唐春》,第 210 页。

② 苏莱曼(Sulaimān):《中国印度见闻录》,穆根来、汶江、黄倬汉合译(据 Sauvaget 法译本转译),北京:中华书局,2001 年,第 16 页。

③ 脱脱:《金史》卷四三《舆服志》,北京:中华书局,1975 年,第 984—985 页。

④ 喀什噶里:《突厥语大词典》第三卷,第 222 页。现代土耳其语中仍保留有该词汇,作 toka,意为“搭扣、襻”。周正堂、周运清:《土耳其语-汉语词典》,北京:商务印书馆,2008 年,第 1827 页。

⑤ Volker Rybatzki, *Die Personennamen und Titel der Mittelmongolischen Dokumente: eine Lexikalische Untersuchun*, Helsinki: Yliopistopaino, 2006, p.350.

⑥ 对何家村出土骨咄玉带颜色的记录,参看韩伟:《唐代革带考》,《西北大学学报(哲学社会科学版)》,1982 年 3 期,第 102 页,田卫丽:《玉润华光——陕西西安何家村窖藏出土的玉带銙》,《文物天地》,2015 年 2 期,第 40 页。

⑦ Nayshābūrī, *Javāhir-nāma-yi Niẓāmī*, p.36.

⑧ 周密:《志雅堂杂钞》卷上,《周密集》,杨瑞点校,杭州:浙江古籍出版社,2015 年,第 4 册,第 33 页;又周密:《云烟过眼录》卷一《鲜于伯机枢所藏》,《周密集》,第 4 册,第 21 页。

直到11世纪后始逐渐清晰和系统化，成为某一类具有解毒功能的骨质品名称。汉地基本和伊斯兰世界同时获悉骨咄之名，但到辽金时期，因皇室推重才屡见于文献。不过除了极少数曾经游历北地者，很少有人能对其进行直观的描述。同时，汉地学者对它的了解也多为只言片语，缺乏体系。降至蒙元时期，随着更为密切的东西交流时代的到来，域外物品大量流入汉地，甚至使民间士人也有机会亲睹骨咄真面目，关于骨咄的知识也逐渐与穆斯林文献趋于一致。而在有关骨咄的知识逐渐变得清晰的同时，依附其上的神秘性也逐渐弱化。因此在元明以降的汉文记载中，骨咄的地位远不如辽金时期那么受人尊崇，它主要被用作饰品或药材。

三、骨咄作为贡礼在内亚外交活动中的涵义

纵观历史，“骨咄”从一种域外输入的贵重商品变成受到皇室专宠的珍宝，与突厥、契丹、女真等内亚民族的推重有着密不可分的联系。内亚君主们不仅将其作为平日炫示于众的饰品，也广泛将其用作外交贡礼，从而使其名声进一步远播到亚洲东西两侧。检索文献，我们可以看到将骨咄作为外交贡礼这一传统在内亚历史中的延续性。

在阿拔思哈里发时期，地方诸侯们就已经将骨咄作为代表东方特色的贡品呈献给巴格达宫廷。前揭哈桑·本·萨赫尔出身改宗伊斯兰的波斯火祆教徒家庭①，他所呈献的礼物显示了其家族和传统欧亚游牧政权之间的联系。同样，910年(伊历298年)呼罗珊总督伊思马因·本·阿合马(Ismāʿīl b. Aḥmad)向哈里发札法儿·穆合忒迪儿·比剌(Jaʿfar al-Muqtadir bi-Allāh，908—932年在位)进贡了“一千一百张黑貂、沙狐和狐狸[皮](*sammūr wa fanak wa thaʿlab*)，五十只鹰(*bāziyyā*)，二十枚骨咄念珠和三百头大夏骆驼(*jammāza Bakhātī*)”②。伊思马因出身费尔干

① *Encyclopaedia of Islam*, *Second Edition*, ed. by P. Bearman, Th. Bianquis, C. E. Bosworth, E. van Donzel, W. P. Heinrichs. Leiden: Brill & London: Luzac, 1986, vol. 3, p. 243.

② al-Zubayr, *Kitāb al-dhakhā'ir wa al-tuḥaf*, p. 59. al-Zubayr, *Book of Gifts and Rarities*, p. 98. “大夏骆驼”阿拉伯语整理本作：“tahālī驴”(*ḥimāra tahālī*)，tahālī意不详。

纳，后成为萨曼王朝君主。对于哈里发而言，他是阿拔思王朝在河中地区的封臣，而与东方和突厥人之间的贸易在萨曼王朝时期意义重大①。

到哈剌汗王朝时期，骨咄更是在外交场合扮演了重要角色。哈剌汗王朝继承了中古时期内亚的传统，在外交场合除了需要递交外交文书（或由使者口诵）外，呈送礼物和礼单也是必不可少的程序。《福乐智慧》载，在哈剌汗王庭中专设一大臣负责接待外国使节和交换礼物②。而在哈剌汗与哥疾宁王朝的两次重要的外交场合，都能看到骨咄的名字。1001 年哥疾宁算端马哈茂德（Maḥmūd）遣使至讹集邗（Uzgand）会见了乙力纳斯尔（Ilak Naṣr）算端。在这次会面中，马哈茂德同意娶乙力纳斯尔之女为妻，并接受以阿姆河为两国界河的提议。随后双方互赠礼物，乙力纳斯尔所选择的礼物体现出浓郁的欧亚大陆东部游牧社会的风格。哥疾宁朝历史学家乌特比（al-ʿUtbī）称，哈剌汗的使节随身携来"自突厥地区输入的[特产]，包括：整块的[金银]矿石块、麝香囊、进口的男女奴隶、驯服的马匹、供骑乘的良种骆驼，白鹰、黑色毛皮、骨咄刀靶、玉石以及中国珍宝"（*maṣhūban bi-majlūbāt al-Turk*，*min naqr al-maʿādin*，*nawāfij al-misk*，*wa qawd al-marākib*，*wa ʿīs al-rakā'ib*，*wa bayḍ al-buzāt wa suwad al-aūbār*，*wa nuṣub al-khutū wa aḥjār al-yashib wa ṭarā'if al-Ṣīn*）③。据载，马哈茂德也向哈剌汗遣使送去纯金、珍珠、红宝石、琥珀、樟脑和其他印度特产作为回礼。

二十五年后（1025），马哈茂德和哈剌汗合迪儿之间再次签署了和平协议，并缔结婚约。此次缔约因其排场铺张奢侈而广为同时代作者称颂。而在双方会面的场合，再次举行了仪式化的礼物交换。迦尔迪齐《记述的装饰》一书中对此有着比乌特比更为详细的描述。迦尔迪齐称，马哈茂德首先展示了自己的礼物：有金、银质酒杯，宝石，来自巴格达的珍品、织物、

① 巴托尔德：《蒙古入侵时期的突厥斯坦》，第 257、259 页。

② Yūsuf Khaṣṣ Ḥājib, *Wisdom of Royal Glory* (*Kutadgu Bilig*): *a Turko Islamic Mirror for Princes*, Robert Dankoff, ed. and trans., Chicago: 1983, pp. 121 – 122.

③ Muḥammad ibn ʿAbd al-Jabbār al-ʿUtbī, *al-Yamīnī: fī akhbār dawlat al-malik yamīn al-Dawlah Abī al-Qāsim Maḥmmūd ibn Nāṣir al-Dawlah abī Manṣūr Sabutagīn*, ed. by Yousuf al-Hadi, Tehran: Mirāṯ-i Maktūb, 2008, p. 431.

武器、骏马、大象，亚美尼亚产地毯，塔巴里斯坦（Tabaristān，今伊朗）产印花织物、印度剑、琥珀等。而哈剌汗合迪儿则回以“突厥斯坦的礼物”——施以盛饰的骏马、突厥奴隶、隼与白隼、貂皮、银鼠皮、饰有骨咄角的羊皮囊、和阗的玉石和中国产绸缎等①。

正如莫斯（Mauss）给外交礼物所下的定义：它们是不同政权之间“一整套社会关系和义务”的直观体现②。在中古时代伊斯兰世界的外交中，礼物的运用更为普遍和灵活。它们能够含蓄但准确地向接受方传递出诸如和平、友好或威胁等复杂涵义③。而前揭哥疾宁算端与哈剌汗之间的礼物交换，同样也能被视作是各自权力的隐喻。1001 年和 1025 年两次礼物交换中，各方所挑选的外交礼物带有鲜明的地域特征——即它们同时也是该地区主要的外销商品或外交贡品。因此通过不同外交礼物种类的组合，可以暗示出该统治者政治威望所辐射的广度。哥疾宁算端的礼物直观显示出他在伊斯兰世界、高加索和印度所拥有的权力与威望。而马哈茂德在 1025 年提供的礼物中，来自印度的珍宝所占比例更高，这也许是为了夸耀当时正在进行的、对印度中部的征服活动。哥疾宁军队当年占领了卡提阿瓦半岛上的索姆纳特神庙（Somnath in the Kathiawar peninsula），并从那里掠走数量惊人的财富④。与哥疾宁算端“西方君主”的身份相匹敌，哈剌汗则强调自己“东方君主”的身份。如早期的哈剌汗头衔为：“桃花石 · 博格剌 · 哈剌可汗”（Tamghāj Bughurā Qarā Khāqān）⑤；而在 1025 年的缔约活动中，合迪儿也使用“契丹汗”（Qitā Khān）的尊号⑥。值得注意的是，哈剌汗的尊号更强调作为东方普世君主

① Gardīzī, *Zayn al-akhbār*, pp. 270 – 272.

② Marcel Mauss, *The Gift: the Form and Reason for Exchange in archaic Societies*, trans. by W. D. Halls, London: Routledge, 1990, pp. 10 – 24.

③ Doris Behrens-Abouseif, *Mamluk Sultanate: Gifts and Material Culture in Medieval Islamic World*, London: Tauris, 2014, pp. 11 – 33.

④ Gardīzī, *Zayn al-akhbār*, p. 274.

⑤ Danis Sinor (ed.), *Cambridge History of Early Inner Asia*, Cambridge: Cambridge University Press, 1990, p. 364.

⑥ Farrukhī Sīstānī, *Dīvān*, ed. by ʻAlī ʻAbd al-Rasūlī, Tehran, Majlis, 1932, p. 256 – 260, Gardīzī, *Zayn al-akhbār*, pp. 270 – 272.

的特点，而非其本人作为突厥穆斯林的种族、宗教身份。为了与其尊号相符，哈剌汗的礼单也囊括了突厥地区、草原部落和汉地的特产。在上述两份程式化的礼单中，骨咄之所以能够与和阗玉、中国丝绸等并列而占有一席之地，不仅得益于辽—契丹宫廷的推崇，也在于它所具有的神秘性质（来源、功能）有助于塑造君主权威。

合迪儿汗之后的哈剌汗仍然以“契丹汗”的名义见诸穆斯林史书，并积极与中亚各政权展开礼物外交①。1141 年耶律大石建立的哈剌契丹王朝（在汉文史书中亦称西辽，1124—1218）取代分裂为东、西两部分的哈剌汗王朝成了中亚地区的新霸主。与此同时，哈剌契丹的“菊儿汗”（Gūr-khān）也取代日显衰落的哈剌汗，成为伊斯兰史料中新的“契丹汗”。哈剌契丹宫廷也从辽代宫廷和哈剌汗那里继承了对骨咄的爱好。《内扎米的珍宝书》中记录了两则骨咄被当作贡礼的轶事。其一为：

> 篾力穆阿夷德（Malik Muʿayyid）的军队——愿真主庇佑他——自起儿漫（Kirmān）至你沙不儿，一个什叶教徒从起儿漫的宝库中带来一枚重达 1 米思格儿（*misqāl*）4 但格（*dāng*）的水色光亮、圆润莹洁的珍珠，世所罕见。他带着它来到你沙不儿，悄悄地询价兜售。篾力获悉此事后，便以黄金作价从此人手中将其买下，收储入府库中。后来又把它和相当分量的骨咄、珍宝一道进献给了“［哈剌］契丹人”②——愿真主诅咒他们。此举令其库藏失色，盖从未有人得睹如此光彩照人的大珠，这实在是世上无双的重宝③。

① *The Saljūqnāma of Ẓahīr al-Dīn Nīshāpūrī: a critical text making use of the unique manuscript in the Library of the Royal Asiatic Society*, ed. by A. H. Morton, Warminster: E. J. W. Gibb Memorial Trust, 2004, pp. 57 - 59.

② 你沙不里仅指其为“契丹人”，但哈山尼认为此处当指“哈剌契丹”。Qāshānī, *ʿArā'is al-javāhir va nafāy's al-aṭā'ib*, p. 126.

③ Nayshābūrī, *Javāhir-nāma-yi Niẓāmī*, p. 118. Qāshānī, *ʿArā'is al-javāhir va nafā'is al-aṭā'ib*, p. 116. 另参考王一丹：《波斯胡人与传国宝珠：唐人小说与波斯文献中的珍珠传说》，许全胜、刘震编：《内陆欧亚历史语言论集——徐文堪先生古稀纪念》，兰州：兰州大学出版社，2014 年，第 336 页。

按，此处提到的篾力穆阿夷德出身乌古斯部落（Ghuzz），原为塞尔柱算端的奴仆（*ghulām*）。他于1162年篡夺算端桑贾儿的王位后，以你沙不儿为据点控制了周边的徒思（Ṭūs）、檐寒（Damghān）等地①。在花剌子模家族的内乱中，穆阿夷德支持幼子算端沙（Sulṭān-Shāh），而哈剌契丹汗支持长子帖乞失（Tekish）。穆阿夷德的军队被击败，而他也于1174年被俘并遭处决②。内扎米没有提供这则轶事的年代信息。不过，哈剌契丹人要到1165年入侵河中之后，才真正成为左右呼罗珊地区政治格局的力量。因此，穆阿夷德等本土割据势力对哈剌契丹人的归顺大抵应发生在1165年之后，即哈剌契丹女主普速完（西辽承天皇后）在位期间③。

其二则轶事发生在穆阿夷德之子脱罕沙（1174—1185）时期。你沙不里说：

> 拉齐先生（Abūrayḥān，当作Akhawayn）在其著作中……（此处有阙文）异密·穆密农·阿不·贾法儿·巴奴（amīr al-mu'minūn Abū Ja'far Bānū）④的一个"首饰盒"⑤的把手是由多块骨咄联缀而成的。他因此而自傲于众贵人之前。
>
> 又云，我从未见过一枚骨咄重逾150迪剌姆（*diram*）者，也从未听人提及过，在我的时代也未曾有人目睹过比它更大者。
>
> 而较其［品质］稍低的剑柄，在篾力·舍希德·脱罕沙（Malik

---

① Ibn al-Athīr, *The Chronicle of Ibn al-Athīr for the Crusading Period from al-Kāmil fi'l-ta'rīkh*, trans. D. S. Richards, Burlington: Ashgate, 2007, vol. 2, pp. 124 - 129, 132 - 133.

② Ibn al-Athīr, *The Chronicle of Ibn al-Athīr for the Crusading Period from al-Kāmil fi'l-ta'rīkh*, vol. 2, p. 377. 志费尼：《世界征服者史》，波伊勒（J. A. Boyle）英译，何高济译，北京：商务印书馆，2004年，第317—318页。

③ Ibn al-Athīr, *The Chronicle of Ibn al-Athīr for the Crusading Period from al-Kāmil fi'l-ta'rīkh*, vol. 2, p. 201. Michal Biran, *The Empire of the Qara Khitai in Eurasian History: Between China and the Islamic World*, Cambridge: Cambridge University Press, 2005, p. 56.

④ 据比鲁尼书，阙文处当为"昔思田（Sīstān，今伊朗东南锡斯坦省）的异密"阿不·贾法儿·巴奴（923—963在位）。al-Bīrūnī, *al-Jamāhir fī al-jawāhir*, p. 341.

⑤ 该词内扎米写作"*dar jabīn-i dasta*"（在把手的前额部位），但整理者已指出此节引自比鲁尼书，检原文作"大首饰盒"（*durj kabīr*），于文意为优。内扎米可能多抄了一个字母b。

Shahīd Ṭughān-Shāh)时和其他珍宝一道被献给了契丹[汗]。其重100迪剌姆,此[品质]稍低者尚且无人得以亲见①。

按,脱罕沙在其父死后继承王位,并且得到了本地古耳(Ghurr)部落酋长们的支持。因为帖乞失在成功即位后立即与哈剌契丹人交恶,所以哈剌契丹转而支持之前落败的算端沙和脱罕沙②。1181年,脱罕沙前往"菊儿汗"宫廷朝觐,在得到后者支持后返回你沙不儿③。内沙不里所载脱罕沙献骨咄于契丹汗的故事,应该发生在1181年左右。

从以上三例中可以看出,作为一种固定的外交礼物,骨咄被哈剌汗和哈剌契丹君主用来彰显自身政治权威,从而成为代表东方君主权力身份的一种象征。而作为一种政治话语,在外交场合献上骨咄往往也传递出主动请求和平或表示臣服等信息。

初兴的成吉思汗同样也从哈剌契丹人那里继承了这种外交传统。《札阑丁传》作者奈萨维(Nasavī)记录道,成吉思汗在1218年首度遣使花剌子模沙时,充当其外交使节的三名中亚穆斯林马合木·花剌子迷(Maḥmmūd Khvārazmī)、阿里·火者·不哈里('Alī Khvāja Bukhārī)、玉速甫·坎该·讹答里(Yusūf Kangāy Utrārī)"随身带来了突厥地区的物产:整块的[金银]矿石块、骨咄刀靶、麝香囊、玉石以及名为'土儿呼'的,用白色驼绒粗呢制成的衣服,每匹值50抵纳或更多"(*maṣhūbain bi-majlūbāt al-Turk, min naqr al-maʿādin, nuṣub al-khutū wa nawāfij al-misk wa aḥjār al-yashb wa al-thiyāb alladhī tasammai ṭurqū wa anhā tawa'khidh min ṣūf al-jamal al-bayḍ, yubāʿ al-thūb minhā bi-khamasain dīnār ʿau akthar*)④。如果我们将《札阑

① Nayshābūrī, *Javāhir-nāma-yi Niẓāmī*, p.366.

② 志费尼:《世界征服者史》,第342页。

③ Faṣīḥ al-Dīn Aḥmad Faṣīḥ Khavāfī, Maḥmūd Farrukh, *Mujmal-i Faṣiḥī*, Tehran: Asatir, 2007, vol.2, p.705.

④ Shihāb al-Dīn Muḥammad Khurandizī Nasawī, *Histoire du Sultan Djalal ed-Din Mankobirti*, ed. and tr. by O. Houdas, Paris, 1891-95, vol.2, p.32-33. 波斯文译本(译成于15世纪)此处略去"骨咄"一项。*Sīrat-i Jalāl al-Dīn Mīngibirnī*, ed. by M. Mīnovī, Tehran: Shirkat-i Intishārāt-i 'Ilmī va Farhangī, 1965, p.49. 其中'土儿呼'一词,见于(明)火源洁所编:《高昌馆译书》:"绢,土儿呼。"《北京图书馆珍本丛刊》,第六册,景印清同文堂抄本,北京:书目文献出版社,2000年,第396页。

丁传》所记录的礼单与前述乌特比书所载哈剌汗的礼单相比较，可以发现两者无论是用词还是礼物品种都极其相似。而与之对应的是，在外交书信中成吉思汗称花剌子模沙为“日落处君主”（即西方君主，*Pādishāh-i āftāb furū shudan*），同时自称“日出处君主”（即东方君主，*Pādishāh-i āftāb bar āmadam*）①——该头衔在《札阑丁传》中被具体指称为“秦”和“桃花石”的统治者②。这是否意味着《札阑丁传》作者直接袭用了乌特比的文句呢？答案是否定的，因为与奈萨维同时代的德里史家术札尼（Jūzjānī）提供了几乎完全一致的报道。他说成吉思汗带给花剌子模沙的礼物中有“一块像骆驼脖颈一样大的天然金块”，以及“黄金、白银、丝绸、契丹出产的粗制绸缎、名为‘土儿呼’的红色丝织品、海狸皮、紫貂皮、生丝以及秦地和桃花石地区出产的典雅精致的物品”③。而在为蒙古政权效力的历史学家里，唯有穆思妥菲·可疾维尼（Mustawfī Qazvīnī）提供了相似的情报。他说，成吉思汗的“三名信使”（*sa īlchī*）给花剌子模沙带去的礼品“有中国锦、生丝和绸缎；骨咄角、麝香和龙涎；纯金和生银；数目惊人的玉及世上稀见的珍珠”（*z dībāy-yi Chīnī va khazz va ḥarīr, z shākh-i* * *khutū va z mushk va ʻabīr//zar-i pukhta ḥāl va z nāpukhta sīm, z yashm-i farāvān chū durr-i yatīm*）④。

因此，我们可以认为在首次与花剌子模发生外交接触时，成吉思汗在

① Minhāj Sirāj Jūzjānī, *Ṭabaqāt-i naṣirī*, ed. by Ḥabībī, ʻAbdalḥaiy, Kabul: Pūhanī Maṭb, 1964, vol. 2, p. 103. Jūzjānī, *Tabakat-I-Nasirī: A General History of the Muhammadan Dynasties of Asia: including Hindustan, from A.H. 194 (810 A.D.) to A.H. 658 (1260 A.D.) and the Irruption of the Infidel Mughals into Islam*, trans. Major H.G. Raverty, London: Gilbert & Rivington, 1881, vol.2, p.966.

② Nasavī, Histoire du Sultan Djalal ed-Din Mankobirti, vol.2, p.33.

③ Jūzjānī, *Tabakat-I-Nasirī: A General History of the Muhammadan Dynasties of Asia*, vol.1, p.272, vol.2, pp.965－966.

④ 按，整理本“骨咄”一词被拼作 junūd（意为“军人、士兵”），词意不通。而检核奥地利科学院刊布的大英图书馆藏抄本，该词无音点，写作 Ḥ?Ū（ حٮو ），无疑是骨咄（khutū）一词的讹写。Ḥamdallāh Mustawfī Qazvīnī, *Ẓafarnāma*, ed. by Fatemeh ʻAlāqeh, Tehran: Pazhuhishgāh-i ʻUlūm-i Insānī va Mutāliʻāt-i Farhangī, 2011, vol.7, p.237. *Ẓafarnāma*, ed. by Naṣr Allāh Pūrjavādī & Nuṣrat Allāh Rastigār, Tehran: Markaz-i Nashr-i Dānishgāhī; Wien: Verlag der Österreichischen Akademie der Wissenschaften, 1999, vol.2, p.992.

身份认同和外交实践两方面均承袭了哈剌汗所开启的传统，将自己塑造成一位“秦、契丹和突厥斯坦”的君主（或东方君主），而非此后的“世界征服者”。而他所准备的也是此前的哈剌汗君主用以表达和平通好意愿的礼物。我们此时尚看不到蒙古人在征服花剌子模后重新确立的那种“臣服或遭毁灭”的强硬外交策略。或许是出于维护成吉思汗的“世界征服者”形象，蒙古时代的官方史书如《世界征服者史》和《史集》等，均刻意弱化 1218 年蒙古使团的政治使命。他们略去了先期到达的三名中亚穆斯林使节，而将成吉思汗的使团描述成一个单纯的商团，同时也删去了关于成吉思汗外交礼物的记载①。

当然此次外交的失败也有可能是因为成吉思汗同时使用了内亚草原部落和伊斯兰世界两套外交话语。他在外交礼仪上模仿哈剌汗、哈剌契丹先例的同时，又按照草原部落的习俗，将花剌子模沙称作“如我最爱倖之子”（*mithl aʻazz aulādī*）②。在草原社会的外交活动中，这种虚拟血缘的父子关系实际上表达的是相对平等的政治关系，而非上下级分明的藩属关系。因此在成吉思汗一方看来，称对方为子和其礼单所要表达的涵义完全一致。但作为穆斯林，花剌子模沙显然未能适应并理解这两套话语所传递出的信息。据称，他尤其对被称为“子”深感不快，于是再三要求这几位穆斯林如实告知成吉思汗的真实意图和实力。

四、结　　语

本文考察了一种中古时期在汉语和穆斯林文献中被广泛记载的珍宝。经梳理、比较双方的记述，大致厘清了骨咄的多重来源及其在汉语和穆斯林世界中的传播过程，同时通过何家村出土唐代窑藏骨咄玉带，更验证了汉语、阿拉伯语和波斯语文献中关于骨咄记述的真实性。

---

① 志费尼：《世界征服者史》上册，第 86 页；下册，第 406 页。拉施特：《史集》第一卷，第 2 分册，余大钧、周建奇译，北京：商务印书馆，1997 年，第 258—259 页。《元朝秘史》载太祖出征回回缘由，“为其杀使臣兀忽纳等百人。”亦专指商团而言。《元朝秘史》续集卷一，上海：上海古籍出版社，2008 年，第 264 页。

② Nasawī, *Histoire du Sultan Djalal ed-Din Mankobirti*, vol. 2, p. 33.

而从宏观的角度来看，骨咄和与之有关的传说的传播路线是随着东西方之间商业网络的发展而不断扩大的。骨咄的产地和输入地区最终覆盖了联结波罗的海、小亚细亚、花剌子模直到远东的整个内陆商业网络。骨咄一词虽然源自某种突厥语，但却通过契丹人的中介成了阿拉伯—波斯语中唯一一个借自契丹语的词汇①。

最后，本文也论证了骨咄作为贵重商品地位的确立，与突厥、契丹、女真等一系列内亚民族的好尚和审美趣味有着直接联系。也正因此，骨咄在哈剌汗、哈剌契丹和蒙古初期的外交活动中一直被用作外交礼品，这种传统呈现出较强的延续性。但到蒙古帝国兴起后，内亚世界那种相对平等同时礼节繁复的外交传统被终止，取而代之的则是“臣服或遭毁灭”的外交策略，以及充满威胁话语的外交书信②。由于东西方统治者之间的充满象征意味的礼物交换变成了向蒙古人单方面的进贡，骨咄作为外交礼物的使命亦告一段落。

---

① Michal Biran, “The Qarakhanids Eastern Exchange: Preliminary Notes on the Silk Roads in the eleventh and twelfth Centuries”, *Complexity of Interaction along the Eurasian Steppe Zone in the first Millennium CE*, ed. by Jan Bemmann, Michael Schmauder, Bonn: Rheinische Friedrich-Wilhelms Universität Bonn, 2015, p. 584.

② 关于蒙古人“拒绝和谈”的外交策略，以及此后试图与欧洲十字军建立军事同盟时外交风格的转变，可以参看：Denis Aigle, “From ‘Non-Negotiation’ to an Abortive Alliance: Thoughts on the Diplomatic Exchanges between the Mongols and the Latin West”, *The Mongol Empire between Myth and Reality: Studies in Anthropological History*, Leiden: Brill, 2014, pp. 159 - 198.

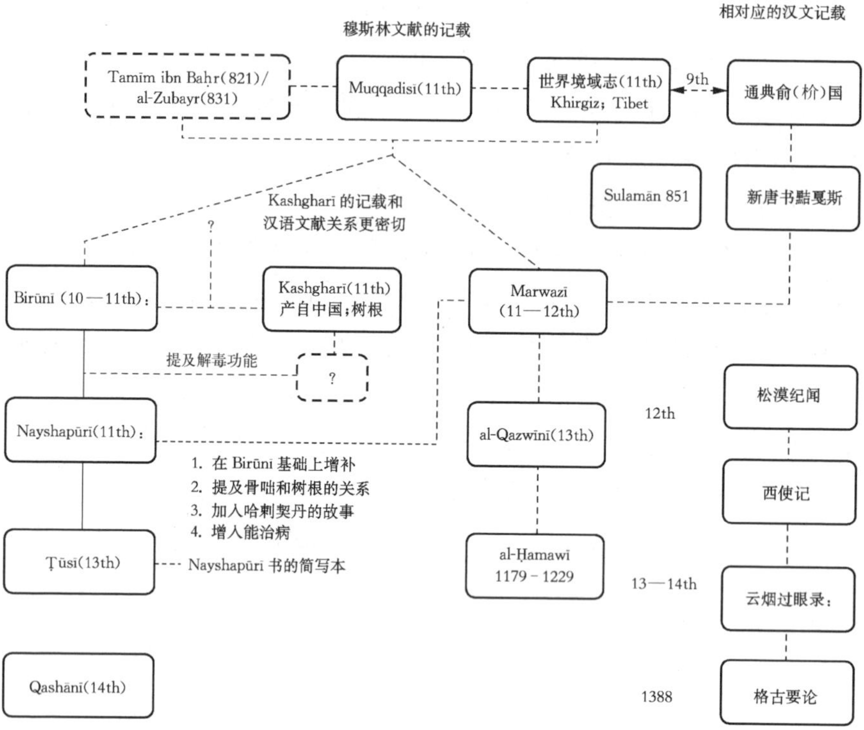
相对应的汉文记载
穆斯林文献的记载
Tamīm ibn Baḥr(821)/
al-Zubayr(831)
Muqqadisī(11th)
世界境域志(11th)
Khirgiz；Tibet
9th
通典俞(枍)国
Sulamān 851
新唐书黠戛斯
Kashgharī 的记载和
汉语文献关系更密切
?
Birūnī（10—11th）：
Kashgharī(11th)
产自中国；树根
Marwazī
(11—12th)
提及解毒功能
?
Nayshapūrī(11th)：
al-Qazwīnī(13th)
12th
松漠纪闻
1. 在 Birūnī 基础上增补
2. 提及骨咄和树根的关系
3. 加入哈剌契丹的故事
4. 增入能治病
西使记
Ṭūsī(13th)
Nayshapūrī 书的简写本
al-Ḥamawī
1179－1229
13—14th
云烟过眼录：
Qashānī(14th)
1388
格古要论

骨咄知识传播示意图

何家村出土骨咄玉带銙

第九章　䑸(Jūng)船考

——13 至 15 世纪西方文献中所见之“Jūng”

一、导　　言

作为威尼斯商人世家的一员，马可·波罗的著作始终带有鲜明的个人色彩，即他对世俗生活的各个细节，都表现出了极大的好奇心。因此他的著作也成为我们了解 13 世纪亚洲，尤其是中国社会面貌的最重要的参考文献。1292 年马可·波罗一家受忽必烈委托，护送公主阔阔真前往伊利汗国与阿鲁浑汗成婚①。由于取道海路，所以马可巨细靡遗地描述了他所搭乘的中国帆船的种种方面。据其所言，这种被称作“巨舶”(the great ship)的帆船以体积巨大而著名。同时在船只结构，运载能力及船队编制上也有着显著特点②。

几乎与马可同时，自 13 世纪后半叶起，在那些曾经由海路来到中国，或曾游历于印度洋东侧的西方旅行者所留下的旅行记里，出现了一个专指“中国帆船”的词汇——“Jūng”(或 Jung)。这个词汇首先为伊利汗国的史家所记录，稍后又通过航行于印度洋、红海海域、操波斯语的水手向欧

---

① *Marco Polo: The Description of the World*, ed. A. C. Moule & P. Pelliot, New York: AMS Press, 1976, p. 19. 冯承钧汉译：《马可波罗行记》第 17、18 章，上海：上海书店出版社，2000 年，第 23—25 页。

② *Marco Polo: The Description of the World*, pp. 354 - 355.《马可波罗行记》第 157 章，第 381 页。

洲传播①。从现在留下的材料来看,“Jūng”就是马可《行记》中所谓之“巨舶”②。研究者普遍同意,“Jūng”是一个汉语借词,但对其词源的讨论仍存在诸多分歧,这篇小文希望能就此问题略作考辨。

二、关于 Jūng(艐)的词源

虽然早在唐代(618—907)穆斯林文献中就已经有了关于“中国帆船”经印度洋远航至波斯湾的记载。阿拉伯商人、旅行家苏莱曼(Sulaymān)和历史学家马苏第(al-Masʻūdī, 896—956)均有专章记述此事。尽管中国帆船给穆斯林世界的作家留下了深刻的印象,但这个时期的阿拉伯—波斯语文献中,似乎还没有一个用来指称“中国帆船”的专有名词。作者们通常使用的词是“*sufun al-Ṣīn*”(苏莱曼)或“*markab al-Ṣīn*”(马苏第)③,而这两个词都来自阿拉伯语对“中国船”一词的直译。

Jūng 一词,最早见于合赞汗至完者都统治时期的宰相、历史学家拉施都丁(1247—1318)所编著的《史集：忻都、信德与怯失迷儿史》一书。其言谓：

关于马八儿：……通常,来自秦(Chīn)和摩秦(Mahā-Chīn)④的

---

① 这是因为波斯语在很长一段时间里,都是在印度洋—南海航行时的“通用语”(Lingua franca),刘迎胜：《明初中国与亚洲中西部交往的语言问题》,刘东主编：《中国学术》第23期,北京：商务印书馆,2005年,第1—29页。

② 如马可和伊本·白图泰都提到,此种中国帆船有十二面帆,每艘大船均由数目不等之小船协从航行等。参《马可波罗行记》前揭引文；Muḥammad Ibn ʻAbdallāh Ibn Baṭṭūta, *Raḥlat Ibn Baṭṭūta*, Beirut：Dār Bayrūt；Dār al-Nafāʼis, 1997, vol. 4, 1997, p. 46；伊本·白图泰：《异境奇观：伊本·白图泰游记》,李光斌汉译,马贤审校,北京：海洋出版社,2008年,第487页。至于此种帆船体积巨大,则各家均有提及。

③ 穆根来、汶江、黄倬汉合译：《中国印度见闻录》(据 Sauvaget 法译本转译),北京：中华书局,2001年,第7页。苏莱曼书原文,参考王有勇编写的《阿拉伯文献选读》,上海：上海外语教育出版社,2006年,第221页。al-Masʻūdī, Abu al-Ḥasan ʻAlī ibn al-Ḥusayn ibn ʻAlī, *Murūj al-Dhahab wa maʻādin al-Jawhar*, Birut：Dār al-Kitāb al-Lubnānī, 1982,耿昇译：《黄金草原》,西宁：青海人民出版社,1998年,第182—183页。

④ 此处的“秦”指北中国；而“摩秦”指南中国。蒙古时代的波斯文史书中,通常以“秦和摩秦”并称的方式来指代元朝统治下的汉地。

各色宝货，以及信德和忻都大陆①的香料，[由]那些在汉语（*zabān-i Chīnī*）中称为“Jung”的大船（*safā'in-i buzurg*）——【阿语】：“（它们）好像长有翅膀的山，在水面掠过。”源源不断地来到那里。出自那个地区的东西以红宝石、香料为大宗；采自海中的则有不计其数的珍珠，特别是[出自]波斯湾诸岛的；以及通常产自伊剌克（'Irāq）、呼罗珊（Khurāsān）以至于鲁木（Rūm）、苫国（Shām）和法兰克（Farang）等等异域殊邦的美丽、多彩、芳香的[商品]，[均]从此地获得。马八儿是忻都的冲要之地②。

这段记载稍后为一系列波斯史书所承袭。如班纳卡提（Banākatī，卒于 1329—1330）③、瓦萨甫（Vaṣṣāf，1264—1334）④以及哈山尼（Qāshānī，生卒年不详，活动于伊利汗完者都在位期间，1304—1316）⑤等。

上述文献构成了穆斯林世界对“中国帆船”新知识的最初报道，并成为以后一切讨论“Jūng”词源的起点。《德胡达大辞典》对“Jūng”一词是这么解释的：

---

① 各家著作中，仅有《完者都史》在“忻都大陆”一词后增出一地名：索法拉（Sofala）。它是莫诺莫塔帕王国（Monomotapa Kingdom）的主要海港，位于今莫桑比克的索法拉省。Qāšānī, 'Abu al-Qāsim 'Abdallāh Ibn-Muhammad, *Tārīkh-i Ūljāytū*, ed. M. Hambly, Tehrān: Shirkat-i Intishārāt-i 'Ilmī va Farhangī, 1969, p. 173.

② Rashīd al-Dīn, *Jāmi' al-tavārīkh: tārīkh-i Hind va Sind va Kishmīr*, p. 40.

③ Banākatī, Abū Sulaymān Dāwūd b. Abi'l-Fażl Moḥammad, *Tārīkh-i Banākatī*, Tehrān: Anjuman-i Āsār-i Millī, 2000, vol. 4, p. 721. 班纳卡提，伊利汗后期的诗人、历史学家。他最主要的著作是《班纳卡提史》，此书是记录自阿聃（Adam）迄止于伊利汗不赛因（Abū Sa'īd）时期的通史。全书分九部分，除伊斯兰世界的历史外，还包括了法兰克史、犹太、印度、中国和蒙古史。一般认为这部著作除最后一部分（记录 1304—1317 年间史事）具有独立的史料价值外，大部分为节录拉施都丁《史集》各卷而成。参看 *Encyclopaedia Iranica*, “BANĀKATĪ, Abū Solaymān”, by P. Jackson, http://www.iranicaonline.org/，检索日期：2012/5/20.

④ Vaṣṣāf, *Tārīkh-i Vaṣṣāf*, p. 301.

⑤ 哈山尼，伊利汗后期历史学家。他曾先后受伊利汗完者都的宰相塔术丁（Tāj al-dīn）和拉施都丁的赏识，并作为助手协助拉施都丁修撰《史集》。他最重要的著作是《完者都史》。此书为接续《史集》而作，以编年纪事的方式记载伊利汗完者都一朝史事。参看 *Encyclopaedia Iranica*, “ABU'L-QĀSEM 'ABDALLĀH KĀŠĀNĪ”, by P. P. Soucek, http://www.iranicaonline.org/，检索日期：2012/5/20.

> 大船(*kashtī wa jahāz-i buzurg*),船(*safīna*);写有各种题材的诗歌的书册;不按一定次序编集而成的诗集。这是一个印地语词,伊本·白图泰拼作"junq";在伊朗称诗人的抒情诗(*ghazal*)专集为"诗筏"(*safīna*,本义为"船")①,后来印地语的"jūng"也等同于此意。因为好几位诗人用其指代诗歌选集②。

西方学者中最早讨论过该词词源的是英国学者玉耳(Yule)。他指摘伊本·白图泰《游记》的法译者将 jūng 与汉字"船"进行勘同的做法,认为其一定借自马来语或爪哇语 Jong 或 Ajong(意为"大船")③。迈耶斯(Mayers, William Frederick)在英译明·祝允明《前闻纪》时,因见"艅"字与法语中表示平底帆船的 jonque 读音相似,首次提出此二字均借自爪哇语 jong④。但伯希和在《郑和下西洋考》一文中,对上述几种观点均加以否定。他的结论是:一、jūng 与"船"字读音不合。二、"艅"不见于字书;且南海贸易之大舟,常名海舶。三、他指出汉语中之"艅"字,殆指舰队⑤。

伯希和的观点,似并未为大多数学者所接受。德福(Deofer)在其《新波斯语中之蒙古、突厥成分》一书中,仍旧把汉字"船"当作 jūng 的词源,并进一步给出了它在现代各欧洲语言中的拼写形式⑥。而中国学者则视专业背景分作两派:古代史学者多仍坚持译作"船"⑦,也有用"艟克"⑧、"舯"⑨等字

① 案,波斯语中的 *safīna* 由本义"船"而可引申出"诗集"之意,为了兼顾这两层意思,笔者借用明贺贻孙所作诗话题目,译为"诗筏"。

② ʿAlī Akbar Dihudā, *Lughat-nāma-yi Dihkhudā*, Tehrān: Majlis, 1994, vol. 5, p. 2918.

③ Henry Yule, *Cathay and The Way Thither: Being a Collection of Medieval Notices of China*, v. 2, London: Hakluyt Society, 1866, pp. 416–417.

④ 伯希和:《郑和下西洋考》,冯承钧译,北京:中华书局,2003 年,第 147 页。

⑤ 伯希和:《郑和下西洋考》,第 147 页。

⑥ Gehard Deofer, *Türkische und Mongolische Elemente im Neupersischen*, Wiesbaden: Franz Steiner Verlag, 1967, vol. 3, pp. 6–7.

⑦ 郑鹤声:《郑和研究资料选编》,北京:人民交通出版社,1985 年,第 372 页。

⑧ 伊本·白图泰:《异境奇观:伊本·白图泰游记》,第 487 页。

⑨ 刘迎胜:《宋元时代的马八儿、西洋、南毗和印度》,收入《海路与陆路:中古时代东西交流研究》,北京:北京大学出版社,2011 年,第 53 页。

来翻译的，以冀能符合古汉语的表达习惯。而研究大航海时代之后中外关系史的学者则普遍使用“戎克”一词①，这个译名似是自日本输入的汉语词②，音译自15、16世纪之后的欧洲文献。似完全没有意识到此名字原为一汉语借词，且早见于13世纪的文献。综观上述各家的讨论，我们可以发现他们预设西方文献中的“jūng”所对应的是汉语中某种船只的专名，这点限制了他们的思路。

对此我的看法是：拉施都丁关于Jūng一词来源于汉语的说法是确凿可信的。jūng正是汉语“䑸”字的音译。因为持反对意见者所依据的主要理由就是认为“䑸”字出现在汉文文献中的时间要晚于西方文献。他们一般都将明马欢所著《瀛涯胜览》当作汉文文献使用“䑸”字的首例。但检索史籍，“䑸”早见于唐人于邵(713—793)之《送刘协律序》：“南海有国之重镇。北方之东西，中土之士庶，䑸连毂击，合会于其间者，日千百焉。”③不过此处囿于对仗，以“䑸”、“毂”并举，以喻车船，并不能确知其意。至北宋真宗(968—1022)时张君房编《云笈七签》收录一则道教感应故事，称有人乘船自三峡出川，“至瞿唐，水方泛溢，波涛甚恶。同䑸三船，一已损失，二皆危惧”④，则是以三艘船为一“䑸”。而在另外数种提到“䑸”字的宋代文献中，“䑸”字也均作船队解⑤。

---

① 比较有代表性的著作有戴宝村：《近代台湾海运发展——从戎克船到长荣巨舶》，台北：玉山社，2000年。

② 如日文辞书《大辞泉》解释为：“ジャンク，【junk】中国で发达した独特の构造をもつ、海洋や河川で使用される木造帆船。近世末までは网代帆(篦帆)を使用したが、今日では布の帆を张る。〔补说〕‘戎克’とも书く。”而日本学者曾在20世纪上半叶出版过一系列以“戎克”为题目的著作，如：南满洲铁道株式会社庶务部调查课编：《支那の戎克と南满の三港》，大连：南满洲铁道，1927年；小林宗一：《支那の戎克》，东京：扬子江社，1942年。

③ 李昉等编：《文苑英华》卷七二三，北京：中华书局，1982年，第3748页。

④ 张君房：《云笈七签》卷一一九《嘉兴开元观飞天神王像捍贼验证》，李永晟点校，北京：中华书局，2003年，第5册，第2621页。

⑤ 李心传：《建炎以来系年要录》卷八七绍兴五年(1135)三月壬辰，“诏广东福建路招捕海贼朱聪。时商舶且来，而海道未可涉。提举广南市舶姚焯言：‘近有海南纲首结领䑸伴前来，号为‘东船’，贼亦素惮。乞优立赏典，同力掩捕。’乃命福建、广西帅臣疾速措置。”上海：上海古籍出版社，2008年，第227页。又，梅应发《开庆四明续志》卷五《奏状》：“盖贼虽有千艘万樯，才一开岸，则为风水所使，散漫四出。决不能成䑸合伴，并力于我。”

到了元代，“䑸”字在文献中出现的次数更频繁，而其意义也愈加明确。朱晞颜（字名世）曾于至元辛卯（1291）年间，随漕船泛海至燕京。后撰《鲸背吟集》录诗三十余首，皆为描述海上行舟生活者。其中有四首提及“䑸”字：

《寻䑸》：万舰同䑸在海心，一时相离不知音。夜来欲问平安信，明月芦花何处寻。

《出火》：前䑸去速后䑸忙，暗里寻䑸认火光。何处笙歌归棹晚，高烧银烛照红妆。

《橹歌》：浪静船迟共一䑸，橹声齐起响连空。要将檀板轻轻和，又被风吹别调中。

《分䑸》：高丽辽阳各问津，半洋分路可伤神。风帆相别东西去，君向潇湘我向秦①。

在这几章诗中，“䑸”皆指由数目不等的船只所组成的船队。“万舰同䑸”似指全体船只聚集一处，泊于海中。而“前䑸”、“后䑸”为运送漕粮的船队在行进途中组成的较小的船队，彼此以灯火为信号保持联系。“分䑸”则指因目的地不同，将规模较大的船队分散成若干支小船队。此外，元代官方文书《南台备要》中有：“此间边江拨脚铁头大船，结䑸运至上江发卖，拒敌巡哨军船，杀害军官人等，岁岁有之。”②《经世大典·大元海运记》则云：“至元十九年，创开海运。每岁粮船于平江路刘家港等处聚䑸（下略）。”等等③“结䑸”、“聚䑸”均指单艘船只结成船队，“䑸”逐渐成为用以指称船队的术语。

而对于进行远洋贸易的海船，元代政府也对其编制有所规定。至元

① 朱晞颜：《鲸背吟集》，台北：商务印书馆，1983—1986 年，景印文渊阁《四库全书》，第 1214 册，第 430—431 页。

② 刘孟琛等编：《南台备要·建言盐法》，屈文军点校：《宪台通纪（外三种）》，香港：华夏文化出版社，2006 年，第 156 页。

③ 文廷式辑：《大元海运记》卷下，收入罗振玉编：《罗氏雪堂藏书遗珍》，北京：全国图书馆文件缩微复制中心出版，2001 年。

二十八年(1291),燕公楠(时为江淮行省参政)曾向忽必烈奏事,报告忙兀台、沙不丁违例抽解舶货,造成市舶管理混乱。元廷根据其建议,于至元三十年(1293)颁布首部市舶条例。其中规定出海船舶"每大舡一只,止许带小舡一只,名曰'柴水舡'"①;延祐元年改订市舶条例增作:"柴水船"、"八橹小船"各一②。市舶司条例的这项规定,使得由一艘大船,辅以数艘小船共同出海的方式,成为元代远洋海船的基本编制。西方旅行家的记载大致与之相同,如《马可·波罗行纪》中所载:"那些大船(great ships)均携二或三艘此种大柴水船(tenders)③,其中之一较余二艘为大;更有十来艘我们唤作小舸(boats)之小船,操持下锚、捕鱼等事,以种种方式辅助大船。"④虽其所记船只多少与元代法令所载有出入,但高荣盛先生认为当时至元法尚未颁布,故船队规模未受限制⑤,其说可从。伊本·白图泰则谓:"每一艘大船都有二分之一大小、三分之一大小和四分之一大小三[艘小船]伴从。"⑥

与此相关,元代文献也开始把"䑸"作为表示一支船队的量词。《元史》载,英宗至治二年(1322),王艮建言"'若买旧有之船以付舶商,则费省而工易集,且可绝官吏侵欺掊克之弊'。中书省报如艮言,凡为船六䑸,省官钱五十余万缗"⑦;又元统二年(1334)十一月戊子,"中书省臣请发两䑸

---

① 《元典章》卷二二《户部八·课程·市舶·市舶则法二十三条》,陈高华、张帆、刘晓、党宝海点校,北京:中华书局、天津古籍出版社,2011年,第878页。

② 《至正条格》卷十二《厩库·市舶》,韩国学中央研究院编:《至正条格·校注本》,首尔:韩国学中央研究院,2007年,第305页;此条又被收入《元史》卷一〇四《刑法志·食货》,第2650页。

③ 原文作 tender,即补给船。今据元代文献译作"柴水船"。

④ *Marco Polo: The Description of the World*, p.356.

⑤ 高荣盛:《元代海外贸易研究》,成都:四川人民出版社,1998年,第188页。

⑥ *Raḥlat Ibn Baṭṭūta*, Vol.4, p.46;《异境奇观:伊本·白图泰游记》,第487页。

⑦ 宋濂:《元史》卷一九二《王艮传》,第4370页。取材自黄溍:《金华黄先生文集》卷三四《中宪大夫淮东道宣慰使致仕王公墓志铭》【元刊本中"䑸"作"综"。《续修四库全书》第1323册,影印清景元钞本,第442页右上;及元刊本《金华黄先生文集》卷三四《中宪大夫淮东道宣慰副使致仕王公墓志铭》,第25页】。又《传》云当时"会朝廷复立诸市舶司,艮从省官至泉州",检《元史》卷二七《英宗本纪》,英宗延祐七年(1321)四月曾下诏"罢市舶司,禁贾人下番",随即于次年三月"复置市舶提举司于泉州、庆元、广东三路",故系此事于1322年。

船下番，为皇后营利”[1]。这两处所提及的“艅船”均为由元政府出资装备并下海贸易，旨在为皇室谋利的“官本船”。除从事商业活动外，它们有时也负有运送使臣等外交使命，如元代海运千户杨枢即是一例[2]。

【按，“艅”字不见于字书。应该是唐宋时，人们为口语里音 zōng，表“船只、船队”的新词专造的一个新的形声字。“艅”字从“宗”得声，《集韵》：宗，作冬切(tsuŋ)。而 13 世纪波斯语文献中通常用 J / Č(使用同一字母)来对应汉语中的 ts-(精母)字的情况[3]，故波斯文献中的 jūng 与汉字“艅”在音韵上也是完全契合的。

而到明代也有将“艅”写作“艐”的例子。“艐”较早见于汉司马迁《史记》[4]，其在元明之前的典籍中的音义主要有三：一音 kè，指船着沙不行；二音 jiè，指至、到；三音 zōng[5]。由于古代汉字中，从“嵏”得声的字，俗写往往换作形体较简、读音近似的“宗”，如“糉”作“粽”(见慧琳《音义》卷一百《比丘尼传》第四卷音义“叶粽”条“蜀人作去声呼粽子，亦俗字也，正体从米从嵏作‘糉’”)、“鬃”作“骔”(见 P. 2999《太子成道经》“便遣车匿被于跦骔”)等。以此类推，当人们看到“艅”时，自然就会以为它是“艐”的俗体。于是明代文献中便出现了以“艐”表船队义的文例。这应是人们将“艐”视为“艅”的繁体后，把“艅”进行回改所致。】[6]

因为多由政府出资，这些船队往往规模庞大，自然也更容易引起异邦人士的关注。所以这个时期波斯—阿拉伯文献中留下的关于中国帆船的描写

---

① 宋濂：《元史》卷三八《顺帝本纪一》，第 824 页。

② 杨枢曾于大德八年(1304)送合赞使臣返国，至忽鲁模思(Hormuz)登岸，“又用私钱，市其土物白马、黑犬、琥珀、蒲萄酒、蕃盐之属，以进平章政事察那等”。黄溍：《金华黄先生文集》卷三五《松江嘉定等处海运千户杨君墓志铭》，引自《黄溍全集》，下册，第 513 页。

③ 如“蛮子”＞ Manjī(منجى)。见《桃里寺文献集珍》(*Safīna-yi Tabrīz*)所载世界地图。Tabrizī，ʿAbū'l Majd Muḥammad b. Mas'ūd，*Safina-yi Tabrīz*，ed. Dr Nasrollah Pūr Javadi，Tehrān：Markaz-i Nashr-i Danishgah-i Tehrān，2002，pp. 714 - 715. 可以作为对照的是：在韩语中精系、照系字所对应的谚文为：j-(ㅈ)。

④ 《史记》卷一一七《司马相如传》：“纠蓼叫奡，蹋以艐路兮。”《注》索隐曰：“艐，音届。”北京：中华书局，2008 年，第 3057 页。

⑤ 照那斯图、杨耐思编著：《蒙古字韵校本》，北京：民族出版社，1987 年，第 29 页，左数第 4 行有“艐”字。此条承党宝海老师检出并告知。

⑥ 此处据复旦大学中文系张小艳老师建议修改。

中,"jūng"多与通商或遣使活动有关①。这也符合元代汉文文献中对"䑸船"一词的使用情况。如《瓦萨甫史》载,怯失岛(Kīsh)领主札马鲁丁(Jamāl al-Dīn Ibrahim al-Ṭībī,在文献中常称其尊号"篾力・伊斯兰"而不名)之子法合鲁丁(Fakhr al-Dīn)作为合赞汗使臣出访元朝。当他自中国返航时,其船队由 23 艘 Jūng 组成②,如按元代的习惯当译作:"发船二十三䑸。"

值得注意的是,拉施都丁正是在介绍怯失岛领主札马鲁丁事迹的章节中,谈及中国"䑸"船的。这段文字应该来自札马鲁丁家族搭乘"䑸"船的亲身经历。而最早将 jūng 一词引介入波斯语的人,则很可能是从抵达南印度或波斯湾的中国水手那里听到"䑸"这个词语的。但显然 jūng 被波斯人用来称呼航行于印度洋—波斯湾海域的大型中国帆船,相反其本字"䑸"在汉语中表"船队"的义项被忽略了。

【在拉施都丁编撰的植物志《迹象与复苏》(*Ās̱ār va aḥyā*)一书中,他甚至提到了几种被用来建造这类巨船的中国特产树木。其一,是一种"在乞台和蛮子语里被称作'桂树'(*kūy sī*)"的树木。拉施都丁说"此种树材被用以制造 Jūng 船(*kishtī-hā-yi jūng*),门版、屋舍和各种器械"③。又载,"松树(*ṣanūbar*)在蛮子和乞台语里被称为'松木'(*sūnk-muq*)","以此种木料造船,[船体]甚轻,入海而不腐。然 Jūng 船甲板却仍用桂木制造,以取其坚";此外,中国人且知以"[松]脂(*rowghan*)涂抹 Jūng 船船壁,使其坚牢"④。】

jūng 一词约于 14 世纪进入阿拉伯语,并被使用者按照阿语语法规定了单复数形式。如伊本・白图泰说 jūnk 为单数,junūk 为其复数⑤。而在位于南阿拉伯半岛的也门拉士黎王朝(Rasulid Dynasty, 1229—1454)作

---

① 如瓦萨甫在提到忽必烈派舰队远征爪哇时,使用的是 safā'in 而非 jūng。*Tārīkh-i Vaṣṣāf*, p.22.

② *Tārīkh-i Vaṣṣāf al-Ḥaẓrat* (*Jeld-i Chahārum*), ed. Dr. Ali Rezā Hajyān Nejād, Tehrān: Tehrān University Press, 2009, p.259. *Tārīkh-i Vaṣṣāf*, p.506.

③ Rashīd al-Dīn Fadhl-allāh Hamadānī, *Ās̱ār va aḥyā*, ed. M. Sutūda and Ī. Afshār, Tehran: Mc Gill University-Tehran University Press, 1989, p.78.

④ Rashīd al-Dīn, *Ās̱ār va aḥyā*, p.92.

⑤ *Raḥlat Ibn Baṭṭūta*, vol.4, p.46; 伊本・白图泰:《异境奇观:伊本・白图泰游记》,第 487 页。

家笔下,"䑸"往往被拼成 zunk(复数为 zunūk)。14 世纪也门史作者伊本·阿不都·马吉的(Ibn ʿAbd al-Majīd)曾记录下一位名叫阿咱丁·哈剌比·故临尼(ʿIzz al-Dīn al-Ḥalabī al-Kūlamī)的阿拉伯商人曾搭乘"䑸船"(*marākib al-zunk*)前往故临①。而另一名为哈思卜(al-Ḥāsib)者于 1419 年(822H.,明永乐十七年)乘数艘"䑸船"抵达亚丁港(Adam),带来了中国皇帝(Ṣāḥib al-Ṣīn)的礼物②。这里记录的应该是郑和船队第五次下西洋访问亚丁的情形。稍晚的作家马克里齐(al-Maqrīzī)还记录了 1432 年(835 H.,明宣德七年)郑和最后一次远航时,派遣"数艘䑸船(*ʿidat zunūk*)自中国到达印度海岸"一事③。而关于郑和这次出访,在明代汉文文献中恰恰被写作"分䑸"(尤言分遣舰队)④。

三、结　论

以上我们讨论了 13 世纪已降西方文献中的"jūng"(䑸)一词的词源,在辨明了"jūng"(䑸)是西方文献中对中国帆船的专称以后,我们可以很方便地将中国帆船的行迹从相关史料中辨识出来,也就使我们可以重新考察当时中国帆船的活动范围及历史功能。

另外还可以确定的一点是:在这些文献中"jūng"(䑸)仅指大型中国帆船,而协从其航行的辅助性船只或按西亚风格建造的帆船则不称此名。

---

① Ibn ʿAbd al-Majīd, *Bahjat al-zaman fī ta'rīkh al-Yaman*, ed. ʿA. al-Ḥibshī & M. A. al-Sanabānī, Sanā, 2008, p. 231 - 232. 按整理本中"䑸船"被拼作:*marākib al-zū*,此处参考 Eric Vallet 教授意见汉译。Eric Vallet, "L'océan Indien vers 1300: Le «monde» de ʿIzz al-Dīn al-Ḥalabī al-Kūlamī", p. 1.(Eric Vallet 惠赐论文未刊本并允许引用)

② Jamāl al-Dīn Maḥmmad ʿAlī al-Ḥāsib al-Miṣurī al-Yamanī, a*l-Kitāb al-ẓāhirī fī ta'rīkh al-dawla al-rasūliyya bi-l-Yaman*, ed. ʿA. al-Ḥibshī, Beirut, Dār Ibn Ḥazm, 2010, p. 198.

③ 见于 al-Maqrīzī, *Kītāb al-sulūk*(规范之书),因手头无原文,故转引自家岛彦一:《15 世紀におけるインド洋通商史の一出:鄭和遠征分隊のイエメン訪問について》,《アジア·アフリカ言語文化研究》第 8 號,1974 年,第 155 页。

④ 马欢:《明抄本〈瀛涯胜览〉校注》"天方国"条,万明校注,北京:海洋出版社,2005 年,第 103 页。

例如伊本·白图泰搭乘小船去广州(Ṣīn kallan)时,使用是 markab 而非 jūnk,他还附加了一句解释称:"这船类似于我们的战船。"[①]而怯失岛的法合鲁丁自元廷返航时,他和使者们(*īlchiyān*)所搭乘的船队由 23 艘配备有宽大船帆的艅船以及其他一些满载了财宝的"私舶"(*Jahāzat-i khāṣṣ*)所组成[②]。作者仅计入构成船队核心的大船的数目。那么让我们再回到马可·波罗《行记》,他说:"(元廷)复为伊利汗妃(*queen*)配备了十四艘帆船,每艘具四桅,多数时间张十二帆以行。"[③]恐怕指的也只是船队中的"巨舶"数目。因为马可回程时的使命和地位均与伊利汗特使法合鲁丁相当,甚或更高,元廷所派出船队规模自然也应该与其大致相当。

---

① *Raḥlat Ibn Baṭṭūta*, vol. 4, p. 137.《异境奇观:伊本·白图泰游记》,第 543 页。但原文中的"战船"(*ghazwayat*)一词,汉译本未译出。

② 见前揭所引《瓦萨甫史》,与之相对的"私舶"则指属于法合鲁丁家族的船只。

③ *Marco Polo: The Description of the World*, p. 90.《马可波罗行记》第 18 章,第 25 页。

第十章　《桃里寺文献集珍》(*Safina-yi Tabrīz*)所载世界地图考

一、文献背景

《桃里寺文献集珍》(*Safina-yi Tabrīz*),由伊利汗国统治下的大不里士(元代译名"桃里寺")人 Abu'l Majd Muhammad b. Mas'ud Tabrizi 编辑的一部内容庞杂的"类书"(*majmū'a*),全书计由 209 个子目('*unvān*)或单篇论文(*rasāla*)组成。同时,书中还留下了若干未完成的章节。作者生平事迹不详,但正如蓝天浪(G. Lane)在书评中所说的,"作者编纂一部规模如此庞大的百科全书,并非出于官方的委托,而仅仅是出于充实其个人藏书的目的",也可想见其人一定是当地的数一数二的学者、名流。此书完成于 1321—1323 年间,即末代伊利汗不赛因('Abū Sa'id Bahādūr Khān)在位期间(1316—1335)。对于在蒙古统治结束后重陷于分裂和内战的伊朗来说,这是一段最后的平静时光,而大不里士又是当时有名的文化中心,因此作者才得以从容著述,并有机会读到大量古代文献的抄本。此书完成后,曾被装订成册并被带出伊朗,以另一个名字(*Kitāb Kifāya bighū-ī va al-tazkarat fī al-ṣūlīn va al-fagha*)辗转流传①。

① 见'End al-Husayin Hā-erī 所撰《导言》(Muqqadama),第 5 页。*Safineh-yi Tabrīz: Abu'l Majd Muhammad b. Mas'ud Tabrizi*, ed. Nasrollah Pūr Javadi, Tehran: Markaz-i Nashr-i Danishgah-i Tehran, 2002. 由 A. A. Seyed-Gohrab & S. McGlinn 合编的会议论文集 *The Treasury of Tabriz: The Great Il-khanid Compendium*, ed. Rozenberg Pulishers, Indiana: Purdue University Press, 2007. 共收录相关论文 20 篇。关于这两本书的书评见:*Safīneh-ye Tabrīz: A Treasury of Persian Literature and Islamic Philosophy*, *Mysticism*, *and Sciences*, Review by George Lane, *Journal of the Royal Asiatic Society*, Volume 19, Issue 02, April 2009, pp. 247 - 251.

书中的两百余个条目据其内容,被归为不同的门类。包括:伊斯兰教法史、哲学、逻辑学、占星术、天文学、语言学、文学、药学、乐律学、地理志等。还钞录了不少伊利汗国时代的帝王逸史、地方文献等,如 439—440 页钞录火者・纳昔鲁丁・图西(Khwāja Nasīr al-Dīn Ṭūsī)所撰《旭烈兀纪》(*Nāma-yi Hūlākū*)以及 439 页佚名作者之《桃里寺志》(*Tārīkh-i Tabrīz*)等,都是有关伊朗蒙古史的新史料①。而更为重要的是,书中还保存了相当数量的伊利汗时代波斯作家的佚文,其中一些人的著作完全依赖本书摘录才得以保存至今。正如达乌德('Ali al-Davuds)教授所云:"此书是关于 7—8 /13—14 世纪大不里士宗教、科学和社会全景式的著作。"②

二、《诸域图纪》:蒙古帝国的世界地图及其意义

本书第 714—715 页收录有一幅题为《[七大]气候带之图及道里概说(诸域图纪)》(*Ṣuvar al-Aqālīm 'alā Sabīl al-Ajmāl*)"③的世界地图。此

① 将 Safineh-yi Tabrīz 中所抄录者与 Ghalām Rasā Warharām 著《伊斯兰时代之伊朗史料》(Manābe' -iTārīkh-i Irān dar dūrān-i Islāmī)一书中介绍的数种 Tabrīz 地方史志比对,似皆不合。Chāp Khāna-yi Saphar, Tehrān, 1992.

② Seyyed 'Ali Al-Davuds, "A Review of the Treatises and Historical Documents in Safīna-ye Tabrīz, The Treasury of Tabriz", p.58 比较同一时期在元朝、伊利汗国中编纂的日用百科全书/类书;以及双语教科书,我们还能发现更多共同之处。蒙古人似乎颇为热心鼓励在其统治地区内编纂、出版此类书籍,并将之作为推行其"文化政策"的一种手段——即在维持帝国内部多元文化之间巧妙平衡的前提下,致力于对外来新知识的吸纳与整合。
如在伊利汗国合赞汗在位期间,由宰相 Rašīd al-Dīn 领衔编撰的《伊利汗珍宝之书》(Tansūq nāmeh-i Ilkhān dar funūn-i 'ulūm-i Khitā'ī),以及在汉地由官方组织编撰的《农桑辑要》和《饮膳正要》;或由民间私刻的《事林广记》、《古今合璧事类聚要》等书,皆表现出传统文化与随征服者带来之新知识的叠加。此种文化政策的实践和成就,似可置于"蒙古帝国统治下的知识体系"视角中进一步考察。相关讨论参考:宫纪子:《从〈农桑辑要〉看大元兀鲁思的劝农政策(上)》,《人文学报》:83,(京都,2006),第 71—72 页。

③ 此处参考德黑兰大学 Afshar 教授所拟标题(Shapes of the Climes, presented in in the most concise way)。Iraj Afshar, "Codicological Characteristics and Geographical Contents of the Safīna-yi Tabrīz", *The Treasury of Tabriz*, p.57.

图详细记录了蒙古帝国疆域在七大气候带中的分布情况（*sharḥ-i aqālīm-i sab'a*）和其治下诸多名城的经纬度数（*bayān-i ʻarzī wa tūl-i shahr-hā*）①。《桃里寺文献集珍》一书的整理者认为，此图与第660—661页的一段名为"气候与区域"的说明文字皆从一部今已亡佚的地理书中抄录而来。其钞录的日期为710/1331年，绘制者不详；注文作者为End al-ʻAzīz Kāshī②。而阿夫沙尔教授则提出不同看法，他认为此图作者为苏莱曼（Sulaymān），初次绘制于720/1331年，并曾于723/1334年被重抄一次。另外在地图一则有名为Zayn ad-Dīn ibn ʻUbayd ad-Dīn的人所撰两则批语③。

除此之外，有关作者生平事迹的信息我们概无所知④。不过可以看出的是，此图的绘制方法实则继承自中世纪的阿拉伯地理学成果。和比鲁尼图（Abū Rayhān al-Bīrūnī）、伊本·赛义德·马格里比（ibn Saʻid Maghrībī）一样，作者按照伊斯兰地理学家的普遍做法：把大陆画在地图下方，海洋位于其上；并把非洲南部处理成叉子形状，这些都反映出传统伊斯兰地理学的特征。但是作者对于非洲大陆南缘海岸线的处理手法，是将其画成三角锥形，而非传统的叉子形状，使之较前人细致、准确了许多。但如果和成书略晚于此图的伊利汗史家穆思妥菲（Mustawfī Qazvīnī）《选史》（*Tārīkh-i guzīda*）中所附世界图相比，《诸域图纪》中并未体现出一种被李约瑟称之为"蒙古风格"的特征，即不绘出具体地形，仅仅标出地名并以方格标示地理远近的手法⑤。而所谓"蒙古风格"即是中国传统的"计里画方"地图绘制手法，无疑它是由蒙古征服者带入波斯地区的。

---

① 《导言》，第25页。

② 《目录》，第38页。

③ Afshar前揭文，p.57。

④ 伊利汗国税务官穆思妥菲（Mustūfī Qazvīnī）于740/1340年编纂地理总志《心之喜悦》（*Nuzhat al-qulūb*）中，作者也多处提及一幅名为《诸域图纪》（Suvar al-Aqālīm）的世界地理志。据为此书作注的斯特兰奇（Le. Strange）考证，此书最初由阿拉伯地理学家Abu Zayd al-Balkhī绘制于320/941年，但阿拉伯语原著早已亡佚。与《桃里寺文献集珍》中的世界地图当无关涉。

⑤ 李约瑟：《中国科学技术史》第五卷《地学》，北京：科学出版社，1976年，第180—181页。

原图下方有波斯语注文,交代地图的绘制原则:是"由南方渐次沿伸向北方(*va janūbī shumāl shavad*)。从干旱的土地直到海洋(*va zamīn-i khushk dariyā kardad*)",将"由赤道线[起]分布有七个气候带(*wa mesāl khaṭ-i ustewā'-yi ū Aqālīm-i sab'i ast*)"逐一画出。由此可知,作者是依据伊斯兰地学将世界划为七个气候带的原理来进行描绘的。图中还标出纬线加以区分,注文的作者说:"这些[纬]线由极南[延伸]至极北,在[纬线]中画有气候带(*īn khaṭ ka az aqsā-ī janūbī ba aqsā-ī shumāl dar miyāna aqālīm uftāda ast*)。"接着作者还具体介绍了七大气候带的特征。这种以气候带(al-Qālīm)而不是地区(Kishvar)来编排材料的方法,反映出作者所依据的地理学思想是属于希腊·托勒密—巴里黑学派一系的,这一点和穆思妥菲所著地理志《心之喜悦》是一样的。

在注文的最后部分,作者罗列出蒙古帝国统治下,波斯、中亚、中国、南亚的主要地名。由于此图绘制于伊利汗国,作者自然先介绍伊朗及阿拉伯地名,计有:西模娘(Sīmān)、伊拉克('Iraq)、法儿思(Fars)、底儿漫(Dilmān)、塔巴里斯坦(Ṭabarīstān)、祃拶答而(Māzandarān);随后才继之以被伊利汗国人视为"四裔边地"的中国和南亚地名,如:欣都思坦、秦、摩秦等地"种种名城旧京的经纬度数"(*Hindūstān va Chīn va Māchīn va 'arz va ṭūl-i īn shahrhā*)。其中,秦和摩秦分别指代南北中国,这是沿袭了喀什噶里《突厥语大辞典》和拉施都丁《史集·中国史》中的称呼①。但因为绘图之时南北中国早已统一,故图中的地名标示与附注不同,一律称作"秦国"(*Mamālik-i Ṣīn*)。

此图的发现,在中西地理学交流史上更有其重要意义。它为我们直观地展现了当时输入汉地的伊斯兰地理学知识可能的样貌。较之前人对汉文文献中保留的关于伊斯兰地理学仪器、书籍等零星记载的大量研究,所谓"回回图子"亦即以波斯语作为中介的伊斯兰地理学成就究竟是怎样影响了元代汉地地理学知识的推进?却因为缺少实物佐证(《选史》所载

---

① 参看张广达前揭文;又王一丹译:《波斯拉施特〈史集·中国史〉研究与文本翻译》,昆仑出版社,2006年,第115页。Karl Jahn: Die Chinageschichte des Rašīd ad-Dīn, Wien, 1971. 19,图版1第10行。

地图只包括波斯部分),而未能充分讨论。《桃里寺文献集珍》中这幅蒙古时代世界地图,恰好为我们补上了失落的一环,使我们得以有机会能抵近观察两大地理学知识体系间的互动。

三、海图西来:回回图子与蒙古时代

蒙古帝国的征服,最终成功地将前所未有的巨大疆域纳入自己统治下,客观上促进了不同文化间的交流传播,最终导致了13—14世纪东、西亚地理知识的急速发展①。长春真人西行时作诗云:"实迹未谐霄汉举,虚名空播朔方传。直教大国垂明诏,万里风沙走极边。"②而元人更是颇为自豪地说:"洎于世祖皇帝四海为家,声教渐被,无此疆彼界。朔南名利之相往来,适千里者,如在户庭;之万里者,如出邻家。"③可见东、西亚间以至前往欧洲大陆的交通在元代变得非常便利。

在伊利汗国,最为完备的地理学著作当推合赞汗时代宰相拉施都丁领衔编撰的《地理志》,此书成为当时地理学著作的典范。尽管至今未能找到此书的任何抄本,但拉施都丁本人在其《瓦各甫捐赠文书》中曾明确提到,该书分为《诸域志》(*Ṣuvar al-āqālīm*)和《诸国志》(*Ṣuvar al-buldān*)二卷,此外还附有尺幅巨大的"图绘"(*maṣauvar*),也即地图④。这种形制与《元史》中所记札马鲁丁造"西域仪象"之地球仪颇有相近处,史载:

> 苦来亦阿儿子(*Kura-yi arẓ*),汉言地理志也。其制以木为圆球,七分为水,其色绿,三分为土地,其色白。画江河湖海,脉络贯串于其

---

① 相关研究可参考周清澍:《蒙元时期的中西陆路交通》,《元蒙史札》,呼和浩特:内蒙古大学出版社,2001年,第237—270页。

② 《长春真人西游记》卷一,王国维校注《蒙古史料四种》本。

③ 王礼:《麟原文集》前集卷六《义冢记》,引自《全元文》,南京:凤凰出版社,2004年,第六十册,第654—655页。

④ Rashīd al-Dīn, *Vaqfnāma-yi Rab'-i Rashīdī*, ed. Minūvī, I. Afshār, Tehran, Orrset Press, 1972. p.197.

中。画作小方井,以计幅圆之广袤、道里之远近①。

《史集》中又记载,在阿鲁浑在位期间(1284—1291),“大毛拉忽忒巴丁·泄剌即(Quṭb al-Dīn Shīrāzī)到阿鲁浑汗驻地觐见,并献上马格里卜海和海湾、岸滨图,图上包含了许多北方和西方的国家”②。这就与《桃里寺文献集珍·诸域图纪》中的地图非常接近了。忽忒巴丁·泄剌即是当时著名学者纳昔鲁丁·图西的弟子,因此他的地图应该受到图西的影响。图西关于地理学的著作,今天可以看到的主要有两种,《伊利汗的天文表》(*Zīj al-Ilkhānī*)和《天文学论文集》(*al-Tazkira fī ‘ilm al-hay'a*)。《天文学论文集》中“地理概说”一章列举了黑海、里海、地中海、南中国海等几大海系③,这些或多或少都在《诸域图纪》中有所体现。众所周知,阿鲁浑汗时期,元朝和伊利汗的交往非常密切,著名的大都基督教聂斯托利派僧侣列班·扫马出使西欧事件就发生在这段时间,而马可·波罗得以从元朝宫廷返回也是借了护送元廷公主下嫁给阿鲁浑的契机。类似的伊斯兰地图有可能通过这些使节流入东方。

《诸域图纪》将大地画成一个以中亚撒马儿干为中心的半球,又将印度洋和地中海置于图像上方,而将欧、亚、非洲大陆置于其下。最为特别的是,表示南北方向东南纵轴是沿对角线45°分布的。这也许是制图者为了将原本立体的圆形球面平铺展开所采取的方案,即使两角沿中轴线斜向展开。另一点值得注意的是,作者将“大秦”画在“吐蕃”的西北而非正西方,这种安排方位的办法和《经世大典·西北地理图》(下简称“《经世大典图》”)极为类似。《经世大典图》的绘制方法被后人认为是,“最异而不可通者,置四正于四隅”,清代学者早已指出其所据“其必为回回人所绘无

---

① 《元史》卷四八《天文志》,第999页。
② 《史集》第三卷,第208页。
③ 《伊利汗的天文表》见费琅编,耿昇、穆根来译:《阿拉伯波斯突厥人东方文献辑注》(上册),“中外关系史名著译丛”,北京:中华书局,2001年,第396—397页。《天文学论文集》有F.J. Ragep译注本:Nasīr al-Dīn al-Tūsī's Memoir on Astronomy, volume1-2, Springer-Verlag, New York 1993, pp. 242-246.

疑也”①。此图将撒马儿干(Samarqand)作为全图中心,此种画法最早见于喀什噶里《突厥语大辞典》中所载圆形世界地图,这点也为《经世大典图》所继承②。而从中亚的撒马儿干到位于伊朗西北部的大不里士(元代译名“桃里寺”)之间的距离则被大大地压缩了。同时,《经世大典图》中吐鲁番地区到“桃里寺”间的距离也远较实际情况为小。另外,地图中也体现了蒙古时代的一些特征,如作者特别标出哈剌和林(Qarāqurum)的方位,而对印度洋、南中国海陆地边界描绘也较为准确。

而在元朝宫廷方面,蒙古诸汗本就怀有“我朝马蹄所至,天上天上去,海里海里去”③那般永不竭止的征服欲,也使其对探究未知疆域始终怀有强烈的好奇之心。因此伴随着征服战争,蒙古统治者也十分注重搜集各地地图。《元史》载:“帝[忽必烈]尝坐便殿,阅江南、海东舆地图,欲召知者询其险易。”又“令其水工画[日本]地图”,借之探察其地形“可屯军船”者④。而元军在对缅甸、爪哇等地的军事行动中,也将获取对方地图作为一项主要战果奏献大汗⑤。

虽然在忽必烈登基后,大蒙古国实际已分裂为各趋独立几大汗国,但历代蒙古大汗观念中仍坚持将大蒙古国看作一个整体,而其余汗国只是镇守地方的汗。忽必烈圣旨中曾提到“如今日头出来处、日头没处都是咱每的”,亦即把全部成吉思汗后裔所建立的蒙古汗国看作一个整体。这种观念不仅在元朝,甚至在西方的伊利汗国中也是根深蒂固的。札剌亦儿朝官员纳黑失万尼(Nakhchvānī)编撰的《书记及命官文书规范》一书中收录有一份《赠伊斯兰教法官尊号制》,是告谕“孙丹尼牙总督,伊利汗国家,及合罕国家等广袤疆域上诸重臣(*al-Mamālik al-Sulṭāniya-yi vālī va al-*

① 沈曾植:《经世大典西北地图书后》,嘉兴市图书馆网站:http://www.jxlib.com/renwu/shenzhenzi/。

② 可参看张广达:《关于马合木·喀什噶里的〈突厥语词汇〉与见于此书的圆型地图》一文中相关论述,《西域史地论丛初编》,上海古籍出版社,第57—82页。

③ 彭大雅著,徐霆疏:《黑鞑事略》,王国维《蒙古史料四种》本。

④ 《元史·洪君祥传》,第3631页;卷二〇八,《日本传》,第4629页。

⑤ 《元史·缅国传》:“别令都元帅袁世安以兵守其地,积粮饷以给军士,遣使持舆地图奏上。”第4658页。《爪哇传》:“军还。得哈只葛当妻子官属百余人,及地图户籍、所上金字表以还。”第4667页。

valāt al-valāyat al-Īlkhaniyea va al-Qā'āniya)”,封赠“大毛剌、宗教法官”等人相关尊号的命令文书①。由于作者描述蒙古帝国的疆域是由小及大地展开的,故文中“合罕尼牙”与“伊利汗尼牙”相对,分别指代属于大汗即元朝皇帝的国家和属于伊利汗的全部疆土。后者的疆域,在《书记规范》中也有明确的界定:即自埃及(Miṣr)边境到阿姆河畔;自忽鲁模思(Hurmūz)海岸到打耳班(Bab al-Abvāb)的全部伊朗国土(Mamālik-i Īran zamīn)②。同样,元廷在封赠伊利汗不赛因宠臣出班(Chūpān)时,也同时向汉地(Khitay)、察合台、钦察、伊朗颁布了四道圣旨(*yarlīgh*)晓谕此事③。

基于此种观念,一幅包涵四海的世界地图,必将顺势而生。因此在世祖朝后期,元廷便“命开秘府,详延天下方闻之士,撰述图志,用章疆理一统之大”④,展开了大规模的编制《一统图》的工作。至正年间官修《秘书监志》收录了与此相关的圣旨,其中“至元二十三年三月初七日”条下载:

> 一奏:“在先汉儿田地些小有来,那地里的文字册子四五十册有来,如今日头出来处、日头没处都是咱每的,有的图子有也者,那远的他每怎生般理会的?**回回图子我根底有,都总做一个图子呵,怎生?**”么道,奏呵。“那般者。”么道,圣旨了也⑤。

其中明确提到要将“回回图子”和“汉儿田地”里原有的地图合并起来,“都总做一个图子”,也就是绘制成涵盖整个大蒙古帝国疆域的全图。而《秘书监志》中“至元二十四年二月十六日”条则显示出:当时为元代人

---

① Nakhchvānī, *Dastūr al-katīb fī ta'yīn al-marātib*, Tom 1, Часть 2, p.37.

② Nakhchvānī, *Dastūr al-katīb fī ta'yīn al-marātib*, Tom 2, p.10.

③ 《元史·顺帝本纪》卷二九:“诸王不赛因言其臣出班有功,请官之,以出班为开府仪同三司、翊国公,给银印、金符。”Abū Bakr al-Qutbī al-Ahrī *Tarikh-i Shaikh Uvays*, p.55.

④ 苏天爵:《元故学士国子监祭酒太子右谕德萧贞敏公萧墓志铭》,《滋溪文稿》卷八,陈高华点校,北京:中华书局,1997年,第115页。

⑤ 王士点、商企翁著,高荣盛点校:《秘书监志》卷四《纂修》,“元代史料丛刊”,杭州:浙江古籍出版社,1982年,第72—81页。

所知晓的回回地理学知识实际上分别为“图和书”两种：

> 奉秘书监台旨：福建道骗海行船回回每有知海道回回文**剌那麻**，具呈中书省，行下合属取索者。奉此。

这也正好对应前述拉施都丁所撰《地理志》区分为“志”和“图”两部分的记载。“剌那麻”（*Rāh Nāmeh*）即波斯语“指路书”或“道路之书”的意思。它应该是和“回回图子”相配合，以文字或数字标示道路历程、海上航路的专门书籍。本处所指，似为稍后郑和下西洋时所编《两种海道针经》相似之书。而就广义而言，如活动于伊利汗统治后期的波斯史家穆思妥菲，在所著世界地理总志《心之喜悦》（*Nuzhat al-Qulūb*）中详细标示出不同地区间路途距离，也当属“剌那麻”之一种。

在民间，伊斯兰地理知识也随着大量色目人（回回、犹太、中亚人）入居中原，而被带入汉地。随着上述色目人经过数代的定居，逐渐融入汉地社会，其身份亦从游离于汉文化边缘的少数族裔得以跻身士大夫之列。而他们所输入的伊斯兰文化元素也最终从仅仅保存于色目人群体内部的专门知识，蜕变为元代精英文士交游圈中的新奇谈资。写作于元至正八年（1348）的《［河北定州］重建礼拜寺记》的作者在谈及元代汉地穆斯林的来源时就曾举证曰：“考之舆图，曰默德那国，即回回祖国也。”①而大食人赡思（1277—1351），作为元代后期的一位具有高度汉文化修养的色目文士，著述有“《西国图经》、《西域异人传》”，至明初黄虞稷撰《千顷堂书目》时，其书犹存②。通过官私两方的共同努力，元代中国的地图学、地理学著

① 杨受益：《［河北定州］重建礼拜寺记》，余振贵、雷晓静编：《中国回族金石录》，银川：宁夏人民出版社，2001 年，第 15 页。该文作者为真定路奥鲁官，当为一下层文职官员。参考宫纪子：《〈混一疆理历代国都之图〉への道》，载《绘图・地图からみた世界像》，京都大学大学院文学研究科“15、16、17 世纪成立の绘图・地图と世界观”研究项目的中期报告书。

② 《元史》卷一九〇《赡思传》，第 4353 页。陈垣《元西域人华化考》于“儒学篇”、“文学篇”两处著录其事实。上海：上海古籍出版社，2000 年，第 26—27、78—79 页。陈得芝撰：《〈混一疆理历代国都之图〉西域地名释读》（未刊）一文，推测元末李泽民绘制《混一疆理历代国都之图》时曾参考赡思书。

作中皆掺入了大量的伊斯兰地理学元素。

四、疆理混一:《诸域图志》所见地名考释

在进行地名考释之前,我必须提及另一种反映“蒙古时代”特征的世界地图:《混一疆理历代国都之图》。它是已知元代人记载外国地名最多的一种地图。此图早由李约瑟在其所著《中国古代科技史·地理卷》中作了简要介绍。最近则在日本各地发现其多幅摹本。总计四个版本:1. 龙谷大学图书馆藏本;2. 岛原本光寺本;3. 熊本市本妙寺本;4. 天理大学图书馆藏本。其中龙谷大学图原为朝鲜李朝王室藏品,在丰臣秀吉入寇期间被掠至日本,其余3幅则由日本来华僧侣携回①。四者内容彼此差异不大,当摹写自同一祖本;同时,它们又与明清以降的多幅寰宇图之间有着非常密切的联系②。其绘图水平之精细、所录地名数量之丰富,亦为此前所未睹。此图现有最早摹本绘制于明初,但实际上反映的是元代人的地理学知识。同时,它在描绘山川起伏形状以及在表现海洋时以线条曲折勾勒出水波纹样等方面,都体现出典型中国传统山水地图的风格。但其域外地理知识则无疑直接转借自伊斯兰地理学,因此将《混一疆理图》和《诸域图志》所载地名进行一番对勘,有助于我们更清楚地看出此间的传播过程。

东亚、中亚部分:

1. 哈剌和林(Qarāqurum),突厥语,意为“黑色卵石”。为蒙古帝国国都所在。据陈得芝先生考证,此名原为鄂尔浑河发源地附近之山名。因

---

① 参考杉山正明:《东西の世界図が语る人类最初の大地平》所作介绍。杉山正明、藤井譲治等编:《大地の肖像:绘図·地图が语る世界》第三章,京都:京都大学学术出版会,2007。

② 明代有李泽民绘《声教广被图》,佚名作者之《蒙古山水地图》;清代则有以满文标注之《混一图》等。参考宫纪子:《モンゴル帝国が生んだ世界図》第一、第四章,东京:日本经济新闻出版社,2007年。又林梅村:《元经世大典图考》;林梅村:《蒙古山水地图——在日本新发现的一幅中世纪“丝绸之路”地图》,并收录入同氏《松漠之间:考古新发现所见中外文化交流》,北京:三联书店,2007年。

成吉思汗将其斡鲁朵驻于该地，1235 年春，太宗窝阔台征发汉地匠人在鄂尔浑河畔兴建宫殿，建筑工程大约于蒙哥汗在位期间始告完成①。从此哈剌和林便成了整个蒙古帝国的中心，其建筑之雄伟、人口之稠密，曾给当时来到蒙古的西方旅行者以深刻印象。如普兰·迦尔宾尼就说过“那座城市[哈剌和林]”是这片贫瘠草原上的唯一例外②。而穆斯林史家如志费尼、穆思妥菲等也都先后在其书中描写过哈剌和林的壮观与繁华。穆思妥菲写道：“此地属第六气候带……窝阔台合罕在此城中大事营造，从凉楼到宫殿难以悉数。”而哈剌和林的宏大规模，业已为近几年来的考古发掘所证明。

《混一疆理图》中称“哈剌和林”作“和宁”，后者为元仁宗皇庆元年为庆祝其入继大统所改名。同时改名的另有安西路（改为奉元路）；吉州路（改为吉安路）③。这无疑是汉地政治传统中逢新帝即位或国有大事，则变更地名以资祈福的做法。但这多少只是为了迎合汉族士人，以及部分汉化蒙古、色目士大夫要求汉化而采取的一种姿态。故无论在当时的蒙古语或波斯语文献中，“哈剌和林”仍然维持其旧称不变。这也是元代政治普遍体现出的“外汉内蒙”的二元特征的体现，其政治制度的外缘往往为适应管理不同民族的臣民而做出调整，但其内核则始终固守蒙古文化的本位。

2. 喀什噶尔（Kāshghar），唐代称“疏勒”，为四镇之一。《元史·西北地附录》作“可失哈耳”④。元·朱思本《广舆图》作“哈失哈儿”；而《混一疆理图》则作“哈失汗”，可能是最后一个音节“ghar”中-r 音浊化为-n 而成。因为元代译音用字中，时常发生以鼻音-n 来音写流音-l、-r 的现象，如元世祖时期著名丞相安童之名实为（An-duŋ<Altun），而元成宗尊号 Öljetü 则被音译为“完者都”（wan-zet-du）。

《世界境域志》亦著录此地，说它属“秦国”之地（Chīnstān），但正好处

① 陈得芝：《元岭北行省建置考（上）》，《蒙元史研究丛稿》，北京：人民出版社，2005 年，第 125 页。

② 普兰·迦尔宾尼：《蒙古人的历史》，H. 沙斯契娜俄译、余大钧汉译：《北方民族史与蒙古史译文集》，昆明：云南人民出版社，2003 年，第 349 页。

③ 《元史》卷二四《仁宗本纪》，皇庆元年二月、五月纪事，第 550 页。

④ 《元史》卷六三《地理志》，第五册，第 1568 页。

于交通样摩(*Yaghmā*)、秦、吐蕃、黠戛斯(*Qīrghīz*)四地的路口①。而《心之喜悦》中则将其归入"忽炭"(Khutan)大行省(mamlakatī-yi buzurg)之下。同属忽炭辖下的还有:新怛逻斯(Yangī Ṭalas)、赛蓝(Sayram)和鸭儿看(Yarkand)等名城②。

3. 撒马儿干 Samarqand,朱思本《广舆图》亦收载此地。元代早期文献中又译为"寻思干"或"邪米思干"。长春真人丘处机赞其为"邪米思干大城",称"城中常十余万户","其中大率多回纥人"。城中复有"算端氏之新宫"。算端,应指当时为成吉思汗击溃的花剌子模沙③。

撒马儿干在成吉思汗时代因征服花剌子模的战争而残破不已,长春真人行经此地时,国人"存者四之一"。但此后迭经牙老瓦赤父子两代人的极力经营,至元后期已恢复了往日的繁华。阿拉伯旅行家乌马里(al-'Umarī)《眼历诸国行纪》中称"粟特—撒马儿干是上帝恩赐的最富饶的地区",甚至认为"世界上的四处天堂"中,"粟特—撒马儿干面积更大,用水量更充足,区域更辽阔,举目很难望见它的边缘"④。

4. 八剌沙衮(Balāsāqūn)。此地名下复有标注:"突厥[部族]聚居之地,八剌沙衮及其他。"(*balād-i Turk 'ashil Balāsāqūn va ghīr*)。《元史·西北地附录》未载,而在乌马里的《眼历诸国行纪》中也没有收录。但乌马里书中提到了"突厥斯坦"地区,说它也称(*Balād al-Turk*),是突厥人的故乡,也是一个辽阔而自古有名的州。和《诸地图纪》中的提法相同,因此二者所指当为同一片地区。

5. 石汗那(Saghāniyān),《元史·西北地附录》未载。而《混一疆理图》中在相近位置标有"撒地那"一名,或即"石汗那"或"斫汗那"之讹。此地唐代属石国,西域诸小国之一。

---

① *Hudud al-Alam: The regions of the World*。

② Nuzhat al-Qulūb, p. 258."赛蓝"又见于《元史·西北地附录》,但归之于"月祖伯"封地名下。

③ 《长春真人西游记》,王国维注,《王国维遗书》本。

④ *Das Mongolische Welterich: al-'Umarī's Darstellung der mongolische Reiche in seinem Werk Masālik al-absar fī mamālik al-amsar*, trans & Kommentar by Klaus Lech, Otto Harrassowitz, Wiesbaden, 1968. pp. 128 – 129.

6. 吐蕃（تبت Tibet），《诸域图纪》中的拼法和朮札尼（Jūzjānī）《纳昔里史话》（*Tabaqāt-i Nāsirī*）及志费尼（Juvāynī）《世界征服者史》（*Tārīkh-i Jahāngūshā*）一致。而地图作者有意缩近吐蕃和突厥斯坦以及哈剌和林之间的距离，可能是继承自较早的伊斯兰地理学著作。如《世界境域志》描写吐蕃的势力直接进入喀什噶尔，反映的其实是唐代中期以后的情况。而《混一疆理图》中，吐蕃与和林间隔也较实际情况来得更近，可能与其直接摹写自伊斯兰地图有关。

7. 雅朱—马朱人的疆域（Bilād-i Yājūj, Bilād-i Mājūj）。这是传说中亚洲北方山区的两种野蛮人。据称亚力山大曾建造一道城墙，试图隔离此种蛮族对定居民的侵扰。不过由于只是传说中的地名，故其所指在不同时期常有所变化。在早期的伊斯兰地理学文献中，雅朱—马朱人的疆域所指的是大亚美尼亚王国北部山区①。而蒙古时代的地理志中其所指则有所变动。《心之喜悦》曾于多处提及这个种族，《雅朱—马朱人的城墙》（*sadd-i Yājūj va Mājūj*）章中作者说他们活动于高加索山一带，但明显将亚力山大建造城墙的传说和中国长城混为一谈。而根据同书《雅朱—马朱人的地方》章所载，他们是分布在中国海和北冰洋（bahr-i sharqī）之间地带上的土著居民；又《第七海》章则说：雅朱—马朱地区和肃良合（高丽）地方皆在北冰洋东端②。因此可以确认蒙古时代的雅朱—马朱部落是指居住在西伯利亚平原上的通古斯系土著部落。这点也与《诸域图纪》所绘相符：它被绘制于“秦地”的东方（按，由于南北极点沿对角线旋转 45°，因此东方位于全图左下角）。

8. 大秦，在伊斯兰地理文献中指蒙古统治下的中国华北地区。

9. 属于大秦的蛮子地区（*Manjī mī dār-i mulk al-Ṣīn*），即元代对旧属南宋国土的南中国的称呼，有时穆斯林史料也使用“摩诃秦/摩秦（Mahā Chīn）”一词③。

---

① 伊本·胡尔达兹比赫著：《道里邦国志》，宋岘译注，北京：中华书局，2001 年，第 175—182 页。

② *Nuzhat al-Qulūb*, p. 238, 242, 259.

③ 如拉施都丁所著《史集·中国史》，见王一丹教授著：《波斯拉施特〈史集·中国史〉研究与文本翻译》，北京：昆仑出版社，2006 年，第 115 页。Karl Jahn, *Die Chinageschichte des Rašīd ad-Dīn*, Wien, 1971, p. 19，图版 1.

印度、南亚部分:

欣都斯坦北部地区在蒙古军西征时曾遭残破。蒙古军队在追击花剌子模王子札阑丁至申河(欣都河)不及后,仅派遣札剌亦儿人巴剌率少部军队继续追剿。而大军则返回突厥斯坦,在途中顺道劫掠了穆勒坦、剌合儿等地①。随后成吉思汗命令其四子分别向欣都斯坦派驻千户,实行了分封料民等举措。瓦萨甫曾详细记录了每一家位下的千户统帅,而到蒙哥汗即位后,委任撒里那颜(Sālī nūyān)全权统领当地驻军②。因此无论是《诸域图纪》抑或《混一疆理图》所记载的相关地名都以北印度为主。

犍陀罗(Qandahār),今译"坎大哈"③。

剌合儿(Lahāvar),此地名在《世界境域志》和《纳昔里史话》中也拼作Lahūr或Lahuvar④。《心之喜悦》赞美其为一座"伟大的城市"。其地和穆勒坦等处一样,同位于第二气候带,盛产蔬菜(*nabāt*,此词一作"冰糖")、蔗糖(*nishkar*)和种种上乘织物(*siyāb*)⑤。

此城在成吉思汗追击札阑丁时已遭劫掠,但蒙古军稍后即退去,未作停留。但在1247年窝阔台派遣Īnān那颜和台亦儿(Ṭā'īr)那颜率大军追击篾力·萨甫丁·哈散(Malik Sa'if al-Dīn Ḥasān)至剌合儿,双方在城门展开激战,由于蒙古人使用了大量投石器(即汉文史料中之"回回炮"),最终攻陷城池并屠戮居民⑥。

穆勒坦(Mūltān),《心之喜悦》拼作Multān,北印度城市名。《混一疆理图》作"麻里难(滩)"⑦。据13世纪出生于格林那达的阿拉伯地理学家伊本·赛义德(Ibn Sa'īd)所言,位于第二气候区第六地段,坎达比鲁

---

① 余大钧译:《蒙古秘史》,第257节,石家庄:河北人民出版社,2001年,第440—441页。

② 'Abd Allāh b. Fadl Allāh, Wassāf, digested by' Abd al-Mohammad Ājatī: *Tahrīr-i Tārīkh-i Wassāf*《瓦萨甫史节要》, published in Tehrān, 1346/1967, p.3.

③ *Nuzhat al-Qulūb*, p.260.

④ *Hudud al-Alam*, p.89,注246—247。

⑤ *Nuzhat al-Qulūb*, p.259.

⑥ Jūzjānī, *Tabakat-I-Nasiri*, v.2, pp.1128-1137.

⑦ 地名校勘参考杉山正明:《东西の世界図が语る人类最初の大地平》,第59页。

(Qandābīr,《心之喜悦》作 Qandābīl)以东,就是穆勒坦各江河的河口①。

穆勒坦也曾在蒙古军追击札阑丁时遭到残破,但此地名未见于元代汉文史籍。我以为这可能就是《西游录》等书中的"黑色印度城",因为元代汉文史料中多处提及此次战役,札阑丁本人的勇武气概甚至赢得了成吉思汗赞叹。《蒙古秘史》云:"太祖征回回七年。初,命巴剌追回回王札剌勒丁并篾力克王,追过申河,直至欣都思种地面。根寻不见,回来。却将欣都思边城百姓的驼、羊都掳了。"②

《西游录》载"黑色印度城"在斑城(Balkh,巴里黑)南,"其国人亦有文字,与佛国字体声音不同",又云"此国非正北印度,乃印度北鄙之边民也"③。可知两者描写实为同一地域,而所谓"欣都思边城"也即"黑色印度城",就是穆斯林史料中之"穆勒坦"、"剌合儿"二城。无论《诸域图纪》或《混一疆理图》皆绘"穆勒坦"(麻里难)于欣都河谷(Bahr al-Hind)左畔,与文献记载完全吻合。至于汉文史籍既纪其事,复失其名,当为传闻久远所致。

欣都河(Bahr al-Hind),即印度河。《心之喜悦》的作者列之为世界上的第二大海,又名绿海(Bahr-i akhẓar)④。元代汉文史料如《蒙古秘史》则称之为"申河"。

《混一疆理图》则作"哈都河"。值得注意的是"欣都"之"欣"属**晓**母字,音从[χ],正可用来对应波斯语之 Ḥ 音。而"申"则是通过蒙古语中介的汉字音译。而蒙古语有时也用[š]音节对应**晓**母[χ],如元代蒙文史料称"河西"为"合申"(Qašin)。因此无论"欣都"还是"申"都是波斯语名称的准确音写。但"哈都河"的译名,除声母与原字保持一致外,韵母则相去甚远。为何会发生此种情况,我颇怀疑元、明之际画师在为《混一疆理图》标注地名时,是直接转录自某幅波斯语地图的。由于波斯语不标出所有

① 伊本·赛义德著:Maghrib《西方》,见费琅编:《阿拉伯波斯突厥人东方史料》,耿昇、穆根来译,北京:中华书局,2001 年,第 384 页。

② 《蒙古秘史》第 257 节,第 440—441 页。

③ 耶律楚材:《西游录》,北京:向达校注,中华书局,2000 年,第 3 页。"南"原文讹作"西",据注 35 改。

④ *Nuzhat al-Qulūb*, p. 231.

元音,故读者在不了解词汇的正确内容时,往往只能据字形读出单词的辅音部分,遂选用距原读音差别较大的“哈都”来作译名。

须门那(Sūmanāt),一作须文那。《心之喜悦》将归于印度地域,属第二气候带①。伊本·赛义德说此城属瞿折罗(Guzerate)治理范围。本地的居民都是佛教徒,与穆斯林杂居②。

锡兰(Sarandīb)。即今之斯里兰卡,和伊斯兰地理学著作中的(sīlān)指同一地。《心之喜悦》称其与“刺桐”(Zeytūn,即泉州)同位于第一气候带。又说“萨兰底布(锡兰)山,是位于印度洋上的锡兰岛群山中最为著名的(一座)”③。

西亚部分:

细哇思(Sīvās),伊朗北部城市名,距桃里寺 150 哩(*farsang*)程。《心之喜悦》云,此地气候极为寒冷,城池系由赛勒柱君主阿老丁(‘Ala al-Dīn)用方石砌成,但目下城墙已经颓坏④。《混一疆理图》作“细哇思”⑤。

桃里寺(Tabrīz),是“大不里士”的元代译名。《混一疆理图》作“撒瓦里溪”;朱思本《广舆图》作“帖必力思”。蒙古统治时代,桃里寺是帝国都城。《心之喜悦》的作者写道,“在伊拉的国土上没有堪与桃里寺的宏伟相比肩的城市”,“该城周长计 6 000 步,[环城]共有 10 个城门”,直到合赞汗离世,城墙的修葺工作尚未完成。在合赞汗的表率鼓动下,伊利汗国诸重臣也纷纷捐资从事营建。宰相拉施都丁建造了一个小区,即被命名为“拉施都丁区”,而另一宰相泰朮丁则修建了一座清真寺。城中仅合赞汗的“因朱”封地(*Īnjūham*)岁入即达到十八万五千第纳尔之巨⑥。

库尼耶(Qūniya),小亚细亚地名,当时尚属于依附于伊利汗国的塞尔柱—鲁木政权控制下。因此《心之喜悦》的作者说:“伊朗国境从此地开始。”

---

① *Nuzhat al-Qulūb*, p.10, 262.
② 《阿拉伯波斯突厥人东方史料》,第 374—375 页。
③ *Nuzhat al-Qulūb*, p.196, 262.
④ *Nuzhat al-Qulūb*, p.89.
⑤ 原图误为“细思哇”。
⑥ *Nuzhat al-Qulūb*, pp.82 - 88.

土朗岛(Jazīreh-yi Tūlan)? 是否即“混一疆理天下国都之图”中“撒瓦里溪(大不里士)”以北之“海岛”?

麻合朗(مهران Mahrān)? 此名亦见《心之喜悦》,是桃里寺的属邑①。是否即“混一疆理天下国都之图”中“撒瓦里溪(大不里士)”以东之“麻合(长)?”

其他:

亚力山大城(Askandar),“混一疆理天下国都之图”作“阿剌赛伊”。伯希和认为即宋赵汝适《诸蕃志》中之“遏根陀”,皆为阿拉伯语 Iskandiya 的译音。

大马士革(Dimashq),“混一疆理天下国都之图”作“都迷失”。

库法(al-Kūfeh),《元史·西北地附录》作“苦法”;“混一疆理天下国都之图”作“阿法”,或为“可法”之误。

哈思坦惕耶(Qastantīnya),即“混一疆理天下国都之图”中的“骨思巢昔那”,《心之喜悦》作“Qastantīnyeh”②。

波罗的海(Baḥr-ī Ghālāṭīqūn),在《心之喜悦》中它也被称为‘Alāṭīfūn,据斯特剌奇(Strange)考证,认为可能是指北海或 Baltic 海峡,他同时指出此名字可能来自当地人(Glessaria 人)的自称,是通过希腊语或其他外语(非阿拉伯语)借入的③。

埃及(Miṣr),元、明史籍译作“米昔儿”;“混一疆理天下国都之图”作“[密]思”。米昔儿地名旁另有附注(Fara'ūn,法老)。

凯鲁万(al-Qayravān),在今突尼斯。阿拉伯语作 kairuwān,源自波斯语之 Kāravān,意为“营帐”。

麦加(Mekka),“混一疆理天下国都之图”作“马渴”。前引《重修礼拜寺记》作“默德那”,朱思本《广舆图》作“默德加”,明代译名“默伽”④。

---

① *Nuzhat al-Qulūb*, p.77.

② *Nuzhat al-Qulūb*, p.248.

③ Strange, *The Lands of the Eastern Caliphte*, p.230.

④ 朱思本:《广舆图》,明嘉靖刻本;李勇先等编:《宋元地理史料汇编》第五册,第 323 页,成都:四川大学出版社;马欢:《瀛涯胜览》。

塔易夫(Ṭayif),今沙特阿拉伯的夏都。"混一疆理天下国都之图"作"台伊"。

巴士拉(Baṣra),今伊拉克巴士拉,"混一疆理天下国都之图"有"八剌",或为"八思剌"之讹。

巴格达(Baghdād),元代译名"报达"。"混一疆理天下国都之图"讹作"六合打",当为"八合打"。

巴勒斯坦(Falsinṭīn),此地名又见于《心之喜悦》。

丹吉儿(Ṭanja),即今摩洛哥之 Tangier"丹吉儿",为邻近直布罗陀海峡之港口,中世纪阿拉伯旅行家伊本·巴图塔(Ibn Baṭṭuta)即从此地出发周行寰宇。疑为"混一疆理天下国都之图"之"叹戈剌"。

亚力山大口(Falj Iskandar),《心之喜悦》曾著录①。

鲁迷(Rūmiya),在今土耳其安条克(Antioch)附近。或为"混一疆理天下国都之图"中之"剌没"。

哈八石(Ḥabasha),即今之埃塞俄比亚。

这不鲁哈麻(Jabāl al-Qamr),尼罗河上游山脉,此名为波斯语,意为"月亮山"。"混一疆理天下国都之图"作"这不鲁哈麻"②。

哈迷亚儿(Ḥamiyar),《心之喜悦》作"mamalik-i Ḥamiyar"③,作者谓其"在古代也门(Yeman),距印度洋一程远"。

"穆民之地"(Bilād ʻabd al- muʼmin,直译为:正教之仆的土地),此地确指为何,尚未考知。

欧洲部分:

地中海(Baḥr al-Faranj)

托莱多(Ṭulīṭula),即 Toledo,在今西班牙。"混一疆理天下国都之图"作"投里哈",疑为"投里答"之误。《心之喜悦》曾著录。此地因西哥

---

① *Nuzhat al-Qulūb*, pp p. 229 - 230.

② 案,龙谷大学藏《混一疆理天下国都之图》虽未载"这不鲁哈麻"之名,但在非洲大陆南缘相同位置画出山脉的形状。

③ *Nuzhat al-Qulūb*, pp. 224;226.

特末代君主罗德理克和拉·加瓦的故事而有名。故事大意为罗德理克迷恋其大臣之女拉·加瓦(La Cava),遂进而占有之,致其父一怒之下引穆斯林大军反攻西班牙,奠定了摩尔人在西班牙700余年的统治局面。

西班牙(Ishbainiya)之讹,即今之西班牙(España)的波斯语译音。《混一疆理天下国都之图》作"亦思班的那"。

西西里(Bilād al-Ṣaqāla),"混一疆理天下国都之图"作"昔克那",《混一疆理图》中多处用"那[*-na*]"字对应波斯语中的[*-liya*]音节。如已为杉山正明指出的以"麻里昔里那"来对音[Massilia]一名。

五、结　　语

以上是对《桃里寺文献集珍》中所收录伊利汗时代世界地图所作的一个初步考察。而通过将伊利汗地图所载地名和经由明初文人李泽民重绘的《混一疆理天下国都之图》中域外地名的逐一比勘,我们可以直观看出两者之间有着广泛而直接的关联性,从而借以推想蒙古统治下汉地—波斯间曾经存在过的密切文化交流。不过更值得注意的是,《混一疆理天下国都之图》中的域外地名对当日的士人而言,仅仅是一种自"外部世界"植入的知识,此图的绘制者即便在记录一个早已进入汉语世界的域外地名时,也采取了放弃旧译转而音译经由波斯语输入的拼写方式。对元、明之际的士人而言,《混一疆理图》的功用或许仅仅停留在成为精英文人交游圈内的清玩谈资,因此随之大量进入汉文化视野的域外世界的信息,最终并没能成功地"内化"为中国传统地理学的有机组成部分,个中原因是值得我们深思并进一步加以探究的。

附图：

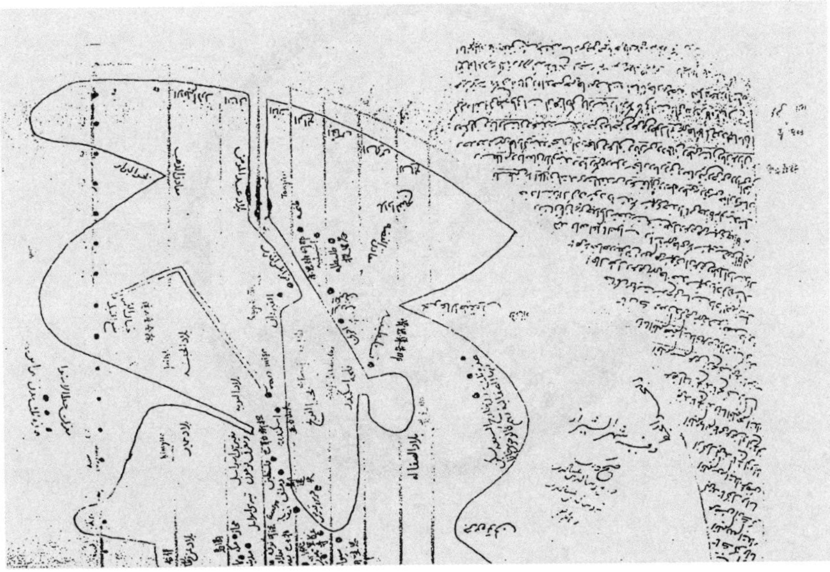

《诸域图纪》(*Ṣuwar al-Aqālīm ʻalī Sabīl al-Ajmāl*)**之一**

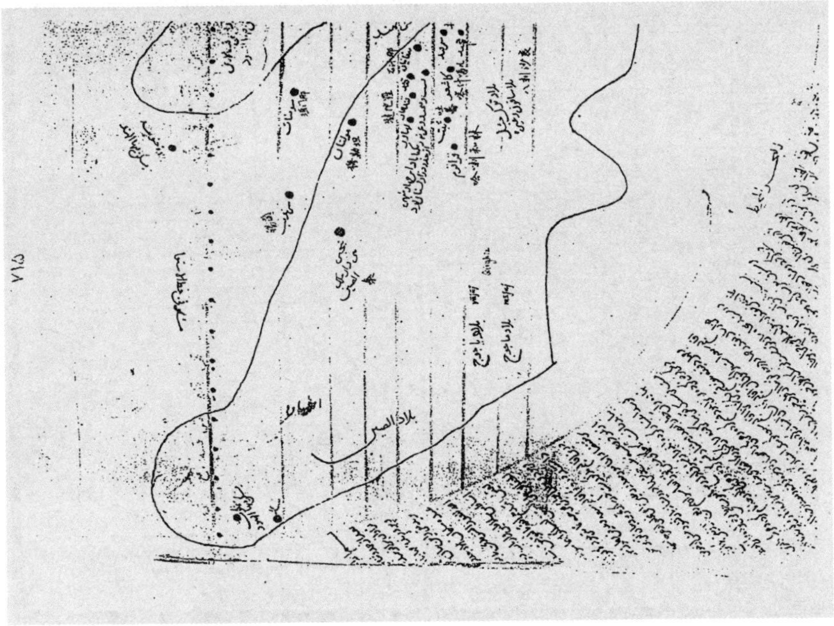

《诸域图纪》(*Ṣuwar al-Aqālīm ʻalī Sabīl al-Ajmāl*)**之二**

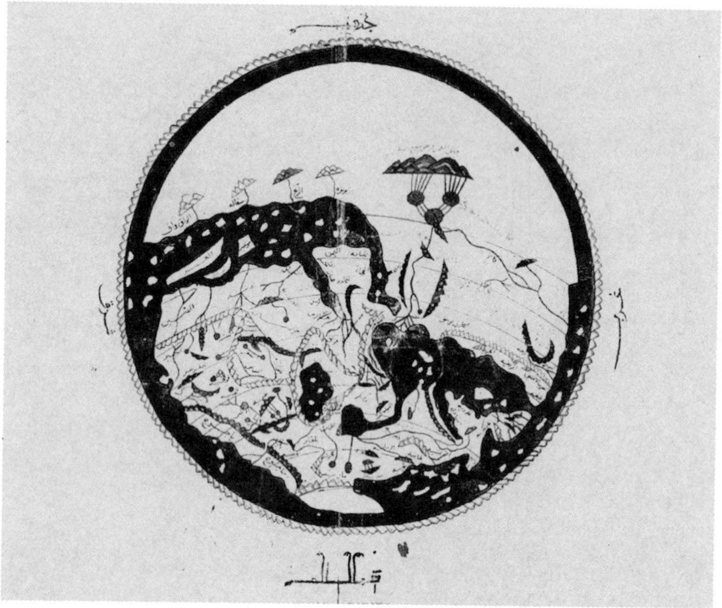

Idris 所绘世界地图

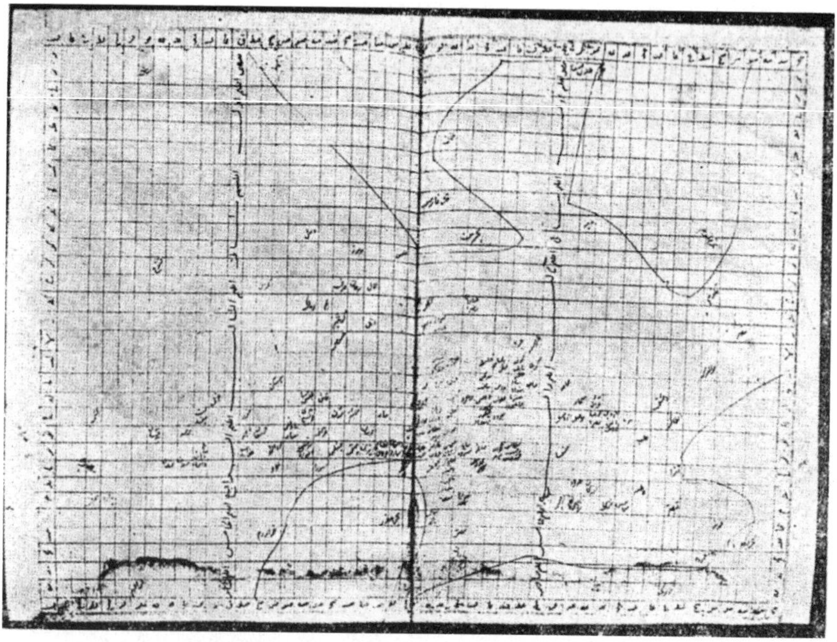

穆思妥菲《选史》所附网格地图(转引自李约瑟《中国古代科技史·地理卷》)

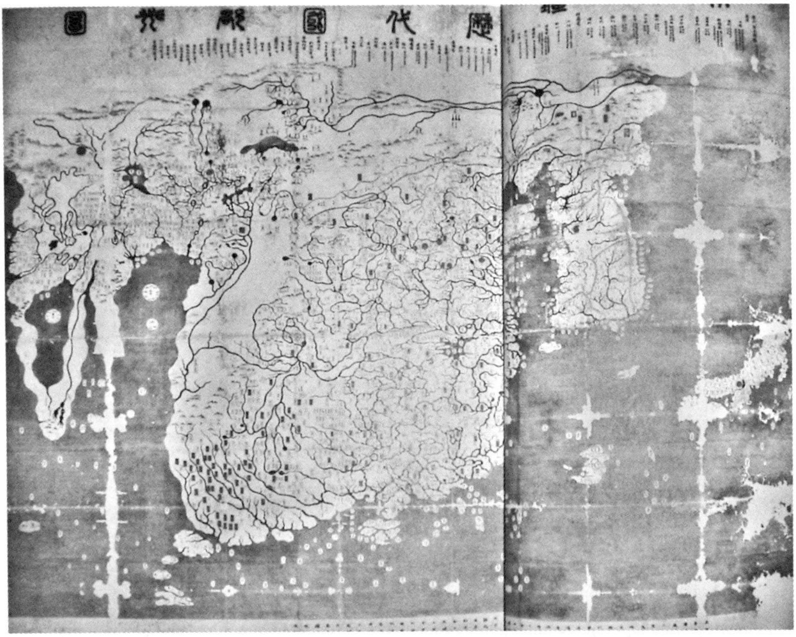

混一疆理历代国都之图(引自宫纪子:《モンゴル帝国が生んだ世界図》)

大明混一图

第十一章　14世纪马穆鲁克商人所述哈剌和林情报考

——兼论马可·波罗同时代的阿拉伯远洋商人

一、序　　说

自13世纪下半叶起，活跃于欧亚大陆东西两端的商人群体中，马可·波罗无疑是最为著名的一位。但我们不应忽视这样一个事实，即马可·波罗只是这批国际商人群体中的一员。他的同路人中至少还包括来自意大利各城邦、阿拉伯、波斯和中国的商人。这些不同文化、宗教背景的商人群体之间既有对商业资源的竞争，也有商业利益、交通运输方面的合作与分工，更重要的是对相关知识、经验的分享。《马可·波罗寰宇记》（以下简称《寰宇记》）的研究者不止一次地指出，其中有些信息并非马可亲历，而是通过波斯、突厥人的转介才为其所知晓的，而这点也可以从《寰宇记》中大量出现的波斯语词汇中得到印证。所以，历来讨论《寰宇记》者无不重视从同时代的波斯语史籍中搜寻对应的信息①。但对于阿拉伯语历史、地理文献在《寰宇记》研究中价值，以及阿拉伯语文献对了解元代历

① 《马可·波罗寰宇记》的早期研究者玉尔和戈蒂埃就曾在其注释本中大量采录波斯语历史、地理文献以为佐证。Henry Yule & Henri Cordier, *The Travels of Marco Polo: The Complete Yule-Cordier Edition: Including the Unabridged Third Edition (1903) of Henry Yule's Annotated Translation, as Revised by Henri Cordier, Together with Cordier's Later Volume of Notes and Addenda*, 2Vols, New York: Dover, 1993. 而嗣后，伯希和在其三卷本的《马可·波罗注》中更是极为广泛地吸取了同时代学者对《世界征服者史》和《史集》等书的研究成果。Paul Pelliot, *Notes on Marco Polo*, ed. by Francois Aubin, Paris: Imprimerie Nationale, 1959.

史的价值,迄今为止似尚未得到国内学界的足够重视①。故本文试从同时代的阿拉伯语文献中撷取一则案例,作为回应上述两个问题的一点初步尝试。

二、基本史料的文献学研究

本文所要讨论的基本文献见于14世纪叙利亚历史学家尤你尼(al-Yūnīnī, 640/1242—726/1326)所著的编年体史书《时间之镜补遗》(*Dhail Mir'āt al-Zamān*)。根据美籍华裔学者郭黎(Guo Li)的研究,我们大致可知:尤你尼主要生活在大马士革,生前以圣训注释者和历史学家而知名。《时间之镜补遗》为其晚年著作,主要记述1256—1311年间马穆鲁克政权的历史。作者称之为"补遗",意欲以此书作为Sibṭ ibn al-Jawzī的编年史巨著《时间之境》(*Mir'āt al-Zamān*)的续编。当时在叙利亚首都大马士革活跃着一个历史学家团体,如al-Jazarī(d. 739/1339)和al-Khazindārī(d. 1333?)等人均为其成员,且均有著作传世。这些学者之间经常互相征引,彼此的史学理念和文体风格也相近似,因此后世的研究者也将其统称为"叙利亚历史学派",而尤你尼则被视作"叙利亚历史学派"的早期代表人物②。

尤你尼的著作是研究早期马穆鲁克政权(也被称作"巴赫里时期",al-dawlat al-baḥriyyah, 1250—1382)的重要文献。而自杰克森的《蒙古帝国的瓦解》一文开始,逐渐有学者将之引入蒙古帝国史研究的领域③。但此书的出版情况较为曲折:其中,第一部分(1256—1288年纪事)于20世

① 国内元史学界对于13至14世纪阿拉伯语史料的掌握情况,可以参阅陈得芝先生为《蒙元史研究导论》所写的"阿拉伯文史料"一节,南京:南京大学出版社,2015年,第94—98页。

② Guo Li, *Early Mamluk Syrian Historiography: Al-Yūnīnī's Dhayl Mir'at Al-Zaman*, Vol. 1, Islamic History and Civilization. Studies and Texts, v. 21, Leiden: Brill, 1998, pp. 1-5, 41-51, 60-75.

③ Peter Jackson, "The Dissolution of the Mongol Empire", *Central Asia Journal*, Vol. 22, 1978, pp. 186-244.

纪50至60年代,分4卷出版于印度的海德拉巴(Heyderabad)①;第二部分(1297—1312年纪事)则迟至2007年才在贝鲁特分三卷出版②;该书1297—1302年间纪事,则另有郭黎的原文校订和英译本可资利用。

1. 译文

书中关于哈剌和林与中国疆域、风土的介绍见于701/1301—1302年纪事,逐译如下:

以阿勒颇的行商(al-tājir al-saffār bi-Ḥalab)本・赛合勒(b. Ṣaiqqal)知名的谢赫・麦术丁・阿合马・玉素甫・本・阿比・八的儿・八吉答的(Majd al-Dīn Aḥmad b. Yusuf b. ʿAbī al-Badr al-Baghdādī)于当年(701/1301—1302)去世。他的墓位于安条克门。

作为一位虔诚的行商,他曾旅行至印度和马八儿,并曾进入中国,并在那里居住了超过二十年。他曾向人讲述关于印度和中国的种种奇闻、当地的宏伟建筑以及各地区之秩序井然。

他说:"我曾进入中国地面,在那里住了二十年,并在当地社会中穿行游历。在那里有一座城市叫作哈剌〔和林〕,其周长为三日程,城中有一条大街和宽阔的坊市(qaṣibat),建筑规制如下:前为商铺,商铺后面是住宅,住宅后边是小花园,花园后面有大河,它被用来汲灌众多的花园,以及谷物、庄稼等。街道对面的建筑亦如此规制。另一边还有一条河,被用来灌溉〔庄稼〕、疏污排秽。河流一路浇灌着庄稼,直至山间。"

他又说:"那个城市的每条街道上都铺有〔地砖〕,一直延伸到花园和田庄为止。"

他又说:"城里所有的木质结构〔建筑的〕门和屋顶都被精雕细

① Quṭb al-Dīn Mūsā b. Muḥamad al-Yūnīnī, *Dhayl Mirʾat al-Zamān fī Taʿrīkh al-Aʿyān*, Heyderabad: Dairat al-Maʿarif al-Osmania, 4 Vols, 1954 - 1961.

② Quṭb al-Dīn Mūsā Ibn-Muḥammad al-Yūnīnī, *Dhail Mirʾāt al-Zamān fī Tārīkh al-Aʿyān: 697 - 711H.*, ed. by Ḥamzah Aḥmad ʿAbbās, Beirut: Hayʾat Abū Ẓaby lil-Thaqāfah wa-al-Turāth, 3 Vols, 2007.

琢，且藻绘以红黑二色的髹漆。”

他又说：“那里物产丰饶，（人们）却仍然勤于耕稼，故土地贫瘠荒芜者极少。现在，中国在鞑靼人的统治之下，〔＊并且由一道城墙环绕〕①，其样貌巡行一周需四个月。”

另外则是一些人迹罕至的海岛，只有等风起，才能从这些岛屿前往中国海，它们大部分是无人居住的荒岛②。

2. 注释

1）麦术丁关于哈剌和林及中国城市的这段文字，亦曾为年代稍晚的马穆鲁克史家木法匝儿（Mufaḍḍal ibn Abī al-Faza'il）转录。但现在较常见的两种木法匝儿编年史整理本中，布洛谢（Blochet）本中缺少了介绍麦术丁名字的段落，使得作者无法判断这段介绍出自何人之口③；而在柯坦塔梅尔（Kortantamer）的整理本中，本节被完全删去④。

2）行商（al-tājir al-saffār），直译即“旅行商人”。这是当时的阿拉伯语史书对取道海路或陆路作长途贸易商人的一种专称，通常会附加在此人姓名之后作为其职业的标识。而借助这一标识，使我们可以从史书中轻易辨识出那些专门从事跨国贸易商人的事迹，进而考察马穆鲁克政权统治下海外贸易的发展情况。

根据阿米台（Reuven Amitai）的研究，这些人中大部分约在1260年前后因躲避蒙古军西侵的兵锋而自西亚各地迁入埃及避难，继而留下为

---

① 本句仅见于Mufaḍḍal编年史中抄录的版本。Mufaḍḍal ibn Abī al-Faza'il, Vol. 20, ed. and tr. by E. Blochet, *Moufazzal Ibn Abil-Fazail: Histoire des Sultans Mamlouks, Texte Arabe Publié et Traduit en Francais*, Part 3, *Patrologia Orientalis*, Paris: 1985, p. 693.

② al-Yūnīnī, *Dhail Mīr'āt al-Zamān fī Tārīkh al-A'yān: 697-711H.*, vol. 1, pp. 668-669.

③ Mufaḍḍal Ibn Abī al-Faza'il, *Moufazzal Ibn Abil-Fazail: Histoire des Sultans Mamlouks, Texte Arabe Publié et Traduit en Francais*, ed. and tr. by E. Blochet, *Partrologia Orientalis*, v. 20, Paris: Brepols, 1985, pp. 691-693.

④ Samira Kortantamer, *Ägypten und Syrien zwischen 1317 und 1341 in der Chronik des Mufaddal b. Abi l-Fada'il*, Freiburg im Breisgau, 1973, Islamkundliche Untersuchungen, No. 23.

马穆鲁克算端效力①。很快他们就成为操控海外贸易的中坚力量，以及国家的重要赋税来源。而这些“行商”的另一个特点就是，尽管他们中的部分人在马穆鲁克算端国或其他政权中担任官职，或者拥有相当数额的地产与资财，但他们却并不对某一特定君主效忠。更普遍的情况是，他们往往同时为多个互不领属、甚至彼此敌对的政权服务以谋求经济利益。也正因如此，他们在经商的同时也常常受命充当外交使节。如贾札里（al-Jazarī）《时代大事纪》（*Ta'rīkh Ḥawādith al-Zamān*）中记载过一位名为赡思丁·摩诃末（Shams al-Dīn Muḥammad b. Shihāb al-Dīn al-'Is'irdī）的“行商”。据载，他曾经以马穆鲁克算端纳昔儿·穆罕默德（al-Nāṣir Muḥammad）的“外交使节”（*fī risāla*）的身份，于 737/1336—1337 年自大马士革启程前往东方觐见蒙古君主②。

而这些人中最著名的一位，当属以波斯湾中的怯失岛（Ar. Qais/Per. Kīsh，今伊朗基什岛）为基地的“行商”札马鲁丁·亦不剌金·愓必（Jamāl al-Dīn Ibrāhīm b. M. b. Sa'dī al-Ṭībī al-Saffār）。他的家族是伊利汗阿八哈到合赞时期，控制波斯湾到印度洋贸易最重要的势力之一。其子法合鲁丁·愓必（Fakhr al-Dīn al-Ṭībī）更是曾以合赞汗使臣的身份出使元朝③。但他同样也和马穆鲁克政权保持着商业往来。在编年史作者尤你尼、传记辞典编纂者撒法底（Khalīl Ibn Aybak al-Ṣafadī，1297—1363）和

① Reuven Amitai-Preiss, *Mongols and Mamluks: The Mamluk-Ilkhanid War, 1260 - 1281*, Now York: Cambridge University Press, 1995, p. 209.

② Shams al-Dīn Muḥammad Ibn, al-Jazarī, *Ta' rīkh Ḥawādith al-Zamān wa-Anbā' ihi wa-Wafayat al-Akābir wa-l-A' yān min Abnāihi*, Vol. 3, Beirut: Sidon, 1998, p. 930.

③ 关于札马鲁丁·亦不剌金·愓必的生平以及其家族在波斯湾贸易中的角色，可参考 Valeria Fiorani Piacentini, "The Mercantile Empire of the Ṭībīs: Economic Predominance, Political Power, Military Subordination," in Lloyd Weeks and St. John Simpsoned, *Proceedings of the Seminar for Arabian Studies: Papers from the Thirty-seventh Meeting of the Seminar for Arabian Studies held in London*, Vol. 34, Oxford: Archaeopress, 2004, pp. 251 - 260; Ralph Kauz, "The Maritime Trade of Kīsh during the Mongol Period", in Linda Komaroffed, *Beyond the Legacy of Genghis Khan*, Leiden-Boston: Brill, 2006, pp. 51 - 67；家島彦一：《モンゴル帝国時代のインド洋貿易——特にKish商人の貿易活動をめぐって》，《東洋学報》57，1976 年，第 1—39 页；邱轶皓：《大德二年（1298）伊利汗国遣使元朝考：法合鲁丁·阿合马·愓必的出使及其背景》，《中研院史语所集刊》，第八十七本第一分，2016 年，第 67—122 页。

阿思喀兰尼(Ibn Ḥajār al-ʻAsqalānī, 1372—1444)等人的著作中也收录有他的小传。显示出其家族在埃及、叙利亚地区的影响力①。

3) 哈剌〔和林〕。哈剌和林作为蒙古帝国的首都,其名声也随之远播西方。无论在波斯语、拉丁语、亚美尼亚或斯拉夫语文献中,其拼写形式大都是蒙古语名称的转写。但近日松田孝一等学者也指出,在哈剌和林城旧址发现的元代汉—波斯双语碑铭中,其波斯语部分数次将之省称为"和林"(Qurūm),作者认为这是受汉语影响的结果②。

不过就阿拉伯语作者而言,哈剌和林并非一个习见的地名。该词在尤你尼和木法匝儿两个版本中均只写出前半部分"Qārā"。虽然叙利亚地区另有被称作"哈剌"的地名,亦常见于阿拉伯史籍,但此处所载当与其无涉③。布洛谢在其注释中曾对该地名作了一些推测,如认为它是"汗八里"(Qānbālīq)或"哈剌八剌合孙"(Qara-balghasun)等地名的讹写④,但似都缺少足够的文献依据。伯希和即指出,"我们从木法匝儿对于中国城市 Qārā 的奇幻描述中看不出什么,其可能是也或许不是'汗八里'(Ḥanbalïq)的变体"⑤。但检核 13 至 14 世纪的阿拉伯文献,"汗八里"一名均写作"Khānbalīq"⑥。因此,我倾向于同意尤你尼书整理者的校勘意见,认为这里所指的应是"哈剌和林"。

至于麦术丁称和林"其周长为三日程",则显有夸张。据考古勘测可

---

① Ibn Ḥajar al-ʻAsqalānī, *al-Durar al-Kāminah fī Aʻyān al-Miʻah al-Thāminah*, Beirut: Dār al-Kutub al-ʻIlmīyah, Vol. 1, 1997, pp. 59 - 60;阿思喀兰尼是当时著名的古兰经注释学家和历史学家,他于 1399 至 1419 年间编纂的这部人物辞典,分正、续两编,共收录近六千则人物传记。他关于麦术丁的传记资料,转抄自 al-Jazarī 的某部佚作。al-Jazarī 和尤你尼同为叙利亚历史学派中人,两者所采录的资料有相当一部分是相互重合的。又,Khalīl Ibn Aybak al-Ṣafadī, *Aʻyān al-ʻAṣr wa Aʻwān al-Naṣr*, Vol. 1, ed. by ʻAlī Abū Zayd Dimashq: Dār al-Fikr bi-Dimashq, 1998, p. 119.

② 宇野伸浩、村冈伦、松田孝一:《元朝後期カラコルム城市ハーンカー建設記念ペルシア語碑文の研究》,《内陸アジア言語の研究》,东京:东京大学,1999 年,第 22—23 页。

③ Baybars al-Manṣūrī, *Zubdat al-Fikra fī Tā'rīkh al-Hijra*, ed. by Donald S. Richards, Bibliotheca Islamica No. 42, Beirut: Klaus-Schwarz-Verlag, 1998, p. 105.

④ Mufaḍḍal, *Moufazzal Ibn Abil-Fazail*, p. 691.

⑤ Paul Pelliot, *Notes on Marco Polo*, Vol. 1, p. 143. 此处参考于月汉译文。

⑥ Ibn Baṭṭūṭa, *The Travels of Ibn Baṭṭūṭa, A. D. 1325 - 1354*, tr. by H. A. R. Gibb & C. F. Beckingham, London: Hakluyt Society, 1994, Vol. 4, p. 907; al-ʻAsqalānī, *al-Durar al-Kāmina*, Vol. 2, pp. 338 - 339.

知，和林城遗址南北长 3 公里，东西为 2.5 公里。因此马可·波罗关于“哈剌和林城延袤三哩（miles）”的记载是相当准确的①。关于这点，更早到访和林的鲁布鲁克也给出了恰如其分的评价，他说：“如果不把大汗的宫殿计算进去的话，它并不比圣丹尼斯村大，而圣丹尼斯的修道院都比那座宫殿要大十倍。”②

和林城内的主要街道据鲁布鲁克记载共有两条，分别名为“回回街”和“契丹街”。近年来的考古研究则认为，其中呈东西方向展开的街道是和林城内的主要街道。但该街道并不像传统的汉式都市布局那样，垂直通往和林城内的主要建筑万安宫，而是有着近 40 度角的偏差。白石典之对此的推测是，两者并非同时建设，故因为前后设计方案之间的不一致导致了此种偏差的产生。

4）坊市（qaṣabat）。该词原意有“街区、县城”等义。不过参考同时代马穆鲁克作家乌马里在《眼历诸国行纪》（*Masālik al-Abṣār fī Mamālik al-Amṣār*）一书中的注释，称该词在“波斯语”中有“小城”（madīnat al-ṣaghīra）之意。且乌马里又称蒙古诸王、贵族的手工艺作坊大多集中于此③。基于以上原因，此处将之译作“坊市”。

志费尼载，自窝阔台建立哈剌和林始，“从契丹往这里送来各类工匠，从伊斯兰各地也送来各类工匠”④。和林城内的商业区域，集中分布于街道两侧。鲁布鲁克谓：“城内有两大街，一名回回街，市集所在，宫廷驻此城时，外国商贾数人及各地之使臣概集于此。一名契丹（汉人）街，一切工匠所居。除此两街之外，尚有其他衙署，汗之书记居焉。有各国之偶像祠

---

① Marco Polo, *Marco Polo, the Description of the World*, ed. by A. C. Moule and P. Pelliot, New York: AMS Press, 1976, p. 161；冯承钧译：《马可波罗行纪》，上海：上海书店出版社，2001 年，第 133 页。

② Peter Jackson tr., *The Mission of Friar William of Rubruck: His Journey of the Court of Great Khan Möngke 1253－1255*, London: Hakluyt Society, 1990, p. 221.

③ Aḥmad b. Yaḥyā ibn Faḍlallāh al-ʿUmarī, *Al-ʿUmarī's Bericht über die Reiche der Mongolen in seinem Werk Masālik al-Abṣār fī Mamālik al-Amṣār*, ed. and tr. byKlaus Lech, Wiesbaden: Harrassowitz, 1968, p. 143.

④ 志费尼著，何高济译：《世界征服者史》上册，呼和浩特：内蒙古人民出版社，1980 年，第 277 页。

宇十二所，回教礼拜寺二所，基督教堂一所，城周围环以土墙，辟四门。东门售粟及种种谷食，然其数不多。西门售绵羊及山羊，南门售牛及车，北门售马。”①而近年来对哈剌和林城的考古发掘也证明，当时城中存在着大规模的市场及工坊。白石典之认为，和林城东门是通往漠北交通干道（即“纳怜道”）的交会点，从东门向市中心方向沿途多分布有小型建筑物。经考古后发现了冶炼作坊和窑厂的遗迹②。

5）河流。作者记载和林周边有两条河流。当地居民引河水入城以汲灌庄稼、排除污秽。这和马可·波罗所述，和林城周有“巨大河流，多数水道”可相印证③。我认为此处所指当为鄂儿浑河及其支流，如塔密儿河、翁金河、哈剌和林河（和林川）等。1247年赴忽必烈营地觐见的张德辉就注意到，和林川边“居人多事耕稼，悉引水灌之，间亦有蔬圃”④。而鲁布鲁克也称：“在夏季，他们利用渠道，从四面八方把水引来，从事灌溉。”⑤此外，耶律铸曾于中统年间寓居和林，其诗有“泠泠流水漱寒玉”⑥，描写应该正是听闻河水流经其寓所的场景。

6）农业。和林地区之所以能够开展相当规模的农业活动，主要得益于其环境。白石典之认为：哈剌和林所在的鄂尔浑平原是蒙古高原上少有的，兼具较高气温和较充足降水条件的地区，因此可同时满足游牧和农耕人群的生活需要⑦。当然，当地有相对丰沛的水资源，也是一个重要条件。

和林地区具有一定规模的农业生产，始于窝阔台时期。志费尼甚至

---

① Jackson, *The Mission of Friar William of Rubruck*, p. 221.

② 白石典之：《モンゴル帝国史の考古学的研究》，东京：同成社，2002年，第385页。白石典之：《モンゴル帝国における都市の形成と交通：カラゴルム首都圏を中心に》，天野哲也、池田榮史、臼杵勳编：《中世東アジアの周縁世界》，东京：同成社，2010年，第19页。

③ 冯承钧译：《马可波罗行纪》，第134页。

④ Marco Polo, *Marco Polo, the Description of the World*, p. 161；冯承钧译：《马可波罗行纪》，第346页。

⑤ Jackson, *The Mission of Friar William of Rubruck*, p. 212.

⑥ 耶律铸：《双溪醉隐集》卷二《送玄之》：“东风二月吹和林，绿杨庭院空深沉。整襟危坐罢舜琴，时听百鸟自在吟。泠泠流水漱寒玉，半天萧飒松风音。呼童为我金波斟，悠然一笑忘古今。”金毓绂编：《辽海丛书》，沈阳：辽沈书社，1933—1936年，第48册，22叶。

⑦ 白石典之：《チンギス＝カンの考古学》，东京：同成社，2001年，第145—149页。

还将之记录进了“合罕言行录中”①。张德辉也称“过忽兰赤斤，乃部曲民匠种艺之所”②。忽兰赤斤的位置约在和林西北塔密儿河(塌米河)附近。而蒙古学者佩尔列(Perlee)也报告称，沿塔密儿河分布有时期不明的耕作地的遗迹③。忽必烈即位后，元朝政府更是在此组织过大规模的屯田④。

7) 花园(bustān)。麦术丁没有描述和林城内的宫殿，但他介绍此地有不少私人园林。“花园”一词为阿拉伯语中自波斯语借入的词汇，此处应泛指皇室与私人的园林。关于和林城内的皇家园林，可参考志费尼的描述。他说：“市镇中替合罕建造了一座有四扇门的花园……在那座花园的中央，契丹工人筑有一座城堡，有像花园一样的门。”⑤此外，考古人员也在万安宫附近的建筑遗址上发现了与前者相似的绿釉瓦片，并由此推测此处当为高官府邸或寺院等特殊建筑物。关于此类私人园林，我们知道耶律铸曾在和林拥有一所名为“西园”的汉式园林。并在其诗集中留下不少在园林中宴饮的篇什⑥。

麦术丁描述了和林城内的木构建筑。据马可·波罗记载，当地因缺乏石材，故建筑“全部由木材和泥土建造”。而考古证据也显示，和林城内建筑以中国风格的木结构四合院形态居多⑦。

8) *“城墙”(sūr)。该词仅见于木法匝儿本。马可·波罗《寰宇记》由于没有关于中国的长城的记载而常常受到后世持怀疑论者的质疑。但是我们可以发现，在阿拉伯语文献中却始终有着中国外围由一道城墙环绕，保护其免受外部游牧人侵扰的记载。关于蒙古征服的早期阿拉伯语文献

---

① 志费尼：《世界征服者史》上册，第213页：“因为酷寒，在哈剌和林境内没有农业，但在他统治期间，他们开始耕垦土地。有个人种植萝卜，成功地生长了几株，他就把它们献给合罕。”

② 张德辉：《岭北行纪》，贾敬颜：《五代宋金元人边疆行记十三种疏证稿》，北京：中华书局，2004年，第346—347页。

③ 白石典之：《モンゴル帝国史の考古学的研究》，第345页。

④ 宋濂：《元史》卷一六七《王国昌传》：“十四年，改侍卫亲军千户……请屯田于和林，率所部自效。”北京：中华书局，1976年，第3926页。

⑤ 志费尼：《世界征服者史》，第277页。

⑥ 耶律铸：《双溪醉隐集》卷四《和林春舍叙西园前宴招一二友生重饮》，卷五《和林西园站台怀吕龙山》，《辽海丛书》，第49册，20叶。

⑦ 白石典之：《モンゴル帝国史の考古学的研究》，第224、385页。

《札兰丁传》(*Sīrat Jalāl al-Dīn Mīnkubirnī*)中就有“周行中国需 6 月程，并由一道城墙围绕”的记载①。两者相比，可以看出信息之间的承续性。至于为何 13 至 14 世纪的阿拉伯学者愿意相信“中国长城”的存在，其原因可能有二：其一是金代为了防御鞑靼入侵确实在兴安岭地区筑造过界壕，相关消息也许通过流亡者或旅行家传入阿拉伯地区；其二则是在伊斯兰地区流传有亚力山大筑造城墙以抵御北方蛮人(雅朱与马朱，*Yājūj va Mājūj*)入侵的传说。而在蒙古兴起后，人们也用“雅朱与马朱人”来指称蒙古人，因此与之相关的“界墙”传说自然也从原本的高加索地区移至中国。

3. 小结

虽然对大部分马穆鲁克商人来说，要深入哈剌和林地区是十分困难的。元代政府有针对性地颁布禁令，限制穆斯林商人越境行商②。所以在多数情况下，他们是间接地从中亚或伊利汗国治下的西亚穆斯林商人那里获取关于哈剌和林及漠北地区的情报的。如乌马里书中关于元朝和哈剌和林地区的信息均来自名为札兰丁的撒马儿干人和巴格达富商八的剌丁处③；伊本·白图泰关于哈剌和林的消息则得自波斯裔商人不儿罕丁·撒合儿只(Burhān al-Dīn al-Sāgharjī)之口④。

尽管如此，仍有少数人曾深入过元朝腹地。拜巴儿思算端(1260—1277 在位)的传记作者 Ibn Shaddād 说，1277 年左右为了“从突厥人那里收购男、女奴隶”，马穆鲁克算端提供资金给商人，并令其取道金帐汗国从

---

① Muḥammad ibn Aḥmad Nasavī, *Sīrat-i Jalāl al-Dīn Mīnkubirnī*, ed. by M. Mīnuvī, Tehran: Sharkat-i Intishārāt-i ʻUlumī va Farhangī, 1986, p.7. 整理者称：此书为《札兰丁传》之波斯语译本，译成于 13 世纪。

② 《元史》卷一一《世祖本纪八》，第 231 页：“(至元十八年)五月癸卯，禁西北边回回诸人越境为商。”

③ 两人全名分别为：Jalāl al-Dīn Ḥasan al-Samarqandī 和 Ṣadr Badr al-Dīn ʻAbd al-Wahhāb b. al-Ḥiddād al-Baghdādī。Lech, *Al-ʻUmarī's Bericht über die Reiche der Mongolen*, text, p.112, 114.

④ Ibn Baṭṭūṭa, *The Travels of Ibn Baṭṭūṭa*, Vol.4, p.906. 据伊本·白图泰记载，其头衔为波斯语，意为“世界的商贾”(Ṣadr al-jahān)。

陆路"进入哈剌和林，并定居在那里"①。而随着这些马穆鲁克商人定居于哈剌和林，他们也在当地留下了自己活动的印迹。黄时鉴先生曾介绍过出土于哈剌和林的一件带有"靡食儿"字样的浅蓝色钧窑型瓷器，他认为"靡食儿"就是密昔儿的异写②。这件瓷器的所有者即便本人不是马穆鲁克商人，至少也曾经从某种渠道听闻"密昔儿"之名。而更直观的证据则是，笔者于2014年参观哈拉和林博物馆时，曾看到馆内陈列着一副出土于当地的法老（*Pharaoh*）面具，也间接证明了元朝与埃及之间物质交流的存在。

因此，我们可以相信麦术丁确有可能亲历哈剌和林。而将麦术丁对和林城的描述与同时代的汉语文献和马可·波罗《寰宇记》相比对，我们能发现三者之间存在着较多能相互印证的地方。作者对和林城内的建筑和农业情况的记载，甚至要比马可·波罗更为详细。而文中偶见的两处失实夸大的记载，或来自记录者的夸张，或是承袭自此前阿拉伯世界中流传的关于中国的情报。

三、历史学的考察

1. 麦术丁和马可·波罗

关于麦术丁的传记资料，除见于尤你尼编年史摘录的这一则外，还见于阿思喀兰尼（Ibn Ḥajār al-ʻAsqalānī，1372—1449）所编传记辞典。和尤你尼所录版本不同，阿思喀兰尼本尤详于记载其在印度洋地区的经历：

> Al-Jazarī称：麦术丁为一巨贾，曾往返于印度、马八儿与中国之间逾二十年。他尤乐于以旅途中之奇异见闻语人。其一为坐落于山

① ʻIzz al-Dīn Muḥmmad b. ʻAlī ibn Shaddād al-Ḥalabī, *Tāʻrīkh al-Mulk al-Ẓahir*（*Die Geschichte des Sultans Baibars*），Vol. 31，ed. by A. Ḥuṭayṭ，Wiesbaden：Harrassowitz，1983，Bibliotheca Islamica，pp. 307－308. 又见：al-Yūnīnī，*Dhayl mirʼ at al-zamān*，Vol. 3，p. 254.

② 黄时鉴：《元代扎你别献物考》，《东西交流史论稿》，上海：上海古籍出版社，1998年，第77—78页。

巅的亚当之墓，人们可凭以铁链攀援而至。他曾历时越半日而攀至其地。此后，他即以它事返回，卒于阿勒颇，时为701年2月（Ṣafar，即1301年10月）①。

案，此处作者并未交代亚当之墓位于何地。但参考马可·波罗书中关于锡兰（Seilan，今斯里兰卡）的记载，我们即可知麦术丁所述当指锡兰。马可·波罗称：

> 尚应知者，锡兰是个大而美（VB）的岛屿。在这岛上有一座高大（FB）的山峰，岩石洞穴（Z）十分陡峭，以至于不采用下述方法的话没有人能够攀登上去。他们把（FB）许多又粗又大（FB）铁链悬挂在（FB）在山上，使得人们能够借助这些铁链（FB）攀援而上，直至山顶。现在我告诉你们，他们（穆斯林）说山顶之上是其始祖亚当之墓。撒拉森人的确这么（Z）说，那是亚当的墓，偶像崇拜者则说那是释迦牟尼·不儿罕的墓。……（下略）
>
> 大汗在1281年从曾经登上过上述山峰的撒拉森人那里（R）听说我们的始祖亚当的坟墓在那座山上，连同他的一些（FB）牙齿、头发和他曾经用来吃饭的碗也在那里（FB）。因此他对自己说道他一定要拥有那牙齿、头发和碗。因此他想尽办法如何能得到它们（FB）。他立刻（V）派遣了一位大使去锡兰岛的国王那里索要这些东西（TA），这是在基督道成肉身之后的1284年②。

锡兰位于马八儿对岸，乘船经过当地的商人亦往往先至锡兰岛登岸。而岛上的所谓亚当之墓，或释迦牟尼之墓为当地一著名景观。忽必烈是从游历当地的穆斯林（波斯人或阿拉伯人）处最初获知该地情况的。而马可·波罗的消息也许来自1284年（至元二十一年）忽必烈遣亦黑迷往锡

① al-ʿAsqalānī, *al-Durar al-Kāminah*, Vol. 1, p. 338 - 339.

② Marco Polo, *Marco Polo, the Description of the World*, pp. 407 - 408（参考张晓慧汉译文）；《马可波罗行纪》，第418页。

兰岛求取佛牙时所带回的消息。该遗址在阿拉伯人心目有着特殊价值，麦术丁之后，伊本·白图泰也曾登此山游览①。

由此，我们遂可对麦术丁其人有一个较为完整的印象。他出生在巴格达，而在定居阿勒颇后主要以经印度进入中国的远途贸易为业。他在印度洋上的东西交通枢纽马八儿居留过一段时间，又曾长期在中国游历、经商。我们无法知道他是否在元朝政府供职，但可以肯定的一点是，他的资财为其在叙利亚和埃及等地赢得了足够声誉。故其事迹才会被不同的马穆鲁克史家所转录。虽然他没有留下自己的著述，但根据阿拉伯语文献中所保留的一些片段，可以看出他的经历和马可·波罗相似。如都有着长期在东方(特别是中国)生活的经历，同时又非常熟悉从中国到波斯湾以至于红海的海上商路。麦术丁以其积累的商业资产而知名，马可·波罗同样也因为其财富而在其家乡获得了"百万"(Million)的称号。

而与这两者几乎同时的波斯诗人萨迪(Saʻdī)，曾在诗中借由怯失岛的波斯商人之口描绘了一幅13世纪下半叶世界贸易网络的经典图像，该商人称只要在鲁木(君士坦丁堡)、阿勒颇、印度和中国之间作一次贩卖的话，就可以积累下足资余生享用的资产②。那么，无论是麦术丁还是马可·波罗，其经商的经历确实也与之完全符合。

2. 马穆鲁克与元朝的商业往来

虽然马穆鲁克政权主要的贸易活动集中在红海与地中海地区，1260年之后金帐汗国控制下的黑海地区地位也日显重要。另外，位于上埃及的一些港口也与印度、锡兰等地有着密切的海上贸易往来③。尽管在算端拜巴儿思(Baybars)时期，受到当地阿拉伯部落持续叛乱的影响，与印度洋地区的贸易受到削弱，但到了第二任算端哈剌温在位期间，马穆鲁克政权就以积极的姿态介入了印度洋的贸易之中。

682年(1283—1284)，就有印度、锡兰国王的使臣取道忽鲁模思

① Ibn Baṭṭūṭa, *The Travels of Ibn Baṭṭūṭa*, Vol.4, pp.848 - 849.

② Shaykh Muṣliḥ al-Dīn Saʻdī, *Gulistān va Būstān*, tr. by Edward Rehatsek and G. M. Wickens, Tehran: Hermes Publishers, 2008, pp.390 - 391.

③ Peter Thorau, *The Lion of Egypt: Sultan Baybars I and the Near East in the Thirteenth Century*, tr. by P.M. Holt, London: Longman, 1992, p.172.

(Hormuz)、也门(Yemen)抵达埃及①。683 年(1284—1285)自印度返回开罗的使臣,向哈剌温报告了蒙古军对印度地区的入侵,声称他们已占领了印度的许多地方②。而 al-Qalqashandī(? —d. 1418)所编政府公文指南一书中收录有写于 688 年(1288—1289)的几份算端哈剌温诏谕商人的敕令。在敕令中,哈剌温劝说那些在鲁木、也门、信德(Sind)、印度(Hind,忻都)和中国的"重要的商人大首领们、贸易商人们,还有在那些国家被提及或未被提及的民族;以及那些受上述人影响,将进口商品运回我国,并意欲定居我国或再度返回者",前来埃及进行贸易③。而他下令要求那些商人带往埃及进行交易的商品,不仅包括各种衣料、珍宝,还包括相当数量的男女奴隶。由此可知,到了 13 世纪 80 年代中期,经海路前来与印度洋国家和中国进行贸易的马穆鲁克使团为数不少。只是和陆路商业相比,海路贸易的路线远离政治中心,留下的文献也较为零碎。

马穆鲁克政权如此热心介入印度洋贸易的动力之一,是为了打破伊利汗国对传统的叙利亚、安纳托利亚商路的封锁。找到一条能取而代之的新贸易路线,用以进口对维持其政权稳固至关重要的战略物资,如钢材和青年奴隶等。因此在北方,马穆鲁克与金帐汗国结成联盟,同时要求热那亚(Genoese)商人源源不断地将突厥奴隶经金帐汗控制下的克里米亚输入埃及④。而在海上,他们则招募不少也门人和寓居印度经商的阿拉伯商人展开海路贸易。而最终,那些为东方富庶物产吸引的商人们便会一

---

① Muḥyī al-Dīn ibn ʻAbd al-Ẓahir, *Tashrīf al-Ayyām wa -al-ʻUṣūrfī Sīrat al-Malik al-Manṣūr*, ed. by Ḥaqqaqahu Murād Kāmil; Rāja ʻAhu Muḥammad ʻAlī al-Najjār, Cairo: Wizārat al-Thaqāfah wa-al-Irshād al-Qawmī, al-Idārah al-ʻĀmmahlil-Thaqāfah, 1961, p.50;一说,来自锡兰的使节和伊利汗阿合马的使节一起,取陆路穿过伊剌克进入叙利亚。al-Manṣūrī, *Zubdat al-Fikra*, p.235.

② al-Ẓahir, *Tashrīf al-Ayyām*, p. 117. 这里所说的印度当指德里算端国(Delhi Sultanate,1206—1526)。自 680(1281—1282)到 683(1284—1285)年,德里算端国北部持续受到蒙古军入侵的威胁。Peter Jackson, *Delhi Sultanate: A Political and Military History*, New York: Cambridge University Press, 1999, p.117.

③ Aḥmad b. ʻAlī al-Qalqashandī, *Ṣubḥ al-Aʻshā fī Ṣināʻat al-Inshā'*, Cairo: al-Maṭabaʻa al-Amīriyya, 1913 - 19, Vol.13, pp.340 - 341.

④ David Jacoby, "The Supply of War Materials to Egypt in the Crusader Period", *Commercial Exchange across the Mediterranean*, London: Ashgate, 2005, Variorum Collected Studies Series, p.118.

直来到元朝的泉州港。

尽管在政治上，自从马穆鲁克—金帐汗国政治同盟建立之日起，历代马穆鲁克算端就将元朝视作敌对政权，而受此影响，效忠于马穆鲁克政权的埃及、叙利亚史家们也多采取了同情金帐汗和中亚蒙古政权(察合台、窝阔台系)的立场，指责忽必烈与其子孙为篡位者。但在经济上两者却有着较为正常的交流。来自马穆鲁克政权控制下的阿拉伯各地的商人们仍然可以较为自由地出入元朝，甚至有常年寓居中国并参与地方事务者。在金帐汗国和伊利汗国历史上发生的因为政治上的敌对而屠杀对方的商旅、没收其全部财产的事从未在元朝发生过①。

根据现存的碑刻、文书和文献资料，我们可以看出元代进入中国的阿拉伯商人在数量上不及中亚波斯裔人数之多，但仍有一定规模。如伊本・白图泰在杭州遇见的埃及人斡思蛮・本・阿凡・密昔里('Uthmān b. 'Uffān al-Miṣrī)家族就是较为典型的例子。他原本是富商，在携家族留寓杭州后还出资建了清真寺和道堂②。同时，出于"要善待旅人和客人"的传统，远行在外的阿拉伯商人也比较容易从上述两类穆斯林群体中获得帮助。如伊本・白图泰在前来中国的旅路中一直与寓居当地穆斯林群体保持联系。而阿思喀兰尼也曾记载，一位名叫奥都・剌合蛮的巴格达人(全名为：'Abd al-Raḥman b. 'Umar b. Ḥammād b. 'Abdallah b. Thābit al-Rab'ī al-Khalāl al-Baghdādī al-Ḥarīrī)毕生以四处传播圣训(ḥadith)为业，曾在"契丹地区的汗八里"宣讲圣训③。而694/1294—1295年一则讣告则称，一名出生于巴格达，名为阿咱丁・阿卜・别克儿('Izz

① 'Abdallah ibn Faḍlallāh Sharaf al-Dīn Shīrāzī (Vaṣṣāf al-Ḥadrāt), *Tārīkh-i Vaṣṣāf* (*Tajzīya al-Amṣār va Tazjīya al-A'sār*), ed. by Muḥammad Mahdī Iṣfahānī, Bombay, 1853, Rep., Tehrān: Ibn Sīnā, 1959-1960, p.50. 又,698/1299年6月,因为金帐汗脱脱与那海之间的内战,前者遂对住在速达黑(Sūdāq)并隶属于那海的居民、商人进行了大屠杀，只有少量人逃往大马士革避难。Guo Li, *Early Mamluk Syrian Historiography*, v.1, p.127.

② Ibn Baṭṭūṭa, *The Travels of Ibn Baṭṭūṭa*, Vol.4, p.901.

③ al-'Asqalānī, *al-Durar al-Kāmina*, vol.2, pp.338-339.

al-Dīn Abū Bakr)的谢赫，年轻时“曾四海行商多年，并曾来到过印度与中国”①。

这些阿拉伯商人前来中国的道路大致有三条：其一是陆路，即自开罗启程，从亚力山大港渡海抵达拜占庭控制下的黎凡特地区(Levant，东地中海区)，抵达君士坦丁堡。接着自君士坦丁堡出发，渡黑海抵达速达黑(Sūdāq)，行二十余日至金帐汗国都城萨莱。再从萨莱经里海南岸的玉龙杰赤(Urgench)抵达讹打剌(Otrar)或不花剌(Bukhara)。之后折向东北，经阿力麻里(Almaliq)至肃州进入汉地②。也可以从萨莱，径直穿过斡立答兀鲁思(Orda Ulus，即金帐汗国的左翼)，再经亦必儿・失必儿(bilād Sibr wa Ibir，俄罗斯鄂毕河中游地区)抵达乞儿吉思和外剌部所在地。在那里商人们可以沿着元政府所设驿路一直前往大都。

其二为海路，商人们可以自上埃及的港口出发，取道红海先抵达也门，再经自也门至印度洋的传统海上商路前往东方。

第三条则是先取陆路，自埃及进入叙利亚的 Ayas(一称：Lajazzo)，然后或经亚美尼亚王国的细哇思(Sivas)进入伊利汗国。此后他们便可以借助伊朗传统的南北向商道抵达忽鲁模思，在忽鲁模思搭乘海船前往印度和中国。不过这条商路一度因马穆鲁克与伊利汗国之间的战事而中断。而在13世纪80年代该路线重新开启之后，主要为热那亚商人所掌握③。

而马穆鲁克一方的传记资料亦记载：叙利亚地区的阿拉伯—犹太商人有时也利用伊利汗国境内的商路前往弼思罗(Baṣra，今巴士拉)等位于伊剌克地区的港口下海；或继续南行至波斯湾搭船前往也门或印度。13

① Muḥammad Ibn-Aḥmad al-Dhahabī, *Ta'rīkh al-Islām wa-Wafayāt al-Mashāhīr wa al-A'lām*, Vol. 60, ed. by Tadmurī, 'Umar 'Abd-as-Salām, Beirut: Dār al-Kitāb al-'Arabī, 1997, pp. 231 - 232.

② Virgil Ciociltan, *The Mongols and the Black Sea Trade in the Thirteenth and Fourteenth Centuries*, tr. by Samuel Willcocks, Leiden: Brill, 2012, p. 105.

③ 这条路线也正是意大利商人 Pegolotti(出生于佛罗伦萨)在其所著《商业指南》(*La Pratica della Mesrcatura*)一书中记载的前往中国的路线。参考 Eliyahu Ashtor, *Levant Trade in the Later Middle Ages*, Princeton: Princeton University Press, 1983, p. 57.

世纪末至14世纪初，一位出生于阿勒颇，名为阿旱丁的喀里迷商人（‘Izz al-Dīn al-Kārimī）就数次经由这条路线参与印度洋贸易。史书记载，他曾五度航海前往中国，他的出发地点有时是弼思罗，有时则是怯失岛和忽鲁模思。据信他贩运的主要商品包括数额巨大的中国丝绸。另外他也在印度和亚丁经商，并由此获得了“故临人”（al-Kūlamī，今译“奎隆”，位于印度西南海岸的喀拉拉邦）的绰号①。

四、结　　论

本文通过一则与马可・波罗时代相同、经历相似的阿拉伯商人对元朝的记述，来展示13至14世纪东西方国际贸易商人群体的多样性。作为红海—波斯湾—印度洋贸易的参与者，阿拉伯商人在这个时期也积极地参与了与远东地区的商业活动。蒙古帝国的兴起，以及随后的政治对立并没有摧毁原有的商业网络和商业模式，反而使之更多元化。商人们不仅仍然尝试使用传统的、穿越伊利汗国的商业路线，也通过马穆鲁克与金帐汗国、也门的拉土黎（Rasulid）王朝和德里算端国之间的政治同盟，开辟了新的商路并进入中国。

阿拉伯商人和他们的欧洲、波斯同行之间，既是一种竞争关系，又广泛存在情报共享与合作的机制。以伊本・白图泰为例，他在旅行的途中也曾多次与波斯人结伴同行，从后者那里获取异域的信息。但涉及具体

---

① Jamāl al-Dīn Yūsuf ibn al-Amīr Sayf al-Dīn Taghrībirdī, *al-Manhal al-Ṣāfī wa l-Mustawfī ba‘d al-Wāfī*, v. 7, ed. by Nabīl Muḥammad ‘Abd al-‘Azīz Aḥmad, al-Qāhira: al-Hay’a al-Miṣriyya al-‘Āmma li-al-l-Kitāb, pp. 292 – 293; Ibn Ḥajar al-‘Asqalānī, *al-Durar al-Kāmina fī A‘yān al-mi‘ah al-thāmina*, v. 2, pp. 383 – 384, no. 2450; Khalīl ibn Aybak al-Ṣafadī, *al-Wāfī bi-al-wafayāt*, v. 2, ed. by Sven Dedering etc., Berlin: Klaus-Schwarz Verlag, 1968 – 2009, pp. 279 – 280. 其名同时也见于也门Rasūlid王朝(1229—1454)编年史。据记载，他兜售给也门算端的中国商品包括三百包丝绸、四百五十磅麝香、青色中国瓷器、镶嵌金饰的玉盘，男女奴隶，以及五磅钻石等。‘Alī ibn al-Ḥasan ibn Abī Bakr ibn al-Ḥasan al-Khazrajī, *The Pearl-Strings: A History of the Resūliyy Dynasty of Yemen* (*al-‘Uqūd al-Lūllū’īya fī Tārīkh al-Dawla al-Rasūlīya*), v. 1, tr. by Edward Granville Browne and Reynold Alleyne Nicholson, Muhammad ‘Asal, “E. J. W. Gibb Memorial”, Leiden: Brill, 1906, v. 1, tr. text, p. 274; Arabic, p. 350.

利益，不同文化、宗教、种族之间的隔阂也时时凸显。威尼斯商人曾与为马穆鲁克政权服务的喀里迷商人在商业上存在着激烈竞争，喀里迷商人曾在埃及重要的港口城市亚力山大等地通过建立商业同盟的方式，垄断、抬高商品的销售价格①。而此种商业上的竞争进而演变为武装冲突，14世纪初双方曾在埃及爆发过械斗②。而在波斯文史书中也记载有波斯湾当地的波斯族人不愿意听命于阿拉伯人（*farmān-i Tāzī gūyān na-kunīm*）的事例③。这也导致了不同政治、文化背景作者的笔下，不可避免地带有某种主观性和排他性。以马可·波罗为例，已有不少学者注意到他的记录对基督教以外的宗教常带有偏见。他虽然自称掌握六种语言，但多数时间里他都只和自己的基督教同胞来往。马可·波罗从未提到过他的阿拉伯同行，也许就是此种宗教和经济利益冲突下的刻意所为。

众所周知，《寰宇记》是我们了解、研究元朝政治、社会、经济、外交的一座宝库，对《寰宇记》研究的深入同样也会加深我们对元史的理解。而马可·波罗又是当时活跃于东西方的多元化商人群体的一员，后者所留下的零散却数量丰富的资料可以从各个方面来印证、补充马可·波罗的记载。和学界对同时期汉语和波斯语文献开拓的力度相比，阿拉伯语历史文献中对阿拉伯商人在印度洋和元朝贸易活动的记载，至今受到的重视程度仍显不足，这也是我们今后需要进一步需要加强的一个课题。

案：以色列希伯来大学“Mobility，Empire and Cross Cultural Contacts in Mongol Eurasia”数据库（JPP）在本章写作过程中提供了相当的便利。在此亦要感谢参与此项目的 Matanya Gill 博士、Or Amir 博士在阿拉伯语文献翻译方面提供的帮助。上海外国语大学东方语学院阿拉伯语专业的周放老师亦修改了其中的阿语引文，在此一并致谢。

① Eliyahu Ashtor, “Observations on Venetian Trade in the Levant in the 14th Century”, *Journal of European Ecomonic History*, v.5, Rome: 1976, p.545.

② Ashtor, *Levant Trade in the Later Middle Ages*, p.27.

③ ʿAbū al-Qāsim ʿAbd Allāh Qāshānī, *Tārīkh-i Ūljāytū*, ed. by M. Hambalī, Tehran: Shirkat-i Intishārāt-i ʿUlumī va Farhangī, 1969, p.162. 此处所谓的阿拉伯人，指的是出身撒哇密里部落的怯失岛岛主札马鲁丁。

第十二章 《五族谱》研究导论

——研究史·文献特征·史料价值

一、《五族谱》的发现及其研究

1962 年土耳其学者托干(V. Togan)在他的论文中首先向学界介绍了这部名为《五族谱》的谱系作品。他是于一年前(1961)在土耳其托普卡普皇宫博物馆中找到这部手稿的,当时该手稿在目录中被错误地定名为《君王世系》('*Ansāb-i Mulūk*, No. 2932)。托干将该手稿与已经为伊朗—蒙古学研究者所熟悉的,帖木耳时期所编的《贵显世系》(*Mu'izz al-Ansāb*)进行对比后,发现《贵显世系》正是在这部手稿的基础上续补而成的。虽然我们目前能看到的这个唯一的写本原属于阿思特拉罕宫廷,是 15 世纪下半叶至 16 世纪初,在河中地区或呼罗珊重新抄写而成的。但托干认为它就是拉施都丁在《史集》中曾经提到过的《五族谱》(或译为"五世系"、"五分枝",即分别记录蒙古、突厥、汉、阿拉伯、犹太五个民族君王的谱系汇编),同时他认为《五族谱》起首的长篇绪论也出自拉施都丁本人之手。

这个写本的特点在于,抄写者除了用阿拉伯字母抄录人名之外,还保留了其中绝大多数蒙古人名的回鹘体蒙古语形式;在每一支独立的人物世系的开始处,抄写者也用回鹘体蒙古语写出了:"某某汗及其世系"(…*qan uruγ-ud luγban*)这一固定句式;甚至在每一页的中央还预留了用来绘制人物肖像画的方框。《五族谱》中的大部分信息在后出的《贵显世系》中得以保留,但其中用回鹘体蒙古语抄写部分则完全被省略。

在发现《五族谱》的同时，托干还发现了一个名为《拜升豁儿的画册》(Baysungur Album)的世系作品(Topokapı, No. 2152, f. 32a - 33b, 36a - 39b, 42a - 43b)，它同样也是用波斯语和用回鹘字母拼写的东部突厥语抄写的，但其篇幅要较《五族谱》小得多①。

这部作品一经发现就引起了蒙古学界的重视，其中尤以日本学者成果最为集中。据本田实信说，小林高四郎在访问土耳其时就已将复印件带回日本。而在1984年发表的关于拉施都丁全集目录的论文中，本田也专门提到了《五族谱》，认为这是一部"有意思的史料"。不过本田实信认为《五族谱》就是《史集》第三卷这样的说法，还难以得到证明。在同一篇论文中，本田实信对拉施都丁著作研究将来的取向提出一系列看法，包括：调查《史集》现存的各写本之间的关系；讨论《史集》和《五族谱》及《五族谱》和《贵显世系》之间的关系等②。本田实信在其本人的专著中并未对《五族谱》进行专门的研究，但他关于《史集》和《五族谱》、《贵显世系》研究的建议成为此后指导日本《史集》研究的一个指针，此后的研究基本上是沿着他的思路推进和深入的。

此后，杉山正明作为本田的弟子和学术继承人，大力倡导兼跨"东西方二大史料群"(汉文—波斯文史料)的综合研究③。基于此种思考，他非常重视利用波斯语史料，从汉文文献外部对元代史的一系列重大问题进行新的审视。他也未曾就《五族谱》本身进行研究，但曾在不同场合撰文对之进行介绍。同时由于杉山正明出版了一系列面向普通读者的蒙古史普及读物，在学术圈之外也赢得了巨大的影响力。因此在他对波斯语文献重要性的不断鼓吹及其本人"掌握多种语言能力"的光环辐射下，促使更多的研究者开始关注并投入到波斯语蒙古史料的研究中去。

继杉山之后，赤坂恒明是在《五族谱》文本研究中发表成果最多的学

---

① Togan, A. Zeki Velidi, "The Composition of the History of the Mongols by Rashīd al-Dīn", *Journal of Central Asia*: 7, Harrasowitz: 1962, pp. 68 - 70.

② 本田実信：《ラシード全著作目録》，初刊于《西南アジア研究》，1984年，收入氏著：《モンゴル時代史研究》，东京：东京大学出版会，1991年，第383—386页。

③ 杉山正明：《蒙古时代史研究的现状及课题》，近藤一成主编：《宋元史学的基本问题》，北京：中华书局，2012年，第293页。

者。他的研究基本上是沿着本田实信构思展开的，尤其是对《史集》和《五族谱》两者的文献关系特别关注。在《〈五族譜〉モンゴル分支と〈集史〉諸写本》①一文中，作者首先将现存《史集》写本区分为四个系统：1）以伊斯坦布尔写本为代表。2）以德黑兰国会图书馆写本为代表。3）以伦敦大英图书馆藏写本为代表。4）以巴黎图书馆藏写本为代表。并认为德黑兰本中谱系表要早于伊斯坦布尔本中的，但《五族谱》中谱系表则与伊斯坦布尔本关系更密切。此外，他还讨论了《五族谱》中用阿拉伯字母拼写蒙古语人名的一些特殊现象，如用长音 ā-，ū-后加 ī-来表示蒙古语中特有的 ä/ö/ü 音（前列元音），以和 a/o/u 等后列元音相区别。同时，《五族谱》也通过以方框表示男性，圆框表示女性的方式对不同性别的成吉思汗后嗣加以区分，这点正好和《贵显世系》相反。1994 年赤坂恒明发表《〈五族譜〉和〈史集〉编纂》一文，作者认为：《五族谱》作为《史集》中系图的一卷，是由辅助人员着手编写的，拉施都丁没有参与。其后也没有经拉施都丁校订过，只是作为未完成的半成品而遗留下来②。1996 年赤坂恒明又撰文指出"《五族谱》是以完者都汗的直系为中心，按血缘关系排列的"，因此世系表的编制是在确定了各项人物相对于完者都汗血缘关系的亲疏远近之后进行的。而《五族谱》的功能则相当于《史集》内容"概括的检索版"③。2011 年，他在新著中更是将关注的眼光拓展到了《史集》的阿拉伯语译本上，认为较波斯语写本更为古老的阿语译本在文本校勘方面有着其特殊的价值④。

而赤坂恒明对《五族谱》研究最为集中的成果体现，则是他于 2005 年出版的《朮赤系政权历史的研究》一书⑤。在本书中他不仅在比勘《五族

① 赤坂恒明：《〈五族譜〉モンゴル分支と〈集史〉諸写本》，《アジア・アフリカ言語文化研究》，东京外国語大学：1998 年，第 141—164 页。

② 赤坂恒明：《〈五族譜〉と〈集史〉編纂》，《史観》第百三十册，1994 年，第 47—61 页。

③ 赤坂恒明：《〈五族譜〉モンゴル分支と〈集史〉の関係》，《早稲田大学大学院文学研究科紀要》，第四十一辑，第四分册，1996 年，第 27—41 页。

④ 赤坂恒明：《〈集史〉第一巻〈モンゴル史〉校訂におけるアラビア語版写本 Ayasofya 3034 の価値》，余太山、李锦绣主编：《欧亚学刊（国际版）》新 1 辑（总第 11 辑），北京，商务印书馆，2011 年，第 421—440 页。

⑤ 赤坂恒明：《ジュチ裔諸政権史の研究》，东京：风间书房，2005 年。

谱》、《贵显世系》和多种察合台世系著作，如《选史·武功纪》(*Tārīkh-i guzīda ẓafar-nāma*)、《成吉思汗纪》(*Chinggīz-nāma*)后对直到16世纪金帐汗国汗统、汗国的构造、各支后裔及位下万户分布等问题进行了系统考察，多有新见。在本书附录中，作者还对《五族谱》中“朮赤及其后裔”章节进行了全文转写和翻译。

除上述几位外，志茂硕敏的研究集中于伊利汗国统治核心集团的部族构成和婚姻对象；宇野伸浩则分析了成吉思汗正后所出四子和主要蒙古部族之间通婚关系；岩武昭男和志茂智子则主要关注《史集》的编纂和版本。他们的研究或多或少对《五族谱》蒙古世系中的历史信息有所涉及①。此外，值得一提的是以帖木儿王朝史研究知名的安藤志朗(Ando Shiro)，他出版有专著《〈贵显世系〉所载帖木儿的异密：14—15世纪中亚的部落贵族》一书②。此书虽聚焦于从部落贵族的角度来考察帖木儿王朝的政治结构，但在“导论”一章中作者分析了不同版本的《贵显世系》对《五族谱》所载蒙哥诸王、异密信息的继承利用和修改。特别是作者使用了巴黎、伦敦所藏写本之外的2个属于“印度系统”《贵显世系》写本，令其考察较前人更为精细。

因为资料获取方面的便利，欧美学界很早就有学者将《五族谱》引入蒙古史的研究中。爱尔森(Thomas T. Allsen)在其发表的一系列专著和论文中，很早就将《五族谱》作为重要的参考资料加以引用③。艾格尔

① 宇野伸浩：《チンギス・カン家の通婚關係の變遷》，《東洋史研究》，1993年，52-3，第399—434页，志茂碩敏：《モンゴル帝国史研究序説：イル汗国の中核部族》，东京：东京大学出版会，1995年，岩武昭男：《ラシード著作全集の編纂——〈ワッサーフ史〉著者自筆写本の記述より》，《東洋学報》，1997年，78，第1—31页，志茂智子：《ラシード・ウッディーンの〈モンゴル史〉——〈集史〉との関係について》，《東洋学報》，1995年，76-3/4，第93—122页。

② Ando Shiro(安藤志朗)，*Timuridsche Emire nach dem Muʿizz al-ansāb: Untersuchung zur Stammesaristokratie Zentralasiens im 14. und 15. Jahrhundert*，Berlin：Klaus Schwarz Verlag，1992.

③ Allsen，Thomas T.，*Mongol Imperialism: The Policies of the Grand Qan Möngke in China，Russia，and the Islamic Lands，1251 - 1259*，Berkeley：University of California Press，1987. “The Princes of the Left Hand”，*Archivum Eurasiae medii aevi*，Vol.5，Wiesbaden：1987，pp.5 - 40. “Guard and Government in The Reign of The Grand Qan Mongke，1251 - 59”，*Harvard Journal of Asiatic Studies*，Vol.46 - 2，1986，pp.495 - 521.

(Aigle)在其研究蒙古人起源传说是如何转型并被吸纳进伊斯兰历史编纂传统的论文中,把《五族谱》看作是将蒙古史和帖木儿时代的历史书写通过统治家族间的世系纽带连接起来的一个环节[①]。但聚焦于《五族谱》信息本身展开讨论的论文,就笔者管见所及,仅有奎因(Quinn)于1989年发表的《作为察合台汗国史史料的〈贵显世系〉和〈五族谱〉:一则比较研究》一文[②],作者讨论了察合台家族世系在蒙古时代、帖木儿和"后帖木儿时代"(莫卧儿帝国)谱系编纂中的继承和变更。需要说明的是,奎因是帖木儿—突厥蛮王朝史名家沃得斯(Woods)的学生。沃得斯本人对白羊王朝(Aq-Quyunlu)的研究堪称典范,其中也有专章讨论白羊王朝的统治者世系[③],这可能对奎因的研究取径有所影响。

中国的蒙—元史学界由于客观条件的限制,长期以来对波斯语史料及相关研究动态掌握不足,在研究的深入程度上落后于世界水平。因为波斯语语言的教学和研究在国内,主要分布于各外国语高校和学院中,所以从事波斯语教学的学者在介绍和利用原始文献方面要走在历史学研究者前面。北京大学外国语学院波斯语系(原亚非语言学院)的曾延生教授曾对《史集》的部分篇章进行了汉译(未出版?)[④],王一丹教授在其博士论文基础上出版了《波斯拉施特〈史集·中国史〉研究与文本翻译》[⑤],其序言部分实际上是一篇关于拉施都丁生平和著作的专题研究,也包括了对于《五族谱》的介绍。另外她还于2005年发表过介绍伊利汗时代蒙古史文

---

① Denis Aigle, "The Transformation of an Origin Myth from Shamanism to Islam", 2008, pp. 1 - 14. 网页: http://hal. archives-ouvertes. fr /hal-00387056[*检索日期: 2013/8/14*].

② Sholeh A. Quinn, "The *Mu' izz al-Ansab* and *Shu' ab-i Panjgānah* as Sources for the Chagatayid Period of History: A Comperative Analysis", *Journal of Central Asia*, 33/34, Harrasowitz: 1989, pp. 229 - 253.

③ John. E. Woods, *The Aqquyunlu: Clan, Confederation, Empire*, Salt Lake City: University of Utah Press, 1998, Chap. 2, "Clan to Principality", pp. 25 - 60.

④ 曾延生教授曾翻译过《史集》的部分章节,这是笔者于2013年3月12日,在(德黑兰)波斯文学和语言文化研究所(Farhangī-ye Zabān va Adāb-e Fārsī)召开的纪念曾延生教授波斯语教学与研究的追思会上获悉的,但这部分成果似乎未曾公开出版。

⑤ Wang Yidan, *Tārīkh-i Chīn: az Jāmi' al-Tavārīkh-i Khvāja Rashīd al-Dīn Fażl Allāh*, Tehran: Markaz-i Nashir Dānishgāhī, 1379/2000. 王一丹:《波斯拉施特〈史集·中国史〉研究与文本翻译》,北京:昆仑出版社,2006年,第19页。

献的论文[①]。陈得芝先生《蒙元史研究导论》的第三章“域外文字史料”对该文献亦有介绍[②]。其他研究过《五族谱》的中国学者还有邱轶皓、青格力等[③]。

二、《五族谱》的文献特征

“世系谱”或“世系树”(*shajara*)是阿拉伯—波斯历史编纂传统的一个类型,由阿拉伯游牧部落保存本部落、本氏族的血缘关系和子嗣传承记忆的传统发展而来。其一般编写传统是从先知穆罕默德开始,逐代记录历朝统治者每一代的婚姻对象和所出子嗣,直到作者记述的年代为止。故其结构类似树枝分叉,次第扩展,且谱系编纂者通常将现今的王朝世系追溯自穆罕默德(有时是其他先知)。通过这种手法,编纂者得以将多元民族的历史全部都纳入在伊斯兰教观念支配下、具有延续性的单一线索、单一起源的历史叙事中。正如克拉芙尔斯基(Krawulsky)所言:“在伊斯兰世界,历史的核心并非帝国而是神启……在伊斯兰史书中,伊斯兰帝国经历了多少朝代是无关紧要的,他们只有一个任务,就是保卫伊斯兰共同体(社群)并征服新的土地,以在全世界建立伊斯兰的统治。”[④]质言之,这是一种神学的而非世俗的历史写作观念。

拉施都丁的谱系编纂实践同时体现出了对这个传统的继承和变革。正如他在《史集·部族志》的序言中所做的,他把各个原本有不同起源的蒙古部落的世系倒溯至突厥人世系,再通过伊斯兰化的突厥人起源传说,

---

① 王一丹:《伊朗伊尔汗时期与蒙古史有关的波斯语文献》,陈岗龙主编《面向新世纪的蒙古学》,北京:北京大学出版社,2005年,第89—99页。

② 陈得芝:《蒙元史研究导论》,南京:南京大学出版社,2012年,第85页。此书是在为白寿彝主编《中国通史》第八卷(元时期)·甲编所写的《序说》部分基础上增订而成的。

③ 邱轶皓:《窝阔台后妃谱系新证:兼辨脱列哥那非太宗“六皇后”》,收入苍铭编:《首届中国民族史研究生论坛论文集》,北京:中央民族大学出版社,2011年,第151—171页。青格力:《〈五族谱〉中的蒙古文波斯文合璧蒙古帝国王世系》(蒙古语),载《内蒙古社会科学(蒙文版)》,呼和浩特:2012年,第84—89页。

④ Dorothea Krawulsky, “The Official Dynastic Historiography under the Īlkhāns and the Vizier Rashīd al-Dīn’s Role”, *The Mongol Īlkhāns and their Vizir Rashīd al-Dīn*, Frankfurt: Peter Lang, 2011, p.38.

把全体突厥人看作是先知挪亚(Nūḥ)后裔,从而构建了一个将全部游牧人群包括其中的庞大的谱系①。但在《五族谱》中,作者又展现出了一种多元化的历史观念。这体现在作者平行编制了:1)阿拉伯世系(*shuʿab-i ʿArab*);2)蒙古世系(*shuʿab-i Mughūl*);3)以色列人世系(*shuʿab-i Banī Isrāʿīl*);4)基督徒和佛朗世系(*shuʿab-i Naṣārī va Afranj*);5)契丹(中国)世系((*shuʿab-i Khitāy*)五个不同民族的世系。而仅将"始自阿聃(Ādām),迄于哈利发穆斯台绥木(Mustaʿsim),亦即一直上溯到人类始祖阿丹的先知世系(*shajara-yi nabī*)"看作是阿拉伯人的起源②;其他民族则各自根据自己的历史文献对本民族起源和世系加以说明。这点突破了伊斯兰传统谱系学—历史学观念的束缚,第一次具有了"世界史"的宏大视野,是拉施都丁历史编撰的一大突破,并在随后的时代中为后续之波斯语史家所继承③,到萨法维时期才被新的历史观念取代④。

《五族谱》的史料来源可以直接追溯到《史集》。现存《史集》各抄本中,德黑兰本、伊斯坦布尔本和塔什干本均保留有谱系部分。其中塔什干本在部分章节中还附有肖像画,且在《窝阔台本纪》的谱系表中保留有回

① 拉施特《史集》第一卷,第1分册,余大钧、周建奇汉译,北京:商务印书馆,1988年,第131页。

② *Shuʿab-i Panjgāna*, İstanbul, Topkapı-Sarayı Müzesi Kütüphanesi, MS. Ahmet III 2937, f.1b. 此处引用了王一丹、萨一德的汉译文(2013/3/13),特此标明。

③ 如《班纳卡提史》和《历史的编排》两书都继承了拉施都丁"多元"的世界史编纂体制。《历史的编排》的一个不完整的版本曾于2003年在德黑兰出版,该版本不包括蒙古史部分。ʿAbd Allāh ibn ʿUmar Bayḍāvī, *Niẓām al-Tavārīkh*, ed. by Bonyade Moghofate Dr. Afshar, Tehran: Afshār Publisher, 2003. 2001年Melville撰文介绍了14世纪写本*Safina-yi Tabrīz*(《桃里寺文献纂要》)所保留的另一个版本,该本增出蒙古史部分。Melville, Charles, "Studia iranica From Adam to Abaqa: Qadi Baidawi's rearrangement of history", *Studia Iranica*, 2001, 30/1, pp.67-86. Banākatī, Fakhr al-Dīn ʿAbū Sulaymān, *Tārīkh-i Banākatī*, ed. by Jaʿfar Shuʿār, Tehran: Intishārāt-i Anjuman-i Āthār-i Millī, 1969.

④ Quinn说:"世界史"在萨法维前期的流行,或许反映出突厥—蒙古政治传统中所宣称的"普世权力",其集大成者就是《史集》;而到了沙·阿拔思的时代,随着伊斯兰世界分裂为奥斯曼帝国、莫卧儿帝国和萨法维帝国,这种普世性的主张已经不再具有合理性。而新的萨法维王朝的合法性,则是以十二伊玛目教法为基础的,它被用来对抗先前的蒙古和帖木儿王朝的"世界征服者"和"普世君主"的观念。Quinn, Sholeh, *Historical Writing during the Reign of Shah Abbas Ideology, Imitation, and Legitimacy in Safavid Chronicles*, Salt Lake: Utah Univ. Press, 2000, p.28.

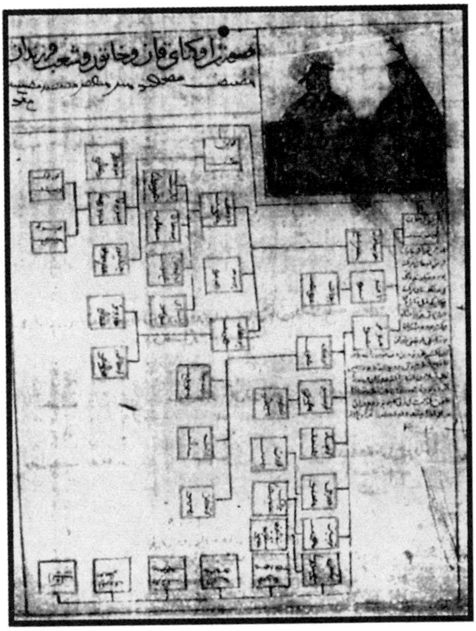

伊斯坦布尔本《史集·窝阔台合罕世系》

鹘体蒙古文①;而《五族谱》人名框旁边的波斯语小注文本也和《史集》写本里谱系内的注文有着关联性,大多数时候仅有个别字词的差异。它们反映了《五族谱》在资料方面的继承性,因此我们必须将之与《史集》看作是一个体系进行考察。

现存《五族谱》的篇章安排是这样的:1) ff. 8a－64a,为阿聃至穆罕默德世系;2) ff. 64－96a,为以色列人世系;3) ff. 97a－150b,为蒙古世系;4) ff. 151b－173a,为基督徒和佛朗世系,5) ff. 173b－229 为契丹世系。蒙古部分则完全按照《史集·蒙古史》的编排体例,始自阿阑·豁阿,终于合赞汗世系。其中贵由汗仅附于其父窝阔台的谱系中,未分开单独安排;而与忽必烈争位失利的阿里不哥妻、子、异密则被单独抄录于一页。这些都与《史集》相一致,反映出以成吉思汗幼子拖雷系为正统的历史观。而

① *Jāmi' al-Tavārīkh*, Tashkent Biruni Institute. MS 1620, ff. 109a－109b. 案,回鹘体蒙古语仅见于本页。

在伊利汗世系中，第三任伊利汗阿合马(帖古迭儿)世系中，无论是波斯语还是相应的蒙古语题名均仅有“阿合马”之名而未称其“汗”号(作：Per. *ṣūrat-i Aḥmad va farzandān-i ū* /Mo. *aγmad uluγ-ud luγban*)①，也符合合赞汗以后波斯语文献中对其一贯性的贬低②。

一如《史集》成吉思汗部分的各章节标题，君王姓名被同时以波斯语和蒙古语书写。同时，在《五族谱》的导言中，编撰者(被认为是拉施都丁本人)说：

> (前略)在蒙古世系中……在中间这个长方形中(用来标示君王姓名并绘制肖像)，用蒙古字和词记录含义，某人的肖像及其子孙的分支③。

如图所示，绘制者以画面中心预留来绘制君王肖像的大方框为每一页的中心，向下引出表示世系的直线将整个页面分割为左右两部分。在左侧记录每一代大汗的妻子、妃妾和子女姓名，在右侧记录其在位期间主要异密的姓名与世系，一般情况下每一行分为四栏，可抄写四个人名。妻、妾通常抄录于第一页，而子女则自第二页起另行抄录。画面中部起分割作用的直线被“世系柱”(*'amūd al-nasab*)替代，它由两条加粗平行线组成的。而在 Binbaş 看来，“‘世系柱’营造出一种延续性的感觉，并将所有这些王朝整合入同一则历史叙述中”④。

---

① *Shu'ab-i Panjgāna*, f. 140b. 不过在 f. 139b，《旭烈兀诸子世系》中倒是称其为“阿合马汗”(*Shu'ba-yi Aḥmad Khān*)。

② 哈菲兹·阿不鲁说：“(泄剌失蒙古长官)塔失忙哥在写给阿合马的公函中称其为‘阿合马·阿合’(āqā，蒙古语，意为“兄”)，而如此地写出汗的名讳是不合蒙古人的札撒(*yāsā*)的。” Shahāb al-Dīn 'Abd Allāh Khvāfī (Ḥāfiẓ-i Abrū), *Jughrāfiyyā-yi Ḥāfiẓ-i Abrū*, ed. by Ṣādiq Sajjādī, Tehran: Āyana-yi Mirās, 1999, vol. 2, p. 180, 183.

③ *Shu'ab-i Panjgāna*, f. 3b.

④ Binbaş, İlker Evrim, “Structure and Function of the Genealogical Tree in Islamic Historiography (1200 – 1500)”, Binbaş, İlker Evrim & Nurten Kılıç-Schubel ed., *Horizons of the World: Festschrift for İsbenbike Togan*, Istanbul: İthaki Publishing, 2011, pp. 493 – 494.

表一 《五族谱》结构示意图

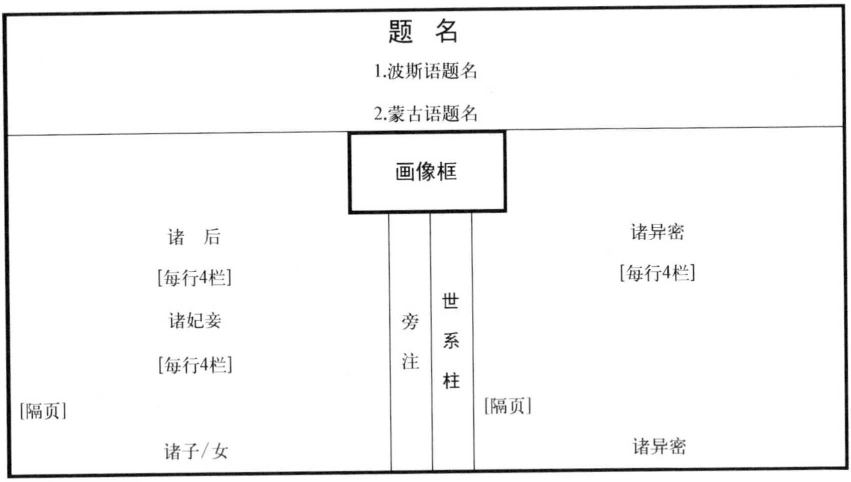

正如许多研究者指出的,《五族谱》中回鹘体蒙古语人名是这部文献的一大特色。但它却并不能反映伊利汗时期(13—14 世纪)伊朗、小亚细亚等地区所使用的蒙古语的面貌。正如赤坂恒明等学者所推测的,《五族谱》中的蒙古语是根据先行抄录的用波斯语拼写的人名"倒填"进去的①。因此不仅存在着缺少元音(因为波斯语可以不拼出元音)的现象,甚至还有将蒙古语"移行"错置的现象②。《屯必乃汗世系》(f. 100a)中还有少数几则用蒙古语书写的旁注,他们无一例外都是波斯语注文的对应形式:

1) 纳牙勤、兀鲁兀惕和忙兀惕等部出自此札黑速氏族(*aquvām-*

① 赤坂恒明的观点是:"(抄写者)将各分支的大多数人名用畏吾体蒙古文标注,但其畏吾体蒙古文并非直接用蒙古语记录,而是从阿拉伯文中转写,从而讹误较多。"《ジュチ裔諸政権史の研究》,第 23 页。这里笔者还想另举一例:在塔什干写本中"窝阔台汗及其哈敦肖像与子嗣世系"(*ṣūrat-i Ūkadāy Qān va Khātūn va shuʿba-yi farzandān*)一句所对应的蒙古语被写作:*surat Ögedei qan qatun uruɣ-ud luɣban*,一看便知,抄写者是机械将波斯语的"肖像"(*ṣurat*)一词转写为回鹘体蒙古语的,这也使我们对抄写者的蒙古语知识产生质疑。不过现存《五族谱》写本中也有少数只有以蒙文拼写的人名,而无波斯语形式的(如 f. 100a,合不勒条),这点也许可以用我们所能看到这部唯一的《五族谱》写本并非最古老的,而是在 16 世纪重抄的本子来解释。

② 如《五族谱 · 合不勒汗世系》中,在其子合丹 · 把阿都儿(Qādān bahādur)和忽图剌合罕(Qūtūla Qā'ān)后裔中误将表示合丹 · 把阿都儿之子泰术(Ṭāyjū)和忽图剌合罕之子(Jūjī-khān)名字的蒙古语各相左偏了一格。*Shuʿab-i Panjgāna*, f. 102a.

i Nūyāqin va Ūrūūt va Mankghut ūrūq-i īn Jāqsū)：[蒙古语旁注] 忙兀惕的祖先是纳牙勤的氏族(*ečige mangγut-un uruγud noyaγin*)

2) 八鲁剌思部是他(合出里)的子孙(*qaum-i Bārūlās ūrūq-i vay-and*)：[蒙古语旁注] 八鲁剌思的祖先(*ečige barulas-un*)

3) 合答儿斤部是他(挦·合赤温)的子孙(*qaum-i Hadarkīn ūrūq-i vay-and*)：[蒙古语旁注]"合答儿斤的祖先"(*ečige qadargin*)

4) 不答惕部是他(巴惕·喀勒乞)的子孙(*qaum-i Būdāt ūrūq-i vay-and*)：[蒙古语旁注] 不答惕的祖先(*ečige budat*)

其中第1条的蒙古语形式最完整,也最符合语法规范,2、3、4条仅为摘述,且3、4条还漏抄了表示属格的蒙古语词缀"-un"。在第3条中,抄写者把蒙古部落名"阿答儿斤"(Adargin)写成了带有词首硬腭音的"合答儿斤"(Qadargin = Per. Hadarkīn),和《秘史》和汉文史料中的写法不同①,应该是受到波斯语拼写方式影响所致。这直观地反映出抄写者的蒙古语知识有限,只是用"词对词"的方法机械地将波斯语转换成蒙古语。

另外,抄写者将伊利汗阿合马、乞合都姓名的蒙古语形式分别写作：Aγmad和Kaγtu,却不知道在伊利汗国发行的铸有伊利汗姓名的钱币上,阿合马、乞合都的姓名在用蒙古语拼写时均只使用其最初的蒙古语名讳：帖古迭儿(Teküder)和亦邻真·朵儿只(Irijin-Dorji),绝无例外②。这也反映出《五族谱》的编写是在伊利汗王朝统治结束后进行的,否则作为官方性质的谱系著作,是不可能如此胡乱称呼君主名讳的。

从回鹘体蒙古语的书写的风格来看,《五族谱》中的回鹘体蒙古语距

① Adargin,"阿答儿斤,一种"(《秘史》第46节),栗林均编:《'元朝秘史'モンゴル語漢字音訳·傍訳漢語対照語彙》,仙台:東北大学東北アジア研究センター,2009年,第18页。陶宗仪:《南村辍耕录》卷一《大元宗室世系》作:"葛赤浑,今阿答里急,其子孙也。"

② Ömer Diler, *Ilkhanids: Coinage of the Persian Mongols*, İstanbul: Turkuaz Kitapçılık, 2006.

伊利汗国中通行的蒙古语书写风格较远，反倒是非常接近14世纪以后金帐汗国命令文书（*yarlīgh*）中回鹘—蒙古语的书写风格。我们试将《五族谱》中有代表性的几个人名与蒙元时期的《移相哥碑》（1225年）①，发现于伊朗北部阿儿达比勒（Ardabīl）地区的伊利汗不赛因（ʻAbū Saʻid，1317—1335年位）时期政府公文中的蒙古语题记，安纳托利亚地区发行的带有伊利汗名讳的金第纳尔，以及14世纪在金帐汗国颁行的回鹘—突厥语敕令作一个比较（表二）：

表二

姓名	敕令文书	碑刻、铭文	五族谱	备注
Arγun 阿鲁浑	Philippe le Bel② 	Anatolia Coins③ 	f. 146b 	结尾处的-n的写法
Chinggiz 成吉思	Philippe le Bel 	移相哥碑 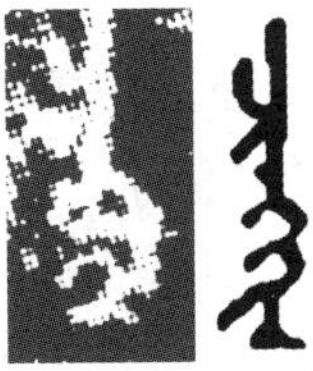	f. 105b 	z在回鹘突厥语中的书写形式为：

① 道布：《回鹘式蒙古文献汇编》（蒙古语），北京：民族出版社，1983年，第3页。因原件拓本的图版较为模糊，故表二中将整理者的摹写部分一并列出。

② Cleaves, F., & Mostaert, A., "*Les lettres de 1289 et 1305 des ilkhan Arghun et Öljeitü a Philippe le Bel*", *Harvard Journal of Asiatic Studies*, 15/3-4 Cambridge (Mass.) Harvard University Press, 1962, pp. 419-506.

③ Anatolia Coins，网址：http://mehmeteti.150m.com［检索日期：2013年8月20日］.

续 表

姓名	敕令文书		碑刻、铭文	五族谱	备注
Temür-Qutluγ 帖木儿·忽都鲁	Philippe le Bel Temür 	Ardabīl 文书① 	Golden-Horde② 	f. 111. a 	Ardabīl 文书中人名为"忽都鲁";《五族谱》中人名为：帖木儿·忽都鲁（Timur Qutluγ）
Qoja<Khᵛāja 火者	Ardabīl 文书③ 			f. 120a, Qutluγ-Qoja 	Qoja 一字末尾的 a，在两组文献中一则偏右，一则垂直向下

这组文本中既有典型的"文书"风格的字体，也有铸刻于金石上"碑铭"风格的字体，比较能反映 13—14 世纪汉地—伊利汗国—金帐汗国回鹘体蒙古语的书写特点。我们能看到仅在"阿鲁浑"一组中《五族谱》的写法和《致法国国王美菲力帛外交文书》较为接近，词首的 a-音曲折度较小。但《五族谱》没有写出"鲁"字中的 u-音，和《外交文书》、钱币上写法有明显区别。在"成吉思"一组中，词尾的 z-音在《五族谱》中写的类似回鹘语的写法，而前二组明显不同。而如果我们比较"火者"(Qoja)一名在阿儿达比勒文书和《五族谱》中的写法，也可以看到词尾-a 音的处理，一则略向右

---

① Gottfried, Herrmann, *Persische Urkunden der Mongolenzeit: Text- und Bibldteil*, Wiesbaden: Harrassowitz Verlag, 2004, 录文 p.74. 图版 21.

② 1397 年金帐汗帖木儿·忽都鲁(Timur-Quluγ)敕令，图版引自：A Melek, Özyetgin, *Altun Ordu, Kirim ve Kazan Sahasina Ait Yarlik ve Bitiklerin Dil ve üslup İncelemesi*, Ankara: Dizgi-Baskı, 1996, p.252.

③ Gottfried, Herrmann, *Persische Urkunden der Mongolenzeit: Text- und Bibldteil*, 录文 p.87, 图版 35.

偏转,一为垂直状;j-音的写法也有不同。

而我们将回鹘体蒙古语词中的 t-音作一横向比较的话(表三),可以发现《五族谱》中的写法和 1397 年金帐汗帖木儿·忽都鲁的突厥语敕令中的写法较为接近①,尤其是“窝阔台”一名中的 t-先向下垂直,再向左横出的写法与后者几乎完全一致。但两者都和另一种(《外交文书》、1394 年金帐汗脱脱迷失敕令)中较为圆转的写法不同。德福(Doerfer)曾对 13—14 世纪回鹘体蒙古语中的了 t-字的异体书写形式作了分类,认为共:d1(),d2(),d3(),d4()四种形式。而被德福归类为 d2 类型的()写法,主要表现为,接着-u 之后的-t 音节明显地向上抬起()②。据其举例,该变体见于 Arat 的《古典突厥语诗歌》(*Eski Türk Şiiri*)中收录的回鹘语文献中,而伊利汗时期则多取 d3 类较圆转的写法,不过在《五族谱》中 t-()字这样的写法却非常多见。这也和前辈学者对于《五族谱》是在金帐汗国范围内抄成的判断适可相互印证。

表三

	Philippe le Bel	金帐汗国敕令	金帐汗国敕令	五族谱 f. 117b	五族谱 f. 123b
t/d 拼写作					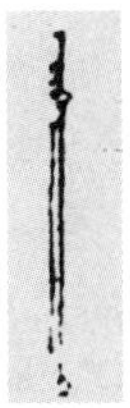
	Toγtoγ-a	Toγtomiš	Qutluγ	Čaγatai	Ögedei

此外,《五族谱》中人名的波斯语写法也颇有特色:那就是抄写者写出

① 1393 年金帐汗脱脱迷失(Toγtamiš)汗敕令,1397 年金帐汗帖木儿·忽都鲁(Timur-Quluγ)敕令。*Altun Ordu, Kirim ve Kazan Sahasina Ait Yarlik ve Bitiklerin Dil ve üslup İncelemesi*, p. 251, 252.

② Gotteried & Doerfer, Herrmannn, Gerhard, “Ein Persisch-Mongolischer Erlass des Ğalāyerider Šeyḫ Oveys”, *Central Asiatic Journal*, Vol. 19, Harrasowitz: 1975, p. 68.

了其中绝大多数的元音音节。如果将《史集》的不同写本与之对比的话，可以发现两者之间的区别往往就在于元音音节的有无。另外在《察合台世系》中，抄写者先是写了一个 Jādāī，后又在其上方补写了一个 Jaghātāy①。后者符合大多数波斯文献中对察合台名字的拼写法，但前者的拼写形式见于《完者都史》②，同时也可以在汉语文献的“察带”、“察阿台”等写法中得到印证③。而《五族谱》将察合台后裔怯别之名写作 Kūpāk（کوپاک）④，而不是通常的 Kubak（کبک）。无独有偶，14 世纪拜占庭旅行家约旦努思（Jordanus）的东方游记中也记载说：“笃哇（Dua）和海都（Cayda）的国家，之前属怯别（Capac），现在则归燕只吉台（Elchigaday）。”⑤

这都说明《五族谱》中人名的波斯语拼写虽不及回鹘体蒙古那样引人注目，但在文本校勘方面也有其独特价值。

三、在伊利汗国史学编纂传统中看《五族谱》的史料价值

由于之前已有多位研究者就波斯语蒙古史史料进行过介绍，并开列有详细的书目及提要，故兹不赘述⑥。但笔者打算首先将蒙古时代的波斯语历史文献分为四种类型，并以此为基础对《五族谱》的史料价值作出评价。

---

① *Shuʿab-i Panjgāna*, f. 117a.

② Qāshānī, *Tārīkh-i Ūljāytū*, ed. by Mahīn Hambalī, Shirkat instashārāt-i ʿulumī va farhangī, 2005, p. 33.

③ 关于察合台之名在汉文史料中的不同的写法及考证，参看：Pelliot, Paul, *Notes on Marco Polo*, Paris: Imprimerie Nationale, 1959, Vol. 1, p. 251.

④ *Shuʿab-i Panjgāna*, f. 120a.

⑤ Catalani Jordanus, (Bishop of Columbum), *Mirabilia Descpripta: The Wonders of the East*, trans. by Henry, Yule, New York: Cambridge Univ. Press, 2010, p. 54.

⑥ 如本田実信：《モンゴル時代史研究》第 4 章《モンゴル期のペルシア語史料》第 22 篇《ペルシア語史料解説》，第 535—594 页；及张长利根据本田文撰写的《波斯文蒙古史文献》，《中国边疆史地研究》，北京：1998 年第 3 期，第 85—94 页。王一丹前揭文，以及邱轶皓：《德黑兰访书记（2012. 10. 1—2013. 3. 20）》，北京大学国际汉学家研修基地编：《国际汉学研究通讯》，第 7 期，北京：北京大学出版社，2013 年，第 262—274 页。

一、写成于伊利汗宫廷中的“官方史书”。其代表著作当推拉施都丁纂修的巨著《史集》,以及为了接续《史集》而增修的《完者都史》。这受惠于合赞和完者都两代伊利汗在伊朗也建立了和汉地相似的历史编纂机构。甚至有学者认为:“统治伊朗的蒙古人的官方史学体制是中国式的,虽则其历史学理论依据是伊斯兰的。据拉施都丁《蒙古史·序言》可知,历史学家未对历史事件进行分析或综合,而只是对真实的历史记录进行可靠的传播。”①颇有些类似于中国历史学传统中的《实录》。其特点是对于伊利汗国的重大政治事件记述得极为具体、详尽,同时在编写过程中维护旭烈兀—阿八哈—阿鲁浑—合赞一系的正统性,也是官方史家的根本任务。整部《史集》都聚焦于凸显蒙古人统治的合法性是如何从成吉思汗必然地传递到合赞汗手中的,并以在旭烈兀—阿八哈—合赞汗汗位继承过程中所持有的立场,来对历史人物作出评价。为此,他们不惜整段芟除会导致歧义的记载;隐晦他们军事上的失败;并大幅度压缩旭烈兀家族其他各支宗王的事迹。而在记述所涉及地理的范围上,《史集》详于伊利汗统治的核心区域(桃里寺—巴格达)和东侧的呼罗珊地区,而略于南部波斯、苫国(Shām,今叙利亚)和鲁木(Rūm,今土耳其小亚细亚)地区。这些都说明,《史集》(也包括《完者都史》)虽然是研究伊利汗史最重要的史料,但决不是最客观的。

《瓦萨甫史》作者曾将此书呈献给伊利汗,而其内容也确实“面面俱到”②地涵盖了整个伊利汗统治时期,故也具有了官方史书的性质。作者本人长期担任泄剌失地区的税务官员,且与当地统治家族关系密切。故其记述中多有和《史集》立场相左的记载,而就《瓦萨甫史》对南部波斯地区,及海洋贸易圈所涉诸国(印度、南亚)记述远较《史集》丰富这一点来看,该书似更贴近波斯人的立场。

二、作为和第一类“官方史书”相互补的历史文献,伊朗各地方性史书体现出极大的价值。在起儿漫(Kirmān)、鲁木(Rūm)、牙兹底(Yazd)、泄

① Krawulsky, “The Official Dynastic Historiography under the Īlkhāns and the Vizier Rashīd al-Dīn’s Role”, p. 41.

② 该评语见陈得芝:《蒙元史研究导论》,第 90 页。

剌失(Shīrāz)等地，丰厚的文化土壤和热衷于招徕文士的地方统治者相结合，为我们留下大批历史著作。许多蒙古诸王、异密在伊朗各地的活动，只有在地方史书中得到记录。而许多后来蔓延为影响整个伊利汗国历史进程的事件(如哈剌兀纳思人的入侵、呼罗珊异密的叛乱)，我们也只能在地方史书中找到事件孳生的起因。但我们也要注意其局限性：作者所关注的是地方政权的连续性——这直接与利益相关，其统治者通常是历史学家的赞助人或作品题赠对象①。蒙古人的统治和侵扰就像夏日的暴雨，不时地打破当地的平静，但一经离去便消失得无影无踪。缺少对事件全局的把握和记述的间断性是这个史料的最大缺点。

三、此外，在波斯地区东部(巴里黑，Balkh)地区，有着悠久的史诗传统。承载波斯民族记忆的《列王纪》(*Shāh-nāma*)的作者便生于此地。受到《列王纪》盛名的感召，以巴里黑为中心的呼罗珊东部地区在历史上出现了大批模仿《王书》，以诗歌体裁记述历史的著作。在这个传统的支配下，终伊利汗一朝，也出现许多史诗著作。14 世纪成书的《成吉思汗之王书》(*Shāhnāma-yi Chinggīzī*，一称《成吉思汗诗纪》*Chinggīz Nāma*)，作者为苫思丁·喀山尼(Shams al-Dīn Kāshānī)，他受合赞汗之托，模仿《列王纪》叙写自乌古思汗至合赞汗时期的历史，共一万八千个对句。此后，著有《选史》(*Tārīkh-i Guzīda*)、《心之喜悦》(*Nuzhat al-Qulūb*)的历史学家穆思妥菲·可疾维尼(Mustawfī Qazvīnī)又将《成吉思汗之王书》扩写至不赛因时期，篇幅也增加为超过七万余个对句②。此外，篇幅略小于上

---

① Charles, Melville, "The Early Persian Historiography of Anatolia", Judith Pfeiffer & Sholoh A. Quinn ed., *History and Historiography of Post-Mongol Central Asia and the Middle East: Studies in Honor of John E. Woods*, Wiesbaden: Harrassowitz Verlag, 2006, pp. 135 – 166.

② 穆思妥菲·可疾维尼的作品以《武功纪》(*Ẓafar-nāma*)为名，目前通行的两个版本有奥地利科学院影印大英图书馆本和德黑兰出版的整理本。Ḥamd Allāh Mustaufī, *Ẓafar-nāma*, ed. by Nasr Allah Purjawadi & Nasr Allah Rastigar, Tehran & Wein: Iran University Press, 1377 /1999, 2Vols. 1377 /1999, 2 Vols. Ḥamd Allāh Mustaufī, *Ẓafar-nāma*, Tehran: Pazhuhashgāh-i ʿUlām-i Insānī va Mutālaʿāt-i Farhangī, 2010 – 2011, Vol. 1 – 8, 10.

述两部作品的还有大不里士人札迦吉(Zajjājī)的《诸王史韵》(*Humayūn-nāma*)①和舍班合列(Shabankāra)人哈底·札德(Qażī-zāda)的《开心书册》(*Daftar-i Dilgūsha*)②。前者为旭烈兀至阿合马朝宰相志费尼的门客,其诗作起于穆罕穆德降生,终于旭烈兀西征。后者为舍班合列人,记述直到蒙古入侵为止的舍班合列统治者家族。这些作品均未为其形式所束缚,保留了许多细节信息。尤其是那些较为次要的历史人物形象在史诗中要比正史更加生动、丰满。

四、最后,正如失意的伊利汗国官员亡命埃及一样,对那些在波斯语史料中几乎丧失存在感的蒙古宗王、异密来说,马木鲁克朝编写的阿拉伯语历史著作既是与之为敌的檄书,也是使其历史面目赖以留存的墓志铭。哈剌比(Ibn Shaddād al-Ḥalabī)、阿不·札昔儿(Muḥyī al-Dīn ibn ʿAbd al-Ẓahir)、阿卜都·札昔儿(Ibn ʿAbd al-Ẓāhir)、诺外利(al-Nuwayrī)、尤你尼(al-Yūnīnī)和答瓦达里(al-Dawādārī,意指其曾担任书记官一职)③等人所著的马木鲁克算端传和编年史中留下许多为伊利汗戍边的宗

---

① 此书已由伊朗文学研究所以《哈即木·札迦吉的史诗》为题分四卷出版。Ḥakīm Zajjājī, *Humāyūn-nāma: Tārīkh-i Manẓūm-i Ḥakīm Zajjājī*, ed. by ʿAlī Pīrnā, Tehran: Farhangī-yi Zabān va Adāb-i Fārsī, 2004, vol. 3 – 4; Tehran: Mīrāṯ-i Maktūb, 2011, vol. 1 – 2.

② *Дафтар-и дилкушā* : (« *Сочинение*, *радующее сердца* ») : *факсимилетекста* : *предисл.*, *аннотированное оглавление*, *текстологический комментарий Р. Хади-заде*, Сāхиб. М.: Наука, 1965.

③ Ibn Shaddād al-Ḥalabī, ʿIzz al-Dīn Muḥmmad b. ʿAlī, *Tā'rīkh al-malik al-ẓahir* (*Die Geschichte des Sultans Baibars*), ed. A. Ḥuṭayṭ, Wiesbaden, "Bibliotheca Islamica", Vol. 31, 1983. Muḥyī al-Dīn ibn ʿAbd al-Ẓahir(1223 – 1292), *Tashrīf al-ayyām wa-al-ʿuṣūr fī sīrat al-malik al-manṣūr*, ed. by Ḥaqqaqahu Murād Kāmil; Rāja ʿAhu Muḥammad ʿAlī al-Najjār, Cairo: Wizārat al-Thaqāfah wa-al-Irshād al-Qawmī, al-Idārah al-ʿĀmmah lil-Thaqāfah, 1961. Ibn ʿAbd al-Ẓāhir, al-Qāḍī Muḥī al-Dīn, *Baybars I of Egypt* (*Sīrat al-Malik al-Ẓāhir*), ed. and tr. Dr. Syedah Fatima Sadeque, Pakistan: Oxford University Press, 1956. al-Nuwayrī, Shihāb al-Dīn Aḥmad b.ʿAbd al-Wahhāb(1279 – 1333), *Nihayat al-arāb fī funūn al-Adāb*, Bīrūt: Dār al-Kutub al-ʿIlmiyah, 2004, 35Vols. al-Yūnīnī, Quṯb al-Dīn Mūsā b. Muḥamad, *Dhayl mir'at al-zamān fī ta'rīkh al-aʿyān*, Heyderabad: Dairat al-Maʿarif al-Osmania, 1954 – 61, 4Vols. Ibn al- Dawādārī, Abu Bakr b. ʿAbd Allah, *Kanz al-durar wa-jamf al-ghura*r, Haarmann, Ulrich, Quellenstudien zur Frühen Mamlukenzeit, Freiburg: Klaus Schwarz Verlag, 1970.

王、异密的消息。如旭烈兀之子阿泽（Ajāy）在《史集》中仅具其名，如果没有马木鲁克史料的帮助，我们根本无法想象他在1260—1270年这十年中位居出镇鲁木的蒙古诸王之首①，且因为他和当地赛尔柱长官八儿瓦讷·木因丁（Mu'īn al-Dīn）关系恶劣，间接地导致了1277年叙利亚异密鲁克纳丁·奔都答儿（Rukn al-Dīn Bandūdar）的入侵②。在许多场合，马木鲁克阿拉伯语史料和波斯语史料的关系并非重叠而是互补的，甚至是检验波斯语史料记载真实程度的唯一依据。

在介绍了上述四组文献之后，笔者认为尽管蒙古史研究很大程度上受惠于资料层面上的扩张。但我们不能简单地将新增入的史料简单叠加进旧的叙事框架中，因为每个类型在记述风格和作者意图方面都有着自己的倾向性。而《五族谱》虽然因为和《史集》的密切关系，有着符合第一类（官方史书）的特征，如正统性的观念；但在另一方面，《五族谱》中展现的蒙古诸王、贵族的世系、婚姻网络，也起到了将上述四类文献连贯起来的作用。而穆思妥菲·可疾维尼的《武功纪》在史料信息上也和《五族谱》有一定的联系（见第二章）。

《五族谱》以世系谱的方式描述整个世界及蒙古帝国历史。其中的"蒙古史部分"是《史集》相应各卷的摘编。和《史集》的篇章结构一样，《五族谱》将蒙古帝国的历史分为四个部分：1）蒙古与突厥各部族的历史；2）成吉思汗（及其祖先）的生平；3）从窝阔台到铁穆耳（元成宗），成吉思汗继承者的历史；4）旭烈兀王朝在伊朗的历史（均将拜都排除在外）③。但《五族谱》列出了每一代君主的异密名录，以及他们在该时代的地位升降情况（分析见第二章）。

此外和《史集》一样，《五族谱》的编制者是以伊利汗为中心对各支成吉思汗后裔进行描述的，其情报的准确和详细程度均与该支系与伊利汗

---

① al-Yūnīnī, *Dhayl mir'at al-zamān fī ta'rīkh al-a'yān*, Vol.2, p.457.

② Ibn Shaddād al-Ḥalabī, 'Izz al-Dīn Muḥmmad b. 'Alī, *Tā'rīkh al-malik al-Ẓahir* (*Die Geschichte des Sultans Baibars*), ed. A. Ḥuṭayṭ, Wiesbaden, "Bibliotheca Islamica", Vol.31, 1983, p.78.

③ 对《史集》蒙古史部分的分析见爱尔森书。Allsen, Thomas, *Culture and Conquest in Mongol Eurasia*, New York: Cambridge University Press, 2001, p.85.

关系的疏密程度有关。例如：在介绍朮赤系长支斡儿答的后裔古卜鲁克（Kūpālāk）的子嗣姓名时称：

> 据说，此古卜鲁克有三子，此刻其诸子均已去世。他们的名字在短时间中反复变动，因为这个缘故，无法确知其名，故亦未曾著录。而此刻御前亦无他们的使者；不过我们还是画了方框，以表示知道他确有子嗣①。

由于《史集》中完全未曾提及古卜鲁克的子嗣，《五族谱》中却有其有三子的纪录，他们当自赴伊利汗宫廷的使臣处探听所得，这点和斡儿答家族和历代伊利汗均保持着良好关系不无联系②。相反，关于朮赤后裔拔都系子嗣的情况则较《史集》差别不大。

而《五族谱》较《史集》有着大规模增补地方发生于也速该之子拙赤合撒儿世系中（ff.104a－105a），计三页共 101 人。他们均出自拙赤合撒儿支系："合剌勒术"、"马忽勒答儿"二人（103b）的后裔。究其原因，则是因为他们曾在窝阔台时期被派往察合台兀鲁思中效力，并在察合台后裔八剌入侵伊利汗国失败后转而归顺阿八哈汗③。这支拙赤合撒儿后裔在伊利汗国中血脉不绝，直至汗国解体（见表四）。稽考文献，马忽勒答儿的后裔共延续了五代，马忽勒答儿之孙钦察并娶阿鲁浑时期重臣不花之女为妻④；合剌勒术的后裔则延续了约六代（至合赞汗时期）。而马忽勒答儿的七世孙脱欢帖木儿更是在不赛因之后（1338—1351/1352），取代拖雷系登上了"伊利汗"宝座（其控制区域为呼罗珊地区）⑤。我认为正是因为脱欢帖木儿活动的时代和区域与帖木儿（Timurlane）相近，故在伊利汗国的统治结束后的一段时期仍具有一定影响力，所以《五族谱》的编制者才会如

① *Shuʿab-i Panjgāna*, f.111b.
② 《史集》第二卷，第 118 页。
③ 《史集》第一卷，第 2 分册，第 69—70 页，*Shuʿab-i Panjgāna*, f. 103b.
④ 《史集》第三卷，第 179 页。
⑤ Barthold Spuler, *Die Mongolen in Iran: Politik, Verwaltung und Kultur der Ilchanzeit 1220－1350*, Akademie-Verlag edition, 1968, pp.109－113, 382.

表四　伊利汗国的两支拙赤·合撒儿后裔①

一	二	三	四	五	六	七	史料出处
拙赤·合撒儿	马忽勒答儿	只儿乞带	钦察	忽勒忽秃 泰术			SP
	和察合台家族在一起		不花女				JT
	秃鲁(Tūr)	额木干 (Imūgān)	也不干 (Ibugān)	速台 (Sūday)	八八·巴阿秃儿 (Bābā Bahādur)	脱欢帖木儿 (Ṭughān Tīmur)	ZT
	?	BQĀFR? 自阿八哈时期在伊朗	?	也不干	八八·斡兀立 帖木儿		TŪ
	哈剌术	忽都忽	阿儿思兰	……	? 孛罗勒台 1298年去世	(Būrultāy)	SP/JT

① 案，SP = *Shu'ab-i Panjgāna*，JT = *Jāmi' al-Tavārīkh*，TŪ = *Tārīkh-i Ūljāytū*，ZT = *Zubdat al-Tavārīkh*. 对脱欢帖木儿的世系有着不同的观点：Spuler 列举了斡赤斤后裔和术赤后裔两种说法，而 Smith 则认为他是术赤之后。今取哈菲兹·阿不鲁《历史精华》中的说法。其父在波斯语史料中被称作：八八·斡兀立(Bābā ughūl)，八八·把阿秃儿(Bābā Bahādur)或八八·口温(Bābā Kāūn)。由于《完者都史》和《历史精华》两书种对其世系的记载未完全勘合，故此处予以并列。Ḥāfiẓ-i Abrū，*Zubdat al-Tavārīkh*，ed. by Said Kamāl Ḥājj Said Javādī，Tehran：Sāzmān-i Chāp va Intashārāt-i Farhang va Arshād Islāmī，2001，vol.1，p.65. Qāshānī，*Tārīkh-i Ūljāytū*，p. 263. Spuler，*Die Mongolen in Iran*，p.109，note.14；Smith Jr.，Jahn M.，*The History of the Sarādārs Dynasty 1336－1381 A.D. and its Sources*，Hague：Mouton，1968，p.93.

此详细地记录其所属家族的支系和姓名。

而《五族谱》记载的偏颇之处则体现在对世系资料的取舍上。如《史集》却称别儿哥绝嗣，而《五族谱》中未收录任何术赤系的女性后裔。但史料曾记载金帐汗忙哥帖木儿将别儿哥之女兀剌拜哈敦（Urbāy）下嫁给鲁木算端马苏第（Maʿsūd）①。这是金帐汗国—鲁木塞尔柱算端国—马木鲁克三者确立同盟关系之后的一件大事，它昭示出金帐汗国并没有彻底放弃其在安纳托利亚地区的利益，而是试图通过联姻来保持自己的控制力。故此女之名在鲁木波斯语史籍和马木鲁克阿语史书中均有著录，但与上述事件立场相反的《五族谱》编者对之则视而不见。这使我们不得不考虑波斯史料在记载拖雷系之外的成吉思汗后裔世系时所存在的偏颇性，记录者对资料的掌握程度及出于政治立场的考量干扰了其记载的完整性。

《五族谱》所独具的历史价值在于，它将伊利汗国中控制权力核心或参与重大历史事件的人统统都编入一张血缘—婚姻的网络，从而提供了一个独特的观察伊利汗国政治进程的切入点，而这张关系网最终收拢于其合法性的根源——成吉思汗那里。它受到这样一种共识的支配：即成吉思汗家族的政治合法性提供了超越部族血缘意识的政治观念。在伊斯兰传播还未覆盖全部在伊朗的蒙古人的时候，前者甚至是唯一超部落的政治资源。通过对每一位异密出身、发迹过程的追溯，我们能够很直观地看到他们同成吉思汗家族发生关联，进而加入权力核心的轨迹。而这个过程也伴随着对汗国权力的共享。

共享机制原本就是游牧政权的基本特征之一，婚姻则是实现权力共享的手段。蒙古人在兴起初期直至各汗国分立之后，皆通过反复地联姻来维持统治者家族和下位异密和地方统治者之间的权力共享。当时所普遍实行的蒙古君主和异密、地方统治者之间的世代对婚的制度，确保了两

① Ibn-i Bībī，*Akhbār-i Salājuqa-i Rūm: bā matn-i kāmil-i Mukhtaṣar-i Saljūqnāma-i Ibn-Bībī，jāmiʿ-i maṭālib-i tārīkhī-i kitāb-i al-Avāmir al-ʿalāʾīya fi ʿl-umūr al-ʿalāʿīya*，Tehran：Kitāb-furūshī-i Tehran，1971，p. 364；Anonym，*Tārīkh-i Al-i Saljūq dar Ānāṭūlī*，Tehrān：Markaz-i Nashr-i Mīrāṣ-i Maktūb，1999，p. 119；Baybars al-Manṣūrī，*Zubdat al-fakra fī tāʿrīkh al-hajira*，p. 126. 前两种波斯语史料均载其名为：Ūrbanī，阿语史料作：Urbay。

者间关系的延续性，也造成了血缘身份边际不断外扩，构成一个个具有共同利益的集团。而《五族谱》正为我们直观地展示出了这个变化的过程。

在伊利汗国的政治结构中，诸王、异密集团扮演了重要角色。不同政治集团控制了汗国的不同区域并以此为基础干预政事，而伊利汗也致力于在各集团间维持力量的平衡。即便如政治上强势的合赞汗，在亲手摧毁了绝大部分旧的宗王、异密集团之后，也不得不重新栽培了几个新的集团，他们以忽都鲁沙、出班和亦邻真为首。当最后的这几个集团因汗国的内争而遭到毁灭时，伊利汗国也随之走向自己的终结。这些集团的主要人物以及他们的婚姻情况皆在《五族谱》中有所反映，我们可以将之串联起散见于前述各个类型的史料中的片断，并得以从集团而非孤立的人物角度来讨论政治变化的原因。

四、《五族谱》在“后蒙古”(*Post-Mongol*)时期历史编纂中的影响

在伊利汗国瓦解后，成吉思汗家族的政治合法性仍然在波斯、中亚地区被广泛认可。因此稍后建立的札剌亦儿王朝(Jalayirid，1336—1420)和帖木儿帝国时期(Timurid era，1370—1507)均不同程度利用了这些资源以塑造自身的合法性。在札剌亦儿朝其成果主要体现在史诗《合赞汗诗纪》(*Ghāzān-nāma*)，作者将此书献给由札剌亦儿朝君主谢赫・兀外思(Sheykh Uvays)所扶立的“第二”合赞汗，并通过追溯“前任”合赞汗的生平功业来影射幕后操纵者的先辈功业，间接地传达出其篡立的合法性①。而在帖木儿汗国，由沙哈鲁(Shāhrūkh)授意编著的蒙古—突厥世系谱《贵显世系》则是一部接续《五族谱》的作品。据安藤志朗统计，《贵显世系》主要在朮赤系、察合台两支中对《五族谱》进行了大规模增订：

---

① Nūr Azdarī（863 /1464 - 1465），*Ghāzān-nāma-yi Manẓūm*，ed. Dr. Maḥmmūd Mudabbarī，Tehrān：Mouqufat Dr. Maḥmūd Afshar，2005. 相关研究可参看：Dr. Muḥsin Jaʿfarī Mazhab，“Vāpasīn Īlkhān”，*Pazūhash-hāī ʿUlūm-i Tārīkh*，Tehran：Tehran Univ.，2011，Vol.3 - 1，pp.25 - 34.

表五 《五族谱》和《贵显世系》收录人数比较①

世系	五族谱	贵显世系(巴黎本)	贵显世系(伦敦本)
术赤系	273	576	359
察合台系	159	404	367
窝阔台系	188	201	188
拖 雷 系	266	283	266
总计	886	1 464	1 180

由于帖木儿系统的统治者广泛地与成吉思汗后裔通婚，因此他们很容易地把自己的谱系链接进成吉思汗家族的谱系。同时，对于那些保存了自身族源记忆统治家族来说，在往昔的荣显家族中攀附一个作为自己的族祖也是增强自身合法性的手段，而《五族谱》中所保留的为成吉思汗家族效力的异密名录就给他们提供了这些便利。

在第一部帖木儿传记，沙迷(Shāmī)的《武功纪》中，作者的纪事始自察合台。他说：

> 因为本书所载为异密“幸运之王”(*Ṣāḥib-Qirān*，即帖木儿)的事迹，而他的氏族又是自察合台汗国开始繁荣发达起来的，所以务必先叙述察合台的事迹，因而我们用合适的语言来简要记述这另一个家族的子孙后裔。而在一开始记述了察合台的事迹后，也按照这个方法，用合适的话来描述这个(帖木儿)家族②。

而在牙兹底(Yazdī)的同名著作中，他就已经将帖木儿的世系与察合台家族的大异密哈剌察儿联系在一起了，并为其编造了上溯七代的祖先世系。并通过将哈剌察儿塑造为成吉思汗四世祖屯必乃(Tūmina)之子合出里(Qāchūlī)之后，与成吉思汗三世祖合不勒(Qabūl)为兄弟关系③。两

① Ando Shiro, *Timuridsche Emire nach dem Muʿizz al-ansāb*, p. 21.

② Niẓām al-Dīn Shāmī, *Ẓafar-nāma Tārikh-i Futūḥāt-i Amīr Tīmūr Gūrkānī*, ed. by Pināh Simanānī, Tehran: Sāzmān-i Nashr Kitāb Intashārāt-i Bāmdād, 1984, p. 12.

③ *Shuʿab-i Panjgāna*, f. 100a. 哈剌察儿见：*Shuʿab-i Panjgāna*, f. 117. b.

者约定：汗位由前者继承，军政大权则交给后者的子孙。莫卧儿王朝史书《阿克巴志》更是宣称哈剌察儿之子亦只里那颜（Ījil，662/1263—1264年起继承父位）曾获得渴石（Kish）作为自己的封地①，这也是为了将出生于渴石地区八鲁剌思部落的帖木儿和哈剌察儿关联在一起。

这种依赖于谱系编纂来接续政治合法性，通过建立当代统治者与前代的特定人物之间的关联性来营造历史延续性观念的手法，是"后蒙古"时期突厥—蒙古传统中历史编撰的典型手法。钟焓借用人类学术语把它称为"谱系融合"（*genealogical assimilation*）②，是游牧民族利用虚拟的同源论，建构出自身和前代王朝之间的历史联系。奎因（Quinn）这种"突厥—蒙古式"的历史编纂风格看作是以撒马尔干为中心"东部传统"，以和以波斯本土为基础的"西部传统"加以区别③。甚至在萨法维时期，哈底·阿合马（Qażī Aḥmad）的作品中仍然回响着"东部传统"的因素④。

综上所述，无论我们对"突厥—蒙古式"历史编纂实践及其成就作出何种程度的估计，《五族谱》都是其形成过程中至为关键的一环。

---

① Abū al-Fażl Mubārak, *Akbar-nāma: Tārīkh-i Gūrkāniyān-i Hind*, ed. by Ghulām Rižā Ṭabāṭabāyī Majd, Tehran: Anjuman-i Asār va Mafākhir-i Farhangī, 2006, vol. 1, p.123.

② 钟焓：《略论中亚突厥系民族对成吉思汗的尊崇》，载《世界民族》，北京：2006年第5期，第59—66页。

③ Quinn, *Historical Writing during the Reign of Shah Abbas Ideology, Imitation, and Legitimacy in Safavid Chronicles*, p.7.

④ 奎因认为，他（哈底·阿合马）将伊斯玛依和伊斯玛依二世与伊利汗不赛因和不赛因驸马相提并论，也许是想进一步拉近萨法维和之前的两个王朝，以及在两位伊斯玛依和两位不赛因的统治之间建立一种平行联系。Sholeh A. Quinn, "The Historiography of Safavid Prefaces", *Safavid Persia: The History and Politics of an Islamic*, ed. by Melville, Charles, London; New York: I.B. Tauris, 1996, p.8.

第十三章　吾道：三教背景下的金代儒学

一、前　　言

绝大多数的研究者都注意到了金代中期实际上发生过一次旨在重建儒学价值与思想秩序的运动，这个时期里几乎所有的名士都或多或少地涉身其中①。这有助于我们避免把金代简单地看作一个文化的"黑暗时代"，并进而重估其在全部中国思想发展史上所占的地位②。当然所谓"儒学复兴"部分地是受到了世宗、章宗两代崇儒举措的刺激，也与金代社会的整体汉化有关。但是最为主要的意见分两类，一类是因北宋文化（包括制度、文章）在金代仍然得到推重，使得学者自然地把金代儒学看作北宋苏、王之学的延续③。这部分是因为金代思想中浓厚的"三教合一"倾向与

---

① 尤其是对李纯甫：《诸儒鸣道集说》诸版本研究的深入，使我们将金代学者接触南宋理学的时限提前至13世纪初。参考陈来：《略论诸儒鸣道集》，《中国近世思想史研究》，北京：商务印书馆，2003年，第1—21页；田浩：《金代思想家李纯甫和宋代道学》，《大陆杂志》78：3，台北，1989年，第9—13页；桂华淳祥：《"鸣道集说"の一考察》，《印度学佛教学研究》58：2，东京，1980年，第294—296页。

② 傅海波 Herbert. Franke 曾强调对12—13世纪北方独特的文化认同的考察使我们无法忽视金代在宋—元之间的过渡作用。见 *China under Jurchen Rule*, edited by H. C. Tillman 田浩 & S. H. West 奚若谷, State University of New York Press 1995. pp. XXI。

③ 翁方纲："程学盛于南，苏学盛于北。"《石洲诗话》卷五，北京：人民文学出版社，1998年，第162页；全祖望：《宋元学案》附录《苏学略》、《王氏新学略》都反映了这种以某个特定流派来概括金代思想面貌的倾向。收入《黄宗羲全集》卷一〇〇，杭州：浙江古籍出版社，2005年，第六册，第882—904页。而前者尽管多为文学史研究所引征，却也代表了学界的普遍看法，影响更大。见胡传志：《苏学盛于北的历史考察》，《文学遗产》，1998年第5期，第54—60页。曾枣庄：《苏学行于北：论苏轼对于金代文学的影响》，《阴山学刊》，2000，13：4，第10—15页。

以上二家的学说不无相似处，部分则是受清代全祖望《宋元学案》以来正统观点影响所致，不过全氏把金代诸人看成苏、王别传的目的是为了将之排斥出理学授受的正统外，而当代学者却因为对北宋新儒学有着更为宽泛的看法，甚至把金代的儒学看作是发育未成熟的理学。例如田浩、三浦秀一的论文中径直以"道学"、"道统"来称呼金代文人倡导的儒家知识。这种过于专注于在金人的著述中发现类似或者倾向于理学的片段的做法，不无忽视其独特语境的遗憾，也多少有把金代儒士的自觉贬低为一种"追随"的倾向①。另一类则因为和金朝并存的南宋理学在后世的巨大影响，使得学者往往倾向于从金与南宋的文化交流一端来考索它的起因。这样的判断或许与北方地区的士人在元代最终服膺南宋理学有关，但这多大程度上代表了金代士人自己的看法，或许仍有值得探讨之余地。

所幸随着金史研究的深入，现有的成果已大大充实了我们对于金代社会各方面的认识。现有研究中日本学者重视对小地域、新发现石刻史料等进行个案研究，使我们对于朝代更迭之际特定区域的社会状况有了更为细致的了解②；这虽然和西方学者重视宏观、重视对精英文士思想流变的研究代表了两种不同的取径，却都展现了思想演进过程中曾经有过的多重侧面。只有汇合两者的成果，才能更深入地展开进一步的讨论。考虑到金代社会构成及其形态与北宋的巨大差异性，尤其是宋—金之际精英层的转移，使我们不宜将其简单看作前者的延续，而是要在一个更为复杂的背景下来复案思想变迁的线索。因而，我们试图进一步追问的是：

---

① H. C. Tillman 田浩：《金代的儒教：道学在北中国的印迹》，《中国哲学》，北京：人民出版社，1988 年，第 107—141 页；田浩、俞宗宪：《金朝思想与政制概说》，《刘子健博士颂寿纪念宋史研究论集》，京都：同朋舍，1989 年，第 29—42 页。而田氏对金代儒学水准的判断，也影响了不少研究者，可参观魏崇武：《金代理学发展初探》，《历史研究》，2000 年第 3 期，第 31—44 页；晏选军：《金代理学发展路向考论》，《北京师范大学学报》，2004 年第 6 期，第 74—81 页。皆认为金代儒学是北宋的遗存，成就不高。

② "地域社会"的研究，最典型的体现是饭山知保的一系列论文。其主要的研究模式是先设定一个小地区，以长时段的考察来研究地域社会内部各阶层的关系与变化。对其方法的简介参看吉野正史：《介绍日本青年蒙元史学者》，《辽夏金元史教研通讯》4：1，2005 年，第 78—81 页。不过正如饭山本人承认的，地域研究的视角偏差无从给出基于整体的结论。而笔者以为，更深层次的"断裂"是发生在文化层面上的，亦即从北宋以降不断被培植起来的士人价值观的共识和儒学背景下"士的认同"在金初的失落。

1. 北宋的思想遗产在金代以怎样的面貌被继承下来；2. 三教思想在金代的彼此竞争与渗透及其意义；3. 金代儒学在多大程度上恢复了北宋儒学中业已成为共识的政治理想和学术话语；4. 我们应当如何评价金末儒学复兴运动的意义。

二、金代思想的展开：宋室南迁后的北方精英层及其思想

由女真族为统治民族而建立的金朝虽然直接导致了北宋的覆亡，但是在另一层面上，进入到北中国地区建立政权的金朝也成为北宋政治—文化遗产的继承者。虽然持续了十数年的宋金战争使华北地区的经济生活几近崩溃，因此无论在社会结构、经济形态等方面都与北宋曾达到过的繁荣存在着相当的差异；金代的学术、思想等方面则更是经历了由几乎彻底停滞到逐步重建的过程。而宋—金过渡时期大规模的人口迁移，也使北部中国的精英构成及其生存境遇发生了巨大的变化，"由于彻底脱离了和江南文化发达地区在科举考试中的竞争，北方的士人家庭从而获得了比过去更大的权力"①，而在他们心目里所接续、传播的北宋传统，究竟是怎样的一个面貌呢？欲明乎此，我们必须先回溯一下宋徽宗朝的文化政策及其影响。

徽宗亲政的第一个年号为"崇宁"，即将全面继承熙宁变法定为"国是"②。因此被变法派倚为理论依据的王氏新学被推上了独尊的地位，更有臣僚提出在解经时"音释意义，并以王安石等所进经义为准"③。却也因

① 飯山知保：《金元代華北社會における在地有力者：碑刻からみた山西忻州定襄縣の場合》，《史学雜志》2003，112：4，第 26—51 页。在此文中饭山也对包弼德提出的"有关宋—金战事导致华北士人层断绝"的观点表示质疑，在他看来中下层的"知识人"家族在朝代更迭中表现出了更大连续性。

② 脱脱：《宋史》卷四七二《蔡京传》："而京阴托'绍述'之柄，箝制天子……时元祐群臣贬窜死徙略尽，京犹未惬意，命等其罪状，首以司马光，目曰奸党，刻石文德殿门，又自书大碑，遍颁郡国。"北京：中华书局，1976 年，第 13723—13724 页。

③ 黄以周等辑注：《续通鉴长编拾补》卷三〇，顾吉辰点校，北京：中华书局，2004 年，第 1017 页。

之渐趋僵化，变成射取功利之具①。另外，由于代表北宋儒学的其余几支的核心人物，如司马光、程颐、苏轼等无不因陷入党争而招致禁锢，影响也随之式微。士大夫纷纷“逃禅隐道”，或终日发挥禅机玄语以自晦。如苏辙晚年闲居“不对人语”，陈师道倡言“释氏之愿，儒者所谓志也”②。如此种种，无不宣告了发轫于太宗朝而涵盖了思想、政治、文学领域的初期宋学运动的终结。

如果说将“致君太平、回复三代”作为理想的初期宋学，是五代以降士人自觉高扬的体现的话，我们亦必须意识到，终北宋一代儒学只是扭转了唐、五代之不绝如缕的状态，并使之成为大多数士人所共同祈响的价值观念，但是在国家层面上，佛、道二教仍各守畛域。尤其是道教在塑造北宋皇室源流以及与之相关的祭祀制度中，扮演了重要的角色。而以皇帝之尊来著书立说，以折衷、调和各种思潮尤有太宗、真宗御制诸文可证。故到徽宗时代此种活动更有变本加厉的趋势，徽宗本人不仅以道教玄君自居，并且积极以国家干预的方式来规范思想。其外在表现为儒、道、佛三教的重新排序③。在徽宗授意下，不仅改称僧侣为“德三士”，位次贬低于儒、道下，并且大幅度提高道士地位，设立“道学”，待遇与儒生相等，甚至鼓励儒生改籍道学④。其目的一则是面临契丹、女真等北方民族南牧的压力，提出一种更具“民族主义”倾向的教说以利于收拾人心⑤；另外新的教说是以道家学说为中心融摄三教，而徽宗本人又是道君皇帝，这无异将对

① 如王安石学说中因政见冲突激化而撰写的《士师八成义》，复被蔡京等利用作区分士大夫“正邪”的依据，则进一步反映了王学已渐由单纯的学说流派转变成缘饰党争的工具。见《续通鉴长编拾补》卷二〇，第708—713页；又余英时：《朱熹的历史世界》第五章《“国是”考》，北京：三联书店，2004年，第267页。

② 陈师道：《后山谈丛》卷六，北京：中华书局，2007年，第75页。

③ 《混元圣纪》载崇宁五年十月五日敕：“旧僧居，多设三教像为院额及殿堂名，且以释氏居中，老君居左，孔子居右，非所以称朝廷奉天神、兴儒教之意。”《道藏》，文物出版社、上海书店、天津古籍出版社，1987年，第17册，第881页中—下。

④ 《续通鉴长编拾补》卷三八：“[重和元年]闰九月，乙亥，给事中赵野奏，乞诸州添置道学博士，择本州官兼充。从之。”第1194页；又同卷：[重和元年]十月壬辰，资政殿学士、知陈州陈洵仁奏：“本州学系籍学生止有九十一人，而一两月间，士之劝诱入道学及内外舍生愿换道徒者，将与儒士等。”第1198页。

⑤ 《续通鉴长编拾补》：[政和七年四月]御笔：“朕……睹中华被金狄之教盛行，焚指炼臂，舍身以求正觉，遂哀闵上帝，愿为人主，令天下归于正道。”第1143页。

经典的解释权威集于皇帝一人，从而消弭士大夫集团内部因对儒学义理解释不同而日益明显的分裂。《续通鉴长编拾补》载此事谓：

> [重和元年七月]庚午，御笔："道无乎不在，在儒以治国，在士以修身，未始有异，殊途同归，前圣后圣，符合若节。由汉以来，析而异之，黄、老之学，遂与尧、舜、周、孔之道不同，故世流于末俗，不见大全，道由是隐千有余岁矣。朕作新之，究其本始，使黄帝、老子、尧、舜、周、孔之教偕行于今日。可令天下学校诸生，于下项经添大、小一经，各随所愿意分治。……自今学道之士，应入学……所习经以《黄帝内经》、《道德经》为大经，《庄子》、《列子》为小经外，兼通儒书，俾合为一道。"①

其中，列黄、老于周、孔之前，宣称儒、道未有差异，实则暗示道为体、儒为用，无疑是对北宋儒学复兴的一个反讽，暗示出宋学革新精神的最终涣散。不过以皇帝之尊推行的这次改革，其影响力当不容小觑，吴曾记时人上疏赞云"陛下恢崇妙道，寅奉高真"②。而徽宗本人亲撰《御制道德真经》、《南华真经》以为注释定本，也被看成是调和三教努力的典范③。虽然这种种举动随着"二圣北狩"的灾难结局而被定谳为一场政治闹剧，但是我们偶然披阅金人著作，却还是能够看到关于此事的正面评论，如尹志平称"徽宗道性本自高"④；或"昔宋上皇本天人也，有神仙林灵素者携之神游上天"等⑤。而所谓政和注《老子》等也在金代的道教教育中继续被视为道教注释的范本。文化传统在政权交替之际自有命运，而在文化史意义上的徽宗时代在北部中国的土壤中也许会形成和南宋截然不同的形象。

---

① 《续通鉴长编拾补》卷三七，第1186页。

② 吴曾：《诏禁以天字称》引赵奏疏文，《能改斋漫录》卷一三，上海：上海古籍出版社，1979年，下册，第385页。

③ 《诏学者治御注道德经》，《能改斋漫录》卷一三，第384—385页。

④ 尹志平述，段志坚编：《清和真人北游语录》，《道藏辑要》第七卷，成都：巴蜀书社，1995年，第186页。

⑤ 耶律楚材：《玄风庆会录》，《丘处机集》，济南：齐鲁书社，2005年，第139页。

那些由北宋入金，并在世宗朝开始崭露头角的新兴士人是否可以被看作宋代文化的继承人呢？也许只能引南宋人张炎词句来概括之："向寻常、野桥流水，待招来不是旧沙鸥。"①因为居于支配地位的一种观点认为，随着北宋政权覆亡，大批官僚、士人家族匆匆南下避难，实际上已经导致了北方地区原有的精英阶层几近绝灭。无论郝若贝对北—南宋之交士人阶层人口迁徙所作的统计，还是包弼德对山东晁氏家族在南北宋之交的际遇所作的个案研究无不显示出，这种地方精英构成的转变在很大程度上使金代文化表现出截然不同于北宋的特色②。这首先体现为活跃在金代世宗、章宗朝的士人，其家世多数无法上溯至北宋。至多只是充任低级官吏甚至出身武职，而另一方面，世居晋西北的军功世家，如折氏、元氏等其后裔却往往在剧烈的社会变动中，弃武习文，通过科举步入仕途③。因此在他们身上难得看到令北宋上层士人醉心的典雅文化之流风余韵；相反，徽宗以来在普通士人、市民阶层中流行的种种文化元素，反倒不时地浮现在金人记忆中④。譬如创立了道教全真派的王重阳，在金人品评中不啻是一位特立独行的奇男子，却自承偏爱柳永俗艳的词章⑤。此外，与南宋儒学严格地甄别授受谱系不同，金代士人在出入三教之际甚为随意，而他们对于辞章的热情也远胜过讨论儒学义理的兴趣。

不过，此处我们也要稍稍回顾一下另一种观点。即高桥文治在讨论金、元之间"泰山学派"的传统时，提出的"在金代治下的某些特定区域，北

---

① 张炎：《甘州·记玉关踏雪事清游》，《山中白云词》，收入清朱孝臧编：《彊村丛书》，上海：上海古籍出版社，1989年，第6册，第5182—5183页。

② Robert Hartwell（郝若贝），"Demographic, Political and Social Transformation of China 750～1550", *Harvard Journal of Asiatic Studies*, 42-2 (1982), pp. 365-442; Peter Bol（包弼德），"The Ch'ao Family of the Northern and Southern", *This culture of ours: intellectual transitions in T'ang and Song China*, Stanford: Stanford University Press, 1992, pp. 345-356.

③ 参看飯山知保：《楊業から元好問へ：一〇～一三世紀晉北における科舉の浸透とその歷史的意義について》，《東方学》第111辑，东京，2006年，第71—88页。

④ 郝经：《读党承旨集》："金源文物摹辽宋，国初尤有宣政风。"《郝文忠公陵川集》卷九，《北京图书馆古籍珍本丛刊》册91，北京：书目文献出版社，2000年，景明正德二年刊本，第552页。

⑤ 王喆：《解佩令·爱看柳词，遂成》："《乐章集》看无休歇。""一句分明，便悟彻、耆卿言田。杨柳岸、晓风残月。"《重阳全真集》卷七，《道藏》册25，第728页上。

宋的文化传统被相对完整地保存下来，并且在金—元之际的又一次社会失序中，发挥了保存文化，维系地方认同的作用”①。这个观点有助于我们重新审视金代文化的真正价值，反思诸如《宋元学案》等传统研究对其成就所作的过低评价。但是就其所作的论证而言，仍不无商榷处。首先，我们无法在其对儒学学说的阐述中，梳理出一条清晰的传承脉络。实际情况正如作者自己在文中承认的那样，所谓孙复、石介的直系后裔，本身也多有皈依佛、道二教的例证，显示出其影响的衰微②。与此同时，国内外的不少研究也试图传达出这样一种信息：通过乡间“隐德”的努力，北宋儒学的某些派别（譬如二程子之学）虽然隐晦不彰，但仍然传承至于金末，并在南方理学大举北上之时扮演了导夫先路的角色③。这样的看法和高桥氏实则有相似之处。不过我更愿意引用“《金史·文艺传》序”中的一句话：“世宗、章宗之世，儒风丕变，庠序日盛……当时儒者虽无专门之学，然朝廷典册、邻国书命，粲然有可观者矣。”④而搜集后世有关金代“伊洛之学”传承的记载，可以发现存在着多条叙述线索，但每一个案的影响力都相当有限⑤。元人文集中甚至还保留了一则轶事：

> 宋行人箧《四书》至金，一朝士得之，时出论说。闻者叹竦，谓其

---

① 高橋文治：《泰山学派の末裔達：十二～三世紀山東の学藝について》，《東洋史研究》45：1，京都，1986年，第1—37页。这个观点被后继的研究所完全接受，如饭山知保、森田宪司的相关论文。

② 高桥氏自己也指出，所谓“泰山学派”最初也显现出受到徽宗时代学风强烈影响的特征，而非单纯的石、孙之学。见氏引元好问《东平府学碑》提及蔡京题书之《大观八行碑》仍存于学宫事，《泰山学派の末裔達》，第5—6页。

③ 姚大力：《金末元初理学在北方的传播》认为“1235年以前，流传在北方的理学，主要是二程学说的残支余脉”。文载《元史论丛》2，北京：中华书局，1983年，第219页；又晏选军（2004：第74页）、田浩（1988：第138、140页）等论文持此观点。不过田浩所谓“金代的汉族知识分子知道和理解道学是一种学统和思想体系”，未免离事实太远。

④ 脱脱：《金史》，卷一二五，第2713页。

⑤ 《金史》卷一二七《隐逸传·杜时升本传》，第2749—2750页。元好问：《翰苑英华中州集·丁集·周昂小传》，上海：商务印书馆，1919年，《四部丛刊·初编》景诵芬室景元刊本，第1—2页；郝经：《先曾大父东轩老人墓铭》，《陵川集》卷三六，第805页。这也暗示出当时的儒学授受影响甚小且分布零散，正与金代儒学对地方社会控制力的衰落相符。

学问超逸，是书实未睹也①。

反映出北方知识阶层接触理学著作的机会极其有限。另外，包弼德观察到一个现象："金代的士人更依赖与首都的社会联系，而不是将注意力集中在地方上。"②如果把包氏所谓"首都"理解为燕京以及金室南渡后的汴京的话，那他的推测在金代文献中也是能得到印证的。如被目为金代文士领袖的赵秉文、李纯甫、雷渊等人都先后有在京供奉翰林的经历，故金朝覆亡之后，元好问历遍沧桑追忆及此，仍感慨"往年在南都，闲闲主文衡。九日登吹台，追随尽名卿"，而今空有"人物渺然之叹"③。相反，对地方传统及其代表人物的关注却要晚至金末方始出现，这恰恰与蒙古人对金中都(燕京)、南京(汴京)以及华北地区的全面征服密切相关——原有文化中心的溃散，使得精英士人避居乡间，并把注意力集中到保存汉文化上来所致。所以我们现在能看到的关于"泰山学派"的追述，多写作于金末元初④。这基本上是地方文化"小传统"被有意识强调的结果。

因此我更倾向于把金统治开端的文化看作是北宋传统的"碎化"——旧知识的片断成为新王朝文化恢复所凭借的资源，而以各种途径被保存下来的知识本身也无体系可言。这种"碎化"的结果，使得立足底层的新

① 许有壬：《性理一贯集序》，《至正集》卷三三。引自《全元文》，南京：凤凰出版社，2004年，第38册，第109页。

② 包弼德 Peter Bol 著，吴松弟译：《地方史的兴起：宋元婺州的历史、地理和文化》，《历史地理》21，上海，2007年，第437页。但在该文的英文版中，没有出现同样的话。Peter Bol, "The Rise of Local History: History, Geography, and Culture in Southern Song and Yuan Wuzhou", *Harvard Journal of Asiatic Studies*, 2005, pp. 37–75。

③ 《九日读书山，用陶诗"露凄暄风息，气清天旷明"为韵，赋十首》，《元好问全集》卷二，太原：山西古籍出版社，2004，第39页；《雷希颜墓铭》，《元好问全集》卷二，第486页；《内翰冯公墓铭》："往在京师，浑源雷渊、太原王渥、河中李献能、龙山冀禹锡从公问学。其人皆天下之选，而好问与焉。"《元好问全集》卷一九，第451页；又刘祁述辛愿"平生不为科举计，且未尝至京师，砉然中州一逸士也"，是其在《归潜志》所载之金末名士中，也是仅有的例外。《归潜志》卷二，北京：中华书局，2005年，第15页。

④ 如高桥氏指出的张特立、李简等辈研读程氏《易》学；及推崇石介、孙复之事，皆发生于金末元初，并且是在忽必烈颁令旨褒崇儒学之后。见元好问：《贺中庸老再被恩纶》，《元好问全集》卷一〇，第241页；[清]施国祁注引李简《学易记》系于壬寅年(1242)后。又元好问：《紫微观记》："[侯与奉天杨焕然]读徂徕石君言鉴，至论释老家，慨然以为知言。决非漫为风俗所移者。是观之作，特以养志云。"《元好问全集》卷三五，第741页。

道教更多地承担了重建秩序的任务。以道家学说为主兼摄三教也成为一时风尚。

三、两个“道学”：金代的三教论

“道学”之名在金代文献中具有多层涵义，需要我们结合具体文本加以辨析。其一是泛指北宋以来以“立心启命”为己任的儒学新思潮。也就是张载《答范巽之书》“朝廷以道学政术为二事，此正自古之可忧者”中①，与求利事功之法相对的“道德性命”之学。另一类则是对“道家之学”的概称。此辞始见于《隋书·经籍志》：“《道学传》二十卷。”其书今已不传，然据宋初所编之《太平御览》“道部·道士门”所载，入传诸人如“燕济、鲍靓”等俱为历代修真之士②。固可知宋初观念中之“道学”一辞，其涵义究竟为何。宋徽宗时代“道学”大畅，正是承此风而来。嗣后它也为代宋而起的金人所习知，故在金代的大部分时间里，“道学”一名，乃指其第二个义项而言。

虽然，最初因被女真统治者视作民间抵抗力量的渊薮，道教势力一度受到压制。但金统治者在了解到道教团体在安缉民众、稳定地方以及敬天祈福等事务中的巨大影响后，遂一改初衷，奉之若上宾了。因为徽宗一朝褒崇道教的典型尤在，所以在金人的叙述中，很自然地沿袭了原有的术语。如大定年间，翰林魏抟霄撰写《十方大天长观玄都宝藏碑铭》，就有以下句子：

> 后二年，会有诏以南京《道藏》经板付观，又易置玉虚观……继又以普天大醮仪范有肃，赐萧道济等十人簪、褐。仍敕赐钱十五万，俾置羽衣。余道侣人赐钱三万。明道用是，愈益感奋，以为圣天子在上，**道学**兴行，宜广传法箓，开度群迷。及献状于朝，嗣诏报可，仍敕：

---

① 张载：《张载集·文集佚存》，北京：中华书局，1978 年，第 349 页。
② 《隋书》卷三三，北京：中华书局，1987 年，第 980 页。沈曾植首揭此义，见氏著《海日楼札丛》卷六《道学传》，沈阳：辽宁教育出版社，1998 年，第 225 页。

> “招延高道，蠲洁行事。”越明年，正月，鼎成龙去，而诏旨具在。主上嗣膺宝位，尤尊**道学**，以其教出中国，专尚清净①。

魏碑又云“道家者流，盖出于黄帝、老子之学……皆胳含六经之妙。虽国君不可阙也”；而与魏抟霄活动时代相当的郑子聃也表示道家学说“希夷微妙，深不可识，强名曰道。圣人得之，以阅众甫，以治天下”②。皆认为“专尚清静之道学”乃天子圣明、万邦协合的保障，故应大加揄扬。这种论调在措辞及思想脉络上皆模仿宋徽宗御撰之《神霄玉清宫御碑》。徽宗《御碑》云：“道者，用之可以极至神；体之可以挈天地；推之可以治天下国家。可使一世之民，举[俱]得其恬淡寂常之真，而跻于仁寿之域。”③显然，它们与徽宗时代有着千丝万缕的关联。考虑到世宗本人崇道，曾于大定二十七年(1188)二月在琼华岛禁苑先后召见全真教道士丘处机、王处一，询问“天人之道”④。其时荣宠备至，翰林学士赵秉文集中有《栖霞赋送道人还山》文，疑即为此而作⑤。《金史》载大定八年世宗自谓“至于佛法，尤所未信”⑥等语来看，上揭《玄都宝藏碑铭》中“尤尊道学，以其教出中国，专尚清净”并非虚辞，相反在很大程度上能反映出新道教、尤其是全真教的势力得到金朝皇室的扶植。全真教团也借此风会，一改王重阳、马丹阳等早期教主注重个人心性磨炼，多以个人闭关或三五同志携隐的清修方

---

① 魏抟霄：《十方大天长观玄都宝藏碑铭》，《宫观碑志》，《道藏》册19，第717页中—719页上。

② 郑子聃：《中都十方大天长观重修碑》，《宫观碑志》，《道藏》册19，第716页中—717页中。又，刘祖谦：《终南山重阳祖师仙迹记》：“孔老之教，并行于中国，根源乎至道……所以积善行功，建一切法，导迪人心，使之迁善远罪，洋洋乎大同之域，其于佐理帝王，一也。为老氏者曰：吾宝慈俭；又曰：常善救物，与夫孔圣本仁祖义之说，若合符契。”《道家金石略》，第460页。

③ 文见《宋赵佶宣和御书》影印原碑碑拓，北京：文物出版社，2006年。

④ 李道谦：《七真年谱》，《道藏辑要》第十卷，第321页；又丘处机：《磻溪集》卷三《世宗挽词》，《道藏》册25，第823页中。王处一：《云光集》卷二《大定丁未十一月十三日初奉宣诏》，《道藏》册25，第658页中。

⑤ 盖赋中有“祝君王兮万寿，侍玉晨兮天上”等语，当指为世宗祈福事，又丘处机出生于栖霞。赵秉文：《闲闲老人滏水文集》卷二，上海：商务印书馆，1937年，“国学基本丛书”，第13页。

⑥ 《金史》卷六《世宗纪》，第141页。

法，开始在山东、关中等地大规模地兴建道观、吸收教众。而其传教对象也逐渐由关注下层士庶转而开始越来越多地接纳贵族、官僚①。而道士尹志平在追述丘长春语时也宣称：

> 长春师父尝言："千年以来，道门开辟，未有如今日之盛。"然师父谦让，言之未尽。上自黄帝、老子以来，未有如今日之盛，天运使然也。缘世道渐薄，天生圣贤，相为扶持。上古以道化；其后以仁义治；又其后风俗浸衰，佛教流入中国，以天堂地狱劝率之，至于今日②。

试比较前引徽宗《御碑》中语"呜呼！朕之所以隆振道教；帝君之所以眷命孚佑者，自帝皇以还数千年绝道之后，乃复见于今日，可谓盛矣。岂天之将兴斯文以遗朕，而吾民之幸适见正于今日耶?"可以看出，此时的文化氛围与徽宗朝右道的风气何其相似乃尔，无怪乎丘处机对成吉思汗称赞"昔宋上皇本天人也"；而丘氏弟子尹志平复举其语，教人读《老子》曰："五十四注多宗政和，政和多引《易》《庄》。[长春]师曰：三玄本一宗，徽宗道性本自高，故取焉。"借此可见，在金代的大部分时间里，一提及道学之名大多数情况下都是沿袭了北宋徽宗朝的传统，特指道家修真之士。如李俊民云："(净然子)于是绝嗜欲、屏纷华，刻意于道学。"又元好问："观有天宝四载石记，是道学士董思珍所造。"及毛麾语："当是时，天下之道学与三舍进士同教养法。"等等③。

同时，金代士人也颇为相信"政尚无为"、"刑法宽简"的政治主张是松弛异族统治带来的巨大压力的保障。就连金末文士领袖的赵秉文也

① 参陈垣：《南宋初河北新道教考・士流之接纳第四》，《明季滇黔佛教考(外宗教史论著八种)》，河北教育出版社，2001年，下册，第585—591页；蜂屋邦夫：《金代道教研究：王重阳与马丹阳》，北京：中国社会科学出版社，2007年。

② 《清和真人北游语录》，第175页下。

③ 见李俊民：《庄靖集》卷八《大方集序》，景印文渊阁《四库全书》，台北：台湾商务印书馆，1983—1986年，第630页；《元好问全集》卷三四《两山行记》，第720页；毛麾：《冲虚至德真经四解序》，《全辽金文》中册，第1677—1678页；另外，日本学者三浦秀一也注意到这个现象，在氏著：《中国心学の棱綫：元朝の知識人と儒道佛三教》第一章《金末の道学》中专列"ふたつの道学"节加以讨论。东京：研文出版社，2003年，第5页。

曾说:

> 原圣人之意,执古喻今,欲渐复无为之治。故先陈道德,次述仁义,末明礼乐。其渐必至刑政之苛语。驯致而然耳①。

在当时的士人眼中,道教之所以备受推崇,不仅是因为其有长生保命的功效,而是在于其在经世方面的巨大效用。这种论调远承自北宋末苏辙等人的著作②,又因为苏氏兄弟文章为金人所推重,故得以迅速传播,并产生了远甚于北宋的影响。对道教在经世治国方面的功能极度强调,甚至被认为兼具儒、佛二教的长处。这种论调不仅见诸庙堂之上,同样也弥漫在士庶之间。街坊流行的散曲中公然唱道"休言道尧舜和纣桀,则不如郝、王、孙、谭、马、丘、刘。他每是文中子门徒,亢仓子志友"③。其影响甚至在入元后亦仍未稍减④。时人对道教承担的社会功能所寄予的厚望,或许正反映出金代社会中,人们饱受战乱频仍、苛捐杂税之苦,不堪重负而产生欲求"清静"的思想。道教教团正预此机,充当了现实与理想间的津

---

① 《道德真经集解》四卷,《道藏》册 12,第 546 页上—583 页上。案,集解中凡弁以"赵曰"者,当为赵秉文自注。

② 如苏辙:《老子解》有如是语:"老子则不然,志于明道而急于开人心。"又曰:"二圣人者,皆不得已也。""天下固无二道"等,收入曾枣庄等编:《三苏全书》,北京:语文出版社,2001 年,第五册,第 422 页。苏氏的这类解释,在南宋遭到朱熹猛烈抨击。朱谓:"以孔子、老聃并称圣人,可乎？世人讥太史公先黄老后六经,然则太史公列孔子于世家,而以老子与韩非同传,岂不有微意,贤于苏氏远矣。"《杂学辨·苏黄门老子辨》,《晦庵集》(《四库全书》本)卷七二,册 1145,第 447 页下;又:"天下固无二道,而又有至道、世法之殊,则是有二道矣。"朱熹从严辨道统的立场出发,对这种模糊三教界限的言论自然无法容忍。不过,苏辙《老子解》在金代的命运则截然不同,赵秉文:《道德真经集解》曾赞曰:"苏氏此说大为名教所得。"李纯甫:《鸣道集说》,台北《中国子学名著》景北图藏明钞本,1973 年,第 111 页;又日本《和刻近世汉籍丛刊》(景享保四年刊本,中文出版社,1977 年)卷二"明道曰,中者天下之大本"条复引苏注。

③ 佚名:《呆骨朵》,《自然集》,《道藏》册 25,第 497 页上—中。案此曲提及文中子,正是着眼于他是重建唐代"治道"的关键人物,可参看《朱子语类》(北京:中华书局,1986 年,册 8,第 3085 页)卷一二九《本朝》节语:"太宗朝一时人多尚文中子,盖见朝廷事不振,而文中子之书颇说治道故也。"

④ 如商挺:《题甘河遇仙观》:"重阳豪杰人,趁时或割据。"顾嗣立:《元诗选》癸集·上,北京:中华书局,2005 年,第 144 页。案元初诸人对王重阳的评价和重阳生平事实甚多不符,此种差异也反映了时人对金末元初全真教性格的观感。

渡，也承担起了维系地域社会人际网络的作用。

本来在道教初兴之际，王重阳曾创立“三教平等会”，又劝门人“敬僧礼儒”①；且作诗曰“儒医夫子成三教”意在表明儒学和道教，一则重在经世、一则重于养生，具有职能的不同。这或与早期全真教势力较弱，尚无力正面和儒学分庭抗礼有关②。而儒、释二教的信众也可稍稍借口“以儒治国、以道治生、以佛治心”来限定各家的畛畦③。但随着道教势力在金代的愈加得势，无疑打破了盛行于金代的“三教合一”中各家势力的平衡。与传统中国社会中一贯的以儒学为主导，旁采佛、老不同——是道教而非儒学在新的三教合一的思潮中扮演了支配性角色。人们不仅以为道家学说形成最早，且能够兼摄三教之长，所谓“《易理》、佛典之妙无非出于此”。而更为明显的是，所谓时人在论述“三圣人”之说中三教的主次是也明显地有扬老抑儒、佛的倾向：“有大圣人将没，教化分为三宗，乃道、儒、释是也”④；“老君之道，出于中国，专尚清静。非若释氏西胡之法，以击钹为事”⑤。道教中人也在私下里表达过要取佛教而代之，进而凌驾于儒学之上的野心。如尹志平曰：“物理有盛衰，人事亦不无兴废……如西方之教入中国逾千年，非因其时何以致此？惟因时而出，亦必因时而废。”⑥又“是故三皇五帝之来，首崇道与儒教，其名虽析为二，既究经纶之效，其道归一也”⑦。更为典型的是侯善渊的一句话：“三圣之规，始道为先。越于事矣，胡为自然。”⑧

这种情景在两宋理学的发展史中是不曾有过的。宋代理学虽然迭经政争而屡仆屡起，也曾公开反对士大夫耽于逃禅问道而妨害对儒学义理

---

① 完颜畴：《全真教祖碑》，王昶：《金石萃编未刻稿》，引自《道家金石略》，第 450 页。

② 《活死人墓赠宁伯功》。又参考蜂屋邦夫：《金代道教研究》，第 49 页。

③ 耶律楚材：《寄万松老人书》，《湛然居士文集》卷一三，上海：商务印书馆，1937 年，《丛书集成初编》，第 192 页。

④ 《东华观记》，《山右石刻丛编》卷二四，引自《道家金石略》，第 517 页。

⑤ 朱澜：《十方大天长观普天大醮瑞应记》（作于明昌元年，1190），《道家金石略》，第 1042 页。

⑥ 《清和真人北游语录》，第 180 页中。

⑦ 翟三俊：《三清殿碑》，（作于大定二十四年，1184），载《济宁直隶州志》卷五。引自阎凤梧编：《全辽金文》，太原：山西古籍出版社，2002 年，中册，第 1834 页。

⑧ 《三圣铭二篇》，《全辽金文》下册，第 2633 页。

的探求。不过经历北宋新儒学运动的洗礼，士大夫群体间业已形成了一种共识：即儒学在承担“经世”与“教化”功能方面是居于主导地位的。关于儒学内部曾产生的重“治术”和重“道学”的分歧，也只是在此前提下有所偏重而已。故终宋世，道、释二教始终不曾对儒学在经世治国方面的独尊地位形成挑战，士大夫可以视不同场合游走于二教中而泰然自若。无论释子、道士的势力如何膨胀，是不会也不敢尝试对儒学的领先地位提出挑战的。但迄于金亡，道教的势力大到足以染指士人用世和自适的整个精神世界，不只是个别的儒士有皈依道教之举，即使是在日常话语中，道家学说也已然以北宋文化遗产的真正继承者自命。李道谦自序其编撰《甘水仙源录》的目的是要记录“全真正派之传，盖仿《伊洛渊源录》命名之意”①。他进而认为“虽儒士之家，其所谓学道者，亦不过致力于唯精唯一之地耳”②，而全真教倒反能“以道德性命之学，唱为全真，洗百家之流弊，绍千载之绝学”③。在此种情势下，道教中人也颇为自负，认为道家之说与儒学不过是“开诸异号”，“所谓同归而途殊，名多而理一”而已④。也就是说并不以为存亡继绝、开太平之业是儒家的专利；而发挥玄旨，同样亦能“混元洙泗，融为同境”⑤，所谓“六经诸子道家之书，以遗后之人，使藏而读之。庶几有所发明，而为入道之渐”⑥。此类论点不仅时常见于道教教众内部，就是士人群体也乐于为之宣扬⑦。

---

① 李道谦：《甘水仙源录序》，《甘水仙源录》，《道藏》册 19，第 722 页上—中。

② 李鼎：《重修终南山上清太平宫记》，《道家金石略》，第 518 页。

③ 李鼎：《大元重修古楼观宗圣宫记》，《古楼观紫云衍庆集》卷上，《道藏》册 19，第 553 页下—555 页中。

④ 郝大通：《太古集自序》，《太古集》，《道藏》册 25，第 867 页下—868 页上。

⑤ 孟攀鳞：《湛然子赵先生墓碑》：“至于一篇一咏，一赠一答，皆所以发挥玄旨，畅叙幽情，混元洙泗，融为同境。”《甘水仙源录》卷五，《道藏》册 19，第 759 页中—下。

⑥ 乔扆：《太清观记》，《全辽金文》下册，第 1410 页。

⑦ 参看《金三教圣象》石刻(大安元年，1209)立碑，碑额题“皇帝万岁”，赞语为唐肃宗作《三圣赞》，云：“吾儒之师曰鲁仲尼；仲尼师聃龙；吾不知聃师竺乾善人无为，稽首正觉，吾师师师。”碑跋曰：“此文依长安国子监太平兴国二年石本重刊。太原后儒林世显问臣赐[额?]，少林僧祖昭绘像书赞。儒林郎芝田县主簿沛邑郡公高□夫□助缘……”是足显示出儒学地位的边缘化，而儒门之士复不以此为耻。碑拓见京都大学人文科学研究所所藏石刻拓本资料：http://kanji.zinbun.kyoto-u.ac.jp/db-machine/imgsrv/takuhon/index.html。

异端勃兴，那些坚守儒学信念之士自无法不心怀怨言，如陈垣即已看出元好问《遗山集》中诸文对全真道似有憾辞，特未详究其故耳①。但在大多数情况下他们并不敢公开宣称要与道教分庭而抗礼，仅仅能在辞章中曲折隐晦地稍示贬抑而已。如赵秉文在《原教》中认为，扬子[雄]云“[五常]事系诸道、德、仁、义、礼”，实“辟老氏而言也”。清人文廷式颇不以此说为然，其实恰反映出赵氏对道教讽之以微言的心理②。又或者苦心规劝入道者习学儒书，如元好问赠道士文：“虚白处士赵君已入全真道，而能以服膺儒教为业。发源《语》、《孟》，渐于伊洛之学，方且探三圣书而问津焉”③而已；少数奇矫之士，如李纯甫为时所激，也不过感慨“然则素王之道，几何不胥而为黄冠之所淄也”，希望能够在一片氤氲调和的氛围中提醒人们，“儒者之言与方士之说，不两立久矣。……大抵索隐行怪，君子不为。彼方士之所慕，吾儒之所羞也”④。元好问也在李屏山挽诗中叹息“诸儒久已同坚白”⑤。这样，我们就可以理解，为何郝经在面对从南宋新传入的“道学”之名时，会表现得如此情绪激动了；更何况这些信息是通过一名

① 见《南宋初河北新道教考》“杀盗之消除第三”，第582—585页；“元遗山之批评第十二”，第631—636页等章。陈氏以为“此遗产山之偏见也”，似未得其间。如元好问：《紫微观记》：“[黄冠之流]虚荒诞幻莫可致诘。二三百年之间，至宣政之季而其蔽极。……呜呼，先哲王之道，中邦之正，扫地之日久矣。是家何为者，乃人敬而家事之？……侯名天锡字受之。崇儒重道出于天性。……尝与奉天杨焕然，读徂徕石君言鉴，至论释老家，慨然以为知言，决非漫为风俗所移者。是观之作，特以养志云。”是可知遗山撰此文命意所在。《元好问全集》卷三五，第740页。

② 《闲闲老人滏水文集》卷一，第1页。文廷式：《纯常子枝语》（上海：上海古籍出版社，1996年，《续修四库全书》册1165）卷一八，第254页下：“按……子云即本老子《道德经》第一章，非辟之也。”

③ 《元好问全集》卷三八《皇极道院铭》，第794页。

④ 李纯甫：《栖霞县重建庙学碑》，《全辽金文》下册，第2622—2624页。

⑤ 《元好问全集》卷八《李屏山挽章》（其二）：“谈麈风流二十年，空门名理孔门禅。诸儒久已同坚白，博士真堪补太玄。孙况小疵良未害，庄周阴助恐当然。遗编自有名山在，第一诸孤莫浪传。”案，元好问此诗概括李屏山生平志业甚当，诗中言其为“孔门禅”，正中李氏心地；而又云其“阴助”，可谓诛心之论。典出苏轼：《庄子祠堂记》：“庄子之文，皆实予而文不予；阳挤而阴助之。”吕祖谦：《宋文鉴》，《四部丛刊》本，册三，第7—8页。“诸孤莫浪传”的谆谆告诫亦似谶语，出资刊刻屏山文集的耶律楚材，恰恰是助成其佛教徒形象之与有力者。

长春宫道士来传达的①。郝经在给王粹的信中争辩道:"秦汉而下,以吾士夫为儒家;故方术之士以黄帝老子为道家。以虚无为本,大害夫道。又岂可复以**儒家又特谓之道学哉!**"②这很有可能是由于王粹的道士身份,激起了郝经对于当时全真教频频兼并儒学庙产,又以亡金儒士的保护人自居等现状的联想所致③。因此,虽然田浩先生认为郝经反对使用"道学"一辞,是"担心这个称呼在北方会激起(和南宋)同样的思想分歧和政争"④。但窃以为,上引郝经文中截然将"儒"、"道"对立起来的看法,恰恰显示出此刻他所理解的"道学"仍囿于其前辈元好问、李纯甫的范围:为淄染"素王之道"的方士们的别称⑤。这篇文章正表明了在1243年,郝氏仍然是站

---

① 王粹晚年栖迟于全真教门下,见《甘水仙源录》卷七《恕斋王先生事迹》,第784页中—785页上。尹志平有《答王子正》诗,云:"幸然逢**正法**,便是宿根深。"《葆光集》卷上,《道藏》册25,第515页上;同卷《答王子正》:"观透经中无碍处,自然心地便清虚。"第517页下;又《西江月词》:"赠儒士王子正":"更要深通玄奥,须当拂去矜夸。"第519页下。以及张本:《得王子正书》语:"发挥天人奥,大辩孰起予。丹阳何高明,吾子昔所卢。"《中州集》卷七,第15页上—下,等等。借此数章,固可看出此时全真教在面对儒学时隐然拥有了某种话语优势(如自称"正法"),亦足证王氏晚年业已皈依道教。

② 《与北平王子正先生论道学书》,《陵川集》卷二三,第681页下—682页上。

③ 徐霆:《黑鞑事略》载:"外有亡金之大夫,混于杂役,随于屠沽,去为黄冠,皆尚称旧官。……长春宫多有亡金朝士,既免跋焦,免贱役,又得衣食,最令人惨伤也。"载王国维校注:《蒙古史料四种》,台北:正中书局,1975年,第16页。另外,我们知道在1254年以前燕京的国子学是控制在全真道士手中的。参看《析津志辑佚》"学校"载忽必烈令旨;萧启庆:《大蒙古国的国子学:兼论蒙汉菁英涵化的滥觞与儒道势力的消长》,氏著:《蒙元史新研》,北京:中华书局,2007年,第89—112页。又元好问《中州集》小传云其晚年"主太极道院,竟不能自返"。第25页下。我颇疑心此"太极道院"即"太极书院"。如果元好问这里并非笔误的话,则我们也更有理由猜测,杨惟中所创立的太极书院最初并非是由儒士赵复主持的。

④ 田浩:《创造力与发展中的儒学传统——对早期历史与最新现状的一些反思》,载《中国思想史研究通讯》,第五辑。全文转载于:http://tjy.yibinu.cn/ReadNews.asp?NewsID=663。而对《与北平王子正先生论道学书》更为详细的分析见田浩:《宋、金、元文化思想的碰撞与融合:探索郝经的夷夏观、正统论与道学演变》,张希清编:《第10~13世纪中国文化碰撞与融合》,上海:上海人民出版社,2006年,第30页。

⑤ 明显的例证就是李纯甫在《鸣道集说》中曾云:"(吾佛之书)阴补礼经素王之所未制;径开道学玄圣之所难言。"此句以儒、道对举,加上佛学正是所谓"三圣人之教",故可知"道学"即指道家学说。而元好问在《中州集》"李屏山小传"中称其"三十岁后遍观佛书,能悉其精微。既而取道学书读之,著一书合三家为一(下略)",(《中州集》卷四,第27页。)同样也是取道学为"老庄"别名。顺便提及田浩摘引李纯甫语"名教不足贵,道学不必传";"张子必欲斩伐道学"中"道学"一词亦当作"老氏之学"解,而决不能借以证明李氏此时已明了"道学是一个思想学派",见《金代的儒教:道学在北中国的印迹》,第117、119页。

在金代文化传统中来面对南宋理学北传的，道教势力的高涨才是使其焦虑的缘由①。而这也是整整一代北方士人所共同怀有的“文化紧张感”。鉴于此我们也可以看出，在金代致力于儒学复兴的士人之间，对其所认同的“正道之学”当别有寄托。

四、吾道：儒学话语下的文化认同

必须承认，从金世宗、章宗时代起，外部政治环境开始逐渐向儒学有利的方向转变：例如地方一级的庙学越来越多地得到重建②，更重要的是儒学士人也终于有机会参预机务。金代官制则先效仿唐制设立三省，海陵王正隆改革后废中书、门下二省，实权全归于尚书省③。尚书省左、右丞相之职，又往往为女真贵族视作禁脔，所以刘祁在总结金亡之故时，仍念念不忘金季失政实在于“分别蕃汉人，不变家政”；“根本不立”；“不得士大夫心”④。相反翰林学士在当时不仅是以进士出身的汉人儒生涉身仕途的较好途径，其实际权力在随时代推移有渐趋上升之势。刘祁载“正大初，末帝锐于政……选一时宿望有学者……侍上讲《尚书》、《贞观政要》等数篇，间亦及民间事，颇有补益。杨公又与赵学士秉文采集自古治术，分门

① 郝经对道教的正面抨击见《寓兴》(其八)：“圣人无常师，师襄又郯子。无人不自得，岂唯柱下史。夸徒以借口，妄诞为评訾。当时五千言，洞达穷妙理。大出六合外，远探无极始。后人弗克承，削绳复破轨。流漫源以湮，枝披根以死。借问蓬壶仙，吾道诚尔尔？”《陵川集》卷二。

② 如元好问描述此际兴学之盛，有“文治既洽，乡校家塾，弦诵之音相闻”语。《寿阳县学记》，《元好问全集》卷三二，第 674 页。另亦可参考薛瑞兆：《金代科举》第一章《绪论》，北京：中国社会科学出版社，2004 年，第 36—40 页。以及成一农：《宋、辽、金、元时期庙学制度的形成和普及》，收录于《10—13 世纪中国文化的碰撞和融合》，第 164—182 页。

③ 参看三上次男：《金史研究二：金代政治制度の研究》之“中書省”、“三省制度の性格とその政治史的考察”节，三上氏认为这种建制，实则反映出金代中央政治倚重女真贵族，其用意当与金代为异民族王朝之背景有关。东京：中央公论美术出版社，1970 年，第 236—242、262 页。

④ 《归潜志》卷一二《辨亡》，第 136 页。又苏天爵：《元朝名臣事略》卷一〇《宣慰张公德辉》载张氏语：“辽事臣未周知，金季乃臣所亲睹，宰执中虽用一二儒臣，余则武弁世爵，若论军国大计，又皆不预。其内外杂职，以儒进者三十之一……”北京：中华书局，1996 年，第 206 页。

类，号《君臣政要》，为一编进之。此亦开讲学之渐也，然岁余亦罢”①。虽然持续未久，但无疑留下了相当的影响。故《金史·百官志》记此事至曰“名则经筵，实内相也”。“内相”一词在唐代是指翰林学士，因为晚唐翰林学士往往可以借宣麻草制之际，参预机务决策。时人以为其隐然侵夺了宰相的部分权力，故有是称。至宋代“内相”之名遂变成对“翰苑学士兼知制诰”一职的雅称，如陆游即以此名称呼汪藻②。明乎此种背景，则宣宗、哀宗时代儒士以翰林学士身份建言参政，被当时的士人看作“得行儒道”的绝好契机。尽管其最终仍无补于金代的覆亡，且实际作用微不足道，但仍令士人感到了莫大的鼓舞。在此我们可以注意到这样一个现象，即金末掀起重估儒学价值思潮的几位领袖人物（赵秉文、字周臣，李纯甫、字屏山，王若虚、字从之），无一例外都有曾供奉翰林的经历，可以说这场运动本身就是几个位于京城的精英小圈子所一手导演的③。其目的绝非只是文人之间的风流自赏，而是有着政治、文化上的诉求。这在赵、李等人笔下被概括成“振作斯文”、发明“圣学”。他们认为借此便能够“补完大朴”，醇正风俗，从而修正金代政治中日甚一日的“佻靡之政”④。故金代后期诸文集频频提及文中子，这是因为在他们心目中，“文中子之书多说治道也”⑤。若我们试将之放置于北宋文化的语境中，此种命意更为明显。如

① 《归潜志》卷七，第73页。

② 陆游：《老学庵笔记》卷一《绍圣、元符间，汪内相彦章有声》，北京：中华书局，1997年，第6页。

③ 在此不得不重新审视安部健夫在《元代的知识人和科举》一文中提出的著名论点：他认为金亡到元初这段时间里，承担传播儒学知识的主要是燕京太极书院的“德行派”。但事实是被他目作“辞章派”的东平文士，无不参与了更早的儒学复兴运动。《日本学者研究中国史论著选译》卷五，北京：中华书局，1993年，第645—672页。

④ 郝经：《闲闲画像》：“宣[宗]政佻靡快濯湔，补完大朴无雕镌。”《陵川集》卷一〇，第566页。另参元好问撰：《赵秉文神道碑》：“若夫不溺于时俗，不汩于利禄，慨然以道德性命祸福之学自任，沉潜乎六经，从容乎百家，幼而壮，壮而老，怡然涣然，之死而后已者，惟我闲闲公一人。”《元好问全集》卷一七，第400—401页。

⑤ 《闲闲老人滏水文集》卷一四，《蜀汉正名论》：“善乎文中子，曰‘诸葛亮而无死，礼乐其有兴乎？’仆固不足以知礼乐之本，若安上治民、移风易俗之实，孔明任之有余矣。”第198页。卷一五《中说类解引》：“文中子圣人之徒欤？孔孟而后得其正传，非诸子流也。”第208页。几乎就是在袭用程颐《上仁宗书》中的旧命题。另可参看《归潜志》卷一三：“文中子一世纯儒，其著述动作全法圣人，虽未能造其域，亦可谓贤而有志者。”第146页。

孙复、石介等多提倡文中子《中说》，是将其视作儒学之士“以道自任”的象征①。而金人重操旧调，一方面是延续北宋古文运动留下的话柄，另一方面也凸显了他们在高谈“心、性”的同时，依然怀有关注儒家事功的一面，其余韵至元初尚未消歇②。例如李纯甫自陈其研习《华严经》的本意，是要明了“老庄内圣外王之说；孔孟上达下学之意”③。在时人眼中，“省庭诸公”被寄予了“兴起斯文”④，进而借此“得君行道”建立不世之功的冀望，而非仅仅是讲习辞章的典范。故元好问遂有“盖自近朝，士大夫始知有经济之学。一时有重名者非不多，而独以献臣为称首。献臣之后士论在之纯；之纯后在希颜；希颜死，遂有人物渺然之叹”⑤，以“经济之才”期许赵、李。同样，王磐在李纯甫卒后也感慨道：“之纯自北渡后文笔大进，又且位以不次，不肖以谓苟贷以十年不死，其勋业行履有不让古人者。渠翻然谢世，幸与不幸，天下自有公论，非不肖所敢望。”⑥雷渊在赠刘祁诗中伊追忆道，自己与“屏山、云卿襟期所在者，非以为诗也”⑦。在此我们似乎又重新体验了一遍北宋初年的儒学氛围，所以有的学者把这个时代的思想路径看作为“前道学”⑧。但是，不管我们能够在金人著作中发掘出多少和北宋似曾相识的片段，金朝末年国日蹙百里的时势，决定了他们和北宋诸儒在价值取向上侧重各异；对前者之取舍更多关注的是其是否有补于“治道”。站在“省庭诸公”的立场上，无论北宋抑或南宋诸儒，他们的著作思想都只是一面可资借鉴的镜子，照见的仍是金人的自家面目。

---

① 余英时：《朱熹的历史世界》，第85、113—115页。

② 郝经：《寓兴》“其十”：“何如王夫子，教育经济才。河汾大泽流，唐运实此开。”《陵川集》卷二，第507页。

③ 《鸣道集说》卷二，第124页。

④ 王若虚：《道学发源引》，《滹南遗老集》卷四四，上海：商务印书馆，1935年，《丛书集成初编》册4，第289—290页。

⑤ 《雷希颜墓铭》，《元好问全集》卷二一，第486页。

⑥ 王文炳学士[磐]：《与杨春卿[书]》，文载元吴弘道辑：《中州启札》卷一，《北京图书馆古籍珍本丛刊》，景清钞本，第6页。

⑦ 雷渊：《京叔将拜扫于陈，征言为赠。老嬾废学，茫无所得，独记其与屏山、云卿襟期所在者，非以为诗也》，《中州集》卷六，第19页。

⑧ 包弼德 Peter Bol 便认为元好问在赵秉文墓铭中试图以“前道学”（*Pre-Tao Hsue*）的标准来描述金代文化。见 Chao Ping-wen（1159 - 1232）：Foundations for Literati Learning，*China under Jurchen Rule*，p.124。

赵秉文、李纯甫时代的命题就在于：尽管其时儒学地位面临全真教的步步紧逼，但是日趋高涨的儒学自觉，使得金代士人怀着相似的忧虑聚集起来。他们已不满足于儒学仅仅能在三教次序中敬陪末座，拱手让出对士庶生活的影响力量。而是亟于尝试打破三教之间原有的畛域，建立起以儒家学说为中心的信仰秩序。但是金代社会中浓厚的三教调和的气氛以及儒学势力的式微，注定他们无法独力承当这项任务。因此，同样承受着道教势力扩张日显支绌的佛教无疑是最好的盟友，被儒学中人拉来引为同调。李纯甫曾露骨地说出如下言语：

> 屏山曰："……三圣人同出于周，韩子之时佛法大振，于吾儒初无所损。今少林之传将绝，而洙泗之道亦如线矣。唇亡齿寒之忧，可立而待也。悲夫！"①

依照李氏的意见，则儒学和佛教彼此间并无轩轾，相反在此刻正是命运攸关的契友，必须一同来抵抗全真教等新道教的压抑。如南宋理学般攻乎异端、严辨道统，对金代儒士而言，无异自翦羽翼。而这点正是李屏山等人为之争论不已的焦点；也是他们和南宋理学的全部分歧所在②。所以他们的立场是主张"三圣人"（儒、道、佛）平等而反对道教③。耶律楚材稍后也表达过相似的看法："其间颇涉三圣人教正邪之辩……夫杨朱、墨翟、田骈、许行之术，孔氏之邪也。西域九十六种，此方毗卢、糠、瓢、白莲、

---

① 《鸣道集说》卷四，第 166 页。又李氏之师万松行秀曾占诗曰："……成汤也展恢天网，吕望稀垂浸月钩。试问风光甚时节，黄金世界桂花秋。"颇有振作佛门的志向。[元] 释念常：《佛祖历代通载》卷二〇，《北京图书馆古籍珍本丛刊》册 77，第 399 页下。刘祁：《游林虑西山记》："竹中堂殿茅亭数处，乃黄华古禅刹也，今作老氏居。"可为李文注脚。《归潜志》卷一三，第 163 页。

② 如李屏山：《鸣道集说序》："心知古圣人之不死，大道之将合也；而又恐将合而又离，笺其未合于古圣人者……"《鸣道集说》，第 56 页。

③ 更直接的冲突见诸李氏：《嵩州昌福县崇真观记》，其中李氏历历批驳了道士所崇之"服饰"、"塑像"、"经籍"、"药术"、"方伎"等皆"非真也"，而老、庄之道方"是真也"。最后道士不得不承认"此真人之真旨，我非真人，岂能学耶？"李氏遂叱骂道"汝非真人，岂假人也？"这是李屏山虽然认可道家之说，却公开否定道教的言论。[清]《光绪宜阳县志》卷一五；《全辽金文》册下，第 2626 页。

香会之徒，释氏之邪也。全真、大道、混元、太一、三张左道之术，老氏之邪也。"①这种非道教而是道家的言论，正反映了金代儒学所遭遇的临深履危之际的复杂心态。有的学者认为李纯甫是一佞佛之徒"援儒入释，推释附儒"②；"矩如屏山者一何卫浮屠如是之诚，而翦吾儒之羽翼如是之严且力与？"③如此种种诛心之论。迹屏山用意，实则欲借力佛教，以求张大儒学而已。观其最为后人诟病之《鸣道集说》中居然有下列话语：

圣人之道如灭而不见者一千五百年矣。而浮屠氏之书从西方来，盖距中国数千里，证之以文字诘曲侏儒，重译而释之，至言妙理，与吾古圣人之心魄然而合。顾其徒不能发明其旨趣耳④。

屏山曰："元城之说，为佛者虑尽矣，为儒者虑似未尽也。佛书精微幽隐之妙，佛者未必尽知，皆儒者发之耳！今已章章然矣。或秘而不传，其合于吾书者，人将谓五经之中，初无此理，吾圣人真不知有此事，其利害亦非细也。吾欲尽发其秘，使天下后世，共知六经之中有禅，吾圣人已为佛也。其为孔子地，不亦大乎？"⑤

背负了数百载"佞佛"恶名李屏山，著书的用意居然在于抬高孔子地位："使天下后世共知六经之中有禅，吾圣人已为佛也。"其对释子的评论复如此不堪——还需要"儒者"来阐发佛经中的意蕴——这岂不令人骇叹。甚至在大肆吹嘘佛学之精微深奥后，突然转下闲闲一语："此儒者学佛不龟手之药也。"⑥尽泄其本心实在维护儒者一面。按，此典出自《庄子·逍遥游》，李氏把佛教徒比作那个"世世以洴澼绒为事"的宋人，暗示儒学反可师其长处而襄成"王道"，孰更高明，读者信能辨之。所以我们毋

① 《西游录序》，《湛然居士文集》，第118—119页。
② 《屏山鸣道集说略》引全祖望：《跋雪庭西舍记》，《宋元学案》卷一〇〇，第886页。
③ 汪琬：《鸣道集说序》，《尧峰文钞》卷二五，转引自《屏山鸣道集说略》，《宋元学案》卷一〇〇，第885—886页。
④ 见前揭《鸣道集说序》。
⑤ 《鸣道集说》卷四，第167页。
⑥ 《鸣道集说》卷四，第165页。

宁把他著《鸣道集说》的全副苦心，归结为欲“援佛排道”以张大儒学；故表面上对佛教扬誉备至，背地里却“阳助而阴挤之”①。如此，或许才稍稍能不负其本心罢②！

根据现有史料，我们已经可以看出：在金代统治的最后二十年中，出于对金朝统治及儒学命运的担心，士人群体内部的“儒学认同感”大大增强了③。“吾道”作为表达士人认同感的话语屡屡见诸时人之论著中，显示出他们所亟于建立的当为某种共同的政治理想或道德原则④。在此前提

---

① 其实《鸣道集说》的最后一则中：“仆与诸君子生于异代，非元丰、元祐之党；同为儒者，无黄冠、缁衣之私。”已明确表示他是站在“儒者”的立场上来写作的。卷五，第195页。

② 事实上当时已有人看出李屏山之用心，如雷渊前引诗有句云：“斯文兴丧实关天，寻常墨客技艺然，医巫星历相比肩。何用雕琢空徂年，即今海县谩腥膻，独挽洙泗可洗湔。乃公有志屏山贤，二豪在日予牵连，伤哉未售坟已颠。”一语道破屏山诸人实汲汲于“独挽洙泗”余绪，是可谓屏山知己。又案此诗断句当依“柏梁体”，凡三句一解而不换韵，盖仿黄庭坚《松风阁诗》格律也。元初胡祗遹更有《效李屏山狂童怪语》：“释老图冥狱，仅能骇庸愚。六经语名教，才得笼世儒。”的句子，是亦可借以看出，后人所谓李氏“非圣无法”之“狂童怪语”究竟于意云何。《胡祗遹集》，长春：吉林文史出版社，2008年，《元朝别集珍本丛刊》卷二，第41页。

③ 我是以《鸣道集说》的完成为标准的，因为此书可以被看作产生于这个时代中的最大规模、也可能是唯一一部流传至今的著作。关于其完成年代，有两种观点：1）桂华淳祥依据其被《佛祖历代通载》收录于1206年条目下，认为当作成于此年，见《“鳴道集說”の一考察》，第296页。2）田浩认为其完成于1218年，但没有给出任何证据，见《金代的儒教：道学在北中国的印迹》，第123页。故暂且定其作于13世纪初也许较稳妥。

④ 在此，必须提及包弼德的相关研究。他认为对“斯文”价值的共识，是金末士人认同的基础。这是因为金代科举采用“辞赋”为考试内容，助长了对文学形式的追求；而对纯文学的热衷，把女真统治者、汉族士人，以及汉化的契丹、渤海人等结合在一起。见 P. Bol：“Seeking Common Ground：Han Literati Under Jurchen Rule”，*Harvard Journal of Asian Studies* 47：2（Dec，1987），pp. 483－493。但是这个观点无法自足：“辞赋/律赋”考察的是以骈体写作的应用文章（又称“四六文”），这是延续北宋以来诏、诰文书必须以骈文形式写作的规定。但由此它并不被承认是“纯文学”，尽管这也需要具备相当的文学修养。龚自珍曾对此有很精辟的概括：“上纪范史，笺记奏议不入集；聿考班书，赋颂箴诔乃称文。”引自《阮尚书年谱第一序》，《龚自珍全集》，上海：上海人民出版社，1975年，第227页。这点亦可由参看宋人文集而得到印证：大多数时候“应制文”和为文学而创作的辞赋、散文往往被分别编入不同的卷次（如苏辙有《栾城集》和《栾城应诏集》；或者如李刘的《梅亭四六》乃专收为长官代笔的公文等）。而金末的文人批评最严厉的，正是士子为了应举，除考试相关书目外对古代经典一无所知，如刘祁所云“士大夫往往局限于此，不能多读书”（《归潜志》卷七，第72页）。而女真皇帝更为关心的事，也许还是士人能否“讲学”、“备顾问”，文学才气不过点缀而已。故包弼德此说，或如Joe. Eng所批评的那样：“也许和刘祁……并未找到‘共同的基础’。”参 Joe. Eng：“Laughter in a Dismal Setting：Humorous Anecdotes in the *Kuei-ch'ien chih*”，*Harvard Journal of Asian Studies* 50：1（Jun，1990），p. 237。

之下，位居省台的诸公如赵、李等人热衷提携后进，欲逐步培植自身势力。“吾道”之“道”不再是虚无缥缈的哲学术语，诚如赵秉文所言“夫道何为者也？非太高难行之道也。今夫清虚寂灭之道，绝世离伦，非切于日用。或行焉，或否焉，自若也”①；相反已经有了明确的目标与规范：“医国”与“近思笃行”。更为重要的是，它已内化为士人试图重建政治、思想秩序的动力。

又考“吾道”一词出于孔子之口，《史记·孔子世家》载孔子语及此词计二次，一则乃被困于陈、蔡之际，孔子对众弟子叹道：“吾道非耶？吾何为于此。”一则为孔子晚年有感“吾道不行矣，吾何以自见于后世”，遂著《春秋》。都表达出孔子出于对儒学前途的忧虑，转而愈加发奋于斯以求畅明后世的信念。所以后代儒者往往借用此典以喻己身虽倍历苦辛，而矢志不渝实践儒家信念的理想。北宋王安石便是此中皎皎者，其寄《寄曾子固》诗曰：“斗粟犹惭报礼轻，敢嗟吾道独难行。”②便借此典表白自己推行改革的决心。而金人挦撦前辈片言只字，尽可借他人杯酒浇自己块垒，实有不同命意。虽然熏染于金代浓厚的“三教合一”的气氛中，晚金诸名士本身也习惯于出入释、老，这使得他们有时妥协称“三圣人之道”其实无二，但标举“吾道”却流露其刻意强调与二氏区别的用心。不过有鉴于彼时形势，众人虽心知肚明，特不便亦不欲明说罢了。清末鸿儒沈曾植颇能窥破金儒良苦用心，他在与友人论黄庭坚诗时曾兼作品题曰：

> 第微嫌六经义理与禅理杂糅，此赵滏水所以欲界画分编为内、外稿也③。

是诚可谓啜醴而知味者。赵秉文晚年自定文集时尽删关涉二教文字，而代之以追摹韩愈的《中》、《和》、《诚》诸说，何止是“颇畏士论”故也④。

---

① 赵秉文：《诚说》，《闲闲老人滏水文集》卷一，第5页。“清虚寂灭”，殆指佛、道二家之学。

② 王安石：《王荆公诗李壁注》卷三六，上海：上海古籍出版社，1993年，据朝鲜活字本影印，下册，第1624页。

③ 见袁昶：《袁昶日记》所载，转引自许全胜：《沈曾植年谱长编》，北京：中华书局，2007年，第155页。

④ 《归潜志》卷九，第106页：“赵闲闲本喜佛学，然方之屏山，顾畏士论，又欲得扶教传道之名。晚年自择其文，凡主张佛、老二家者，皆削去。号《滏水集》。”不过赵氏刊书时代较早，对“三教论”犹有回护，故态度更为激进的王郁讥笑其为“藏头露尾”。

无独有偶，李屏山晚年也颇因有关佛教的言论，召引众怒。由于李氏滑稽突梯的性格，所以造成的风波更大，也不免给人"佞佛"的印象。不过李氏在面对刘从益劝其"斧其板"的建议时，辨称"是向诸僧所镂，何预我耶?"也就是说，放达如李屏山，对编印其有关佛教的文字一事，也是怀有顾忌的。就此我们可以看出当时"士论"对儒士出入释、老日趋严厉，这岂不是正反映出金末士人已渐有与"三教调和论"渐行渐远的新倾向了么[①]？而校诸史籍，"吾道"一词在金末多限于在儒士团体中使用，或借以谈论与儒学相关的问题。如杨云翼盛赞赵秉文之学"一归诸孔孟而异端不杂"，遂使"天下学者景附风靡，知所适从。虽有狂澜横流，障而东之。其有功吾道也大矣"[②]。而李俊民则为泽州新建庙学一事额手感慨道："斯文天未丧，吾道有时厄。方嗟凤兮衰，遽叹麟也获。"[③]唏嘘之情，溢于言表。直至金亡，北方儒士仍习惯用"吾道"来概指儒学，如刘祁在总结儒学兴衰起伏命运时，曾发出"吾道盛衰自有时"的感慨[④]。元好问在恳请耶律楚材于乱世保存儒学人才的信里，起首便称："阁下主盟吾道，且乐得贤才而教育之，一言之利，一引手之劳，宜不为诸生惜也。"[⑤]甚而年轻一辈的士子笔下也能看到其流风所被，郝经有"斯文将坠吾道亡，不绝一线甚滥觞"[⑥]的诗句；胡祗遹亦曾云："吾道如弦当迈往，异端小术不须攻。"等等[⑦]。由此可见"吾道"这个词汇虽袭用自北宋诸儒，但金末儒士借之用以表达对儒学

---

① 参看金大安三年(1211)赵晟作《重修邹国公庙记》："释、老杂儒教，行乎中国，而乐诞[泥][空]者唱其说于其间，至有竭赀产以奉□庙者，于名教之地特不乏。顾今令之能以教化治民，崇重儒术，可谓知所先者。"录文载刘桂培编：《孟子林庙历代石刻集》，济南：齐鲁书社，2005年，第15—17页。案，刘书误将作者辨识为"赵伯成"，据原拓片校正，见京都大学人文科学研究所石刻拓本资料网叶：http://kanji.zinbun.kyoto-u.ac.jp/db-machine/imgsrv/takuhon/type_a/html/sou0471x.html。

② 杨云翼：《滏水集序》，《闲闲老人滏水文集》，第1页。

③ 《庙学落成》，《庄靖集》卷一，第527页上。

④ 《归潜志》卷一三："吾道盛衰自有时，吾尝考之，如循环相乘除也。……宋兴，内外上下皆儒者显荣，至宣、政极矣。至于金国，士气遂不振。"第148页。不过其又云："但我辈适当此运者为不幸耳。"案其意，则隐然有坚其志业，以待重振儒学的冀望在。

⑤ 《寄中书耶律公书》，《元好问全集》卷三九，第805页。

⑥ 《楷木杖笏行》，《陵川集》卷一〇，第559页上—下。案，此诗乃其东游曲阜祖庭，见"孔道辅释褐时击蛇笏"，因之感怀"金源以来，进士登第，例授楷笏，无则以槐代之"的制度弛废而作。

⑦ 《和杜茂仲韵因以勉之》，《胡祗遹集》卷六，第147页。

命运不可测的"紧张感"时，其涵义和语境已相当固定了①。

与此同时，金人也越来越多地思考儒学在现实政治中的作为，且看赵秉文在解释《老子》"绝圣弃智"章时称，这只是老子学说的一个侧面："方其扫荡，则圣、智绝弃；及其建立，则事务不弃。况圣、智乎？"②事实上就是说老子亦有"事务不废"、汲汲于事功的一面，更何况儒者乎？自当全力效命于斯了。尤其是寓居京师的士人，在品题诗文、切磋学术之余，也逐渐形成了一个略具规模，主次分明的"儒学群体"。其参与诸人，大致见于《归潜志》所载小传。而其相互砥砺的基础，则是建立在对复兴"吾道"的共识上③。当然，也可说此时南宋理学如张九成《孟子解》、《诸儒鸣道集》的北传亦对此稍有推波助澜之势，但是我们切不可过高估计其功效。刘祁书载："正大初，赵闲闲长翰苑，同陈正叔、潘仲明、雷希颜、元裕之诸人作诗会……最后咏《道学》，雷云：'青天白日理分明。'亦为题所窘也。"④从此则记载中正可看出：在赵秉文等人眼里，南宋理学传统下的"道学"一词之所以能和诸如"古瓶腊梅"、"射虎"等名目一样，被用作诗歌题咏素材，亦正在于其新鲜感。而观雷希颜所咏，似其对"道学"的领会尚极肤浅。所以只能说翰苑诸公在传播南宋理学知识的过程中与有力焉，但未必代表对之有较为深刻、全面的知识。

前文所述，多以刘祁《归潜志》所载为据。而刘氏此书实为纪念"昔所与交游"者而作，也就是指当时聚集于洛京的翰墨群体。所以可以被看作是士人小圈子内部思想交流的实录。那么在此群体之外，在践履其"复兴儒学"的理想时，他们又是如何定义所谓"吾儒之道"的呢？检阅今存金人

---

① 《赠答刘御史云卿[从益]四首》："旧问刘君公，学经发源深。……濂溪无北流，此道日西沉。""学道有通弊，今人乃其尤。温柔与敦厚，扫灭不复留。……吾道非申韩，哀哉涉其流。大儒不知道，此论信以不。(下略)"《元好问全集》卷一，第13页；《曲阜纪行十首》(其八)："鲁人惑异教，吾道宜湮沦。"《元好问全集》卷二，第46页。[元]杨奂：《东游记》："将吾道固终不可芜没，而凤鸟有时而至欤？"《还山类稿》卷上，《全元文》册1，第136—137页。

② 赵秉文：《道德真经集解》，《道藏》册12，第557页上—中。

③ 如《归潜志》卷二：冀禹锡：《哭刘从益》诗："大才自古无高位，吾道何人主后盟。"第18页；又卷三："屏山于人材少许可，至论公(高庭玉)，独以为真济世材；又言其学术端正，可以为吾道砥柱。"第33页。

④ 《归潜志》卷八，第90页。

著作可知，其时普遍使用的乃是“圣学”一辞。同样，它来自北宋的文化遗产，如石介、孙复的著作。但在金代其使用的范围明显地扩大到了释、道二教身上。不仅孔子、释迦牟尼、老聃并称“三圣人”，且道教中人复以此名冠诸己说：“参高道讲师，略扣玄关……欲以拯世欲之多蔽，悼圣道之不行”云云[①]。而赵、李诸人作文之际，亦无法自外于此传统。他们首先承认“三圣人”之道彼此有会通处，但也并非一视同仁，而是略有中偏高下之分。如赵秉文既称“性之说难言也，何以明之？上焉者，杂佛、老而言”，又说“佛氏灭情以归性，老氏归根以复命，非所谓性之中也”，而“虽圣学如天，亦必自近始”[②]，也就是仍复归于儒家躬行践履之教。元好问也赠诗刘从益曰：“圣学要深谈，惜君别匆匆。”[③]其所谓“圣学”即指儒家经义之学。就中亦可窥见金代儒学尴尬的生存环境，和他们依违于二氏之间，在术语和思想上都无法独辟一境相关，“圣学”本身也只是一个内涵模糊的概念。

我们也注意到，大约从金宣宗末年（兴定、元光朝 1217—1222）开始，北方学者已越来越多地接触到南宋“新儒家”学者的相关著作。“道学”作为对南宋理学的外部称呼，同样亦偶然出现于金人的笔下[④]。赵秉文等人出资刊刻《道学发源》一书，可能在传播“道学”概念的过程中起到了相当作用。在《道学发源引》中，赵氏明确地使用“道学”一词来称呼南宋理学。《道学发源》今已不存，但根据赵秉文、王若虚为之所作的序跋可知，其主体部分当是侧重于介绍张九成一系思想的（同书也收录张载《西铭》、刘子翚《圣传论》）[⑤]。而张九成在南宋诸儒中沾染释、道习气最多，因此还曾受

---

① 《道德真经四子古道集解序》，《全辽金文》，第 1710 页。

② 《性道教说》，《闲闲老人滏水文集》卷一，第 2—3 页。不过文中论儒学传承只及周、程为止，未提到南宋理学诸儒。

③ 《赠答刘御史云卿四首》（其三），《元好问全集》卷一，第 14 页。

④ 据刘子健研究：“道学”最初与其说是学派内部对自我学术特征的概括，毋宁说是一种他称，是由“道学”团体外部之政敌对之不无揶揄的称呼。刘子健：《宋末所谓道统的成立》，载同氏：《南宋史研究汇编》，台北：联经出版社，2002 年，第 249—282 页；又刘子健：《作为超越道德主义的新儒家：争论、异端和正统》，载田浩编：《宋代思想史论》，北京：社科文献出版社，2004 年，第 231—256 页。

⑤ 《闲闲老人滏水文集》卷一五，第 206—207 页。刘子翚早年亦颇涉足释、老，其《圣传论》实为以禅解《易》。见《宋元学案》卷四三《刘胡诸儒学案・观使刘屏山先生子翚》，第四册，第 706—707 页。

到朱熹的严厉批评。不过对习惯于出入三教的金代学者而言，却恰恰是投其所好。所以赵秉文赞其曰“足启发人之善心”，并曾拟续刻张氏的其他论学著作如《孟子解》、《中庸解》等，因乏纸札而未克奏功①。但此时翰苑诸公之所以汲汲于是，目的显非重弹“三教合一”的老调，相反却倒是为了统合释、道：“虽圆顶、黄冠，村夫野妇，尤宜家置一编”；而王若虚也称赞宋儒“使千古之绝学，一朝复续”，即表明他们有此共识欲使“俾雕章绘句之流知所归宿”②，而要影响的群体主要为两人身边的“翰墨词人”。可以说赵氏实为推介此概念最为有力者，而经其宣传，“道学”也最终得以在一个较小的圈子内为人所知晓。其后金人使用“道学”概念的文献，就刻下所知当属正大二年(1225.AD)之《大金重修府学教养之碑》③；以及赵秉文在13世纪20年代所撰写的一些篇章④。

不过几与此同步，“心学”一词却也开始出现在金人的著作中，这不能不说是一个颇值得玩味的现象。“心学”虽在后世有着固定的指称对象，即陆九渊、王阳明所创一派学说。但在南宋，陆九渊本人即从未称呼过自己的学说为“心学”。而少数学者如杨万里着有《心学论》；罗大经辑有《心学经传》一书⑤。但由于二子并非南宋理学传授的核心人物，故其在当时

---

① 《与杨焕然书》第二通，《中州启札》卷一，第1页。

② 参方亨：《赵闲闲游草堂诗跋》：“赵礼部闲闲先生，辞翰争辉，耀腾天下，孰不仰之以为极尽美矣。然而此特窥其一斑，则未睹其全也。先生以道学发其本源，涵泳既久，妙入圣人心法。及乎得志，思与天下共之。遂取前贤有力于圣教者。以清俸刊行之，俾雕章绘句之流知所归宿。……又知先生深造于道，兼善于人也。”案赵诗作于正大三年(1226)使西夏之际。而李屏山亦执此观点，他说：“此吾书之所谓博学之、审问之、明辨之也。倘不如是，正恐吾党之小子，斐然成章，不知所以裁之耳。”《鸣道集说》卷三，第124页。

③ 刘渭：《大金重修府学教养之碑》(原石刻题为《京兆府学教养碑》)：“胸中万卷书，笔下数千言。道学渊源，为世摹范。”《北京图书馆藏历代石刻拓本汇编》，郑州：中州古籍出版社，1989年，第47册，第146—147页。亦可在中国国家图书馆馆藏石刻拓片数位化资源库中：http://res4.nlc.gov.cn/index_jstp_gailan.jsp，查看原拓。

④ 《咏归辞》：“我初无将亦无留，舍圣道兮将安之，存心以养性，守死以为期。虑道学之荒芜，遂日耘而自耔……会天人而一贯，穷理尽性吾何疑。”《闲闲老人滏水文集》卷一，第10—11页。案，正大元年(1224)赵乞致仕，不许。是文当作于此时。《挽刘云卿》：“忠言唐岕初还阙，道学东莱不假年。”卷七，第111页。案，刘氏卒于正大三年(1226)。

⑤ 《诚斋集》，《四部丛刊初编》景宋写本。罗大经：《鹤林玉露》，北京：中华书局，1997年，丙编，卷六《文章性理》：“余尝辑《心学经传》十卷，序发之辞有曰：‘学者……徒求之六经，而不反之吾心，是买椟而还珠也。’”第333页。

影响并较微。而其所论也与理学正统的解释出入不大，只是稍为强调“自得”的重要性，也就是较少依赖经注，而注重个人对经典的体悟。即便如此“心学”的提法也已经招来了不少指责。如黄震曾说：“近世喜言心学，舍全章本旨而独论人心道心；甚者单摭道心二字，而直谓即心是道。盖陷于禅学而不自知，其去尧舜禹授受天下之本旨远矣”①；又云“谢氏谓，仁者，心无内外，远近、精粗之间，非有所存而自不亡。窃疑此佛氏‘心学’之说”等等②。“心学”一名因和佛学之“心”在概念上的相似性，自然会引起南宋理学家的警惕。直至清初顾炎武仍对“心学”的提法加以质疑③。那么在明确使用“心学”概念的时间上，金人显然是占得先机了。是故，饶宗颐先生尝拈出金人言“心学”之语，进而认为“‘心学’一名词盛行于此时［金］，非肇端于明可知”④。

与“道学”不同的是，“心学”更多地成了金代儒学的自称。金末儒士中虽然有人知晓“道学”为南宋新儒学之别名，但言语之间却不无批评。如耶律楚材《鸣道集说序》中所云之“江左道学”等⑤，而即便是推奖“道学”备至的赵秉文，也曾著文指摘其弊：“而道学之弊，亦有以中为正位，仁为种性，流为佛老而不自知。其弊又有甚于传注之学。”⑥相反“孔门心学”成为他们赖以匹敌南宋理学的凭借。如李屏山晚年致力于“解《楞严》、《金刚经》、《老子》、《庄子》；又有《中庸集解》、《鸣道集解》。号为‘中国心学、西方文教’，数十万言”⑦，按其文句，也似以中国心学代表儒家学说而与

① 《黄氏日钞》卷五《人心惟危一章》，《四库全书》本，册707，第65页。

② 《黄氏日钞》卷二《安仁利仁章》，第10页下。

③ 顾炎武著，黄汝成集释：《日知录集释》卷一八“心学”条云：“《中庸章句》引程子之言曰：‘此篇乃孔门传授心法。’亦是借用释氏之言，不无可斟。”长沙：岳麓书社，1996年，第657页。

④ 饶宗颐：《三教论及其海外移植》，《中国宗教思想史新页》，北京：北京大学出版社，2000年，第170页。三浦秀一亦以为在杨万里稍后金代儒士也知道了“心学”是用作正统儒学代名词。显然三浦在此暗示金人的“心学”知识来自南宋，但是他并没有就此给以证明。一般而言，陆学北传要晚至元代，而杨万里在儒学上的影响力在南宋或金都远不逮其诗歌造诣。见氏著《中國心学の稜綫：元朝の知識人と儒道佛三教・序章：十三、四世纪中国心学相关文献》，第11页。

⑤ 《屏山居士鸣道集说序》：“江左道学，倡于伊川昆季，和之者十有余家。”《湛然居士集》卷一四，第200—201页。

⑥ 《性道教说》，《闲闲老人滏水文集》卷一，第3页。

⑦ 《归潜志》卷一，第5页。

释、老之说相对。而对其概念最清晰的界定见诸王郁之论：

> 先生[王郁]平日好议论，尚气，自以为儒中侠。所向敢为，不以毁誉易心，又自能断大事。其论学，孔氏能兼佛老，佛老为世害。然有从事于"孔氏心学"者，徒能言而不能行；纵欲行之，又皆执于一隅，不能周遍。故尝欲著书，推明"孔氏之心学"。又别言之、行之二者之不同，以去学者之弊。其论经学，以为宋儒见解最高，虽皆笑东汉之传注，今人惟蹈袭前人，不敢谁何。使天然之智识不具，而经世实用不宏，视东汉传注尤为甚。亦欲著书，专与宋儒商订①。

可以看出，王郁之所以要推明的"孔氏心学"，其用意实欲在南宋诸儒外别树一帜。所以金人的"心学"很难追溯至南宋理学，和南宋儒学中"心学"一派也无瓜葛，反倒更像是故意标榜出来与之相抗衡的学说。盖金人自靖康之变以降，与南宋互为敌国以近百年。在政治、地理上的隔离与对立，早已使其治下民众在心理上无法认同。而金自章宗朝议定德运后，在文化上也把自己看作北宋的直接继承人。故王若虚的如下议论很能代表一般金代士人的观感："天下非一人之所独有也。此疆彼界，容得分据而并立。小事大、大保小，亦各尽其道而已。有罪则伐，无罪则已。自三代以来莫不然。岂有必皆扫荡使归于一统者哉？"②故我们很难想象在此心态下，"道学"作为一个在南宋政治文化生活尚存争议学说，反倒能在被敌国引为知己。无疑，理学北传刺激了金人对自身传统的想象，但也引起了对立的情绪。而且随着金代在北方边境战争中的节节失利，以及南宋政府外交态度日益强硬，对宋人学说的批评也层见叠出③。金代儒学的三个代表人物：李纯甫(卒于 1223)、赵秉文(卒于 1231)和王若虚(卒于

---

① 《归潜志》卷三，第 23 页。

② 《君事实辨》，《滹南遗老集》卷二六，第 166 页。

③ 元好问诗中颇流露出此种情绪，《元好问全集》卷一一《论诗绝句三十首》(作于丁丑，1217)："中州万古英雄气，也到阴山敕勒川。"第 296 页；卷一三《自题中州集后五首》："邺下曹刘气尽豪，江东诸谢韵尤高。若从华实评诗品，未便吴侬得锦袍。"第 321 页，也是同一心态的反映。

1243）按卒年先后排列起来，我们就会发现三人对南宋学说的态度反而是由宽松到日趋紧张。李氏尚允称理学中人为“豪杰之士”；赵氏则坦承“道学之弊”在于脱离实际；而王若虚最为激进，不仅广泛地批评宋学，且对宋代的制度表示不满。结合金亡前后诸文士的著作，可以看到他们普遍以为南宋“不得天命”；不知唇亡齿寒之理①。这种“金源”本位意识不断加强的结果，便使之尝试要在学术上也与南宋分庭抗礼。赵秉文赠杨云翼诗：

> 东莱两本不朽计，读诗源委有本因。伤哉绝笔《大事记》，续经未了已亡身。
>
> 诸公辨论助怪惊，削去训传非人情。大公至正本无我，吾道初如日月明②。

在惋惜吕祖谦著述未成的同时，也批评南宋理学说经存在着尽出己意，无视传注的做法。更畅言“吾道”，即金代学者在解经时由于能够立足“人情”，反显得持论平允。按，以合乎“人情”与否的角度来批评南宋理学，同样也是王若虚所经常采用的。

而金人之重“心学”，应有更深一层意思在。那就是自韩愈《原道》以来被口口传诵的“以心传心”的儒家心法，为儒士群体对于如何定义自身所属的文化提供了解决之道。由于宋、金之交的战争，以及与南宋间交流的稀少，金末文士中很少有人能够明确说明自身学术传承谱系。他们所能感受到的，只是北方地区宋代文化残余所带来的毫末之光。而且在金代特殊的社会背景和社会心理中，以新儒家思想为核心的北宋文化被急速地边缘化。但是儒学传授“以心传心”的习说，无疑开示了金人接续自身文化传承的谱系一个“不二法门”。通过它，金人不仅能判定新近传入

---

① 李俊民：《庄靖集》卷二《和王李文襄阳变后》其一：“虞全不念唇亡国，楚恐难当舌在人。”其二：“天命须分伪与真，衙蜂战蚁尽君臣。”第557页下。

② 《和杨之美尚书韵四首》，《闲闲老人滏水文集》卷九，第129页。案此诗王庆生：《金代文学家年谱》（南京：凤凰出版社，2005年，第284页）读作“<u>文</u>公至正本无我”，并据以论证赵秉文晚年服膺朱熹，衡诸文献、事理，似皆有不合。

的南宋理学为"他者"，也很快拥有了面对后者的自信。当然"心学"概念的产生，还是深植于金代浓厚的三教气氛中，而且直接受到流行的佛、道教思想的启发。全真教便是其中有代表性的一家，如姬志真云："天下之学道者各有所宗，或宗道或宗儒或宗释，所宗虽疑，其所主者，心也。"①又尹志平词"道显清虚妙，释明智慧深。仲尼仁义古通今，三圣一般心"②亦同此意。欲在"心"的层面上消弭不同宗教之间的对立；以"心"为本体、以"心性意识"为发端进行哲学探讨，是会通儒、道、佛学说的捷径，也是讨论"三教合一"时常用的证明方式。虽然当时的佛教领袖万松行秀否定这种论点，但其证明方式仍如出一辙。万松语录载其语云："儒、道二教，宗于一气。佛家者流，本乎一心。"③在这种较为开放的环境中，儒者自然不会对佛、道二教关注心性问题无动于衷。因此最初提倡"心学"概念的李屏山是出自万松门下的著名居士，也不足怪了。而在李氏看来"伏羲、神农、黄帝之心见于《大易》，尧、舜、禹、汤、武之心见于《诗》、《书》"④，无疑只要通过研读经典揣摩得古圣人之心，便亦能得传心之道统了。这种观点，直至元初仍为被北方学者所津津乐道。如麻革诗："读书不务博，造道当入微。……吾门有圣学，观心乃其师。"⑤而郝经的如下诗句则堪作李屏山序注脚："吾道本吾心，心在道即全。但使心不昧，吾道长昭然。"⑥不过为了刻意标榜与二氏的歧异，并借以体现儒者的自觉，更有可能是他们特地抬出"孔门心学"的真正动机。稍踵其后的"心学"著作有：薛玄《圣经

---

① 姬志真：《邪正评》之二。案，此文今《道藏》本所录八卷本《云山集》卷五不载，转引自《全元文》册 2，第 80 页。

② 《葆光集》卷中《巫山一段云・劝世》，《道藏》册 25，第 520 页中。

③ 《万松老人评唱天童觉和尚颂古从容庵录》，《大正新修大藏经》，台北：佛陀教育基金会，1990 年，册 48，第 228 页上。

④ 《鸣道集说序》，《鸣道集说》，第 55 页。

⑤ 麻革：《守约斋为吕仲和作》。房祺编：《河汾诸老集》卷一，上海：商务印书馆，1937 年，《四部丛刊初编》景元写本，第 5—6 页。

⑥ 《陵川集》卷二《寓兴》（其三四）："吾道古有统，轲死迷其传。昌黎功甚勤，突兀排金仙。奎宫吾星会，丽天光群贤。太极出面目，伊洛开渊泉。吾道本吾心，心在道即全。但使心不昧，吾道长昭然。"第 509 页。

心学篇》①，董文甫《论道编》②，及元初林启宗（为北方儒者刘因弟子）《心学渊源图》③等，甚至下及元世祖统治后期（至元三十年，1293），在“东平布衣”赵天麟向元朝皇帝上奏的策论中，我们仍能捕捉到“心学”思想的余音④。这提示我们尚需重新考量金末“儒学复兴”思潮的底蕴——自从赵复、许衡等人开始在北方传播理学知识以后，又经过了60余年时间的普及，在华北，即便是中下阶层儒士也多接受了理学的立场与言说，但北中国原有之思想传统尤未能被南宋理学完全覆盖。这表现为在学理中更为精致、深微的层面，他们仍不自觉地袭用旧的语汇资源来讨论新的命题，从而显得驳杂不纯。

五、“道统”之移入及其回应：以郝经为中心

尽管我们知道早在13世纪初，“道学”作为“江左儒学”的同义词已经

① 程钜夫：《薛庸斋先生墓碑》：“（中统初）日与女几辛愿、柳城姚枢、稷山张德直、太原元好问、南阳吴杰、洛西刘绘、缁川李国维、济南杜仁杰、解梁刘好谦讲贯古学，且以淑人。伊、洛之间，复蔚然矣。”“有《易解》、《中庸注》、《圣贤心学编》、《皇极经世图说》、《道德经解》、《阴符经论说》……”《雪楼集》卷九，台北：“中央图书馆”编印，1970年，“元代珍本文集汇刊”，第361页。[民国]孙德谦著：《金史艺文略稿》归之于“子部·儒家类”，上海图书馆藏稿本，总第125—126页。

② 《中州集》卷九《无事道人董文甫》：“文甫，字国华，潞人。承安中进士，为人淳质，恬于世味。于心学有所得，人知尊敬之而不知其所以得也。子安仁，亦学道。”又，《归潜志》卷六：“其学参取佛、老二家，不喜高远奇异，循常道于六经、论、孟诸书。凡一章一句皆深思而有得，必以力行为事，不徒诵说而已。得所著一编，皆论道之文。”《金史艺文略稿》入“子部·儒家类”，总第125页。

③ 苏天爵：《滋溪文稿》卷一四《内丘林先生墓碣铭》：“尝作《志学指南图》，以为学道之标准；《心学渊源图》，以为入圣之极功。及作《中庸》、《大学》、《论语》、《孟子》诸图。”北京：中华书局，1997年，第222—223页。

④ 赵天麟：《太平金镜策》，《全元文》册28，第109页。赵氏文中有“放之弥六合，卷之退藏于密者，心之体也”语，与李纯甫《心说》（下）中语：“寂然不动，感而遂通……然显诸仁，藏诸用，鼓万物而不与圣人同忧，洗心退藏于密而吉凶与民同患。”等描述甚为相近。《鸣道集说》卷五，第216页；又赵文中有“道心惟微……人心惟危”语，有的学者据此以为是理学思想的反映，今案，此语虽经宋儒阐发而成为儒学进阶之心法，但却并非南宋理学家之专利。李纯甫《心说》早已捃摭此语，但其立论之本仍在于“三教合一”，第215页。并认为，明心之用，则“以此在上”可成“帝王天子之德”；而“治天下，亦吾心而已”。至于《太平金镜策》的成书时代，故有两说：1）[清]孙承泽在《元朝典故考》中认为是中统五年（中统仅四年，实为至元元年1264）；2）陈邦瞻《元史纪事本末》则推定为至元三十年（1293）。今检其《明条禁》章中有“伏见至元壬申间（1272）圣旨节该，不用《泰和律令》……越至于今二十余年”语，采信后说。

在翰林学士群体内稍有知音，但是它得以溢出此精英士人小圈子的年代，则稍后于是。而随着对“道学”体系以及其授受的“道统”知识的更深入了解，在北部中国造成的震动也远远超出了其早期传播者的预料。它改变了后人对金代思想面貌的历史记忆，并促成了金代儒学话语的最终消解。

无疑，赵复的北行是推动“道学”概念加速向外扩散的重要因素。但最初他的努力并未能完全取代北方地区原有的儒学知识和相关术语，相反北方地区原有的欲与南宋学术互为轩轾的心态仍占主流，元好问酬答刘从益诗：

> 我观唐以还，斯文有伊周。
> 开云揭日月，不独程张俦。
> 圣途同一归，论功果谁优？
> 户牖徒自开，胶漆本易投①。

在他们心目中，“道学”中人想在儒学传统中自立门户，是毫无理由地故自标榜。而在 13 世纪 40 年代，“道学”一名终于招致了秉承金代传统的学者的强烈质疑。郝经的《与北平王子正先生论道学书》为我们保留了思想冲突的一手资料。虽然田浩曾对此文加以研究，但细绎相关文献，似仍有进一步探讨的余地。郝经此《书》作于 1243 年前后，即王粹（字子正）弃世前后。但是在文章中，郝经对“道学”之名大加质疑，认为“夫圣人道之至也，自宓牺、神农、黄帝，至于尧、舜氏，道之全体著见。以为斯人用天下，莫不学之。道学之名，无有也”。如果我们稍稍比对一下郝经意见和元好问前揭诗的话，就可以看出，两者基本上是采取同一立场的。名古圣贤之道为“道学”，也就等于是“自开户牖、强判胶漆”，毫无理由。而这也很容易让人联想起李纯甫对“道”的论述：

> 天地未生之前，圣人在道；天地既生之后，道在圣人。故自生民

① 《赠答刘御史云卿四首》，《元好问全集》卷一，第 13 页。案刘卒于 1224 年，故此诗当作于 20 年代前半期。

以来,未有不得道而为圣人者。伏羲、神农、黄帝之心见于《大易》,尧、舜、禹、汤、武之心见于《诗》《书》,皆得道之大圣人也①。

可以说郝经的看法代表了金代士人对儒学的一般理解。而同样的,他也认为"儒家之名立,其祸学者尤未甚;道学之名立,祸天下后世深矣"。这几乎就是重复李纯甫在《鸣道集说》中一再申述的观点:即"道学"严格的排它倾向最终会导致知识界的分裂。但嗣后,在《太极书院记》中郝经一改初衷,不仅欣然接受了"道学"之名,同时也完全接受了南宋道学有关儒学传承谱系的说法。因此确定这两篇文章的写作年代,就能告诉我们"道学"概念渗透入北方文化中所经历的大致时间。田浩引用郝经《哀王子正》一诗小注"时方作《太极书院[记]》未成"来说明为何系此文于1243年(王粹卒年据《甘水仙源录》"王粹小传"载)。而恰恰在这点上他无法得到文献的支持。试检今存诸本《陵川集》,此诗注文中皆无"记"字②。我们也知道太极书院的创建,与杨惟中的热心经营有关。但杨氏已于1235年前后随蒙古王子阔端南下伐宋,这件事也累及书院的建设进度,事遂久拖不决③。故郝诗中"时方作书院未成"即指此而言。明乎此,我们也就无法遽然作出"郝经在几个月之间发生了思想剧变"的结论。

那么《太极书院记》究竟作于何时呢?《记》中有云:"庚子(1241)、辛丑(1242)间,中令杨公当国,议所以传继道学之绪……乃于燕京国子监建太极书院。"文中既称杨惟中为"中令",亦即"中书令"之省文。同氏所撰之神道碑又明言"耶律楚材罢,遂以公为中书令"④,而我们据《元史》、《元朝名臣事略》等书记载,耶律楚材并无被罢黜之事,故杨惟中之继任中书令当在耶律楚材卒(卒于1244)后。因此称杨惟中为"中令"必得在1244年之后,而此文之撰著则应更迟于是(盖作者是以称颂对象的最近结衔称

① 《鸣道集说序》,第55页。
② 《陵川集》卷一三,第585页上。
③ 另可参周良霄:《赵复小考》,《元史论丛》第5期,北京:中国社会科学出版社,1993年,第190—198页。
④ 郝经:《故中书令江淮京湖南北等路宣抚大使杨公神道碑》,《陵川集》卷三五,第801页下—803页上。

呼之的）。况且1243年郝经还是个甫及冠年（21岁）、求学乡间的后进士子，为太极书院建成撰写碑版文字，也嫌资历过于年轻了。今据清人所编《年谱》可知，郝经乙卯（1255）年入燕，始得与在燕文士相交游唱酬①。而此时的郝经年届而立，又经文坛前辈元好问等提携，名声初起，故时人邀之撰写碑文似更合情理②。所以我认为《太极书院记》和《周子祠堂碑》皆作于1255年后。在这两篇文章里，郝经对“道学”肆口称赞，云“卒至朱子集其大成”。

无独有偶，元好问曾于1243年与赵复有过一面之缘③，而在1246年撰写《龙门川大清安禅寺碑》一文中便出现了对儒家之“道学”的具体描述：“若‘民吾同胞’，则至道学家乃发之。”④由二氏之文，我们可以看出大约自赵复北上后十年左右，经过南宋儒士及其同情者的不懈鼓吹，南宋理学知识在亡金士人中渐次传播。而“道学”作为南宋新儒学的代名词亦最终取代了此前立场暧昧的旧义，并逐渐为大多数士人所接受。此间过程并非如后世学者想象的那般轻松，而是伴随着新旧思想的剧烈冲突曲折展开的。

《太极书院记》提示我们的资讯匪止于此，在文中，郝经称“金源氏之衰，其书浸淫而北。赵承旨秉文、麻征君九畴始闻而知之。于是自称为‘道学门弟子’”。但是检相关文献可知，赵氏原话见诸《手植桧刻像记》，

---

① 王汝楫、秦万寿辑：《郝文忠公年谱》：“世祖时在潜邸，征召贤士。……十一月，召使复至……始应召而北。”《北京图书馆藏珍本年谱丛刊》，北京：北京图书馆出版社，2004年，册36，第105页。

② 细案《太极书院记》文句，若此文撰成与书院建成后不久，则无须特别指出是在“庚子、辛丑间”。并且我也以为太极书院立碑事，与1254年忽必烈令旨褫夺道士对于燕京国子监管理权有关。参看萧启庆前揭文，注73。

③ 缪钺：《元遗山年谱汇纂》卷中，文载《元好问全集》下册，第1441页。《赠答赵仁甫》，《元好问全集》卷一〇，第258页。

④《元好问全集》卷三五，第735页。案元氏《碑》中提到“皇帝首即大位，大行台龙门公首膺分陕之命”云云，据《大丞相刘氏[敏]先茔神道碑》所载：“丙午冬，诣阙拜章。既以乡郡所创大清安寺为僧众祝严之所矣。”《元好问全集》卷二八，第592页。以及《元史》卷一五三《刘敏传》载“丙午定宗即位，诏敏与奥都拉同行省事”，可推定应作于1246年之后。北京：中华书局，1976年，第3610页。与此适成对照的是，元好问在此前诗文中所用的“道学”一词，都是恪守金代旧义，乃指“道家”或“道教”之学。见《元好问全集》卷31《华严寂大士墓铭》，第640—641页；卷34《两山行记》，第719—722页等。

曰："门弟子赵秉文谨记。"[①]而赵氏此文乃为衍圣公孔元措所作，故文中屡称"圣道"、"圣学"等北方儒学的传统术语，因此决不可能以"道学"这样一个产生于南宋的名号以为嘉名的。郝经在此作如是说，实有偷换词句之嫌。不过考虑到在13世纪50年代的华北，因蒙、宋战争造成人口流动速率加剧，亦使北方儒士有机会更多地接触到南宋的学者和相关书籍。南宋理学以其精微的阐析和缜密宏大的体系令华北儒士深为折服。已经很少有人还坚持认为金代儒学的成就堪与其分庭抗礼。郝经称在金末赵秉文等人早已为"道学"的魅力所折服，甘居弟子之列，无非是要强调北方学者并非如南宋人所想象的尽皆浑浑噩噩，不知正道所在。只是为客观条件所限"不得其传"而已。说到底，不过是出于欲为北方学者挽回面子的心理罢了。但因赵复而加快的理学北传，带来的影响实比郝经所愿意承认的情形更为深刻，它促使北方士人开始把自身文化的源头追溯到北宋。郝经对王子正说："尝闻过庭之训，自六世祖某从明道程先生学，一再传至曾叔大父东轩老，又一再传及某。"在此，郝经虽然对"道学"有所保留，但已开始宣称自己的学术源自程颢。在另一篇文章中他又说："绍兴以来先生[伊川、明道]之道南矣！北方学者，惟是河东知有先生焉。"[②]刻意强调二程之学在河东地区的影响。案，郝经之父郝天挺曾预廷试，且为元好问师，其日常讲授者当仍是金代士人所习知的文章词赋之学；而元氏在为郝天挺志墓时丝毫未提及其先人曾向程子求学事，岂不怪哉[③]？因此，即使是郝氏祖曾受学于程子，也很难说他在金代的氛围中会毫无改变。清代全祖望作《程少中墓碑跋》就颇指出金末元初人有冒籍之举。全氏谓：

> (遗山)文言少中世居洛阳，元魏中迁云中，遂为东胜人。而碑首曰"两程夫子之后"，何其愚而谬乎[④]？

---

① 《闲闲老人滏水文集·补遗》，第253页。
② 《宋两先生祠堂记》，《陵川集》卷二七，第717页上—718页上。
③ 《郝先生墓铭》，《元好问全集》卷二三，第517—519页。
④ 全祖望：《全祖望集汇校集注》卷三八，上海：上海古籍出版社，2000年，第740页。案，元好问《集》中无《程少中墓志》。少中疑为"思中"之误，程思中生平见《御史程君墓表》，《元好问全集》卷二一，第479—483页。

此节正反映出南宋理学知识北传，刺激了当时北方士人对自身谱系的关注，并不惜假托高祖，以得为二程之后为荣。如果说传统的金代文士每每以文章得苏学之传为高的话，那么 13 世纪 40 年代后士林月旦人物的准衡已开始适应起另一套价值观了。与郝经追溯学统至程颢相仿，山东士人也把北宋复兴儒学的先行者石介、孙复当作本地区学术的源头①；而游泰山、曲阜的文士不仅人数众多，也多少怀有朝圣的心态。元好问《内翰王公墓表》："今年（壬辰，1243）春，浑源刘郁文季当以事如东平，乃言于公[王若虚]之子恕，请御公而东。公始命驾焉。东平严侯荣公之来，率宾客参佐置酒高会。公亦喜此州衣冠礼乐有齐鲁之风，为留十余日，及至奉符。"案，王氏此行前后并游曲阜先圣庙②，最终卒于泰山之巅。元记其遗言曰："汩没尘土中一世，不意晚年乃造仙府，诚得终老此山，志愿毕矣。"③对此，田浩的结论是："王若虚一生一个有象征意义的终结。"④还是相当合适的。而经此陵替，"道学"与"道统"终于成为继承亡金遗产的北方士人描述儒学的话语，他们也能够随意地借此谈论而略无扞格之感了。如编纂于元成宗大德五年（1301）的《河汾诸老集》中便有"杨侯一语崇道学，士子争相读四书"；"[兑斋]发明道学，为文楷式……生而隐德，光辉汾晋"等语⑤。许衡更是对诸如"道学之目不可如此标榜，所以多谤议"之类

① 高橋文治前揭文（1986）。

② 《大宋重修兖州文宣王庙碑铭》"碑阴题名"："永年王磐、陈郡徐世隆、峄山颜从杰、浑水[源]刘郁自东原来，恭谒先圣庙庭，因奠坟林。壬寅（1242）岁九月廿有八日。"[清] 王昶：《金石萃编》卷一二五。引自《宋代石刻文献全编》，北京：北京图书馆出版社，2003 年，册 3，第 51 页。

③ 《元好问全集》卷一九，第 441 页。另外并可参看《永乐大典》残存之《泰山雅咏》，现仍保留有刘祁、杜仁杰、杜顶等咏泰山诗。引自周郢：《〈泰山雅咏〉：〈永乐大典〉中的泰山佚书》，《古籍整理研究学刊》，2003 年，123 卷第 6 期，第 56—61 页。

④ 田浩、俞宗宪：《金朝思想与政制概说》，第 37 页。游泰山、曲阜直至元初仍然是文士热衷的活动。可参《归潜志》卷一三《游林虑西山记》："玉峰魏公自燕赵适东平，遂登泰山、拜阙里。"第 162 页。[元] 张德辉语："曲阜实夫子[之]祖庭，泰山为中原之神岳，此皆在境内，官所当亲祀之者也。"杜仁杰：《东平府路宣慰张公登泰山记》，《全辽金文》卷八四，第 3633—3634 页，作《东平张宣慰登泰山碑》。又据京都大学人文科学研究所所藏石刻拓本照片校订：http://kanji.zinbun.kyoto-u.ac.jp/db-machine/imgsrv/takuhon/type_a/html/gen0009x.html。

⑤ 《闲述》，《河汾诸老集》卷二，第 5 页；《后序》，第 3 页。

的问题不以为然①。而在扬弃金代“三教合一”思想的过程中，他们也越发地和南宋儒者趋向同一视阈②。

六、余　　韵

北方传统的儒学在南来理学的冲击下渐趋式微，试着考察元好问、王鹗、徒单公履至郝经等人在当时及后世文献中形象的差异，可以说从元好问到郝经，这一代人的经历展现了传统交替中其文化性格所具的两重性，以及“文”与“道”两种性格最终分道扬镳③。刘祁曾与姚公茂[枢]等人于黄华山中“谈道论文”④；元好问固是一代辞章领袖，但也曾与“薛玄、辛愿、姚枢”等理学中人“讲贯古学”，并非对南宋理学的北传无动于衷⑤；又曾与

---

① 许衡：《鲁斋遗书》卷二《语录·下》：“或问：‘道学之目不可如此标榜，所以多谤议。’曰：‘不然。此二字庸何伤。道也，学也，天下之大事也。但问上之人好尚如何耳。贱工末技，一日崇尚，尚且掀然于天下。况圣人大公至正之道，以此为学，庸可议乎？’”《北京图书馆古籍珍本丛刊》景明万历二十四年江学诗等刊本，91 册，第 307 页上。

② 房皞：《辛卯生朝呈郭周卿、段复之》：“……回也屡空趁圣域，参乎一唯得心传。佛岐老境虽高绝，不及中庸道坦然。”《河汾诸老集》卷五，第 6 页；王恽：《秋涧集》(《四部丛刊》景明弘治翻元本)卷二七《显宗尽三教晤言图》：“微言终不出吾书，正恐雄夸涉诞虚。尘上若拈花叶问，发端当自仲尼居。”第 8 页。他们从原来的“同三教”转向了以儒学的立场“判三教”，试比较[南宋] 刘光祖：《大雄寺记》：“[佛、道]二氏也者，循其道之始，何如哉？逮其末之争也，而后吾儒以其事始而决之，而复归于无事。”论调几乎相同。[民国] 傅增湘辑：《宋代蜀文存辑》卷七〇，北京：北京图书馆出版社，2005 年，第 19—21 页。

③ 安部健夫在《元代的知识人和科举》一文中，还是很敏锐地观察到了郝经身上兼有道学、辞章两种才能，但是为了迁就他拟订的元初文人分为“文章派”和“德行派”两大团体，安部认为这两派士人“像在两条平行线上流动的星云，几乎没有摩擦地各自流动”。第 671 页。这无疑是一个未经文献证实的结论：参看元好问：《同姚公茂徐沟道中联句》，《元好问全集》卷七，第 157 页；《赠答赵仁甫[复]》，《元好问全集》卷一〇，第 258 页；又郝经：《原古上元学士》，《陵川集》卷二，第 510 页上—下；《原古录》，《陵川集》卷二九，第 726 页下—729 页下；及《读党承旨集》：“一代必有名世人，瑰伟特达为儒宗。接续元气大命脉，主张吾道追轲雄。”和《浑源刘先生哀辞》：“[刘氏撰《处言》]其辞汪洋焕烂，高壮广阔……其理则诣乎极而造乎性命。”(《陵川集》卷二〇，第 663 页上—下)等文，可知元好问、郝经与“道学”、“词章”两派中人都有来往，并受到过“道学”思想的影响，也表现出较强的“卫道”倾向，但他们始终未曾自外于宋、金以降的“文、道一致”的旧传统。

④ 《归潜志》，《游林虑西山记》卷一三，第 164—165 页。

⑤ 见前引程钜夫：《薛庸斋先生墓碑》。

张德辉一道北觐忽必烈，并为之上“儒教大宗师”尊号①。此举在时人看来无疑是“扶道兴教”之典型。而徒单公履“学问该贯，善持论，世以通儒归之”②，复与王磐等人“乐育淇上，一时秀造，号称多士”③，也对保存儒学，培育人才贡献不小。至于王鹗更被海东人士视作“儒宗巨魁”，高丽文士在致其书启中云：

> 况承阁下，幸谓小邦。素蒙皇化，粗尚儒风者，久矣。辄以《祖庭广记》一部垂示，则不惟荣其异贶，亦且怜吾道之东矣④。

尽管他们曾是保存儒学，并使之向外传播的关键人物。但是在继之而起的年轻一辈士人眼里，他们对于“道学”的话语权却是苍白无力的。徒单公履在元人记载中，被描写成一位“不治经讲孔、孟之道而为诗赋，何关修身，何益治国”的人物⑤。在苏天爵为浑源刘氏[从益]所作家传中，刘从益被记述为“恒慕黄叔度、郭林宗为人”的隐德之士，其所值得表彰的也仅是些“文学风谊”、“诗礼操义”等文学才能和道德伦理⑥，而完全忽略了刘氏父子在金末还有“独挽洙泗”、“讲明六经，直探圣贤心学”的一面⑦。可以说，随着“道学”支配地位的确立，有关前辈金代儒士在儒学复兴运动

---

① 《元史》卷一六三《张德辉传》，第3824—3825页。

② 王恽：《碑阴先友记》，《秋涧集》卷五九，第4—8页。

③ 王恽：《蝶恋花·淇水当年麟凤渚》，《秋涧集》卷七六，第7页。

④ [高丽]金坵：《上翰林王学士书》，《止浦集》，《韩国文集中的蒙元史料》，桂林：广西师范大学出版社，2005年，上册，第83页上—下。

⑤ 《元史·董文忠传》：“[至元]八年，侍讲学士徒单公履欲奏行贡举，知帝于释氏重教而轻禅，乃言儒亦有之，科举类教，道学类禅。帝怒，召姚枢、许衡与宰臣廷辩。文忠自外入，帝曰：‘汝日诵《四书》，亦道学者。’文忠对曰：‘陛下每言：士不治经讲孔孟之道而为诗赋，何关修身，何益治国！由是海内之士稍知从事实学。臣今所诵，皆孔孟之言，焉知所谓道学！而俗儒守亡国余习，欲行其说，故以是上惑圣德，恐非陛下教人修身治国之意也。’事遂止。”第3502页。

⑥ 《浑源刘氏家传》，《滋溪文稿》卷五，第70—72页。

⑦ 参看雷渊前引诗；王恽：《浑源刘氏世德碑铭》：“(刘祁)及与御史公退于陈，相与讲明六经，直探圣贤心学，推于躬行践履……文章议论，粹然一出于正，士论咸谓得斯文之正脉。”《秋涧集》卷五八；又《归潜志》卷一四附王恽：《追挽归潜刘先生》云：“道从伊、洛传心事，文擅韩、欧振古风。”案，此处王恽对刘氏的看法兼顾“文章、儒学”，反映了未经道学历史叙事改造时的金代学术评价。

中的记忆便被渐次抹除了①。

但元代人也普遍认为：和“道统”相反，“文章正统”掌握在北方文士手中。在文学领域中南宋不如金——“宋渡江后，诗学日衰……固士大夫传注之累，亦由南北分裂，元气间断，大音不全故也。”②所以姚燧自负与“江南诗学”相抗“必能劘垒得儁而还”③。而此种观点在南方文人中也不乏同调，由宋入元的四川眉山人家铉翁在其《题〈中州诗集〉后》一文中谓：

> 世之治也，三光五岳之气，钟而为一代人物。其生乎中原，奋乎齐、鲁、汴、洛之间者，固中州人物也。亦有生于四方，奋于遐外，而道学文章为世所宗，功化德业被于海内，虽谓之中州人物可也。……迨夫宇县中分，南北异壤，而论道统之所自来，必曰宗于某，言文脉之所从出，必曰派于某，又莫非盛时人物，范模宪度之所流衍。故壤地有南北，而人物无南北，道统文脉无南北，虽在万里外皆中州也，况于在中州者乎④！

作者将“中州文脉”和“道统”对举，认为是文艺、儒学的正统所在。江

① 不过金代儒士会同三教的论说，往往被后世的畸人狂士引为知音。如杨维桢：《抹燚氏注道德经序》：“老氏之道与吾圣人之道无二也，言其异者，私知求之之过也。”《东维子集》卷一〇，第13—14页，《四部丛刊》景鸣野山房本。又清钱谦益：《阳明近溪语要序》：“自有宋之儒者高树坛宇，击排佛学，而李屏山之徒力相撑柱，耶律湛然张大其说，以谓可箴江左书生膏肓之病，而中原学士大夫有斯疾者，亦可以发药。于是聪明才辩之士，往往游意于别传，而所谓儒门淡泊收拾不住者，即于吾儒见之矣。……余为之[《近溪语要》]序曰：‘此非两家之书，而儒释参同之书，可以止屏山之诤，而息漠然之讥者也。’”《牧斋初学集》卷二八，《四部丛刊》景明崇祯刻本，第24—26页。潘耒：《游中岳记》云：“壁间有李屏山庵记，真能发明祖意者，而《嵩志》削之，儒者之拘也。”《四库存目丛书·集部》，济南：齐鲁书社，1997年，景清康熙刻增修本，册250，第179页下。这更造成了金代学术在正统学者心目中的“边缘化”印象，不能不说是对金儒初衷的绝大讽刺。

② 张之翰：《跋草窗诗稿》，《西岩集》卷一八，《四库全书》本，册1204，第504页下—505页上。

③ 姚燧：《唐诗鼓吹注序》：“走闻江南诗学，垒有元戎，坛有精骑。假有诗敌挑战而前，公以元戎握机于中，无有精骑，孰与出御？走颇知诗，或少数年，使得备精骑之一曲，横槊于笔阵间，必能劘垒得儁而还。惜今白首，不得公一振凯也。”《牧庵集》卷三，引自《全元文》，册9，第389页。

④ 《元文类》，《四部丛刊初编》景元至正二年杭州路西湖书院刊本，卷38，第10—11页。

西庐陵人赵文则在《吴山房乐府序》中指出："江南言词者宗美成，中州言词者宗元遗山。词之优劣未暇论，而风气之异，遂为南北强弱之占，可感已。"[①]言语之中亦以为北方文人得词体之正。而蒲道源（四川青神人）在为另一江南文士程钜夫寿诗中亦有"南斗文星应合避，北方学者未能先"之句[②]，以能领先"北方学者"作为相互标榜的资本。而清代四库馆臣评论金元之际文人杨奂文章成就的一席话，则最终为此番争论定下了音调，其文曰："奂诗文皆光明俊伟，有中原文献之遗，非南宋江湖诸人气含蔬笋者可及。"[③]可见论文学，北（金末文士）胜于南（南宋末）是元代文人及后世评论者较为普遍的看法[④]。

由此可以得出如下结论：金末诸儒作为金—元之际华北儒学演进这幕历史长剧中的过渡角色，在他们被彻底清理出道统传承叙事的同时，却又意外地在后世对"中州文脉"的揄扬中挽回了足够的自尊。

溯古抚今，回顾13世纪初的此一重公案，我愿引唐释灵云志勤禅师的诗偈以为结语：

三十年来寻剑客，
几逢落叶又抽枝。
自从一见桃花后，
直至如今更不疑。

---

① 《青山集》卷二，引自《全元文》册10，第71页。

② 《寿程雪楼学士》，《闲居丛稿》卷六，《四库全书》本，册1210，第616页上。

③ 纪昀主纂：《还山类稿·提要》，《四库全书》本，册1198，第220页上。

④ 清代王士禛即认为："南渡以后，程学行于南，苏学盛于北。金元之际，元裕之其职志也。七言妙处，或追东坡而轶放翁。"《带经堂诗话》卷四，北京：人民文学出版社，1998年，上册，第96页。翁方纲：《石洲诗话》则据此更加引申，如卷五：（第四五条）"有宋南渡之后，程学行于南，苏学行于北……入元之代，虽硕儒辈出，而菁华醖酿，合美为难。"亦以为"南宋诸公之学"长于"精义微言"，而金代文人则有"刘无党之秀拔，李长源之俊爽"，以至元好问"盖所谓乾坤清气，隐隐自负，居然有集大成之想。"（第一五条），各有擅长。第154、162页。

参 考 书 目

蒙古语史料

Igor de Rachewiltz，*The Secret History of The Mongols: a Mongolian Epic Chronicle of the Thirteenth Century*，Leiden：Brill，2006，2 vols.

村上正二:《モンゴル秘史：チンギス・カン物語》,东京：平凡社,1970 年。

小沢重男:《元朝秘史全釈続考》,东京：風間書房,1989 年。

余大钧:《蒙古秘史》,石家庄：河北人民出版社,2001 年。

《元朝秘史(外四种)》,上海：上海古籍出版社,2008 年。

照那斯图:《八思巴字蒙古語文獻Ⅱ・文獻匯集》,东京：亚非研究会,1991 年。

突厥语-察合台语史料

阿布勒・哈齐・把阿秃儿汗(Abū al-Ghāzzī Bahādur Khān)著,戴美桑(Peter I. Desmaisons)法译,罗贤佑汉译:《突厥世系》,北京：中华书局, 2005 年。

耿世民:《古代突厥文碑铭研究》,北京：中央民族大学出版社,2005 年。

喀什噶里(Maḥmūd al-Kašgharī):《突厥语大词典》(Dīwān lught at-Turk),校仲彝、何锐、丁一、刘静嘉等整理,北京：民族出版社,2002 年。

Yūsuf Khaṣṣ Ḥājib，*Wisdom of Royal Glory* (*Kutadgu Bilig*)*: a Turko Islamic Mirror for Princes*，Robert Dankoff，ed. and trans.，Chicago：1983.

藏文史料

蔡巴贡噶多吉:《红史》(*Debt'er dMar Po: Hu Lan Debt'er*),陈庆英、周润年译,拉萨：西藏人民出版社,2002 年。

达仓宗巴・班觉桑布:《汉藏史集：贤者喜乐赡部洲明鉴》(*rGya Bod yig ts'aṅ*),陈庆英译,拉萨：西藏人民出版社,1999 年。

阿拉伯语史料

Abū'l-Faraj, Ibn al-ʿIbrībin Hārūn al-Malaṭī(as: Ibn Ibrī, Bar Hebraeus), *Tāʿrīkh mukhtāṣar al-duwar*, Anṭūn Ṣāliḥānī (ed)., Bīrūt: al-Maṭbaʿah al-Kāthūlīkīyah lil-Ābāʾ al-Yasūʿīyīn, 1890.

—— *Mukhtāṣar Tārīkh al-Daval*, trans. by ʿAbd al-Maḥmmud Āyatī, Tehran: Shirkat-i Inshārāt-i ʿIlmīmī va Farhangī.

Abū al-Fidā, ʿAmād al-Dīn Usmā ʿAyal 1970 *al-Mukhtaṣar fī akhbār al-bashar: Ta'rīkh Abū al-Fidā*, Bīrūt: Dār al Kutub al Ilmiyah, 1998, 4Vols.

Aḥmad Ibn Faḍlān, *Ibn Fadlan's Journey to Russia*, Richard N. Frye (trans.), Princeton: Markus Wiener Publisher, 2005.

Aḥmad ibn al-Rashīd Ibn al-Zubayr, *Kitāb al-dhakhā'ir wa al-tuḥaf*, Jordan: Department of Press and Publications(Dā'ira al-Maṭbūʿāt wa al-Nashr), 1959.

—— *Book of Gifts and Rarities (Kitāb al-Hadāyā wa al-Tuḥaf): Selections Compiled in the Fifteenth Century from an Eleventh-Century Manuscript on Gifts and Treasures*, trans. & annotated by Ghāda Ḥijjāwī Qaddūmī, Harvard Univ. Press, 1996.

al-ʿAsqalānī, Ibn Ḥajar, *al-Durar al-kāminah fī aʿyān al-miʿah al-thāminah*, Bayrūt: Dār al-Kutub al-ʿIlmīyah, 1997.

al-ʿAynī, Badr al-Dīn Maḥmud b. ʿAlī, *ʿIqdal-Jumān fī Tārīkh Ahl al-Zamān*, Muḥammad Muḥammad Amīn (ed.), Cairo: Maṭbaʿat Dār al-Kutub wa-'l-Waṭāʾiq al-Qawmīya bi-'l-Qāhira, 1992.

al-Bīrūnī, *al-Jamāhir fī al-jawāhir*, ed. by Yusuf al-Hādī, Tehran: Intishārāt-i ʿIlmī va Farhangī, 1995.

—— *Kitāb al-ṣaydana*, Arabic Text by ʿAbū Rayhān Bīrūnī, ʿAbū Bakr ibn-i ʿAlī Kashānī (tr.), M. Sutūda and Iraj Afshār (ed.), Tehrān: Dānishgāh-i Shahīd Bahshtī, 2008.

Baybars al-Manṣūrī, *Zubdat al-fikrah fī tā'rīkh al-hijrah*, ed. by Donald S. Richards, Birut: Klaus-Schwarz-Verlag, (Bibliotheca Islamica No. 42), 1998.

费琅:《阿拉伯波斯突厥人东方文献辑注》,耿昇、穆根来译,北京:中华书局,1989年。

al-Ḥamawī (Yāqūt Ibn ʿAbdallāh al-Ḥamawī al-Rūmī), *Muʿjam al-buldān*, Birut:

Dār Ṣādī, 1977.

Ibn ʻAbd al-Ẓāhir, al-Qāḍī Muḥī al-Dīn 1956 *Baybars I of Egypt* (*Sīrat al-Malik al-Ẓāhir*), ed. and tr. Syedah Fatima Sadeque, Pakistan: Oxford University Press.

Ibn al-Athīr, *The Chronicle of Ibn al-Athīr for the Crusading Period from al-Kāmil fi'l-ta'rīkh*, D. S. Richards (tr.), Burlington: Ashgate, 2007, 3vols.

Ibn al-Fūwaṭī, Kamāl al-Dīn ʻAbd al-Razzāq b. Aḥmad al-Shaybānī (1244—1323), *al-Ḥawādith al-Jāmi'a*, ʻAbdu-l-Muḥammad Āyatī (tr.), Tehrān: Anjuman-i Asār wa Mafākhir-i Farhangī, 2002.

Ibn al-ʻImād, *Shadarāt al-dhahab fī akhbār man dhahab*, ed. by ʻAbd al-Qādir Aran ʻūṭ, Beyrūt. Dār al-Kitāb al-Arabī, 1986—1995.

Ibn Baṭṭūta, Muḥammad Ibn ʻAbdallāh, *Raḥlat Ibn Baṭṭūta*, Beirut: Dār Bayrūt; Dār al-Nafā'is, 1997, 5vols, 1997.

—— *The Travels of Ibn Baṭṭūṭa, A. D. 1325—1354*, H. A. R. Gibb & C. F. Beckingham (tr.), London: Hakluyt Society, 1994.

—— 李光斌汉译,马贤审校,《异境奇观:伊本·白图泰游记》,北京:海洋出版社,2008。

Ibn Shaddād al-Ḥalabī, ʻIzz al-Dīn Muḥmmad b. ʻAlī, *Tā'rīkh al-malik al-ẕahir* (*Die Geschichte des Sultans Baibars*), A. Ḥuṭayṭ (ed.), Wiesbaden, "Bibliotheca Islamica", 1983.

ʻIzz al-Dīn Muḥmmad b. ʻAlī ibn Shaddād al-Ḥalabī, *Tāʻrīkh al-Mulk al-Ẓahir* (*Die Geschichte des Sultans Baibars*), Vol. 31, ed. by A. Ḥuṭayṭ, Wiesbaden: Harrassowitz, 1983.

al-Jazarī, Shams al-Dīn Muḥammad Ibn, *Ta' rīkh Ḥawādith al-Zaamān wa-anbā' ihi wa-wafayat al-akābir wa-l-aʻyān min abnāihi*, Vol. 3, Beirut: Sidon, 1998.

al-Jawzī, Shams al-Dīn Abū al-Muẓaffar Yūsuf b. Qizūghlī Ibn, and al-Yūnīnī, Quṭb al-Dīn Mūsā b. Muḥmmad, *Mirʻ āt al-zamān fī tāʻ rīkh al-ʻ Ayān wa bi-dhailhu dhail miʻ rāt al-zamān*, 22vols. ed. by Kamāl Salmān al-Jubūrī, Beirut: Dār al-Kutub al-ʻIlimiyya, 2013.

al-Khazrajī, ʻAlī ibn al-Ḥasan ibn Abī Bakr ibn al-Ḥasan, *The Pearl-Strings: A History of the Resūliyy Dynasty of Yemen* (*al-ʻUqūd al-Lūllū'īya fī Tārīkh al-Dawla al-Rasūlīya*), Vol. 1, tr. by Edward Granville Browne and Reynold Alleyne

Nicholson, Muhammad 'Asal, "E.J.W. Gibb Memorial", Leiden: Brill, 1906.

al-Marwazī, *Sharaf al-Zaman Tahir Marvazi on China*, *the Turks and India*, trans. by Vladimir Minorsky, Frankfurt am Main: Institute for the History of Arabic-Islamic Science at the Johann Wolfgang Goethe University, 1993.

Muḥammad Ibn-Aḥmad al-Nasawī, *Histoire du Sultan Djelal ed-din Mankobirti Prince du Kharezm par Mohammed En-Nesawi*, Octave Victor Houdas (ed. & tr.), Publications de l'École des Langues Orientales Vivantes: III série, 1891.

Mufaḍḍal ibn Abī al-Faza'il, E. Blochet (ed. & tr.), *Moufazzal Ibn Abil-Fazail: Histoire des Sultans Mamlouks*, *Texte Arabe Publié et Traduit en Francais*, Paris: 1911.

—— Samira Kortantamer (tr.), *Ägypten und Syrien zwischen 1317 und 1341 in der Chronik des Mufaddal b. Abi l-Fada'il*, Freiburg im Breisgau, 1973.

Muḥyī al-Dīn ibn 'Abd al-Ẓahir, *Tashrīf al-ayyām wa-al-' uṣūr fī sīrat al-malik al-manṣūr*, ed. by Ḥaqqaqahu Murād Kāmil; Rāja 'Ahu Muḥammad 'Alī al-Najjār, Cairo: Wizārat al-Thaqāfah wa-al-Irshād al-Qawmī, al-Idārah al-' Āmmah lil-Thaqāfah, 1961.

al-Mujāwir, Yūsuf ibn Ya' qūb, *A Traveller in thirteenth-century Arabia: Ibn al-Mujāwir's Tārīkh al-*mustabṣir, tr. by Gerald Rex Smith, Hakluyt Society, Ashgate, 2008.

Nasawī, Shihāb al-Dīn Muḥammad Khurandizī, *Histoire du Sultan Djalal ed-Din Mankobirti*, O. Houdas (ed. & tr.), Paris, 1840—1916.

—— *Sīrat-i Jalāl al-Dīn Mīngibirnī*, ed. by M. Mīnovī, Tehran: Shirkat-i Intishārāt-i 'Ilmī va Farhangī, 1965.

al-Nuwayrī, Shihāb al-Dīn Aḥmad b.'Abd al-Wahhāb, *Nihayat al-arāb fī funūn al-Adab*, Bīrūt: Dār al-Kutub al-'Ilmiyah, 35Vols, 2004.

al-Qalqashandī, Aḥmad b. 'Alī, *Ṣubḥ al-a'shā fī ṣinā'at al-inshā'*, Cairo: al-Maṭaba'a al-Amīriyya, 1913—19.

al-Qazwīnī, Zakarīyā' ibn Muḥammad, *'Ajā'ib al-makhlūqāt wa-gharā'ib al-mawjūdāt*, Beirut: Dar al-Afaq al-Jadidah, 1973.

Shīrazī, Mu'īn al-Dīn Abū al-Qāsim Junayd, *Shadd al-izar fī ḥaṭṭ al-auzār ' an zawwār al-mazār*, ed. by Muḥammad Qazvīnī, ' Abbās Iqbāl, Tehran: Chāpkhāna-i

Majlas, 1949.

苏莱曼(Sulaimān):《中国印度见闻录》,穆根来、汶江、黄倬汉合译(据 Sauvaget 法译本转译),北京:中华书局,2001 年。

Taghrībirdī, Jamāl al-Dīn Yūsuf ibn al-Amīr Sayf al-Dīn, *al-Manhal al-ṣāfī wa'l-mustawfī ba'd al-wāfī*, Nabīl Muḥammad 'Abd al-'Azīz Aḥmad (ed.), al-Qāhira: al-Hay'a al-Mis̱riyya al-'Āmma li-al-l-Kitāb, vol.7, 1984—2006.

Тизенгаузен, В. Г, *Сборник материалов. относящихся к истории Золотой Орды*, St. Petersburg, Tom.1, 1884.

al-'Umarī, Ibn Faḍl Allah, Das Mongolische Weltreich: al-'Umari's Darstellung der mongolischen: *Reiche in seinem Werk Masalik al-absar fi mamalik al-Amsar*, ed. and trans. by K. Lech, Wiesbaden: Harrassowitz, 1968, 2vols.

——《乌马里〈眼历诸国记〉(选译)》,李卡宁摘译,载《蒙古史研究参考资料》,呼和浩特:内蒙古大学蒙古史研究所编,1984 年,新编第 32—33 辑。

al-'Utbī, Muḥammad ibn 'Abd al-Jabbār, *al-Yamīnī: fī akhbār dawlat al-malik yamīn al-Dawlah Abī al-Qāsim Maḥmmūd ibn Nāṣir al-Dawlah abī Manṣūr Sabutagīn*, ed. by Yousuf al-Hadi, Tehran: Mirāṡ-i Maktūb, 2008.

al-Yūnīnī, Quṭb al-Dīn Mūsā b. Muḥamad, *Dhayl Mir' at al-zamān fī ta' rīkh al-a' yān*, Heyderabad: Dairat al-Ma'arif al-Osmania, 4 Vols, 1954—1961.

——*Dhayl Mir' at al-zamān fī ta' rīkh al-a' yān: 697—711H.*, ed. by Ḥamzah Aḥmad 'Abbās, Beirut: Hay'at Abū Ẓaby lil-Thaqāfah wa-al-Turāth, 3 Vols, 2007.

——Li Guo, *Early Mamluk Syrian Historiography: Al-Yūnīnī's dhayl mir'at al-zaman*, Vol. 1, Islamic History and Civilization. Studies and Texts, Vol. 21, Leiden: Brill, 1998.

波斯语史料

Abū al-Fażl Mubārak, *Akbar-nāma: Tārīkh-i Gūrkāniyān-i Hind*, vol. 1, Ghulām Riżā Ṭabāṭabāyī Majd (ed.), Tehran: Anjuman-i Asār va Mafākhir-i Farhangī, 2006.

Aharī, Abī Bakr Quṭbī, *Tavārīkh-i Shaykh Uways* (*jadīda*), Īraj Afshār (ed.), Tabrīz: Sutuda, 2010.

Anon., *Ḥudūd al-ʿālām*, Manuchir Sutūda (ed.), Tehran: Tehran University Press, 1981.

—— *Hudud al-'Alam: the Regions of the World*, V. Minorsky (tr.), London: Oxford University Press, 1937.

Anon., (wr. 765/1363-4), *Tārīkh Al-Saljūq dar Ānāṭūlī*, Tehrān: Markaz-i Našr-i Mīrāt-i Maktūb, 1997.

Anon., *Tārīkh-i Shāhī Qarākhitayān*, Muḥmmad Ibrāhīm Bāstānī Pārīzī (ed.), Tehran: Intishārāt-i Buniyād-i Farhang-i Īrān, 1976.

Anon., *The Saljūqnāma of Ẓahīr al-Dīn Nīshāpūrī: a critical text making use of the unique manuscript in the Library of the Royal Asiatic Society*, ed. by A. H. Morton, Warminster: E. J. W. Gibb Memorial Trust, 2004.

Anon., *The Shajrat ul-Atrak or the Genealogical Tree of Turks and Tatars*, C. Miles (tr.), London, 1838.

Aqsarāī, Karīm al-Dīn Maḥmūd b. Muḥammad, *Musāmirat al-akhbār wa musāyarat al-akhiyār*, Osman Turan (ed.), Türkiye Selçukluları Hakkında Resmi Vesikalar: Metin, Tercüme ve Araşt ırmalar, TTK Ankara: Türk Tarih Kurumu, 1958.

Bakrān, Muḥammad ibn Najīb, *Jahān-nāma: matn-i jughrāfiyā'ī*, ed. by Muḥammad Amīn Riyāḥī, Tehran: Intishārāt-i Kitābkhāna-yi Ibn Sīnā, 1963.

Banākatī, Fakhr al-Dīn ʿAbū Sulaymān, *Tārīkh-i Banākatī*, Jaʿfar Shuʿār (ed.), Tehran: Intishārāt-i Anjuman-i Āthār-i Millī, 1969.

Baranī, Ziyā al-Dīn, *Tārikh-i Fīrūzshāhī*, ed. by Saiyid Ahmad Kha'an, under the superintendence of W. N. Lees and Mawlavi Kabir al-Din. Calcutta: Asiatic Society of Bengal, 1860—1862.

Bayḍāvī, ʿAbd Allāh ibn ʿUmar Bayḍāvī, *Niẓām al-Tavārīkh*, Īraj Afshār (ed.), Tehran: Afshār Publisher, 2003.

Fārsī, Shams al-Dīn ʿUmr b. ʿAbd al-ʿAzīz Khunjī Ṣamkānī, *Shams al-ḥisāb-i Fakhrī*, ed. by Īraj Afshār, Tehran: Markaz-i Pazhūhashī Mirāṯ Maktūb, 2008.

Farrukhī Sīstānī, *Dīvān*, ed. by ʿAlī ʿAbd al-Rasūlī, Tehran, Majlis, 1932.

Faṣīḥ al-Dīn Aḥmad Faṣīḥ Khavāfī, Maḥmūd Farrukh, *Mujmal-i Faṣiḥī*, Tehrān: Asatir, 2007, 3Vols.

Gardīzī, Abu Saʿīd Abdul-Hay ibn Dhaḥḥāk ibn Maḥmūd, *Zayn al-akhbār*, ed. by

Raḥim Reẓāzādeh Malek, Tehran: Anjuman athār-i mafākhir-i farhangī, 2005.

Ḥāfiẓ-i Abrū (Shahāb al-Dīn ʻAbd Allāh Khvāfī), *Jughrāfiyā-yi Ḥāfiẓ Abrū*, Ṣādeq Sajjādī(ed.), Tehran, Āyīna-yi Mīrāṭ, 1999.

—— *Zubdat al-Tavārīkh*, ed. by Said Kamāl Ḥājj Said Javādī, Tehran: Sāzmān-i Chāp va Intishārāt-i Farhang va Arshād Islāmī, 2001.

—— "*Муʻизз ал-ансаб* (*Прославляющее генеалогии*)": *Введение*, *перевод сперсидского языка*, *примечания*, *подготовка*, *факсимиле к изданию Ш. Х. Вохидова*, Алматы, Издательство "Дайк-Пресс", 2006.

Ḥakīm Zajjājī, *Humāyūn-nāma*: *Tārīkh-i Manẓūm-i Ḥakīm Zajjājī*, ʻAlī Pīrnā (ed.), Tehran: Farhangī-yi Zabān va Adāb-i Fārsī, 2004, v.3–4.

Haravī, Saif ibn-Muḥammad Saifī, *Tārīkh-nāma-yi Harāt*, Qulamriza Tabataba'ī Majd (ed.), Tehrān: Asatir-Goftogoye Tamaddunih. Herrmannn, 2004.

Herrmannn, Gotteried, *Persische Urkunden der Mongolenzeit: Text- und Bibldteil*, Wiesbaden: Harrassowitz Verlag, 2004.

Ibn-Baẓẓāz, Tavakkulī Ibn-Ismāʻīl al-Ardabīlī, *Ṣafvat al-Ṣafā: dar tarjuma-i aḥvāl wa aqvāl va karāmāt-i Shaykh Ṣafī-ad-Dīn Isḥāq Ardabīlī*, Tabrīz: Ṭabāṭabā' ī Majd, 1994.

Ibn Bībī, *Akhbār-i Salājuqa-yi Rūm*, Muḥmad Jūvād Mashkūr, Tehrān: Kitāb-i Furūshī-yi Tehrān, 1995.

—— *Akhbār-i Salājuqa-i Rūm: bā matn-i kāmil-i Mukhtaṣar-i Saljūqnāma-i Ibn-Bībī*, *jāmiʻ-i maṭālib-i tārīkhī-i kitāb-i al-Avāmir al-ʻalā'īya fī ʻl-umūr al-ʻalāʻīya*, Tehran: Kitāb-furūshī-i Tehran, 1971.

Juvaynī, ʻAlī al-Dīn ʻAta Malikī *Tārīkh-i Jahāngūshāy*, ed. by Muḥmmad Qazvīnī, Leyden: Brill, 1937, 3vols.

——《世界征服者史》,波义勒英译,何高济汉译,北京:商务印书馆,2006。

Jūzjānī, Minhāj al-Sirāj, *Tabakat-I-Nasirī: A General History of the Muhammadan Dynasties of Asia: including Hindustan, from A. H. 194 (810 A. D.) to A. H. 658 (1260 A. D.) and the Irruption of the Infidel Mughals into Islam*, Major H. G. Raverty (tr.), London: Gilbert & Rivington, 1881, 2Vols.

—— *Ṭabaqāt-i Naṣirī*, ʻAbdalḥaiy Ḥabībī(ed.), Kabul: Pūhanī Maṭb, 1864, 2vols.

Kashānī, Shams al-Dīn, *Shāh-nāma-yi Chinggizī*, Tehran: Ms. Madrese-ye ʻAlī

Shahīd Muṭaharī.

Khvāndamīr, Ghiyās al-Dīn b. Humām al-Dīn al-Ḥusayn, *Ḥabīb al-Siyār*, Intishārāt-i Khayyām, 2001, 4Vols.

Kirmānī, Nāṣir al-Dīn, *Simṭ al-ʿUlā li-l-Ḥaḍrat al-ʿUlyā: dar Tārīkh-i Qarākhtāīyān-i Kirmān ki dar fāṣila-i 715—720 qamarī niwishta shuda*, Tehrān: Shirkat-i Sahāmī-i Chāp, 1949.

Maulānā Ūliyā' Allah Āmulī, *Tārīkh-i Rūyān*, Manuchir Sutūda (ed.), Tehran: Intishārāt-i Buniyād-i Farhang-i Īrān, 1989.

Mīr Khvānd, *Tārīkh-i rawẓat al-ṣafā*, Tehran: Markaz-i Ḥayam Pīrūz ,1959—1960, 10 vols.

al-Mulk, Khwāja Niẓām, *Siyar al-mulūk* (*Siysāt-nāma*), ed. by Hubert Darke, Tehran: Intishārāt-i Bungāh-i Tarjamah va Nashr-i Kitāb, 1981.

—— *The Book of Government*, *Or*, *Rules for Kings: The Siyar al-Muluk*, *Or*, *Siyasat Nama of Nizam al-Mulk*, trans. by Hubert Darke, London: Routledge, 2002.

Naṭanzī, Mu ʿīn al-Dīn, *Muntakhab al-tavārīkh-i Muʿ īnī*, Jean Aubin (ed.), Tehrān: Kitab furust-yi Haiyām, 1957.

Nayshābūrī, Muḥmmad ibn Abī al-Barakāt Juharī, *Javāhir-nāma-yi Niẓāmī*, ed. by Iraj Afshār, Tehran: Mīrāṣ-i Maktūb, 2004.

Nūr Azdarī (863/1464 - 5), *Ghāzān-nāma-yi man ẓūm*, Maḥmmūd Mudabbarī, Tehrān: Mowqufat Dr. Maḥmmūd Afshār, 2005.

Nakhchvānī, Muḥammad ibn Hīndūshāh, *Дастӯр ал-Кāтиб фӣ Та ʻ йин ал-Марāтиб*, *критич. текст*, *предисл*, *и указатели*, А. А. Али-заде, Москва: Наука, 1964—1976, 3 vols. v.2.

Qāshānī, ʿAbū al-Qāsim ʿAbdallāh b. Muḥammad, *Tārīkh-i Sulṭān Ūljāytū*, M. Hambly (ed.), Tehrāan: Shirkat-i intishārāt-i ʿUlumī va farhangī, 1969.

——ʿ*Arā'is al-javāhir va nafā'is al-aṭā'ib*, Īrāj Afshār (ed.), Tehran: Intashārāt al-ʿMaʿī, 2007.

Qaẓī-zāda, *Дафтар-и дилкушā*: (*«Сочинение, радующее сердца»*): *факсимилетекста*: *предисл.*, *аннотированное оглавление*, *текстологический комментарий* Р. *Хади-заде*, Сāхиб. М.: Наука, 1965.

Qazvīnī, Ḥamdallāh Mustawfī *The Geographical Part of the Nuzhat al-Qulūb*, G. Le Strange (tr.), Leyden: Brill, 1919.

—— *Tārīkh-i guzīda*, 'Abd-al-Ḥusain Navāyī (ed.), Tehran: Amīr Kabīr, 1960.

—— *Ẓafar-nāma*, Nasr Allah Purjawadi, Nasr Allah Rastigar (ed.), Tehran &: Wien, 1999, v. 1 - 2.

—— *Ẓafar-nāma*, Tehran: Pazhuhishgāh-i 'Ulūm-i Insānī va Mutāli 'āt-i Farhangī, 2010—1, v. 1 - 8, v. 10.

Rashīd al-Dīn Fadhl-allāh Hamādānī, *Shu' ab-i panjgāna*, İstanbul, Topkapı-Sarai Müzesi kütüphanesi, MS. Ahmet Ⅲ 2932.

—— *Jāmi' al-tavārīkh*, İstanbul, Topkap ı-Sarayı Müzesi kütüphanesi, MS. Revan 1518.

—— *Jāmi' al-tavārīkh*, Tashkent: Biruni Institute. Ms. 1620.

—— *Джāми' am-Тавāрйх*, v. 3, A. Ализеде (ed.), Баку: Йздательство Академи наук Азербайджанской CCP, 1957.

—— *Jāmi' al-tavārīkh*, Muḥammad Rawshan (ed.), Tehran: Nashr-i Alburz, 1994.

—— 余大钧、周建奇汉译《史集》,北京:商务印书馆,1997 年。

—— *Rashiduddin Fazlullah's Jami'u't-tawarikh: Compendium of Chronicles, A History of the Mongols*, Wheeler McIntosh Thackston (tr.), Harvard University, Department of Near Eastern Languages and Civilizations, 1998.

—— *Tārīkh-i Chīn: az Jāmi' al-tavārīkh-i Khvāja Rashīd al-Dīn Fażl Allāh*, Wang Yidan (ed.), Tehran: Markaz-i Nashir Dānishgāhī, 2000.

——《波斯拉施特〈史集 · 中国史〉研究与文本翻译》,王一丹译注,北京:昆仑出版社,2006 年。

—— *Jāmi' al-tavārīkh: Tārīkh-i Ismā 'īliyān*, Muḥammad Rawshān (ed.), Tehran: Mirās-i Maktūb, 2008.

Shabānkāra'ī, Muḥammad ibn 'Alī, *Majma' al-ansāb*, Mīrhāshim Muḥadath (ed.), Tehran: Amīr Kabīr, 1984.

Shīrāzī, Maḥmmūd ibn Masūd Quṭb al-Dīn, *Akhbār-i Mughūlān dar anbāna-yi Quṭb*, Īraj Afshār (ed.), Qum: Kitābkhāna-yi Ayatola Marashi Najafī, 2010.

Shīrāzī, 'Abdallah ibn Faḍlallāh Sharaf al-Dīn (Vaṣṣāf al-Ḥadrāt), *Tārīkh-i Vaṣṣāf* (*Tajzīya al-amṣār va tazjīya al-a' sār*), ed. by Muḥammad Mahdī Iṣfahānī,

Bombay: 1853, repr. Tehrān: Ibn Sīnā, 1959—60.

—— *Tajzīyat al-'amsār va tazjīyat al-a'sār*. (*tārīx-e vassāf*), Tehran: Chapkhāna-yi Ṭilāya, Script 711/1312, Facsimile edition of the Fourth Volume from an Autograph Manuscript (Istanbul: Nuruosmaniye Library, MS. No. 3207), 2009.

—— *Tārīkh-i Wassāf al-Hadrat. Jeld-e Chahārom*, Ali Rezā Hajyān Nejād (ed.), Tehran: Tehran Univ. Press, 2009.

—— *Geschichte Wassaf's: persisch herausgegeben und deutsch übersetzt von Hammer-Purgstall; Neu Herausgegeben von Sibylle Wentker nach Vorarbeiten von Klaus Wundsam*, Wien: Verlag der Österreichischen Akademie der Wissenschaften, 2010, v. 1.

—— *Tārīkh-i Vaṣṣāf*, MS. Tehran Univ., No. 113.

—— *Tārīkh-i Vaṣṣāf*, MS. Tehran Univ., No. 228.

—— *Tārīkh-i Vaṣṣāf*, MS. Tehran Univ., No. 8617.

—— *Tārīkh-i Vaṣṣāf*, MS. Kitāb-i Khāna-yi Majlis, No. 8621.

Shīrāzī, 'Īsā Ibn Junaid *Tazkirah-yi Ḥizār Mazār: tarjamah-yi shadd-i al-azār* (*Mazārāt Shīrāz*), Shīrāz: Kitābkhāna-yi Aḥmadī, 1985.

Temir, Ahmet (ed.), *Kirşehir Emiri Caca Oğlu Nur el-Din'in 1272 Tarihli Arapça-Moğolca Vakfiyesi: Die Arabisch-Mongolische Stiftungsurkunde von 1272 des Emirs von Kirşehir Caca Oğlu Nur el-Din*, Ankara: Türk Tarih Kurumu, 1959.

Turan, Osman (ed.), *Türkiye Selçukluları Hakkında Resmi Vesikalar: Metin, Tercüme ve Araştırmalar*, TTK Ankara: Türk Tarih Kurumu, 1958.

Ṭūsī, Naṣir al-Dīn, *Tansūq-nāma-yi Īlkhānī*, Tehran: Intishārāt-i Bunyād-i Farhang-i Īrān, 1969. Abū Qāshānī, al-Qāsim 'Abd Allāh, '*Arā'is al-javāhir va nafā'is al-aṭā'ib*, ed. by Īrāj Afshār, Tehran: Intashārāt al-'Ma'ī, 2007.

基督教史料

Bar Hebraeus, *The Chronography of Gregory Abū'l Faraj*, Wallis Budge (tr.), New Jersey: Gorgias Press, 2003.

Bridia, C. de, 海老泽哲雄、宇野伸浩译注:《C. de Bridia による Hystoria Tartarorum 訳・注(2)》,《内陆アジア言语の研究》,京都: 1996 年,第 11 号。

Brosset, Marie-Félicité, *Histoire de la Géorgie depuis l'Antiquité jusqu'au XIXe* siècle, Saint-Pétersbourg: Académie impériale des Sciences de Russie, 1849.

Carpini(da Pian del Carpine Giovanni), Historia Mongolorum: *The story of the Mongols whom we call the Tartars*, tr. Erik Hildinger, Boston: Branden Publishing Company, 1996.

—— Louis Hambis 法译,耿昇汉译:《柏朗嘉宾蒙古行纪》,北京:中华书局,2002 年。

——《蒙古人的历史》,马列英俄译,沙斯契娜注,余大钧汉译,载《北方民族史与蒙古史译文集》,昆明:云南人民出版社,2003 年。

—— 贝凯(Dom Becguet)译,韩百诗(Louis Hambis)注,耿昇汉译:《柏朗嘉宾蒙古行纪》,北京:中华书局,2005 年。

Göckenjan, Hansgerd and Sweeney, James R., *Der Mongolensturm Berichte von Augenzeugen und Zeitgenossen 1235—1250*, Köln: Verlag Styria, 1985.

Grigor of Akanc', *History of the Nation ofthe Archers*, trans. Robert P. Blake & Richard N. Frye, Cambridge: Harvard University Press, 1954.

Галстяна, А. Г., *Армянские источники о монголах: Извлечения из рукописей XIII - XIV вв*, москва: Изд-во восточной лит, 1962.

Het'um the Armenian of the Praemonstratensīan Order compiled, *History of the Tartars: The Flower of Histories of the East*, Robert Bedrosian(tr.), New Jersey, Long Branch: 2004, http://archive.org.

Jordanus, Catalani (Bishop of Columbum), *Mirabilia Descpripta: The Wonders of the East*, trans. by Henry Yule, New York: Cambridge University Press, 2010.

Kirakos Ganjakets'i, *History of the Armenians*, trans by Robert Bedrosian, New York, 1986.

—— Bretschneider 英译,何高济汉译:《海屯行纪》,北京:中华书局,2002 年。

Marco Polo, *Marco Polo, the Description of the World*, ed. A. C. Moule & P. Pelliot, New York: AMS Press, 1976.

Rubruck, *Peter Jackson tr.*, *The Mission of Friar William of Rubruck: His Journey of the Court of Great Khan Möngke 1253—1255*, London: Hakluyt Society, 1990.

—— Rockhill 注释,何高济汉译:《鲁不鲁克东行纪》,北京:中华书局,2002 年。

The Hypatian Code, Part 2: *The Galician-Volynian Chronicle*, trans. George A. Perfecky, Munich: Wilhelm Fink Verlag, 1973.

汉文史料

孛朮鲁翀：《菊潭集》，收入《元人文集珍本丛刊》，台北：新文丰出版社，1985年。

察罕撰，黄谏补订：《帝王纪年纂要》，《续修四库全书》影印明嘉靖吴郡袁氏嘉趣堂刻金声玉振集本。

蔡美彪：《元代白话碑集录》，北京：科学出版社，1955年。

柴泽俊，任毅敏编：《洪洞广胜寺》，北京：文物出版社，2006年。

曹昭撰，舒敏、王佐增补：《新增格古要论》卷六，顾廷龙主编《续修四库全书》，上海：上海古籍出版社，2002年，第585册。

陈大震、吕桂孙：《大德南海志》卷七，广州市地方志编纂委员会办公室编，广州：广东人民出版社，1991年。

陈桱：《通鉴续编》，景印文渊阁《四库全书》本。

陈师道：《后山谈丛》，北京：中华书局，2007年。

陈元靓：《事林广记》，北京：中华书局，1999年。

陈垣、陈智超编：《道家金石略》，北京：文物出版社，1988年。

程钜夫：《程钜夫集》，张文澍校点，长春：吉林文史出版社，2009年。

《楚国文宪公雪楼程先生文集》，《元史研究资料汇编》，第26册，影印清宣统二年陶氏涉园影洪武刊本。

崔允昭修：《直隶霍州志》，上海图书馆藏清道光六年刊本。

《道藏》，文物出版社、上海书店、天津古籍出版社，1987年。

杜佑：《通典》，王文锦、王永兴、刘俊文、徐庭云、谢方点校，北京：中华书局，1996年。

杜宏刚、邱瑞中、崔昌源编：《韩国文集中的蒙元史料》，桂林：广西师范大学出版社，2004年。

段公路：《北户录》，张智主编《中国风土志丛刊》，影印文渊阁四库全书本，扬州：广陵书社，2003年。

方龄贵校注：《通制条格校注》，北京：中华书局，2001年。

浮山县三晋文化委员会编：《龙角仙都》，临汾：临汾地区工艺美术印刷有限公司，1997年，内部资料。

顾嗣立：《元诗选》癸集·上，北京：中华书局，2005年。

顾炎武著，黄汝成集释：《日知录》，长沙：岳麓书社，1996年。

韩国学中央研究院编：《至正条格·校注本》，汉城：韩国学中央研究院，2007年。

郝大通：《太古集》，《正统道藏》本，北京：文物出版社、上海书店、天津古籍出版社，

1987年。
胡聘之:《山右石刻文编》,收入国家图书馆善本金石组编,《辽金元石刻文献全编》,北京:北京图书馆出版社,2003年。
胡祗遹:《紫山大全集》,长春:吉林文史出版社,2008年。
黄溍:《黄溍全集》,王颋点校,天津:天津古籍出版社,2008年。
《金华黄先生文集》,四部丛刊初编,影印常熟瞿氏上元宗氏日本岩崎藏元刊本。
黄以周等辑注:《续通鉴长编拾补》,顾吉辰点校,北京:中华书局,2004年。
黄竹三,冯俊杰等编:《洪洞介休水利碑刻辑录·第一辑》,《洪洞水神庙霍泉水利碑刻集》,北京:中华书局,2003年。
火源洁等编:《高昌馆杂字》,收入《北京图书馆古籍珍本丛刊》,北京:书目文献出版社,1987年,第六册,影印清初同文堂抄本。
胡海帆,汤燕编:《北京大学图书馆藏徐国卫捐石刻拓本选编》,上海:上海人民出版社,2007年。
贾敬颜校注:《五代宋金元人边疆行记十三种疏证稿》,北京:中华书局,2004年。
金坵:《止浦集》,《韩国文集中的蒙元史料》,桂林:广西师范大学出版社,2005年。
乐史:《太平寰宇记》,《景印文渊阁四库全书》,台北:台湾商务印书馆,1986年。
李纯甫:《鸣道集说》,台北《中国子学名著》景北图藏明钞本,1973年版。
李道谦:《七真年谱》,《道藏辑要》,成都:巴蜀书社,1995年。
《七真年谱》《正统道藏》本,北京:文物出版社、上海书店、天津古籍出版社,1987年。
李国富、王汝雕、张宝年编:《洪洞金石录》,太原:山西古籍出版社,2008年。
李慧、曹发展编:《咸阳碑刻》,西安:三秦出版社,2003年。
李庭:《寓庵集》,台北:新文丰出版社,1985年。
李澍田编:《东夏史料》,长春:吉林文史出版社,1990年。
李心传著,徐规点校:《建炎以来朝野杂记》,北京:中华书局,2000年。
李时珍:《本草纲目》,季羡林主编:《传世藏书·子库·医部2》,海口:海南国际新闻出版中心,1996年。
李延寿:《北史》,北京:中华书局,1974年。
李俊民:《庄靖集》,台北:台湾商务印书馆,1983—1986年,景印文渊阁《四库全书》。
刘敏中,《中菴先生刘文简公文集》,上海图书馆藏清抄本,编号:线善T08993-96。
刘因:《静修文集》,上海:商务印书馆,1922年。

陆游：《老学庵笔记》，北京：中华书局，1997年。
罗大经：《鹤林玉露》，北京：中华书局，1997年。
马祖常：《石田先生文集》，傅瑛点校，郑州：中州古籍出版社，1991年。
乃锐等辑：《解县志》，收入《中国方志丛书·华北地区》，台北：成文出版社，1966—1970年，第八十四册。
潘耒：《游中岳记》，《四库存目丛书·集部》，济南：齐鲁书社，1997年。
彭大雅著，徐霆疏：《黑鞑事略》，收入《王国维遗书》，上海：上海古籍出版社，1993年。
全祖望：《宋元学案》附录《苏学略》，收入黄宗羲：《黄宗羲全集》，杭州：浙江古籍出版社，2005年。
《全祖望集汇校集注》，上海：上海古籍出版社，2000年。
钱谦益：《牧斋初学集》，《四部丛刊》景明崇祯刻本。
任仁发：《水利集》，《续修四库全书》影印上海师范大学图书馆藏明钞本。
释念常：《佛祖历代通载》，北京：书目文献出版社，2000年，"北京图书馆古籍珍本丛刊"第77册影印元至正七年释念常募刻本。
沈曾植：《海日楼札丛》，辽宁教育出版社，1998年。
宋祁：《新唐书》，北京：中华书局，1975年。
苏天爵编：《元文类》，上海：商务印书馆，1922年，《四部丛刊》景元至正二年杭州路西湖书院刊本。
《元朝名臣事略》，北京：中华书局，1996年。
《滋溪文稿》，北京：中华书局，1997年。
苏辙：《老子解》，曾枣庄等编：《三苏全书》，北京：语文出版社，2001年。
陶宗仪：《南村辍耕录》，北京：中华书局，2004年。
同恕：《榘庵集》，收入李修生等：《全元文》，南京：江苏古籍出版社，2000年。
脱脱：《宋史》，北京：中华书局，1976年。
《金史》，北京：中华书局，1975年。
《元史》，北京：中华书局，1976年。
王处一：《云光集》，《正统道藏》本，北京：文物出版社、上海书店、天津古籍出版社，1987年。
汪大渊：《岛夷志略》，苏继庼校释，北京：中华书局，2000年。
王逢：《梧溪集》，上海：商务印书馆，1933年，丛书集成本。
王国维校注：《蒙古史料四种》，台北：正中书局，1975年。

《圣武亲征录校注》,《王国维遗书》,上海：上海古籍出版社,1993 年。

王喆：《重阳全真集》,《正统道藏》本,北京：文物出版社、上海书店、天津古籍出版社,1987 年。

王汝雕、王汝山编：《临汾历代碑刻文选》,吉林：延边大学出版社,2005 年。

王汝楫、秦万寿辑,《郝文忠公年谱》,《北京图书馆藏珍本年谱丛刊》,北京：北京图书馆出版社,2004 年。

王树新编：《高平金石志》,北京：中华书局,2004 年。

王恽：《玉堂嘉话》,杨晓春整理,北京：中华书局,2006 年。

《秋涧集》,上海：上海书店,1989 年,《四部丛刊》影印明弘治间翻元本。

魏收：《魏书》,北京：中华书局,1997 年。

魏抟霄：《十方大天长观玄都宝藏碑铭》,《宫观碑志》,《正统道藏》本,北京：文物出版社、上海书店、天津古籍出版社,1987 年。

危素：《危太仆文集》,台北：新文丰出版社,1985 年。

翁方纲：《石洲诗话》,北京：人民文学出版社,1998 年。

文廷式辑：《经世大典·元高丽纪事》,收入罗振玉编：《罗氏雪堂藏书遗珍》,北京：全国图书馆文件缩微复制中心,2001 年。

《纯常子枝语》,上海：上海古籍出版社,1996 年,《续修四库全书》。

吴曾：《能改斋漫录》,上海：上海古籍出版社,1979 年。

解缙等修：《永乐大典》,北京：中华书局,1986 年。

解希恭，张新智编：《三晋石刻总目 ·临汾市卷》,太原：山西古籍出版社,2004 年。

熊梦祥：《析津志辑佚》,北京图书馆善本组辑,北京：北京古籍出版社,1983 年。

熊太古：《冀越集记》,《四库全书存目丛书》,济南：齐鲁书社,1996,子部,第 239 册,影印北京图书馆藏干隆四十七年吴翌凤钞本。

徐元瑞：《吏学指南》,杨讷点校,杭州：浙江古籍出版社,《元代史料丛刊》,1988 年。

许有壬：《至正集》,《元人文集珍本丛刊》,台北：新文丰出版社,1985 年。

《至正集》,上海图书馆藏明·崇道堂抄本,编号：线善 790759－68。

阎凤梧编：《全辽金文》,太原：山西古籍出版社,2002 年。

姚燧：《牧庵集》,上海：商务印书馆，1922 年,《四部丛刊》景武英殿本。

姚学甲：《凤台金石辑录》,收入《石刻史料新编·第三辑》,台北：新文丰出版公司,1986 年,第三十一册。

叶隆礼：《契丹国志》,贾敬颜、林荣贵校勘,北京：中华书局,1985 年。

叶子奇：《草木子》，北京：中华书局，1997 年。

耶律楚材：《湛然居士文集》，北京：中华书局，1986 年。

《西游录》，谢方点校，北京：中华书局，2000 年。

《玄风庆会录》，收入《丘处机集》，济南：齐鲁书社，2005 年。

耶律铸：《双溪醉隐集》，金毓绂编：《辽海丛书》，沈阳：辽沈书社，1933—1936 年。

佚名：《自然集》，《道藏》。

尹志平：《葆光集》，《正统道藏》本，北京：文物出版社、上海书店、天津古籍出版社，1987 年。

尹志平述，段志坚编：《清和真人北游语录》，《道藏辑要》，成都：巴蜀书社，1995 年。

虞集：《虞集全集》，王颋点校，天津：天津古籍出版社，2008 年。

元好问：《元好问全集》，太原：山西人民出版社，2004 年。

《翰苑英华中州集》，上海：商务印书馆，1919 年，《四部丛刊初编》景诵芬室景元刊本。

袁桷：《清容居士集》，上海：中华书局，《四部丛刊》本。

《元典章》，陈高华、张帆、刘晓、党宝海点校，北京：中华书局；天津：天津古籍出版社，2011 年。

张江涛编：《华山碑石》，西安：三秦出版社，1995 年。

张载：《张载集·文集佚存》，北京：中华书局，1978 年。

张炎：《山中白云词》，朱孝臧编：《彊村丛书》，上海：上海古籍出版社，1989 年。

张之翰：《跋草窗诗稿》，《西岩集》，《四库全书》本。

赵秉文：《闲闲老人滏水文集》，上海：商务印书馆，1937 年，《国学基本丛书》本。

赵承禧：《宪台通纪（外三种）》，王晓欣点校，杭州：浙江古籍出版社，“元代史料丛刊”，2002 年。

赵汝适，《诸蕃志》，杨博文校释，北京：中华书局，1996 年。

赵汝适：韩振华补注，《诸蕃志补注》，香港：香港大学亚洲研究中心，2000 年。

赵天麟：《太平金镜策》，《全元文》本。

郑元佑：《侨吴集》，台北：“中央图书馆”，《元代珍本文集汇刊》影印嘉庆钞本，1970 年。

郑麟趾：《高丽史》，台北：文史哲出版社，1972 年。

中国文物研究所、陕西省古籍整理办公室编：《新中国出土墓志·陕西卷（壹）》，北京：文物出版社，2000 年。

周密：《周密集》，杨瑞点校，浙江古籍出版社，2015年。

周去非：《岭外代答》，杨武泉校注，北京：中华书局，1999年。

朱昱编：《成化重修三原县志》，上海图书馆藏抄本。

朱昱编，林洪博补修：《嘉靖重修三原县志》，《四库存目丛书》，济南：齐鲁书社，1997年。

朱彧：《萍洲可谈》，李伟国点校，北京：中华书局，2007年。

西文论著

Aigle, Denis,

La Fārs Sous la Domination Mongole, Paris: Association pour l'avancement des études iraniennes, 2005.

"The Transformation of an Origin Myth from Shamanism to Islam", 2008, 1 - 14.

"From 'Non-Negotiation' to an Abortive Alliance: Thoughts on the Diplomatic Exchanges between the Mongols and the Latin West", *The Mongol Empire between Myth and Reality: Studies in Anthropological History*, Leiden: Brill, 2014, 159 - 198.

Allsen, Thomas T.,

"Guard and Government in the Reign of The Grand Qan Mongke, 1251—59", *Harvard Journal of Asiatic Studies*, vol. 46: 2, 1986.

"The Yuan Dynasty and Uighurs of Turfan in the 13th Century", *China Among Equals: The Middle Kingdom and Its Neighbors, 10th - 14th Centuries*, Morris Rossabi (ed.), Berkeley: University of California Press, 1983.

Mongol Imperialism: The Policies of the Grand Qan Möngke in China, Russia, and the Islamic Lands, 1251—1259, Berkeley: University of California Press, 1987.

"The Princes of the Left Hand", *Archivum Eurasiae Medii Aevi*, vol. 5, Wiesbaden: 1987.

"Guard and Government in The Reign of The Grand Qan Mongke, 1251—59", *Harvard Journal of Asiatic Studies*, Vol. 46 - 2, 1986.

Culture and Conquest in Mongol Eurasia, New York: Cambridge University Press, 2001. "Sharing the Empire: Apportioned Lands under the Mongols", *Nomads in the Sendentary World*, Anatly M. Khazanov & André Wink (ed.), London:

Curzon, 2001.

"Changing Forms of Legitimation in Mongol Iran", *Rulers from the Steppe*, Gary Seaman & Daniel Marks (ed.), Los Angeles: Ehonographics Press, Center for Visual Anthropology, Univ. of Southern California, 1991.

'Anāyat Allāh Majīdī (ed.), *Maimun-Z̲ar Alamūt: Barrasī Tarīkhī va Jugharāfiyyāī*, Tehran: Afshār, 1385/2006.

Amīn, Shamīs Shirīk,

Farhang-i iṣṭilāḥāt-i dīvānī-i dawrān-i Mughūl, Tehran: 1978.

Amitai-Preiss, Reuven,

Mongols and Mamluks: The Mamluk-Ilkhanid War, 1260—1281, Now York: Cambridge University Press, 1995.

Ando Shiro (安藤志朗),

Timuridsche Emire nach dem Mu'izz al-ansāb: Untersuchung zur Stammesaristokratie Zentralasiens im 14. und 15. Jahrhundert, Berlin: Klaus Schwarz Verlag, 1992.

Ashtor, Eliyahu,

Levant Trade in the Later Middle Ages, Princeton: Princeton University Press, 1983.

Atwood, Christopher P.

"*Ulus* Emirs, *Keshig* Elders, Signatures, and Marrige Parters: the Evolution of a Classic Mongol Institution", *Imperial Statecraft: Political Forms And Techniques Of Governance In Inner Asia, Sixth-Twentieth Centuries*, ed. David Sneath. Bellingham: Western Washington University, 2006.

Aubin, Jean,

"Les Princes d'Ormuz du XIII au XV siècle", *Journal Asiatique*, 1953, 77 - 137.

Émirs Mongols et Vizirs Persans dans les Remous de l'Acculturation, Paris: Studia Iranica. Cahier 15, 1995.

Бартольд, Василий В. (巴托尔德),

《蒙古入侵时期的突厥斯坦》,张锡彤、张广达译,上海:上海古籍出版社,2008年。

Barth, Fredrik,

Political Leadership among Swat Pathans,黄建生译:《斯瓦特巴坦人的政治过程:

一个社会人类学研究的范例》，上海：上海人民出版社，2005 年。

Behrens-Abouseif, Doris,

Mamluk Sultanate: Gifts and Material Culture in Medieval Islamic World, London: Tauris, 2014.

Biran, Michal,

"The Mongol Transformation: From the Steppe to Eurasian Empire", in Johan P. Arnason and Björn Wittrock, eds., *Eurasian Transformations Tenth to Thirteenth Centuries: Crystallizations, Divergences, Renaissances*, Leiden and Boston: E. J. Brill, 2004.

"Diplomacy and Chancellery Practices in the Chagataid Khanate", *Oriente Moderno*, 2008. Qaidu and the Rise of the Independent Mongol State, London: Curzon Press, 1997.

The Empire of the Qara Khitai in Eurasian: History Between China and the Islamic World, Cambridge: Cambridge University Press, 2005.

"The Qarakhanids Eastern Exchange: Preliminary Notes on the Silk Roads in the eleventh and twelfth Centuries", *Complexity of Interaction along the Eurasian Steppe Zone in the first Millennium CE*, Jan Bemmann, Michael Schmauder (ed.), Bonn: Rheinische Friedrich-Wilhelms Universität Bonn, 2015, p. 584.

Bold, Bat-Ochir,

Mongolian Nomadic Society: A Reconstruction of the "Medieval" History of Mongolia, London: Curzon, 2001.

Boyle, John Andrew,

"The seasonal Residences of the Great Khan Ögdei", *The Mongol World Empire 1206—1370*, London: Variorum Reprints, 1977.

"The Burial Place of the Great Khan Ögedei", *Acta Orientalia*, XXXII, Copenhagen, 1970.

The Cambridge History of Iran, vol. 5, "The Saljuq and Mongol Periods", Cambridge: Cambridge University Press, 1968.

Bol, Peter,

"The Ch'ao Family of the Northern and Southern", *This culture of ours: intellectual transitions in T'ang and Song China*, Stanford: Stanford University

Press, 1992.

Brown, Edward G.,

A Literary History of Persia, Cambridge: Cambridge University Press, 1956, vol. 3.

Buell, Paul D.,

"Early Mongol Expansion in Western Siberia and Turkestan (1207—1219): a Reconstruction", *Central Asiatic Journal*, Wiesbaden: 1992, vol. 1 - 2.

"Sino-Khitan Administration in Mongol Bukhara", *Journal of Asia Studies*, 1981.

《蒙古帝国探马赤军的社会作用》,张凌云译,载内蒙古社会科学院情报所编:《蒙古学译文选:历史专集》,呼和浩特,1984年。

Cahen, Claude,

Pre-Ottoman Turkey: A General Survey of the Material and Spiritual Culture and History, c. 1071—1330, trans. by J. Jones-Williams, New York: Taplinger Publishing Company, 1968.

Clauson, Sir Gerard,

An Etymological Dictionary of Pre-Thirteenth-Century Turkish, Oxford: Oxford University Press, 1972.

Cleaves, F., & Mostaert, A.,

"Les lettres de 1289 et 1305 des Ilkhan Arghun et Öljeitü a Philippe le Bel", *Harvard Journal of Asiatic Studies*, 15/3 - 4, Cambridge (Mass.): Harvard University Press, 1962.

"A Chancellery Practice of The Mongols in The Thirteenth and Fourteenth Centuries", *Harvard Journal of Asiatic Studies*, vol. 14, No. 3/4. (Dec., 1951).

Cosmo, Nicola Di, (狄宇宙)

《古代中国与其强邻:东亚历史上游牧力量的兴起》,贺严译,北京:中国社会科学出版社,2010年。

Ciociltan, Virgil,

Samuel Willcocks (tr.), *The Mongols and the Black Sea Trade in the Thirteenth and Fourteenth Centuries*, Leiden: Brill, 2012.

Dankoff, Robert,

"A Note on khutū and chatuq", *Journal of the American Oriental Society*, vol. 93, no. 4, 1973,

"Kāšġarī on the Beliefs and Superstitions of the Turks", *Journal of the American Oriental Society*, 1975, vol. 95, no. 1,

Doerfer, Gehard,

Türkische und mongolische Elemente im Neupersischen, 4 vols., Wiesbaden: 1963—75.

"Mngolica aus Ardabīl", *Zentralasiatische Studien*: 9, 1975.

Diler, Ömer,

Ilkhanids: Coinage of the Persian Mongols, İstanbul: Turkuaz Kitapç ıl ık, 2006.

Elias, Jamal J., *The Throne Carrier of God: The Life and Thought of ʿAlā' ad-Dawla as-Simnānī*, New York: State Univ. of New York Press, 1995.

d'Ohsson, Constantin

《多桑蒙古史》,冯承钧译,北京:中华书局,2004 年。

Fletch, Joseph,

"The Mongols: Ecological and Social Perspectives", *HJAS*, 46: 1, 1986.

Franke, Herbert (ed.),

《剑桥辽西夏金元史》,史卫民等译,北京:中国社会科学出版社,1998 年。

Golden, Peter,

*The King's Dictionary: the Rasūlid Hexaglot: Fourteen Century Vocabuaries in Arabic, Persian, Turkic, Greek, Armenian and Mongo*l, Leiden, Boston, Köln: Brill, 2000.

Hambis, Louis & Pelliot, Paul,

La Chapitre CVII du Yuan Che: les genealegies imperiales Mongoles dans l'histoire Chinoise officielle de al dynastie Mongele, Leiden: Brill, 1945, *T'oung pao* sup. au, vol. 38.

Heidemann, Stefan,

"The First Documentary Evidence for Qara Qorum, from the Year 635/1237 - 8", *ONS* NL 185.

Herrmannn, Gotteried & Doerfer, Gerhard,

"Ein Persisch-Mongolen Ǧalāyerider Šeyḫ Oveys", *Central Asiatic Journal*, Vol. 19, Harrasowitz: 1975.

"Ein persisch-mongolischer Erlass dem Jahre 725/1325," *ZDMG*, 125, 1975.

Hammer-Purgstall, Joseph Freiherr von

Geschichte der Ilchane: Das Ist Der Mongolen In Persien, Darmstadt, 2vols, 1842—43.

Hartwell, Robert,

"Demographic, Political and Social Transformation of China 750 ~ 1550", *Harvard Journal of Asiatic Studies*, 1982, 42-2.

Ho, Kai Lung(何启龙),

Power, *Economy, and Culture on the Mongol Steppe in the Yuan Era: The Case of Qara Qorum* (Hong Kong: Hong Kong University of Science and Technology, 2004, Thesis requirements for the Degree of Master of Philosophy).

Houtsma, M. Th. ed.

Enzyklopaedie des Islam: geographisches, ethnographisches und biographisches Wörterbuch der Muhamedanischen Völker, V.2, Leiden: Brill, 1913—38.

İsenbıke, Togan,

Flexibility and Limitation in Steppe Formations: The Kerait Khanate and Chinggis Khan, New York: Leiden, 1998.

Jacob, Georg,

Welche Handelsartikel bezogen die Araber des Mittelalters aus den Nordisch Baltischen Länder, Berlin: 1891.

Jackson, Peter,

"The Dissolution of the Mongol Empire", *Studies on the Mongol Empire and Early Muslim India*, Cornwell: Ashgate Variorum Press, 2009.

Mongols and the Latin West: 1221—1405, Harlow: Pearson Longman, 2005.

"The Dissolution of the Mongol Empire", *Central Asia Journal*, vol. 22, Weisbaden, 1978.

"From *Ulus* to Khanate: The Making of the Mongol States c.1220—c.1290", *The Mongol Empire and Its Legacy*, Reuven. Amitai-Preiss & D. O. Morgan (ed.), Leiden: Brill, 1999.

Kauz, Ralph,

"The Maritime Trade of Kīsh during the Mongol Period", Linda Komaroff, ed.,

Beyond the Legacy of Genghis Khan, Leiden-Boston, 2006, 52 - 67.

Kauz, Ralph & Ptak, Roderich

"Hormuz in Yuan and Ming sources", *Bulletin de l'Ecole Française d'Extrême-Orient*, V.88, Paris: 2001, 27 - 75.

Kalbas, Judith,

The Mongols in Iran: Chingiz Khan to Uljaytu 1220—1309, New York: Routledge, 2006.

Krawulsky, Dorothea,

"The Official Dynastic Historiography under the Īlkhāns and the Vizier Rashīd al-Dīn's Role", *The Mongol Īlkhāns and their Vizir Rashīd al-Dīn*, Frankfurt: Peter Lang, 2011.

Khazanov, Anatoli M.,

Nomads and Outside World, Madison: The University of Wisconsin Press, 1994.

Kim, Hodong,

"A Reappraisal of Güyüg Khan", *Mongols, Turks, and Others: Eurasian Nomads and the Sedentary World*, ed. by Reuven Amitai & Michal Biran, Boston, Brill, 2005.

Lambourn, Elizabeth

"India from Aden: Khuṭba and Muslin Urban Networks in Later Thirteenth-Century India", *Secondary Cities & Urban Networking in the Indian Ocean Realm, c. 1400—1800*, ed. by Kenneth R. Hall, New York: Lexington Books, 2008, 60 - 90.

Lawrence Krader,

Social Organization of the Mongol-Turkic Pastoral Nomads, Indiana: Indiana University Publications, 1963.

Lambton, Ann K.,

"Mongol Fiscal Administration in Persia"(Part I, II), *Studia Islamica*, 1986: 64; 1987: 65.

Continuity and Change in Medieval Persia: Aspects of Administrative, Economic and Social History, 11th - 14th Century, London: IB Taurus, Persian Heritage Foundation, 1988.

Lane, George,

"Arghun Aqa: Mongol Bureaucrat", *Iranian Studies*, vol.32: 4, Paris: 1999.

"Mongol News: The Akhbār-i Mongulān dar Anbāneh Qutb by Quṭb al-Dīn Maḥmūd ibn Mas'ūd Shīrāzī", *Journal of the Royal Asiatic Society*, vol.22: 3-4, 2012.

Lattimore, Owen,

《中国的亚洲内陆边疆》,唐晓峰译,南京:江苏人民出版社,2005 年。

Laufer, Berthold,

"Supplementary Notes on Walrus and Narwhal Ivory", *T'oung Pao*, vol. 17, no. 3, 1916.

Lessing, Ferdinade D,

Mongolian-English Dictionary, Bloomington, Indiana: Indiana University Press, 1995 May, Timothy, *Chormaqan Noyan: The First Mongol Military Governor in the Middle East*, diss. Indiana Univ., 1996.

Lessing, Ferdinade D.,

Mongolian-English Dictionary, Bloomington, Indiana: Indiana University Press, 1995.

Lowick, Nicholas

"Trade Patterns on the Persian Gulf in the Light of Recent Coin Evidence", D. K. Kouymjian, ed., *Near Eastern Numismatics*, *Iconography*, *Epigraphy*, *and History*, Beirut, 1974, 319-333.

Mauss, Marcel,

*The Gift: the Form and Reason for Exchange in archaic Societie*s, trans. by W. D. Halls, London: Routledge, 1990.

Melville, Charles,

"Abū Sa'īd and the Revolt of the Amirs in 1319", Denise Aigle (ed.), *L'Iran Face a La Domination Mongole*, Teheran: Institut Français de Recherche en Iran, 1997.

"Ḥamd Allāh Mustawfī's *Ẓafarnāmah* and the Historiography of the Later Ilkhanid Period", *Iran and Iranian Studies: Essays in Honor of Iraj Afshar*, ed. by Kambiz Eslami, Princeton: Zagros Press, 1998.

"Studia iranica From Adam to Abaqa: Qadi Baidawi's rearrangement of history", *Studia Iranica*, 2001, 30/1.

"The Keshig in Iran: The Survival of the Royal Mongol Household", *Beyond the Legacy of Genghis Khan*, ed. by Linda Komaroff, Leiden: Brill, 2006.

"The Early Persian Historiography of Anatolia", Judith Pfeiffer & Sholoh A. Quinn ed., *History and Historiography of Post-Mongol Central Asia and the Middle East: Studies in Honor of John E. Woods*, Wiesbaden: Harrassowitz Verlag, 2006.

"From Adam to Abaqa: Qāḍī Baiḍāwī's Rearrangement of Histrory (Part II)", *Studia Iranica*, 2007: 36.

Minorsky, Vladimir,

"Tamīm ibn Baḥr's Journey to the Uyghurs", *Bulletin of the School of Oriental and African Studies*, vol. 12, 1948.

Morgen, David,

"Mongol or Persian: The Goverment of Ilkhanid Iran", *Harvard Middle Eastern and Islamic Review*, vol. 3, 1996.

Muḥsin Ja'farī Mazhab,

"Vāpasīn Īlkhān", *Pazūhash-hāī 'Ulūm-i Tārīkh*, Tehran: Tehran Univ., 2011, Vol. 3-1.

Özyetgin, A Melek, *Altun Ordu, Kirim ve Kazan Sahasina Ait Yarlik ve Bitiklerin Dil ve üslup İncelemesi*, Ankara: Dizgi-Baskı, 1996.

Ostrowski, Donald,

"The Mongol Oringins of Muscovite Plitical Institutions", *Slavic Review* 49: 4, (Win., 1990).

Paul, Jürgen,

"The State and the Military: a Nomadic Perspective", seminar "Statehood and the Military", in Halle, April 29–30, 2002.

Pelliot, Paul,

Notes sur l'histoire de la Horde d'Or: suivies de Quelques noms turcs d'hommes et de peuples finissant en "ar", Paris: Adrien-Maisonneuve, 1949.

《哈剌和林札记》,米济生汉译,载《蒙古史研究参考资料》第 26、27 期,呼和浩特,

1983年。

Notes *on Marco Polo*, Paris: Imprimerie Nationale, 1959, vol. 1, p. 167.

"Une Tribu Méconnue des Naiman: Les Bätäkin", *T'oung Pao*, XXXVII, I. 2, Paris: 1943.

(Louis Hambis), *Histoire des Campagnes de Gengis Khan, Cheng-Wu Ts'in-Tseng Lou: Traduit et Annote*, Leiden: E. J. Brill, 1951.

Petrov, P.,

"Tamghas of Great Mongol Khans and khans of Mongolian states", 网址: http://info.charm.ru/library/tamgha-en.htm.

Peterushevsky, J. P.,

"The Socio-Economic Condition of Iran Under the Īl-Khāns", *Cambridge History of Iran*, V. 5, ed. by John Andrew Boyle, Cambridge: Cambridge Univ. Press, 1968, 483-537.

Piacentini, Valeria Fiorani,

"The Mercantile Empire of the Ṭībīs: Economic Predominance, Political Power, Military Subordination", *Proceedings of the Seminar for Arabian Studies: Papers from the thirty-seventh meeting of the Seminar for Arabian Studies held in London*: V. 34, Lloyd Weeks and St. John Simpson, Oxford: Archaeopress, 2004, 251-260.

Poppe, Nicolas,

"On Some Geographic Names in The Jami' al-Tawarix", *Harvard Journal of Asiatic Studies*, 1956: 1-2.

Quatremère, Étienne Marc,

Histoire des Mongols de la Perse ecrite en person par Rashid-Eldin, Paris: Imprimerie Royale, 1836.

Quinn, Sholeh A.,

"The *Mu'izz al-Ansab* and *Shu'ab-i Panjgānah* as Sources for the Chagatayid Period of History: A Comperative Analysis", *Journal of Central Asia*, 33/34, Harrasowitz: 1989.

"The Historiography of Safavid Prefaces", *Safavid Persia: The History and Politics of an Islamic*, Charles Melville(ed.), London; New York: I. B. Tauris, 1996.

Historical Writing during the Reign of Shah Abbas Ideology, Imitation, and Legitimacy in Safavid Chronicles, Salt Lake: Utah Univ. Press, 2000.

Ratchnevsky, Paul,

Genghis Khan: His Life and Legacy, trans. by Thomas Nivison Haining, Oxford: Blackwell, 1992.

Rachewiltz, Igor de,

"The Title Cinggis Chan/Chaghan Re-examined", in *Gedanke und Wirkung: Festschrift zum 90. Geburtstag von Nicholaus Poppe*, ed. W Heissig & K. Sagaster, Wiesbaden: Harrassowitz Verlag, 1989, pp. 281 - 98.

《成吉思汗—合罕称号再探》,陈得芝汉译,《元史及北方民族史研究集刊》第十六辑,海口：南方出版社,2003 年。

"Turks in China under Mongols: A Preliminary Investigation of Turco-Mongol Relations in the 13th and 14th Centuries.", Morris Rossabi (ed.), *China Among Equals: the Middle Kingdom and Its Neighbors, 10th - 14th Centuries*, University of California Press edition, 1983.

"Was Töregene Qatun Ögödei's 'Six Empress'?", East Asian History, Vol. 17/18, 1999.

Reid, James,

"Studying Clans in Iranian History: A Response", *Iranian Studies*, Vol. 17: 1: 1984, 85 - 92.

Ruska, Julius,

"Noch Einaml al-Chutuww", *Der Islam*, vol. 4, Strassberg: 1913.

"Review on 'Arabic and Chines Trade in Walrus and Narwhal Ivory'", *Der Islam*, vol. 5, 1914.

Schafer, Edward H.,(谢弗)

The Golden Peaches of Samarkand: A Study of T'ang Exotics(《唐代的外来文明》), 吴玉贵译,北京：中国社会科学院出版社,1995 年。

Schamiloğlu, Uli,

Tribal Politics and Social Organization in the Golden Horde, Ph. D. diss., Columbia University, New York, 2002.

The *Qaraçi* Beys of the Later Golden Horde: Notes on the Organization of the

Mongol World Empire, *Archivum Eurasiae Medii Aevi*, 1984: 4. Uli Schamiloğlu, *Tribal Politics and Social Organization in the Golden Horde*, Ph. D. diss., Columbia University, New York, 2002.

Schurmann, H. F.

"Mongolian Tributary Practices of the Thirteenth Century", *Harvard Journal of Asiatic Studies*, V.19, No.3/4, 1956, 304 - 389.

Sinor Danis (ed.),

Cambridge History of Early Inner Asia, Cambridge: Cambridge University Press, 1990.

Smith Jr., Jahn M.,

The History of the Sarādārs Dynasty 1336—1381 A. D. and its Sources, Hague: Mouton, 1968. "Mongol Nomadism and Middle Eastern Geography: Qishlaqs and Tümens", in Reuven Amitai-Preiss and David O. Morgan (eds.), *The Mongol Empire and its Legacy*, Leiden: Brill, 1999.

Spuler, Bertold,

Die Goldene Horde Die Mongolen in Russland 1223—1502, Harrassowitz: Wiesbaden, 1965.

Die Mongolen in Iran: Politik, Verwaltung und Kultur der Ilchanzeit 1220—1350, Akademie-Verlag edition, 1968.

Strange, Guy Le,

The Lands of the Eastern Caliphate: Mesopotamia, Persia, and Central Asia, from the Moslem conquest to the time of Timur, New York, Barnes and Noble Inc., 1905.

Tillman, H.C. & West, S.H.(eds.),

China under Jurchen Rule, State University of New York Press 1995.

Timothy May,

"A Mongol-Ismâʿîlî Alliance?: Thoughts on the Mongols and Assassins", *Journal of the Royal Asiatic Society*, 2004, Vol. 14: 3.

Togan, A. Zeki Velidi,

"The Composition of the History of the Mongols by Rashīd al-Dīn", *Journal of Central Asia*, 7, Harrasowitz: 1962. Togan, İsenbike, "Second Wave of Islam and

Ozbeg Khan", *Proceedings of the International Symposium: Islamic Civilisation in the Volga-Ural Region* (Kazan, 8 - 11 June, 2011), ed. by Ali Çaksu, Radik Mukhammetshin, Istanbul: 2004.

Udovitch, Abraham L.,

"Credit as a Means of Investment in Medieval Islamic Trade", *Journal of the American Oriental Society*, Vol. 87, No.3, 1967, 260 - 264.

Vallet, Eric,

"Yemeni 'Oceanic Policy' at the end of the 13th Century", *Proceedings of the Seminar for Arabian Studies: Proceedings of the Seminar for Arabian Studies*, V. 36, Lloyd Weeks and St. John Simpson, Oxford: Archaeopress, 2007, 289 - 296.

Varnadsky, George,

The Mongols and Russia, New Haven: Yale University Press, 1953.

Vásáry, István,

"Susun and Süsün in Middle Turkic Texts", *Turks, Tartars and Russians in the 13th - 16th Centries*, London: Variorum Reprints, 2007.

Владимирцов, Б.Я.,

《蒙古社会制度史》,刘荣焌汉译,北京:中国社会科学出版社,1980 年。

Vosoughi, Moḥmmad Bagherī,

"Ayī Bakhsh-i Tārīkh-i Mughūl dar *Ẓafār-nāma* nuskha badal-i *Jāmi' al-Tavārīkh ast?*"

"Nukātī-yi Chand darbāra-yi Kitāb *Shams al-ḥisāb-i Fakhrī*", *Guzārash-i mīrās̱*, vol.44, ed. by Akbar Īrānī, Tehran: 2011, 172 - 174.

Vogel, Hans Ulrich,

Marco Polo Was in China: New Evidence from Currencies, Salts and Revenues, Leiden: Brill, 2013.

Weber, Max,

《马克斯·韦伯社会学文集》,阎克文译,北京:人民出版社,2010 年。

Wiedemann, Eilhard,

"Über den Wert von Edelsteinen bei den Muslimen", *Der Islam*, 1911, vol. 2, no. 1.

Woods, John E.,

"A Note on the Mongol Capture of Iṣfahān ", *International Journal of Near East Studies*, 36: 1, 1977.

The Aqquyunlu: Clan, Confederation, Empire, Salt Lake City: University of Utah Press, 1998.

"A Note on the Mongol Capture of Iṣfahān", *International Journal of Near East Studie*s, 36: 1, 1977.

Yokkaichi, Yasuhiro(四日市康博),

"Chinese and Muslim Diasporas and the India Ocean Trade Network under Mongol Hegemony", *The East Asian Mediterranean: Maritime Crossroads of Culture, Commerce and Human Migratio*n, ed. by Angela Schottenhammer, Wiesbaden: Otto Harrassowitz Verlag, 2008, 73 - 97.

Zajaczkowki, Ananiasz,

Vocabulaire Arabe-Kiptchak: de L'époque de L'État Mamlouk, Bulġat al-Mustāq fī Luġat at-Turk wa-l-Qifjāq, Warszawa: Panstwowe Wydawnictwo Naukowe, 1958.

日文论著

桑原骘藏:《蒲寿庚考》,陈裕菁译,北京:中华书局,2009 年。

家島彦一:《モンゴル帝国時代のインド洋貿易—特にKish 商人の貿易活動をめぐって》,《東洋学報》57,1976,第 1—39 页。

惠谷俊之:《ガザン・ハンの対元朝使節派遣について—14 世紀初頭におけるイラン・中国交涉史の一齣》,《オリェント》8: 3/4,1966,第 49—55 页。

渡部良子:《イルハン朝の地方統治:ファールス地方行政を事例として》,《日本中東学會年報》,第 12 號,1997,第 185—216 页。

宮紀子:《叡山文庫所藏の『事林広記』写本について》,《史林》,91: 3,2008。

中村淳:《元代大都の勅建寺院をめぐって》,《東洋史研究》,1999,58。

——《元大都敕建寺院概述》,宝力格(Bulaγ)汉译,载《蒙古学通讯》,2003,第 1 期。

中村健太郎:《ウイグル文〈成宗テムル即位記念仏典〉出版の歴史的背景: U 4688[T II S 63]・*U 9192[T III M 182] の分析を通じて》,《内陸アジア言語の研究》,21,2006,第 49—91 页。

前田直典:《元代纸币的价值变动》,索介然译,刘俊文主编:《日本学者研究中国史论著选译》第五卷《五代宋元》，北京：中华书局，1993 年。
高桥弘臣：《宋金元货币研究：元朝货币政策之形成过程》，林松涛译，上海：上海古籍出版社，2010 年。
伴真一朗：《明初における対モンゴル政策と河西におけるサキャ・パンディタのチョルテン再建—漢文・チベット文対訳碑刻，宣德五年(1430)「重修涼州白塔誌」の歷史的背景》，《アジア・アフリカ言語文化研究》，30，2012，第 39—65 页。
箭内亙：《元代の東蒙古》，《蒙古史研究》，东京：刀江书院，1930，第 585—661 页。
池内宏：《蒙古の高麗征伐》，《滿鮮史研究》，京都：吉川弘文馆，1963，中世第三册，第 3—49 页。
村上正二：《モンゴル朝治下の封邑制の起源：とくにSoyurghal と Qubi とEmcüとの関連について》，氏著：《モンゴル帝国史研究》，东京：风间书房，1993。
白石典之：《チンギス＝カンの考古学》，东京：同成社，2001，世界の考古学。
《チンギス＝カンの考古学》东京：同成社，2001。
——《モンゴル帝国史の考古学的研究》，东京：同成社，2002。
——《モンゴル帝国における都市の形成と交通：カラゴルム首都圈を中心に》，載天也哲也，池田榮史，臼杵勳編：《中世東アジアの周邊世界》，东京：同成社，2010，第 11—22 页。
松田孝一：《トゥルイ家のハンガイ游牧地》(原载《立命馆文学》1994)，乌日娜汉译：《拖雷家族之杭爱山领地》，载《蒙古学信息》，呼和浩特：1996 年，第 1 期，第 8—16 页。
——《トゥルイ家のハンガイ遊牧地》，《立命館文学》。
——《フラグ家の東方領》，《東洋史研究》39：1，1980，第 35—62 页。
——《旭烈兀家族的东方领地》，马翼译，载《蒙古学译文选・历史专辑》，呼和浩特：内蒙古社会科学院情报研究所，1984 年，第 24—38 页。
——《元朝期の分封制：安西王の事例を中心として》，《史学雜誌》，88，1979。
——《モンゴルの漢地統治制度：分地分民制度を中心として》，《待兼山論叢・史学篇》11，1987。
——《关于小薛大王分地的来源》，载《元史论丛・第八辑》，南昌：江西教育出版社，2001 年。
植松正：《元代江南の豪民朱清・張瑄について：その誅殺と財産官没をめぐって》，《元代江南政治社會史研究》，京都：汲古书院：1997。

田村実造：《元朝札魯忽赤考》，载田村実造：《中国征服王朝の研究》，中册，京都：东洋史研究会，1971。

山田信夫：《テュルクの圣地ウトュケン山：ウトュケン山に关する觉书》，《北アジア游牧民族史研究》，东京：东京大学出版社，1989。

森田宪司：《石刻資料による元代漢人知識人社会の研究》，平成10～13年度科学研究費補助金基盤研究（C）2研究成果報告書（研究課題番號：10610364），2002。

森安孝夫、鈴木宏節：《シネウス碑文訳註》，載《内陸アジア言語の研究》XXIV，大阪：大阪大学，2009。

本田実信：《モンゴル時代史研究》，东京：东京大学出版会，1991。

——《チンギス・ハンの千戸制》，载本田実信，《モンゴル時代史研究》。

——《イルハンの冬营地・夏营地》，载《モンゴル时代史研究》。

——《モンゴル・トルコ語起源の術語：語尾mishiをもつもの》，载《モンゴル时代史研究》。

——《ラシード全著作目録》，载《モンゴル時代史研究》。

杉山正明：《モンゴル帝国の原像：チンギス・カンの一族分封をめぐって》，载《モンゴル帝国と大元ウルス》，京都：京都大学学术出版会，2004。

——《東西文獻によるコデン王家の系譜》，载《モンゴル帝国と大元ウルス》。

——《西暦1314年前後大元ウルス西境をめぐる小札記》，载《モンゴル帝国と大元ウルス》。

——《大元ウルスの三大王国：カイシャンの奪権とその前後（上）》，《京都大学文学部研究紀要》：34，京都，1995。

——《忽必烈政权与东方三王家》，收入《日本中青年学者论中国史：宋元明清卷》，上海：上海古籍出版社，1995年。

——《モンゴル帝国の興亡》，京都：講談社現代新書，1996。

——《蒙古时代史研究的现状及课题》，近藤一成主编：《宋元史学的基本问题》。

堤一昭：《クビライ政権の成立とスベエテイ家》，《東洋史研究》：48，东京，1989。

——《元代華北のモンゴル軍団長の家系》，《史林》75－3，1992。

宇野伸浩：《チンギス・カン家の通婚関係の変遷》，《東洋史研究》52：3，东京：1993。

宇野伸浩、村岡倫、松田孝一：《元朝後期カラコルム城市ハーンカー建設記念ペルシア語碑文の研究》，《内陸アジア言語の研究》，大阪，1999，第14號。

村岡倫：《モンゴル時代の右翼ウルスと山西地方》，松田孝一編：《碑刻等史料の総合的分析によるモンゴル帝国・元朝の政治・経済システムの基盤的研究》,大阪:大阪国际大学经营情报学部松田研究室,2002。
——《蒙古帝国時代の漢地における諸王の権益》(未刊),南京大学元史研究室:《东亚史及其史料研究:中日高校第四次学术交流会(会议论文集)》,2009年。
——《モンゴル時代の山西平陽地区と諸王の権益:聖姑廟「阿識罕大王令旨意碑」より》,《13、14世紀東アジア史料通信》,奈良大学,日本学術振興會科学研究補助金基盤研究(B)第10號,2009。
志茂碩敏:《イル汗国におけるモンゴル人》,《東洋史研究》,1984,卷42。
——《モンゴル帝国史研究序說:イル汗国の中核部族》,东京:东京大学出版会,1995。
志茂智子:《ラシード・ウッディーンの『モンゴル史』—『集史』との関係について》,《東洋学報》,1995。
栗林均编:《『華夷譯語』(甲種本)モンゴル語:全單語・語尾索引》,仙臺:東北大学東北研究センタ,2003。
——《『元朝秘史』モンゴル語漢字音訳・傍訳漢語対照語彙》,仙臺:東北大学東北研究センタ,2003。
海老泽哲雄:《モンゴル帝国の東方三王家に関する諸問題》,《埼玉大学紀要・人文社会科学》,1972-21。李治安汉译:《关于蒙古帝国东方三王家诸问题》,《蒙古学资料与情报》,1987.2。
四日市康博:《ジャルグチ考:モンゴル帝国の重層的国家構造および分配システムとの関わりから》,《史学雜誌》114:4,2005。
白玉冬:《8～10世纪における三十姓タタル=室韦史研究:モンゴル民族勃兴前史として》,大阪:大阪大学博士学位论文(打印本)。
赤坂恒明:《『五族譜』モンゴル分支と『集史』諸写本》,《アジア・アフリカ言語文化研究》,大阪:1998,55号。
——《『五族譜』モンゴル分支と『集史』諸写本》,《アジア・アフリカ言語文化研究》,东京外国語大学:1998。
——《『五族譜』と『集史』編纂》,《史観》第百三十册,1994。
——《『五族譜』モンゴル分支と『集史』の関係》,《早稲田大学大学院文学研究科紀要》,第四十一輯,第四分册,1996。
——《『集史』第一巻「モンゴル史」校訂におけるアラビア語版写本 Ayasofya 3034 の

価値》,余太山、李锦绣主编:《欧亚学刊(国际版)》,新 1 辑 (总第 11 辑),北京,商务印书馆,2011 年。

——《ジュチ裔諸政権史の研究》,东京,風間書房,2005。

渡部良子:《『書記典範』の成立背景—14 世紀におけるペルシア語インシャー手引書編纂とモンゴル文書行政》,《史学雑誌》117-7,东京,2002。

吉田順一,チメドドルヅ編:《ハラホト出土モンゴル文書の研究》东京:雄山阁,2008。

岩武昭男:《ラシード著作全集の編纂——『ワッサーフ史』著者自筆写本の記述より》,《東洋学報》,1997。

白岩一彦:《『集史』パリ寫本(Supplement Person 1113) について》,《オリエント》34-1, 1991, 17—31 页。

——《『集史』テヘラン寫本(イラン国民議會圖書館寫本 2294 番) について》,

——《オリエント》36-1, 1993, 55—70 页。

——《ラシード・ウッデイーンの生涯と著作》,《アジア資料通報》35-2,1997,1—12 页。

——《ラシード・ウッデイーン『歴史集成』イラン国民議會圖書館寫本の成立年代について》,《オリエント》40-2,1998,85—102 页。

山田信夫:《テュルクの圣地ウトュケン山:ウトュケン山に关するゐ觉书》,載氏著:《北アジア遊牧民族史研究》,东京:东京大学出版社,1989 年。

飯山知保:《金元代華北社會における在地有力者:碑刻からみた山西忻州定襄縣の場合》,《史学雜志》2003,112:4。

——《楊業から元好問へ:一〇~一三世紀晉北における科舉の浸透とその歴史的意義について》,《東方学》第 111 辑,东京,2006。

三浦秀一:《中國心学の棱綫:元朝の知識人と儒道佛三教》,东京:研文出版社,2003 年。

三上次男:《金史研究二:金代政治制度の研究》,东京:中央公论美术出版社,1970 年。

安部健夫:《元代的知识人和科举》,《日本学者研究中国史论著选译》卷 5,北京:中华书局,1993 年。

笠井幸代:《卜古可汗(Bokug Kagan)传说题记》,陆烨汉译,《元史及民族与边疆研究》,第十八辑,上海:上海古籍出版社,2006 年。

竹越孝:《『至元譯語』漢語語彙索引》(改訂版),古代文字資料館《KOTONOHA》第 49 号,2006 年 12 月。

中文论著

安介生:《“山西”源流新探: 兼考辽金时期山西路》,《晋阳学刊》,1997 年,第 2 期。

巴哈提·依加汉:《读〈史集·部族志〉“乃蛮”条札记》,《元史及北方民族史研究集刊》: 12—13,1990 年。

包弼德(Peter Bol)著,吴松弟译:《地方史的兴起: 宋元婺州的历史、地理和文化》,《历史地理》21,上海,2006 年。

蔡美彪:《脱列哥那后史事考辨》,《蒙古史研究》1989 年第 3 辑。

《成吉思及撑黎孤涂释》,《中国史研究》,北京: 2007 年第 2 期;收入蔡美彪:《辽金元史考索》,北京: 中华书局,2012 年。

《拔都平阳分地初探》,《中国史研究》,北京: 2009 年第 1 期;收入蔡美彪:《辽金元史考索》。

陈得芝:《元岭北行省建置考》(上、中、下),载《蒙元史研究丛稿》,北京: 人民出版社,2005 年。

《十三世纪以前的克烈王国》,载《蒙元史研究丛稿》。

《成吉思汗墓葬所在和蒙古早期历史地理》,《中华文史论丛》,上海: 上海古籍出版社,2010 年,第 1 期。

《蒙元史读书札记(二则)》,载《蒙元史研究丛稿》。

《读伯希和译注八思巴字怀宁王海山令旨》,载《蒙元史研究丛稿》。

《〈元史·李孟传〉订补》,载《元史及民族与边疆研究集刊》,上海: 上海古籍出版社,2010 年,第二十二辑。

《从亦黑迷失身份看马可波罗: 〈一百大寺看经记〉碑背景解读》,载《蒙元史与中华多元文化论集》,上海: 上海古籍出版社,2013 年。

《读高丽李承休〈宾王录〉: 域外元史史料札记之一》,收入《蒙元史与中华多元文化论集》,2013 年。

《〈刘郁[常德]西使记〉校注》,《中华文史论丛》,上海: 上海古籍出版社,2015 年,第 1 期。

《蒙元史研究导论》,南京: 南京大学出版社,2015 年。

陈高华:《元代的海外贸易》,《历史研究》,1978 年,第 3 期。

《宋元时期的海外贸易》，与吴泰合著，天津：天津人民出版社，1981年。
《元代的航海世家澉浦杨氏：兼说元代其它航海家族》，《海交史研究》，1995年，第1期。
《印度马八儿王子孛哈里来华新考》，载《陈高华文集》，上海：上海辞书出版社，2005年。
《元代大都上都研究》，与史卫民合著，北京：中国人民大学出版社，2010年。
《黑城元代站赤登记簿初探》，载《陈高华文集》，上海：上海辞书出版社，2005年。
《〈稼亭集〉、〈牧隐稿〉与元史研究》，载郝时远、罗贤佑编：《蒙元史暨民族史论集》，北京：社会科学出版社，2006年。
陈春晓：《中古穆斯林文献中的"中国"称谓》，《西域文史》第11辑，北京：科学出版社，2017年。
陈佳荣：《清濬元图记录泉州对伊斯兰地区的交通》，《海交史研究》，2009年，第1期。
陈来：《略论诸儒鸣道集》，《中国近世思想史研究》，北京：商务印书馆，2003年。
达力扎布：《北元初期的疆域和汗斡耳朵地望》，《明清蒙古史论丛》，北京：民族出版社，2003年。
党宝海：《蒙古帝国的猎豹与豹猎》，《民族研究》，2004年，第4期。
《蒙元驿站交通研究》，北京：昆仑出版社，2006年。
《元朝延祐年间北方边将脱忽赤叛乱考：读〈大元赠岭北行省右丞忠愍公庙碑〉》，《西域研究》，2007年，第2期。
《蒙元史上的脱脱禾孙》，载《元史及民族与边疆研究集刊》，2008年，第20期。
丁国范：《至元、大德年间的"赛、梁"秉政》，载《元史与北方民族史研究集刊》，南京，1990年。
额尔登泰、乌云达赉、阿萨图拉著：《〈蒙古秘史〉词汇选释》，呼和浩特：内蒙古人民出版社，1980年。
方龄贵：《元朝秘史通检》，北京：中华书局，1986年。
傅乐焕：《辽史丛考》，北京：中华书局，1984年。
傅光森：《元朝中央权力结构与政治生态》，台北：中兴大学历史系博士论文，2008年。
高荣盛：《元代海外贸易研究》，成都：四川人民出版社，1998年。
《元沙不丁事迹考》，载《元史浅识》，南京：凤凰出版社，2010年。
《元代"舶牙人"通考》，载《元史浅识》。
《古里佛/故临：宋元时期国际集散/中转交通中心的形成与运作》，载《元史浅识》。

《元大德二年的珍宝欺诈案》,载《元史浅识》。
耿世民:《古代突厥文碑铭研究》,北京:中央民族大学出版社,2005年。
韩儒林:《爱薛之再探讨》,《穹庐集:元史及西北民族史研究》,上海:上海人民出版社,1982年。
《元代的吉利吉思及其邻近诸部》,《穹庐集:元史及西北民族史研究》,上海:上海人民出版社,1982年。
韩伟:《唐代革带考》,《西北大学学报(哲学社会科学版)》,1982年3期。
黄时鉴:《宋蒙丽关系史一瞥:〈收剌高丽国送还人〉考述》,载黄时鉴:《东西交流史论稿》,上海:上海古籍出版社,1998年。
黄征、张涌泉:《敦煌变文校注》,北京:中华书局,1997年。
洪金富:《从"投下"分封制度看元朝政权的性质》,载《中研院史语所集刊》,1987年,58:4。
《唐妃娘娘阿吉剌考》,载《中研院史语所集刊》,第七十九本,第一分,2008年。
胡传志:《苏学盛于北的历史考察》,《文学遗产》,1998年,第5期。
胡小鹏:《元代阔端系诸王研究》,载《西北民族文献与历史研究》,兰州:甘肃人民出版社,2004年。
吉野正史:《介绍日本青年蒙元史学者》,《辽夏金元史教研通讯》,2005年,第1期。
李玠奭:《〈元史·郝和尚拔都传〉订误及几点质疑》,《南京大学学报(人文版)》,2002年,第4期。
李鸣飞:《马可·波罗前往中国之路:〈马可·波罗游记〉伊朗部分研究》,北京大学中国语言文学系博士出站报告,2013年。
李治安:《元史学概说》,天津:天津教育出版社,1989年。
《怯薛与元代朝政》,载《元代政治制度研究》,北京:人民出版社,2003年。
《元代分封制度研究(增订本)》,北京:中华书局,2007年。
《中国行政区划通史:元代卷》,上海:复旦大学出版社,2009年。
林梅村:《成吉思汗史迹调查》,《考古》,2008年,第9期。
刘晓:《元代怯薛轮值新探》,载《中国社会科学》,2008年,第4期。
《成吉思汗公主皇后杂考》,载《民大史学》第5辑。
《也谈合失》,《中国史研究》,2006年,第2期。
《合失卒年小考》,《中国史研究》,2007年,第2期。
刘思哲:《西安何家村唐代窖藏九环玉带制作时代考》,《考古与文物》,2013年,第

4期。

刘云辉：《骨咄玉新考》，《陕西历史博物馆馆刊》，第十八辑，西安：三秦出版社，2011年。

刘浦江：《松漠之间：辽金契丹女真史研究》，北京：中华书局，2008年。

刘迎胜：《脱火赤丞相与元金山戍军》，《南京大学学报》，1992年，第4期。

《察合台汗国史研究》，上海：上海古籍出版社，2006年。

《从〈不阿里神道碑铭〉看南印度与元朝及波斯湾的交通》，载《海路与陆路：中古时代东西交流研究》，北京：北京大学出版社，2011年。

《宋元时代的马八儿、西洋、南毗与印度》，载《海路与陆路：中古时代东西交流研究》。

《钦察亲军左右翼考》，载《元史论丛》，第十一辑，2010年。

《哈山尼和他的〈完者都史〉》，《蒙古学资料与情报》，1985年，第3—4期。

刘子健：《宋末所谓道统的成立》，载刘子健：《南宋史研究汇编》，台北：联经出版社，2002年。

《作为超越道德主义的新儒家：争论、异端和正统》，载田浩编：《宋代思想史论》，北京：社科文献出版社，2004年。

陆峻岭、何高济：《从窝阔台到蒙哥的蒙古宫廷斗争》，载《元史论丛》，第一辑，北京：中华书局，1982年。

苗润博：《〈说郛〉本王易〈燕北录〉名实问题发覆》，《文史》，2017年，第3期。

帕拉斯：《内陆亚洲厄鲁特历史资料》，邵建东、刘迎胜译，昆明：云南人民出版社，2002年。

齐东方、申秦雁编：《花舞大唐春：何家村遗宝精粹》，北京：文物出版社，2003年。

瞿大风：《元代山西地区的行省行中书省与中书分省》，《蒙古学信息》，呼和浩特，2004年。

《元时期的山西地区》，沈阳：辽宁民族出版社，2005年。

荣新江：《北朝隋唐粟特人之迁徙及其聚落》，《中古中国与外来文明》，北京：三联书店，2001年。

《唐朝与黑衣大食关系史新证：记贞元初年杨良瑶的聘使大食》，《文史》，2012年，第3辑。

邵循正：《〈元史〉、〈拉施特集史〉蒙古帝室世系所记世祖后妃考》，《清华学报》（自然科学版），1936年，第4期。

《剌失德丁集史忽必烈汗纪译释》,《清华学报》(自然科学版),1947年,第1期。
释觉真:《〈法源寺贞石录〉元碑补录》,北京文物研究所编,《北京文物与考古》,北京:民族出版社,2004年,第六辑。
田浩(H. C. Tillman):《金代的儒教:道学在北中国的印迹》,《中国哲学》,北京:人民出版社,1988年。
俞宗宪:《金朝思想与政制概说》,《刘子健博士颂寿纪念宋史研究论集》,京都:同朋舍,1989年。
《创造力与发展中的儒学传统——对早期历史与最新现状的一些反思》,载《中国思想史研究通讯》,第五辑。
《宋、金、元文化思想的碰撞与融合:探索郝经的夷夏观、正统论与道学演变》,载张希清编:《第10～13世纪中国文化碰撞与融合》,上海:上海人民出版社,2006年。
田余庆:《拓跋史探》,北京:三联出版社,2003年。
田虎:《元史译文证补校注》,石家庄:河北人民出版社,1990年。
田卫丽:《玉润华光——陕西西安何家村窖藏出土的玉带銙》,《文物天地》,2015年。
屠寄:《蒙兀儿史记》,《元史二种》,上海:上海古籍出版社,1989年。
王明珂:《游牧者的抉择》,桂林:广西师范大学出版社,2008年。
王小甫:《唐・大食・吐蕃关系史》,北京:北京大学出版社,2009年。
王森:《西藏佛教发展史略》,北京:中国社会科学出版社,1997年。
王颋:《大蒙古国的斡耳朵》,载《龙庭崇汉:元代政治史研究》,海口:南方出版社,2002年。
王一丹:《伊朗伊利汗时期与蒙古史有关的波斯语文献》,载《面向新世纪的蒙古学:回顾与展望》,北京:民族出版社,2005年。
《波斯拉施特〈史集・中国史〉研究与文本翻译》,北京:昆仑出版社,2006年。
王晓欣:《合失身份及相关问题再考》,载《元史论丛》,北京:中国广播电视出版社,2005年,第十辑。
魏崇武,《金代理学发展初探》,《历史研究》,2000年,第3期。
翁独健:《新元史蒙兀儿史记爱薛传订误》,《史学年报》,1940年,第3期。
温海清:《画境中州——金元之际华北行政建置考》,上海古籍出版社,2012年。
乌兰:《关于"元朝秘史"旁译缺失的词汇》,载聂鸿音、孙伯君编:《中国多文字时代的历史文献研究》,北京:社会科学出版社,2010年。
无谷、刘志学编:《少林寺资料集》,北京:书目文献出版社,1982年。

萧启庆:《忽必烈"潜邸旧侣"考》,载《内北国而外中国：蒙元史研究》(上册),北京：中华书局,2007年。

《元代四大蒙古家族》,载《内北国而外中国：蒙元史研究》(下册)。

《大蒙古国的国子学：兼论蒙汉菁英涵化的滥觞与儒道势力的消长》,载《内北国而外中国：蒙元史研究》(下册)。

萧功秦:《论元代皇位继承问题》,载《元史及北方民族史研究集刊》,1983年,第11期。

薛瑞兆:《金代科举》第一章《绪论》,北京：中国社会科学出版社,2004年。

晏选军:《金代理学发展路向考论》,《北京师范大学学报》,2004年第6期。

杨钦章:《元代奉使波斯碑初考》,《文史》,第30辑,北京：中华书局,1988年。

姚大力:《金末元初理学在北方的传播》《元史论丛》2,北京：中华书局,1983年。

《蒙元时代西域文献中的"因朱"问题》,载《蒙元制度与政治文化》,北京：北京大学出版社,2011年。

《"狼生"传说与早期蒙古部族的构成》,载《北方民族史十论》,桂林：广西师范大学出版社,2007年。

《塞北游牧社会走向文明的历程》,载《北方民族史十论》。

《论蒙元王朝的皇权》,《学术集林》,第十五辑,上海：上海远东出版社,1999年。

《"成吉思汗",还是"成吉思合罕：兼论〈元朝秘史〉的成书年代问题》,载《翁独健纪念论文集》,北京：社会科学出版社,2006年。

樱井智美:《近年来日本的元史研究》,《中国史研究动态》,北京：2004年,第3期。

亦邻真:《成吉思汗与民族共同体的形成》,载南京大学历史系元史研究室编:《元史论集》,北京：人民出版社,1984年;收入《亦邻真蒙古学文集》,呼和浩特：内蒙古人民出版社,2001年。

《关于十一、二世纪的孛斡勒》,载《亦邻真蒙古学文集》。

伊葆力:《金代铜镜艺术》,收入氏著:《辽金文物摭英》,洛杉矶：逍遥出版社,2005年。

余大钧:《蒙古朵儿边氏孛罗事辑》,载元史研究会编:《元史论丛》,第一辑,北京：中华书局,1982年。

余英时:《朱熹的历史世界》第五章《"国是"考》,北京：三联书店,2004年。

曾枣庄:《苏学行于北：论苏轼对于金代文学的影响》,《阴山学刊》,2000年,第4期。

赵琦:《金元之际的儒士与汉文化》,北京：人民出版社,2004年。

张帆:《元代宰相制度研究》,北京：北京大学出版社,1997年。

《元帝国的政治文化特性》(打印本)。
张长利:《波斯文蒙古史文献》,《中国边疆史地研究》,北京:1998 年,第 3 期。
钟焓:《略论中亚突厥系民族对成吉思汗的尊崇》,《世界民族》,北京:2006 年,第 5 期。
赵文坦:《〈元史·刘黑马传〉"七万户"蠡测》,《历史研究》,2000 年,第 6 期。
周良霄:《元代"投下"分封制度初探》,《元史论丛》第二辑,北京:中华书局,1983 年。
《赵复小考》,《元史论丛》第五辑,北京:中国社会科学出版社,1993 年。
周清澍:《忽必烈早年活动和手迹》,《中国史研究》,2005 年,第 1 期。
周一良:《新发现十二世纪初阿拉伯人关于中国之记载》,载《周一良集》第四卷,沈阳:辽宁教育出版社,1998 年。
祖生利:《元代白话碑文研究》,北京:中国社会科学院博士论文(打印本),2000 年。

索　引

A

阿八哈　11,14,46,49,54,55,91,132,134,143—146,154,156,178,180,187,192,200,201,203,205—208,210—212,215—217,219,221,223—226,247,262,263,272,368,397,401

阿忽台　165,169

阿合马(帖古迭儿)　12,14,17,46,49,53,54,91,178,179,192,207,210,217—226,265,377,390,392,399

阿合马　172—175

阿蓝答儿　72,162

阿里不哥　46—48,59,72,83,88—90,114,117,122,124,125,132,164,178,234,238—240,242,244,246,389

阿鲁浑　5,11,46,59,54,70,91,143,147,154,156,159,165,170,178,179,205,210,216,218,220—224,247,263,265,272,275,286,293,332,347,393,394,397,401

阿鲁浑·阿合　9,81,111,143,148,163,164

阿难答　5,89,90,118,156,284

阿儿浑　111

阿识罕　121,122

阿咱丁·哈剌比·故临尼　340,380

阿咱丁·阿卜·别克儿　378,379

爱薛　276,280,285—287

按只解(宴只吉歹)　99,100,141,193

按只带(按只台)　47,97

安童　69,169,170,172,173,175,240,241,247,352

昂灰　70

按檀不花　89,118

奥屯世英　99,101,106—108,113

奥都·剌合蛮　378

B

拔都　44,61,69—71,100,109,110—113,124,193,194,197,198,202,229,232,234,239,246,249,253,291,401

拜纳儿　143,146

八不沙　8

八剌·哈只卜　150

八都马辛　173,283

八剌海　194,240

八的剌丁　373

拜都(诸王)　131,154,400

拜都(速古儿赤) 191
别儿哥 12,111,112,120,139,184—187,189,192,198—200,206,211,229,232,239,240,298,403
比鲁尼 309—318,344
孛儿帖 8,48,51
孛罗 52,111,152—155,286
孛罗赤 120
孛鲁欢 114
卜鲁罕 5,283,297,298
博儿忽 114,166
博儿朮 166
伯颜(斡儿答子) 232,233,243—246,248—254
伯颜 169,173,183,240,283
不赛因 154,156,158,270,273,296,334,342,349,393,398,401,406
不塔臣 43,44
不花 46,143,154,156,159,170,175,204,210,212,218,220,223,401
不阿里 261,262,264,266,271,276,293
不儿罕丁·撒合儿只 373

C

扯扯干 192,194
出班 152—156,175,187,296,349,404
察合台(察带) 10,13,14,17,40,42,56,59,60,67,70,86,90,94,96,97,100,101,109,111—113,127,132,133,137,161,164,192—195,197,201,203,208,210,215,229,238,241,245,249,251—254,268,275,276,293,296,297,349,378,385,386,396,401,404,405
察合台(高加索万户府异密) 197,199
察八儿 59,243,251,252,254,293,294
成吉思汗 2,5,7,10—15,19,20,22—26,31—33,35,37—42,44—52,54,55,57,60—75,78,82—83,88,90—94,96—98,100,101,103,104,114,120,123,124,126—131,136—138,140,143,144,150,157,163,170,171,177,181,195,196,199,200,202,203,207,215,224,244,262,291,292,294,326—328,248,252,253—355,384,385,389,390,397,398,400,403,405,406,417
成帖木儿 109
赤老温 166—168,224
绰儿马浑 183,189,192,193,195,197,199,201,215

D

答失蛮 169,170
朵儿朵怀(朵儿朵海,朵鲁朵海) 170
德寿 5
窦默 47
董若冲 122
朵剌台·玉典赤 145
都哇 59,60,102,170,233,243,244,246,251,252,268,293,294

朵歹·扯儿必 30
独木干 113
段直 116

E

F

法合鲁丁 255—257,261,265,267—269,271,274,276—278,280—297,300,339,341,368

G

贵由 5,16,33,35,41,44,56,59,68—70,74,76,83,90,97,98,100,105—113,121,129,130,141,161,163,164,193,194,244,249,286,289
古卜鲁克 230—233,243—246,248,249,251,252,254,401

H

哈剌契丹 2,11,14,150,164,196,213,313,319,324—326,329
海云 87,104,105,162
郝和尚拔都 79,80,100,101,110,113
郝经 110,413,421—425,430,437—444
合迪儿 322,323
合赖察(哈剌察儿) 105
哈剌察儿(帖木儿先祖) 406
合失 87,239
合不勒汗 24,391,405
合丹 72,238
合丹太师 31
合赞(汗) 5,10,11,18,52,70,131—133,142—145,147—149,152—155,159,170,196,210,212,216,217,220,242,243—245,247,255,259,263,265,267—272,276,280,281,283,284,291,293,295,296,298,299,332,338,339,343,346,357,368,389,390,397,398,401,404
合赞(札剌亦儿算端扶植的傀儡汗) 404
合赞·巴阿秃儿 196
合赞·阿合 218,222
忽里 194,240
忽剌出 89,122
忽兰 104
忽图剌 25,31,391
忽必烈 5,7,20,43,46—48,52,69,70,72,83—85,87—89,92,96,114—125,127,129,131—133,135,136,156,161,164,166,167,169,170,172—177,188,199,202,203,223,224,238—241,244,258,266,272,275,282,286,290,292,293,296,331,337,339,348,371,372,375,378,389,414,422,441,445
忽必来 44
忽睹虎 114,123,124
忽都鲁·帖木儿 140
忽辛 152—156,159,187

忽辛(元世祖时人) 174,175
胡天禄 99
晃兀儿·塔海 59,60
火你赤 232,233,241—246,248,249,253
火里差 70
火者·撒都丁 152
火者·纳昔鲁丁·图西 316,343,347
忽忒巴丁·泄刺即 12,347

J

姜善信 122,123
菊儿汗 324,326

K

阔里古思 109,150,225
阔阔真 5,273,331
阔端 8,41,43,72,87,98,102,121,129,291,440
阔列坚 90,127,238

L

李志常 29,62,63,80,81
李家奴 29
李俊民 115,116,118,122,125,417,430,436
刘因 115,116,121,438
刘伯林 102,105,106
刘黑马 102,105,108
梁德珪 173,283

M

马合谋·火者 140
马哈茂德 322
忙哥剌 118,123,202
忙哥撒儿 43,44,143,162,181
忙哥帖木儿 240,241,248,250,403
蔑里 72
篾力(阿八哈女) 145
灭薛(麦肖) 112
蒙哥 9,11,16,27,33,46—48,59—61,64,68,70—74,77,81,82,87,89,90,95,96,98,100,106—108,110—113,115,120—122,124,125,129,132,133,143,161—165,181—183,187,193—196,199,203,224,225,232,238—242,244—246,249,291,352,355,385
磨延啜 28,29
木华黎 43,140,166,171,224
莫赤·耶耶 194
穆阿夷德(篾力) 325

N

那海 128,189,203,206,211,215,229,241,243,244,247,378
那海(札鲁忽赤) 145
粘合重山 99,141
纽邻·阿哈 159
内札米·木勒克 314

Q

怯的不花 161,182,185,188,190,195,

196
怯别 252,396
乞合都 143,147,159,210,216,218,242,263,279,392
丘处机(长春真人) 29,62,78,88,346,353,411,416,417

S

萨迪 298,376
撒立 161
撒马合儿(三木合儿) 145,146,182,191,198,204,205,208,217,219,224,225
撒都丁 159
撒都鲁丁 159
撒里蛮 242
赛典赤 104,270,280
瑟瑟·八合失 156
赡思 350
唆鲁禾帖尼(唐妃) 43,44,70,83,88,98,99,107,108,111,112,117,119,154,179
失吉忽秃忽 150
失列门(昔剌谋) 104
失列门(绰儿马浑子) 183,188,189,193,197,201,207,208,215
失乞秃儿 143,156
舍云赤 152,153,156
史天泽 87,105,172
速哥 103,104
速来蛮算端 314,315

T

塔阳汗 29,30,34,36,163
塔喜丁 266,271
泰术丁·舍兀治 159
台亦儿 145,355
陶宗仪 22,38,39,53,157,392
唐古惕·拔都儿(唐古官人、唐古台) 97,98
铁穆耳(元成宗) 5,7,11,46,53,59,60,89,121,122,167,169,170,172,173,244,256,257,266,269—272,277,280—282,284—289,292—297,352,400,443
帖木儿·忽都鲁 395
拖雷 5,15,20,40—61,64,67,69,70,72,75,87,91,94,96—99,101,102,106—109,111—114,116,117,119—125,127,147,154,156,163,170,179,195,234,241,389,401,403,405
脱海 145
脱脱(元丞相) 78,309,311,314,315,319,320,409,413
脱脱(钦察汗国大汗) 140,243—253,294,298,378,395
脱脱蒙哥 232,241
脱古思 163
脱忽察儿 48
脱合察儿 154
脱欢帖木儿 270,401,402
脱剌·阿合 198,199
脱欢(博尔忽子) 114

脱欢(伊利汗国人) 155,158
脱欢(元末人) 157
脱欢(拔都子) 232
脱列哥那 5,68,80,83,87,106—108,147,148
脱斡里 253
脱斡邻术 250
秃蛮·帖木儿 89
秃鲁黑·帖木儿 140
秃解儿·斡兀立(秃塔儿) 240
土土哈 169,170

W
万家奴 134
完颜襄 35
完者都 10,11,13,14,86,132,137,146,147,149,152—157,159,170,180,187,207,210,226,229,249—252,272,284,293,297,298,332,333,384,396,397,402
完者都(药木忽儿子) 89
王汗(脱斡邻汗) 24,26,31,33—35,39,65
畏答儿 39
乌古思 27,398
兀剌拜哈敦 403
窝阔台 5,10,14—17,19—21,26,27,29,40—47,49,52—75,78,83,86,87,91,94,96—113,115,120,121,124,125,127,129,132,141,148,150,161,163,171,181,183,187,193—195,197,202,203,210,229,238,239,241,242,245,246,249,251,252,254,262,268,275,285,297,298,352,355,370,371,378,387—389,391,395,400,401,405
斡儿答 17,202,229—240,242,244—277,249,251—254,401
斡赤斤 45,48,55,67,68,83,402
兀勒都忽儿 51
斡儿都·海牙 159
斡思蛮·本·阿凡·密昔里 378

X
昔班 194
昔剌朮丁 276,300
旭烈古 230—232
旭烈兀 9,11,12,17,45,69,88,89,101,112—114,121,129,131,132,142,144—146,156,158,161,164,165,177,178,180—196,198—201,203—205,207—209,211,212,215—217,219,223,225,227,230,238,240,262,268,291,293,298,343,390,397,399,400
徐世隆 73,133,443
昔里吉 70,89,240—242,244,245
小薛 101
斜彻(薛阇) 110
(麦术丁)谢赫·麦术丁·阿合马·玉素甫·本·阿比·八的儿·八吉答的(麦术丁) 366,367,369,372,374,

376
谢赫·兀外思(兀外思)　12,13,15,149,214,404
雪你台　197

Y
牙撒·拜　140
药木忽儿　89
杨惟中　110,422,440
燕帖木儿　51
燕只吉台　396
宴只吉歹·豁失赤　145
仰吉察儿　246,251,252
杨枢　257,264,272—274,276,277,292,294,295,338
乙力纳斯尔　322
也速不花(旭烈兀异密)　181,183,207
也速不花(阿合马异密)　218,219,222
也速不花(朮赤之孙)　112
也速丁　143
也速儿·豁儿赫　43
也速蒙哥　100,109,110,113
也先不花(察合台汗)　241
也先·忽都鲁　152,154,156
耶律楚材　54—56,63—66,68,69,76,78,79,83,87,99,106,125,356,411,419,421,426,430,434,440
耶律留哥　78
耶律铸　125,371,372
亦难　94
亦难赤·必勒格·不古汗　30
亦只里　406
玉龙答失　70,89,238,242
玉勒·忽都鲁　145
玉昔帖木儿　167,169
月即别　139,140,232,249—251
月赤察儿　169,170

Z
札马鲁丁·亦卜剌金·惕必　257,260—263,265—269,276,295,296,299,300,303,339,368,381
札马鲁丁　346
札兰丁　373
苫思丁·迦儿忒　71,81,109,159,210,211
札木合　25,26
者台　43,44,147,154,170
镇海　29,99,141,150,151
真金　5,47,72,156,166,167,202,283
朮赤　17,40,49,70,72,90,94,96—101,109—116,120,121,124,127,129,185,187,195—199,202,229,231,234,238—242,244,246,247,249,250,253,384,385,401—405
朮赤台　40
朮客(阿八哈异密)　204
朮客(朮赤后人)　247
主儿乞　51,52
朱思本　352,353,357,358

图书在版编目(CIP)数据

蒙古帝国视野下的元史与东西文化交流 / 邱轶皓著.
—上海：上海古籍出版社，2019.5 （2022.8 重印）
（中古中国知识 · 信仰 · 制度研究书系）
ISBN 978-7-5325-9162-6

Ⅰ.①蒙… Ⅱ.①邱… Ⅲ.①中国历史—研究—元代
Ⅳ.①K247.07

中国版本图书馆 CIP 数据核字(2019)第 051037 号

中古中国知识 · 信仰 · 制度研究书系
蒙古帝国视野下的元史与东西文化交流
邱轶皓 著
上海古籍出版社出版发行
（上海市闵行区号景路159弄1-5号A座5F 邮政编码 201101）
（1）网址：www.guji.com.cn
（2）E-mail：guji1@guji.com.cn
（3）易文网网址：www.ewen.co
上海商务联西印刷有限公司印刷
开本 635×965 1/16 印张 31.75 插页 2 字数 457,000
2019 年 5 月第 1 版 2022 年 8 月第 3 次印刷
ISBN 978-7-5325-9162-6
K · 2619 定价：96.00 元
如有质量问题，请与承印公司联系